HOMMAGE

DES ARTISTES

A PICQUART

Album de 12
Lithographies

Préface d'
Octave Mirbeau

Listes des
Protestataires

PUBLIÉ
SOUS LA DIRECTION
DE PAUL BRENET
ET FÉLIX THUREAU

Société libre d'édition
des gens de lettres
30, rue Laffitte, Paris

M D CCC XC IX

Il a été tiré de cet Album

20 Exemplaires de collaborateurs, sur Japon Impérial, épreuves signées.

Numérotés de   1 à 20

30 Exemplaires de grand luxe, sur Japon Impérial, épreuves signées, à
100 francs l'exemplaire.   Numérotés de   21 à 50

250 Exemplaires de souscripteurs, lithographies sur Hollande à la forme,
texte sur pur alfa, à **20** francs l'exemplaire. *(Epuisé.)*

Numérotés de   51 à 300

Exemplaire Nº **106**

PRÉFACE

Derrière un grillage.

Voilà plus de six longs mois que le colonel Picquart est en prison.

Il est en prison pour avoir refusé de s'associer à un crime ; il est en prison, pour avoir crié l'innocence d'un homme, condamné au pire des supplices ; il est en prison pour avoir voulu cette chose, aujourd'hui proscrite de toute la vie : la justice ! Quand, plus tard, les indifférents, les neutres, cet amas de larves humaines qu'on appelle les sages, se rendront compte de ce qu'ils ont laissé faire et laissé dire, peut-être seront-ils épouvantés !

Voilà plus de six mois que le colonel Picquart est en prison et les traîtres, eux, sont bien tranquilles. Ils vont et viennent, librement, audacieusement. Sûrs de l'impunité, ils dictent des conditions à la justice et traitent, de pouvoir à pouvoir, avec la loi !... Ce n'est pas assez !... Par une étonnante perversion du sens patriotique, ils sont protégés, défendus, acclamés. Ils reçoivent l'accolade des princes. Des écrivains, des artistes, des philosophes, de hauts fonctionnaires, des bâtonniers fraternisent avec eux... Ce n'est pas tout !... Aux faussaires glorifiés, on dresse des statues : on leur souscrit des épées d'honneur, des rentes sur l'État, des remerciements nationaux... L'armée leur fait un triple rempart de ses fusils, de ses canons, de ses drapeaux. L'Église les exalte, et, en quelque sorte, les béatifie. Le faussaire est un saint, le traître un martyr. Le dolman de l'officier et la robe du moine, l'épée de l'un, la croix de l'autre les couvrent pour imposer au monde le dogme nouveau de l'Immaculée Trahison d'Esterhazy. Et, de toutes parts, un cri se lève de la foule ignorante et trompée, un cri de honte, dont la honte restera, à jamais sur la face de la France !

— Vivent les faussaires et gloire aux traîtres !

Il suffit qu'un homme, aujourd'hui, montre de l'humanité, de la pitié, qu'il soit épris de justice, il suffit que, d'une façon où d'une autre, il ait demandé la vérité dans l'affaire Dreyfus, pour qu'il soit disqualifié, couvert d'outrages, poursuivi par les huées, menacé de mort ! Il suffit aussi qu'un homme crie, tout d'un coup, dans la foule : « Et moi aussi, je suis un traître, moi aussi, j'ai vendu ma patrie ! » pour qu'aussitôt, il soit entouré de vivats frénétiques et porté en triomphe par les patriotes !

— Vivent les faussaires et gloire aux traîtres !

N'est-ce pas une chose qui terrifie ? Le pays qui tolère de telles aberrations, n'est-il pas un pays à jamais perdu, pourri, mort ?

Et voilà plus de six mois que, de par la vertu infâme de ce cri, le colonel Picquart est en prison !

Le colonel Picquart avait le choix, entre la plus belle carrière militaire qui se fût jamais ouverte, devant un officier et le cachot. On ne lui demandait pas, comme à tant d'autres, de mentir, de trahir, d'être le faux témoin et le faussaire qu'ils furent, tous !... On ne lui demandait que de se taire. Il a préféré parler et, de ce fait, il a choisi le cachot. Ce qui l'attendait, outrages mortels, calomnies effroyables, complots sinistres contre son honneur et contre sa vie, il le savait, car il sait ce que l'âme militaire contient de haine féroce, de vengeance lâche, d'audace dans le crime... Entre lui et l'armée, il savait que c'était un duel à mort, un duel, où, pour se défendre et combattre, il n'avait qu'une arme : sa conscience. Comme on avait condamné Dreyfus, coupable d'être innocent, il savait qu'on condamnerait Picquart, doublement coupable d'une double innocence : celle de Dreyfus et la sienne.

Il savait tout cela, et il a choisi le cachot.

Avec ce calme admirable, ce courage ferme et tranquille qu'il met dans tous les actes de sa vie, il est venu se livrer à ses ennemis.

— Vous pouvez me condamner, semblait-il leur dire... et je suis prêt à tout subir, car mon âme est forte contre la persécution et la douleur. Elle ne se reproche rien... Ayant la vérité en moi, je serais mort de honte de ne l'avoir pas criée... Et, tant que je vivrai, sous vos outrages et dans vos geôles, je ne cesserai de la crier. Faites donc ce que vous voudrez... Allez jusqu'au bout de votre haine... Vous n'empêcherez pas que, même prisonnier, je sois libre et joyeux... Vous ne pouvez rien contre ma liberté et contre ma joie ; vous ne pouvez rien contre mon âme, puisque la vraie liberté et la vraie joie d'un homme, c'est de rester d'accord avec soi-même... puisque c'est d'entendre toujours la voix de sa conscience qui lui dit : « Tu as raison !... Tu as raison !... » Le reste n'est rien.

Et voilà plus de six mois que le colonel Picquart est au cachot. Il ne s'est pas trompé et il n'a pas trompé ses persécuteurs sur sa fermeté d'âme. Rien n'a pu entamer son énergie douce et résignée ; rien n'a pu jeter une ombre de tristesse sur sa forte, paisible et sereine gaité. Tel il était libre, tel il reste prisonnier !... Il ne se plaint jamais, et il attend... Il attend la délivrance, sans fièvre ; il attend le pire sans angoisse...

Je l'ai vu, hier, encore.

Le parloir est sombre. Le jour entre à peine, dans cette pièce où, par l'unique fenêtre qui l'éclaire, le regard se heurte au mur très haut, très noir, infiniment triste de la prison. Le prisonnier est au fond du parloir, entre des barreaux, dans une sorte de cage, comme une bête, séparé du visiteur par un assez large couloir grillagé. L'impression est vraiment pénible. Les mailles du double grillage sont si fines, que, tout d'abord, on ne voit rien. Puis, peu à peu, on perçoit une figure indécise, qui va et vient sur le grillage, une figure lointaine, presque sans contours, une figure effacée, comme une forme qui s'enfonce dans la brume... En réalité, à de certaines heures, ou par les ciels bas, les jours crasseux, comme hier, on ne distingue que les deux yeux, deux yeux clairs, limpides, heureux et qui vous font un accueil amical.

Nous causons... Et c'est pendant la demi-heure réglementaire, un grand plaisir et un grand charme... De même que son regard a conservé sa vivacité, de même sa voix a gardé son timbre net. Aucune altération. Pas la moindre fatigue et la moindre nervosité. A mesure qu'il me parle, et mes yeux s'habituant à la pénombre, je le vois mieux, je le vois tout à fait. Il est le même qu'il y a six mois, un peu plus pâle seulement, non d'une pâleur souffrante, mais de cette pâleur spéciale qu'ont les personnes qui ne sortent jamais... Nous causons de tout, de Carlyle et de Michelet, de Wagner et des primitifs de la musique, Clément Jannequin et Goudimel... Et je sens, combien son esprit si large, si cultivé, s'est encore agrandi et orné. Ce qui me surprend, c'est qu'aucune amertume ne se glisse dans sa philosophie qui, au contraire, s'ouvre à toutes les grandes conceptions sociales et humaines. Le silence et la solitude font sa pensée plus active et plus profonde... Il s'étonne lui-même de n'avoir pas de haine... Maintenant la conversation est à Rembrandt, et de Rembrandt, elle vagabonde à travers les siècles, sur Platon et sur Spencer, sur Nietsche et sur Loloya. Tout cela, gaiement, purement, sans affectation de calme, avec un naturel délicieux qui fait de cette visite, comme un repos pour moi, comme une détente dans la vie d'angoisse fiévreuse que je vis au dehors... Oui, vraiment, chaque fois qu'il m'est donné de voir le colonel Picquart, il m'arrive toujours cette chose charmante, que je gagne du calme, de la confiance, de l'espérance et encore plus d'amour pour cette cause de justice, dont, avec notre cher Zola, il est le martyr et le héros.

Quand l'heure de partir est venue :

— Excusez-moi de ne pas vous reconduire, me dit-il, gaminement...

— Je vous en prie, ne vous dérangez pas pour moi !...

Je vois, derrière le grillage, sa main qui m'envoie un affectueux bonjour... Et son visage s'estompe, s'efface, comme s'il s'enfonçait dans le brouillard...

Hier, comme je me disposais à partir, il m'a dit :

— Alors vous allez rentrer dans Paris !... Je vous plains... Il paraît que Paris est inhabitable avec les travaux de l'Exposition. Partout des fondrières et de la boue... Comme je suis heureux qu'on m'ait évité ces ennuis !... Au revoir !...

Francis de Pressensé a dit du colonel Picquart que c'était un héros. Il a inscrit ce mot, en tête du livre, désormais illustre, qu'il lui consacra. J'en demande pardon à mon cher et noble compagnon de lutte, mais moi, qui n'aime pas les héros, moi qui sais quelles brutes aveugles et sanglantes sont, tout au long de l'histoire, ces êtres néfastes et généralement militaires qu'on appelle des héros, je dirai du colonel Picquart que c'est un homme ! Dans les temps de déchéance et d'avilissement que nous traversons, être un homme, cela me paraît quelque chose de plus émouvant et de plus rare que d'être un héros !... L'humanité meurt d'avoir des héros ; elle se vivifie d'avoir des hommes...

Octave MIRBEAU.

Au Colonel
Picquart —
1er Janvier
1899
Anquetin —

Hommage
au Colonel Picquart —
Pierre Émile Cornillier

A Picquart, éveilleur d'Ames — A. Gumery

BIRIBI
CAYENNE
BAT. D'AF
CONSEILS DE GUERRE
LOIS SUR LES MATIÈRS
HUIS
Ne regrettes pas ton épée
inutile prends cette plume

PICQUART ZOLA
REINACH LAZARE
PRESSENSE DUCLAUX
CLEMENCEAU
QUILLARD
S.FAURE
JAURES
A. FRANCE
MALATO CYR

Rault

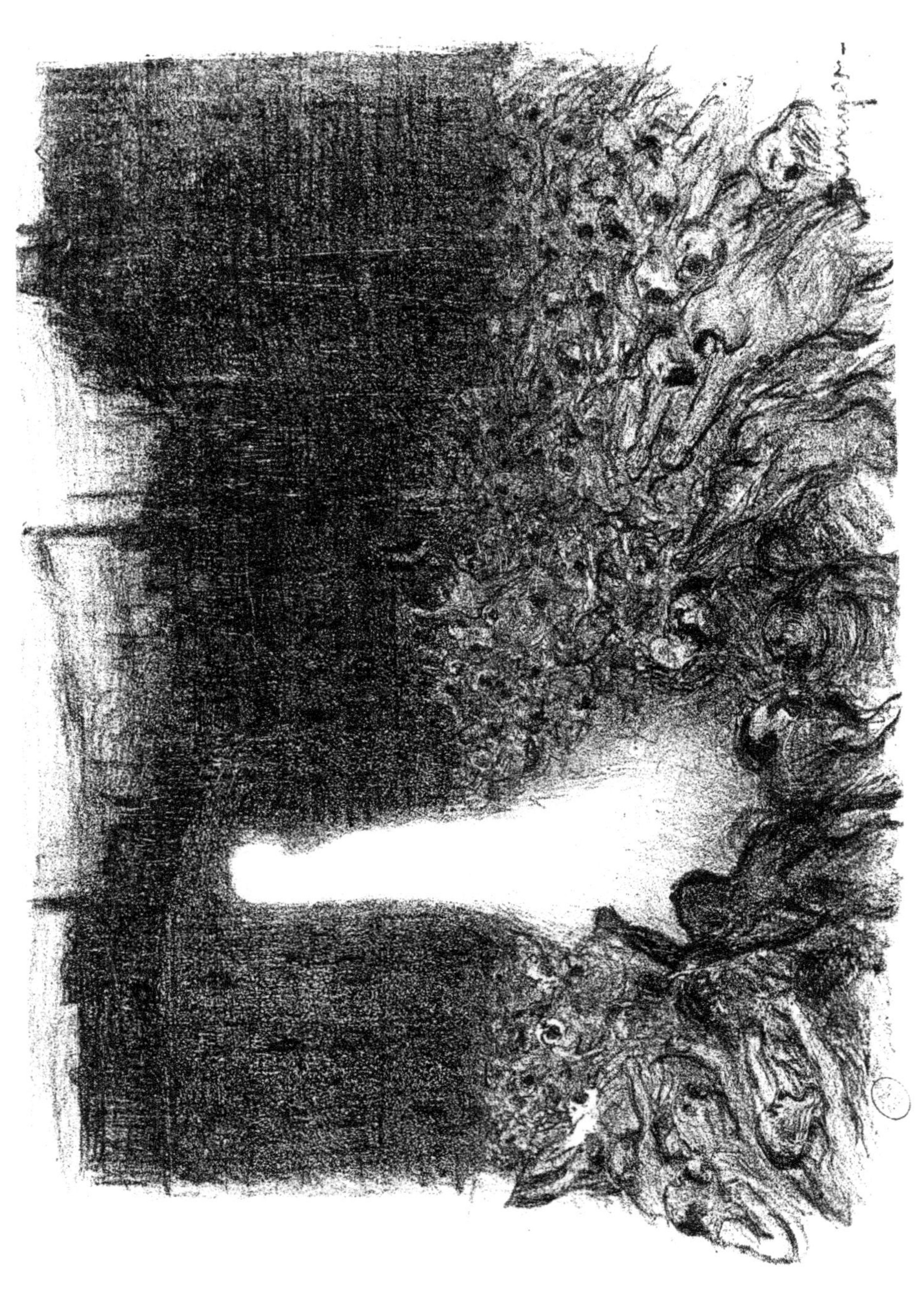

il EST INNOCENT

Les Noms

Qui donc oserait déclamer aujourd'hui ces deux vers de Musset :

« Quand Brutus s'écria sur les débris de Rome :
« Vertu, tu n'es qu'un nom ! » il ne blasphéma pas. »

La Vertu est une Réalité; c'est même la Seule Réalité! Elle a simplement changé de nom ; elle s'appelle aujourd'hui *la Révolte !*

Aussi, quand ils eurent l'idée de publier cet album, MM. Félix Thureau et Paul Brenet ne songèrent pas un instant à glorifier en Piquart le soldat, le colonel, — le galonné ; — ils ne pensèrent, j'en suis sûr, qu'à rendre hommage à Celui qui, malgré l'empreinte d'une éducation passive, trouva la force de se révolter contre l'Injustice et le Mensonge, et eut le courage de rester un honnête homme, sous les dorures de l'uniforme.

** **

Lorsque le temps aura fait son œuvre et que les passions, les colères et les haines se seront apaisées, nos fils, à leur tour, ouvriront ce livre, et ceux qui, dans ces longues listes, ne liront pas leur Nom seront attristés, honteux, et déploreront l'indifférence ou la lâcheté de leurs ancêtres. Les historiens rechercheront avidement quels hommes faisaient passer l'ultime Vérité avant la Raison d'Etat, avant la Patrie même, et ils seront stupéfaits de voir que ceux-là n'étaient que la Minorité, au lieu de la Multitude, et qu'avant l'exemple superbe de Georges Picquart, leur nombre était encore bien plus restreint.

Les statistiques les plus sérieuses établissent en effet, qu'il n'y avait, au mois de janvier 1898, pas plus de deux mille Français résolus à défendre les droits d'un innocent et à vouloir la revision complète du procès Dreyfus, solidairement avec Emile Zola.

Depuis, et grâce surtout à Picquart, ce nombre s'est augmenté dans une grande proportion, jusqu'à cinq cent mille peut-être, et s'il y a, parmi les protestataires dont nous publions ici les noms, des gens peu convaincus, des habiles que l'intérêt seul guide et des hypocrites prêts à la trahison, il faut fermer les yeux ou dédaigner : le cuivre voisine bien avec l'or !

*   *   *

Les erreurs que l'on pourra relever dans l'établissement de ces listes, les omissions, les répétitions, ne sont que le fait d'énormes difficultés de classement ; il n'y faudra donc pas voir autre chose.

D'ailleurs, la Préface éloquente d'Octave Mirbeau, les dessins merveilleux des artistes qui apportèrent, avec l'empressement le plus désintéressé, à leurs confrères Brenet et Thureau l'indispensable concours de leur talent, serviront d'excuses pour les défectuosités matérielles de l'ouvrage.

Henri RAINALDY.

Directeur de la « *Société Libre d'Édition des Gens de Lettres.* »

PROTESTATION

Les soussignés protestent, au nom du droit méconnu, contre les poursuites et les persécutions qui frappent le colonel Picquart, l'héroïque artisan de la revision, à l'heure même ou celle-ci s'accomplit.

LISTES REÇUES PAR

L'AURORE	*LE RAPPEL*
LE SIÈCLE	*LE RADICAL*
LA LIGUE DES DROITS DE L'HOMME	*LA LANTERNE*

Vendredi 25 Novembre 1898

MM. Georges Bouron, homme de lettres. Edouard Baudouin, professeur à l'Université de Grenoble. Jules Clamageran, sénateur. Delpech, sénateur. Duclaux, membre de l'Institut, directeur de l'Institut Pasteur. Henri Fontaine, industriel. Lucien Fontaine, industriel. Ch. Friedel, membre de l'Institut. A. Giry, membre de l'Institut. Docteur Gley, professeur agrégé à la Faculté de Médecine de Paris

E. Grimaux, membre de l'Institut. Yves Guyot, directeur politique du *Siècle*; Louis Havet, membre de l'Institut, professeur au Collège de France. docteur J. Héricourt. Lucien Herr. docteur Georges Hervé, professeur à l'Ecole d'anthropologie. P.-A. Isaac, sénateur; L. Lapicque, docteur ès sciences et en médecine.

Paul Meyer, directeur de l'école des chartes. membre de l'Institut. Mathias Morhardt, publiciste. Thadée Natanson, rédacteur en chef de la *Revue blanche*. Paul Passy, maître de conférences à l'Ecole des hautes études. Francis de Pressensé, publiciste. Jean Psichari. directeur d'études à l'Ecole des hautes études. A. Ranc, sénateur. A. Ratier, sénateur.

Docteur Paul Reclus, membre de l'Académie de médecine. Joseph Reinach. Ary Renan, artiste-peintre. G. Séailles, maître des conférences, à la Faculté des lettres. Seignobos, maître des conférences, à la Faculté des lettres. L. Trarieux, sénateur. Ernest Vaughan, directeur de l'*Aurore*.

Samedi 26 Novembre 1898

MM. Anatole France, de l'Académie française. Henry Michel, chargé de cours à la Faculté des lettres, Auguste Molinier, professeur à l'Ecole des chartes, Emile Molinier, conservateur au Musée du Louvre. Octave Mirbeau. Docteur Paul Stapfer. Marcel Prévost. Alfred Capus. Fernand Vanderem. Saint-Georges de Bouhélier, Gustave Geffroy, Maurice Hamel, Docteur Constant Hillemand. Théodore Massiac, Ferdinand Herold, homme de lettres. Henry de Bruchard, homme de lettres. Pierre Quillard, rédacteur à l'*Aurore*. Paul Pierrotet, ancien adjoint au maire du cinquième arrondissement de Paris. Amilcare Cipriani. Boutet de Monvel, artiste peintre. Achille Ouvré, graveur. Charles Longuet, inspecteur de l'enseignement de la ville de Paris. Mme Séverine. Xavier de Ricard, homme de lettres. Jules Desbois, sculpteur. Joanny Léger, clerc de notaire. Pierre Giffard, rédacteur en chef du *Vélo*. Pierre Lefèvre, directeur du *Rappel*. Jean Destrem, secrétaire de la rédaction du *Rappel*. Charles Bos, député. Lucien Victor-Meunier, André Honnorat, Paul Desachy, Amédée Blondeau, Hugues Destrem, Paul Gegnon, Emile Willème, rédacteurs au *Rappel*.

MM. Auguste Villeroy, auteur dramatique, Gustave Doussain, rédacteur au *National*, René Weiss, licencié ès lettres. Raoul Chélard, homme de lettres. L. Bieau,

10 *bis* boulevard Sébastopol. Pierre Soulaine, homme de lettres. Emile Straus, rédacteur en chef de *la Critique*. Alla. Fernand Després. Ed. Franz Hatt. Léna Myrrhe. Marcel Batilliat, homme de lettres.

MM. Jean Deville, artiste peintre, Ernest Wallach. A. Barrat, architecte vérificateur. Paul Tur. R. Omnès, étudiant. Paul Meyer, élève à l'Ecole des hautes études commerciales. J. Pieron, étudiant en pharmacie. Georges Offenstadt.

MM. Georges Gatineau, avocat à la Cour d'appel, Maurice Lallier, avocat à la Cour. Paul Morel, avocat à la Cour. Jouet, avocat à la Cour. Marc Reville, avocat à la Cour. E. Handos, avocat à la Cour. Henri Lemery, avocat à la Cour. Joannes Merle, avocat à la Cour. Edm. Vidal-Naquet, avocat à la Cour. Gustave Lefebvre, avocat à la Cour. A. Bérard, avocat à la Cour. Firmin Lipman, avocat à la Cour. André Beurdeley, avocat. A. de Monzie, avocat à la Cour. Edouard Lakenbacher, avocat à la Cour. A. Baudeuf, avocat à la Cour. Ch. Gans, avocat à la Cour. Fernand Berton, avocat à la Cour. Paul Duroyaume, avocat à la Cour. J. Lagrosillière, avocat à la Cour. Georges Bespère, avocat à la Cour. Jacques Cohen, avocat à la Cour. M. Mesmin, avocat à la Cour. Paul Maze, avocat à la Cour. Léon Yestman, avocat à la Cour. Henry Saillard, avocat à la Cour. Argyriadès, avocat à la Cour. Alfred Berl, avocat à la Cour, publiciste.

MM. Paul Brulat, homme de lettres. Paul Alexis, homme de lettres. Maréchal.

MM. Jacques Crévelier, Maurevert, Pierre-Paul Plan, Marcel Luguet, Serge Murat, Alexandre Varenne, Henri Quittard, Georges Price, Marilhet, Armand Bernheim, Jacques Joligard, Pierre d'Alheim, L. Saugon, A. Mathis, V. Madel, A. Clément, J. Ronsin, Renault, Jacob, S. Pinach, Loubaresse, Moteau, Snard, Collombat, Droux, Anche, P.-Laurent, René Barjean, Gustave Kahn, J.-M. Gros, Charles Philippe.

Cesbron, peintre verrier, 13, rue Jacquemont. Georges Dumas, agrégé de philosophie. Etienne Rabaud, docteur ès sciences, docteur en médecine.

MM. Ary Alexandre, publiciste. Marcel Chatelaine, dessinateur. Pierre Michel, négociant. F. Ménard. Desperrius, employé. Bergeron. Bergeron, licencié en droit. L.-G. Chanterac, rue Kléber. Garenne. M. Alizaud. Vazeille, député. J. Ludwig. Deschamps, garçon livreur. Gaston Dauzy. Victor Allard. Cl. Moreau, ébéniste. Honoré Sarrau, ébéniste. F. Fiolez, ébéniste. Simon, tapissier. Edouard Loeb, 48, rue de la Tour-d'Auvergne. E. Goldner, professeur. Valéry. Pierre Poinçon. Edmond Aufray. Jacques Bizet. Robert Dreyfus. Eug. Granger, correcteur. L. Togny, typographe. Henri Chardon, typographe. Masson fils, sertisseur joaillier. Masson père, Eugène Lemarchand, graveur. Paul Lemarchand. Léon Lemarchand.

MM. Jules de Brayer, compositeur de musique, 8, avenue des Tilleuls. A. Neulot, dessinateur, 23, rue Stéphenson. Eugène Fayolle, avocat à la Cour d'appel d'Alger. Louise Noël. Marcel Boissonnade, rédacteur démissionnaire de *l'Intransigeant*.

MM. Paul Garnault, docteur en médecine. Aust. Foncèque, représentant de commerce, 12, rue Mayran. Albert Levy, employé, 5, rue Pasteur. G. Polda, employé, 13, rue Bréda. Georges Lyon, docteur ès lettres, 11, rue Ampère. Docteur Pierre Bonnier, 166, faubourg Saint-Honoré. Legendre, employé. E. Pereyra, 26, rue Lafayette. Anquetin, peintre. A. Weill, licencié ès sciences. Albert Duprez, 44, rue de Bondy. A. Fauvel. E. Crevel, manufacturier. Eugène Langenstein, employé. Girre, employé. E. Vaast, employé, 9, rue Condorcet.

MM. Robert Dieudonné, étudiant en droit. Henri Bergemann, étudiant. Comte Mathieu de Noailles. Maximilien Bloch, voyageur. Thénault, dessinateur. A. Vieville, ingénieur agricole. Emile Levy, 4, rue Alfred-Stevens. Hayem, voyageur de commerce, 212, rue Michel-Bizot. A. Bloch, voyageur, 21, rue Fabre-d'Eglantine. S. Isaac, négociant, 16, rue des Colonnes-du-Trône. Léon Dreyfus, employé 16, rue des Colonnes-du-Trône. Désiré Coutemir, employé, 8, rue Poissonnière. Charles Contemir, 18, rue des Haies. Eugène Contel, 18, rue des Haies. Auguste Contel, 18, rue des Haies. Paul Dreyfus, 16, rue des Colonnes-du-Trône.

MM. Gustave Bussière, 34, quai de Béthune. J.-A. Ledan, 19, place des Vosges. G. Tournaire, rue Paradis, 28. Maurice de Kœnigswarter, 12, quai de Billy. Charles Salomon, 34, rue de Chaillot, Camille Wormser, 18, rue Mazagran. Radiguet, dessinateur, 104, rue Lepic. G. Wolff, 39, rue N.-D. de Nazareth, Alphonse Fillien, 16, rue Jacquemont. Baullat, 87, rue des Chantiers, à Versailles. H. Cagnard, 10, rue de Panama. Georges Lefebvre, 7, rue du Louvre.

MM. Léon Hulmann, 25, rue des Jeûneurs. R. Lefi. Docteur Paul-Emile Levy, E. Cousin. Fernand Bollack, 122, rue Réaumur. Ch. Castel. André Wolff. Jacques Cohen, avocat à la Cour. Dazon, 34, rue du Temple. William Bowers, 3, rue des Gros-Grès, Colombes. Gustave Atthenou, 98, rue du Chemin-Vert. Maurice-Paul Kahn. Marcellin, 6, rue Julienne. M᧐ᵉ veuve Jacques Weil.

MM. Marcel Huart. Alfred Amand. Louis Vieler. Georges Brochet, 7, rue Rameau. Ernest Cerf, employé de banque. H. Girod, employé. Georges Dashe. G. Timmory, homme de lettres. Gustave Kahn, homme de lettres. Mme veuve

Gustave Wahl. Roger Weil. G. Andrey, joaillier. Habillau, comptable, 9, rue du Colombier, au Pré-Saint-Gervais. P. Granlechou, 36, rue Nollet. L. B. Lafargue, publiciste.

MM. Block. Charles de Jong. F. Ottre, sculpteur. E. Lemielle, dessinateur, Hippolyte Weil, Gaston de Culland, Ernest de Culland, 37, rue du Château-d'Eau. Georges Paradis, 8, rue Furstenberg. Alfred Bronnar. Louis Weber.

MM. Paul Simon. Colon. René Peter. Adolphe Guillemard. J. Choiseau, 10, rue Vivienne. Eliacin Marx, Boutilly aîné, d'Amiens. Petrus Hene. E. Derbey. J. Demargne. H. Piot, 3, rue Jean-Charles, à Asnières. V. Hulman, 78, rue Lafayette.

MM. le docteur Edmond Duchemin, 33, rue des Deux-Ecus. Eug. Mongirard, rue Charlemagne, 16. Henri Worms, 22, rue Victor-Massé. Lucien Chouquet, étudiant en médecine. 58 rue Gay-Lussac. Louis Hivert, journalier, 8, rue Elisa Boret. J. Pinnot-Mariense, 2, faubourg Poissonnière. André Martin. A. Nache, à Houdan (Seine-et-Oise). Albert Levy, 6, rue de Douai. Eugène Caruchet, boulevard de Port-Royal, 80. Alice Cahen, Marie Cahen, quai des Célestins, 14. A. Bouit. L. Bouysson, ouvrier.

MM. P.-Ed. Burnouf, étudiant. Charles Sordes, 39, rue Dulong. M. Ulmann. G. Godeau, négociant, 24, rue des Halles. George Proo, homme de lettres. E.-J.-B. Musset. Ch. Laurent, 53, rue d'Hauteville. J. Adler, 26, rue d'Angoulême. Mme Louise Hubert, professeur de la Ville de Paris, 5, avenue de l'Observatoire. Sabine Hubert, étudiant. Mme A. Poisson, 5, avenue de l'Observatoire. M. Alexis Worms, 81, rue de Florence.

MM. D. Hirsch, Louis Hirsch, 21, boulevard Barbès. P. Milliet, professeur, 95, boulevard Saint-Michel. Paul Vidart, étudiant en droit, 50, boulevard Port-Royal. Georges Sauvage, 25, rue Berthier, à Pantin. G. Devy, dessinateur, 22, rue Chapon. Dick May. Victor Moinaux, 11, rue Eugénie, Saint-Mandé. S. Becker, de Villemomble. Léopold Lelet, courtier, Fernand Marx. J. André. Théodore Lévy, 17, rue Sedaine. Théodore Duret. Léon Rambach. Ed. Pataud, négociant en vins, 1, boulevard Henri IV. Ernest Fallck, négociant 57, rue de Dunkerque. E. Caillard, 5, rue Muller. Henry Bauér. A. Lapuszewski, 145, rue de Rome. Isèbe, rue Cavé.

MM. L. Ratner. Paul Genevet, 1, rue Laffitte. G. Strauss, 189, rue Lafayette. Docteur Jaison, 24, boulevard Poissonnière. P. Marchand, employé au *Petit Journal*. J.-Charles Costa, magistrat colonial, 4, place de l'Odéon. Jules Lambert, 6, boulevard de Strasbourg. Docteur Metzger. Bahier, 29, allée Nicolas-Carnot, Le Raincy. Alfred Cremnitz, 74, rue Condorcet. R. Jullien. H. Stenger. Dentz. Docteur D. Soulier. Camille Soulier. E. Hottot, 89, rue Saint-Honoré.

MM. Louis Deshayes, 8, rue de Provence, Georges Drappier, 27, boulevard Poissonnière. J. Fourcade, 60, rue Lamartine. Alexandre Gérard, 157, rue Montmartre. Charles Lénat, 27, boulevard Poissonnière. Edmond Lévy, 69, rue Rochechouart. Georges Miroy, 70, rue Lafayette. M. Mendès France, 23, rue Bréda. Adolphe Massé, 157, rue Montmartre. Eugène Pouvreau, villa Nouvelle, Colombes. Ernest Pouvreau, 45, rue Vandamme. Rouget, 3, rue Bellefond. Edouard Stern, 27, boulevard Poissonnière. Bleibtreux, 4, rue Crozatier, Mme Silna, 7, rue de la Tour d'Auvergne.

MM. André Beauvillaix, négociant. Lucien Vaquey. Marc Gerson. J. Fumet, 15, passage Saulnier. Naudet, 22, rue Letort. Victor Gault, professeur libre, 45, rue de Seine. C. Janin, professeur de l'Université. Gabriel Didier, homme de lettres, 107, rue des Couronnes. Raymond Lévy, de Saint-Mandé. P. Ménard-Dorian, ancien député Fernand Crémieux, avocat, ancien député. E. Hurard, étudiant en droit. Rosenwald. Em. Dagan. Alix Lévy, 108, rue de Turenne.

Mme Henry, 139, boulevard Voltaire. MM. L. Repaloski, R. Feré. Henry Soulier. Albert Eschwège. S. Lévy-Haussmann. courtier. Spirus-Guy, artiste. Albert Marx, 26, rue de l'Entrepôt. Henri Vallez, 14, rue des Jeûneurs. Alphonse Allais, 48, rue Vivienne. Edmond Aron, 94, boulevard Flandrin. Jules Max. 6, rue d'Abbeville. Henry Auscher, 30, rue Bergère.

MM. Albert Beauvillain, négociant. Édouard de Souzac. Achille Couteaux. Le comte Fernand Pantin de la Guère. Henri Vial, 237, avenue Daumesnil. Gaston Capon, publiciste, 15, rue Antoinette. Eugène Wurst, employé, Fontenay-aux-Roses. Docteur Isidore, ancien interne des hôpitaux. Moreau, 38, rue de la Varenne, Saint-Maur. Maurice Andriveau, ingénieur, 129, boulevard Pereire. Pierre Ferrère, 38, rue Milton. Maurice David, 26, rue de Varenne. Benjamin Stora, 25, rue Taitbout. A. Henry, 28, rue Rodier. F. Schmidt, 18, rue Simon. A. Cordonnier, 106, rue de Provence. Raoul Maux, 163, rue Miromesnil.

MM. Alphonse Mignac, 19, rue Saussure. Armand Delile, élève de l'École des hautes études commerciales. L. Delaye, ingénieur civil, 3, boulevard Rochechouart. Joseph Wurmser, 111, rue du Cherche-Midi. Emile Bloch. E. Martel, représentant de commerce, 55, rue Meslay. E. Chassagnème, représentant, 44, rue Damrémont. E. Schwartz, représentant, 4, rue Bochard-de-Saron. A. Vicherat, 39, rue de La Saussière, à Boulogne (Seine). E. Dacher, 120, rue Nollet. V. Lunot, représentant. Pereyre, comptable. Peysson, employé. Rocca, employé. Manent, employé. Delafolie, employé. E. Coulon, représentant. J. Gabereau, employé. Mulet, employé. Jagtin, employé. Roch Bayard, expéditeur. R. Suinat, dessinateur. J. Duchmann, employé. Finance, contremaître. A. Gobereau, employé. Dallem, employé. Eppellé, employé. François, employé. Martin, employé. Peck. Edmond, employé. Paul Remine, employé.

Docteur Léon Kahn, chef de clinique à la Faculté de médecine de Paris.

MM. Delpedro, employé. Becker, employé. Renault, employé. Kirsch. employé. Verdun, employé. Pouget, employé. Lisboussard, employé. Hirlemann, employé. E. Renoult, employé. E. Jacquin. Robert Thomas, dessinateur. A. Bourgeois, dessinateur. J. Angelé. Ollivier, 12, rue de Picardie. Hauner. Edmond Pilon, homme de lettres. Ernest Uhry, étudiant en médecine. Jules Uhry, étudiant en droit. Guy Peron, rédacteur en chef du *Réveil du Quartier Latin*. Maurice Jollit, étudiant en lettres. Paul Demantilly. René Mayer. Henri Lasvignes. Georges Lasvignes. M⁽ˡˡᵉ⁾ Garet. MM. E. Rousselot. Arthur Manceau. René Desmures. Benoist. G. Hardy, publiciste. E.-C. de Joannis. Alfred Meyer. Jean Lorédan, homme de lettres. Gustave Kuss. Henri Bordereau. La rédaction du *Réveil du Quartier Latin*. G. Daltroff. L. Jabin.

MM. Fromentin, 10, rue de la Pompe, Th. Pinard, 36, rue des Martyrs. E. Goyard, 34, rue des Trois-Frères. L. Givard.

MM. Louis Lucas, artiste graveur, 10, rue Faustin-Hélie. Leman, ouvrier typographe, 20, rue Cadet, Mathiaud, comptable. Albert Dupas. Edouard Lévy, 21, rue des Martyrs. Alfred Charevinx. M⁽ᵐᵉ⁾ Lebreton. Fernand de Caigny. Georges Lebreton. M⁽ᵐᵉ⁾ G. Cahen. A. Naquet.

MM. le docteur Georges Martin, ancien sénateur de la Seine. Gabriel Trarieux. Robert de Flers. Léon Legrand. Robert Bruddel. Lucien Besnard. Georges Gaud, étudiant en pharmacie. Georges Laporte, à Colombes. A. Cahen. Desrues. J. Cottier, 99, rue des Dames. Amédée Ronquès. Jacques Bizet. André Rivoire. Victor Henri, docteur en philosophie. Maurice Montégut. Fernand Desmoulins. Lucien Astruc. Georges Courteline. Abel Hermant.

MM. Eugène Lericolais. Carlo Meyer, publiciste. Lucien Graux, étudiant en médecine. Edouard Monod, 97, boulevard Arago. Peuvrier, 25, boulevard Louis Aujas, étudiant en droit Edgard Milhaud, agrégé de philosophie G. Giroud, M⁽ᵐᵉ⁾ Lucie Giroud. Jean Cresp, 45, rue Jouffroy. Georges Maquis, 48, faubourg Saint-Martin. Jacques Aron, 113, faubourg Poissonnière. Ch. Vidal-Naquet, 1, place de la Bourse. M⁽ᵐᵉ⁾ veuve Jules Vidal-Naquet, 1, place de la Bourse. Alphonse Fillien, publiciste. Arthur Lévy, homme de lettres. G. Hache, homme de lettres. Daniel Halévy, à Versailles. Emmanuel Vidal-Naquet, 1, place de la Bourse. Anatole Bahier, 29, allée Nicolas-Carnot, au Raincy.

MM. Henry Fèvre, 53, avenue de Versailles. Ernest Tarbouriech, professeur 19, rue du Sommerard. Auguste Pamart, artiste dramatique, 55, rue Secrétan. Pessard, boulevard Beaumarchais. Marius Perrin, publiciste, 17, rue Maublanc. L. Marc, commerçant. A. Meyer, artiste, 24, rue La Bruyère. Albert Huyot, artiste peintre. Paul Dukas, compositeur. H. Parcias fils, 15, rue Saint-Pétersbourg. Alex. Charpentier, statuaire. Emile Hulmann, licencié en droit, 5, boulevard Magenta. Jules Adler, artiste, 65, rue de Malte. L. Rey, J. Obach, comptable, 12, avenue de l'Opéra. Pierre Neyrod.

MM. Adolphe Carnot, membre de l'Académie des sciences. Gaston Bonnier, membre de l'Institut, professeur à la Sorbonne. Charles Andler, maître de conférences à l'Ecole normale supérieure, M⁽ᵐᵉ⁾ Charles Andler, 33, rue Claude-Bernard, Paris. A. Hérold, 20, rue Greuze. Louis Feine, architecte, 223, boulevard Saint-Germain.

MM. Alfred Feine. Edouard Schure, 90, rue d'Assas, Paris. Adolphe Martin, publiciste, rue du Chemin-de-Fer, 5, Bourg-la-Reine, Seine.

M⁽ᵐᵉˢ⁾ Marie Martin. MM. Georges Bouillard. Raoul Allier, agrégé de philosophie, boulevard Raspail. Grégoire, artiste sculpteur. M. P., artisre sculpteur. Joubert, employé de commerce. Anderer, Marquet, élève aux Beaux-Arts. G. Dorignac, élève aux Beaux-Arts. G. Gublin, élève aux Beaux-Arts. Camille Pinta, avocat.

MM. Philippe Maréchal, docteur. Paul Cohen, 33, rue des Francs-Bourgeois. Léon Jacob, licencié ès lettres. Jean Chantavoine. Jules Mayer, 44, avenue de l'Opéra. Henri Lyon, 48, rue Sainte-Anne. Modiano, 6, rue de la Chaussée-d'Antin. N. Weiss, 54, rue des Saints-Pères. R. Hollard, pasteur, 58, rue Madame. J. Keller, 90, rue d'Assas. Jean Dode, étudiant en droit. Octave Dode, rentier. Jules Bauer, Avignon. Georges Veillard, 5, rue des Minimes. Georges Jeanningros, 66, rue du Cardinal-Lemoine.

MM. le comte de Larmandie, 97, rue du Bac, homme de lettres. Docteur Netter, professeur agrégé à la Faculté de Paris, médecin de l'hôpital Trousseau. Docteur Bamberger, ancien député, rue de la Tour. A. Sée, ancien avocat à la Cour d'appel de Colmar jusqu'en 1870. P. Wiechosck, architecte. Gatelier, 54 *bis*, avenue de Gravelle, à Charenton. Paul Bamberger, architecte, 76, rue de la Tour. Lévy, 15, rue Vauquelin. Charles Corlieu.

MM. J. Blum, rentier. J. Pok. Emile Kahn, licencié ès lettres. Gustave-F. Kahn, employé. A. Bernard, chef de cuisine. Paul Desjardins, 8, rue Garancière. Charles Bourgoing, étudiant en droit. Edmond Chassigneux, licencié d'histoire. Boucauger, rentier, à Gagny. Auguste Malherbe, professeur de dessin. L.-J. Guieysse, étudiant en droit. Sicurotole Planzoles, 124, rue Saint-Dominique.

MM. le docteur Wainbaum, 1, rue Richer. J. Mareux, 51, rue de Turenne. L. Lambert, agent d'assurances, 10, rue Hégésippe-Moreau. Raoul Briquet, licencié ès lettres. Jules Dreyfus, 82, rue du Ranelagh. Vauthier, 69, boulevard Saint-Germain. Chauvet, sculpteur. Auguste, Lattaert, propriétaire à Paris. Docteur Auguste Suchard, 85, boulevard de Port-Royal. Emmanuel Fochier, avocat à la Cour d'appel. M⁽ˡˡᵉ⁾ Gabrielle Charrier, M⁽ˡˡᵉ⁾ Juanita Charrier. Paul Stapfer, doyen suspendu de la Faculté des lettres de Bordeaux.

M⁽ᵐᵉˢ⁾ veuve Eugène Guieysse. MM. Albert Guieysse, étudiant en médecine. Albert Bussy, artiste peintre. Paul Barry, avocat à la Cour d'appel. Achille Kahn, employé, 59, rue Pigale. Emile Lévy, éditeur. Kahn, employé, 30, rue de l'Entrepôt. Celyvel, publiciste. H. Gautier, 91, quai de Valmy, Charles Bemont, directeur adjoint à l'Ecole des Hautes-Etudes. M⁽ᵐᵉ⁾ Mathilde E. Schure. Doctoresse Guenot. Charles Lemasson.

MM. H. Journeaux. A. Dutriaux. A. Perny, étudiant en droit. Alfred Alexandre, de Bourg-la-Reine. E. Rouged, 161, rue de Courcelles. P. Schrader, 75, rue Madame. Élie Faure, 20, rue Jacob. Thurillet. Ch. Lecorbeiller, 88, avenue Jamin, Joinville-le-Pont. Louis Lévy, 46, rue du Château, Fontainebleau. Edouard Berth, licencié ès lettres. François Auffray, avocat à la Cour d'appel, 71, rue des Saint-Pères. Jean Cottier, licencié ès lettres, 99, rue des Dames.

MM. E. Crémieux, pharmacien, 46, rue du Commerce. Edouard Rist, interne des hôpitaux. Charles Rist, docteur en droit. Abel Desjardins, interne des hôpitaux. P. Tassigny, étudiant en médecine. Eugène Domec, mécanicien. Georges Guion, représentant de commerce. P. Eberhart, licencié ès sciences. Albert Wagner, rédacteur au *Parisien de Paris*. Lucien Mignon, artiste peintre, quai de la Tournelle, 61. Henri Barban, 51, rue du Four. Th.-Steiner, étudiant en médecine. Richard Bloch.

MM. Louis Aujat, étudiant en droit. Jules Bonnier. Léon Moulin, licencié ès lettres. M⁰ᵉ Marie Jaël, 14, rue de Tournon. MM. Paul Langlois, professeur agrégé de la Faculté de médecine de Paris. Ferdinand Lot, archiviste paléographe, bibliothécaire à la Sorbonne. Edmond Bernus, licencié ès lettres. H. Lamartine. Emile Dogan. Gabriel Monod, membre de l'Institut. A. Julien, ouvrier en instruments de chirurgie.

MM. Emile Amieux, externe à la Salpêtrière. Boudet, électeur du treizième, 32, rue des Hospices. M⁰ᵉ E. Armand Delille. M⁰ᵉ Alice Armand Delille. M. Henri-Armand Delille. M⁰ᵉ Ch. Bemont. M. E. Zacharet. M. P. Lannier, 14, rue Servan.

MM. le docteur Carreire. A. Meillet, directeur d'études adjoint à l'Ecole des hautes études. Sincère Rosenwald. Edmond Pereyra. Lagrange. Docteur Léopold Lévi. J. Jouannin, maçon. Capton, maçon. F. Magadoux, maçon. Henri Laguesse. M⁰ᵉ Gabrielle Laguesse.

MM. le docteur Larat. Justin Dupont, chimiste. Pierre Delbes. H. Hirschmann, négociant. Albert Weil, industriel. Albert Hety. Victor Simond, directeur du *Radical*. Sigismond Lacroix. Henry Maret, député. J. Derriaz. Michel Hirsch. Maxime Vuillaume. Paul Heusy. J. Cansit. A. Biguet. Roland Furet, de Riche. Lecomte. Ernest Lesigne. Jules Lermina. F. Auvillain. Félix Millet, rédacteurs au *Radical*. F. Gins. Adrien Lelong, employés au *Radical*. M⁰ᵉ Gombel. M. G. Gombel, commissionnaire. M. André Landré, agrégé de philosophie.

MM. Armand Charpentier, de la Société des gens de lettres. Louis Picard, artiste peintre. Jacques Aron. Léon Bollack. Edouard Saradin, publiciste. Henri Strauss. G. Lanson, docteur ès lettres. Ed. Champloi. Armand Gauzin. H. Hubert, agrégé de l'Université. Xavier Léon, directeur de *la Revue métaphysique et morale*.

Dᵉ Ed. Julia. M⁰ᵉ Ed. Julia. Henry de Varigny, docteur ès sciences. Millet, docteur en médecine. P. Dechelle. H. Sirven. L. Brehier. A. Fauguet. Emile Moreau. Emile Gorvelet. Edouard Nevin. G. Vatour. Motte.

MM. Brunt, L. Odent. Hautelette. Louis Naudin. Emile Sibut. Crosnie. Bouleau. Beruard. Godebert. Lemoine. P. Deprés. Goguelat.

MM. Paul Tourniel. Baron Regnault. M. Cerf. M. Eugène Clerh, de la Comédie-Française. A. Burse. Tarbé des Sablons. Elie Halévy, agrégé de philosophie. Paul Frey, industriel. L. Martin, employé. L. Raudon, pasteur. Paul Viollet, membre de l'Institut. Docteur B. Martin.

MM. Asbavard. E. Savard. Delorme. A. Mayrargues. Lévy. Adolphe Rottenbourg, rentier. Le Prince. Marat, propriétaire. Charles Lejeune, avocat. Dardenne, capitaine retraité. M⁰ᵉ Dardenne. Docteur Paul Riche, prosecteur à la Faculté de médecine. Roussilhe, avocat à la Cour de Paris. Charles Mannoir.

MM. Henry Piazza. Charles Masson. P. Duroyaume, avocat à la Cour. Meyer. Léon Cahun. M⁰ᵉ Cahun. G. Nobel. Salomon Reinach, membre de l'Institut. L. Lévy,

docteur ès lettres. Vernes. P. Moreau, André Daly, compositeur de musique. Balle, publiciste. André Arnal, receveur des contributions en retraite.

MM. J. Stieffel. G. de Molinari, correspondant de l'Institut. Blum, négociant. Lambert, professeur. Cuvelier, artiste peintre. M⁰ᵉ Maria Pognon. Léon Besnard. Pilet des Jardins, avocat à la Cour. Robert Lesage, architecte. J. Parion. Maneval, conférencier. Leclerc, directeur de *l'Echo de la banlieue*. A. Gumery, artiste peintre.

MM. Mangin, publiciste. Molliard, docteur ès sciences. Estienne, littérateur. Henri Hauser, docteur ès lettres. Paul Dupuy. Henri Pepin, propriétaire. Prosper Paureau, propriétaire. Emile Miraillet, Mesuy. A. Dubosc. Griset. Henri Boivin, licencié ès lettres. Emile Boivin, étudiant en philosophie. Charles Pegny, licencié ès lettres.

MM. Camille Riby, élève au lycée d'Orléans. Jules Riby, licencié ès lettres. Jules Isaac, étudiant en histoire. Henri Roy, licencié ès lettres. Léon Deshairs, licencié ès lettres. Sylvain Lavaud, libraire. Eugène Noël, employé. Albert Lévy, professeur agrégé de l'Université. C. Risp, employé de commerce. V. L. Bourrilly, professeur agrégé de l'Université. Jean Poirot, professeur. Antoine Macker, licencié ès lettres. L. Foulet. J. Arren, licencié ès lettres.

MM. Joseph Aynard, J.-A. Léger, Ed. Flegenheiner, licenciés ès-lettres. Hubert Bourgin, agrégé de l'Université. G. Bloch, docteur ès sciences. Emmanuel de Martonne, agrégé de l'Université. Emile Bourgeois, docteur ès lettres. Aillet. Audran. E. Babut, L. Bech, E. Cahen, Cans, Guecrey. Monod. Talagrand. Tharaud. Armand Weil, licencié ès lettres.

MM. Carle Bahon, Etienne Burnet, Mario Roques, François Simiand. Edouard Spente, Emile Bertaux, agrégés de l'Université. Lucien Bertaux, élève à l'Ecole des hautes études. Maurice Vernes, directeur adjoint à l'Ecole pratique des hautes études.

MM. C.-François Fontenay, graveur sur bois. Ch. Baude. E. Ponsot. Adrien Drouville, industriel à Champigneulles. M⁰ᵉ Adrien Drouville. M⁰ᵉ veuve Drouville. Paul Drouville, étudiant. Paul Cholet, comptable. R. Masselon, étudiant. M⁰ᵉ Marie Kiener. M⁰ᵉ Madeleine Hirschler. M⁰ᵉ Élise Orch. Pierre Mille, publiciste.

MM. Gaston Boymier, étudiant en médecine. A. Bouche-Leclercq, membre de l'Institut. Emile Picot, membre de l'Institut. Chesneaux, artiste industriel. A. Joudelat, rentier. Gallais. Maurice Level, licencié de philosophie. Laporte, avocat consultant. Galtier. A. Veil. Bourdon, ancien élève de l'Ecole centrale. Vaugoui. Maurice Violet, docteur en droit. G. Chesneau, clerc d'avoué, licencié en droit.

MM. Dosne, principal clerc d'avoué. P. Dubois, étudiant en droit. Charles Costa, magistrat en congé. Bonneau. M⁰ᵉ Bonneau. Poignet. M⁰ᵉ Poignet. M⁰ᵉ Marie Bonneau. Amédée Droin. D. Barodet, sénateur. E. Brissaud, professeur agrégé à la Faculté de médecine. Dᵉ Enriquez.

MM. Louis Cons, étudiant en Sorbonne. Auguste Bréal, artiste peintre. Paul Guieysse, député M⁰ᵉ P. Guieysse. MM. M. Leclerc Paul Barbot, artiste. M⁰ᵉ B. Lisbonne. MM. Paul Boell, publiciste. G. Colomb, docteur ès sciences. Ernest Foucher, avocat. Hermann, président de l'Union scolaire. F. Lévy, étudiant en médecine. Langlet, étudiant. R. Etlin, étudiant. Ferdinand Brunot, maître de conférences à l'école normale supérieure.

MM. Charles Perez, agrégé de l'Université. F. Marotte, agrégé de l'Université. J. Perrin, agrégé et docteur ès sciences. Jarry, agrégé de physique. H. Lebesque, agrégé ès sciences. Dumas, licencié ès sciences. A. Bouzat, licencié ès sciences. A. Job, agrégé de physique. J. Gallaud, licencié ès sciences. A. Cligny, agrégé des sciences naturelles. A. Queyrat, étudiant en médecine. P. Rey, licencié ès sciences. Ch. Lebreux. Georges Benedite.

MM. Emile Haug, docteur ès sciences. Henri Trocme, licencié ès lettres. Eugène Gimpel, E. Boutmy, membre de l'Institut. Gocejin. Charles Vincent, Murat. Després, rentier. Félix Katz, étudiant. Camille Poack, étudiant. G. Salomon, licencié en droit. A. Batut. A. Acache, élève des Beaux-Arts. L. Valette, publiciste.

MM. Georges Cahen, licencié ès lettres. Georges Barbey, licencié ès lettres et en droit. Pessier du Cros, licencié en droit. Picard, licencié en droit. André Sayons, docteur en droit. Jean Larguier, licencié ès lettres. Joseph Condurier, étudiant en lettres. Etienne Lunhardt, étudiant en médecine. Léon Pitoy, licencié ès lettres. Gabriel Debut, ingénieur-agronome. Roger Sayons, licencié ès lettres. J. Daroussier, étudiant en droit.

MM. Abel Gaboriaud, étudiant en lettres. E. Saussine, élève de l'Ecole coloniale. André Delfau, étudiant en médecine. J. Rabaud, étudiant en lettres. A. Picheral, étudiant en droit. E. Lecornu, licencié ès lettres. A. Saky, étudiant en théologie. Gutonnaud, Vernier, A. Leblerre, D. Lemaire, A. Froche, Gourdon, E. Ferdinand, E. Violard, étudiants en théologie.

MM. H. Joute, étudiant en théologie. E. Poincenot, étudiant en théologie. H. Chevrin, étudiant en théologie. Palaysi, étudiant en théologie. Benazech, étudiant en théologie. Faure, étudiant en théologie. Massias, étudiant de théologie. R. Patry, étudiant en théologie. Docteur Schwartz. Ratisbonne. Ferrari, externe des hôpitaux. A. Dutens. A. Demaldent. V. de Bour-ac. Docteur V. Moray.

MM. P. Puvis. Magitot, étudiant en médecine. Mabaret du Basty, licencié en droit. Charles Tirard, licencié en droit. Hudry, interne en pharmacie. Maurice Apte, étudiant en médecine. F. Saint-Etienne, professeur. Chassaigne, sous-chef de bureau au ministère des finances.

MM. Charles Keller, ingénieur civil. Gaston de La Perche, artiste peintre. Jules Bard, publiciste. Paul Acker. Ph. Poirrier. Georges Cury, professeur. Albert Gauttard, de la Société d'ethnographie. M. Ernest Bertrand, publiciste. Louis Fontaine. Charles Camblong, artiste lyrique. Sébastien Estrade. Bonet-Maury. Jacques Furbin.

MM. Gaston Raband, professeur à Charlemagne. Judet, interne des hôpitaux de Paris. René Lévy, avocat. A. Carrive, étudiant. Louis Fournier. Geneviève Granger, sculpteur. Léon Besnard. C. Dupiet, étudiant en médecine. P. Lecène, étudiant en médecine. J. Laffite. Bardos. Bremont. Leroy-Dupré. J.-Emile Roberty, pasteur.

MM: C. Leclerc. J. Weber, agrégé de l'Université. C. Robin, étudiant en médecine. A. Ramonet, étudiant en médecine. François Le Cœur, Emile Kapp, maître imprimeur. Baourle, prote d'imprimerie. P. Tapernoux, correcteur. A. Prunet, Henri Magin, Merlin, E. Nandres, R. Belhomme, typographes. Delabarre, imprimeur.

MM. Joseph Erhard. A. Tournerie, E. Quinsay, Clauss, Gaucher, Chameau, Esnel, Blanchard, Morizet, Simon Jacques, typographes; Emile Dehui, F. Faucon, B. Jacques, Chaute, imprimeurs typographes.

MM. Emile Keil. H. Joerboit, imprimeurs typographes. Guenaire, magasinier. Charles Picquenard, Thomas, Ziag, Keinders, Loy, étudiants à la Sorbonne. Mlle Buberstein. MM. Frossard. Bernard Monod, H. Chatelain, Delmas.

MM. Mercure. E. Chassigneux. C.-J. Polack. Félix Katz. Louis Conse, étudiant en Sorbonne. Alfred Roth. F. Kœlner. Charles Jacquard. B. Fay. P. Dourias. Jean-Louis Fournel, étudiant. F. Delage. Schwarz. Dield. Pierre Peret, étudiant à la Sorbonne.

MM. Debray, étudiant en histoire. P. Coirault, étudiant en histoire. Cordey, étudiant en histoire. Charles Marvaux, étudiant en lettres et en droit. Ch. Picquenard, H. Zivy. Frossard. H. Chatelain. Lescure. E. Chassigneux. F. Katz. A. Roth. G. Dupin.

MM. J.-L. Fournel. C. Schwartz. Peret. H. Debrayes. P. Thomas. B. Monod. Delmas. Raubin. C. Polack. L. Cons. C. Jacquart. J.-B. Fay. P. Koelner. Delaye. Field.

Dimanche 27 Novembre 1898

MM. Claude Monet, peintre. Georges Clémenceau. Docteur Taule. Docteur Vaucaize. A. Aulard, professeur, à l'Université de Paris. Franklin-Bouillon. Jacques Daurelle, de *la Volonté*. Henry Leyret, rédacteur à *l'Aurore*. Henri Dagan, publiciste. H. Lencou, rédacteur à la *Petite République*. E. Auscher. Hector Depasse, rédacteur en chef des *Droits de l'homme*. Paul Signac, artiste peintre. Docteur Morel-Lavallé, médecin des hôpitaux. Docteur E. Laskine, ancien interne des hôpitaux.

MM. A. Champy, orfèvre, conseiller prud'homme. Rioux de Maillou, homme de lettres. A. Cyvoct. Paule Mink. Edouard Cons, 150, rue de Charenton. Docteur E. Aucher, ex-interne des hôpitaux. Etienne Winter. Maurice Winter, étudiant en droit. A. Chide, agrégé de philosophie, professeur au lycée de Guéret. H.-G. Ibels, peintre.

MM. B. Guinaudeau. Philippe Dubois. G. Lhermitte. Francis Talman. Ad. Manière. Alfred Kuntz. Albéric Darthèze. R. Racot, rédacteurs à *l'Aurore*. Claude Weil, docteur en droit. Mazinghien, homme de lettres. Charles Barbier, agrégé des lettres, professeur de rhétorique, au lycée de Guéret. C. Lefèvre, statuaire, 55, rue du Cherche-Midi. Félix Chabrouillaud, avocat, secrétaire général de la mairie de Roubaix. Ch. Schmidt, archiviste-paléographe, licencié ès lettres. Jean Sigaux.

MM. Philippe Laloge, député de la Seine. Pierre Dessaigne, avocat à la Cour. Jacques Bonzon, avocat à la Cour. B. Monteux, avocat à la Cour. Paul Lagarde. Armand Rouzé. René Weill. Georges Baër, Albert Bourgoint, Jules Levilion, Eugène Crémieux, Albert-Gaston Crémieux, Louis Deshayes, Jacques Bonzon, Leymarie, Jassada, Anquetin, Albert Peyronnet. J. Taccoen, avocats à la Cour. Georges Prade, rédacteur au *Vélo*, licencié ès lettres. Paul Lejeune et Frantz Reichel, rédacteurs au *Vélo*. Léon Kahn, auteur des *Juifs de Paris pendant la Révolution*. Louis Haudié, agrégé de l'Université. Paul Vibert, économiste.

MM. P. Morissé, étudiant, 10, rue Voltaire, Saint-Germain-en-Laye. J. Chigane, étudiant. Capitaine Bogge. Albéric Magnard, 55, boulevard Beauséjour. Isidore Weyl, sténographe. Gaëtan Decauchy, à Béthisy-Saint-Pierre (Oise). Emile Chéron et Edmond Dufour, à Béthisy-Saint-Pierre (Oise). Jean Estradié. A. Froment, à Sartrouville. L. Grimbert. E. Bourgeois. Saphanor. Cureau. Saliès. Metgé. Ferron. Dinod. Chevallier. Legrand. Mouttet. Carré. Demetz. Ch. Pellet. Pontoise, 17, rue Victor-Hugo, à Maisons-Alfort. Picou, Cullet. H. Davoult. J. Peigné, au Havre. Louis Brien, rue Leverrier, à Roubaix, pour un fort groupe d'ouvriers. Crépieux-Jamin, 23, rue Thiers, à Rouen. Mme Crépieux-Jamin. M. et Mme Alfred Adeline, 15, rue Préfontaine, à Rouen. M. Georges Denant.

MM. Boullenger, employé, à Sotteville-lès-Rouen. M. et Mme W. Monod, pasteur, 9, rue Lafosse, Rouen. M. et Mme Millot, 83, rue de la République, Rouen. MM. Edouard Amanieux, licencié en droit, 107, boulevard Saint-Michel. C. Cassot, 27, rue Saint-Marc. J. Braun, professeur au collège de Sézanne. S. Banché, étudiant en pharmacie, 7, rue de l'Ecole de Médecine. Albert Kallmann, représentant de commerce. Charles Baudot, épicier, Dijon. Ernest Strauss, voyageur de commerce. Decante, conseiller municipal à Monnant. (Seine-et-Marne). Ch. Perrotte-Deslandes, 185, Grande-Rue, à Fontainebleau. L. Véron, à Douai. Joseph Bury, parvis de la Cathédrale, à Toul.

MM. Créange. Georges Lonclas. Paul Oudot. Lécrivain. Marcel Ragueneau. André Girardin. Marcel Jeanson. René Lonclas. Charles Faire, à Vitry-le-François Maurice

Roche, 18, boulevard Voltaire. Eugène Gœtchell, 8, rue d'Angoulème. Émile Gallée. Moïse Labbé. P. Joseph. Eugène Restiaux, 163, rue du Temple. Joseph Mouquaire, pâtissier, à Méru. Georges Cortesi, pâtissier, à Méru. Paul Alles, pâtissier à Méru. Genin, conseiller municipal, à Méru. Bloquet.

MM. Georges Armet, à Méru. Auguste Lebrun. Casimir Courtois. Ernest Gosset. Henri Danju. Alfred Danju. Isidore Sagnez. Léon Corette. Ed. Baril. Lepetre. Léopold Achey. Auguste Collier. Adrien Collier. Boulanger. Coulette. Edmond Baude. E. Recouvrot. J. Garnier, tabletiers à Méru. Haas. Duplessis. Hanguy. Alfred Bordier, nacriers, à Méru.

MM. René Monod, interne des hôpitaux, à Saint-Antoine. L. Huret, à Rouen. Maurice Pigallet, élève à l'École nationale des Chartes. Darles. Lescure. Frossard. Delmas. Hamel. Chatelain. Mathis, étudiants en lettres. Amédée Lemoine, agrégé de l'Université, au Havre. Paul Michon. 132, avenue de la Reine, à Boulogne-sur-Seine.

M. E. Berrerville, 31, rue Debelleyme

MM. Émile Saint-Lanne, homme de lettres. J.-P. Tanget, dessinateur, 16, rue Cuvier. A. Gérardin, artiste peintre, 12, rue Boissonnade. A. Cacheux, dessinateur, 5, rue Méchain. Pierre Lasserre, agrégé de l'Université, 46, rue de Vaugirard. François Perros, interne des hôpitaux. Lucien Dennery, 6, place des Victoires. Edouard Wenstenschlag et Max Wenstenschlag, à Levallois. Emile Colbert, Fernand Dorn, à Levallois. Henri Jullien, étudiant en droit, 129, rue de la Plaine, à Boulogne-sur-Seine. A. Husson, statuaire, 119, rue Didot. Paul Kastor, 2, square du Roule. Lucien Netter, sténographe. Paul Robert, directeur de la *Cité*, 51, rue Vivienne. M. et Mme Millot. S. Millot. Frédéric Millot, 83, rue la République, à Rouen. A. Fleury, à Orléans. Lucien Bourq, 29, rue Bacquenois, à Reims. Emmanuel Faraill, 25, rue de Trévise.

MM. G. Demartres, doyen honoraire, professeur à la Faculté des sciences, à Lille. Antoine Morisseau, ingénieur civil, 32, boulevard Richard-Lenoir. Mme Mayer-Bettinger, 4, rue de Buzenval, à Boulogne-sur-Seine. Gustave Guitton.

MM. Emile Durkheim, professeur à l'Université de Bordeaux. Mme G. Hyon. A. Lang. Emile Berheim. G. Hyon, artiste peintre.

MM. Achille Ruaff, 111, rue Condorcet. Jules Bloch, 54, rue de Paradis. Marius Harley, industriel à Saint-Maur et, 126, rue Saint-Antoine, Paris. Henry Dreyfus, interne des hôpitaux, M. Lowis.

MM. Fabien Thibault, docteur en droit, 81, boulevard Saint-Michel, Ed. Bernheim, avocat à la Cour. L. Coste, chimiste. Jules Blum. N. Herzog. Fernand Hersog. Rémond Stora. Fagus, rédacteur à *l'Aurore*. C. Chapuis. C. Lœb, professeur. Georges Lambert. Dorlet. M. et Mme Vite-Weill, 17, rue de Lancry. Léon Weill, 5, boulevard Magenta. Gaston Weill, 5, boulevard Magenta. M. et Mme Charles Levy, 9, rue Chaptal. Mme Pauline Berth, 9, rue Chaptal. Raphaël Liber. Edgard-Jules Bloch. Alfred Ardin, 17, rue de Trévise. Maurice Weill, 33, rue Poissonnière. Ev. Salomon, ancien avoué, 18, quai des Célestins. Mme Alfred Levy, née Leroux. Mlle Noémie Levy. Mlle Adèle Levy, sténographe. MM. G. Rueff, voyageur, 1, rue Tarbé, Armand-Fernandez Patte, 8, rue de Chantilly. Lucien Momenhein, rédacteur à *la Revue occidentale*. L. Houard, représentant. Gilbert Devillers. J. Goussard, 16, rue du Lycée. Lucien Isidore. Georges Dreyfus, à Versailles. G. Hinart, ébéniste, à Creil. Henri Daclès, comptable, 186, rue Saint-Denis. Arthur Marsille, 67, rue Colbert, Calais. Eugène Chosson. H. Lerouge. Félix Jacquand. Jules Dubois. Georges Docquois. Franklin Bouillon. L. Dreyfus. Pradelle. L. Jerrold. Em. Bosquet, professeur de coupe, 5, rue Bailleul. Laurent, tailleur, 5, rue Bailleul. Victor Bosquet. A. Bosquet, graveur. Olmo. François, coupeur. G. Bupho. G. David. Docteur Bourdon, 79, rue Blanche. Louis Becker. Charles Bergère. Alexis Veau, commis d'agent. L. Chardon, comptable, rue Saint-Germain-l'Auxerrois, 10. L. Bruel, sertisseur. C. Houziaux, voyageur. L. Hisoch, négociant. Germaine Hirch.

Mme Liliane Hirsch. MM. Muzard, employé. Charles René, compositeur de musique. Baudré, 3, rue de Cluny. Maurice Beer, 34, boulevard Edgar-Quinet. Mme Lucie Wolf, 4, rue Auber. Veuve Gilang 4, rue Auber. Albert Dreyfus, 82, boulevard des Batignolles. Mme Berthe Degenetais, 30, rue Beaupaire. Edmond Wolf, 30, rue Beaurepaire. J. Wolf, 30, rue Beaurepaire. Mme Lucien Rodrigues, 51, rue des Martyrs. Ch. Wahl, 30, rue Beaurepaire. Mme G. Weill. Emile Naque. B. Dubois. H. Coquement, dessinateur. A. Dürr, dessinateur. Jacques Weyer, dessinateur. M. et Mme Doniat. J. Sommer, 9, rue Camille Desmoulins, joint sa protestation à celles de ses frères Alphonse et Maurice, résidant en Suisse. Bernard, employé, 54, rue Madame. G. Rougemont, professeur libre, 45, rue de Seine.

MM. Durand, 76, rue Emile-Raspail, à Arcueil. Edmond Lévi, 29, rue Saint-Lazare. Auguste Martel, 9, rue Pestolazzi. Jules Geffroy, employé. Jourdan, dessinateur, 31, boulevard Saint-Marcel. J. Bouvery, 4, rue de Mulhouse. Octave Biquard, 12, rue de Mont-Thabor.

M. Albert Dreyfus, docteur en droit. Mme veuve Léopold Dreyfus. MM. Georges Delaporte, rédacteur à l'*Echo de la Banlieue*. Maresse Saurin, étudiant en médecine, 19, rue Monsieur-le-Prince. Merlande.

MM. George Weill, docteur ès lettres. E. Jullien, 56, rue Labruyère. G. Jeulin, imprimeur, 65, rue Sainte-Anne.

MM. J. Seurot, 53, rue d'Hauteville. G. Charmonin, dessinateur, 67, rue Caulaincourt. M. Lehmann, 59, avenue de la République. B. Landé, 17, rue Hoche, Nogent-sur-Marne. G. Tupin, 51, rue du Monument, Champigny. Firmin Bayle, 32, rue de Sambre-et-Meuse. Alfred Grenier, 9, passage Puebla. A. Laroue, avenue Neuilly-Plaisance, au Perreux. G. Simoens, 4, rue de Panama. C. Bernard, 20, rue de Nogent, à Fontenay. C. Riard, 46, rue des Poissonniers. V. Martin, 18, rue de Pontoise, Ermont. Bastel, 10, rue Alibert. J. Putois, 11, rue Sadi-Carnot, à Montrouge. Lucien, 40, rue de Dunkerque. J. Thomas, à Montrouge.

MM. G. Part, 120, rue de Bondy, la Courneuve. Vebert, au Quartier-Neuf, la Courneuve. Perrier, 16, rue Claude-Vellefaux. F. Dobler, rue de Paris, Vanves. P. Morot, 74, rue de Turenne. L. Schnerb, ancien graveur de l'État-Major. Guilbaud, rue d'Aubervilliers, Pantin. Delaporte, 65 bis, rue Goële, Levallois-Perret. A. Reeb, rue Lewigton, 2. Félix Cain, 31, avenue Trudaine. A. Mallevaux, faubourg Montmartre, 261. Louis Boada, 98, rue du Château. Emile Dauney, à la Courneuve. Ed. Fournier, 16, rue Charlemagne. Esther Faiz, à Argenteuil. Constant Château, 32, rue Émile Lepeut.

MM. Gaulard, 11, rue d'Hauteville. Lucien Salomon, 39, rue de Turenne. Georges Daniel, 54, faubourg Poissonnière. Louage, 15, rue Dautancourt. Enock, rue des Marais. Sicart, 67, rue Doudeauville. Pavallex, 19, rue de Conflans, à Charenton. Boussu, 111, avenue de Versailles. E. Rutan, 92, rue d'Allemagne. D. Grumbach, 3, rue Lacharrière. M. Zaremberg, 9, rue Greffulhe. Albert Weill 9, rue Chabrol. Daniel Sperber, 42, rue de La Tour-d'Auvergne. Fernand de Jang, 14, rue de La Tour-d'Auvergne. Lecouvreur. M. Lévy.

MM. Daniel Kahn, 16, avenue Bugeaud. Monié, 4, rue des Monts-Clairs, Colombes. Alfred Salomon, 2, rue Pierre-Dupont, Léon Haguenauer, 11, rue Rodier. Achille Broch, 21, rue d'Uzès. J. Blum, rue d'Uzès. E. Blum, 21, rue d'Uzès. A. Daniel, 54, faub. Poissonnière. Achille Levis, 11, rue d'Enghien. Hollier, 16, rue des Marais. Benard, 62, rue Clignancourt. Geay, 19, rue de Sèvres, à Clamart. L. Maquel, 13, boulevard Barbès, Maurice Binger, 166, faubourg Poissonnière. Louis Weil, 36, rue Grénéta. Geo Cerf, 10, rue Sainte-Anne.

M. G. Guillot. Mme veuve A. Ball. MM. Henri Kleyn-hoff. Mayer-Lamber, 43, rue Faidherbe. Georges Kosmann, 21, rue de la Tour-d'Auvergne. Alphonse Levy, 15, rue des Juifs. Chrétien, professeur de comptabilité, 119, boulevard Voltaire. G. May, 14, rue Sainte-Cécile. Edouard Salomon. E. Bloch. Albert Weill, 35, rue Montholon. Léon Dreyfus. Lucien Faure, étudiant, licencié en droit. Louis Lévy, 15, rue des Juifs. Léon Blanchard, mouleur-statuaire, boulevard Edgar-Quinet, 33. Nagel, graveur sur bois, 49, rue Boulard. Ed. Kahn, principal clerc d'avoué, 17, rue Saint-Georges, Hippolyte Dubief.

Edmond Kranckel, docteur-médecin. Louis Levy, licencié en philosophie. Jean Weill, représentant de commerce, A Weill. R. Weill, négociant. Louis Weill, étudiant. Etienne Kahn, 44, rue Etienne-Marcel. Bernard Hirsch. Bl. Magnin. Ch. Patriarche. W. Keene. Victor Aisissis, tailleur, Bastide, 150, rue Saint-Honoré. E. Magnen fils, 11, rue Tiquetonne, Félix Mayer, Charles Barlemont, Mme Charles Barlemont, Mlle Jeanne Devaux.

MM. Jean Dubois. Paul Desvignes. E. Berr, 99, avenue Parmentier, Victor Dreyfus. Louis Magerie, dessinateur. Ernest Hock, dessinateur. Félix Sageret, publiciste. A. Léonie. Alfred Jacob, ancien capitaine, 10, rue Cambon, Mme Edmond Vidal-Naquet. Lucien Hess. Henri Stapfer-Larchevêque, 28, rue des Bernardins. J. Jouantegny, comptable. Isidore Nathran, 28, rue de Trévise, Albert Braunstein, F.-S. Chesnail, licencié ès sciences. Louis Cahen, 40, rue Pergolèse.

MM. Louis Julg, 5, rue des Petits-Hôtels. Gustave Prevost, 18, place du Marché-Saint-Honoré. Shwartz, 35, rue des Batignolles. Guilli-Raoul, commerçant. Louis Vachette, rue de la Verrerie. Ch. Taillet.

MM. Henri Carmellin, 9, rue de la Collégiale, professeur, homme de lettres. Mme Carmelin. MM. Lucien Wormser, 11, rue Malher. A. Delplace, architecte, 25, avenue du Président-Carnot, Corbeil. G. Weil, 7, rue Fontaine. Artigues, 52, rue Blanche. Planès, 4, boulevard Clichy. J. Eloy. F. David, artiste sculpteur. Felix Hueber, 30, boulevard du Roi à Versailles.

MM. Emile Schwanhard, 32, rue des Coliches, Chatou. C. Luquel, étudiant en médecine. E. Ferrary, conseiller municipal, 54 *ter*, rue Albert-Joly, Versailles. E. Camus, étudiant en pharmacie. Les ouvriers parqueteurs de la maison Bember et Cie, 102, rue Lafayette. M. Léon Brumaire, 115, avenue Daumesnil, en son nom et en celui de tous. Louis Dreyfus-Raffovich, 104, avenue Malakoff. Duval. Edouard Massinot, négociant, 40, rue des Marais. Jules Weil, négociant, 40, rue des Marais. Eugène Neveu, 5, rue Ernest-Renan, Henri Maillard, 48, avenue de Saint-Mandé. Paul Mignon, 117, avenue d'Argenteuil, Asnières. Marcel Hirsch, ingénieur civil.

MM. Emile Picarda, avocat à la Cour, 48, rue du Cardinal-Lemoine. E. Maret. Mme S. Maret. C. Douvelle, au Vésinet. H. Clément Grandeau, étudiant en droit. A. Savard, compositeur. Gabriel de la Salle, publiciste. Mlle Renée de la Salle, 5, impasse de Béarn. Régnier, secrétaire de la Jeunesse égalitaire de Saint-Denis; Broutin, trésorier; Pelois, Maurice, Coquart, Dufossez et Renaud, membres. Edmond Léon. Mme Celina Lévy, Alb. Lévy. Félix Lévy. Fernand Lévy. Mmes M. Lévy. B. Lévy, institutrice. Léon Cahen. Mme Mathilde Lévy. Armand Lévy. Achille Caron. Mlle A. Drugeon, institutrice. Albert Meyer, représentant de commerce. L. Lœwenstein. Mme Achille Caron. Marius Vuillermet, 55, rue Montmartre. J.-R. Coconnier. André Lemonnier, licencié ès lettres. E. Isidor. Auguste Gattaert. Soulier. Henri, ancien mineur de Commentry. E. Pepin. Georges Zunz. Isidore Stetten, négociant, 2, rue du Caire.

MM. Ch. de Tavernier, ingénieur en chef des ponts et chaussées, 67, rue de Prony. Pinard, étudiant. R. Huguet, étudiant. J.-B., Castels, 71, rue de Bretagne. E. Bartout, 82, rue des Cascades. Alfred Bartout. Noirot. L. Genetier, sculpteur, 4, place de la Liberté, à La Garenne-Colombes. H. Friedlander, employé. Rodolphe-K. Armory, homme

de lettres. Auguste Matisse, artiste peintre. Michel Peter. Mme Mathilde Levy. M. Levy, artiste pianiste. Lucien Franck, 12, rue Beautreillis. Lambert, 93, rue de Courcelles. Jacques Schwab, 5, quai Valmy. Lemoux, père, menuisier. Jean Longuet, étudiant en droit. Verhaeghe, interne des hôpitaux.

J. Rivière, étudiant ès sciences. Edgard Longuet, étudiant en médecine. Henri Thiroux, étudiant en médecine. Jean Dace, étudiant ès lettres. T. Landrieux, licencié ès sciences. Gorju, étudiant en médecine. Chadel, étudiant en médecine. Calonne, étudiant en médecine. Mme E. Renaud, institutrice. Emmanuel de Witt, étudiant en droit. E. Buré. Philippon, étudiant en médecine. Citoyenne Philippon, étudiante en médecine. Marcel Landrieux, étudiant ès sciences. A. Coulon. Rosovitz, étudiant ès sciences. L. Hardy, représentant. Monnet, dessinateur. Emile Trouttet, 84, avenue Niel.

Georges Bloch, voyageur de commerce. Sperry, coupeur tailleur, 13, rue Servandoni. Georges Duplessis. Robert Troukens, 227, rue Saint-Denis. Warmé. J. Moner. L. Brodbeker. L. Burgard. Ertzbischoff. A. Tétu, H. Bublens. H. Van Aerde. E. Metais. J. Card. E. Henghebaert. L. Descamps. A. Rossignol. Rollin. M. Weill. B. Lazard. Jean Desbois. Léopold Cahen. L. Isae. H. Edwards. Maurice Kahn. Weil.

Les soussignés, élèves à l'Ecole supérieure de commerce : MM. Binoche. Soudée. Tellier. Carlebach. Grossiord. Cauchois. Crétois. Leoschenski. Rosenwald. Savouré. Weil. Hecker. Robert. Lucas. Liénard. Fabre. Levent. Salignat. Pouyanne. Rosenberg. Hochaffer. Nègre. Lory. Caillé. André. Grison. Jourdan. Wolff.

MM. Raoul Bloch, 137, boulevard Voltaire, Paris. Haubert, 23, avenue de Bellevue, Parc-Saint-Maur. Isaïe Jacob, 33, boulevard Magenta, Paris. Klein, 12, avenue Parmentier, Paris. Rubisibung, 13, avenue Bellevue, Parc-Saint-Maur. Auriol, 4, rue de Chantilly, Paris. Mme Raoul Bloch, 137, boulevard Voltaire, Paris. Mme I. Jacob, 33, boulevard Magenta, Paris. G. Cahen, 5, rue Saint-Ambroise, Paris. Désirée Rottambourg, 13, rue de Béarn, Paris. Robert Hirsch, 4, rue Robert-Estienne, Paris. Robert Hulmann, 78, rue Lafayette. Simon Schmit, 4, rue Lantonnet. Ghallay, 95, rue des Moines. Armand Cahn, avocat à la Cour d'appel, Narcisse Braun, 11, rue Notre-Dame-de-Nazareth. Arthur Quirin, 58, rue Vieille-du-Temple. P. Ruff, étudiant à la Sorbonne. Camille Schiltz. Fernand Becker, de Villemomble. Arthur Hisoep, 5, rue Vincent-Compoint, Paris. E. Guillaume. Gabriel Hemerdinger. Mlle Marguerite H... Léon Michel. Georges Lecomte, homme de lettres. S. Mougin. Docteur Hennocque, 49, boulevard Magenta.

MM. Michel Abran, employé. L. Metgé, ancien professeur, à Mulhouse. R. Lagrange, acteur. Maurice Zimmermann, agrégé d'histoire. Pauline Wormser, 13, rue Vivienne. Mme C. Bloch, aux Batignolles. MM. Henri Château, homme de lettres, 19, rue Dautencourt. Macé, aux Batignolles. George, employé, 15, rue du Chaudron. Albert Liévin. E. Zac. Alfred Boilot, artiste graveur, 41, rue Richelieu. Léon Mac-Aulife, étudiant en médecine. Auguste Roy, Saint-Mandé. Auguste Barboux, boucher. Désiré Berr, dessinateur, 37 *bis*, rue du Sentier. Maurice, Albert, Ernest, Guisbourg d'Héricourt. Vilemberg, casquettier, 42, rue Vieille-du-Temple. Paul Locivé, 42, rue de La Tour-d'Auvergne. Guillemot, 149, rue des Aubépins, à Colombes. Gaston Lévy, 18, rue Taylor. René Dreyfus, 21, rue de Madrid. A. Nordmann, 5, passage Saulnier. Paul Dreyfus, 65, rue du Rocher.

MM. C. Adam, 20, rue Dussoubs. A. Wilhelm, ancien chemin de Colombes, à Puteaux. Bergeron, 96, rue de la Folie-Méricourt. J.-V. Brochard, 22, rue Dussoubs. F. Lévy, 27, quai Valmy. Flain, 47, rue Delaborde. Bolo, Rosny-sous-Bois. Eugène Robert, 17, rue du Nord, à Enghien-les-Bains. René Pasteur, 1, rue de Maubeuge. Gustave Frey, 16, Grande-Rue à Asnières. Paul Sée,

66, avenue de la République. Ch. Dreyfus, 65, rue du Rocher. Weill, 18, boulevard Voltaire.

MM. Monfroy, 187, rue du Temple. Léon Gestmann, 34, rue du Rocher. A. Augier, 18, rue Turbigo. Moline, 25, rue Trézel, à Levallois-Perret. A. Dreyfus, 21, rue de Madrid. E. Aron, 42, rue Barbès. Robert-Lévy, 20, boulevard Magenta. N. Weil, rue Greneta. E. Boulnois, 16, rue Richelieu. Jules Morin, Châteauneuf-en-Thémerais. Henri Carmellin. Max Rosengarten. Muselier, 24, rue de Maubeuge.

MM. Joseph Lévy, 28, rue d'Enghien. Paul Lévy, 28, rue d'Enghien. Georges Haas, 27, rue de l'Échiquier. J. Morisset. Georges Landauer, 8, rue Lantonnet. Georges Abraham, 11, rue de Marseille. Joseph Hauser, 1, rue Edmond-About. Adrien-Jules Villemane-d'Ormon. Léopold Cahen, 14, quai des Célestins. Léon Meyer. Wabeki, 4, rue Trézel. G. Kahn, 193, rue de l'Université. Léon Becker, voyageur, 17, rue des Juifs. Yvan Cournière, au Raincy. René Brunschwig. Schuth Schumacher, élève à l'école des hautes études, 9, rue Vauquelin.

MM. Frédéric Klotz, 8, rue du Mail. Fernand Klotz, 8, rue du Mail. Adrien Klotz, 8, rue du Mail. Achille Klotz, 8, rue du Mail. Docteur Lévy-Klotz, 4, rue de Provence. Mᵐᵉ F. Klotz. Mᵐᵉ F. Klotz. MM. Forest, représentant, 8, rue du Mail. L. Wolff, 30, rue Saint-Sébastien. Bloch, 6, rue Boule. Eveno, 15, boulevard Arago. Nerson, 35, rue des Francs-Bourgeois. Mᵐᵉ Nerson, 35, rue des Francs-Bourgeois. Mᵐᵉ Maurice Kahn, 30, rue de l'Entrepôt. Emile Leduc, à Rueil, Seine-et-Oise. Alphonse Bougère, 8, rue Anthony, Paris. Alphonse Halie, comptable, 23, rue Clavel.

MM. Georges Samuel, 30, rue Folie Méricourt. H. Goetschel, 8, rue d'Angoulème. B. Max, 21, aue Gontaine-au-Roi. Lion, 7, rue Auguste-Barbier. L. Bourret, 55, rue du Château-d'Eau. Eugène Leclerc, rue des Roses, à Puteaux Gimpel, 108, avenue de la République. Janouz, 21, rue d'Uzès, Jules Sommer, 205, rue Saint-Antoine. Prosper Panisset, 314, rue Saint-Martin. May, 100, rue de Maubeuge. P. Fournier, 24, avenue Parmentier. Maurice Levy, 49, rue Rochechouart. Jacquemin, 2, rue de Malte. Lafontaine, 117, avenue de Villiers. Dhaine, 48, rue Montmartre.

MM. Meyer Kahn, 105, rue de la Pompe. Salomon, 85, rue Rochechouart. Camille Bloch, 11, rue Bridaine. J. Nivors, 18, rue Cacheux. E. Rebellon, rue de Neuilly. Jules Schmitt, 15, rue Cail. Franck, 6, rue de Trévise. Leroux, 11, rue Hélène. Voisse, 2, rue de Provence. A. Heck, à Asnières. L. Lacombe, 19, rue de la Chapelle. J. Salvador, négociant. Ch. Bloch, normalien. Docteur Thiant.

MM. A. Viesen, 78, rue Lafayette. J. Muller, 2 *bis*, cité Pigalle. Emile Rothschild, Noisy-le-Sec. Desgranges, 10, rue de Parme. Emile Berr, 37 *bis*, rue du Sentier, Bérard Nettre, 46, rue de Provence. Bouffard, 20, rue de la Sablière. Docteur Roger. Isidore Marx, 103, rue Miromesnil. Georges Bignore, 40, rue d'Enghien. A. Lamball, 113, rue de Vanves. Georges Aron, 12, rue d'Hauteville. J. Fintier, 30, rue Saint-Lazare. Eugénie Dalsace, 59, rue de Prony.

MM. Ernest Vormus, 83, rue d'Angoulème. A. Oppenheim, 10, rue Sainte-Cécile. A. Gaudey. Ch. Lherminier, Pierre Hermant. Alfred Gleize, 43, boulevard Cosse, à Enghien. Louis Thuloup, à Ermont-Eaubonne. Durand, 17, quai Saint-Michel. Migaux, Villeneuve-la-Garenne. Baudoin, 38, rue de Belleville, Begum, à Ermont. G. Mathieu, 2, rue des Portes-Blanches. Gerson Bloch, ex-professeur alsacien. E. Kamoner. M. Kamoner. L. Kamoner. J. Domet. 21, rue Etienne-Dolet.

MM. Albert Sutter, aéronaute, 43, rue de Coquenard, Saint-Denis, Seine. Léonce Lévy. 22, rue Béranger. B. Alexandre, 13, rue du Caire. J. Beaurain, dessinateur. F.-J. Forest, sculpteur, 13, avenue Kléber. Charles Thys, sculpteur, 13, cité des Fleurs. G. Duburguet. Eugène

Ryvel, 14, rue de Marseille. Emile Picard, officier d'Académie. Henri Bruhl. Reynaldo Hahn, musicien. Victor Merle. V. Mathieu, artiste lithographe, 8, boulevard de Vaugirard. F. Mazzoli, propriétaire, 47, rue de Prony. Félix Rosenstock.

MM. S. Pattey. Goustioux. Mᵐᵉ M. Petitjean. M. Choquet Léopold Taurines, 147, avenue de Clichy. Jacques Brunswic, M. Klein, 204, avenue du Maine. M. Jacob, 17, rue Fauvet. Georges Adler. Maxime. E. Ackry. L. Poinias, 21, rue de Seine, Choisy-le-Roi. Henri Becker, représentant de commerce. Veuve Léon Becker. Albert Wolff. Georges Lévy, représentant de commerce, 36, d'Hauteville.

MM. Arsène Simon, 1, rue Thérèse. Alfred Klein, 30, rue du Vert-Bois. Charles Perrot, 12, rue Notre-Dame-des-Champs. Henri Lortaud, 95, rue du Rocher. Pierre Martin, 28, rue Vandrezanne. Albert Lévy, 227, rue de Vaugirard. Albert Moulin, 4, place des Victoires. Sylv. Franckfort, 16, rue Hérold. Ernest Francfort, 16, rue Hérold. Léon Lévy, 237, rue Saint-Martin. Lazare Jacob, 141, passage du Caire. Eugène Kahn, négociant. Sauvage, 5, rue Coquillière. Henri Godchaux, 23, rue d'Aboukir. Honoré Laurenie, 32, faubourg Saint-Martin. Georges Greidenberg, 29, rue de Charenton. Ed. Lyon, place des Victoires. Victor Lévy, 113, rue Lafayette. Georges Cahen, 46, boulevard Magenta. H. Hébinger, 63, rue de Seine.

MM. C. Wolff, négociant, à Elbeuf. Noulet, 21, rue Poissonnière. E. Schillio, négociant. Georges Leman, 80, rue de Belleville. C. Talifeit, 22, rue Rambuteau. Chauvière, 34, avenue Verdier, Grand-Montrouge. Bernheim, 73, rue du Commerce. H. Bernard, 5, rue Coq-Héron. E. Brion. Arribat, 27, rue Turgot. Baumann, 54, rue Montmartre. V. Birgé, 1, place des Victoires. Désiré Salomon, 32, rue des Mathurins. Emile Akar, négociant. E. Vuillemain, rue d'Argout. J. Wolff, négociant, à Elbeuf. Broussard, 42, rue des Francs-Bourgeois. Tabet, 9, boulevard des Italiens. Emile Moyse, 15, boulevard Pasteur.

MM. Ed. Legentil, chansonnier. Jeanne Legentil. Citoyen et citoyenne Dangers. Meyer-Heine. Félix Schwob. Edmond Orone. A. Hirsch, employé. J. Evrard, chansonnier. Henri Grunebaum, administrateur du bureau de bienfaisance du IIᵉ arrondissement. Albert Lefevre, représentant, 98, faubourg Poissonnière. E. Remond. Auguste Michaels. Henri Colombier. Emile Colombier. L. Rosenblum, 44, avenue de la République. Boyer-Rosenval, Adolphe Levy, 14, rue Notre-Dame-de-Lorette, Alfred Ebelot, ingénieur civil. G. Renet, J. Bloch, 44, rue de Bondy.

MM. J. Fisitier, 30, rue Saint-Lazare. Eugène Dalsace, 59, rue de Prony. Ernest Vormus, 83, rue d'Angoulème. A. Oppenheim, 10, rue Sainte-Cécile. A. Gandy. Ch. Lherminier. Pierre Hermant, Louis Vivier. J. Bonneau, photographe et publiciste, 63, route de Flandre. Louis Matha. A. Libertad. S. Boulet, 35, rue de la Butte-aux-Cailles. Decor. Henri Aubry. Léon Prat. Lucas. Gérard. Liégeois, charpentier, 36, rue Lemarois. A. Bimant, Toulouse, Lucien Gosse.

MM. Armand Massip, directeur-administrateur du *Siècle*. Dombasle, du *Siècle*. Garreau, du *Siècle*. Maurice Raymond, du *Siècle*. Charles Raffard, du *Siècle*. Aug. Blosseville, René Dubreuil, du *Siècle*. Salomé, Dornstetter, de Saint-Hippolyte (Alsace). André Piccard, dit Sagnier. Mᵐᵉ Andrée Sagnier.

MM. André Sagnier, ancien éditeur. Pierre Barbier, auteur dramatique. Alfred Paulet. Louis Ravaille. Jacques Cohen, avocat à la Cour. Serge Jacob, publiciste. Georges Brun. Marcel Huart. Georges Collet. Louis Radiguet, étudiant en droit. Louis Weber, rédacteur à *la Revue philosophique*. P.-V. Stock, éditeur. F. Worms, avocat à la Cour d'appel. E.-A. Spoll, homme de lettres. Docteur Ch. Letourneau.

MM. Alfred Athys, homme de lettres. Jules Renard, homme de lettres. Paul Hermann, peintre dessinateur, Gaston Moch. Mᵐᵉ Gaston Moch.

MM. Alexandre Natanson, directeur de *la Revue blanche*. Pierre Valdagne, homme de lettres. René Boylesve, homme de lettres. Charles Saunier, homme de lettres. Léon Blum, homme de lettres. Félix Fénéon. Tristan Bernard, homme de lettres. Victor Barrucand, historien. Julien Benda, auteur dramatique. Cyprien Godebski. Paul Marion. Charles Salomon.

M. le docteur Javal, membre de l'Académie de médecine. Mme Émile Javal (née Ellissen). MM. Bondois, professeur au lycée Buffon. Bondois, Paul Hochard. Louis Picard, rédacteur au *Paysan de France*. Louis de Montcarville.

Mlles H. Sivy, H. Reinders, M. V. Bieberstein, étudiantes à la Sorbonne. MM. E. Fortis. Daniel Bruy. E. Guilloux, Cadiou. A. Eugée. Pichenart. G. Rodrigues. Charles Roze. A. Weill, docteur en droit. Maurice Anic, courtier de commerce. Ismaël Poulain, adjoint au maire de Sens. Louis Monod. Lucien Monod. Adolphe Saint-Lanne, ancien avocat à la Cour de Paris. V. Bouillon, professeur d'anglais au collège de Coulommiers. A. Sincey. A. Nesponloux. F. Théron. A. Barrial. Teissonnière. Romain. Paul Ferrières. Faudeplane. Ed. Martin. Paiten. C. Brun. E. Charounat. Weiss. L. Gauser. Duprès, à Meaux.

MM. A. Huot, ancien universitaire, publiciste. Henry Huot, journaliste. F. Masse, ingénieur des arts et manufactures. A. Fouvieille, professeur libre. Albert Bane. Therriot. Dumas, docteur en médecine. Reignier, étudiant en lettres. Charles Geyer, étudiant en lettres. P. Brizon, étudiant en lettres. Brunet, étudiant en lettres. J. Villiatt, étudiant en lettres. E. Haunap, étudiant en lettres. Louis Mayer, docteur en droit. Louis Rouillé. Henri Gallais. Louis-Jacques Damourette.

MM. Edmond Knol. Jean Charrière. Henry Berenger, homme de lettres. Georges Delahache. René Cueylas, étudiant. Amédée Ramonnet, étudiant en médecine. Docteur Hulmann. André Spire. Gabriel Mourey. L. Febvre, licencié en droit. Eugène Herr, étudiant en pharmacie.

MM. Samuel de Jaecher. J. Can, étudiants en médecine. Raoul Blum. Marcel Lamotte, agrégé, préparateur à la Sorbonne. A. Pidiou. D. Delafarge. Raoul Blanchard. C. Blondel. Marcel Braunschirch. R. Guyot. A. Jarde. F. Albert. Aubert, licencié ès lettres. Robert Duponey. Hourtiq, Tonnelat, étudiants.

MM. Billion, étudiant. André Dally, licencié ès lettres. Gustave Tery, professeur agrégé de l'Université. A. Kulmann. Louis Lazard, licencié ès lettres. Octave Tixier, avocat. Louis Maillard, étudiant. Charles Maillard, licencié ès lettres. Fernand Bizouerne, étudiant ès sciences. Isidore Lévy, membre de l'Institut français du Caire. Gillet. F. Perez, Leroux, licenciés ès lettres.

MM. Boudin, G. Chavannes, Dauzat, E. Chapeau, Dubesset, G. Obriot, Bernhein, Conard, licenciés ès lettres. Laureaux, Maroger, Clairin, Rey, Berthier, licenciés ès sciences. Mme Gabrielle Rodrigues-Henriquez. Mme G. Berard.

MM. Léon Bloch. Henri Arnould, ingénieur des arts et manufactures. Decoppet, pasteur. Paul Houet, officier de la marine marchande. E. Durney, directeur de l'usine de la Société de Colombes. Charles Offenstadt. Crémieux. Lucien Haarscher. Bebin. A. Baudoir. Jules Lermina.

MM. Vincent Berger. Fritel, artiste peintre. Georges Kœchlin, Belfort. L. Letellier. Edouard Droz, professeur à l'Université de Besançon. Charles Guillaumin. Mme E. Gley. Mme Bal. Mlle Vierec. Mme J.-P. Langlois. MM. Charles Desreumeaux. Paul Segon. Paul Collet, pasteur.

MM. Edouard Tacquart, comptable, Adrien Jonas. Langlet, ancien député. Reims. Maurice Lallemand, ingénieur des arts et manufactures. Docteur Adrien Fozzi, professeur à l'Ecole de médecine de Reims. Alexandre Israël, rédacteur en chef de *l'Eclaireur de l'Est*; Dauchin, T. Bonafous, Nice. P.

Lundi 28 Novembre 1898

MM. Georges Périn, ancien député. Alfred Bruneau, compositeur de musique. Albert Clémenceau, Henri Vonoven, Charles Cointe, Georges Bessières. Georges Méran, avocats à la Cour. Mme Réjane. MM. Ch. Gilbert-Martin. Henri Brissac. Henry Kistemaeckers. Auguste Germain, auteur dramatique. Laurent Tailhade. Vincent Griffon, préparateur à la Faculté de médecine. Paul Clemenceau, ingénieur. Docteur Léon Frey, ancien interne des hôpitaux. Edmond Norès, homme de lettres. Georges Dacosta, homme de lettres. Marcel L'Heureux, homme de lettres. Lutz, du *Courrier français*. Eugène Thebault, publiciste. Lucien Dupuis, directeur du *Régional Seine-et-Oise*. Victor Champier, homme de lettres.

MM. Célestin Deneuvilliers. Hortense Deneuvilliers. Defrénois, industriel à Paris. Georges Brunet, menuisier. Albert Goullé, rédacteur à *l'Aurore*. Gustave Mondet. Pierre Fonbride, typographe. P. Geffroy, typographe.

MM. A. Millerand, rédacteur en chef de *la Lanterne*. René Viviani, Gustave Rouanet, Maurice Allard. Aristide Briand. André Lefèvre. Henri Turot. Ernest Beauguitte. Auguste Bourceret. Georges Acker. Paul Marrot. Romain Darnay. Hector Jouguet. Paul Lacour. Aimé Lavy. Albert Dayrolles. Jean Reyval. E. Degay, rédacteurs à *la Lanterne*.

Mme Gustave Kahn. Théodore Cahu, homme de lettres, et Mme née Jacquet de May. William Barbotin, artiste peintre, graveur. Gabriel Fabre, compositeur de musique. Jean Paoli, agrégé de l'Université. Gustave Bouvard, professeur honoraire du lycée Condorcet. Pajot, député du Cher. Léon Thuillier, ingénieur. Paul Girard, maître de conférences à l'Ecole normale supérieure. J. M. Petitjean. Lucien Tournaire, ingénieur. G. de Forster, dessinateur. Félix Lacôte, agrégé de l'Université. Raoul Legrand, docteur en droit, 72, rue Monge. Docteur A. Péchin

MM. Hippolyte Marcou. Claire Weil. Octave Charpentier, homme de lettres, 6, rue Oudinot. Edmond Bigard, interne des hôpitaux. Albert Pontremoli, avocat à la Cour. E. Driault, agrégé de l'Université. Docteur Horace Stapfer. Charles Jacoutot, rédacteur en chef du *Progrès du Loiret*. Léon Zay, rédacteur.

MM. Alphonse Bouyer, 8, rue Anthony. Georges Lévy, externe des hôpitaux, 10, rue Beaurepaire. Docteur Daumas, 66, rue de Bagnolet. Mme Anna Tordo, à Nice. MM. Marcel Cahen, voyageur. Adrien Mayer, ancien conseiller municipal de Nîmes. Mme Adrien Mayer. M. et Mme G. Glazer. MM. Antarès, plumassier. Joseph Juslin, 67, rue Turbigo. Mme J. Joseph. Mlle J. Joseph. MM. Gaston Weil, 13, rue Perdonnet. Jacques Weil, 13, rue Perdonnet. Georges Kolback, 15, rue Lacharrière. A. Joseph. N. Orirman. P. Le Goaziou, 3, rue de Buci. Boissadel. Pierre, 12, rue Mathis.

MM. Daniel Cohen, banquier, 2, rue de Provence. G. Max, 8, rue Notre-Dame de-Lorette. Alexandre Klein, étudiant en droit. L. Levy, 4, rue Vaucanson. C. Levy. Albert Levy. Alice Levy.

MM. Léon Joseph. A. Bicard. Théophile W. de Rosheim. Smolisansky. René Danou, étudiant. Steingold. R. Carpe. Arruat. Sylvain Meyer, rue de Malte. Jacques Meyer, avenue Parmentier. Adolphe Meyer, rue de Malte. L. Katz, boulevard Voltaire. Jules Levy, 44, rue de la Roquette. Henri Deroo, 8, rue du Foin. Paul Levy, rue Beautreillis. René Levy. Armand Baretzek, rue Bourgtibourg, 35. Jules Lew, 24, rue Chapon. J. Hecher, rue Auguste Barbier. Nicolas Liss, rue Saint-Gilles. A. Auzende, compositeur.

MM. Jules Mayardt, rentier, avenue Malakoff, 50. Blanchard, 7, rue d'Aumale. Marcel Strauss, élève de deuxième au collège Rolin. Mathias Paraf-Javal, chimiste, 3, rue Ampère. Mᵐᵉ Paraf-Javal. MM. S. Langbank, négociant. Oscar Herstat, 11, rue de Richelieu. Vincent Limonisi, sculpteur. André Beaunier, homme de lettres. Armand Frati, sculpteur. Oméro Torniozzi, sculpteur. Paul Meyer, 89, avenue Wagram. Ch. Vaquette, lithographe, 28, rue Brézin. Berthe Benoît, aquarelliste. De Kérilly, 31 *bis*, rue Euler. M. Ch. Imbert, publiciste, 20, quai de la Mégisserie. Mᵐᵉ Mathilde Imbert, rue Victor-Massé. Mᵐᵉ Amélie Darthout. Mˡˡᵉ Cécile Imber. MM. A Mourat, publiciste, H. Clinchamp, île Saint-Pierre (Alforville). Palix, voyageur de commerce. Billiez,11, rue Yvon-Villarceau. Mᵐᵉ Benoît, artiste peintre.

Mᵐᵉ Veuve I. Copès. MM. Dias. Gabriel Imbert. 20, quai de la Mégisserie. Mˡˡᵉ Claire Imbert. MM. André Boistard, 34, rue de Richelieu. Albert Armand, Lucien Amand, Gabriel Amand. Mᵐᵉ Clémence Rosenmark. MM. Bernard Rosenmark. Jules Rateau, homme de lettres et publiciste. Mᵐᵉ veuve Emile Simon. MM. Alfred Picard, J. Ducluzeaud, mécanicien. Rivet, à Charenton-le-Pont. Arancourt, menuisier. J. Patel, Jean Faucher, 58, passage Brady. Victor Natanson, élève au collège [Rolin Adolphe Lenri. Guillaume Natanson. Mᵐᵉ G. Natanson.

MM. Aug. Foret, administrateur colonial, 20, rue Mazarine. Docteur Gilles, médecin, à Thomery Michel Salomon, 64 *bis*, Grande-Rue, Roubaix. V. Renard, publiciste, Lucien Picard. Amédée Honnoré. E. Vincent. Henri Ségard. Henry Delongeur, Vicart. Lasalle. E. Stein. Mᵐᵉ Sophie Stein. MM. J. Lévy, voyageur. Albert Christophe, voyageur. Mᵐᵉ Marie Chantavoine. Henriette Chantavoine. Madeleine Chantavoine. M. Jean Chantavoine.

MM. Ch.-V. Langlois, docteur ès lettres. G. de Porto-Riche, auteur dramatique. Jean Ajalbert. Pierre Bertrand, publiciste. Emile Michon, rédacteur aux *Droits de l'homme*. Louis Vauxcelles, publiciste. Alfred Paulet, publiciste. J. Cahen, publiciste. Léon Picard (Le Pic). Camille Levy, administrateur du journal *Les Droits de l'homme*. Charles Mapou. Gustave Kahn. Edouard Conte. Mᵐᵉ Marcel Flabeau. Marius Ravat, rédacteur en chef du *Petit Alpin*. Joseph Besson, secrétaire de la rédaction du *Petit Dauphinois*. L. Comte, directeur du *Relèvement social*. L. Ravaille, publiciste. Jehan Pertuis, publiciste. Charles Appuhn, professeur au lycée, à Avignon. Docteur Marx. Parot, externe des hôpitaux, à Lyon. Pol Levengard, étudiant en droit, à Lyon. Michel Puy, étudiant en droit, à Lyon. Catan, ancien externe des hôpitaux, Lyon.

MM. Léon Zancey, 3, rue Ampère. Émile Lubac, agrégé de l'Université. G. Chastand, directeur du *Signal*, et la rédaction. G. Meudes, 14, rue Lacour, à Bordeaux. Mᵐᵉ G. Moutet. MM. Gustave Moutet, négociant. Marius Moutet, avocat à la Cour d'appel, 149, avenue de Saxe, à Lyon. Jules Ouvrard, directeur du journal *La Revision*, 31, rue Richelieu. L. Dompf, étudiant en médecine. Le commandant Valdteufel, chef de bataillon en retraite. Docteur Fromageot, à Beaune. Paul Melon, membre du Conseil supérieur des colonies. Mᵐᵉ C. Honorat. MM. C. Honorat, du *Progrès du Havre*. Edouard Pelletan. Caroline Pelletan. René Wolf, avocat à la Cour d'appel de Paris. Félix Chavaillat, secrétaire de mairie. Georges Colonne. Edmond Sée. Dureteste, avocat à la Cour d'appel. Numa Jacquemaire, avocat à la Cour. Jean Yscle, rédacteur au *Parti ouvrier*. H. de Béjard, docteur en médecine, à Salamanque.

Mᵐᵉ Louis Adolff. Mˡˡᵉˢ Laval, Sibleyras, Portal. MM. Georges d'Espagnat, artiste peintre, les Mureaux (Seine-et-Oise). Emile Serrus, inspecteur d'assurances, Pougues-les-Eaux (Nièvre). Jules Pourot, chef de bureau d'assurances, Paris. Cheminarde, Charles, 6 *bis*, rue du Puits, Colombes. Ch. Regnier, architecte, 128 *ter*, boulevard de Clichy. Henri Cuisance, professeur de langues vivantes, 26, rue Caumartin, Paris. Eugène Thadome, artiste peintre. Fernand Bance, à Mantes-sur-Seine.

Pierre Stadelhofer, à Nuits (Côte-d'Or). Traverse, architecte. Alibert, licencié en droit.

MM. Ruault, répétiteur au lycée de Quimper. Georges Arnold, architecte, ancien élève de l'école des beaux arts. Marius Beaugourdon, étudiant de l'Université de Paris, 1, rue du Faubourg-Saint-Jacques. René Champigny, auteur dramatique, 210, avenue Daumesnil. Pointier, ancien magistrat, docteur en droit, 1, place Saint-Jacques, Compiègne, Albert Alix, à Garencières (Eure). Cavillard, licencié en droit. Henri Choly, 33, avenue de Ségur. Charles Mention, ancien député, à Douai, 57, rue Saint-Albin. Faure, ancien officier de cavalerie, 48, rue des Francs-Bourgeois. Louis Boyer, professeur de musique, 23, rue Edgar-Quinet, Grand-Montrouge. P. Lescuyer, chimiste, 4, rue d'Amboise, Paris.

MM. Henri Loyfert. Ernest Roussel. Paul Sondu. Lancien. Léon de Bercy (Jehan Pavé). Henri Col. C. F. Drouchut, rue Sedaine, 57. F. Droutin, industriel. E. Frerion, cité Bertrand, 8. A. Judenne. Sauvagnat. Soi. Jean Petat, mécanicien. Félix Mestre. Ferdinand Chaillon. Phagiotto, 7, impasse Compans. Fleuret. Sirvain, 44, rue de Courcelles. Charles Weil, 32, rue Lemercier. Maurice Henri. Max Berner. L. Mouchet, propriétaire, 32, rue Boursault. F. Dubois, 10, boulevard de Reuilly. A. Jeanseaume père, 10, rue des Immeubles, Paris. Marcel de Guichaumont, propriétaire. Eugène Coblentz. Mᵐᵉ Eugène Coblentz. M. Gustave Coblentz, Pauline Gindra, 72, boulevard de Sébastopol. Docteur Paul Noguès. MM. Henry Moatty, publiciste. A. Rogez, 91, rue Thiers, au Vésinet (Seine-et-Oise).

MM. F. Démaison de Viuz. Albert Hertz. Isaïe Schwartz. E. Ginsburger. Albert Delvallé, homme de lettres, 19, rue Vauquelin. Amédée Postel, peintre, 38, rue Poulet. André Methey, artiste. A. Cambes, employé, gare d'Ivry, 40, rue de Bondy. Paul Salmon, interne des hôpitaux de Paris. Chardon, coiffeur, rue de la Ferronnerie, 12. Guérin et Vallée, négociant, 31, rue de la Ferronnerie. Fernand Caussy, 17, avenue Alphonse, Hyères. Raoul Bourlac, employé, 23, cours Lieutaud, Marseille. Mᵐᵉ Rousselot, Valmondois (Seine-et-Oise). MM. Rousselot, Valmondois. N. Weil, Nancy. Auguste Weil. Mᵐᵉ A. Weil, Marie Weil, Fernand Weil, 15, rue Louis-Blanc, L. Michel, 5, rue de la Manutention. Armand Bernard, interne des hôpitaux, 22, rue Balagny. André Wormser, compositeur de musique, 83, rue Demours. Désiré Goine, employé de soieries, 17, rue Paul-Bert, Lyon. Charles Durst, Bordeaux. Elysée Coustère, propriétaire, Salies-de-Béarn, Deligny père, 25, cité de Chabrol. C. Collot, pharmacien, Saintes. P. Bourdin, négociant.

MM. Raoul Dosque, artiste peintre, 110, rue de La Harpe, au Bouscat, près Bordeaux. Paul Olivier, étudiant en philosophie et en droit, 22, rue de l'Ecole-de-Droit. Henry de Jouvenel, licencié ès lettres, 49 *bis*, avenue d'Antin. Edmond Polonié-Pierre, Emile Perrin, professeur à l'Association polytechnique. Mᵐᵉ E. Perrin, MM. H. Malstesta. Jules Bourgoin, 64, rue Tiquetonne. Botiaux, ingénieur civil, 5, rue Vauthier, Boulogne. Frankel, chirurgien-dentiste, 38, Chaussée-d'Antin. Massebiaux, 3 *bis*, rue de Nemours, Rennes. Mᵐᵉ Papin. MM. Hapin, pharmacien. Charles-P. Gustave, Durain Gontran, étudiants en pharmacie.

MM. Henri Marin, instituteur public, 29, rue de Lodi. Docteur Gorodichze, 35, rue de la Bienfaisance. M. Camille Mauclair, 23, boulevard des Dames, Marseille. A. Wolfron, architecte, 75, rue Manin, Paris. O. Bonnensvander Boijen, compositeur de musique. Frantz Jourdain. E. Block, ingénieur des mines. Mᵐᵉ Blanche Block. MM. B. Picard. Albert Block, licencié ès sciences, publiciste, 18, rue Galvani. Pierre Massoni, 17, rue Lauriston, Paris. Lepée. Esselin, 27, boulevard des Italiens. Klatigny, négociant, 28, boulevard de Neuilly, à Neuilly-sur-Seine. Olivier, employé, 18, rue Grange-Batelière. P. Rekt, 123, rue du Faubourg-Poissonnière.

MM. H. Wahl, président de la Société de réintégration des Alsaciens-Lorrains. Jacques Bloch, rentier, 49, avenue de l'Alma. Edmond Bloch, 49, avenue de l'Alma. Simon Lévy, négociant, 30, rue Turbigo. Mme Simon Lévy. MM. A. Férouelle, interne des hôpitaux. Pierre Bonnaviat, professeur de philosophie, Saint-Germain-en-Laye. Mlle J. Grobitz, 23, rue d'Hauteville. MM. René Stern, 2, rue Juliette-Lamber. Eug. Latte, ingénieur des arts et manufactures, 48, rue des Abbesses. Jean Stern, commerçant, 2, rue Juliette-Lamber. Mme veuve Esslimbaum, propriétaire, 358, rue des Pyrénées. MM. Raoul Tétard, interprète, 23, rue Victor-Massé. R. Collin, 283, boulevard Voltaire. Léon Collin, 283, boulevard Voltaire. Oger, employé.

MM. J. Herr, comptable, 52, rue de l'Arbre-Sec. Emile Suntrup, coryphée à l'Opéra. Cahen, Léon, rue des Lions. Agautin, 32, rue Lévis. Jacques Chaumié, étudiant en droit. Marcel de Gombault, avocat à la Cour. Paul Charles, sous-bibliothécaire à la bibliothèque Sainte-Geneviève. Paul Gallimard. Mlle Henriette Maurice, 66, rue du Ruisseau. MM. Marius Baron. Eugène Bodin, 52, rue Saint-Maur. Gabrielle Bodin, 52, rue Saint-Maur. Bouché. Docteur Springer. Eugène Wolf. Hellmann, employé de commerce, 36, rue de la Félicité. Polin, comptable, 17, rue Clauzel. Alfred Robert, licencié en droit, ancien notaire.

MM. Georges Baleste, 7, rue de Trévise. G. Caavès, comptable, 31, rue Chabrol. Sabard père et fils, brodeur, 143, rue d'Alésia. Albert Picard, voyageur de commerce, 22, rue des Petites-Ecuries. Edouard Stehlin. Marcel Weill, employé de commerce. René Weill, élève à l'Ecole commerciale. E. Nelson, 34, rue Ramey. Mme Nelson. M. Alphonse Hirsch, rentier, 28, rue de Trévise. Mme Alphonse Hirsch. MM. Lucien Brunschwig. Blum. E. Blum. Chreton, 119, boulevard Voltaire. Henot, 12, rue de la Tour. Alli Lion, professeur à l'Association philotechnique.

MM. E. Leleu, employé, 32, boulevard de la Villette, Paris. Marcel Meyer, négociant, 20, rue du Château-d'Eau. Léon Bernau, rue Le Regrattier, 2. Georges Leleu, graveur, 32, boulevard de la Villette, Paris. Auguste Seh, graveur, 54 bis, rue de Lancry. Samuel, Joseph, employé, 54 bis, rue de Lancry. S. Lienzenberg, voyageur de commerce. A. Hirsch, 39 bis, rue Doudeauville. J. Frey, employé de commerce. L. Wolff, relieur, 15, rue Chaudron. A. Wolff, employé, 15, rue Chaudron. M. Kohn, employé, 5, rue Boulle.

MM. D. Lazarus, coupeur-tailleur, 18, rue Pache. Emile Kohn. Paul Kohn, 5, rue Boulle. Alfred Kohn, voyageur, 34, rue des Francs-Bourgeois. S. Hirchmann, négociant, 19, rue Charles V. S. Hirschmann, rentier, rue des Lions-Saint-Paul. H. Mathieu, négociant, 21, rue Charles-V. Disme, ébéniste, 18, rue de Lappe. H. Elira, courtier, 151, rue de Charonne. Jacob Gruneblatt, ébéniste, 18, rue de Lappe Marcel Bloch, 2, rue des Lions-Saint-Paul. J. Rotei, 35, rue Rambuteau. Ama Mesener, 3, rue Rambuteau.

Paul Louis, rue Bobillot, 41, Kremlin-Bicêtre. A. Soutan, 13, rue de la Pompe. A. Zèle, négociant, 17, avenue de Paris, Villejuif. F. X. Zèle, père, adjoint au maire de Villejuif, 17, avenue de Paris. Brassard, 58, avenue de Paris, Villejuif. Audriès, 70, avenue de Paris, Villejuif. Lange, 60, avenue de Paris, Villejuif. Ch. Peschot, fils. M. Simon Weill. Mme Simon Weill.

MM. Gaston Bickart, élève à l'Institut commercial. André Simonet, élève à l'Institut commercial. Pierre David, élève à l'Institut commercial, Jules Weill. Mme F. Weill. MM. Marcel Normand. Léon Charpentier, Geismar, industriel. Woog, négociant. E. Milhaud (dit Barodet), 48, boulevard Gambetta, Nîmes. Mme E. Milhaud. M. Raoul Tétard, interprète, 23, rue Victor-Massé. Mme Veuve Esslimbaum, 358, rue des Pyrénées. MM. Xavier Combes, étudiant en médecine. Alexis L. Guilleux, artiste dessinateur, 71, faubourg Poissonnière.

MM. Sam, employé. L. Coutaud, comptable, 97, rue Ordener. Samson, Saint-Mandé. Maurice Bertaud, 2, boulevard Morland. Edouard Attali, étudiant. Emmanuel Lévy, docteur en droit. Vernant, directeur du journal *le Briard*, de Seine-et-Marne. E. Aumont, négociant, 56, rue Turbigo. Cramier, employé de commerce, 27, boulevard des Italiens. Lap, 11 bis, rue Blanche.

MM. E. Danquin, voyageur. Jules Appert, peintre, 228, boulevard de la Villette. Lucien Grelault, externe des hôpitaux, 7, impasse Royer-Collard. Oscar Blum, licencié ès lettres, 68, boulevard de Port-Royal. Edgard Blum, externe des hôpitaux de Paris, 23, rue des Boulangers. Jacob Max, masseur de l'hôpital Cochin, 5, rue des Feuillantines. Lucien Bonnefoy, licencié ès lettres, 35, rue Gabrielle, Charenton. J. Litalien, 36, rue Cortambert.

MM. Georges Heimann, 65, rue Demours. Chaplin, ancien lieutenant d'artillerie, 4, rue du Moulin-Joli, Le Havre. A. Torrès, négociant, 18, cité Trévise. Henri Simon. Mme Henri Simon. Mlle Yette Simon. MM. Samuel David, Emile David, Marcel David, à Grenoble. Achille Bourdeau, avocat, 21, place de la Sous-Préfecture, à Cognac (Charente).

MM. Joseph Lacave, 86, Grande Rue, Cette. Germaine Monod, villa Amiel, Versailles. Bernard Monod. Georges Laidet. Mme Immerland, professeur, 29, avenue Thiers. MM. Edmond Babut, licencié en droit, 50, avenue Henri-Martin. Maurice Liebert. Salomon Lefschetz. Henri Lefschetz. Léon Lausman. Salomon et Isaac Lévy. Henri Lévy.

MM. Pierre Massoni. J.-A. Grenard, ingénieur électricien. Henri Guillerot, Saint-Germain-en-Laye. Walch, employé, 31, rue Sedaine. Léon Serana. Mlle F. Godinot. Pourcel. L. Matruchot, étudiant. Maurice Rosenbaum. Henriette Rosenbaum. M. et Mme M. Cohn. Marthe Cohn.

MM. C. G. Kérouan, lieutenant de cavalerie démissionnaire, dessinateur. Ed. Michel, 6, impasse Mazagran. Henri Cerf. Louis Dollivet. Edouard Weill, licencié en droit. M. Florian. Lucien Gimpel, étudiant en lettres. Salomon Schwad, 2, quai Valmy. Albert Bloch. Jules Simon, artiste lyrique. Marius Simon, entrepreneur de peinture, et toute sa famille.

MM. P. Rothschild. A. Cerf. Mayer Nettre. Emile Gumpel. Edmond Netter. Ernest Fribourg. P. Dubosq. R. Dubosq. E. Weill. D. Weill.

MM. Gaston Strauss, négociant, 24, rue Béranger. Louvier, instituteur. Camille Mertel, concierge, 62, rue de Javel. Ch. Lang. Mme Martel, 55, rue Meslay. Mlle Martel, employée. MM. L. Miannay, mécanicien, 2, rue du Hasard, délégué des ouvriers de la maison Pellorce, de Courbevoie. A. Blumental. Mulquin. Chavagnat, compositeur de musique. G. Thévenin électricien. Mme Thévenin.

MM. Pierre Relard, employé, rue Grégoire de Tours, 12 François Angélé, mécanicien en précision, 1, rue du Dragon. Martin Jonon, valet de chambre, 10, rue Legendre. Alexandre Garony, 5, rue d'Uzès, M. Emile Bonhomme, 13, rue des Gatines. Mme Emile Bonhomme, 13, rue des Gatines. MM. J. Hadamard, professeur de sciences. Victor Chamonin, négociant, 11, rue des Archives. J. Marmonier, 3, avenue Malakoff. R. Mignot, docteur en médecine. Alfred Bruneau. Gaston Kowalsky. Georges Picard, artiste peintre. Berthe Berthelin, 2, rue Camille-Tahan. Camille Chypre. Myrthil Lazard. Charles Erlanger. Martin Erlanger Maurice Kahn. M. Blach. Mme Bloch. MM. J. Bloch, octogénaire. M. Félix Siégel. M. Félix Siégel. A. Lazard. Adrieux. M. Kahen. J. Hirsch.

MM. Prosper Becker. J. Lambert, négociant. Gustave Avisse, comptable. Lucien Boulet, électricien. E. Spise, graveur lithographe. A. Mazanyer, 9 ter, boulevard de Strasbourg, Montpellier. Marcheval, représentant de commerce. Gaston Gardanne. J. Frez. Th. Frez. Eugène Weill. G. Isidor. Gustave Quenel, de Villers-Bretonneux. Edouard Chantallat, artiste peintre. André Habay. Docteur D.-L. Bran. A. Vilson, 78, rue Lafayette. J. Muller, 2 bis, cité Pigalle. Emile Rothschild, Noisy-le-Sec. Emile Berr, 37.

rue du Sentier. Bernard Nettre, 46, rue de Provence. Bouffard, 20, rue de la Sablière. Docteur Boyer, ancien médecin major. George Bignorre, 40, rue d'Enghien. A. Lamball, 113, rue de Vanves, Georges Aron, 12, rue d'Hauteville. Desgranges, 10, rue de Parme.

MM. J. Viard, herboriste, 1, rue Pétion. A. Michonneau. L. Guinal. Andrès. Anglès. Pécheux. E. Foy. Reigers, dessinateurs industriels. Edmond Dreyfus-Brisac, publiciste. Docteur Émile Goin. E. Quillent, conseiller prudhomme. Olivier Regaré, 45, avenue de Clichy. Ludovic Marchand, licencié ès lettres. Henri Mortimer, publiciste. A. Drouet, manufacturier, à Levallois. Georges et Maurice Berger. Mme Jean Weber, 85, rue Laugier. W. Garcias, fils. Docteur Witkowski. Auguste Saudemont, 7, rue de Rocroy. André Salomon, 93, rue Jouffroy.

MM. Francis Level, étudiant. Louis Quesnel, étudiant. Bouteiller, étudiant. Marcel Bloch, licencié en droit. G. Burnefl, étudiant. Mialaud, étudiant. Léopold Lacour. Mme Mary Léopold Lacour. MM. Max Reynaud. Henri Garaud, représentant de commerce, 31, rue de Moscou. E. Durand, 175, boulevard de la Gare. Réty, 5, rue Lacharière. G. Roos, représentant de commerce, J. Barillot, Versailles. Henri Vasseur, sculpteur, rue de Montreuil, 125. Paul Maillot, sculpteur, 40, rue Eugène, Alfort. Louis Duquenne, rue Keller, 13. Charles Roche, 9, cité Prost. N.-L. Wagner, cité Prost, 9. Maurice Grumbach, commissionnaire en marchandises. H. Tricot. G. Grellet, peintre-dessinateur.

MM. L. Bloch, administrateur de l'*Univers Israélite*. Albert Guet, employé à l'octroi de Paris. Mme Prudhon, propriétaire, 7, rue Guichard. MM. N. Horvilleur. Edmond Babut. Henri Krich, pharmacien, à Bourg-la-Reine. Paul Genty, licencié ès sciences, 207, rue de Vaugirard. Désiré Louis. Docteur Maurice Roy, 5, rue Rouget-de-Lisle. Mme L. Dumoutier, institutrice. MM. B. Vuillet, 128, boulevard Richard-Lenoir. F. Vuillet, 128, boulevard Richard-Lenoir. Albert Dubrèze, 44, rue de Bondy. Weil, ancien huissier de l'Alsace. Mme Weil. MM. Lucien Weil fils. Arthur Weil fils. Adrien Weil fils. Mlle Adeline Weil. M. Arthur Weiller, 6, rue Choron.

MM. Léo Frapa, ingénieur civil. Mlle Anglada. Mlle M. Warth. MM. Legoff. Goldschmitd. Mme Prevost. MM. Sommer. Muszlack. L. Faucheur. Vieville. P. Delacarrière. E. David Mustock. E. Lenz. André Hesse. J. Buon. Mme J. Robert. MM. G. Menaut. Sicka. R. Marcies. Deherme. Deberdt, publiciste. Chassier. Ricci. Chanut. Hocq. E. Heggerick. Estève.

MM. Pierre Ibos, 9, rue Valentin, Levallois. Marius Aufan, 69, rue de Courcelles, Levallois. Guillaume Ibos, 80, rue du Bois, Levallois. B. Gouard, 102, rue Chevallier, Levallois. Aulefaux, 125, rue Fazillau, à Levallois. Bourdeaux, 15, rue Poccard, à Levallois. E.-Ch. Neveux, 69, rue de Courcelles, à Levallois. Hardy, 14, rue Voltaire, à Levallois. Michel, rue Victor-Hugo, à Levallois.

MM. Berthelin, 26, rue Carnot, Levallois. A. Jamby, 147 bis, rue Chevallier, Levallois. Dunand, 34, rue Voltaire, Levallois. Ch. Derrieux, rue Marjolin, 15, Levallois. Diner, 72, rue Victor-Hugo, Levallois. A. Gaudin, 104, rue Cormaille, Levallois. Jules Choquet, 24, passage Trébert, Levallois. Paul Alexis, 10, rue de Villers, Levallois. Mme A. Borel, 60 bis, rue Danton, Levallois. Mlle Rachel Borel, rue Danton, Levallois. Mlle Jeanne Borel, rue Danton, Levallois. MM. Pelain, 51, rue Danton, Levallois. M. Charlet, 51, rue Danton. Mme Charlet, 51, rue Danton, Levallois. MM. Marius Kleynhoff, 21, rue de la Sablière. Louis César, 7, rue Saint-Sauveur. Mme Lucie Passerote, 34, rue Grenéta. M. Camille Doyen, 75, avenue Wagram. Mme Magniny, 7, rue Saint-Sauveur. Mlle Sidonie Marchand, 7, rue Saint-Sauveur. MM. J.-B. Marchand, 7, rue Saint-Sauveur. André Vial, 21, rue Dussoubs.

MM. Victor Le Noir, 48, rue Charlot. Charles Allemane, 135, rue Ménilmontant. Louis Langevin, 29, rue Saint-Sauveur. E. Maurel, 71, rue Grenéta, M. Jouvé, 42, rue

Pastourelle. Th. Jacques, 21, rue Beauregard. A. Morlin, 11, rue Tiquetonne. J. Chaplain, 6, passage Ménilmontant. Léger Bally, 36, rue de l'Ermitage, ouvriers typographes.

Jules Hénault, peintre, 38, rue Rochechouart. Edmond Noguères, homme de lettres. Maurice Piotrowski, 51, rue d'Hauteville. V. Terrier. Suzanne Piotrowski. Julie Dettling. Michel Kanner. Mme Michel Kanner, J. Ferenczy, libraire-éditeur, 48, rue de Lancry. Jaspard, 41, rue des Cloys. Delicaux, au Perreux. Simon, 40, rue Muller. Le Marchand, 2, rue de Suez. Caus, 33, rue Francœur. Grandjanin. Neuilly-Plaisance. André Régéarp, employé de commerce. Docteur Naudet. Georges Weill, 14, rue de l'Echiquier. André Haas, 27, rue de l'Echiquier. A. Francfort, négociant, 16, rue du Sentier. Ch. Laury, employé de commerce, 35, rue de La Chapelle. P. Cahen, employé, 162, boulevard Magenta. Emery, homme de lettres. Marie Bettinger, Montmorency. Henri Cartera, 18, rue Sauval. Emile Bernard, 48, rue de la Glacière. G. Drucker. Sacerdote, négociant, 16, rue du Sentier.

MM. Pierre de la Nive. L. Cornec, 18, rue Sarrette, Petit-Montrouge. D. Ludwig, 85, rue Laugier. H. Vogel, rue de Coulmiers. Lazard, 89, rue de Dunkerque. Heurtemot, 102, boulevard de Strasbourg, à Boulogne-sur-Seine. M. Salomon, 48, quai des Célestins. P. Seiler, 231, rue des Pyrénées. Bouchel, 4, impasse du Moulin-Joly. Raymond Hauser, 33, rue des Marais. E. Capelle, chimiste industriel, à Ablon. A. Piérart, mécanicien, 92, rue Chardon-Lagache. Alfred Bridelance et J.-B. Willoquet. Mme Marc Lévi. Mlle Juliette Lévy et Mlle Clotilde Lévi, professeur de dessin, 24, rue de Château-Landon.

MM. Maurice Darin, à Chaville. Mme veuve Myrtil Hesse. M. Maurice Gradvohl, rue Montmorency. René Wisner, rédacteur à la *France*. Auguste Theveneau, 14, rue Montmorency. Mme veuve Emile Bernheim MM. Ernest Enoch, 7, rue Martel. De Calais, 5, rue Bréda, Laurent Mayer, publiciste. E. Sachetti, dessinateur. H. Guindon, chimiste. H. Lauer, ingénieur. E. C. P., 45, rue de La Chapelle. Ducharne, 25, passage Delaruelle. Maurice Nerson, voyageur de commerce. Emile Jottinet, homme de lettres. Pierre Fournier, licencié en droit. Paul Fournier, à Saint-Félix de Sorgues. Gustage Oppenheim, 23, rue Molière. Auguste Cordier, à Alençon.

MM. Justin Storck, éditeur, 75, rue Madame. Léon Brach, 22, rue Pierre-Joignaux, Bois-Colombes. Jules Heine, secrétaire de la rédaction de la *Revue rouge*. Docteur T. Tourreil, 38, rue des Bourdonnais. Paul Alby, ouvrier pâtissier, à Biarritz. Michel Durgniat, 38, rue Championnet. Georges Etchecopar, 26, rue des Trois-Frères. Mme Franssen. Mlle Eva Franssen. MM. Michel Franssen. André Franssen, 65, rue des Sapins, Plant-Champigny. A. Lenormand, chirurgien-dentiste, 103, boulevard National, à Clichy. L. Levêque, employé, 65, rue Lepic. A. Horry, homme de lettres, 16, rue des Archives. Félix Schwab, 4, rue Timonnier. Edmond Arone, 14, rue des Messageries. Eugène Cerf. Lanzenberg. Adolphe Cerf-Lauzenberg, industriel.

MM. E. Dériol, comptable. Henri Authement, 39, rue Proudhon. Mme Emilie Authement. MM. Henry Roll, fils du peintre, 73, avenue Niel. Paul Viliard, 9, rue du Louvre. M. Imbert, professeur à l'Association polytechnique, 7, cité Malesherbes. M. Chesneau, géographe. J. Litalien, 36, rue Cortambert. Louis Bauer, 92, avenue Victo-Hugo. Mme Louis Bauer. Mlle L. d'Ervieux. MM. J. Poirier, 129, rue d'Aboukir. Reiter, 14, rue Fromentin. Roche, 192, rue de Paris, à Taverny. F. Faucheux, 31 bis, rue Vallier, Levallois. Humblot, 12, rue Durantin. Emile Troulhet, 44, rue des Batignolles. Mme E. Guy.

MM. Ed. Benigaus, Albert Cadier, Adolphe Cuche, Georges Delpuech, Casimir Russier. Paul Génouville. H. Ferraud. Raoul Sabatier, étudiants en philosophie. Gabriel Sibilat, 32, rue Fontaine. R. Rossi (Armand Floréol). Auguste Nicolleau. C. Klary. Joubert prolétaire, 5, rue du Pont-de-Lodi. Stany Oppenheim, 9, rue Portalis. G. Dufrenoy. 21, quai Bourbon. Mme Denis, rue Vincent-Compoint, 4 bis. MM. Léon Bernard, interne des hôpitaux. Alfred Grossat, employé de bureau. Mmes Gabriel Salvador, veuve du colonel Salvador. Braudon, veuve du capitaine Braudon. Mme Alphen-Salvador. MM. Casimir Alphen-Salvador, étudiant. J. Petit colin, 9, rue Portalis.

M. Karppe, agrégé, professeur à l'École alsacienne, et Mme Karpp. M. P.-F. Pecaut, professeur agrégé de l'Université, et Mme Félix Pacaut. MM. Fernand Izouard, avocat à la Cour d'appel. Chaplin, ancien lieutenant d'artillerie, au Havre. Georges Heimann, 65, rue Demours. Docteur Mesny, rue Crozatier. Léon Picard, avenue de Wagram. Martin, étudiant en sciences. Vital-Cazes, publiciste à Mouy (Oise). Ernest Carrière, artiste céramiste. E. Hœchner, dessinateur. A. Toupey, graveur lithographe. Bourgoint-Lagrange, ancien magistrat. Henri Bonnat, employé. Charles Saint-Requier, employé. L. Chéron, employé. H. Savary. J. Regourd.

MM. Berheim, négociant. Jules Berheim. Ferdinand Berheim, étudiant en médecine. Léon Galais. Mosseri, étudiant en médecine. Bruzkus, négociant. R. Bruzkus. S. Bruzkus. B Bruzkus. Aymé Lacazin, Bois-Colombes. Levassor, Henri, cocher de fiacre. Jules Renault. Lamère. Huron-Durocher. Mormault. Renault. E.-J. Bouchère. A. Richet. V. Pacotte. L. Mazenc. L. Petit bon. J. Cazanova. Georges Mounier. Joseph Boursoult. Dervillers. J. Girodier.

MM. Couvert. Paul Simon. Emile Aulagnou. Roger Bollack. René Destreicher. Lucien Bertaux. Louis Charpentier, élèves aux Hautes Études commerciales. Emile Van Brema. G. Baulavon. André Fauconnet, étudiant en droit. Emile Roussel, licencié ès lettres. Fontaine, étudiant en sciences. A. Balet. René Ferdiand. L. Coulon, interne en pharmacie de l'hôpital Broussais. C. Vincent, étudiant en médecine, rue Monge. Emile Desvaux, étudiant à la Faculté des lettres de Caen. M.-L. Gallouedec, agrégé de l'Université, à Orléans. Ernest Butot, pharmacien à Saint-Aignan. Kaplan, docteur en médecine. Mme Kaplan, docteur en médecine, à Janvile. MM. Docteur Luber, rue Madame. Hervé, ingénieur, 5, rue Fontaine-au-Roi. E. Jetot, ingénieur, 3, avenue Gambetta. Birebent, ingénieur, 99, rue Saint-Maur. A. Devy, dessinateur, rue Vilin, 33. E. Gouy, rue de Mesles. L. Moser, dessinateur, 90, rue Notre-Dame-de-Nazareth. Goudable, ingénieur, 84, boulevard Ménilmontant.

MM. Pallu de la Barrière, directeur du *Paysan de France*. Eugène Vincent. A. Riblier. A. Bayard. J. Villemonble. E. Lindeker. A. de la Tour. H. Desperriers. Nicolas Brousse, rédacteurs au *Paysan de France*. P. Trouche, pharmacien, à Sèvres. A. Ber-Buéthon de Tailles, publiciste, à Sèvres. B. Carlo-Runode, publiciste, 8, rue Monge. Guillaume Flagey, publiciste.

MM. V. Focillon, artiste graveur. Geo. Bouet-Naury, bibliothécaire. Jossot, caricaturiste. Louis Balouset, dessinateur, rue Caulaincourt, 67. Charles, sculpteur, 10, rue de Palestine. Charles père, 280, rue de Belleville. Daniel Massé, homme de lettres. G. Maurice, artiste peintre, Clermont-Ferrand. André Maurel, homme de lettres. Eugène Damoye, artiste dramatique. Robert Leclaire, propriétaire. Beppino Montefiore, banquier. Marcel Roger, artiste peintre. Roger Marx. A. Huaumé, pharmacien, 107 bis, avenue d'Orléans. Victor Klein, artiste peintre. A. Pouvreau, 3, rue Custine. Zay, 6, rue Saint-Gilles. Halperson, 26, rue de Valois. A. Cyvoct. André Gachassin-Lafite, avenue de La Bourdonnais. Georges Chevalier, à Colombes. Auguste Halloy. Albert Mathieu, docteur en droit. Georges May, 5, boulevard Voltaire. Georges Verchère, dessinateur, 46, rue Servan. Lucien Gosse, décorateur, rue Rebeval. Joseph Jolienne, 18, rue Houdon. Dutallier, rue Saint-Maur, 301. Louis Vivier, boulevard Rochechouart. Docteur Gaston Lyon, chef de clinique médicale à la Faculté de Paris.

MM. Levasseur, statuaire, 68, rue d'Assas. E. Berheim, ingénieur, rue Pierre-Charron. Mme Pluënnec. Mme S. Maag. MM. Charles Just. A. Gentet. A. Dutertre. A. Scorco. G. Vatmel. Eugène Henry. Fossard. Chevallier. Aubert. Affred Guillon. Turpin, typographes. Simien, serrurier. Ernest Pelisson, rue Monge. Eugène Catalo, ancien adjoint au maire de Charenton. Emile Lacroix, à La Faloise. Mme E. Lacroix. MM. Lacroix, La Faloise. Paul Lacroix. J. Laloge, employé de commerce, à La Garenne. René Vander-Borght, 7, rue d'Abbeville. Mathan, 41, rue de la Victoire. Bloch, rue Jager. Ed. Peytavin, employé, 7, rue de Nesles. Eugène Jager, employé. Paul Dufaut, Alfred Pelan, Paul Colliette, Auguste Trajon, ouvriers relieurs. Mme Léonie Courtillier, 117, avenue de Saint-Ouen. M. Henri Duhaut.

MM. J. et M. Masse frères. Emile Bonnet, correcteur d'imprimerie. H. Boichot, 49, rue Saint-Paul. Ed. Cuenoud, 13, boulevard Port-Royal. Mme veuve Louys-Pons. MM. Frougnot. Louis Lamy. Chaville. L. Rivette, rue Chevreul. Revel, rue d'Aboukir. Mahé, rue Saint-Placide, 21, Mme Lucien Fontaine, rue Boulainvilliers. MM. Alcide Picard. H. Steus. A. Eusèbe. Gimetière. H. Pouchet. G. Gauffard. G. de Missolz. Charbonnier, Rob. Furrer. A. Guérin. A. Zimteint. Mme Adèle Mayou, rue des Mathurins. M. A. Torrès, 18, cité Tréviso.

MM. Jules Viard, herboriste, 1, rue Pétion. Ad. Knoderer. Citerne, 6, rue Gounod. L. Kilian, 68, rue Caulaincourt. A. Berthaut, 28, boulevard Bineau. Dynam Barbé, 53, rue Montmartre. E. Levieux, 29, rue Taitbout. Vareaux, 53, rue Rennequin. Balliet, 28, rue Truffaut. Ch. Bergès, 3, impasse Rodier. J. Meunier, 172, rue du Fanbourg-Saint-Denis. F. Duport, 62, rue des Chassards, Suresnes. L. Ramillon, 35, rue Myrrha. Piel, 15, rue Aréda. Fernand Lhermitte, 97, boulevard Arago. Numa Roustan, directeur de la *Démocratie de Cambrai*. MM. Soleil, Bulle, Fillod, Germain, Fritz, Brunau, Rogir, Simon, Biette, typographes. Michel Wimphen, négociant, 48, rue La Rochefoucauld. Emile Mallen, 41, rue Lamarck. F. Lévy, Paul Marais, 67, rue Pascal. Philippe Maréchal, docteur en médecine. F. Cottrau, employé à l'Hôtel de Ville. Robert Byse, licencié en droit. René Toussaint, étudiant en philosophie. Henri Droguet, joaillier. F. Berthel, 10, rue Beauregard. G. Claisse, 15, rue Chappe. H. Joubert, M. Poupart. G. Vignol, 70, rue Montmartre, Mme R. Dumas. M. R. Dumas, docteur en médecine.

MM. Cerf, Eugène Letailleur, publiciste, 110, boulevard Arago. A. Bousquet, publiciste, 28, avenue de l'Observatoire. Lanzenberg. Ch. Biquard, 12, rue du Mont-Thabor. Mme Ed. Caen. Elie May, vénérable de la Loge « les Trinitaires ». Piton, externe des hôpitaux. A. Heuriet, Triboulette, rédactrice financière à *la Fronde*, 14, rue Saint-Georges. Victor Landrin, avocat. Joseph Meiskot. Pierre Coupat, ouvrier mécanicien, 81, boulevard de la Gare. C. Blanruc, avenue de Choisy, 128. V. Métais, 103, boulevard de la Gare.

MM. Charlemagne, 4, place des Alpes. E. Yerret, 13, rue Rebeval, tanneur. A. Plos, rue du Parc, 11, Gentilly. Jousse, rue de la Mare, 34. Charlemagne aîné, 41, rue Jeanne-d'Arc. Jules Hindous, 15, rue Esquirol. Perruchet, 25, passage Perret. Fouin, 83, rue Claude-Decaen. Kuntz, 37, rue Dunois. Baranton, 26, rue Masme, Vincennes. Bourdon, passage Levée, 14. A. Carpentier, rue Esquirol, 43, Weber, 3, passage Pinel. E. Girod, mécanicien, rue de la Glacière, 20. Pichon, rue Patay, 77. Biver, rue Patay. Germain, journalier, 8, boulevard Masséna. Aymez, cordonnier, rue Patay, 90. Pautré, rue Reynaud, 92. San Duch, dessinateur. Mmes Marie Molinier et Madeleine Molinier. M. J. Aufrère, clerc de notaire. Mme U. Boucoiran. MM. U. Boucoiran, 21, quai des Grands-Augustins. Louis Laffont, 9. rue Gît-le-Cœur. Mme Achille Boucoiran. MM. Achille Boucoiran, 20, rue de la Sorbonne. George Myers, 4 bis, boulevard Bonne-Nouvelle. Alfred Bénoliel, rentier, 25, avenue de Bellevue, au Parc-Saint-Maur, Félix

Bénoliel. Emmanuel Aron, 22, rue Saint-Lazare. J. Schmitt, copiste dramatique, 66, faubourg Montmartre.

MM. René Dibisson. Henri Bloch, 30, boulevard Malesherbes. Ferdinand de Fénis, étudiant en médecine. B. Bougarel, étudiant en médecine. Emile Haas, étudiant en médecine. R. Vincent, étudiant en médecine. Monchaussé. G. Stadel, étudiant en médecine. A. Vernes, étudiant en médecine. Pierre Kahn, étudiant en droit. Franckel, étudiant en médecine. Louis Monnier, étudiant en droit. P. Chambelland, étudiant en médecine. Georges Tillay étudiant en médecine. P. Filhol, étudiant en médecine. G. Pugnière, dessinateur, 107, rue Lafayette. Albert Gautier, 44, rue Clignancourt. Georges Darche. Mmes Marguerite et Madeleine Schwab. Mme veuve Dutillieux, rentière. M. Paul Badour, graveur sur pierres fines, 23, rue Nollet. L. Legros, garçon maçon.

MM. Lucien Bernheim, 99, avenue Parmentier. Léon Roux, homme de lettres, 3, rue Sophie-Germain. Jean-Baptiste Lainé, 64, rue Saint-Denis. Docteur Schwab, ancien interne des hôpitaux. Roussel, ingénieur, 19, avenue Henri-Regnault, à Sèvres. Jules Lambert, publiciste. Marcelle Tinayre, 225, rue de Vaugirard. Adolphe Dervaux, 96, avenue de Versailles. Eugène Hollande, 102, rue Truffaut. Paul Dupin, 2, rue Lebouteux. J. Mongin, 28, rue de Dunkerque. Oscar d'Arville, rédacteur aux *Droits de l'Homme*. H. Ravaille. Maurice Bernet. Allard, publiciste. Emile Choux. publiciste. Guénot, cocher. Auguste Bouvret, ingénieur civil. Ludovic Langlois, ouvrier coiffeur. G. Périer, rédacteur aux *Droits de l'Homme*. Alfred Weille, rue de Lancry. H. Cimon. rédacteur aux *Droits de l'Homme* Charles Bloch, normalien. Paul Barra, 50, rue Rouelle. J. Say, ancien magistrat, 16, rue Cortambert. Reyneris, 12, avenue Richerand. E. Brumarius, étudiant en Sorbonne. O. Rousseau, 7, rue Bouchardon. D. Lévy, 5, rue Pasteur.

MM. Bonneau. E. Bloch, 3, rue Pasteur. Ed. Godefroy, 31, quai d'Argenteuil, à Villeneuve-la-Garenne. Bernheim, 5, rue Bourg-l'Abbé. Louis Schwob, 31, rue de l'Entrepôt. Laurent Glover, 59, rue de la Voie-Verte. E. Bernheim, 11, rue Dieu. Paul Gimpel, 46, rue Paradis. L. Halff, 20, rue des Petites Ecuries. E. Dreyfus, 26, boulevard des Filles-du-Calvaire. J. Dreyfus, 3, place de la Madeleine. Jacques Stellmann, 58, rue des Marais, représentant. Henri Renard, 37, rue Aumaire. A. Lévy, boulevard de Strasbourg. Louis Servière, 7, rue Barbès. Félix Dreyfus, 10, rue du Paradis. L. Latz, 147, boulevard de Charonne. Albert Huisman, 31, rue de Flandre. M. Picard, 42, rue de Sablonville, à Neuilly. Fernand Lazarus, 7, rue Taylor. Ellinger père. Henry Detouche, artiste peintre et graveur. Georges Bernheim. L. Stevenin, 5, quai Montebello. L. Lachaume, ingénieur civil des mines.

MM. Sadier, employé. P. Truc, avocat. E. Vallud, 10, rue de Panama. Mme Vallud. MM. André Thebault. Marcel G. de Porto-Riche, étudiant. E. May, officier supérieur en retraite. Auguste Normand, pharmacien-chimiste. V. Richard, de Londres. F. Privé. E. Planchet, comptable, 61, rue Mademoiselle. Gœury, employé, 150, avenue de Saint-Ouen. J.-L. Rufenacht, 54, rue des Envierges. Mme Veuve H. Cadolle. Veuve Bousquet. MM. Georges Dazet, avocat. Paul Espéron. Lucien Merlet.

MM. Etienne Fouquet, bi-bachelier. Baudeloque, employé d'administration. Charles Derache, ingénieur. J. Delaire, ingénieur. J. Lunteschutz, artiste peintre. Michel Lunteschutz. Jean Ripert, publiciste, à Antony. J. Hell. Raoul Michel, électricien. Mme Aurélie Baudelocque. MM. Lemonnier, 3, place Cambronne. P. Chevalier, 20, rue Rodier. M. Sarzat. Mme Sarzat. MM. Clotaire Vanvert. J. Verdier, 22, rue du Dragon. E. Pechoir, 68, boulevard Rochechouart. Maurice Pollecher, homme de lettres. Ant. Perret, 6, place Saint-Michel. Maurice Haoussat, 4, place de l'Odéon. J. Bréchan, 36, rue du Dragon. H. Defraine, 63 *bis*, rue Ramey. Rouanne, 87, rue du Mont-Cenis. Léon Hoffenbach, 46, boulevard Magenta.

Jean Soussengeas, directeur du *Phare de Montmartre*. E. Lescarcelle, 15, rue des Abbesses. Léon Jablin, publiciste, 89, rue du Mont-Cenis. Lauge, 52, rue de Chabrol. Léon Allet, 15, rue Burq. Charles Villaumé, 6, rue Frochot.

MM. Horace Miniscloux, licencié ès lettres. Eugène Authiat, commerçant. Mme Authiat. M. Alexis Leroy, employé, 75, boulevard de Clichy. Mme Marthe Beaucourt, employée de commerce. Mmes veuve Leroy et Marie Leroy, sculpteur, 18, rue Le Verrier. MM. Henry Maurel, étudiant en droit. P. Célérier, étudiant, 54, rue de Vaugirard. A. Gimpel. Delahaye, employé de commerce, 9, rue Albouy. Xavier Canny, homme de lettres. Léon Canny, élève des Beaux-Arts, 73, rue de la Tombe-Issoire. Mme veuve A. Sichel. MM. Birne, étudiant en droit. Georges Millaud, 56, rue de Maubeuge. Mme Georges Millaud. M. Théodore Savagner, secrétaire de l'hôpital de Rothschild. Mme H. Roger, rentière. M. Henri Aboulker, externe des hôpitaux. Mme veuve Louise Metzger, née Dennery. MM. Paul Guastalla, étudiant en droit, publiciste, 36, rue des Ecoles. Docteur Jacques Cherechewski, Saint-Germain-en-Laye. Eugène Corsin, ouvrier poète. Georges Massing, rédacteur au *Cri*, ex-journal *la Misère*, 74, boulevard de la Villette.

MM. Léonce Jalaguier, industriel. Albert Jalaguier, interne des hôpitaux. André Malécot, rédacteur à *l'Action républicaine*, 22, rue de Bécon, Courbevoie. Paul Gairal, 95, quai d'Asnières. Léon Malgras, 28, rue de Bruxelles. Henri Jousseau, 17, impasse Touzet. Georges Decourdemanche, 53, rue des Chambards, Bois-Colombes. Alfred Faisant, 35, rue de Villiers, Neuilly. Roger Danglar, directeur de la *Cloche*. Marius Ader, secrétaire de la rédaction. L. Marcellin, rédacteur parlementaire. Jean Desroches, rédacteur. Hubert Desmons, rédacteur. Robert Warnet, rédacteur. Marx Blum, 42, rue de la Tour-d'Auvergne. Mme Marx Blum, M. A. Thevenin, graveur.

MM. Tony Giroudon, graveur. Jules Rochette, graveur. F. Martin, graveur. F. Tetu, graveur. E. François, graveur. Lucien Busby, décorateur, 14, rue Rieux, Billancourt. Joseph Gillot comptable. Maurice Lhéritier, comptable. Emile Arthur, comptable, Fiard, comptable. F. Carette, comptable. Mlle H. Thévenin. MM. L. Pagèze, 11, rue du Chevalleset. Vitry-sur-Seine. Mollin, 17, avenue Victor-Hugo. A. Caron, 18, rue Saint-Bernard. Marcel Proust. Jules Dreyfus, 69, rue Condorcet. G. Franck. A. Gordon, 5, rue de Sully. Léon Leven, industriel, à Saint-Denis. Emile Leven, industriel, 16, rue de la Pépinière, Paris. Mme Léon Leven à Saint-Denis. MM. Paul Busquet. Emile Coulon. Emile Devaulx. A. Chaboseau, du C. R. C. A. Spite du C. R. C. Weill. Martignan. Un groupe de cuisiniers : Favinel Louis. Chabrol Marius. Georges Joseph. Mesner Georges.

MM. Edmond Bertinel, papetier. Léon Bass, licencié ès sciences. Georges Delaguys, littérateur. Louis Guérard, artiste peintre. J. Lazarus, négociant. R. Stora, 95, rue Lafayette. Georges Fischer, 80, rue de Montreuil. Isidore Fischer, 80, rue de Montreuil. Edouard Osmont, 10 bis, rue du Débarcadère. Docteur Médard, 28, rue de Rivoli. B. Pichat, 42, rue du Caire. Emile Mayer, 52, rue de Clignancourt. G. Debock, 32, rue des Lyonnais. Armand Vaillant, 5, bis, boulevard Bonne-Nouvelle. Jules Royer, 95, rue de Maubeuge. Henri Isidore, 55, boulevard Beaumarchais. Ch. Malan, étudiant en droit. E. Jacquinot, 86, rue Miromesnil. J. Raymond Kœnig, artiste peintre, 16, rue du Luxembourg. Gouvid, 20, boulevard Montmartre. J. Boillin, 19, rue Nicolo. Benoit Dennery, 45, rue Jouffroy. Paul Ardin, 47, rue de Tréville. Henri Lucas, publiciste. Pascal Forthuny, homme de lettres, Mme Pascal Forthuny. M. Ferrand.

MM. Ch. Colombier, route de Paris, Vernon (Eure). G. Lévy, interne des hôpitaux de Lyon. Marc Brisac, étudiant. Ch. Lécuyer, 40, rue de Chabrol, Paris. Paul Pillot, licencié en droit, 51, rue Gay-Lussac. S. Kahn, étudiant en lettres. S. Blum, étudiant en théologie, M. Thermia

Rousmy, étudiant. Charles Lienhart. 9. cité Dupetit-Thouars. Pierre Selmersheim, architecte. 167, rue La Fontaine, Auteuil. G. Becker fils. Ch. Caron. employé de commerce. Henri Jager, 129, avenue de Saint-Ouen. Virole 54, faubourg Saint-Denis. Georges Dreyfus, employé de Banque. Mme J. Kosmann, de Strasbourg. Éléonore Dreyfus MM. Dreyfus. Dreyfus, artiste. Léon Hue. ouvrier jardinier André Hen. André Schlumberger, rue Nouvelle. Paul Lœwe, 50, rue Croix-des-Petits-Champs. Georges Lévy, 30, boulevard de Strasbourg. Emile Michel, 52, rue Mazarine. Eugène Moulard, 64, rue Alibert. Louis Julia. 72, boulevard Saint-Marcel. Alfred Albran, 85, rue des Pyrénées. Jacques Michel, 72, rue de Beaurepaire. G. Degroote 97, rue de Provence. Alphonse Miniac, 56, rue de Malte.

MM. Raymond Koch, élève de philosophie au lycée de Nevers,, H. Malatesta. Pallas, 19, rue de l'Avre, Paris. J.-B. Perrot, avenue de Vaugirard Nouveau. S. Jules Bourgoin. Lescuyer, chimiste. L. Dony, étudiant en médecine. Michel Maron, 231, rue Championnet, Paul Robert, 16, rue l'Hermet, à Saint-Ouen. Georges Daridan, 49, route d'Aubervilliers, Pantin. Casses, 231, boulevard Ornano. Saint Denis. Caël 12, boulevard Saint-Germain, Paris. Émile Varlet, 29, rue Philippe-de-Girard. Félix Génot, 33, rue Montera. Eugène Thomas, 29, rue du Midi, Aubervilliers. Jules Ulmann, 45, avenue Trudaine. V. Mieque, 3, impasse du Talus. Aimé Cadot, Rousseau, employé de commerce. I. Lévy, 28, rue Eugénie. H. Delafarge, étudiant en droit, A. Delafarge, employé de commerce, à Tonnay-Charente (Charente Inférieure). André Michaux. Ernest Maître. Fritz Schlagdenhauffen, employé de commerce, au Havre, Mlle Marie Bonnevial, 121, avenue de Clichy. M. René Simon.

MM. Eugène Mozateau, 14, rue de Clignancourt. Adrien Bottini, 14. rue de Clignancourt. P. Lambert. L. Lambert. N. Kaskevitz, 20, rue Pétion. Georges Weil. 14. rue l'Echiquier. André Haas. 27, rue l'Echiquier. Félicie Poupart, 55, rue de Paradis. A. Cahen, 29, rue Saint-Lazare. Auguste Chesnaux. Jules Mauger. à Aubervilliers. Les-lévy, 17, rue de Rome. Lucien Laburthe. L. Tartarin, 169. boulevard Pereire. Alfred Javal, industriel. Jules Perquel, employé de banque. J. Olivier. fabricant d'horlogerie, 41, rue Richelieu. Alph. Gumpel, 98, boulevard Rochechouart, J. Gumpel, 98, boulevard Rochechouart. Lucien Stord, rue Théodule-Ribot. Mme veuve Crémieux. Mlle L. Crémieux, 7, boulevard Barbès. Gabriel Carcassonne, 97, rue Richelieu.

MM. A. Pontel. J. Descours, 291, rue de la Roquette. Lucien Bernheim. E. Croizé. Louis Verhoest, rue Basfroi, 43. V. Gelez, conseiller municipal, 99, rue du Chemin-Vert. Andrieu, 8, impasse Truillot. Mousset, typographe, 56, rue Saint-Maur. Albert Lévy, 5, rue Pasteur, employé. Nury, 22, cité Popincourt. Burgean. Adolphe, 28, rue de la Folie-Méricourt. O. Hervé, 3, rue Guilhem. E. Laurence. 57, rue Saint-Maur. Edmond Toussaint, ancien député de la Seine. rue de la Folie-Méricourt, 10.

MM. Bocquilin. Adolphe Salomon, 56, rue du Temple. H. Niquel, 9, avenue Verdier, Grand-Montrouge. Mamelle, 1, rue de Thorigny. Mme Mamelle. Bisson, 240, rue Saint-Martin. Arthur Veisseyre fils, 156, rue Gravel, Levallois-Perret. Albert Brun, professeur au lycée de Lille. Henri Lecuyer, correcteur d'imprimerie, 20, rue Trézel. Charles Lévis, 9, cité Gaillard, Levallois. Henri Gout, étudiant en médecine, 43, boulevard Saint-Michel. Conty, 5, rue Cardinet. Turge, Célestin. Rougerie. Blanc. Soulier. Monceau. Raymond. Sauçon. Chassaingt, employés. Claire Dufour, professeur de dessin, 21, boulevard de Port-Royal. Albert Bocquet, étudiant en médecine, 80, boulevard Saint-Germain. Pouzet, 6, rue d'Angoulême. Ed. Glaçon, 74, rue Nollet. G. Philippe, dessinateur, 2, quai Jemmapes. Cavaillon, voyageur. G. Houiller, courtier en librairie. Jeanne Chrétien, 38, rue Turbigo. J.-L. Bidault, artiste peintre. L. H. May, 7, rue Logelbach.

MM. H. Lambert. T.-R. André Gill. Albert Frincenet, employé de commerce, à Troyes (Aube). Myrtil, Netter, Nancy. A. Galand, employé de commerce, à Bordeaux, 11, rue Ducan. J. Berthoud, imprimeur, 15, rue Bossuet, Dijon. A. Cahen. E. Cahen. S. Baer, 32, place Saint-Georges. Heimann, 211, avenue de Neuilly, à Neuilly-sur-Seine. Wortmann, 40, rue de Chabrol. A. Lévy, libraire. Mlle Cavalier. Weyl, rue de la Maurienne, Dunkerque. P. Kauffmann. Nancy. Mathieu. Lévy, industriel, Vosges. E. Baril, 4, passage de l'Industrie. Georges Lépine, élève en pharmacie. René Humbert, rentier, à Saint-Michel. M. et Mme Ory, Saint-Pierre-lès-Nemours (Seine-et-Marne). Veuve H.-G. Lack. Paul Loyau. Lévy, négociant, Besançon (Doubs). Abel Rey, agrégé de philosophie, Bourg (Ain). S. Michel, rue Pierre-Charron. Michel Salvador. Mayer Lambert, 6, boulevard de Strasbourg. Mme Gesland-Lambert, 43, rue Faidherbe. Edmond Bezin, rue Montorgueil, 94. Eugène Caen, 66, boulevard Voltaire. Mme Gallienne, modiste, 7, rue de la Tour-d'Auvergne.

MM. Fernand Bottin, 14, rue de Clignancourt. Barthélemy Bottin, à La Rochelle. Georges Haguenauer, 59, faubourg Saint-Denis. Claire Haguenauer. Maxime Rosenwald. Jules Joseph, négociant, à Roubaix. Louis Caen. Frédéric Lévy, 51, rue Richer. H. Hirch, à Entrains (Nièvre). Mme Hirch, à Entrains (Nièvre). MM. Adolphe Oppenheim, voyageur de commerce. Léon Edinger, 56, rue des Batignolles. B. Depas, 34, rue des Martyrs. Ernest Sachs. Mme Ernest Sachs. MM. Anselme Crémieux. J. Kalkstein. Mme E. Kalkstein. MM. Fernand Lévy. Aug. Regert. H. Schaak. Ratier, rentier. Henri Ajrejois. Dubois, 16, rue de Tocqueville. Herody, 130, rue de Charonne. Jubert, 210, rue Courtois. Bosdeveise, 5, rue Richard-Lenoir. Louise Cochelin. Octave Caruel. Cranequy. Emile Himet. Michel Pascot. Monsch Raymond.

MM. Henriques, 54, rue Notre-Dame de Lorette. Alexandre Weiss. Mme Weiss. MM. F. Weiss. Roger Weiss. J. Weiss. Weiss. L. Simon, 19, rue André-del-Sarte. Lionel Roux, dessinateur-architecte, 173, rue Saint-Honoré. Mme et Mlle Roux. M. et Mme C. Francfort, 11, rue Bleue. Jules Francfort, 14, rue Bleue. Edmond Livu, 174, boulevard Malesherbes. Frédéric Mattelal, interne des hôpitaux. Eugène Terrien, interne des hôpitaux. A. De Jardin. E. Faure, étudiant. Henri Pomcheirol, à Nîmes. R. Elma, homme de lettres. Léon Wormser. S. Wormser. Henri Rouger, professeur.

MM. Léon Lévy, 5, rue Guy-Patin, S. Lévy, 5, rue Guy-Patin. J. Strauss, 5, rue Guy-Patin. E. Dujum, à Gargan-Livry. J. Dietisem, 18, rue du Caire. L. Schwob, 18, rue du Caire. Julie Schwob, 4, rue de l'Entrepôt. Louis Schwob, 4, rue de l'Entrepôt. Marcel Schwob, 4, rue de l'Entrepôt. Isidore Schwob, 4, rue de l'Entrepôt. Robert Schwob, 4, rue de l'Entrepôt. A. Gilly, 79, rue du Faubourg-du-Temple. H. Abel, 50, rue du Temple. Grégoire, passage Bessières. Bettoinner, 10, rue des Amiraux. Louis Sttetten, 10, rue de Florence. Elevraud, 4, rue Marie-Louise.

MM. Jules Barbier, auteur dramatique. Maurice Bouchor, homme de lettres. Fernand Lévy, 53, boulevard Haussmann. André Maurice, 13, rue des Martyrs. L. Maurice, à Rambervilliers (Vosges). Maurice, 92, rue de Richelieu. Mme Elise Franck-Maurice, 13, rue des Martyrs. M. Henri Maurice, 50, rue des Mathurins.

MM. Alboucaya, 19, boulevard de Courcelles. Jacques Forest. Mme M. Alphen. Charles Simonnet, Henry Boucher, négociant, à Paris. Georges Bernheim, 9, rue Laffite. Jarvillier, 22, rue Paul-Bert, Bordeaux. Paul Schwob, rue Cadet. Mme veuve Henry Goldschmidt. MM. Georges Polack, 53, rue Spontini. Barraud, rue Eugénie, Saint-Mandé. Guillaume Matanson.

Mme G. Matanson. Victor Matanson. Fernand et Robert Alphen. J. Adrion. Docteur Weill. Léonce Tréfousse, 3, avenue de l'Alma. Augustin Corda, docteur en droit, 7, rue Brézin. L. Sabine, Courbevoie. Edouard Bertrand de Fontviolent, architecte. Bertrand de Fontviolent, ingénieur. Bertrand de Fontviolent, propriétaire, 29, rue Erlanger. Georges Claretie, avocat à la Cour d'appel. E. Morlent, industriel. Victor Lœwentein. Gaston Thierry.

MM. Georges Dreyfus, 32, rue de Paradis. L.-A. Willard, ingénieur. Mme Séverine. MM. Charles Ruelle. J. Biquart. Armand Biquart. Q. Guichard, ingénieur. J. Adler. Alfred Bollack. Georges Biquart, 40, rue d'Enghien. Gauthé, 32, rue de l'Entrepôt. Arthur Lévy, homme de lettres, 48, rue de Turenne. Valentin Hahn.

Mme Mathilde David. MM. Hecht. Docteur Potiquet. Edouard Lévy, Belfort. J. Sales, 11, avenue du Maine. Mmes Sales. Mlle Julia Sales. MM. G. Sales. G. Albert, Orléans. S. Julien, négociant, Orléans. G. Bastien, représentant de commerce, Chartres. B. Émile, employé de commerce. E. Bida, Auxerre. Ouvert, inspecteur primaire honoraire. Léon Chailley. Albert Wahl, professeur à la Faculté de droit de l'Université de Lille. Léon Bernheim. Lucien Binque.

MM. Albéric Magnard. Jacquet. Bizet. Robert Dreyfus. Alexis Hect. Victor Israël. Maxime Corbin, 161, boulevard Voltaire. Ed. Barrachin, Marthe Barrat. Paul Genckler, Tunis, Paul Schweizer. Alphonse Lange, banquier, 36, avenue de Friedland. Simon Teutsch, 32, place Saint-Georges. Maurice Lange, 36, avenue Friedland.

MM. Suddand. Ch. Ledub, propriétaire. Léon Galdchon, rentier, 157, avenue Wagram. Camille Bloch. Constant Mayer, artiste peintre. V. Lang, négociant, passage Sainte-Avoye. Etienne Siry, 11, rue Galilée. V. Favier, comptable, 87, rue Turbigo. H. Baudoin, employé de commerce, 61, boulevard Sébastopol.

MM. Ch. Shmoll. Robert. Alex. Léon, 46, faubourg Poissonnière. Mme Madeleine Bertrand, 6, rue de Châteaudun. Ch. Brunchwig. Mme Louise Metzger, née d'Ennery. L. Hochaptel, 4, rue Martel. J. Kugelman. J. Liegel, professeur. Mlle F. Liegel, externe des hôpitaux. F. Engelmann, chef d'Institution. Furst, professeur. Mme veuve L. Weill. Gustave Coquelin, 4, rue Arsène-Houssaye. Edith Coquelin, née Boyd, 4, rue Arsène-Houssaye. Victor Simonnet. J. Lévy, 23, avenue Victor-Hugo. Paul Lévy, 36, rue d'Hauteville. Docteur Vaucaire, 11, rue de la Boëtie. J. Blum. Achille Sichel, 47, rue Laffite. Adrien Luler, Villenave d'Ornou. André Blum. Robert Blum. Léon Sentupère, ancien chef de cabinet au ministère de la Justice. Docteur W. Bas. Raphaël Lévy, 16, rue Rambuteau. Léopold Cahen, 14, quai des Célestins. Camille Lasnier, architecte, 44, rue Saint-Ferdinand. Alfred Mayer, rentier, 174, rue Saint-Martin. Docteur Dreyfus, 110, boulevard Poissonnière. Alfred Bechmann. Léonce Lange, 8 *bis*, rue Marguerite. André Alphandéry. Edmond Mayrargues. Georges Cahen, 5, rue de Tilsitt. Edmond Cahen, Mme Georges Cahen.

MM. René Cahen, 9, rue de Berlin. J. Moreau, 57, rue de Châteaudun. Mme Henri Leduc. Hermann Lazard. L. Léopold, 38, boulevard des Italiens et 34, boulevard Bineau, à Levallois-Perret. Théodore Goetz. H. Joseph, étudiant en médecine, 14, rue Auber. Henri Michaux, 39, rue de Chazelles. A. Gautier, 32, avenue d'Iéna. Lionel Dauriac, professeur à l'Université de Montpellier. D. Bernheim, 26, quai de la Navigation, à Chalon-sur-Saône. Georges Lisbonne, à Montpellier. Edmond Babut, sénateur, 50, avenue Henri-Martin. Emmanuel Hanneaux, statuaire, 152, rue de Vaugirard.

Georges Arnaud, 47, rue Poncelet. Henri Michaux, 39, rue de Chazelles. Baron Félix Oppenheim. J. B. F. C. Henri Bruhl. Paul Benda. Barbier, commerçant. Carle Dauriac. Maurice Wimphen, 33, boulevard Haussmann. S. Ulmer, 84, rue de Long champ. E. V. Dufour, du *Siècle*, 49, boulevard de Clichy. Ernest Lévy, 31, rue Baudin. Mme Sarah Bernhardt. Victor Merle.

MM. Anatole Lévy, 21, rue Clément-Marot. Jean Le Pelletier, 23, place des Vosges. Emile Nast, avoué à la Cour d'appel. Julien Dupré, artiste peintre. L. Massebiau, professeur. Henri Girardin, 122, faubourg Saint-Honoré. Gas-

ton Bing. Ed. Chavannes, professeur au Collège de France, 3, rue Vital. A. Aulard. Edmond Lévy, 53, rue de Prony.

MM. Antoine Rocques, valet de chambre, 12, place Delaborde. Maurice Bloch, rentier, boulevard de Strasbourg, 64. Léon Israël, 9, place des Ternes. L. Le Foyer, avocat à la Cour. Albert Charpentier, externe des hôpitaux. Félix Lœweinstein. Paul Schmidt, 14, rue Pierre-Charron. Jules Barbe, 6, rue Saint-Jean. Auguste Simon, 15, rue d'Orsel. Langlois du Vivray, du *Siècle*, 28, rue de la Ville-l'Evêque. Gabreau. Gaston Bikart, André Simonet. Pierre David. Truchy, 50, rue de Berri. Paul Goldschmidt, docteur en droit. M. Meunier. H. Mennier, 14, rue de Clichy. I. Griset, 12, place Delaborde. Maurice Rousselot, 44, boulevard des Invalides. Maurice Schioss, avocat à la Cour, 59, rue de Prony.

M. Louis Kapferer, Mme Louis Kapferer. Mlle Germaine Kapferer. MM. Emile Barel, maître de conférences à l'Ecole normale supérieure, 7, rue Touiller. G. Giroud, instituteur, à Paris, 29, rue Pixerécourt. Mme G. Giroud, institutrice, M. Camille Kœchlin, 82, rue Lauriston. Mme Camille Kœchlin.

MM. Terrien, chef de clinique à la Faculté. Georges Célos. Druault, Boricault, Ribierre, internes des hôpitaux de Paris. M. Bloch, 6, rue Scribe. Fernand Monod, interne des hôpitaux de Paris. E. Furster, licencié en droit. Louis Dreyfus-Raffalovich, 101, avenue Malakoff, Paul Meyer-May, 9, rue de Madrid. Docteur Jacques Cherechewski, St-Germain-en-Laye. Briot, 49, rue de l'Observatoire. E. Davin, 2 *bis*, rue Victor-Hugo, Nanterre. Robert Guillemain, 8, quai de Gesvres.

MM. Lucien Pron, externe des hôpitaux, 8, quai de Gesvres. Pierre Delbet, professeur agrégé à la Faculté de médecine, chirurgien des hôpitaux. Mme Claude Sénéchal, femme de lettres, à Chauconin. MM. E. Peyre-Courant, avocat à la Cour d'appel de Paris. Victor Madelaine, représentant de commerce, 85, boulevard Cauchoise, à Rouen. Lucien Picard, agrégé de l'Université. Docteur Sicard de Plauzolles, Paris. Mme Sicard de Plauzolles, Paris. G. Girard, rue de Fontenay, 88 (chef d'institution), Vincennes. Ernest Moret, compositeur de musique, 49, avenue de l'Observatoire. V. Sardier. Sylvain Alexandre, 28 *bis*, rue Mozart. L. Alexandre, 28 *bis*, rue Mozart. Fernand Aron.

Mlle Elise Setzer, Eléonore Ehrer. Mme Alice Baume, 21, rue de la Pompe. Georges Baume. Mlles Rachel et Irène Baume. Porel, directeur des théâtres du Vaudeville et du Gymnase. Mlle Bassetti. Alfred-Philippe Roll, peintre. Albert Davy, ingénieur, 52, rue Madame. Huvé, 45, rue Beaunier. Mme Huvé. Michel-Jules-Verne, 181, boulevard Pereire.

MM. Maurice Boniface, auteur dramatique. A. Marty, professeur, avenue des Sabotiers, 11, Vincennes. Em. Galues, chirurgien-dentiste, 19, rue de l'Hôtel-de-Ville, Vincennes. V. Lépine, professeur, 56, rue Beaunier. G. Daviou, professeur, 141, boulevard de l'Hôtel-de-Ville, Montreuil-sous-Bois. L. Serru, professeur, 88, rue de Fontenay, Vincennes. G. Gaudefroy, professeur, 29, rue de l'Hôtel-de-Ville, Vincennes, F. Taillardat, professeur, 126, avenue de Saint-Ouen.

MM. A. Malta, professeur, 42, avenue du Polygone. P. Carlo-Bunode, professeur, 6, rue des Bernardins. A. Meyer négociant, 29, rue de Strasbourg, Vincennes. J. Benjamin, négociant, 29, rue de Strasbourg, Vincennes. C. Sissel, commerçant, 63, rue de Fontenay, Vincennes. E. Aullet, artiste peintre, 11, avenue des Sabotiers.

V. Didet, professeur, 88, rue de Fontenay. Emile Goulard, artiste graveur, 6, rue Montebello, Vincennes. Worms de Romilly, X. Olivetti. B. Olivetti. Francis Wael, C. Hivert, publiciste. Alphonse Duvernoy, compositeur de musique. Louis Damenez, agrégé de l'Université. Paul Guéroult, ingénieur civil. Henri Dreyfus. Mme Alfred Mayrargues. Mlle Suzanne Mayrargues. M. Baur. Mme Sylvain Baur.

MM. Heymann, industriel, 88, rue Lafayette. Raoul Cohen, 28, rue de Saint-Pétersbourg. Jules Cohen, étudiant en médecine, 28, rue de Saint-Pétersbourg, D. Cohen, négociant, 27, rue Laffitte. Fernand Dreyfus, 12, rue du Helder. Ernest Picard, 26, boulevard de Strasbourg, Jacques Picard, 26, boulevard de Strasbourg. Alexandre Rueff, 12, rue du Helder. Georges Dupuis, professeur de dessin. Michel Deniker, externe des hôpitaux. Paul Durelle, artiste dramatique. P. Zivy, ingénieur. Emile Trélat ancien député. Gaston Trélat. Elie de Bassan, du *Siècle*.

MM. Aulard, professeur, à l'Université de Paris. Louis Pradal, 19, rue Gauthey. Léon Rostaing Valaisa, 34, rue Ramey. A. Dubéarnès, 56, rue du Temple. Paul Beyssac, 29, rue Ordener. Demermès, 7, rue Saint-Lazare. Désiré Hudelot, 57, rue Sainte-Anne. Fernand Bottini, 14, rue Clignancourt. Eugène Mazateau, 14, rue Clignancourt. Barthélemy Bottini, à La Rochelle. Bernard Bretenaker, 236, faubourg Saint-Martin. A. Alègre, 4, rue de Montessuy. Eugène David, comptable, 93, avenue de la République. Panel, employé de commerce, 89, rue de Sèvres. Mary Clément, représentant de commerce, 25, rue Nollet. Pierre Coffardey, 215, rue Latérale, au Vésinet. Emile Rothschild fils, à Noisy-le-Sec. Blanchon, conseiller général de la Seine. Vaumains, 64, rue Turbigo.

MM. Maurice Lelièvre, 6, rue Julien-Lacroix. J. Allardet. J. Petit, peintre industriel, 25, rue Piat. Adrien de Castro. L. Liré, 46, rue Richer. E. Lhuillier, 63 *bis*, rue de la Victoire. Picard, 83, rue de Rome. Ed. Laroche, conseiller prud'homme de la Seine. G. Lefebvre, 26, rue des Carrières, au Pré-Saint-Gervais. Oliviéry, 39, boulevard de Reuilly. Jardin, 3, rue Chéron. René Binch, 15, rue de l'Entrepôt. Labrosse, 4, rue Pleyel. A.-S. Barzilay, comptable, 14, rue Lamartine. Léon Bauduin 3, rue de la Fidélité. Ferdinand Delisle, 8, impasse Sainte-Catherine.

MM. Gaston Alexandre, 13, rue Saint-Paul, Charles Lesguillon, doreur, 8, rue Richard-Lenoir. Charles Peltier, 12, rue de la Petite-Pierre. Pierre Sublet. Edmond Mabille, professeur de musique, à Saint-Denis. J. Beichot au Perreux. Edouard Larchevêque, 28, rue des Bernardins. G. Vandenbroucque, 11, rue de la Jonquière. J. Cahen, 22, rue du Caire. H. Cahen, rue Sainte-Adélaïde, à Versailles, E. Cahen, 15, rue Hoche, à Versailles. Vantillard, 60, rue Louis-Blanc. P. Passerat, 32, rue Denfert-Rochereau. P. Laproix, propriétaire, 23, avenue Gambetta. Ch. Camus, 12, rue Pasteur. Maurice Gins, 159, rue Montmartre. Goutat, négociant, 89, rue Fondary. L. Foucault, 48, faubourg Poissonnière.

MM. F. Duhamel, 12, rue des Archives. V. Breton, 26, chemin des Chênes, à Nanterre. P. Ardin, 35 *bis*, quai de Suresnes, à Suresnes. Louise Ordini, 47, rue de Trévise. Marie Léger, au Bois-du-Mont, Bessines (Haute-Vienne). Berthaume, 35 *bis*, quai de Suresnes, Suresnes. Léon B..., à Neuilly-Plaisance. Pinaud, 57, rue Dauphine. Charles Bloch, normalien. Docteur Féron, 24, rue Berthollet. E. Peiffer, 58 *bis*, boulevard Richoir—Lenoir. Marcel Libkind. Dupas, 143, rue Victor-Hugo, à Bois-Colombes. Hubert, 8, rue des Charbonniers.

MM. E. Briseux. Villejuif. J. Bret, Nogent-sur-Marne. Jobert, 25, rue Bichat. Meunier et ses filles, 32, rue Victor-Massé. Joseph Vogt, 43, rue de la Chapelle. Cortès, ciseleur, 91, rue de Lourmel. F. Florat, 68, avenue de la République, Montrouge. Ch. Dabancourt, rentier, à Boulogne-sur-Seine. Fidelie Demilly. J. Glanternick, 65, rue Marcadet. S. Glanternick, 79, boulevard Barbès. A.-G. Rouquier, rédacteur au *Radical*.

MM. Daltroff, 16, rue Camille-Desmoulins. A. Moyse, 77, faubourg Saint-Martin. Gesler, 10, rue Saint-Paul, Alfortville. Jules Mottu. Bergues, 161, faubourg Saint-Antoine. E. Yausse, 60, rue de Flandre. Charles Caduff, 8, rue Louis-le-Grand. Ch. Gutig, 45, avenue Saint-Germain, Bois-Colombes. Adolphe Gigon, 4, allée du Village, au Raincy. L. Hayman, industriel. Eug. Noblet, employé, 24, rue Doudeauville.

MM. Paul Busquet, Emile Coulon, rue Lecourbe, Alfred de Morat, 109, rue d'Alésia. Emile Robardet, Georges Daltroff, employé au Crédit Lyonnais. Baudet, 45, rue Linné. Chassat, 12, rue Geoffroy-Lasnier. Lucas de Crésantignes, docteur en droit. Eugène Soyard, 34, rue des Trois-Frères. Adrien Lelong, chef de vente du *Radical*, 15, rue Gérando. Victor Lelong, 4, rue de Malte. Georges Gandrille, élève à l'Ecole centrale, 21, rue Magenta, Asnières. Raoul Roudeville, 19, rue Richer. J. Maynier, 56, rue Polonceau. Lahaye, 90, rue des Dames. Emile Bouvier, 18 *bis*, rue de Bellefond. A. Meunier, 101, rue Saint-Charles. G. Meunier, 168, rue Saint-Charles.

Mme Sibuet. Mlles M. Sibuet. C. Sibuet. Mme Paupert. MM. Victor Bayle, 123, rue Michel-Bizot. Julien Audifax, 16, rue Caffarelli. Un groupe d'ouvriers de Pantin: A. Bouchary, 10, rue Victor-Hugo. Louis Beaufils, 155, rue de Paris. Claudius Fornaro, 12, rue Etienne-Marcel. Amédée Prud'homme, 15, rue Hoche. F. Balon, 31, rue Etienne-Marcel. G. Havy, 10, rue Montgolfier. Palardelle, 151, rue de Paris. Miguel, 4, rue La Pérouse. Richert, 12, rue du Hainaut, Paris. L.-M. Bérard, 24, route des Petits-Ponts. Rébillat, 26, route des Petits-Ponts. Guillon, 25, rue de la Gare. Charcot, 18, rue du Centre. Blancheteau, 12, rue Etienne-Marcel. Ch. Bienvenu, 5, impasse Beaubourg. Adrien Miau, 30, rue de la Sablière. Mulot, 30, rue Coquillère.

MM. J. Gouverneur, 263, faubourg Saint-Martin. A. Gallais, crémier, 21, rue Fauvet. Ferdinand Alidières, 52, rue de Cléry. Jean Rispe, 90, rue Saint-Louis-en-l'Ile. E. Noël, 10, rue Baudin. Mlle Louise Deslandes, 11, rue de l'Echaudé. Joseph Ducret, 8, rue Puget. V. Arnaud, 34, rue Nollet. M.-O.-A. Gagnard, 143, avenue de Versailles, Poncet, 42, rue Saint-Vincent. C.-F. Lejeune, 257, rue Saint-Honoré. Félicien Rouquié, 51, rue Blanche. Charles Camus, 8, rue Cambon. Edmond Villardier, 25, rue Godot-de-Mauroi. Armand Langlois, 20, rue d'Enghien. L. Marchand, employé de chapellerie, 34, rue du Quatre-Septembre.

MM. Joseph Muraillet, employé chapelier, rue du 4-Septembre. J. Maugras, 9, rue de Nanterre, à Colombes. Victor Leray, 17, rue Vergniaud, à Levallois-Perret. Albert Chaignon, correcteur, 7, rue du Vieux-Colombier. Constant Boultenot, 1, rue Versigny. Vernier, 71, avenue Parmentier. G. Marval, 200, boulevard Voltaire. F. Laldenberger, 80, rue Saint-Denis. E. Blanchet, 61, rue Mademoiselle. Prosper Barillé, graveur, 1, rue Séguier. Ed. Imbert, directeur d'usine, 36, quai de la Marne. Auguste Cavarry, 6, rue Alfred Stevens. René Vaillant, 60, rue Turbigo. J.-L. Caillat, 110 *bis*, rue Saint-Denis, Alfred Javon, 108, rue d'Angoulême. Désiré Javon, 76, rue de la Mare. Alfred Vergé, 102, avenue de Rosny, Le Perreux. G. Bedet, cuisinier, 11, rue Claude-Pouillet. Docteur Bouillet, maire de Rueil. Emile Grout, 33, rue des Marais.

Armand du Mesnil, conseiller d'Etat honoraire, membre du conseil supérieur de l'Instruction publique.

Mme Lucien-Victor Meunier. MM. Charles Grolleau, rédacteur au *Rappel* et au *XIXᵉ Siècle*. G. Timory, homme de lettres, rédacteur aux *Droits de l'Homme*.

MM. Paul Bitard, ancien officier, 16, rue de l'Arrivée. Alfred Durand, avocat. E.-C. Theis, 14, rue de Trévise. Georges Delaporte, à Levallois. Georges Gaudibert, comptable, à Epinay. Ch. Labbé, passementier, 35, rue d'Aboukir. Mme Labbé, 35, rue d'Aboukir. MM. Ch. Keller, 77, rue du Montet, à Nancy. A. Hirn, 52, rue Turbigo. Jules Stéou, cocher, 16, rue des Cloys. Léopold Guérot, 29, rue des Martyrs. Maurice Gaulard, 44, rue d'Hauteville.

MM. L. Hipeau. J. Gilou, 18, rue Piat, à Paris. Jules Amnon, à Stains. A. Entremont, 188, rue de la Roquette. Ambroise Coinet, comptable, 44, rue Meslay. Mme Esther Coinet, lingère, 44, rue Meslay.

Gaston Bing (Bengali, du *Tintamarre*), 159, rue Montmartre. Mme Denis, 4 *bis*, rue Vincent-Compoint.

MM. Vivier, ancien fabricant, 20, Grande-Rue, à Nogent-sur-Marne. Moussard, représentant, 79, boulevard de la Villette. Breuillé, 64, boulevard Voltaire. Victor Bourjot, à Saint-Maur. Ernest Cavet, 73, rue Crozatier. Ernest Govain, 27, cours de Vincennes. Léon Irlande, 5, rue Saint-Maur. Lucien Peuillier, à Montreuil-sous-Bois. Léon Fehrenbach, 30, rue Saint-Sébastien.

M. Polin, 13, rue Hérold. Mme Marguerite Frey, 19, rue Richelieu. MM. P.-C. Chapron, rentier, à Crécy-Couvé (Eure-et-Loir). Charles Lenfant, employé, 84, rue Folie-Méricourt. Branché, Léon, 47, rue de Tocqueville. A. Saget, employé de commerce, 41, rue de Lancry. Mme Steidel. M. Jacques Ber, 9, rue Aubert. Mlle Jeanne Loret. MM. A. Rabais, 18, rue de Ménilmontant. G. Linck, employé, à Bondy. Achille Schwob. Mme A. Schwob. Mlle Béatrice Schwob.

M. Léon Laroche, auteur dramatique et chansonnier, 124, rue de Picpus. Mme C. Laroche, 124, rue de Picpus. MM. Alfred Combe, à Châteauneuf-sur-Loire (Loiret). Louis Lecointe, 35, rue Sainte-Croix-de-la-Bretonnerie. Charles Lecointe, 78, rue François-Miron.

MM. J. Delebarre, architecte, 16, rue de Moscou. A. Besnard, faïencier, à Regmalard (Orne). A. Guillaume, propriétaire, 5, square Maubeuge. Etienne Sauvage. L. Poulin, comptable, 9, rue Franciade, à Saint-Denis.

Ad. Knoderer, rue Montrosier, à Neuilly-sur-Seine. Citerne, 6, rue Gounod. Berthault, 28, boulevard Bineau, à Neuilly-sur-Seine. L. Kilian, 68, rue Caulaincourt. Dynam Barbé, 53, rue Montmartre. E. Levieux, 29, rue Taitbout. Voreaux, 53, rue Rennequin. Balliet, 28, rue Truffaut. Ch. Bergès, 3, impasse Rodier. J. Meunier, 172, rue du Faubourg-Saint-Denis. F. Duport, 62, rue des Chassards, Suresnes. L. Ramilholon, 30, rue Myrrha. Piel, 15, rue Bréda. Georges Bonigen, 37 *bis*, rue Carnot, Levallois-Perret. C. Pros, confiseur. De Marnotte. Hildevert Ménard, conseiller municipal, à Chatenay (Seine). Pierre Le Courneur, 41, Grande-Rue, à Cherbourg. R. Charlet, 17, rue de Babylone.

Mme Victor Paulin, M. Victor Benoit, Mme Charlotte Benoit, à Levallois. L. Babillon, 51, rue de Larochefoucauld, à Boulogne (Seine). E. Tournois, artiste peintre, à Champigny. Mme A. Tournois. A. Doumencq, artiste peintre, à Champigny.

Mme veuve Michelet a adressé à M. Pierre Lefèvre, directeur du *Rappel*, la dépêche suivante :

Viroflay, 26 novembre.

Puisque les femmes sont admises à signer, mettez bien vite mon nom. C'est mettre le Sien entre tous. Il a sa place ici.

Veuve Michelet,

Vélizy (Seine-et-Oise).

MM. L. Fichel, négociant en vins. Docteur d'Argent. Fabre. Adrien Souberbielle. Thérèse Souberbielle. A. Daganet, licencié ès lettres. Edouard de Payan. Mme Boutmy. MM. Avronsart, ouvrier tailleur. Robert Weil, négociant. Alfred Weil, négociant. R. Goolus, homme de lettres. Ch. Salomon, professeur à Condorcet.

M. Léon Séché. Guillotin. Ch. Tournaire, industriel. Ferlet, ciseleur. Auguste Ferlet, sculpteur. Demognec, ciseleur. Demognec. Charles, ciseleur. Armand Morin. Auguste Romeuf, busquetier. Charles Taddet, employé de commerce. Jules Guilmet, monteur en bronzes. Émile Bernard. Docteur Edgard Lautzenberg.

MM. Giroud, instituteur, à Paris. Mme L. Giroud. MM. Lucien Lévy, directeur de l'*Echo de Vincennes*. Maurice Samuel. Henri Provin, professeur à l'Université. Adam Morhange. Gustave Belloy, étudiant en médecine. M. Amédée Brumgartner. Théodore Boris. Ysav Boris, vice-consul honoraire de France. Mme Ysay Boris. MM. Courvoisier. Ch. Viere.

MM. S. Buchel, licencié ès sciences. H. Rollet, avocat à la Cour d'appel. G. Gustine, licencié en droit. André Viviez. Paul Lambrey. Henri Sée, professeur à l'Université de Rennes. Henri Duroisselle. Dr Albert Mouchet. Marius Guyot, comptable. A. Muller. Jean Sigaux, homme de lettres. S. Cohen, négociant. J. Lallier. Dr Broca. Armand Dennevy, licencié ès lettres. Mme Marie Mauvais, employée de commerce. Emile Dreyfus. Laloge. A. Ledoux-Lebave. Cremnitz. Mme Cremnitz et ses filles. MM. Louis Even, étudiant en droit. J. Cator, agrégé de l'Université. S. Bloch, agrégé de l'Université. J. Lion, agrégé de l'Université. Jean Carbonnel, étudiant ès lettres. Mme Germaine Polack. M. Fernand Rousseau.

MM. Emile Lavaud, avocat à la Cour. Charles Risler, maire du VIIe arrondissement. A. Chaudron. Adolphe Tassin. F. Pillon, directeur de l'*Année philosophique*. Kannapell, étudiant en sciences. Jules Subert, étudiant en médecine. Mme Gley. MM. G. Lantelme, artiste lyrique. Jules Strauss, négociant en cuirs. Alfred Milliet. Jacques de Nouvion, directeur de la *Marseillaise* et du *XXe Siècle*. Henri de Lormel. Mme Jeanne Caudesaygues. M. André Rouveyre. Mme Gustave Tery, licencié ès lettres. MM. G. Tery, agrégé de philosophie. Augustin Monod, agrégé de l'Université. P. Normand. C. Halbronn. Journeaux. Lolieron, graveur. Paul Courot, avocat. Mme Courot. MM. Henri Bollack. Fernand Gauthier, dessinateur. Jules Dufour. Charles Charlier.

MM. Raymond Kœnia, artiste peintre. V. Calonne, étudiant en médecine. J. Chadel, étudiant en médecine. Monnerot, étudiant. Mme Frédéric Godefroy. MM. P. Grenier, artiste. Ernest Borde. Albert Lévy, externe des hôpitaux. E. Baduel. Emile Schreiler. A. Mouneyrat, licencié ès sciences. Horace Ficour. Louis Helm, étudiant en sciences. Ed. Socard, artiste peintre. Guérin, artiste peintre. A. Tissier, agrégé de physique. C. Mercier. Alfred Allouche, étudiant. Georges Guyot, licencié. J. Morin, étudiant en médecine. Ph. Vincent, Pasteur Fabius. Tony Debidour, étudiant en médecine. L. Jamet.

MM. Charreau, serrurier. Poubanet. Léon Daure, élève à l'école des Beaux-Arts. Jean Vallette, étudiant. Paul Sarrut. Germain, naturaliste. Eugène Labrune. Gaston Frunière. G.-L.-H. Marie, artiste peintre. Massonlier, agrégé de l'Université. H. Mouton, agrégé de l'Université. Docteur A. Romme. Mme Dalou. MM. Jules Dalou, sculpteur. Hector Missud. Gabriel Carmchet. Octave Crouzon. Georges Monod, licencié en droit. J. Marchand. Mme J. Marchand. MM. Paul-Armand Delille. René Charleville. Félix Dreyfus. Abraham Dreyfus. H. Lebegue. Mme H. Lebegue. M. L. Ningler, licencié ès lettres. Mme Kingler.

MM. Henri Foulard. Prevost. Ch. Simonnot. Albert Hano. Humbert. Lucien Hano. A. Memin. C. Léonard, compatriote de l'antisémite Jacquey. Longuepée. Niewenjlousky, Mme Mina Scufero. De Challand.

MM. Adam Lévy. Henri Amic, auteur dramatique. Mme Cahen Nathan. MM. le baron d'André. S. Alexandre. Mme S. Alexandre. MM. H. Maureau, ingénieur des Arts et Manufactures. Henri Becker, docteur ès lettres. Mme Edmond de Pressensé. MM. Edouard Baudoin, professeur à l'Université de Grenoble. Georges Claretie, avocat à la Cour d'appel. Paul Viollet, interne à l'hôpital Saint-Joseph. G. Culmann. Lucien Cahen, négociant. Mme Lucien Cahen. MM. Edouard Neuburger, homme de lettres. Gaston Neuburger, artiste peintre. Rosas Morales, artiste peintre. Martin. G. Urbain, licencié. Debierne, licencié ès sciences physiques. H. Bernard, agrégé ès sciences physiques. Paul Hervoit, externe des hôpitaux. Adrien Houillon. Duchez Henri, homme de lettres.

MM. Alexandre Weill. C. Fenand. Saint-Fermier, artiste peintre. François Galabert, licencié ès lettres. Veron, inspecteur d'assurances. B. Frey. E. Wolf. Docteur. Marie. R. Riedet. E. Aumont. Marty, agrégé de l'Université. Gabion. Giaut. Xavier Melet, publiciste. Mme Melet. MM. Maurice Souriou, publiciste. Raoul Aubry, publiciste. Gaston Deschamps. Armand Bouchu. Anglas, bi-licencié. Georges Rosenthal, interne des hôpitaux. Charles Michel, ingénieur. Léon Crombac, négociant. Jean, étudiant en médecine. Louis Anglas, artiste peintre. D. Vivron, représentant de commerce. Georges Loiseau, licencié ès sciences, externe des hôpitaux.

MM. le docteur Paul Carnot, docteur ès-sciences. Aubert, propriétaire, à Neuilly-sur-Marne. G. Brossard, dessinateur. M⁰⁰ˢ Salomon, directrice du Collège Sévigné. Marie Schach, agrégée de l'Université. F. Tabler. Mᵐᵉ E. Kahn. MM. F. Shoalbred. J. Philipp, compositeur de musique. Ed. Leudereau. Mᵐᵉ J. Bernier. M⁰⁰ A. Bernier. MM. A. Verdier, typographe. Paul Sirven, agrégé de l'Université. Arthur Lévy, homme de lettres. T. Steez, agrégé de philosophie, licencié en droit. M⁰⁰ˢ Herrenschmidt, à Neuilly. Rebillard, institutrice. Marie Steinbart, institutrice. Jeanne Mills. Margot Koes. MM. E. Moulin, proviseur honoraire. Madeleine Riffard. Victor Koos. Domange. Colacoosorio. Henri Levêque.

MM. V. Rouillard, A. de Voisins. Louis Rouillard. Charles Surer. Léon Jullemier, étudiants en médecine. Docteur Vaquier, médecin de l'hôpital de Villiers-sur-Marne. Jules Bernard, employé de commerce. Maurice Netter. Paul Gauthier, négociant. Fernand Gauthier, étudiant. Paul David. Horace Vignon, artiste dessinateur. Prud'homme. Hippolyte, rentier, à Villemomble, Georges Prud'homme, ingénieur. Ernest Prud'homme, mécanicien. Mᵐᵉ Marie Prud'homme. MM. Darras, docteur en droit. P. Hibert. David Weill. Granier, rentier. Louis Ratisbonne. Pierre Naudel, rentier. Royaumet, rédacteur en chef de la *Réforme*. Jean Toussaint, employé de commerce. Edouard Medut, homme de lettres. Jonas, étudiant. J. Wolf. Albert Boyer, étudiant.

MM. François Paquet. F.-A. Revillon. Camille Guyard, correcteur. Mᵐᵉ Guyard. M. Louis Legrain, mécanicien. Léon Heymann, artiste. Louis Och. Charles de Layens. Albert Lévy, architecte. Docteur Frankel. L. Monier, étudiant en médecine. Jean Reveillard, avocat à la Cour. Justin Vairex. Georges Charlet, artiste graveur. Mᵐᵉ Charlet. M. David Katz. Julien, employé. H. Grunfeld, employé. Barabrahme. R. Anchel. Édouard Hinstin. Maurice Pigallet. Georges Johnston. G. Chrétien. Darles. Bertrand. Michel Marcille. J. Robert.

MM. André Guillou, Henry Vernet, Ronnamim, étudiants à la Sorbonne. M. Georges Dufaur. Legras. Marissiaux. M. Loewe, agrégés de l'Université. A. Bauer, étudiant en médecine. Ernest Boullemer. Paul Masson, docteur en droit. Docteur Léopold Chauveau. Georgeon, comptable. D. Chassaigne, étudiant pharmacien. Ancelin, licencié ès sciences. Edouard Goldner, professeur. Robert Carnette, étudiant en médecine. Georges Cottard. Jacques Locle, écrivain. Mᵐᵉ Julienne Marmin, Poitiers. MM. Pierre-Emile Cornillies. Emile Martin. Adrien Hamelin, avocat à la Cour. Edmond-Raoul Lévy, Transvaal. Mᵐᵉ Théodora Lévy. M. V. Cremieu. Mᵐᵉ V. Cremieu. M. Max Grimard. Ed. Grimard, homme de lettres. Docteur H. Roussel.

M. K.-X. Roussel, peintre. Mᵐᵉˢ Marie Roussel. Louise Rouval. MM. B. Rauber. J.-J. Rauber. M. Maurer. Edgard David. Paul Dieudonné. Laurent Drevet, étudiant. Fernand Drôle. Paul Le Gal, étudiants en droit. André Selice. Benjamin Netter. Minouflet, Mᵐᵉ Minouflet. MM. J. Veil. H Wolf, capitaine en retraite. P. Matrat, capitaine d'infanterie de marine, Sieulla. Henri Legrand. Mᵐᵉ Maurice Sand. MM. Charaymat, directeur de l'Ecole classique. Mulyn, secrétaire de l'Ecole classique. Daniel Bellet, rédacteur au *Journal des Economistes*. Mᵐᵉ Daniel Bellet. MM. Edmond Benoit-Lévy, avocat. Jules Benoit-Lévy, artiste peintre. Bourguignon. Docteur Marcel Sée, ancien interne des hôpitaux.

MM. Philippe Andler, pharmacien. Paul Andler, pharmacien. Léon Coupey, licencié en droit. E. Blaise, licencié ès sciences, hôpital Recoul. Auguste Béal, maître de conférences à la Faculté des sciences de Paris. Marc Tiffereau, interne en pharmacie. Henri Masson, chimiste. Jean

Kergomard, licencié ès lettres. Isidore Renard, graveur. Emile Berthaux, professeur. Paul Hallinger, employé. Gaston Hallinger, métreur. Benjamin. Lévy, étudiant en lettres et en droit. Laumont, employé. J. Le Merle, artiste peintre. Mᵐᵉ Le Merle. MM. Michel, restaurateur. Marie Garde. Georges Grimaud. André Chevrillon, docteur ès lettres. Alfred Acache, artiste peintre. M⁰⁰ Elisabeth Jacquinot. MM. le docteur Roux, de l'Académie de médecine. Janicot, docteur en médecine, rédacteur en chef du *Bulletin médical*. Ernest Gorju, commerçant.

MM. S.-A. Isaac. Emile Moreau, directeur de l'*Echo des Deux-Charentes*. Daniel Ventre. André Michel, homme de lettres. Paul Bondois, agrégé d'histoire. Louis Bondois, dessinateur. Lavergne, propriétaire. J. Carespino. Fleury. M. Mignard. L. Mariettaz. A. Schwartz. J. Anchel. A. Anchel. Vedel. Bauer. Ernest Boucher. Mᵐᵉ Ernest Boucher. MM. A. Quinson. Edouard Maucis. Paul Fleurot, étudiant en médecine. Eugène Ehrhardt, agrégé de l'Université. Mᵐᵉ Eugène Ehrhardt, MM. Jacques Bayge, élève architecte. Fernand Sillières, artiste peintre. Benoît Schlaelter, ancien sous-officier. Georges Treffel, agrégé de l'Université. René Lavaud, licencié ès lettres.

MM. Marcel Drouin, agrégé de l'Université. Gustave Hervé, agrégé d'histoire. Sartou, agrégé des lettres. Colinion. Michel Dauge. A. Damelon, mécanicien. Mᵐᵉ Damelon. MM. C.-N. Sylvestre, étudiant. Henry Vernot, homme de lettres. Gaston Villebrun. Léger, professeur. Mᵐᵉ Berthe Oury. M. Neric de Fonvielle. Mᵐᵉ Neric de Fonvielle. M. Louis Anglas, artiste peintre. Mᵐᵉ Louis Anglas. MM. Frédéric Hœrtel. Alfred Bernard. Mᵐᵉ A. Isaac. M. Alexandre Isaac, sénateur de la Guadeloupe. M⁰⁰ Léonie Gaudot. MM. G. Olivetti. Simon. Mᵐᵉ Simon. MM. H. Olivetti, Gaston Lévy, licencié en droit. Henri Oulmann. A. Taverne.

Mᵐᵉ veuve Mounier. Mᵐᵉ Marie Mounier. MM. Paul Genevet. L. Ripamonti. Pierre de Coulevain. Edouard Robineau. J. Robard, architecte. Robert Kastor, artiste peintre. J. Deschamps, licencié ès sciences, docteur en médecine. Da Costa, licencié ès lettres. Enjalaran, licencié ès lettres. P. Camman, licencié ès lettres. E. Bloch, licencié ès sciences. Zivy, licencié ès sciences. L. Dreyfus, licencié ès sciences. Muxart, licencié ès sciences J. Folti, architecte. Félix Marguery, interne en pharmacie. Marcel Sommelet, interne en pharmacie. Pochon, interne en médecine des Asiles. Alekau, chimiste. Mᵐᵉ E. Alekau. MM. J.-P. Guielfard, architecte. Emile Antz, marchand de vin. Frédéric Subert, étudiant en médecine. H. Suber, artiste peintre. Pierre Espinas, étudiant.

MM. Philippe Onedin, étudiant. Adrien Judet, étudiant. Q. Delp, étudiant. P. Clerc, ingénieur. Benedite, conservateur adjoint au Musée du Louvre. Mᵐᵉ G. Benedite. MM. Paul-Armand Hirsch, homme de lettres. Charles Plumet, architecte. Gil Baer. Georges Depay. René Duchemin, chimiste. E Gaudibert, clerc de notaire. J. Poirson, dessinateur. Jules Dreyfus. Z. Cintract. A. Barthelemy. Chatelain. Henry Souque. Albert Hano. Mᵐᵉ Suchard de Pressensé. M⁰⁰ Suchard de Pressensé. Mᵐᵉ Cremer. M. A. Fisch, pasteur. Mᵐᵉ A. Fisch. Ch. Mayer. M. H. Dalsace. Mᵐᵉˢ Dalsace. Engelhard. M. S. Waret.

MM. Emile Antoine, comptable. Léon Fabre. N. Cordasy. Pol Marsan, publiciste. Ernest Roussel, licencié ès lettres. G. Tellier, géomètre. Georges Blaistreu. Léon Viollet, agronome ingénieur. Ludger Cruet, docteur en médecine. Docteur Henri Martin. Jules Lamie. Désiré Roustan, professeur de philosophie. Docteur Herr, médecin-major démissionnaire. Gabriel Lévy. Louis Lévy. Sahagniac. Louis Debidour. Pierre Muret. Conard. Da Costa. Gaillet, licencié ès lettres. Chollet. Dufour. Noël. Dubuisson. Sauner. Fort, licenciés ès sciences. Henri, expert, critique d'art. Paul Boucherot, ingénieur.

MM. J. Pernet, Stéphane Natanson, architecte. Hocq. Paul Marx. Gabriel Lambert. Eugène Trichon, publiciste. Mᵐᵉ veuve d'Argent. MM. E. Métivier, étudiant en méde-

cier. E. Chanson, Jules Marx. Ch. Kapfer. Emile Dreyfus. Henri Nocq, artiste sculpteur. M᷅ᵐᵉ veuve Emile Rabouin. M. de Lapierre, agrégé de grammaire. M᷅ᵐᵉ de Lapierre. MM. Edmond Offenstad. G. Cahen, industriel. C. Juif. A. Bonard. E. Trapp. A. Schmidt. E. Brylinski. J.-J. Schaffner. P. Thiery. A. Bastier. Violle. Mure. Arnaldo Pio.

MM. Henri Gauche. Emile Vernier, sculpteur-ciseleur. Paride Weber, artiste peintre. Gaston Jacob. Alfred Kahn. Armand Brunswick. J. Bernard. Fernand Lévy. Briou. Becker. Léon Cartier. Leroux. Paul Rubinsten. Jules Brunswiich. Sylvain Braun. Paul Franc. Benjamin Blum. Michel Polack. M᷅ᵐᵉ Hélène Polack. Lucien Bernard. Louis Schill. Adolphe Schill. Armand Schill. Georges Polack. S Halin. E. Aubert. Arthur Fontaine, ingénieur des mines. L. Vidal. A. Delin.

MM. A. Damien. A. Saugede. A. Arnou. F. Rabion. G. Morin. Emile Raguenin, agrégé des lettres. André Lyon. Léon Hecker. R. Sulzer. M᷅ᵐᵉ R. Sulzer. Jean Apfel. MM. Gustave Lauth, docteur en médecine. Xavier Paolette. Docteur Léon Azouday. M᷅ᵐᵉ Giroux. MM. Fernand Marx. A. Baudier. Georges Cattelain, artiste graveur. Charles Cerf. F. Delaroche. M᷅ᵐᵉ F. Delaroche. Ed. Delaroche. Ed. Rheims, industriel. A. Hoet. Docteur Léon Frey. Henri Mortimer, publiciste. Goldspieges. Henri Mayer, agrégé de l'Université. Jules Ley, publiciste.

MM. Justin Dromel, publiciste. Charles Fontaines, docteur en droit. André Lévy. Julien Tiersot, compositeur de musique. Raphaël Bloch. M᷅ᵐᵉ Charles Veillet-Lavallet. MM. Bejun Lorieux. L. Joly. E. Olivier. Rouet. Cusin. Dornillet. Bercher. Sagnier. Georgevi. Gril. Edmond Corra. H. Cassera. Kowalski. Levêque. Hug. Maria. Tourneret. Léon Kateau. Marque. Jarde. Nonorque. Lorentz. MM. Bois. L. Renaud. Aldabe. Bourgogne. Pasquet. Megan. Pochaubes. Depral. Meras. L. Cogand. Roudod. E. Rize. Fraunau. Ch. Lisch. G. Bonnefond. Charles Wiernsberger. Gustave Edy. A. Josem. E. Perrinjaquet. V. Lion. A. Martin. A. Montu. A. Post. R. Amm. Ernest Chevalier, laitier. M᷅ᵐᵉ Ernest Chevalier. MM. A. Lasarus. Joseph Henry. Heinnaum. A.-Paul Girerd.

M᷅ᵐᵉ Marx Darmesteter. MM. Charles Baur. Jules Baur. Léon Baur. E. Wiederhold. J. Soreph. Henry Lévy. Maurice Bernstein. Louis Machiconie. Georges Pottier. W. Mendes. L. Angely, Angers-sur-Oise. L. Germain, Angers-sur-Oise. Henri Bernstein, Aubervilliers. Lucien Tournaire, ingénieur des Arts et Manufactures. A. Philippe, ingénieur. Jules Brot. Pierre Jouguet, maître de conférences à la Faculté de Lille. L. Minot, Vincennes. E. Mossot, agrégé des lettres. M᷅ᵐᵉ Mathilde Taubels. MM. Ernest Amphoux. Versailles. E. Mayer, publiciste. Le docteur J. Blatin, professeur à l'Ecole de médecine de Clermont-Ferrand. Le docteur Balp, Garches. Albert Kohler, pasteur de l'Eglise réformée de France.

MM. L. Hildenfinger, Reims. J.-F. Venturini, professeur honoraire à l'Association polytechnique. E. Morel. Paul Kullmann. Jules Kullmann. Théodore Monod, pasteur. Victor Laedlin, étudiant. Henri Bernheim, étudiant, Henri Well, étudiant. F. Devienne, étudiant. M᷅ᵐᵉ Alfred Lantoine, artiste peintre. MM. J. David, ingénieur chimiste. Léon Auscher, ingénieur des arts et manufactures. G. Baulavon, agrégé de philosophie. Isaac Lévy. Félix Lévy. L. Marillier, directeur de la *Revue de l'histoire des religions*. Auguste Vincent, comptable. G. Lion, médecin des hôpitaux. Léon Rosenthal, professeur agrégé de l'Université. Charles Mention, ancien député, Douai. G. Baublatt, Rueil. E. de Jaegher, Morlaix. E. de Jaegher. J.-E. Abelous, professeur à l'Université de Toulouse.

MM. Henri Macquart, conseiller municipal de Reims. Buirette, publiciste, à Reims. Claudius Masson, directeur de l'Imprimerie Nouvelle, à Reims. Elie Gounelle, pasteur, Roubaix. P. Dalion, Epinal. Gaston Munier, architecte, membre de l'Institut français au Caire. H. Hubert. Henri Vuillaume, contremaître de filature, à Troyes. Maurice Mayer, à Belfort. Rodolphe Herrenschmidt, manufac-

turier, Meung-sur-Loire. Henri Vieville, à Orléans. Jacquemin, à Malzéville. Adrien Berget, agrégé de l'Université, à Lille. Joseph Blum, Saint-Etienne. J. Kubler, rédacteur en chef du *Nord-Sportif*, Roubaix. A. Meut. Léon Vignols, publiciste, Rennes. J. Jezequel, pasteur de l'Eglise réformée, Laval. Gustave Lévy, voyageur de commerce. L. Christophe neveu, négociant en tissus, Lille. Ernest Langlois, professeur à la Faculté de l'Université de Lille. Charles Cesbron, artiste peintre.

M. Maurice Degeorges, ingénieur des Arts et Manufactures. M᷅ᵐᵉˢ Maurice Degeorge, Edouard Damourette. MM. Georges Artzner. Charles Lévy, Dieppe. Docteur A. Coppens, Lille. E. Ardaillon, chargé de cours. H. Chamard, maître de conférences. Médéric Dufour, professeur. Gustave Fougères, professeur-adjoint. Charles Petit-Dutaillis, chargé de cours, à la Faculté des lettres de Lille. C. Camichel, maître de conférences à la Faculté des sciences de Lille. L. Lambling, professeur à la Faculté de médecine de Lille. H. Pade, maître de conférences à la Faculté des sciences de Lille. P. Jouguet, maître des conférences à la Faculté des lettres de Lille. Paul Kestner, ingénieur à Lille. Ch. Debierre, à la Faculté de médecine de Lille. Deaussin, pasteur, Pontarlier. Léon Bloch-Tréfusse. Emile Bloch. Paul Bickart. Henri Dupont. Louis Cochard, caissier du Crédit lyonnais, Laval. Gustave Rodrigues, professeur agrégé de l'Université de Laon. Henry Babut, pasteur de l'Eglise réformée. Landousy-la-Ville.

MM. Edmond Schmob, Dijon. A. Knoderer. Citerne. Berthault. L. Kilian. Dynam-Barbe. E. Levieux. Voreaux. Balliet. Charles Berges. J. Meunier. F. Duport. L. Ramillon. Piel. Georges Bonigen. Gustave Beyle. Jean Liberge. Jules Lemercier. René Lefort, commerçants. Léon Dautremer, maître de conférences à la Faculté des lettres de Lille. Lucien Patry, étudiant. M᷅ᵐᵉ veuve Kaufried. M᷅ˡˡᵉ Flore Kaufried.

MM. Fernand Dreyfus. Charles Cerf. G. Dreyfus. M᷅ᵐᵉ Marie Henrion. MM. E. Lippman. F. Léger. Lemoine. P. Robin. M᷅ᵐᵉ Alice Charpentier. MM. Lucien Bourgogne, agrégé de l'Université, Nantes. Marcel Lièvre. Justin Lièvre, artiste peintre. André Lièvre. Henri Bloch. E. Ascher. M᷅ᵐᵉ E. Ascher. M. Georges Dreyfus, employé de banque. M᷅ᵐᵉˢ J. Kosman, Strasbourg. Eléonore Dreyfus. MM. Dreyfus, contentieux. Dreyfus, artiste. M᷅ᵐᵉˢ Amédée Renée. Lucy d'Herbigny. MM. H. Monnier, le Havre. Maurice Level, étudiant en médecine. M᷅ᵐᵉ Level. Docteur Level. M᷅ˡˡᵉ Level.

MM. Aristide Seillon, étudiant en pharmacie. H. Texcier, agrégé de l'Université, Rouen. M᷅ᵐᵉ H. Texcier, Rouen. MM. J. Renard, chimiste. Bonnet. Bougle. Meslin. Millot, professeurs à l'Université de Montpellier. Bouniol, professeur au lycée de Montpellier. Chabaneau, correspondant de l'Institut. Bourguet, professeur à l'Université de Montpellier. Ernest Ridet, ouvrier mécanicien. P. Leteilleur, Calais. Albert Sapet, rédacteur en chef de l'*Ardèche républicaine*, Privas. M. François Laneyrie, Mâcon. J. Privat. Bordeaux. O. Gandillon. Bordeaux. M᷅ᵐᵉ B. Gandillon, Bordeaux. MM. Eugène Moutard, directeur de la *Revue de Bordeaux*. Edouard Miellat. Gillomay, Isère. Landau. Chauvigny. Louis Besson, Chalon-sur-Saône. Docteur A. Hugenschmidt. Z. Arnal, pasteur de l'Eglise réformée. Dijon. Raymond Duplantier, avocat à la Cour d'appel de Poitiers, licencié ès lettres.

MM. Adrien Schwab, Nancy. Louis Couve, maître de conférences à l'Université de Nancy. J. Bigout, agrégé de l'Université, à Nancy. A. Fochier, professeur à la Faculté de médecine de Lyon. Jean Monod, doyen honoraire. Laforce (Dordogne). L. Kauffmann, Bordeaux. M᷅ˡˡᵉ Léonie Kauffmann, Bordeaux. MM. Albert Heymann, à Nancy. P. Loisel. Retour, caissier comptable, Boulogne. M. A. Magron, agrégé de l'Université, Nancy. Henri Fescourt, étudiant. André-Léon Picard, licencié ès lettres, Londres. Charles Bernardin. L. Beaupère. Montargis. O. Hamelin, chargé de cours à l'Université de Bordeaux. Le Bas-Breton. Châteaulin. G. Barbezieux, rédacteur en chef de la *Paix*. F. Frappier, secrétaire de la rédaction de la *Paix*. B.-M. Laumann. Lucien Brunswick. M. Vérone. Paul Aubert. Jean-M. Carrigue, rédacteurs à la *Paix*. Rosenstiel, Toulouse. Léon Merck, coiffeur parfumeur, Neuchâtel.

MM. Léon Spinosa Cattela. Mme Ernest May, Mlle Annette May. M. Jacques May. Mlle Lise May. MM. Georges de Traz. Robert de Traz. Mlles Maria Penchant, Eulalie Penchant. Mélithyne Revillard. Mme Drot. Mlle Ossaye. MM. F. Picard. A. Prot. Louis Sepré. Mme Louis Sepré. M. Pierre. Mme Pierre. Mme Eugénie Renard. MM. Léon. Léon Bas. Mmes Léon Bas. Cécile Meyermay. MM. Albert Meyermay. Jean Meyermay. Léonce Benedicte. Mme Léonce Benedicte. M. J. Prudhommeaux, agrégé ès lettres, membre de la Ligue

MM. docteur Frédéric Monod, Pau. Edgard Monod. Livron. Richard Bouwens. Docteur J. Elie Pécaut, docteur en médecine. Ségalas. Mme Elie Pécaut, née Engalnardt, Ségalas. Mme veuve Félix Pécau, Ségalas. Mme veuve Carreire, née Pécaut, Ségalas. Docteur E. Monod, chirurgien des hôpitaux. J. Léon. Georges Wolf, ingénieur-chimiste. Montluçon. Louis de Robert, homme de lettres. Paul Faure Saint-Jean de Pied de Port. Albert Derrien, publiciste. Mme veuve Bellefond. Mme Garnier. M. et Mme H. Lauden-

bach. MM. Paul Monnier, pasteur, Orthez. Jules Lascroux étudiant. Lannoy, ingénieur. E. Petron, interne des hôpitaux. H. Salomon. Mme H. Salomon. MM. Edmond Dupoigny, Alphonse Savoye. Antoine Pras. Léon Bauher, sertisseur.

M. Metay. Mme Metay. M. Savoye, sertisseur. Mme Savoye. MM. Dijeaux, sertisseur. Emile Chauvelon. Constant Anchel, Docteur Laurand. H. Boursier. Henri de Saussine Robert Forget, ingénieur civil. A - L. Guérard, étudiant, Octave Gelin, architecte Alphonse Ochs. Alexandre Charpentier, sculpteur. Comte J. du Batut de Tersia, Toulouse, Ernest Auberlet, Dijon Mme veuve Auberlet, Dijon. MM. le docteur G. Bardet, du *Siècle*. Jacques Lemonnier, docteur en droit. Alfred Lévy, courtier en grains. H. Cohen, banquier. Docteur Georges Gasne. L. Pers, architecte. Mme L. Pers. M. J. Durelle.

MM. F. Clément. L. Grenu. A. Bœhler. G. Puigno, Soudan. J. Bessis. Henri Koozboon, Gouault. L. Weille, publiciste. J. Paillard. A Witte, hôtelier, 66, rue Montorgueil, Charles Piérard, employé au Grand-Orient. Devergez, emballeur. 90, passage Brady. Ricoupy, cordonnier, 90, passage Brady, Gauthier, employé à la *Lanterne*, 90, passage Brady. Louis Hergault, employé à *La Lanterne*.

Mardi 29 Novembre 1898

MM. Elisée Reclus. Elie Reclus. Noemi Reclus. Michel Bréal, membre de l'Institut. Ch. Diehl, correspondant de l'Institut. Charles Pfister, docteur ès lettres; G. Parisot, docteur ès lettres. F. Baldensperger, agrégé de l'Université. Louis Coure, agrégé de l'Université. M. Perreau, docteur ès sciences. E. Strucker, professeur honoraire. Frantz Jourdain, architecte, Frédéric Montargis, agrégé de l'Université. Ernest Labbé, agrégé de philosophie. V. Jaclard. Léon Riffard. P. Hérold, bâtonnier de l'ordre des avocats, à Auxerre. Alfred Bonsergent, homme de lettres. Hippolyte Lemaire. Charles Martel, homme de lettres. Adolphe Maujan, ancien député de Paris. Mme Mathilde Maujan. MM. P. Pourot, homme de lettres. E. Simon-Auteroche, docteur en droit, avocat à la Cour d'appel. Frédéric Le Rey, compositeur de musique. J. Balagné, professeur de l'Université en retraite. Francis Lepage, homme de lettres. Wilfrid Monod, pasteur, 9, rue Lafosse, Rouen. Savioz. Mme Hélène Sée, de la *Fronde*. M. Charles Lhermitte, propriétaire à Limours (Seine-et-Oise). Jean Hess, homme de lettres.

M. le docteur Gonnard, 33, rue de Berry, Mme Berthe Mendès. M. don Mendès-France. Mme Alexandre Charpentier, 99, boulevard Murat, Auteuil. La revue *En marche*, de Marseille. MM. E. Béron. Philibert Roger, publiciste. J. Colly, conseiller municipal de Paris. Edmond Bahut, licencié en droit. Paul Natras, homme de lettres. Jules Ferrier, de Chazelles sous-Lyon. Félix Friederich, avocat, 18, rue Taylor. Philippe Fabre, à Pézenas. Alphonse Boudaine, 19, boulevard d'Argenson à Neuilly-sur-Seine. René Phelippeau, artiste peintre, conseiller municipal de Chantonnay (Vendée). J. Chevrin. Lucien Lemaire, licencié en droit. Lacroix, ex-industriel, à Amiens. Georges Jarrier, artiste dramatique, à Rennes. Hénor, comptable, à Rouen.

MM. le docteur Léon Marchand. Julien Leclercq, de la *Gazette des Beaux-Arts*. Emile Roques, directeur du *Petit Var*. Alexandre Crémieux, de Clermont-Ferrand. E. Rochefort, docteur en médecine, à Chatou. Ernest Dumolart, maire de Notre-Dame-de-Vaux. Delvau, comptable. Lucien Barrois, 13, rue Paul-Féval. Georges Leneveu, rédacteur à l'*Aurore*.

MM. René Carrière. sculpteur. Léon Millot, rédacteur à l'*Aurore*. Mme de la Vernède. MM. J. Garnier, rue des Moines, à Batignolles. P. Zarmer. Mme Léontine Bruneau. M. Ch. Leduc.

MM. Alphonse Emmerient, publiciste, 60, rue de Dunkerque. Léopold Rosentock, employé de commerce, 142, faubourg Saint-Denis. Charles Hugot, auteur dramatique. Mme Charles Hugot. MM. le docteur Georges Cahen, médecin consultant, Vichy. Mme Georges Cahen. MM. Th. Frois, professeur de français, 210, boulevard Saint-Germain. Daniel Halphen, mécanicien ajusteur. Mme E. Thiéry, rue Dulong, MM. Regnier, 38, quai Jemmapes. G. Foillard, 7, rue Bolivar. Mme G. Foillard.

MM. René Mouton, au nom du groupe « La Jeunesse socialiste indépendante des XIIIe et XIVe arrondissements ». H. Boyer, rédacteur au *Rappel du centre*. Moreau, rue de l'Hôtel-de-Ville, 41. Sabatier. J. Sabatier. Texier, rue des Barres, 26. Lacord. rue Simon-le-Franc. 51. Delage, rue de l'Hôtel-de-Ville, 41. Engelstein, rue de Normandie, 14. Dubois, rue de l'Hôtel-de-Ville, 42. Parvaix. Mathé, rue de Jouy, 3. E. Mazautane. Barbier, rue de l'Hôtel-de-Ville, 41. Ronzeaud, rue des Barres, 26. C. Chassay. F. Fordanaiste. J. Boissier. L. Mézy, Mousner. Martin, Granger. Soulignac. Desmassias. E. Pasquier, conseiller prud'homme, rue des Ecouffes. 7. Desforges, rue Laverrière, 13. Barousse. David. G. Canard. Valentin Siguier. H. Le Bègue. Casenoblet. Achille Le Roy, éditeur socialiste. H. Penck, boulevard Beaumarchais, 41. Eugène C..., employé des postes. Gajeat. Deliot, rue de Jouy, 5. G. Lefebvre. E. Dupin.

MM. Cherved-Saint-Lesq, 18, rue Nicole, étudiant. Trouillot. E. Charriaux. A. Luchered. L. Massoulle. V. Lenain. Robert-Clément, 2, rue du Pont-de-Lodi. Jules Levy, rue Gay-Lussac. Marcel Guieysse. Feillet. Lucien Morel, 13, rue de Cluny. René Lisbonne. Georges Mouillet-Roux, 16, rue des Fossés-Saint-Jacques. Albert Riemann, 19, rue Boulard. Henri Brunel, avenue de l'Observatoire. Marcel Dreyfus, boulevard Sébastopol. Pannier. M. Rohr. Jacques Levy, 12, rue du Regard. M. Lachered. G. Pauchon, 21, rue Chevert. Boucher. Gaston Max, à Milly (Seine-et-Oise), étudiants.

MM. Eugène Morel, 13, rue de Cluny, étudiant. Lacour, 120, rue Nollet. Locquier, à Bullcray. Hardmann, 10, rue La Bruyère. Gillard, 38, rue de Verneuil. Maréchal, 17, rue Saint-Placide. Sérédia. Mossé, étudiants.

MM. Faucher, 192, rue Saint-Denis. Maurice Arancourt. R. Lancry. F. Hesling. A. Billette. Séron. F. Chauvet Le Blavec. Larapidie. Déchaume. Brimeau. Miral. Luquet. Gadraz. Desseigne. Renaudin. Gaumet. Guinhut. Miezet.

Clément. P. Bénert. Bayet. Brochet. A. Denis. Vigier. Martinot. Guy. Hardy. Cadoret. Poitrimol. Danjou. Cintrat. Gabet. Borzene. Génoist. Ducret. Legay. Lapeyre. Gallien. Michel. Mignon. Salin. Guinau. Yves Allain. Béli. Poudret. Houzier. Colombat, membres des syndicats de la voiture.

MM. Ch. Vergez, menuisier. François Hermann, menuisier. Mme P.-H. Robecque, 44, rue de Longchamps, à Neuilly. A. Damelan, mécanicien en précision, 62, rue Cardinal-Lemoine. Mme Esther Damelan. Mlle Damelan. MM. A. Laborde, de l'Ecole de physique et de chimie. Antoine Masson, étudiant. Auguste Marguillier, homme de lettres, 33, rue de Verneuil. Calvayrac, étudiant, 12, rue d'Uzès. Abel Deva. Périlly, sculpteur, 8, place de la Madeleine. Marie Brânn. E. Thiéry, publiciste, 63, rue Dulong. E. Mathieu. H. Guichard, professeur libre.

Mme Camille Isidore. MM. Jules Bertrand, étudiant. A. Pligot, employé, rue Joinville, 38. Mme Pligot, couturière. Louis Pligot. Ferdinand Pligot. Mlle Octavie Richelin, couturière, 38, rue de Joinville. H. Meyer, architecte. Hélène Meyer. Mme H. Pétry. Jean Bideguin. Mme Bidegain. H. Guerrier. Ch. Bréchon. Georges Corbesco, étudiant. Raymond Pognon. Léon Lévis, 7, rue des Petites-Ecuries. Ch. Winter, négociant. Marcel Meyer, avocat.

MM. Maguier, 6, rue Chaudron. Lucien-Martin Catery. M. Bousquet, 45, rue Montorgueil. D. Cervel, formier. 39, rue Saint-Sauveur. Th. Bloch, 19, rue de Turenne. Mme Clarisse Vurmser, femme Bloch. MM. Abel Arbeltier, 39, rue de Rome. Emile Alexandre, 88, rue Lafayette. Emile Garnier, 45, rue Rochechouart. Emile Benoît, rue des Ecoles, 46.

MM. Edouard Arbeltier, 39, rue de Rome. Mmes Boucher, 35, rue de Saint-Quentin. Renée Marcil, ancienne directrice de l'*Esprit de la Femme*. MM. Philibert Duloy. J. Brandeis, professeur. Bourges, 46, boulevard du Temple. Bouet. Gustave Gras. L. Legrand. Lamarque, 9, rue Lebrun. Henri Brissac. Victor Weil, tailleur, 124, rue Croix-Nivert. Paul Lyensburger. Boucher, 17, rue André-del-Sarte.

MM. Emile Conchondon, vérificateur-métreur, à Montmorency. Maurice Dubiansk, relieur. Charles Rivière, artiste peintre. C. Pascal, membre de la Société des gens de lettres. Docteur Jules Auclair, ancien interne des hôpitaux. Albert Berl. Jean Collignon. J.-M. Petitjean. J. de Castro. Mme Marguerite Lemarle. Angèle Lamarle. MM. A. Sauphar, voyageur de commerce. Pierre Lamarle, étudiant en médecine. J. Ollivier. Souche. Lavenir, peintre. Jules Réaux, représentant de commerce. T. Nelpon. Hennequin. Marot, professeur. A. Hamard. Atromas. Favre. Duxal. Pauly. Papin. Ch. Wolf. E. Baur. Camille. Weill. S. Acte. G. Liebchutz. A. Stern. Galet. Bloch. Achille Weill. Véronique Bloch. Fanny Wolf. Louise Long. MM. Ch. Wall. Alfred Isch. Wall, chansonnier. Heywang, à Neuilly.

MM. Ch. Vullin. Ach. Bréger. Duquesne. Ricard, artiste. Dekernel. Auffray. Crénange. Emile Bernheur. Clever. Levy. Derblay. Edinger. Baillet. C. Weill. Isch Wall, père. Ch. Salomon, volontaire de 1870. Léonce Dreyfus. Ahâze. Severein. Pierné, sculpteur. Charles Coudert. Georges Allain. E. Minville. Derslein. V. Mathieu. A. Haboba. Numa Durieu. A. Bahier. Marcel Frayek. Corneloup. Grandmougin. Arabeyre. Th. Bodde. Jules Adler. Srader. l'estrefer, à Aubervilliers. Jules Barbe.

Protestations recueillies salle Lafont.

MM. de Lapierre, agrégé de l'Université. Maurice Weil. Mme Maurice Weil. MM. Auguste Ettlin. Léon Courtois. Buckmann. Saint-Just Brutus. Dubosc. Raës. Wein. Hinart. Edouard Henry. Bosderant, Aubervilliers. Welher. Clément. Dubreuil. Maurice Gaignaire, Caron, cordonnier. Vergautrain. Cibouille. Jean Antoine. Ferdinand Bochet. Urbain Carlin. Thomann. Théodule Constant. James Victor. Paul Chéron. Théophile Lefler. Ferdinand Percheron. Robert Laffert. Schaff père et fils. Jules David, à Aubervilliers. Auchère. Georges Rosengarten. Aimable Durand, comptable. A. Meyer. E. Pétrus de Fliéchir. Marius Crépet.

Emile Millier, dessinateur. A. Maison. 11, rue Auger Alfred Perrinjaquet, à Noisy-le-Sec. Henri Chapet, boucher. Chapey, à Pantin. A. Noël. Bertier. Jean Anonnou. S. Carmona. Marcel Raflou. A. Habola. M. Cohen, potache. J. Béhar, étudiant.

MM. J.-M. Machin. Ernest Houblond. Emile Guitta, étudiant en médecine, à Versailles. Marius Bendeniste. Z. d'Amazy, à Pantin. R. Matrat. Jouanolon. Langevin. J. Wachsberg, industriel. Couturier. A. Douec, étudiant. Bourge, forgeron. H. Phelippeau, comptable. Jean Lustrine, à Puteaux. Henri Abrieux. Charton. A. Girard. Georges Charpentier, homme de lettres. Blume. Antoine. Jacques Ulmann. O. Delorme. Lukermann, étudiant. B. Chapira, étudiant. Chenaud. Randry. A. Graux.

Mme Antoinette Chaillet. M. Guipour, à Pantin. Mme Jeanne Dupont MM. Zenoistoy. Quipeurt. Roland. Bariol. Louis Albert, licencié ès lettres. Marchandon, employé à l'*Aurore*.

MM. Eidenschenk, agrégé d'Université. Louis Dalongueil, docteur en droit. Chadeifras, employé. Marion d'Eyssy. Théodore Cerf. Veuve Cerf.

MM. Ruef et J. Deprés, négociants. Joseph Hanne. Marcel Hanne et René Lévy. Mme Marie Huchet, femme de lettres. MM. P. Fibert, externe des hôpitaux. Salvador. Rosenwald. Mmes Amélie Rosenwald. Hélène Rosenwald. Jeanne Lévy. Rose Weill. MM. Jules Berlin. Léon Roux, publiciste. Mme Gabrielle Roux. MM. Raymond Boyer. Armand Cerf. Lucien Cerf. Paul Cerf. Léon Cerf. Jacques Brandon. Joseph Brandon, d'Anvers. Paul Brandon. Mme Lucien Cerf. MM. Georges Brandon. Fernand Brandon. André Brandon. Edmond Roy, à Courbevoie.

MM. Louis Waelès, professeur de l'enseignement secondaire. Paul Lemercier. René Simon-Kahn. Mme Simon-Kahn. MM. Gaston Lévy. Mme B. Lévy. MM. Henri Giroud. A. Giraud. Millet.

MM. Louis Fassina. Aboulker. Zénatti, étudiants en médecine. L. Elie-Mantout, conseiller du commerce extérieur de France. A. Noël, négociant. E. Augereau. G.-S. Stainville, professeur. Victor Racagel. Léon Max, publiciste. Jacob Max, instituteur. Julien Mirande, violoniste. Mme Georges Laurens. MM. G. Hinard, ébéniste. J. Klein, ébéniste. Jean Rives. Mme Duranton, Mlle Berthe Duranton, artiste pianiste, Mlle Jeanne Duranton.

MM. J. Camille Chaigneau, directeur de la revue l'*Humanité intégrale*. J. Bize. Daniel Bellessort, lithographe. J. Moulin, homme de lettres. Henri Duciel. Emile Leclerc, lithographe. Mme R. Salomo. M. Salomon. Mme D. Worms. MM. Camille Pinsard, Barthélemy Rege. A. Richard ancien interne des hôpitaux. Mlle André Daudin. MM. Jules Kinceler, représentant de commerce. Crosnier. Georges Momon. Emile Momon, pâtissier. Ernest Martin, bijoutier. Alfred Metzger. L. Taberlet, architecte. A. Leclerc, sculpteur sur bois.

MM. E. Cless, à Fontenay-aux-Roses. Léopold Bing. Georges Vuischard, à Boulogne-sur-Seine. A. Dumas, publiciste, à Saint-Germain-en-Laye. Paul Bernain. Max Feigenheimer. Mathilde Feigenheimer. Eugène Morand, auteur dramatique. P. Gurilly, vice-président de l'Union démocratique de Béthisy-Saint-Pierre. A. Lemaire, conseiller municipal à Béthisy-Saint-Pierre. Aristide Regnault. Ch. Tourne et Reverdy, d'Orléans. Paul Bon. A. Budon, étudiant en droit. Paul Lévy, licencié en droit. Fiat, ouvrier pâtissier.

MM. J. Lauche. L. Simonet. J. Moreau. L. Gimond. A. Peiffert. Paul. Lohmer. Suizet. Langevin. Molet. Cochard. Pollet. Chambon. Hédé. Verchère. Petitdemange. A. Anciaux. A. Armand. A. Moreau. Dubreuild. Courtois, ouvriers mécaniciens.

MM. Emile Fassina, externe des hôpitaux. Auguste Marlé. Bouillez, à Verdun. Adrien Dacosta, propriétaire. Gaston Sossa. Delord. Challier, maire de Vicle-Fesq (Gard). Erèbe Gourdon, vérificateur-métreur. Jean Austin. Deneux. Dolent Thimon. A. Doueux. Guillard. A. Picard.

Gaston Boucheron. Henri-Louis Hirschmann. Claudius Bressoux. Hippolyte Dubief. Armand Gottenkieny. Léon Duché, peintre. Mme Duché.

M. le docteur Labusquière. Mmes Adèle et Marie Siquoir. MM. Victor Dreyfus, à Créteil. V. Bizouard, dessinateur. Mmes Berthe Neubauer. Harlov, rédactrice au journal *la Fronde.* Amélie Hammer. MM. Théodore Tardy. Maurice Schmitz. O. Boulnois, directeur d'usine. A. Boulnois, chimiste. Eugène Mirtil, banquier. E. Hodan. Edouard Dreyfus. Ch. Durey, externe des hôpitaux.

MM. Edmond Kastor. Alphonse Benoît. Lucien Kastor. Jacques Brunschwig, étudiant en droit. André Bardel. Paul Haller. Nathan Hugon. A. Salomon. L. Meyer. J. Nathan. Samuel Aron. J. Meyer. Alibert. A. Meyer. G. Nathan. E. Lang. La citoyenne Nathan. MM. J. Kapp. Chérel. S. Cornut, homme de lettres. Veuve A. Legrand. M. Prosper Bloch. Mme Prosper Bloch. M. Edgard Bloch. Adèle Mayer.

MM. Etienne Giardino. C. Lambert. René Mouton. B. Lanovitz. Bernard. Elie Latzaraz. Sylvain Blanc. Voge. J. Janin. Polrat-Vrillac. Riffet. Jerpert. Gazeau. Barbezange. Désiré Lehoux. Chazotte. Michel Dennery. Letort, négociant. Mme Jeanne Lagarde, à Pantin. Bourneville. Paul Comet. Noir. Laguet. Paillis. Rouzand, Dardet. Rellay. L. Broli. H. Durand. Schwartz, interne des hôpitaux. Turin, ingénieur. Henri Provence, directeur de *la Corde.* Paul-Emile Demouth. Anthime Lajoie. Georges Quesnel, dessinateur.

Mmes Germaine Lévi. Juliette Lévi. MM. Eugène Lévi. Jean Lévi. Armand Bloch. Jojo Bloch. Mme Valentine Bloch. M. Edmond Trémeau. Mlle Henriette Bloch. MM. Maxime Bloch. Marcel Bloch. Mlle Blanche Bloch. MM. Maurice Guérin. Alfred Grégut. Lily Ulman. Mlle Henriette Ulman, à Eaubonne. MM. H. Voidié, licencié en droit, à Lyon. Georges Caron, publiciste. Gabriel Pluchon, avoué, à Ruffec. Lucien Wormser, étudiant en médecine.

MM. Fernand Bléry, graveur-lithographe, E. Bléry, ébéniste, J. Dassé, menuisier, à Senlis. Xavier Mourrier, Mlle Marie Martin, 28, rue Gabrielle. Fernand Fiolet, 18 *ter*, rue du Marché, Neuilly.

MM. Duchesnay, ouvrier ébéniste, G. Jacquinet, cafetier, E. Glasser, ouvrier cordonnier. Panyer. Lamy, ouvriers métallurgistes. Prévost, ouvrier charron, G. Laville, ouvrier voilier. Pouyer, père. Lévêque, Aubry. Norret. Goupil. Felman, mécaniciens. Patenne, tourneur. Navière, graisseur. Claband. Marchand, charrons. Champin, employé. Pézeront, mécanicien. G. Genet, voyageur. E. Jeanne, photographe. E. Crespin, cafetier. R. Jacques, mécanicien. Guillemard, bijoutier. Fortier, maçon.

MM. André Lebey, Kolp, 17, rue d'Aumale. Paul Merwanger, ancien conseiller municipal, à Troyes. Eugène Gargarot, faubourg Cromwell, 134, à Troyes. Gustave Braunecker, conseiller municipal, à Troyes. Docteur Solon, à Niort. Henri Barrau, 4, rue Lafayette, Bordeaux. Réné Colombain, étudiant en droit, à Lyon. L. Laemlé.

Docteur Lavallée, maire de Ligné (Charente). J.-G. Krauss, 62, boulevard de Port-Royal. A. Froidefond, licencié en droit, Limoges. Georges Kolback, à Lille. Manuel Mayer, à Lille. Paul Rogier, avocat à Lille. O. Jacob, 94, rue d'Allemagne. Mme Palmyre Haguenin. MM. Paul Franck, directeur du Nouveau-Théâtre. Edouard Franck. Gustave Labruyère, administrateur. Willi Rogers, homme de lettres, 16, place de la Bourse. J. Boisson, représentant de commerce. C. Boisson, professeur d'anglais, 22, rue Delambre. Pierre Méjan, publiciste. Mme veuve Hepp de Langenhagen, 64, rue du Grand-Chêne, Parc-Saint-Maur. MM. Gabriel Grandjean, géomètre à Lux. Roger Pressat, 8, rue Flatters. R. Peigne, à Bayonne. Edouard Bareiller, 5, rue Soufflot. Félix Dreuille, 6, rue des Communes, Calais. J.-Fr. Maetz. Mme Maetz, à Bischoffsheim (Alsace). E. Chaseau, élève à l'Ecole d'arts et métiers de Châlons. Léon Faure, avocat à Issoire (Puy-de-Dôme.)

MM. Gabriel Pluchon, avoué à Ruffec. Prudhon–Barbezieux, 12, rue Pasteur. Henri Ragethy, à Angers. Alfred Danziger, 33, rue Neuve, Clermont-Ferrand. Auguste Grolleau, à Beaufort. Léon Netter, ingénieur civil, Lille. Maurice Bernard, 4, impasse Royer-Collard. Gaston Pluchon, notaire, à Marsais. Henri Hœnig, 285, rue Saint-Jacques. Georges Peronne, à Sedan. Charles Pidancet, docteur en médecine, à Vendresse. Veuve Max. L. Max. B. Max. H. Max, 51, rue de La Bruyère. Henri Franck, 121, avenue du Bois-de-Boulogne. Ch. Brocherieux, artiste peintre, Charenton. J. Jacques, coupeur-tailleur. Léon Bloch. Mme Yvonne Salmon, Aubervilliers.

M. le docteur Ernest Gauthier, à Bazeilles. Mme C. Maynard. MM. Paul Maynard. Stéphane Maynard, 12, rue de Sèze. Georges Coulon. L. Coulon. Louis Bosserdet. F. Thierry. Weité. Fritz. Weite. Alfred, à Pont-de-Roide. A. Portebled. Eugène Portebled. Hector Portebled, à Chauny. L. Atropœus, à Nesles.

MM. O. Deguise, licencié ès lettres, à Bohain. G. Delbart. A. Dollot. H. Boudoux. D. Merelle. J. Dégardin. F. Colin. Ch. Dupuis, à Bohain. Degrémont-Samaden, au Cateau. L. Chevreuil, artiste-peintre, à Foy. Hinglais, répétiteur de lycée, Angers. Menard. Branchereau, étudiants en pharmacie, Angers.

MM. A. Demoliens. Ch. Balabaud. G. Rabreand. A. Dham. A. Legrand. P. Carré. A. Poillot. L. Poillot. L. Durand. L. Acker. Manceau. R. Masclet. G. Robin. Lévy. Alexandre. A. Durand. F. Berton. Vangeberghen. Montigny. Singer. Alibert. Mme Aline Lévy. Mlles C. Deniau. A.-D. Deniau, 15, boulevard de Courcelles, Paris. MM. Dreyfuz, soldeur, place des Vosges, 21. Ed. Decamps, 16, avenue Parmentier. Mlle Suzanne Leudet. MM. A. Dubrac, 69, rue Sainte-Anne. Ch. Lesaint, employé d'assurances. P. Francon, étudiant en pharmacie. N. Loele, 87, rue d'Hauteville. Jacques Loele, 87, rue d'Hauteville. Coudret, à Saint-Michel-sous-Gorge. Léon Bernard. Léon Pommeret. Gaston Crémieux, 51, rue Richer. Chotard, publiciste, 13, faubourg Saint-Martin. Stéphane Petitnicolas, artiste peintre. Isaac Braudé, voyageur de commerce, 8, rue Marie-Louise. D. Levy, 80, rue François-Miron. Julien Ullman, 82, avenue Parmentier. Henri Mizon, 10, rue Meynadier. Georges Torogrotte. Ph. Rosen, représentant, 48, rue Montmartre. Albert Depas, 40, rue de Provence.

MM. J. Bourlan. B. Lion. E. Lévy. Emerique. L. Gerstel, R. Lévy. E. Picard. S. Lazard. E. Pillière. E. Picard. Henri Picard. J. Doyen. R. Dreyfus. Marc Dreyfus. Ch. Doyen. Eugène Picard. M. Picard. A. Doyen. C. Picard. E. Lagare. La Devot. B. Baër. Chauvin. Bl. Chauvin. Mme L. Dreyfus. MM. Baër. L. Dreyfus. Mlles J. Césard. Andrée Lévy. MM. Robert Lévy. G. Dreyfus. Germaine. Maurice. A. Dreyfus. Gustave Schwab. Mayer. C. Dreyfus. Jules Pic, ouvrier jardinier. G. Dreyfus. Louis Lion, négociant. Valaz, employé de commerce. M. Dreyfus. Jules Nicolas, voyageur de commerce. L. Dreyfus. Jules Plasse. Plasse, électricien. Ernest Peyre. R. Verdeille, Paul Brunel. J. Chammeron. A. Douine. Falleau, professeur. E. Griffon, professeur. E. Redor. Guiblain. Champagne. A. Sauxegrain. Thomas Tremouille. Menil. E. Pepin. J.-V. Deire. L. Guillon. Roulé. Dauphin, Morin. Habersetzer. Maréchal. Piau. Han.

MM. Sarrazin. Duheim, du Familistère de Guise. J. Cerf avocat à la Cour d'appel. H. Hauriot, rédacteur en chef du *Progrès socialiste* du Havre. Docteur Edgard Hirtz, médecin de l'hôpital Laënnec. A.-P. Jollet, pasteur. G. Moret, docteur en médecine. Georges Lévy, docteur. Louis Dor fils, docteur, 9, rue du Président-Carnot, Lyon. Jules Lévy docteur, Belfort. G. Artopœus, chimiste, Nesles. A. Ferrand. Saurel.

MM. Th. Pothin. Lehmann. Docteur Cheurlin, à Autun. Amédée Bar. Léon Jacobs. Docteur Georges Lévy. Ch.-A. Lévy. L. Wimphen. Schoeffin, dessinateur. L. Rigaud, chimiste. R. Dorivat. Louis Lévy, mécanicien. Jules Becker. Gaston Becker. Mme Alphonse Lévy. Jeanne Becker,

Fanny Becker. Pauline Becker. MM. Sylvain Lévy. Marrast. Fernand de Gaujal, ancien conseiller général. Alexandre Ribergalle. Vergot. Honoré Bigot. Weil, étudiant. C. Humbert, représentant de commerce. A. Mayse, négociant. Manoury. Marqueur. A.-D. Bancel, de l'*Humanité nouvelle*, à Montpellier. Alphonse Coulet, ébéniste. Grosz, négociant.

MM. Ernest Denis, professeur à la Faculté de Bordeaux. J. Castelle, comptable. Docteur Charles Lucius. Alfred de Mob, comptable. Albert Brusson. A. Mouroud. Jules Echalie. Félix Echalie. Mmes Jules Echalie. Gonthier. MM. Greilsammer. J. Lambert. Mme J. Lambert. S. Lambert. Blanche Lévy. Thérèse Lévy. Andrée Blum. MM. V. Blum. Vital Liautaud, représentant de commerce. Richard Liautaud. Edouard Liautaud. V. Girardeau. A. Deslandes et Houtet-Estel, conseillers municipaux, à Déluge (Oise).

MM. Gustave Winghert, à Chaumont. R. Prince, à Barbezieux. Ed. Boutelleau. Gustave Boutelleau. Th. Duproix directeur de *la Réforme des Charente*, Paul Monod, directeur du *Protestant de Normandie*, à Barbezieux. Ad. Durr. Louis Lehmann. Joseph Bouda. Lambin. Nehr. Richon. J. Major. Elie Amédée. Saltzmann. J. Putz. E. Schnebelen, Charles Hinckelmann. A. Changen, voyageur de commerce, à Bordeaux. Max Amanieux, homme de lettres. A. Dubrac. Ch. Dreyfus, sculpteur. Baruch Dreyfus. Taubenhaus. Mayer. Mmes Lion. Taubenhaus. MM. Raoul Haby, peintre. Georges Boutelleau. Ch. Dullion. Barbezieux.

MM. L. Alexandre. Georges Bonn. Henri Bonn, à Bruxelles. Léon Furland. Edmond Bloch. Simon Strauss, employé de commerce. Lucien Louvel. Mme Elise Viéville, à Rouen. MM. Victor Jarnac. Louis Jarnac. Gaston Jarnac à Roubaix. Emile Kahn, voyageur de commerce. Mme veuve Anna Nicol. MM. P. Brunel. Alexandre Barthélemy, conseiller municipal. Mme Barthélemy, au Havre. MM. Henri Gins. Paul Oppenheimer. Jules Lévy.

MM. Emile Bitz. Charles Bitz. Jean Bitz. Mmes Marguerite Bitz. Adèle Bitz. Louise Bitz. Léonie Bitz, à Reims. MM. Jules Lang. L. Froissart. E. Bouy. Mmes Marguerite Lang. Alice Lang. Veuve Isidor. Mme Georges Isidor, à Reims. MM. Léon Aucher. Docteur Eugène Forfer. Docteur Raoul. Marc Pierrot, docteur en médecine. Mme Pierrot Lape, docteur en médecine. MM. S. Ducas. Georges Mayrargue, avocat. P. Vayssière. Ferdinand Fray. Simon Ullmo. Léon Cahen. Mme Léon Cahen. M. H. Cheval.

MM. Abel Monnot, licencié ès lettres. François Bourion, agrégé de physique. Docteur Martin. Marot. Fourné. Perrotin. Willhelm. Docteur Paul Boyer, à Saint-Brieuc. L. Meunier. L. Sommer. Alfred Pansiot, à Amiens. Paul Arnold. Ed. Breuzin, à Fontainebleau. E. Lequeux, pharmacien. L. Cousin. Louis Levy, négociant. Jacques Gantz. Noël Reybar. Fernand Ulmann. Jules Thierry, à Clichy. Alphonse Berth. Eugène Nathan. Henri Nathan, à Nancy, G. Delelis, pharmacien, à Epinay. Haguenauer aîné. Docteur A. Loddé. Henri Guillemot. Gabays, sculpteur. Jardé, tailleur de pierre. Sicard. Bruneau. L. Franchet. Louis Suan. Léon Auguste, sculpteur. Charlot. Canteau. Minois. Jean Durudeau. J. Sergin. Georges Gabaud. Jacques Durudeau. Mmes G. Alasnier. Bresset. Veuve Weil. MM. Bresset. Maurice Weil, graveur. Robert Weil.

MM. J. Cahen. Emile Heymann. E. Picard. M. Cahen. Léon Dubray. Henri Wurmser. Louis Regard. E. François. Bouvier. G. Turlan. Ferret. Julien. Bruckmann. E. Clout. E. Hautcœur. Rosenheck. Courteilly. Goisey. Belboit. Bernhard. F. Manistier. G. Gontran. Simon Ries. Ch. Helm. Ch. Helm fils. Coupaille. Marc Haussmann. Mlle Virginie Haussmann. MM. J. Alexandre. L. Alexandre. A. Lion. Robert Rageort, étudiant. Louis Malteste, illustrateur. Lucien Jaud. Mmes Berthe Jaud. Veuve Bonnet. MM. Gustave Bonnet, dessinateur. Emile Weil, interne des hôpitaux. Henri Blum, négociant, à Rouen. Voulot. Didict, comptable. A. Légore Herment. Ch. Guérin. E. Violette. E. Martinet. Mazaud. Chardon. Paud. Couturier. Doguet, peintre. P. Mathieu. M. Villeneuve. S. Bloch, voyageur de commerce. Mmes Anna Reinhard. A. Caen. MM. Georges Nerson. Albert Bernheim. Georges Cerf. M. Worms. Félix Franck. Ernest Franck. J. de Triac. Carlier, à Amiens. Louis Bouelle. Eugène Bouguereau. A.-S. Blot. Praussepied. Ruhwart. Dubois. Meunier. L. Bourgeois. Deshayes. A. Ravey. Prossette. A. Derac. K. P. 113, à Nîmes. Fontanès, à Beauvoisin. A. Pelliet, receveur des contributions indirectes. E. Bouquerel. G. Antenet. E. Girard. Simon Gourvitz. Marcus Gourvitz. Charles Mascovitz. Joseph Kœnig. Louis-Jacques Steinberg. Léon Heslovitz. Guetner. Mmes Gourvitz. Steinberg. MM. Th. Coquet, de Rennes. L. Remmos. Albert Leroy, voyageurs de commerce.

MM. J. Morin, professeur de rhétorique, 56, rue Saint-Lazare. Lucien Laforest. Vital-Rousseau, professeur de philosophie au Lycée de Cambrai. Mme Vital-Rousseau. MM. J.-M. Cossid. Jules Posso. MM^mes J.-M. Cossid. S. Bernheim. MM. S. Bernheim. Numa Hennequez, voyageur de commerce, à Saint-Quentin. Docteur Pecker, à Maule. Mme Pecker, licenciée ès sciences. M. A. Petit, pharmacien-chimiste à Maule. Mmes Petit, née Valluet. Veuve Vignon, à Maule. MM. R. Oppenheim, interne des hôpitaux. Xavier Marqueny. H. Soyez, négociant. P. Pourpau, comptable.

MM. L. Dautrey, aquafortiste. Cl. Ducrot, ingénieur, à Kerveyrac (Morbihan). Ch. Fortin, Jacques Madeleine, homme de lettres. Barthié, pasteur. Barthié fils. Henri Hertz. 44, rue de la Pompe. Eugène Vigneron, ingénieur-électricien, licencié ès sciences. Charles Eymann, de Strasbourg, 26, rue du Vert-Bois. Théodore Jean, homme de lettres. Oscar Dreyfus, Reims. Maurice Dreyfus, Reims. Georges Petit, ancien notaire. G. Alexandre, employé de commerce, à Châtouroux. Docteur Armand Besson, chirurgien-adjoint de l'Hôtel-Dieu de Bourges. M. et Mme Bourg. MM. Eugène Duvernoy, étudiant en médecine, 5, rue des Chantiers. A. Laurent de Faget, publiciste. Paul Bénureau, propriétaire à Préguillac (Charente-Inférieure).

MM. David Alexandre. Alfred Weil, professeur. Mmes Maurice Weil. Veuve Wolf. MM. E. Lemuc, étudiant. Th. Verdier, étudiant. A. Liotard, étudiant. Ch. Drancourt, étudiant. Van Waerebeke. G. Verschneren. Jules Bardiaux. Henry Fontaine, étudiant. Ch. Fortin, élève de l'Ecole normale supérieure. Mme Montal. MM. Maurice Hodent, homme de lettres. André Touzaa. Paul Touzaa. H. Aubry. Mme veuve Touzaa.

MM. Ducrot, à Kerveynac (Morbihan). L. Dautrey.

Mlle Champy, institutrice. M. Charles Dupuy, maire des Ayeux. Mme Charles Dupuy. MM. Jean Moriceau, Stanislas Blond. M. Edmond Hennequin. Léon Thuillier.

MM. Lucien Rodrigues, 51, rue des Martyrs. E. Wormser, 14, rue Notre-Dame-de-Lorette. Maximilien Block, 71, rue Lafayette. A. Benoit, 1, rue Alfred-Stevens. E. Winné, 21, rue Truffaut. G. Léonard, 56, rue de la Victoire. A. Hoöl, 7, rue de l'Abbé-de-l'Epée. Georges Léon, 56, rue de Dunkerque. R. Baudouin, 24, rue Rochechouart. Hélène Delahaye, 7, rue Lacroix. A.-S. Rophi, 9, rue de Châteaudun. G. Mendès France, 9, rue Fontaine. Aubin, 5, rue Lallier. Bonnet, 8, rue Caplat. Raynal, 29, rue Bergère. Ch. Vivet, 29, rue Saint-Lazare. Hamburger, 22, rue Vivienne. Aimé Bodinière, 51, rue des Martyrs. Georges Astruc, 21, rue Chaptal. Alp. Lattès, 210, rue de Paris, à Sannois. G. Goldsmith, 24, rue Grange-Batelière. B. Mantefiore, 67, rue Sainte-Anne. S. Nunès fils, 9, rue de l'Arrivée. Benoît Halle.

MM. Charles Royer, 4, rue des Martyrs. P. Magnien, 45, rue de la Tour-d'Auvergne. Mmes veuve Villeyhoff. Largent. MM. Jules Pourneaux. Denizet jeune. Mme Alice Plattaut, 4, impasse Saint-Sauveur. MM. E. Jubino, 22, rue de la Barre. S. Brunschwig, 10, rue Saint-Quentin. D'Haenens, 105, boulevard d'Italie. F. Lévy, 7, boulevard Bonne-Nouvelle. R. Block, 23, rue du Sentier, Pierre Bagot, graveur, 10, place Dauphine. Viwolski, tailleur, 21, rue Victor-Massé, Paris. Luahsbas, employé, 64, rue des Pyrénées. Edouard Toweet, employé de commerce. Mme J. Touret, entrepreneuse. M. Fernand Worms. Mlle Odette de Vaureald.

Renée Waureald. Adolphe Lévy. Stéphanie Andrés Vaureald. Elsa Davids. Berry. A. Lévy. Emma Lévy. MM. Vadecard. Blum. 30, rue Jouffroy. A. Rothschild. E. Hirth, dessinateur, Neuilly-Plaisance. Paul Yersin, comptable, 46, rue des Moines. Albert Jeanne. Clément Foulard, instituteur.

MM. Deloenais. J. Helbling. Paul Chasmann. Louis Bernard, 12, rue du Regard. Vital-Deshors, 6, rue Faidherbe, à Saint-Mandé. A. Roudillon, industriel, 3, rue Thenard. André Kinsbourg, 110, faubourg Saint-Denis. O. Laurent, 10, rue de Berne. A. Menant, 19, quai Bourbon. Simon Hirschmann, 1, rue Albouy. Louis Couillard, 19, rue Jean-Robert. Robert Rebouch, 6, avenue Michelet, à Saint-Ouen. Julien Dearx, représentant de commerce. François Sautereau, rue Ortolan. Baptiste Tintan, avenue d'Ivry, 99. Angel Michant, dessinateur. Eugène Tintan, rue de Paris, à Vincennes. Etienne Bry, rue de Paris, 178, aux Lilas (Seine). Fernand Benda. G. Creange, employé de commerce. Henri Bruère père. Jacques Loeb, homme de lettres. Ivanof Bruère fils. Abel Soubdès, représentant de commerce, 12, rue Chevert. Maurice Bruère fils. Gaston Vird, 29, rue Maurepas, à Versailles. Gaëtan Bruère fils. Bourdette, 23, rue de Turenne. Maurice Bruère fils. Eloy Bourdette, 24, place des Vosges. Légent, négociant, 206, avenue de Versailles.

MM. Georges Viau, chirurgien-dentiste de la Faculté de Paris. Victor Letertre, 82, rue Legendre. Mme veuve Liou. MM. Plantard, comptable, 204, avenue de Versailles. P. Saron, employé, rue de Billancourt, 46. Bret, employé, 24 *bis*, avenue de Versailles. Vachron, 17, rue Van-Loo, Lacambrade Théophile, 26, boulevard Exalmans. Anfrant, 138, avenue de Versailles. Geoffroy, 25, rue de Billancourt. Goussard, 18, rue du Lycée, à Sceaux. Joseph Lassia, 180, rue Saint-Martin. N. Kahn. J. Kahn. J. Bader, 24, rue du Mail. L. Bernard. J. Rondel. M. Kahn, journaliste. Louis Hamel. W. Bonnet. Jules Durand. Jules Monteux. Adrien Schwarz. Schilf, étudiant en médecine. Léopold Monteux, Rodolphe Hess. Mme veuve Chimène. MM. Albert Monteux. Gustave Hess. Auguste Chimène. Georges Monteux. Mme Adrien Houillon. M. Alfred Allouche, étudiant.

MM. J. Bomidel, 42, rue de Sèvres. Grandperrin. Chanderge, 247, rue Saint-Maur. E. Chemin, 10, rue de la Fidélité. D. Dulu, rue de Lourmel, 91. Kist, 114, avenue Michel, Saint-Ouen. Wilhelm, 208, rue Croix-Nivert. A. Soyez, 21, rue des Roses, Puteaux. Sebire, 110, rue Lepic. Damour, 44, rue des Dames. Bertheauline, rue Saint-Isaure, 6. Lagny, route de Châtenay, à Sceaux. Besson, 33, boulevard Barbès. Thomas, 23, rue Saint-Maur. Gaine, 14, cité Trévise. J. Charlot, 12, rue Lecouteaux, aux Lilas. Esnault, 26 bis, rue Lieutard, Saint-Ouen. Desmant, 42, rue Dombasle, Noisy-le-Sec. Pouget, 28, rue Mollet. E. Charpentier, 11, rue Bergère. H. Debock, 26, rue des Petits-Carreaux. A. Arannieu, 4, rue du Marché-Popincourt. Gustave Marguet, 44, chemin de Fleury. Nesle, 37, rue Polonceau. A. Taboul, 17, rue des Messageries. Auclerc, 9, rue Houdon. Martin, 107, rue de Crimée. H. Mollet, 85, rue Croix-Nivert. Mauveau, rue de Gagny, à Montfermeil. F. Roupeau, rue Hermel prolongée, 17. E. Damour, rue de Billancourt, 40. M. Gavard, 47, rue Hermel prolongée.

MM. Henry Armand, cultivateur. Pierre Gauchard, Mme Sylvanie Gauchard. A. Berthier. Mlle Marguerite Berthier. MM. Georges de Bourbon. De Marcenac de Brioude, homme de lettres. Pierre Nicot. Léon Barré. De Vaudremont, homme de peine. Lucien Estivac, artiste lyrique. Paul Rolland, ouvrier typographe. Louis Ratier, menuisier. Laurent Derousseau, compagnon serrurier. Louis Decasse, serf de la mine. Paul Saverne. Mme P. Saverne. MM. Léon Roy, ouvrier ébéniste. P. Deloncle. Louis Dupuy, de Sancerre. Le Brard, de Roubaix. Henri Clayon, rentier à Lyon. Mme H. Clayon. M. Paul Roulier, à Nice.

MM. Pèlerin, typographe. E. Girault, anarchiste. Henri

Couthier, libertaire. Félicien d'Herbois. Ernest Vaultier, typographe. Auguste-E. Gargen. Dumont. Quiquand. Ch. Decamp. Lefèvre. Paris. Auguste Klein. Henri Déclaron. Léopold Robry. Maxime Souty. Emile Henry.

MM. Henri Bréal, avocat à la Cour. Alfred Lambert, avocat à la Cour. J. Cerf, avocat à la Cour. Henri Schwob, publiciste. Félix Berton. Docteur Justin Weill. Mmes Weill. Marthe Weill. Hélène Weill. Veuve Salomon. M. et Mme Camille Guesnier. M. et Mme Charles Drivon, à Noisy-le-Sec. M. et Mlle Salomon. MM. Albert Klein. Albert Florot, professeur. Edouard Masse, à Lieuvillers. Sylvain Max, représentant de commerce. Mmes Max et veuve Moïse. M. Grumbach, ancien capitaine.

MM. Léon Bougrier, licencié ès sciences. Chauveau, étudiant en médecine. Demerson, externe des hôpitaux. Henri Poirier. Abel Liron. Albert Meuvret. Henri Jaucent. René Lemesle. Prosper Billard, étudiants en médecine. Gaston Verbeck, externe des hôpitaux. Guy Lebreton, étudiant en droit. Duplantier, avocat, licencié ès lettres. Franchet, interne de l'hôpital de Tours. Léopold Rousseau. Gustave Bloc, ancien sergent-major au 94e d'infanterie.

MM. Gaétan Rondeau, avocat. A. Lebey, 18, rue Bourgeois. Paul Pourot. Pierre Parlié, licencié ès sciences, 24, rue Sainte-Catherine, Nancy. L. Schmoll, voyageur de commerce, à Libourne. Chollet. Marcel Guichard, 24, rue de Bourgogne, à Meudon. Stéphane Servand, homme de lettres. Paul Lebeau, dessinateur, 6, rue Alfred Stevens. Julien, 26, rue Duméril. Emile Deshayes, Mme Emile Deshayes, 8, rue de Port-Mahon. MM. Amédée Reynaud, licencié ès lettres. Félix Huguenet. A.-Paul Girerd, 11, rue de l'Arsenal. L. Selle, 19, rue Daru. P. Soleilhavoux, 4, rue Sédillot. A. Coire, 20, rue de Savoie, Ch. Dondurand, 66, rue Monge.

MM. Félix Beau, 10, rue du Jour. Henri Debord, dessinateur, La Garenne-Bezons. J. Campos, dessinateur, 7, rue Sainte-Marie. L. Schwartz. Eugène Petit, docteur en droit, avocat à la Cour d'appel, 12, rue Decamps. Eugène Belin, Montdidier. R. Franck. Mme Sophie Balachovsky. MM. Petit, 12, rue Decamps. A. Pierre, ingénieur, 273, avenue Daumesnil. Mlle Alice Pierre. MM. Thevenin, 3, boulevard Soult. Max Lesage, 1, rue du Temple. Demosthène Agélaste. A. Gaignier. Lucien Weil, boulevard Saint-Germain. Pierre Lamothe, 16, avenue Parmentier.

MM. Vasseur, 1, rue J.-J. Rousseau. L. Frescarode, 114, rue de Sèvres. R. Straub, artiste peintre, 7, rue Jean-Lantier. G. Waret, artiste peintre, 77, avenue de la République, Grand-Montrouge. Georges Ulmann, interne des hôpitaux de Paris. Myrthil Seligmann. H. Cotteret père et fils. MM. A., V. et S. Weil, 17, rue Saint-Sébastien. Adolphe Weyl, négociant. P.-F. Lévy, 10, rue Baudin. Paul Worms. Marchand, rue de la Chaussée-d'Antin. Arthur Gomès, 54, rue de Paradis. Salomon Kahn, rue Bertonai. Mme Pauline Kahn, rue Bertonai. MM. Fanni, rue Bertonai. Emmanuel Kahn, rue Condorcet, 44. Mme Louise Kahn, rue Condorcet, 44. MM. Marc Kahn, rue Condorcet, 44. Edmond Kahn, rue Condorcet, 44. Fernand Kahn, rue Condorcet, 44. Bloch Nathan, 146, boulevard Magenta. Louis Bloch, 146, boulevard Magenta. Mlles Thérèse et Marie Bloch, 146, boulevard Magenta.

Mme Ve Mendès-France, 23, rue Bréda. Maxime France, 28, rue Bréda. Ve Achille France, 40, rue Notre-Dame-de-Lorette. M. Pierre Tivoly, 8, rue Fontaine. Mme C. Mendès-France, 29, rue des Martyrs. M. Maurice Rophé, 9, rue de Châteaudun. Mme Jeanne Wall, 30, rue Beaurepaire. MM. Gabrielle Allouche, étudiant en droit. A. Lehmann, à Saint-Maurice. Weil, 13, rue Saint-Marc. Louis Revelin, professeur au Collège libre des sciences sociales. Raoul Bacardé, artiste peintre, à Saint-Gratien. Victor Commène, artiste lyrique, 9, rue des Bains. A. Levasseur. Wilderman. F. Morin, à Floirac (Gironde).

MM. Crombac. Fernand. A. Fisson, 15, rue Richer. Paul

Biva, artiste peintre. Jean Autrand, Montauban. Pierre Bosc. André Oechsner de Conink, étudiants en théologie, Montauban. Julien Monod, 55, avenue de la République, Vincennes. Alfred Deustch, employé, Brest. Francfort, 3, place des Fêtes, Clichy. Dandeau, 87, rue de l'Ouest. Vallet, 12, rue Deguerry. G. Grenier, 46, rue de Paradis. F. Berne, 7, rue Malher. E. Lefebvre, 154, rue de Rivoli. L. Callos. Perret, 6, rue de Vannes. Martin Charles, 9, boulevard Sébastopol. Brousset, 10, rue Christine. Hubert. Boisnard, 46, boulevard Saint-Germain. Chauchet, 12, rue Campagne-Première. Klein, 17, rue Notre-Dame-de-Nazareth. L. Lenahle, 9, rue d'Ormesson. Rouveyrol, 13, galerie Vivienne,

MM. Léon Weil. Alb. Schuhler. S. Campinichi, étudiant en médecine. Dumène, étudiant en médecine. Gozzi, étudiant en médecine. Angéli, étudiant en médecine. P. Cassiers, ingénieur civil. L. Gugenheim, représentant. J. Simonin, voyageur de commerce. Albert Patin, dessinateur. Henri Patin, coiffeur. Marcel Vacher, décorateur. Boireau. Ch. Damay, professeur. M*** Jules André et Mathilde Meyer, rentières. M. le docteur Pitois et M*** Pitois, à Billancourt, M. Eugène Charle, pharmacien.

MM. Desjardins. J. Gravier. Rosenberg. Rebel. Cartereau. Mallet. Albert Lévy. Davançon (Emile Bergerat fils). Bonyer-Walter. M. et M*** Bourgeois. M*** Pannetier. M. Dannequin, qui jouent *Cyrano de Bergerac*.

MM. Fabius Seca, dessinateur. J. Giroud, décorateur. Ramath, architecte. Bastoin, architecte. Marius Antoine, tapissier. E. Bullio, graveur.

MM. L. Héberger, 49, boulevard Saint-Marcel. Paul Delaville, praticien sculpteur. Léon Lévy. Germain Casract, rue des Arcs-Saint-Cyprien, 16, à Toulouse. Eugène Olivon, 3, rue Camille-Desmoulins, à Levallois-Perret. René-Jolivet, 19, rue de l'Assomption, Paris. Sauveplane, de Nimes, 6, place Duguesclin. Armand Welhoff, de Paris. M. Wallach, négociant. M. Mauss. Léon de Rinier, publiciste. Ernest Isidor, 6, rue de Cerisoles. Anatole de Lacour, artiste dramatique. Abraham Bloch, voyageur de commerce. Camille Wolf, instituteur. Jules Martin, villa Eole, Nice. M*** Marguerite Villars.

MM. Tuhault, Docteur Vendel. Emile Boulard, peintre. M. et M*** M.-Ad. Millaud. MM. H. Millaud. Ed. Millaud. Edmond Spir. M*** Spir. MM. Edmond Dennery. Paul Eiman. W.-F. Pohl. René Meyer. René Wake, licencié en droit. Marlier, graveur. Jean-Jacques Goldschmidt. A. Auvain, artiste peintre. P. Poirier. Jamme. L. Fubed, artiste peintre. Goldschmidt, commissionnaire en marchandises. E. P., étudiant en sciences. Jules Germain, graveur. Edouard de la Châtaigneraye, peintre. Pierre Walther, élève à l'Institut commercial. Levif, élève des Beaux-Arts. L. Vignon, agrégé de grammaire, professeur de lycée. Edouard Halphen. V. Gignoux, agrégé de philosophie. A. Perrin, employé de commerce. Albert Maréchaux, rédacteur en chef de l'*Indépendant de Seine-et-Oise*.

MM. A. Ondet, avocat. Francis Audouze, avocat. Eybaulet, rentier. Laly, pharmacien, à Ussel, Raoul Barday, compositeur de musique. Alfred Jean, comptable. André, coiffeur. Gonzague. S. Zaremba, docteur ès sciences. M*** Marguerite Zaremba, maîtresse d'école normale. M*** A. Maurice. M. Arthur Maurice, négociant. M*** Eugène Maurice. M*** Martin Brunner. MM. Lucien Maurice. Charles Meyer, électricien. M*** veuve Langevin. M. Simon Moritz, négociant. M*** Simon Moritz. MM. Martin Brunner, négociant. Isidore Polac. négociant. M*** Isidore Polac. M. Albert Weil, courtier en grains.

M*** Emma Moreau. MM. G. Vivian, d'Asnières. René Duvivier, artiste dramatique. Louis Derombière, typographe. Samuel Renacle, ouvrier tanneur. Léon Durozeau. Les soussignés, citoyens, républicains, radicaux et socialistes des communes de Montsouli et Mafflières. Chavet. A. Lejeune. Collot. Léon Decomble. Célestin Loquet père. André Loquet fils. J. Irven, de Marseille. Léopold Delacroix, typographe. César Roche, graveur

M*** Reine Meyer, 122, avenue de Wagram. MM. Raoul Eymmard. Félix Malterre, 71, faubourg Saint-Antoine. Henri Beaulieu et Henry Zisky, rédacteur de la *Nouvelle Humanité*, 10, impasse Girardon. Paul Deblan. Eugène Lesage, employé de banque. Louis Gredin. Jules Huret, comptable, Henri Beylie, publiciste. Paul Férard. Charles Mignal, serrurier. Constant Damelincourt, employé. Louis Petit. Louis Lacoste.

MM. Léonce Lavaud, étudiant en pharmacie. Th. Terrier, céramiste. H. Chassaing, dessinateur à l'Hôtel de Ville. Petrus Cohadon, artiste dramatique. J.-B. Blanc, agent voyer principal. Romanet, céramiste. P. Thomas, artiste peintre. M*** Jeanne Lavaud. MM. Eugène Faucher, comptable. A. Broussillon, céramiste, Limoges.

MM. André Prost. H. Labroue, étudiant ès lettres. Henry Farina, licencié en droit, Marseille. Taulet, commerçant, 71, rue Riquet. Clément Champeau, représentant, 101, rue Michel-Bizot. Jean Champeau, menuisier. Edouard Delaize, employé. Albert Alfred, employé. Pierre Everara, employé. Georges Robert, employé. Gustave Dufour, employé. E. Barbet, verrier. M*** Jeanne Bouic, Bernadine Lissilour, Anne-Marie Salime. M. Marcel Garnier, interne des hôpitaux.

MM. Schweitzer, 3, avenue de Madrid, à Neuilly. Bourse, 73, Grand'Rue, à Saint-Mandé. A. Deffis. M*** veuve Deffis, professeur. MM. E. Chomette, 4, rue Grandville, à Saint-Mandé. Gabriel Pist. Pillet, 5, rue Lemercier. M*** Chomette. MM. J. Deffis. A Pillet. L. Pillet. Jean Chomette, propriétaire. M*** Deffis, 73, Grand'Rue, à Saint-Mandé.

MM. B. Guétant, relieur, Marseille. Adolphe Durbec, étudiant. Gabriel Guiderdonie, étudiant en droit. Joseph Cauvin, pharmacien à Toulon. Maurice Vidal, surnuméraire de l'enregistrement. Gabriel Arrazat, à Lodève. P. Bompaire, juge consulaire. Georges Roques, avocat à la Cour de Paris. Julien Ducar, 15, rue de l'Ouest. M*** Julien Ducar.

M*** veuve Dereux, M*** Suzanne Dereux. MM. Paul Roulland, prêtre du diocèse de B. René Montarel, serrurier. Louis Larue, infirmier. Louis Delalande, typographe. Raoul Certain. Léon Chaptal, élève en pharmacie. R. Delaporte, ouvrier plombier. Raymond Desplats, étudiant en médecine. Delasorieux, typographe, à La Chapelle. Paul Henry, ouvrier ébéniste. Camille Origène, graveur.

MM. A. Dueyle, 78, boulevard Diderot, Jules Gauthé, 7, rue de la Monnaie. L. Hilliard, 166, avenue de Suffren. H. Patalier, Vincennes. Millard, 19, rue Malar. Mirtrin, boulevard Soult, 129. Leguecle. Henri Lange, 99, faubourg Saint-Martin. Lucien Olmer, avenue Parmentier. J. Ramond, 16, passage Dauphine. J.-Ulysse Baudrit, 3, avenue de Strasbourg. M. et M*** Boschard. M*** Lucie Gervais. MM. V. Pepin, 151, avenue d'Argenteuil, Asnières. Charles Kahn, 103, boulevard Hausmann.

MM. Samuel Cohen, 41, rue Richer. P. Kahn, étudiant en médecine. M*** Berthe Cohen, 44, rue Richer. MM. Lucien David, 23, rue Galilée. Léon Lévy, 36, rue Baudin. Maymon, 42, rue Condorcet. A. Roger, 3, rue Pelouze. Bonnefond, 3, rue de la Gaîté. C. Walet, 12, rue Fromentin. Gaston Amson, étudiant. H. Falk, étudiant en lettres. Lucien Falk, étudiant. E. Gompsest. F. Hesse, 91, rue Saint-Lazare. Jules Kahn. Sincère Caïn, 81, boulevard Richard-Lenoir. Lévy, Georges, sculpteur à Saint-Mandé, 100, Grande-Rue. M*** Eugénie Bourgeois, Rosine Lévy, 100, Grande-Rue, à Saint-Mandé. M. J. Lévy, Ernest Mati.

MM. Paul Lévy. Gaston Mintz. M. et M*** Vidal Bacri, Robert Bacri, Suzanne Bacri. 13, rue de Bellefond. Alfred Kahn, 6, rue Pierre-Charron. Constant, 52, rue des Marais. Weinstein, 9 *bis*, rue des Francs-Bourgeois. E. Worms, 6, rue Chaudron. Isidore Lévy, 37, rue Bouret. M*** Mélanie, de Strasbourg. M. et M*** Bernard, rue de Lancry. MM. J. Bernard Forest. Emile. M. et M*** Albert Horvilleur. Marcel et Roger Horvilleur, 153, avenue Parmentier. MM. Jules Block et ses enfants, Levallois-Perret. Berthe Mauton, avenue Parmentier, 153. M. et M*** Fribourg, quai Jemmapes, 107.

MM. Gabriel Caruchet, 80, boulevard du Port-Royal. G. Lévy, 80, rue François-Miron. Georges Strauss, 5, rue du Croissant. H. Guesdon, étudiant en médecine. J.-R.-D. Weill. Marcel Hacaton, mécanicien. Levy. Lajeunesse. Georges Urbain, 152, avenue Parmentier. Gaston Sorano, courtier, 39, rue Clignancourt. Caron Gostkowsky, directeur du journal le *Nouveau Monde*. Samuel Weil, 2, rue de Marseille. André Weil, sténographe, 2, rue de Marseille. Ernest Lévy, à Creil. Henri Besson, représentant de commerce, 36, rue Ramey. Yung, 36, rue Ramey. Ernest Besson, 15, avenue Laumière. Désir Mayer, voyageur de commerce. G. Alexandre négociant. S. Lévy, négociant, 23, rue du Grand-Prieuré. Bouzé Henri, propriétaire, 11, rue Notre-Dame-de-Nazareth. Henri Kreiter, 36 *bis*, faubourg du Temple. Eugène Brunswick. M⁰ᵉ Brunswick, née Marcus, 189, avenue du Maine.

MM. Emile Le Mas, directeur de la *Vie théâtrale*. Victor Mestre, 183, rue Saint-Denis. L. Schneider. Albert Pehmann, 54, avenue d'Iéna. Iche ben-Borich, 11, rue Auguste-Barbier. Charles Bloch, 9, rue Marie-Louise. Mᵐᵉ veuve Lebrun, propriétaire, à Suresnes. M. et Mᵐᵉ Auguste Barbier, propriétaires, à Suresnes. MM. Ed. Klein. Michel Trillié. G. Bauër, Louis Dambrun, étudiants en droit. Docteur Flœrsheim. Adolphe Lévy, 8, rue Saint-Florentin.

M. Jacques Flexner, 30, rue de la Folie-Méricourt. Mᵐᵉ Jacques Flexner, 30, rue de la Folie-Méricourt. MM. Achille Flexner, 30, rue de la Folie-Méricourt. Alfred Hœwel, 145, boulevard Magenta. Mᵐᵉ Alfred Hœwel, 145, boulevard Magenta. MM. G. Métivier, 95, rue Jouffroy. Joseph, 30, rue des Vignoles. Hirsch. Fernand Blum, 178, faubourg Saint-Martin. S. Babani, 66, rue de Bondy. Walck, 31, rue Sedaine. Mᵐᵉ Walck, 31, rue Sedaine. MM. René Lapetite, 21, rue de Cléry. Molho, 20, passage des Petites-Ecuries. Mᵐᵉ Molho. M. et Mᵐᵉ Arthur Sée, 10, rue Hittorf. MM. Gaston Weil, 21, rue Condorcet. Mirthil, 3, rue Martel. M. et Mᵐᵉ Sevilia, 3, rue des Petites-Ecuries. Benard, 16, rue Marie-Stuart. MM. Maurice Mantoux. Raoul Block, 62, boulevard de Strasbourg.

MM. Duglou, employé de commerce. Avrial. Albert Poirier, représentant. Victor Adam, comptable. L.-V. Deshay. Marotte. E. Naidon. Georges Bouquillon, peintre. Loulpin. Bouquillon. Maurice de Bertrand. Georges Relda, Fontenay-sous-Bois. A. Mitteau fils, négociant. Mᵐᵉ Blanche Malpart et Marie Malpart. MM. Raymond Frontgous, Roger Colomb, étudiants en médecine. L. Surre, directeur du Laboratoire municipal de Toulouse.

MM. Paul Philippon, René Favre. Robert Lévy, à Lyon. J.-E. Vallou. R. Puppi. G. Suc. Liquière. G. Raffier. Lambert. J. Basset. Anic. Michel Tournaire. Buret. Eugène Michel. Albert Perrin. J.-F. Malau. E. Tizot. De Banard. C. Audibut. D. Audibut. D. Longenotte, à Marseille. E. Munier, employé de commerce. Mˡˡᵉ F. Munier, peintre. Mᵐᵉ Munier. M. Coudon.

MM. Ch. Michel. A. Massard. Gabriel Roch. Hidrio, 30, rue Malar. Klées fils, 287, faubourg Saint-Antoine. Mertens, 95, faubourg Saint-Antoine. Courège, 7, rue Castex. Parot, 72, rue Crozatier. J. Pacotte et P. Pacotte, rue Elisa-Lemonnier, 5. B. Soulard, 15, rue Wattignies. Eugène Pomès, 7, place Daumesnil. G. et V. François, 70, rue du Rendez-Vous. Eugène Gassien, 16, rue Beccaria. Nicolas Dukary, 8, rue Saint-Hippolyte. Chomette, propriétaire, à Boughéat (Puy-de-Dôme.)

MM. Léon Brunswich, 187, avenue du Maine. Ernest Pitet, 148, rue du Temple. Bigné, externe des hôpitaux, 14, rue Gérando. Josa Luria. Michel Lazard, clerc d'avoué, 2, rue Boutarif. Blanche Picard, née Chimène. Eugène Picard. Delphine Iffla. Guillaume Mebolde. Désiré Desmaisons. O. Chimène. Mᵐᵉ Crémieux. Mˡˡᵉ Crémieux, professeur de dessin. M. Auguste Chimène, fabricant. Mᵐᵉ Auguste Chimène. MM. Louis Edde, 13, rue de Seine. N.-Gaston Lucas, étudiant en médecine. Mᵐᵉ Caillard. M. C. Caillard.

Mᵐᵉ veuve Gaudin. M. Charles Sage, 28, rue Philippe de Girard. Mᵐᵉ veuve Lejoindre, 12, rue des Aubépines, Bois-Colombes. MM. Adolphe Lejoindre, 12, rue des Aubépines, Bois-Colombes. Henri Hollander, avocat à la Cour de Paris. Jules Delagrange, négociant. Mᵐᵉ veuve E. Viéville, 7, rue des Batterons, Montmorency. MM. Massicaux, ouvrier typographe. Loredan Viex, contremaître. Vazil, artiste dramatique. Lucien Tal. Jules Flaivet. Paul Hertz, à Saint-Denis.

Mᵐᵉ Hortense Sée-Mougin. Mˡˡᵉ Julienne Brideux. MM. Fargier. Paul Lelong, ébéniste. Désiré Louis, homme de lettres. Anatole Renard, canut, rue de la Croix-Rousse. Léon Décharmes, viticulteur beaujolais. Fernand Lefèvre, typographe, rue de Vanves. Mᵐᵉ Philomène Marfan, lingère, Levallois-Perret. M. Gaston Mourier, ouvrier zingueur.

MM. Dubois-Alméric, commissionnaire en librairie. L. Leroux, menuisier. Pierre Sauvinot, desservant près Paris. Ludovic Ballard, vigneron maconnais. Aristide Ellen.

MM. Désiré Lamour, publiciste. Pierre André, tailleur de pierre, boulevard Saint-Marcel. Patenier, Louis. Jacques Ycart. Mˡˡᵉ Luce Desvarennes, faubourg Saint-Antoine. Mˡˡᵉ Paule Verzal, Jeanne Lyser, Louise Dumont, Cécile Bertrand. Mᵐᵉ veuve Dumont, dentellière. MM. Pierre Issoire. Louis Bergue. Emile Sincère. Pierre Malvaux. Henri Puech, ingénieur-électricien. Gagny. J. Peset, 13, avenue du Maine. Mᵐᵉ Jeanne Heurtaut. Ohy et Fernande Lévy, 15, rue du Commerce. Mᵐᵉ Favot et Lartigues.

MM. Paul Petit, sculpteur. De Parviller, sculpteur. E. Bigot, sculpteur. Henry Stéphanie, peintre. Ch. Cormot, sculpteur. G. Cuiter, sculpteur. Desnoyer, sculpteur. Oran, mouleur, 102, rue Vieille-du-Temple.

Mᵐᵉ Dusaussoy. MM. Pierre Sauvade, G. Picquenet, étudiant en droit. Léon Kaan, lieutenant de réserve. Mᵐᵉ Maria Maillard. MM. Eugène Lévy. J. Tuchmann. A. Tuchmann. M. Darago. Mᵐᵉ Darago, 7 *bis*, rue Coquilière, Paris. MM. Paul Joseph. Lutringer, ouvrier à Saint-Denis.

M. et Mᵐᵉ R. Birman. MM. David Lopès Sylva. Léon Oxéda, de Bayonne. Edgar Oxéda, de Bayonne. J. Birman. Maurice Denier. A. Molinié. L. Kauffmann. P. Worms. J. Rothschild. Félix Elhy, ancien conseiller général. Frédéric Oudin, Maurice Winter. Gaston Caen, étudiants en droit. André Ricaud, du *Courrier du soir*. Jacques Brunschwig, étudiant en droit et sciences. Edmond Valentin. Relbre, étudiant en droit. Mᵐᵉ Janne, 59, rue Condorcet. Mˡˡᵉ Suzanne Besson, 59, rue Condorcet. MM. Renendel, vétérinaire. Théophile Gilium. Abel Thoridenet. Mˡˡᵉ Ernestine Thoridenet. M. Albert. Orditi, commerçant.

MM. Edouard Blat, comptable, 239 *bis*, rue Lafayette. A. Barry. L. H. Bonvallet. E. Picard, coiffeur. E. Courtois, étudiant. H. Dibarrart, artiste. Pierre d'Etchégoyen. Robert Bocq, employé. V. Bocq, coloriste. L. Chambellean. C. Girard. Mᵐᵉ Marie d'Etchégoyen. Mᵐᵉ veuve Abot, veuve Blanchet, 37, rue de Babylone. MM. Charles Lévy. A. Bridoux. Paul Soussignan.

MM. Coutable. Désiré Hirs. J.-B. Hitelet. Chapey. Beauvillain. Brulé. G. Lepeire, ouvriers mécaniciens. Georges Parq, architecte, à Bourg-le-Reine. M. Cressent.

MM. F. Hartmann, 22, rue de Tocqueville. Léopold Hartmann, 8, rue de la Folie-Méricourt. Désiré Louis. Ernest Dassbach. Edmond Sichel. Mᵐᵉ Edmond Sichel. MM. Robert Sichel. André Créhange, homme de lettres. Maurice Mendès. Henri Labbey, étudiant en droit. Georges Labbey, étudiant en médecine. Mᵐᵉ Marie et Anna Barbézieux. MM. Georges Marchand. Edmond Balmet.

MM. G. Féré. E. Féré, 56, rue Saint-Charles. E. Gounot, élève de l'Ecole des Beaux-Arts, 12, rue Jubé. Gugenheim, à Saint-Cloud. Noel Manger, internes des hôpitaux de Paris. René Belagé, 6, rue Montmorency. V. Belagé, 19, rue Faunet. Lionel Gabrousse, exportateur, 5 *bis*, rue Martel. Georges Carpentier, 28, rue de l'Église, Montreuil (Seine).

Abraham Marx, représentant de commerce. Mlle Eudlitz. MM. Z. Eudlitz. Docteur Eudlitz. Paul Werdenbach, 6, rue de Calais. Louis Yeko, rédacteur au *Parti ouvrier*, 8, rue Bonnet. Phabrune. Mme veuve Leliert, 8, rue Tholozé. MM. Ludovic Thiébaut. George, graveur-dessinateur.

MM. Arthur Kann, étudiant en droit. Georges Carpentier, comédien, 21, rue Turgot. Alexandre Dumas, représentant, 8, rue Tholozé. S. Cahen et L. Cahen, négociants. Georges Lévy, artiste lyrique. S. Fossé, comte de Castrie. S. Landauer, 17, rue de Sévigné. Mlle F. Landauer, 17, rue de Sévigné. MM. Dujardin, négociant commissionnaire, 9, rue Condorcet. G. Renot, 222, rue de Rivoli. Amédée Gobert, 42, rue Richard-Lenoir. R. Monthuc, propriétaire à Vaux (Seine-et-Oise). Théo Levi. H. Grasidier.

MM. Carolus Martin, sculpteur, 32, rue de la Santé. L. Dony, étudiant en médecine, 5, rue du Sommerard. Docteur Le Métayer, 16, rue Royale, à Tours. Mme Emilie Frey. MM. Henri Frey, 82, rue de la Pompe. Battier, Borel. Oscar Lefèvre. Auguste Nair. Veuriès père. Veuriès fils. Charles Waltz. Jules Maigne. Maurice Maigne. Marx. Maëhn. Auguste Thiébaut. Charles Savoie. Philippe Pinot. Auguste Lejolly. Georges Lofguez.

MM. Albert Gouverneur, sculpteur, 16, rue de Charenton. Léo Renoir, ouvrier tailleur. Mme Edmée Parent. MM. Louis Parent fils. Jean Tour, ouvrier tapissier. Mme Lismay. M. Lismay. MM. Henri Davoine. Pierre Danzin. Jules Cabin, ouvriers maçons.

MM. Philippe Durieux, ouvrier typographe. Jules Damoye, comptable. Rettier, voyageur de commerce. Folleville, charpentier, à Saint-Denis. Un groupe d'ouvriers mécaniciens, rue Saint-Denis. Leclerc. Durand. L. Singer. F. Monier.

MM. Paul Roulleau. Marcel Jeanmain. Desfarges. Maylander, graveur. Dujardin, Marius. Lucien Blum. Louis Adt, élèves à l'Ecole des hautes études commerciales. Jacques Ber, au Raincy (Seine-et-Oise). Auguste Lapeyre. Louis Rieger. Georges Simon, 76, rue de Picpus. Samuel Weil, 76, rue de Picpus. Mme Cécile Capelle, M. René Capelle, son fils. Mme Julie Level. M. Bauer. Mme Bauer.

MM. Perret, 35, rue Boursault. Jehan d'Acotin, homme de lettres. Maurice Quinet, représentant. André Quinet. Mmes Quinet, Emmanuelle Quinet. MM. Henri Loew. Marcel Bernheim, Massard. Fayol. H. Pintel. Godechaux. Maurice Schreiber. Sonnand.

Mlle Plasait. MM. Léon Rosen. Marius Espinossa. Louis Gueyral. Bloch. Testard. Wilbert. Puillou. Bernard Simon. Jacques Simon. Emile Simon. Marc Simon. Léon Simon. Maurice Simon. Henri Simon. Ernest Guibert. A. Guibert. Ernest Guibert, fils. Mme Fanny Simon. MM. Delacourt. Dupont. Maurice Guibert.

MM. Adolphe Mobbien. Lona Benson. Léon Weil. Paul Blanc. Bourdon. Gris. Mayeux. De Momis. Benoit. Marthelivitz. G. Vieillard. Samet. Ferrand. Goldstein. Kobchinski. Luzato. Bernard. Perin. Lacroix. Marcel Bernheim. Letuip père. Letuip fils. Ratilier.

M. Paul Delvez. Mme Delvez, née Maus. M. Henri Rainaldy, secrétaire de la Société libre d'édition des gens de lettres, 30, rue Laffitte.

MM. Michel Bréal, membre de l'Institut. Edmond Rostand, auteur dramatique.

MM. Scheurer-Kestner, sénateur, 8, rue Pierre-Charron. Henri Weil, membre de l'Institut. Marcel Brillouin, maître de conférences à l'Ecole normale supérieure. Noël Pardon. L. Gallois, docteur ès lettres. L. Matruchot, agrégé de l'Université, docteur ès sciences. V. B., professeur à l'Université de Rennes. Louis Couturat, chargé de cours à l'Université de Caen, 33, rue des Jacobins. Julien Cordier, avocat, ancien député, à Toul. E. Durckheim, professeur à l'Université de Bordeaux. Henri Abraham, docteur ès sciences, agrégé de l'Université. Georges Dubois, agrégé d'Histoire, à Sens.

MM. Jules Rouam, à Asnières. Knoderer, 7, rue Montrosier, à Neuilly-sur-Seine. Citerne, rue Gounod. A. Berthault, 28, boulevard Bineau. Neuilly-sur-Seine.

MM. L. Kilian, 68, rue Caulaincourt. Dynam Barbé, 33, rue Montmartre. E. Levieux, 29, rue Taitbout. Voreaux, 53, rue Rennequin Balliet, 28, rue Truffant. Ch. Bergès, 3, impasse Rodier. J. Meunier, 172, rue du Faubourg-Saint-Denis. F. Duport, 62, rue des Chassards, à Suresnes. L. Rumitlon, 30, rue Myrtha. Piel, 15, rue Bréda. Georges Boniger, 37 bis, rue Carnot, à Levallois-Perret.

MM. Stéphane Garnery, industriel. Albert Lamare, ouvrier bijoutier, 14, passage Marly, à Levallois-Perret. Auguste Garnery, ouvrier bijoutier, 9, rue de la Corderie. Alexandre Kastener, ébarbeur, 9, rue de la Corderie. Francis Knoepfler, ouvrier, avenue d'Italie, 24. Blum. Mme Blum, MM. Georges Blum et Robert Blum fils. André Dureteste, avocat à la Cour d'appel, 103, rue Notre-Dame-des-Champs.

M. Salaffa, avocat à la Cour, 33, rue Claude-Bernard. Mme E. Salaffa, même adresse. M. G. Colomb, docteur ès sciences. Mme Bourdoncle. L. Colomb, 22, avenue de l'Observatoire. Mlle A. Stapfer. Mme Feschotte.

Mlle Marie Babut. Mme Léonce Jalaguier. MM. Marc Lévy, 27, rue d'Enghien. Ernest Lévi. Lucien Lévi, 49, boulevard Saint-Martin. Félix Cain, 31, avenue Trudaine. Hayem. Charles Montel, 62, rue du Chemin-Vert. Pierre Michel, 18, boulevard des Filles-du-Calvaire.

MM. U. Faure, 64, rue Amelot. A. Chandron, 64, rue Amelot. A. Gradi, 64, rue Amelot. Raphaël Lewishon, artiste peintre. M. et Mme André Weill-Kingsbourg. MM. G. François, industriel, à Longueville (Seine-Inférieure). Emile Soulas, à Orléans. Henri Viévile.

MM. Georges Lisbonne, 12, rue Eugène-Lisbonne, Montpellier. Edmond Groult, avocat, à Lisieux (Calvados). Docteur J. Waitz, à Neuvy-sous-Bois, (Cher). J. Gaufrès, ancien membre du Conseil municipal, 55, rue Lemercier.

M. Robert Lévy. Mme Georges Lévy. MM. E. Alexandre. G. Alexandre, négociant. F. Lévy. E. Rouzaud. T. Beissier. G. Lacôme. Docteur Rossignol, à Mormant (Seine-et-Marne). Alfred Bernard, 40, avenue Duquesne. Mme Alfred Bernard, 40, avenue Duquesne.

MM. Adrien Lièvre, commerçant, 74, quai de la Rapée. E. Bodinat, distillateur, rue Mulsant, à Roanne (Loire). E. Rissoan-Piberès, à Roanne. E. Nyegard, pasteur de l'Eglise réformée de Nancy, 25, rue du Baron-Louis. Ferdinand Scheurer et Jean Scheurer, 13, faubourg Montbéliard, Belfort. S. Jacot, pasteur. Gustave Roussiez, ingénieur civil, 4, rue Loos, Lille. Emile Saint-Paul, pasteur. Mlle O. Saint-Paul, à Mâcon.

M. et Mme H. Diez, 95, boulevard Saint-Michel, Paris. Mme veuve Lavigne, fille d'Oscar Comettant. Mlle Madeleine Lavigne, petite-fille d'Oscar Comettant. Mme L. Girerd. Mlle Marianne-J. Girerd. Mlle Thérèse Cosroès. Mlle Augustine Pouge. Mlle Ellen. MM. Goni. Gressier, voyageur de commerce, 39, rue de Rivoli.

MM. Georges Bernheim, marchand de poissons, 24, faubourg Montmartre. Lucien Rosenwald, 88, rue Lafayette. H. Griset, place de Laborde, 12. Georges Sach, 10, rue Lafayette. M. et Mme C. Francfort, 14, rue Bleue. MM. Jules Francfort, 14, même rue. Lugné-Poe, directeur de l'œuvre. Lenseigne, Paul, 22, rue de Tocqueville. Henri Lenseigne, rentier.

MM. Alfred Marx. Léo Sachs, 94, avenue Malakoff. Georges Morhange, de Metz, 6, square de l'Opéra. Mme Amélie Reinhart, du Havre. M. Gaston Lehman, ingénieur. E. C. P. Mme Cerf Lehman. Veuve J. Schwob. MM. Jacques Rossemblum, employé, 24 bis, rue de Maubeuge. Lévy Bernard. Adrien Babins.

MM. Edmond Babut, licencié en droit, 50, avenue Henri-Martin. Edouard Kleinmann, 12, rue Magellan. Louis Roustic, à Nice. E. Tournel, 5 bis, avenue Philippe-le-Boucher, Neuilly-sur-Seine. G. Thanron, 262, rue des Carbonnets, à Colombes. Docteur Sollier.

MM. Salomon Pichot. L. Arnaud. Reitlinger, avocat à la

Cour d'appel, 9, avenue Hoche. A. Leoboldi. J. Leoboldi. L. Samuel. Celyvel, publiciste.

MM. Albert Lévy, Alsacien. Gustave Dennery, représentant, 137, rue du Faubourg Saint-Denis. Docteur Adrien Seligmann, 18, rue d'Hauteville. R. Leredu, ingénieur des arts et manufactures, 26, rue de Saint-Quentin.

M. Mathieu Wolff.

M. N. Wolff. Mmes Clara Bing. Joséphine Guis-Bing. MM. Raphaël Lévy, Alsacien, 4, rue de l'Echiquier. J.-Léon Reiss, Alsacien, 13, rue Réaumur. Mathieu Reiss, 6, rue Laferrière. Louis Franck, à Nancy.

MM. E. Abraham, homme de lettres. E. Gillet, courtier assermenté, 3, rue Payenne. Julien Hayem, lauréat de l'Institut, ancien adjoint au maire du XIe arrondissement, manufacturier. Fernand Hayem, avocat à la Cour d'appel. René Hayem. Mme Sophie Hayem. M. Adolphe Marx.

MM. Paul Rain, bijoutier. Gustave Polk, publiciste. Adrien Noumez Lopes, 12, rue de Clichy. Raphaël Bloch. Mlle Caroline Bloch. Mme Hortense Salvador, née Bloch. MM. Jules Lyon, 19, rue Bergère. Docteur Georges Alexandre. Mme G. Alexandre.

M. Charles Bivort, directeur du *Bulletin des Halles*, 33, rue Jean-Jacques-Rousseau. Mme veuve Fanny Koch. MM. Raymond Koch, élève de philosophie au lycée de Nevers, Hyacinthe Loyson. Grivot, employé de commerce, 170, avenue de Versailles, Paris. Mme Marie Jean, à la Ferté-sous-Jouarre. M. E. Witt, 205, boulevard de Strasbourg, à Billancourt (Seine).

MM. Victor Paraf, à Villedieu (Manche). Auguste Frick, 91, *bis* rue de La Chapelle. Eugène Manuel, homme de lettres, 11, rue Mignard, Paris. Paul Quiévreux, pasteur. J. Amelot, secrétaire de M. Frédéric Passy, à Neuilly.

Mme Adolphe Isidor. MM. Jules Oppenheim, 16, rue des Martyrs. Jules Dreyfus, 69, rue Condorcet. E. Langlois. J.-J. Falliès. Steiner. C. Voillerau, employés. Mme veuve Lopez Diaz, 69, rue Condorcet.

MM. Bach, 198, boulevard Saint-Germain. Edmond Maux, étudiant, 8, rue Clément-Marot. Kugelmann. Calvayrac, élève à l'Ecole centrale. Stacklins, étudiant. Félix Desvignes, ingénieur, chimiste, à Asnières.

M. Charles Hugot, auteur dramatique, 30, rue Lemercier. Mme Charles Hugot, 30, rue Lemercier. M. Ed. Benoist-Lévy, avocat. Mme Ed. Benoit-Lévy. Mme veuve Boulat. MM. E. Counord, ingénieur civil, à Bordeaux. L. Morosti, Paris. V. Jardillier, 22, rue Paul-Bert, Bordeaux.

MM. Emile Cahen, 179 *bis*, rue de Paris, à Montreuil-sous-Bois. Louis Poyet, dessinateur, 17, rue du Louvre. Raphaël Poyet, dessinateur, 17, rue du Louvre. Roger Poyet, graveur, 17, rue du Louvre. Mlle Clémence Salmon, 21, faubourg Saint-Jean, Nancy. Mme veuve N.-E. Pilard, 7, place Saint-Jean, Nancy. Mme R. Weill, 21, faubourg Saint-Jean, Nancy. M. Stéphane Arnoulin, du *Siècle*.

MM. Quilici, photographe, 21, rue de Trévise. Girard, photographe, 21, rue de Trévise. Mme Quilici. Girard. MM. Boudet, retoucheur-photographe, 86, rue Ordener. Wibaut, employé. Hubert d'Arbaut, opérateur-photographe, 16, rue Wattignies. Ed. Hidembrandt, 15, rue de Malte.

MM. Antoine Frobert, 199, rue de Charenton. Borel, dessinateur, à Bois-Colombes. Gaudry, voyageur de commerce, 11, rue Ganneron. Chalopin, employé, 23, avenue Tourville. Mme Chalopin. M. Narbonneau, 23, avenue Tourville. Mme Narbonneau.

Mlle Quilici, 21, rue de Trévise. MM. Léonard Quilici, 21, rue de Trévise. Raymond Quilici, 21, rue de Trévise. Mme Bruneton, 199, rue de Charenton. M. Auguste Frobert, 199, rue de Charenton.

MM. Henri Cenevois, 63 *bis*, rue de la Victoire. Emile Chauvin, à Rethel (Ardennes). Bourkhard Meyer, 233, rue de Charenton. Lemoine, capitaine en retraite au Blanc (Indre). Alphonse Miniac, 56, rue de Malte. Léon Lenel, 34, rue Simart. Henri Ardissone, 32, rue Debelleyme. Eugène Elle, employé, 4, rue d'Aboukir. Auguste Dubosc, 185, faubourg

Saint-Denis. Marcel Bernier, étudiant en médecine vétérinaire. Jean Bidegain, 39, rue des Jeûneurs. Ch. Debourge, 22, rue Croix-des-Petits-Champs. Henri-Lucien Jager, employé, 129, avenue de Saint-Ouen. Jonynou, 5, faubourg Montmartre. Mme Godinot. MM. Albert Paulvé, 27, rue Gabriel. A. Damon, 108, boulevard Rochechouart. F. Gamon, 108, boulevard Rochechouart. A. Bougier, agrégé d'Histoire.

MM. Chollet, 28, rue d'Ulm. Alexandre Le Colleu, 24, quai d'Alfort, à Alfort. Louis Devaud, 5, Grand'Rue, à Alfort. Lucien Brunschwig. Tamisey, 6, rue du Nil. Duchateau, comptable, 93, rue Saint-Sauveur. Duclos, employé de commerce, 69, boulevard Beaumarchais. Constant Butant, 80, rue de la Réunion. Cuvier, ferblantier. Citoyen J. Agoutin, 32, rue Lévis. Bertrand Duclos, employé de commerce, 69, boulevard Beaumarchais.

MM. Ch. Breger, Marcel Breger et Mme Hélène Breger, 9, rue Ambroise-Thomas. MM. Sylvain Weill, à Strasbourg. Ochin père, rentier, 5, rue Jean-François Lépine. J. Bodevin, ajusteur mécanicien, 1, rue Marcadet. Partenet, graveur, 38, rue des Rigoles. J. Soubiran, commerçant, 8, rue Pastourelle. E. Bulard, employé, 4, rue de Rivoli. A. Pélégry, vins, 6, rue Myrrha. François Taillard, 26, rue Aulard, à Saint-Mandé. De Laet, 13, rue Chaligny. Eugène Bodin, 52, rue Saint-Maur. Mme Gabrielle Bodin, 52, rue Saint-Maur. MM. Louis Sion, brossier, 38, rue Merlin. Bost, brossier, 7, rue Froissard.

MM. Houdry, brossier, 80, rue de Turenne. Paul Devillers, 4, impasse Saint-Sauveur. Albert Poirier, imprimeur, 4, impasse Saint-Sauveur. Klein, étudiant, à Paris. Salomon Klein, d'Argenteuil, employé de commerce. Kanovitz, 8, rue Mogador prolongée. A. Dubedat, 23, rue Lacharrière. J. Dubedat. Mme A. Dubedat. MM. Drillon, 11, rue Boulay. Léopold Couinaud, 136, rue Ordener. Auguste Sautier, 136, rue Ordener. Mme P. Lévi, MM. E. Sevaut, sculpteur, 140, rue Saint-Maur. Labonne, 14, rue du Cardinal-Lemoine.

M. Diollot, 10, rue des Blancs-Manteaux. Mme Michel Hirsch, née de Bouhélier-Lepelletier. MM. Sigour, diamantaire, 7, rue Crespin. E. Prinée, 86, rue des Tournelles. J. Ploussey, 57, rue de Tocqueville, Mme Ploussey, 57, rue de Tocqueville. Mme Neh, 87, boulevard Beaumarchais. MM. L. Lacour, étudiant, 120, rue Nollet. Alph. Chambon, ouvrier tailleur, 6, rue de Viarmes. Charles Picq, serrurier, 2, rue Ginoux. Maurice Bayle, rue de Meaux. P. Lanoy, employé, 4, rue Cambronne. E. Lamy, employé, 30, boulevard de la Villette. Calvayrac, étudiant, 12, rue d'Uzès.

Mme Pligot, couturière. Mlle Octavie Richdin, couturière. MM. Arthur Pligot, employé. Louis Pligot fils et Ferdinand Pligot fils, 38, rue Joinville. Dété, typographe. Mme et Mlle Dété, 31, rue de la Harpe. MM. Joseph Leroux, 11, rue de Panama. Eug. Brunschwick, employé de commerce, 11, rue Guisarde. M. et Mme Jules Grandjean, pour un groupe d'amis, 35, rue de Cléry.

MM. Rémy Maillet, 33, rue Meslay. L. Barbier, employé. Félix Isnard, 4, rue Montmartre. Mme Clarisse Wiernusez, femme Bloch. M. Joseph Perrier, commerçant, 9, rue Brunel.

MM. Niederhauser, au cap d'Aglio. Blanc, à Beaulieu. Décanale, à la Turbie-sur-Mer. Bouchot, ancien commissionnaire du Mont-de-Piété de Paris, au Perreux. Fernand Famelait, typographe, 212, boulevard Raspail. Amédée Legivre, 28, rue Dussoubs. Victor Millet, 127, rue de la Tour. A. Perronnet, chapelier, 37 *bis*, rue des Trois-Bornes. P. Lafon, 150, faubourg Saint-Denis. Léon Delaby, publiciste, 19, boulevard Morland. Louis Jamelin, tireur au banc. Eugène Lallement, 56, rue Sedaine. Mme veuve Figueras. MM. Albert Figueras. Georges Thierry, employé, 76, faubourg Saint-Antoine.

MM. Edmond Milliaud, publiciste. V. Caviale, conseiller municipal, 49, avenue de Saint-Cloud, à Versailles. Hanau, 57, boulevard Barbès. Léon Zay, rédacteur au *Progrès du Loiret*. Charles Jacoutot, rédacteur en chef du *Progrès du Loiret*. Ch. Masson, 1, rue de la Roquette. A. Vidon, industriel, 2, rue des Haudriettes. Mme Vidon. MM. Victor Tourtal, auteur lyrique. Joseph Proprial, monteur en bronze. Albert Delaporte, employé de commerce. Charles Delaporte, monteur en bronze. Flexner. Mme Flexner. MM. Jules Flexner, Achille Flexner, 30, rue de la Folie-Méricourt.

MM. Georges Perlès, rédacteur au *Rappel* et au *XIXe Siècle*. Durand Balastre. E. Bernard et Mme Fanny Bernard, 18 *bis*, rue d'Hauteville. MM. Defrance, employé, 4, boulevard Saint-Denis. L. Adnet, employé, 14, passage Vaucouleurs. Grenier, employé, 34, rue Moret. C. Kœnig, musicien à l'Ambigu. Malatesta, à Paris. H. Racine, sténographe, 78, rue de Longchamp. Victor Casterousse, 11, rue Burigny. Duparc, à Paris. Mme Romet. M. Charles Moranne, comptable, 24, rue Ménilmontant.

MM. Gustave Buchet, explorateur. Guillaume Salavy, auteur des *Jésuites*. Laly, licencié en droit. Maurice Montebrun, architecte. Edmond Demare, sculpteur. Richard Sanchez. Bommédu, peintre verrier. Paul Carlus, élève de l'Ecole des Beaux-Arts. P. Arnaud, étudiant en droit, 7, rue de Savoie. J. Arnaud, étudiant en droit, 2, place Saint-Sulpice. A. Pothier, commerçant, 66, rue Doudeauville. J. Combier, distillateur, ancien maire de Saumur, 23, boulevard Malesherbes. A. Pichard, 38, boulevard de Reuilly. G. Daubach, 4, quai Saint-Michel. Lucien Dellie, rue de Rotrou, 22. Mme Dellie. M. Em. Cahen, licencié ès sciences, employé de banque, 44, rue Berthollet. Mme Emile Cahen. MM. Thieffine, 16, rue de Charenton. M. Mme et Mlle Lerneud, rue de Béarn, 6. M. Rosembaum, 68, rue d'Avron. Mme L. Perlès. M. Mornhange. Mme Adolphe Isidor. MM. Arthur Joseph, 59, rue Turbigo. Alp. Wolff, à Amiens.

MM. Lucien Berge, secrétaire de la rédaction de l'*Annonce artistique*. E. Bernardeau, 323, rue Saint-Martin. L. Arthur, 83, rue Saint-Martin. Mme Meyer, 10, rue Châtelin, MM. David, 18 *bis*, rue d'Hauteville. C. Cabanes, chimiste, 39, rue de la Station, à Suresnes. René Vollet, employé. Maugeant, négociant, 40, boulevard de Reuilly. Mme Maugeant.

MM. J. Sinibaldi, ingénieur-chimiste, 25, rue Louis-Braille. E. Rapp, courtier en vins, 113, boulevard Soult. F. Dusserre, 50, rue Saint-Sauveur. S. Sursois, 25, rue Oberkampf.

M. Germann Cohn, Mme H. Cohn, née Bing, 14, rue des Petites-Ecuries. M. Houssin, employé, 54, faubourg Saint-Honoré.

MM. Louis Mennecier, rédacteur en chef du *Progrès de l'Oise*. Melchior Crestin, 78, rue des Moines. Mme Estelle Briault, 12, rue Cail. M. Champion, homme de lettres, et Mme Champion, à Malo-les-Bains (Nord). M. A. Degravier, rue de Loing, à Montargis.

M. Gustave Pitte, graveur sur pierres fines, 15, rue Réaumur. Mme G. Pitte. M. H. Richardin, 44, rue de Sévigné.

M. Eugène Coste, receveur de l'enregistrement, 99, boulevard Lamouroux, Vitry-sur-Seine. Mme veuve Boulard. Mlle Marguerite Boulard, à Méhun (Cher). MM. A. Darlès, à Moyenmoutier (Vosges). Eugène Colas, employé de commerce, 33, avenue Guihou, Saint-Mandé. A. Monpillard, boulevard Pereire, à Tournan (Seine-et-Marne). Henri Salomon, homme de lettres, 69, boulevard Ornano. Seligman Lévy. Mme S. Lévy. Mlles Emma, Léa, Hélène et Lucy Lévy, de Durlinsdorf (Alsace). Mme Lehmann. Mlle Emma Lehmann, d'Obernay (Alsace). MM. Carré, pharmacien, 28, rue Saint-Dominique, à Charleville (Ardennes). Emile Selves, propriétaire, à la Ferté-sous-Jouarre. Charles Delapierre, 180, rue de la Chapelle. Ernest Herzog, manufacturier, à Elbeuf (Seine-Inférieure). P.-C. Leymarie, publiciste. Mme Leymarie, femme de lettres, 42, rue Saint-Jacques. MM. Henry Allire. J. Gestlyre, employé de commerce.

M. Paul Bonnetat, comptable, 30, rue Bréda. Mme Paul Bonnetat. M. Henri Bonnetat. Mmes Julien, rentières. MM. Auguste Vallet. Narcisse Gautherot. Paul Jacquard. Ernest Evrard. Paul Gautherot, à Noyers (Yonne). Fran-

çois Lavollée. Alphonse Lavollée. Jules Thiercelin, à Tournoisis (Loiret). Eugène Pothier, forgeron, à Noyers (Yonne).

MM. Félix Galopel, Le Havre. Elizée Chevallier, Le Havre. Dr Paul Gaupillat, Troyes. A. Thibault, régisseur, Rugles. A. Masselin, clerc de notaire. Rugles. Henri Quatrevaux, clerc de notaire, Rugles. Charles Schuwer, inspecteur primaire, Sainte-Menehould. Mme Félicie Schuwer, MM. Paul Chevillard. Docteur Charles Steeg, Dieppe. Léon Schmerle, Colmarien. William Mendès. Francisque Vial, agrégé de l'Université, Reims. Jules Wertheimer. Léon Dreyfus. Benoît Fromental. Albert Le Roy, ancien industriel. A. Simon. G. Weill, licencié ès lettres. Mme veuve F. Weill. Mlle et M. Weill. Mlle A. Weill. MM. Alphonse Ibels, ancien conseiller municipal. Jean Ibels. Mme E. Ibels. MM. Gout. Vaiser.

MM. Jean Lemonnier, auteur dramatique. Charles Hillebrand. Pessar, tailleur. Louis Raveneau, agrégé de l'Université. Sagnat. Finot. Aron Harscher. M. Lemaire. Henry Compey. Jacques Netter, capitaine du génie en retraite. Gilbert Lévy, marchand de papier en gros. Carrier, curé de Genève. Donfeuille. Jules Aghion. Fernand Fau, dessinateur. Morris, dessinateur. T. Lebel, licencié en droit. Georges Merieux, ouvrier typographe. MM. P. Lemaire, licencié en droit, Bourg-la-Reine. J. Lemaire, étudiant en lettres, Bourg-la-Reine. B. Beau, étudiant en Sorbonne. Mme veuve Emile Brega. Mlle Marthe Brega. Mme veuve Henry Lévy.

M. Achille Netter. Mme Achille Netter. Mlle Cécile Netter, à Nancy. MM. le docteur A. Netter. Docteur Borrel, chef de laboratoire à l'Institut Pasteur. Mme Borrel. MM. Henri Lengelle, négociant. Pol Mauveau, voyageur. R.-S. Mesnage, artiste paysagiste. Alexandre Lévy. Fantin. André Michel Henry Weill, négociant. Mme Henry Weill. MM. Jérôme Brochet, professeur agrégé de l'Université. J. Brunswich. Paul Nègre, propriétaire. E. Rutty, négociant. Eugène Danderkeyn, ingénieur civil des mines. Docteur Louis Queyrat, médecin de l'hôpital Ricord. A. Lesouef. N. de Tedesco, ingénieur civil. J. de Tedesco. E. Besset. H. Nègre-Baudoin, sculpteur. Mlles A. Nègre, étudiante. L. Nègre, institutrice. M. André Lalaud.

MM. Marchand. Clamart. Boribaud. A. Daube, agrégé de philosophie. Ghoeb. Paul Saumet. Joachim Goblat. Tallieu, ancien universitaire. Mme Tallien. MM. A. Samuel. Camille Monnier, artiste peintre. Edouard Lévy, agrégé de mathématiques. Charles Legras, homme de lettres. M. J-V. Laborde, membre de l'Académie de médecine. Charles Richet, professeur à la Faculté de médecine. Henry Beauregard, professeur à l'Ecole supérieure de pharmacie. Docteur Fernand Vidal. H. Vaquez, professeur agrégé à la Faculté de médecine, médecins des hôpitaux. Docteur Pierre Roudeau, chef adjoint honoraire des travaux physiologiques à la Faculté de médecine de Paris. P. Rivaux. Jules Frenard, avocat à la Cour d'appel. Fernand Cahen. Lucien Salomon. Lemaitre. Adrien Gille, négociant.

Famille Girard. M. Paul Zezouin fils, cocher. Mme Suzanne Mesnage, artiste peintre. MM. J. Gradwohl, Gustave Aron, docteur en droit. Ferdinand Aron. Mme Ferdinand Aron. Ed. Thuret. Lucien Samson. Docteur Saint-Mandé. Mettinger, médecin de l'hôpital Broussais. J. Keim, ingénieur des arts et manufactures. T. Levy, de Manaos. Raymond Français, externe des hôpitaux Marie Petit-Colas. Delchoppe. Berthel, Henri. Haillot. H. Boileau, ingénieur des arts et manufactures. Cassan, frotteur. Charles Sancerme, représentant industriel. Mme Sancerme. MM. L. Gugenheim. E. Ouvrard. Edmond et Pierre Lévy, négociants. Léon Lopersonne. Eugène Lanceray, artiste peintre. L. Lecoconnier, étudiant en médecine. L. Nougaret.

MM. E. Gille, négociant. S. Pellat, licencié ès lettres. A. Villeneuve. Docteur Lasgoutte. Auzial, comptable. Claude Wyl, avocat à la Cour de Paris. Georges Stora, étudiant en droit. Edouard Vuillerd, artiste peintre. Arthur Neuberger. Docteur R. Nogue. Maurice Meyer, maître d'hôtel. Bonnin. L.-G. Bas, étudiant. René et Georges Dreyfus, employé de banque. Mmes Éléonore Dreyfus. G. Dreyfus. MM. Dreyfus, contentieux. Raoul Dreyfus, artiste peintre. Marius Dreyfus. Eug. Pelven, élève de l'École supérieure des mines. Lucien Lévy. E. Martel, avocat à la Cour. Henri Dalsème, étudiant en sciences. Léopold Kahn. Mme Léopold Kahn. MM. Humbert, typographe. Charles Monceaux, employé. C. Ribanier fils, ouvrier potier d'étain.

MM. Henri Deschamp. Albert Bataille. Paul Texier, étudiant en droit. P. Briaudeau. R. Hacaud. G. Ernoul. Mme P. Pépin. MM. Édouard Robert. L. Duchemin, étudiant. J. Barthélemy, pharmacien. Bernard. A. Jeanne, étudiant en pharmacie. A. Kerckhoffs, ancien professeur de l'Université. Willynski, commerçant. François Marie. Mme Jeanne Paul. MM. C. Delattre. J. Delattre. Maurice Wahl. Mme Maurice Wahl. MM. Edmond Daille. Arthur Sigros, dessinateur. Henry Diedrich. V. Duraute. Marie Humbert. Docteur A. Gauchas. Léopold Schulhof. G. Monceau, architecte.

MM. Petit, avocat à la Cour. Marius Combourieu. G. Davin. Maurice Cremnitz. A. Viellefond, agrégé de mathématiques. J. Cazajeux, publiciste. Émile Le Duc. Gatien Le Duc. H. Loth, dessinateur. Ulmann. Henry Lemonnier. F. Oger, ancien professeur. Gaston Guiot. Lucien Lévy, membre de la Ligue. H. Leclerc. Louis Rodolphe, A. Renard. Mlle Rocher. MM. Daniel Roussillon. Defut. Louis Beaucerf. Mmes H. Coupey. Léon Coupey. Mlles Marguerite Coupey. L. Coupey. élève des Arts décoratifs. MM. Eugène Lyon. Gabriel Hemerdinger. L'abbé Viollet.

MM. Léon Baque. Louis Salomon, licencié en droit. Elzéar Rignault, Armand Rignault. P. Vernay. Paul Léonard. Mme Cassan. Mme Huot. MM. André Buchet, étudiant en lettres. L.-H. Peyron. M. L. Desnoes. J.-P. Volot. Paul Salathe, ingénieur civil. Docteur A. Beclère, médecin de l'hôpital Tenon. Edmond Babut, licencié en droit. Albert Villemsens, Mme Berthe Esbaubin. Léopold Schulhof. MM. Max Schulhof, S. Saulais. Albert Keim. Docteur N.-T. Klein. Mme Klein. MM. le docteur A. Mosse, correspondant national de l'Académie de médecine. Gabriel Bonifay, à Marseille.

MM. le docteur E. Cassoute, médecin des hôpitaux, Marseille. E. Moulinier, ancien avocat près la Cour d'appel de Bordeaux. Zénon Uzac. E. Babut, pasteur à Nîmes. Hartmann, professeur agrégé à la Faculté de médecine. Henri Pellat, professeur agrégé à la Faculté des sciences de Paris. Marius Fabre. Salon. Mme Gaillard de Witt. Mlle Henriette Gaillard de Witt. MM. Théophile Tholozan, Nîmes. E. Hauser, interne des hôpitaux. Marius Gilly, ancien notaire, Marseille. Henri Schlœsing, Marseille. Louis Philippe, ingénieur, Marseille. Eugène Savignat. Henri Cerf, tailleur, Nîmes. Joseph Bedier, docteur ès lettres. Mme Jules Rais. André Duray, étudiant. J. Métayer. Paul Lambert, étudiant. Déjasnac. A. Vienney, étudiant. Adrien Brun, étudiant. Ch. Labourgade, étudiant. G. Cadier, étudiant. Jules Rambaud, étudiant. D. Chapui, étudiant.

MM. E. Rambaud. Jean Monod. Albert Sauzède. P. Meisonutre. E. Gauteron. M. Michaëli. Jean Laroche. R. Dardier. A. Féral. E. Paradon. Alphonse Schœlsing. Cabanis. Jean Vallette. E. Dejarnac. R. Bordarier. G. Benignus. Causse. Jean Autrand. P. Cheminée. E. Souque. Philippe de Felin. F. Rivière. Edouard Bayroux. P. Lafour. F. Rieschi, étudiants. Docteur Maurice Peraire, ancien interne des hôpitaux de Paris. Alfred Picquart. Docteur P. Bouillet. Léon Francq, ingénieur.

MM. R. Madier de Monjau, ancien chef d'orchestre de l'Académie nationale de musique. Paul Salmon, interne des hôpitaux de Paris. Jules Andrade, maître de conférences à la Faculté des lettres de Montpellier. Adrien Lévy. Mme Adrien Lévy, MM. Roger Lévy. Charles Dreyfus. Armand Bloch. Victor Vincent, à Vauvilliers.

MM. Launeaux, clerc de notaire. J. Morhouge. J. Lévy, notaire. Edouard Colin, marchand de bois. Émile Colin.

Marius Colin. Mme Blanche Lévy. MM. Abraham. M. Godchot. Léon Caïn, rentier. Adolphe Nathan, négociant. Mme Adolphe Nathan, Alice Morhouge. Veuve Olry Godchot. Mlle Henriette Netter. MM. M. Schnerb, négociant. P. Schnerb, à Toul.

MM. Henri Havet, artiste peintre. Charles. M. Mapon. Lucien Foubert, agrégé d'histoire, professeur au lycée de Saint-Brieuc. Adam Salomon, Neuilly. De Faye. Mme de Faye. Mme de Jozin, veuve d'un officier. Mlle Warluzel. M. Arthur Helft, Nantes. Mme Arthur Helft et ses enfants, Nantes. MM. Jules Weisch, agrégé de l'Université. Poitiers. Émile Cook, pasteur de l'Église réformée, Athis. A. Galan, employé de commerce, Bordeaux. Camille Gillet. Vallois. A. Laune, pasteur, La Mothe-Saint-Héraye. André Bujeaud, Sainte Hermine. Félix Durrbach, professeur à la Faculté des Lettres, Toulouse. Mlle Jeanne Netter. M. Benjamin Netter. Nancy, Mme Benjamin Netter, Nancy. MM. Lucien Netter. André Despois, Grenoble. Cavalier, Rennes. Pierre Weiss, docteur ès sciences, Rennes. Émile Altette. M. Israël.

MM. J. Mosse, Perpignan. A. Sénéchal, Orléans. E. Beliard, maire d'Etampes. Henry Richou, ancien conseiller municipal d'Etampes. L. Corion-Catteau, Tourcoing. L. de la Berthelière, ingénieur des Arts-et-Métiers. M. T. Duboc. G. Delzons. Mme G. Delzons. MM. Gaston Félix, T. Hugou. Pierre Frignault, homme de lettres. Émile Ulmann, négociant, Montbéliard. Michel Kohn. Eugène Benedetti. Michel Dalsace. Jules Dreyfus. Jules Jacob. Valentin Schæffer. E. Vignols, Rennes. Albert Puyplat, dessinateur. L. Rouelle, comptable. Eugène Reveilland, avocat, publiciste, Versailles. C. Rousseau, employé. Jacques Heilbronner. Félix Flandinette, ancien conseiller municipal de Bois-Colombes. Charles Coudurier, Rouen. Bourgoint-Lagrange, ancien magistrat.

Mme Corcos, sténographe judiciaire. MM. Raoul Corcos. Fernand Corcos, sténographes judiciaires. Mlle Emma Corcos. MM. le docteur Ch. Ettlinger. René Jouet, étudiant en droit. A. Jouanny. Albert Ténard. E. Jannet. Albert Oudart. L. Lesieur, Noisiel. Charles Diehl, correspondant de l'Institut, S. Pariset, docteur ès lettres. Ch. Pister, docteur ès lettres. F. Haldensperger, agrégé de l'Université. E. Grucker, professeur honoraire, Louis Couve, agrégé de l'Université, M. Perreau, docteur ès sciences, Nancy. Alphonse Marx, artiste peintre, Mme Alphonse Marx. MM. Colbach, Lille. Manuel Meyer, de la Société générale. Lille. J. Bourdel, La Salette, par Bize. François Alicot, publiciste, Béziers. Alphonse Lavallée. Robert Lavallée. Paul Guichard, dessinateur. Georges Guichard, comptable. Gustave Marchal, homme de lettres. Léon Lombert.

M. A. Peuvrier. Mme A. Peuvrier. MM. J. Hemardinquer. Ursleur, député de la Guyane. Edmond Picard. Louis Mong, maire de Mours. Damoy, adjoint de Mours, Émile Paquet, industriel, Mours. A. Cochegru, conseiller municipal de Mours. Charles Mouty, conseiller municipal de Mours. C. Cochegru, propriétaire, à Mours. Paul Richet, homme de lettres. J. Aubry, professeur à l'Université, Rennes. G. Léon. Mme G. Léon. MM. B. Geutzberger, Lessere, artiste peintre. Désiré Lanselme-Artot, artiste lyrique, Meudon. B. Decastiau. Albert-Benoît Levy, Epinal. Félicien Steinbach. Émile Steesbach. Bontemps. L. Meyer. A. Kruel, à Charmes. Poignon. Léon Riffard, élève de l'École normale. G. Rodier, professeur-adjoint à la Faculté des lettres de Bordeaux.

MM. Adrien Bayssellance, ancien maire de Bordeaux. Fernand Polydore, publiciste. Mme Ponvert, propriétaire. A. Meunier. MM. P. Texier. Meg aîné. Miolleau. Ferdinand Cretet. Albert Thoret, docteur en droit, ancien avoué, Melle. P. Forsans, conseiller général des Basses-Pyrénées. H. Rongau, conseiller municipal de Biarritz. Félix Campagne, conseiller d'arrondissement, Biarritz. Joseph Jacob. Jules Jacob, Emmanuel Jacob. Jean Lailheugue, cuisinier. Mlle Salomon, directrice du collège Sévigné. MM. Martinet, Morez (Jura). Edmond Schwob. E. Lambert, avocat à la Cour d'appel. Eugène Robert, notaire, maire de Saint-Aignant-les-Marais. Max Collignon. Emile Michel, membre de l'Institut. Mme C. Dive. Docteur Courad Dive. MM. Alphonse Millet. Emile Boudon. Ernest Belon.

MM. Fourest. Louis Bordo. M. Doucet. A. Dessas, A. Rossel. Louis Baron. Auguste Nicolas. Louis Carpentier. M. Pages. Alphonse Cumpel. Mme Alphonse Cumpel. MM. Moutol, comptable, Saint-Gratien. Alfred Monat, Suisse. Georges Renard, professeur à l'Université de Lausanne. Paul Vallette, agrégé de l'Université. P. Unzel. A. Dreyfus, ingénieur des arts et manufactures. Jean Denisse, artiste peintre. Gustave Lebel. Leysin. Paul Waller. Eugène Waller. Ferdinand Dreyfus. L. Lange. Rodpeiges. Docteur Vogt. Mme Marguerite Lehman.

MM. Maurice Vaucaire. Eugène de Faye, maître de conférences à l'Ecole des hautes études.

MM. Israël Lévy, maître de conférences à l'Ecole des hautes études. Albert Millaud. Henri Planchat, licencié en droit. Mme Joséphine Lévy. MM. Léon Groos, métreur-vérificateur. A. Kahn, pâtissier. Mme A. Kahn, sage-femme. MM. A. Rehns, E. Rehns. G. Rehns. Docteur Jules Rehns. Stern, professeur de musique au lycée Carnot. Mme Stern, née Wahl, sœur de deux officiers français. MM. Henri Gilardoni, étudiant. Capitan, docteur en médecine. Charrin. A. Desorez, agrégé à la Faculté. Mmes Marguerite Dreyfus. Olga Dreyfus. Gilberte Dreyfus. Esther Dreyfus. Jane Dreyfus. Paule Dreyfus. MM. L. Worms, ingénieur des arts et manufactures. A. d'Argent. Mme A. d'Argent. Mme Léopold Kahn. Mlle Léopold Kahn Mlle Droual.

Mercredi 30 Novembre 1898

MM. Jean Aicard. Louis de Courmont, maire de Blisme (Nièvre). Jean Jaurès. Gérault-Richard, rédacteur en chef de *la Petite République*. Raphaël Mairoi, G. Lambiotte, à Neuilly. Jules Huret. publiciste. Eugène Baudin, ancien député du Cher. Louis Magnier. D. Bonnerot, agrégé des lettres. Ch. Rolland, à Bruxelles. J. Capelle, agrégé de l'Université. Albert Beaulieu, sculpteur. André Coqueret. Marie Baertschi, professeur à l'Ecole normale. Albert Wilm, avocat. Numa Jaquemaire, avocat. Albert Brasseur, docteur en droit. Ch. Moise, ancien président du conseil d'arrondissement de la Seine. Mme Paul Adam. L.-Henry May, 7, rue Logelbach. Rémy Couzinet, à Itteville, (Seine-et-Oise.)

MM. Henri Bousquier. agrégé de l'Université, F. Aubert peintre, 44 *bis*, rue de Chézy, Neuilly-sur-Seine. Docteur Chevalereau. Armand Chevalereau, 9, rue des Pyramides. P. Boussarie, imprimeur, à Montignac (Dordogne). Mme Marie Moise ,Léo Heuzé. MM. Paul Cassard, fondateur du *Peuple*, de Lyon. J. Devarenne. G. Bonet-Maury. Gaston Leroux. Maurice Viollette, avocat à la Cour d'appel. Henri Conrad, agrégé de l'Université, à Troyes. Albert David, conseiller municipal d'Istre (Bouches-du-Rhône). Colombet, inspecteur d'assurances. Mme Marie de Lanskoy. Mme Eugénie Ausmont, M. Charles Gaud, agrégé de l'Université.

MM. G. Grucker. C. Pozzi, étudiant ès sciences à Bergerac. Henri Pozzi, licencié en droit. Docteur Destay, conseiller d'arrondissement, Laons (Eure-et-Loir). Dropsy, graveur en médailles. Docteur de Kervilly, 15, rue Lagrange. Docteur L. Wateau, à Laroche. Félix Barbereau, publiciste. A. Dubois, ingénieur civil, 33, rue de Fécamp. Pierre Renier, vice-président au conseil des prud'hommes de la Seine, 2, rue des Ecoles, Charenton. Le dessinateur caricaturiste B. Moloch. Mme veuve Polyxène Philip. M. Marius Barbier.

MM. Guerpillon, Marguerite Guerpillon, à Manchester, Mme Gabrielle Ariès. M. Georges Pissaro, artiste peintre, Jean Vérité, magistrat. F. Sicard, avocat, Aix-en-Provence. Georges Lisbonne, Léopold Wenzel. Vincent, conseiller général du Loiret. Paul Heense. Le Cercle du Progrès radical, à Avignon. Veuve Deneux, Paris. MM. J. Bonnafoux. C. Robert, pasteur indépendant, à Rouen.

Mme Aimée Fabrègue, de *la Fronde*. MM. Jules Guignier. Fernand Guignier. Ferdinand Thiébaud. Georges Lippmann, Paris. Mme Saigne, de *la Petite République*. Mme E. Masson. M. P. Martin, propriétaire, et Mme P. Martin, à Pringy (Seine-et-Oise). M. Albert Wittersheim, comptable 45, boulevard de la Villette. P. Laplaud, négociant en vins, 16-18, place Nouvelle-Aventure, à Lille. F. Trouvé, 231, Oxford Street, Londres. A. Akerman, 29, Long Acre Street Londres. Durand Charles, 23, Gérard Street, Londres. Edouard Bataille, 14, Mark Crescent Street, Londres. Georges Mincat, 231, Oxford Street, Londres. Cailleaud, à Rochefort.

MM. J. Legros, président du comité républicain, Montendre (Charente-Inférieure). Eugène Badier, Marseille. Edmond Fazy, homme de lettres, Constantinople. Mme A. de Courmont. Mme Edmond Hugues, M. Jean Hugues, étudiant. Mme Elisabeth Hugues, 1, rue Tupin, Lyon.

MM. Gleyses, Alexandre, employé de commerce, 2, rue Bernard-Thile, Toulouse. Francis Bandon, de Marseille. Mme E. Winter. Mlle Marie-Louise Winter. M F. Aubert, peintre, 44 *bis*, rue de Chézy, Neuilly (Seine).

MM. Chatet, employé. Th. Chataignon. Mme Théophile Chataignon. MM. Henry Krauss. Paul Blum. Jean Anabrie. Léon Archimbault. Camille Lesage. Etienne Bergeret. Al. Picard. B. Dedieu. S. Bonnafous. Ch. Cadier, étudiants. R. Quignon. P. Quignon, d'Amiens. Félix Pagand, du *Rappel des Travailleurs*, de Dijon. Mme Rose Wolfowicz. MM. Louis Wolfowicz. Isidore Cerf. Colbertin. Salomon Wolfowicz. Mmes Fanny Seidmann. Thérèse Wolfowicz. MM. Caye. Salmon. H. Pierre. E. Mathieu. L. Parisot. P. Outters. G. Lesieur. C. Simon. G. Legros. A. Outters. Ed. Robineau. L. Mathieu. L. Gruet. P. Forest. A. Arnould. Déchamps. Alph. Colomb. Mmes Georgette Roch. Lucie Louvain. Hermance Michel. Jeanne Bouvarlet. Lucie Mariette. Joséphine Grebet. Adèle Hutin. MM. C. François. Labatteux. Muller. Stremus. Boncourt. Mmes Blanche Salmon. Blanche Lebettre. Marie Tuault. Marie Marlier, Marie Blanchard.

MM. Mendel. Ecoutin. Meillier. A. Piat, élèves de l'Ecole supérieure de commerce. L. Fauchois. Mme L. Fauchois. MM. René Fauchois. E. Finot fils. H. Renoux, Armand Lezy. Gaston Le Corsu, éditeur. E. Gauthier. Louis Villain. Mme Louis Villain. Henri Deneuvilliers. P. Lefébure. L. Bonnard. Pillot. A. Vallet. Robert Beligné. Lucien Ferrel. Jacques Teutsch, étudiant. Maurice Bloch, externe des hôpitaux. Joseph Sachs. Mme Léonie Mercier, 15, quai Saint-Michel.

MM. Famelard. sommelier. Louis Chambourcy. René Pillet. correcteur. Maxime Bonnet, comptable. Mme Adrienne Lachaize. MM. Emile Bonnet, correcteur. Les frères Goagyres. Mme Louise Prévost. M. Louis Terre. Mmes Eva l'Orée. Julie Pillet. Alice-Sophie Terre. MM. Arthur Mercier. Louis Bonnet, paléographe. Yves Prévost, mécanicien. L.-L.-M. Bonnet, rédacteur à l'*Indépendant de Poissy*. Crété et Delarbre, employés d'assurances. Gray-Bistch, publiciste. Villefranche. Chevassu. Godériaux. Langlois. Leleu. Frébinet. E. Porr. Nautlet. Albert Ringeval. Mounerie. Du Chaumiot. Chat-Long, ingénieur. E. C. P. Deschamps. Rincheval père et fils. Du Carroir. Bourguignon. Ravayre. Rattron, Lassy, Etiévant. Roulé. Lasmolle. Mignard. D'Hundt. Ecrémant. Degeorge. Henri Robert. Poinsot. Huot. Husson. Delpit. Bariault. Prisy. Mattot. Ras Frères.

MM. Chastanier, 17, place d'Aligre. Julien Terchet, critique musical, 140, faubourg Saint-Martin. Georges Ruff,

18, rue de Gérando. J.-B. Vincent. Emile Grard. Emile Boudard. Jean Vincent. Alexandre Vincent. Michel, ouvriers typographes. Julien Vincent, maçon. Adeline Bardet, femme Franck, Alfred Franck. 26, rue Saint-Quentin. E. Philippe, administrateur de l'*Industriel forain*. Emile Franck, 5, rue Poisson, avenue'de la Grande-Armée. L. Perrin, tailleur, Mantes. Edouard Célos, peintre-dessinateur. Mme Derberoi. Mlle Yvonne Derberoi. MM. Armand Derberoi. Henri Derberoi. Ferdinand et Raoul Derberoi, 35, rue Poulet. Robert Dessègno. François, à Bruxelles. A. Lévy-Lopès, directeur;de la Société manufacturière des limes et aciers. A. Royer, chef comptable. Alphonse Raas. Charles Raas, voyageurs. Simon Gensburger, professeur. Mme Simon Gensburger. M. Gaston Hildenfinger, 20, rue de Constantinople. Mme François Level. Georges Dethan, 26, rue Baudin. Jules Cahen, 13, rue Gustave-Courbet. Jean Bourguignon. Maurice Peyrol, 10, rue Noblet. Georges Ducrocq. Ernest Delahaye, 45, boulevard Pasteur. Docteur Henri Pottevin, 25, rue Dutot. Louis Leturny, 106, rue de la Pompe. Ch. Bastel, cuisinier. François Coudere, garçon de cuisine. Auguste Legall. Emile Boltz, cuisinier, 80, boulevard de Clichy. Worms, 34, faubourg Poissonnière. Reynaud dit Max.

M. Léon Racovski, joaillier. Mme Léon Racovsky. Henri Roth. Marthe Roth. M. Emile Pioux. Mme Marie Pioux. MM. Paul Michon, Saint-Mandé. Henri Lestelle, chimiste. Quénot, Rosny-sous-Bois. Sadorge, La Varenne-Saint-Hilaire. Alexis Pralet. Blanchardet. Jules Rafignon, 30, boulevard de Latour-Maubourg. Eugène Gros. Pierre H. Gautier. A. Lesage, étudiant. Henri Duchmann.

MM. J. Colly, conseiller municipal du XIIe arrondissement. A. Picart. Mme Louise Sadrin. MM. Marcel Lainé. Eugène Denis. Roger Sadrin. J. Pacotte, imprimeur. P. Pacotte, typographe. Le Debionne. Ferrière. Eugène Kirch. Aubert. J. Contes. Tissut. Leysen. Schéna. Bousser. Eugène Houzelot. Emile Houzelot. Louis Treuvey. Bouillon. Fouillot. Graffigna. Bonhour. Pierre Pernet. Marius Pernet. Laurent Cressi. Milon. Antoine Simon. Pierre Dallem. Gauthier. Paul Zaegger. Ch. Martin. Chantoizeau. N. Giraud. Eugène Meunier. Alfred Meunier. Antoine Tiscornia. Emile Gauthier. Bellanger. Merten. Siegler. Sivari. Josué. Fillau. H. Pigot. Bonneaud. Binet. Dupont. Dubois. Pernet. Barrat. Lassalas. Longinotti. Fayard. E. Chesneau. Pivoteau. Pigy. Jouan. Schranck. Thévenin. H. Cler, gérant du *Pot-à-Colle*. A. Denéchère, gérant des *Temps nouveaux*. Jean Valjean. Mlle Cécile Gruber. MM. Henry Zisly. Jarry. Hilby, de Kaysenberg. Eugène Leroux. Maurice Bloch. Arthur Haenel. David Kling. F. Roulin.

MM. Philippe Weill, 28, rue de la Victoire. Max Neuhafer, 156, Aldersgate London E. C. Henri Deloche, 65, faubourg Saint-Denis. A. Poirson, 65, rue Violet, Grenelle. Jean Libert, 189, faubourg Poissonnière. Pierre Terminaux, 4, rue Belidor. V. Lyons, 6, rue de Port-Mahon. Albert Frézier, 20, rue des Petites-Ecuries. Marcel Goldschmidt, 38, rue de Belleville. A. Croizet, 28, rue de la Victoire. P. Sander, 77, rue Saint-Lazare. Mme Hirsch, 4, rue Robert-Estienne. Mmes Terminaux, 4, rue Belidor. Bardin, 4, rue Belidor. MM. Frédéric Bardin, 4, rue Belidor. L.-G. Herpin, 63, rue du Bois-Gaimier, parc Saint-Maur. Henri Weill, 66, boulevard Rochechouart. Eugène Sigoillot, 29, rue Ordener. Autirend, 5, rue Riquet. J. Luidheim, New-York (U. S. A. H.). Sinauer, New-York (U. S. A.). Delachaux, 20, rue Durantin. Alfred Hamelin, 35, avenue d'Argenteuil, Asnières. Désiré Romanet, 3, rue des Petits-Hôtels. Raymond Pinel, 33, rue d'Amsterdam. Georges Herpin, 164, Wardour-Street, Londres W. F. Pissaro, 96, avenue de Villiers. Emile Dupuy, 178, faubourg Saint-Denis. E. Schweitzer, 11, rue Brey. E. Koessler, 14, rue Lantonnet. Neithardt, 331, rue Saint-Martin.

MM. Eugène Neveu, typographe, 10, rue Morand. Philippe Leroy, typographe, 3, impasse du Mont-Tonnerre.

S. Alkan. Eugène Mayer et René Mayer, étudiants, 32, boulevard Richard Lenoir. Baer-Bernard, fabricant de toiles, à Lille. Mlle E. Duvernoy, 34, boulevard Haussmann. MM. A. Herlu, typographe. L. Heiligmann, conducteur typographe, 31, rue Vandamme. A. Consolir, 18, rue des Fourneaux. Auguste Bronner, typographe, 16, rue Bourgeois. Eugène Lemaire. Mme Ernestine Lemaire. MM. Renaud. Rossi. Armand Floréal. C. Klary. André Lévy. Aug. Nicolleau, aéronaute. Sylvain Cauvin. E. Dubas, architecte-vérificateur. E. Vignel. G. André, architecte-vérificateur, 13, boulevard Pasteur. Sauley, peintre. Th. Gaussen, bijoutier, boulevard Pasteur. V. Hony, distillateur, 206, rue de Vaugirard. P. Marsal, employé de commerce, 175, boulevard Voltaire. A. Jarre, marchand de vins, 32, rue Lecourbe. Moussaint. Charles Benoît, graveur. A. Patin, à Rouen. Docteur Louis Byasson. Guéret. Ch. Coueti, à Rouen. Emile Fontaine, 181, rue Saint-Honoré. Docteur Florand, médecin des hôpitaux. M. Mantel, à Rouen. A. Delahaye, à Rouen. Plumet, architecte, 1, place Boïeldieu. Georges Cerf, négociant, 103, rue d'Aboukir. Joseph Weill. Ferdinand Weill, élève à l'Ecole des hautes études commerciales. Léon Daubron, 8, boulevard Sébastopol. Mme M. Bernard et ses filles. MM. Jamet, 39, rue de Clignancourt. Fernand Foulet, comptable, à Levallois. J. Ahronsohn, 44, rue des Mathurins. J. Astruc, 3, rue Thimonnier. A. Legrand, 12, place d'Anvers. P. Blanc, 184, faubourg Saint-Denis. A. Hirsch, Cycles select, 25, boulevard Saint-Martin.

MM. Maurice Champagne, artiste dramatique. E. Martin, mécanicien. Gaston Lévy, 44, rue Etienne-Marcel. A. Wertienmer, 150, rue du Temple. A. Meyer, 38 *bis*, avenue de la République. P. Perles, 50, rue Etienne-Marcel. Lévy, 18, rue Portefoin. J. Fraut, 7, rue Pasteur. G. Lévy, 17, rue Turbigo. Blum, 18, rue Portefoin. Lucien Lipmann, 16, rue Portefoin. Lévy Nathan, 2, Marché Sainte-Catherine. Person, 28, rue de Sèvres. L. Geantet, 3, rue Maurice. Mayer. Gaiddoy. Camille Stahl de Valroff, étudiant, à Troyes. A. Miguet, négociant, 53, rue des Plantes. Georges Denizet, étudiant en pharmacie à Troyes. A. Jacob, 95, rue des Boulets. A. Jaconet. Ch. Lenormant, internes des hôpitaux. Régis Duchesne. Mme Irma Perrot, artiste lyrique. MM. Ch. David, orfèvre, 64, rue Réaumur. Adolphe Déléarde. Alfred Déléarde. Georges Dubois. Henri Brum. Emile Deléarde. A. Cornet-Auquier, pasteur. Mme Cornet-Auquier, 15, rue Carnot, Chalon-sur-Saône. M. L. Beley, professeur. Mme Beley, 15, rue Carnot, Chalon-sur-Saône. Mme et Mlle Marly, 6, passage des Amandiers. M. Jourdain. Mme Jourdain, 24, rue Paul-Bert. MM. J. Bloch. Jaquesne. F. Link, R. Ptark, Th. Klein. Sylvain Meyer. Ed. Lévy. Mme Hug. MM. Marcus. E. Marcus. Mlle Alice Adlon, employée de commerce. G. Jones. Dusfaut, à Fontainebleau (Seine-et-Marne.) MM. Botoseneanu. J. Weissberg, étudiants. Henri Lefort, graveur. Henri Jury, correcteur typographe, 103, rue de Vaugirard. Edouard Mathieu, conducteur typographe, 35, rue de la Caîté. Louis Bourry, typographe, 39, avenue Duquesne. Victor Heureux, 146, rue Montmartre.

MM. L. Brunet. Méténier-Duborie. Harri Méténier. Deleschaux, 110, rue Carnot, à Stains (Seine). Vigouroux, 28, avenue de la République, à Rosny-sous-Bois. A. Charpentier, rue Liancourt, 26. Doucet, 11, passage de la Ferme-Saint-Lazare. Pierre Duhamel, 1, rue Bourbon-le-Château. Louis Lesguillier, 27, rue de la Lune. Ch. Chepenier, 176, faubourg Saint-Denis. Edouard Lesguillier, 2, rue Stephenson. F. Neveux, 5, rue de Taïti. G. Declerck, 18, rue Schomer. E. Loret, 6, rue de Paradis. L. Arnault, 334, rue de Vaugirard. Moitz, 11, rue de l'Aude. Vitz, 9, rue des Récollets. V. Soignot, boulevard Barbès, 12. A. Lebey, 18, rue Bourgeois. E. Benoît, décorateur. Biagion, artiste peintre. Aimé Legrain. Chapuis, artistes peintres. Cloret, restaurateur. Mme Thérèse Staedele, 18, rue des Maronniers. M., Mme et Mlle Rain, 14, rue Rambuteau. MM. G. Terrien fils. Georges Claude, étudiant.

Darbon, agrégé de philosophie. Emile Daumont, graveur lithographe. Mᵐᵉ Cécile Daumont, graveur lithographe, à Melun (Seine-et-Marne). M. Amédée Clémandot, 39, rue Monge. Mᵐᵉ veuve Dufaut, 8, rue Baillou. Claire Dufaut, 8, rue Baillou. M. Achille Bloch. Mᵐᵉ Achille Bloch. M. Alexandre Bloch, Mᵐᵉ Alexandre Bloch, négociants, 27, rue du Grand-Prieuré. M. Jules Bloch, Mᵐᵉ Jules Bloch, négociants, 26, avenue de la République, Paris. Maurice Ettinger, avenue Parmentier, 88. Jean Savignat, homme de lettres. Mᵐᵉ Jean Savignat, 80, faubourg Poissonnière. M. Simon Franck, Mᵐᵉ Simon Franck, 34, boulevard du Temple. M. Raoul Champagne, licencié en droit.

M. H. Faure de Bouillanne. Mᵐᵉ Fiolet. MM. Ch. Streicher. Alfred Fiolet. J. Lavy. Conrad. Beaufort. Becker. Silandre. Salace. Henri Delsarse. L. Siéger. Vivier. Meunier. J. Labet. Gillet. Ziégler. L. Rousseau. Victor Jacops. Louis Marché. Jacques Wormser, étudiant. Auguste Coucogne. Jules Marchal. A. Villard. Gustave Serres. Henry Winter. Georges Rémon. Khan. Paul Roux, étudiant en droit, licencié en droit. Metzger, élève diplômé de l'Ecole des Chartes. L. Bloch. Maurice Samuel. A.-G. Weil. Albert Meynier, ingénieur, à Fécamp. Mᵐᵉ Meynier. MM. Alphonse Chibrac. Marcel Augé, avocat à la Cour d'appel. Vanskrausen, négociant à Bruxelles. G. Cariol, peintre. Fernand Bellier. Henri Marchand, professeur au lycée, à Sens. Mᵐᵉ Henri Marchand. MM. G. Lemonier, professeur. Rousset, sculpteur. Pécheux, sculpteur. Andrieu. Langlois. Edmond Veron. Alphonse Romaire. Charles Knosp. Georges Marcellin. A. Gouverneur. Rouland. Emile Tixien. C. Hein. Béran, rue Beauveau, Marseille. Mᵐᵉ veuve Colliette. MM. Paul Colliette. Alfred Pélan. Paul Dufaut. Mᵐᵉ Léonie Neumann. Hélène Neumann, à Nice. MM. E. Cabouret. J. Edward. Adrien Oger. Frat. Mantelet. Guy Besso. Docteur G. Laffon ancien conseiller général de la Seine. A. Besson. L. Courtade, publiciste. J.-D. Mossery, ingénieur électricien. H. Basevitz, ingénieur des arts et manufactures. Ch. Michel, 138, boulevard Magenta. A. Keppich. G. Mossery, étudiant en médecine. René Coëgla, d'Antin, publiciste. P. Chane, élève du l'Ecole du Louvre. P. Gaulard, graveur. Etienne Viger, homme de lettres. Gustave Salé, étudiant en droit. H. Duroiselle. Robert Proust, interne des hôpitaux. R. Dunois. Yves Loris. Albert et René Husson. Hernetto, étudiant ès sciences. Jean Laurty. Loval Adamis. Armand Louzon. Pierre de Divert. Georges Despeau. Jules Tissier.

MM. O. Berthaut. A. Rioult. Albert Emmer. Blanche Octavie. Allard. P. Dufas. G. Furtard. Ad. Stoll. Lannegrand. E. Joseph. G. Foldvier. Fremont. Voizin de la Forge. Syvain Cahen. Alphonse Cahen. R. Mayer. Muissonnier. F. Taheur Sylvain Dreyfus. Sylvain Wessheimer. G. Créange. Mᵐᵉ Créange. M. Albert Novillon, Mᵐᵉ Louise et Valentine Mourgue. MM. Ch. Beussuge. Joseph Bonnard, tourneur. François Bonnard. Tony Bonnard. Mᵐᵉ François Bonnard, de Lyon. M. et Mᵐᵉ Schlernitzauer. Mᵐᵉ Anna Schlernitzauer, de Lyon. MM. Louis Larrivé, voyageur de commerce, à Lyon. Véron. Mᵐᵉ Véron. E. Véron. Monod. Bernhart. M. Jules Goldstein. Mᵐᵉ A. Goldstein. M. et Mᵐᵉ Nettre. MM. Dumas-Damon, à Clermont-Ferrand. Deval, instituteur. Mᵐᵉ Edmée Guébin, professeur. MM. Marius Ferras. Samuel Perret. Max Lefièvre. Mᵐᵉ Lefièvre. MM. Pierre Pons, étudiant en droit. Emile Gras. Louis Sipière, médecin-vétérinaire. Ch. Noizet père. M. et Mᵐᵉ Luzate. MM. E. Clinchant, à Boulogne-sur-Seine. Marcel Collière. S. Bloch. Benjamin Bloch. Louis Gouyer, rédacteur en chef du *Monde Lyonnais*. Edouard Lecarreaux. Mᵐᵉ Hélène Lecarreaux. François Lecarreaux. MM. André Girard, rédacteur au *Temps nouveaux*. Emile Vincent. Eugène Vincent. Maurice Max. Schmidt, de Mulhouse.

M. D.-E. Cerisier. Mᵐᵉ R.-H. Cerisier, Mᵐᵉ E. Meyer. MM. D. Viala, à la Grand'Combe (Gard). Pierre Jaffier, Mᵐᵉ Anna Jaffier. MM. S. Furet, ingénieur. Dons, peintre. Chape, peintre. Mᵐᵉ Dons. Mᵐᵉ Dons. Mᵐᵉ Chapé. MM. Jules

Janin, peintre. Chéry Dumez. Alexandre Lecocq, peintre. R. Kahn. Bourgeois, brasseur. Charles Provence, à Saint-Omer. Jules Ratel, à Saint-Omer. Emile Batardy, industriel. R. Dupont, agriculteur. Adolphe Hirsch, étudiant en droit. Daniel Maze, homme de lettres. E. Parent. Mᵐᵉ Racine Braud. MM. Marcel Dainnole, secrétaire de la rédaction de l'*Avril*. Charles Blaise. J. Pasnon. Henri Quoy, dessinateur. F. Justinien, ingénieur. A. Beloïl. Marquer et Castian, à Valenciennes. P. Taquet. V. Taquet. U. Taquet, à Valenciennes. Philippe Marcé. Alfred Bloch. S. Elias. Marienval.

MM. Mahé, 21, rue Saint-Placide. André Robinet étudiant en médecine. Mᵐᵉ L. Devy. J. Jeannot. Pauline Jollet. MM. Maurice Henry, avocat. H. Schwayder. A. Hirsch. S. Shurr. E. Peim. M. Poliatxheck. Edouard Levy. S. Melamet. D. Schilman. M. Eisenbeth. B. Baumgarten. H. Martin. Mᵐᵉ A. Martin.

MM. A. Coutard. Léonce Selves. Gaétan Braca. Hubert Herrig. René Guénaux. Georges Maquet. Aimé Vincent. Francis Madeleine. Harry Thompson. Alexandre Courcier dessinateurs. B. Guénaux. J. Amoureux. Joseph Rittig. A. Terrien. Ch. Machoir. Mᵐᵉ Bertha Formstecher. MM. Edmond Dennery, 15, rue du Commerce. Edouard Quercy, typographe. Auguste Lévy. Lafinte, typographe. Ch. Raynaud, correcteur. Verneuil. Denis Thibert, typographes. Georges Tireau. Léon Laratty. A. Lerouger. Cleton. Maillot. A. Girard. Eichert. Antonin T'sas. Goultenoire. Emile Nottin.

MM. Gauchet. Rosenfeld. Louis Laporte. M. et Mᵐᵉ Ch. Grosse, employés de commerce. MM. Charles, Maurice et Léon Schulmann. Armand Bast. Philippe Buloz, publiciste. J. Bloch. Jean Bouché, lithographe et Lebrun, graveur, à La Varenne-Saint-Hilaire. Elie Bergerol. André Horviller. Henri Horviller. Marcel Horviller. Mangin. Mᵐᵉ Durignan. M. P. Forest. M. et Mᵐᵉ Lucien Martin-Catry. MM. Paul Sroubart. Rouyer. Mᵐᵉ Dinach Berthel. MM. G. Abelès. Robert d'Esparbès. M. et Mᵐᵉ Ernest Lazare-Meyer. MM. Albert Kohler, pasteur de l'Eglise réformée. Louis Sauvage. Emile Viala, docteur en médecine. G. Digne, étudiant ès sciences. Etienne Buisson. Fréd. Walbaum, 28, rue Gay-Lussac. Ch. Lemonnier. Aug. Liard. Auguste Angammare. C. Vasseur.

MM. J. Plasse. Jules Plasse, électricien. Colin. Max Scheimberg. M. Mayen. Ernest Billet. Mᵐᵉ Flore Billet. MM. Salomon Billet. Dutech. Mᵐᵉ Césarine. MM. Bloch. H. Astruc. E. Weil, publiciste. Albert Leblanc. Loeffel, de Mulhouse. G. Joseph, négociant. Ed. Bloch. A. Bressangis, voyageur de commerce. A. Dugendre, horloger. Gerin. Charles Olivier. Lucien Christophe, comptable. Georges Thyss. Mᵐᵉ Gilbert. MM. Pierre Sibut. Legendre. Bellot. Brochet. Lazare Bloch, à Lille. Louis Alquier, à Bordeaux. J. Bernard, professeur à l'Université de Bruxelles. Albert Morane. Richard Bargues, à Bordeaux.

MM. G. Robert. Alexis Besson. Paul Guilhot. Anicet Méchinet. Léon Naval. Auguste Richard. Louis Richard. Joseph Latour, à Saint-Georges-de-Didonne. Aubin, agrégé de l'Université. Evariste Guyot, officier du commissariat colonial. L.-A. Price, à Bordeaux. Cazade, comptable. E.-Cornélius Price, homme de lettres, à Bordeaux. Joanny Golissard, de Tarascon. L. Houet fils, au Mans. Edouard Gaechner, licencié ès lettres, Nancy. S. Million, publiciste. Pessoz, typo. Guncher, typo. A. Charbonnel, typo. Lucard, chef d'atelier, à Lyon. Edouard Chambrier, à Die. Etienne Causse, pasteur. Louis Lévy, à Dijon. P. Verrier, professeur au lycée de Grenoble. Isidore Bonskwitch. Stéphane Bécour, libraire à Lille. Guillaume Camissié, ingénieur à Lille. P. Van Tieghem, professeur au lycée de Chartres. Mᵐᵉ P. Van Tieghem, licenciée ès sciences. MM. René Lemesle, étudiant en médecine. L. Trablit, à Caudry. A. Girard. J. Girard. Constant Hendrickx. J. Pluvette. Mᵐᵉ Pluvette. MM. Léon Bailleux. G. Berthier, à Orléans. Richard Troller, à Roubaix. A. Deriex. P. Girard. J. Fabre, employés à la mairie de Bordeaux.

Bézanger. Decréey. L. Perron. Payen. A. Febrait. Prompt. Grammont. Maire. Darbot. Alexandre. Hammacher. Degris. Delure. Hassler. Thierry. Marchand. Jacquin.

MM. F. Houssemaine. A. Demerson, 7, boulevard de la République Marius Duclot, ancien notaire, et Mᵐᵉ Duclot, à Bordeaux. MM. L.-B. Sarrante, de Bordeaux. Léopold Chanel, publiciste. F. Guyot, à Croix, près Roubaix. Alexandre Wormser. Georges Wernert, publiciste. Ad. Michel, employé. N. Berr, Boulogne-sur-Mer. A. Berr, 38, boulevard du Prince-Albert, Boulogne-sur-Mer. Mᵐᵉ N. Berr. MM. Jean Bonsens. H. Cler, directeur du *Courrier de la Creuse*. Louis Hirsch. Mᵐᵉ Gilardeni. MM. Lamoninari. Adrien, petit employé. B. Zanaron, en protestation. Le docteur G. Herlemant, à Caudry (Nord). Jacques Steinhard, étudiant en médecine, 33, rue des Écoles. Louis Boneau. Charles Joly, négociant.

M. Aussage, 8, rue Larivière-Goullon. M. et Mᵐᵉ G. Diacre, 5, rue Coq-Héron. MM. Paul Louis. Maurice Roger, 3, rue Casimir-Delavigne. Mᵐᵉ Ferrand. MM. R. Ferrand, du C. R. C. Baba Marx, 5, rue Tiquetonne. Eugène Carpentier fils. Maurice Lévy, imprimeur. Mᵐᵉ Émilie Lévy, sage-femme, à Malakoff. M. G. Pouillard, représentant de commerce. Mᵐᵉ G. Pouillard. MM. Méchin, ouvrier. Marcel Caen, étudiant. Mᵐᵉ Colette Caen. MM. Édouard Lévy, docteur. Victor Paraf. Mᵐᵉ veuve Guiraud, à Ruffec. MM. Alf. Hamonet. D. Salavert, à Pessac-sur-Dordogne. Jean Marché, à Saint-Surin-de-Prats. Armand Durupt, artiste peintre, au Val d'Ajol. Fernand Cathelin, horloger. L.-J. Martin, instituteur. Plégelatte. Edgard et Henri Hertz, étudiants.

MM. Charles Demigneux, 148, avenue Daumesnil. E. Garnier. P. Serville. Louis Sansor. Mathay. Cambeaux. R. Lemaire. Émile Schiltz. Jules Bouffet. Charles Doulé. Leroy. F. Carré. Miquel. Charbuy. L. Lhoste. E. Rimbert. E. Girardin, groupe d'études sociologiques. Papillon. Léon Caraguac, électricien. G. Garnier, dessinateur-mécanicien. Édouard Bernaille, typographe. Georges Boileau, typographe. Eugène Grob, sculpteur sur bois. Albert de Broglie, courtier en vins. Letourneur, 87, boulevard de Picpus. Maurice Malicet, 99, boulevard Diderot. Georges Hoeck, 8, rue Turbigo. E. Chiray, 22, rue de Wattignies. Marrast, 44, rue du Chemin-Vert. G. Hébert, 49, avenue Philippe-Auguste. Émile Bourniquel, 10, rue Voltaire. J.-A. Meyer, 10, rue des Haies. Louis Resclas, 101, rue de Montreuil. J. Landoin, 60, avenue Philippe-Auguste. Chétivet, ruelle de la Cité, à Montreuil. A. Just, 5, rue Voltaire. Nurton, passage Montgalet. Kornberger, rue d'Avron. Groutel, 52, boulevard de Charonne. A. Reby, 47 *bis*, rue de la Folie-Regnault. A. Groutel, 1, place des Grés. Alexandre Maré, 18, rue Voltaire. Darliat, impasse de l'Ile-de-France. E. Demange, boulevard de Picpus. Tixier, 5, rue des Boulets. Muller, 52, boulevard de Charonne. Noyelle. Mᵐᵉ Bourdon. M. A. Bernier. Mᵐᵉ Jeanne Marcya, de la Renaissance. Louise France, artiste dramatique. MM. Gangnat, avocat à la Cour. Goublet, ancien professeur à l'Institut. Audy, professeur libre. Halpershonn, employé. Zay, employé. Crouzet, 8, rue Roy. Louis Boichot, coupeur-tailleur, 70, rue Montmartre. M. Grollier, artiste peintre, 32, rue Vaugirard. R. de Kernadec, homme de lettres. Gerbault, 9, rue de Montreuil, à Vincennes. Émile Pelletier. Legaigneux. G. Carcassonne. Mᵐᵉ Mathilde Carcassonne, 58, rue Tiquetonne. M. R. Gréterin. Mᵐᵉ Le Breton, téléphoniste. MM. G. Le Breton, employé. Em. Boggio, peintre, 2, rue Aumont. Thiéville.

MM. Laplacette, instituteur, à Navarraux (Basses-Pyrénées). Albert Simon, Angèle Simon et leur fils. L. Potier, 7, rue Antoine-Vramant, Paris. Giraud, commerçant, 8, quai Lamblardier, au Havre. V. Lemoucheux. H. Geoffroy, dessinateur, à Châlons-sur-Marne. André Blosh, homme de lettres. E. Guerreau, 2, rue de l'Entrepôt, à Berck-Plage. P. et H. Caron, à Berck-Plage. Mᵐᵉ Marie-Louise Chalet, rue Jeanne. Courtois. Armand Michel, 20, rue Béranger. G. Géron, 16, rue d'Enghien. Raoul Heeger.

15, rue de l'Aqueduc. Le président de la Ligue syndicale des travailleurs rouennais. L. Andrès.

M. C. Prével, 34, rue de la Solidarité, à Montreuil-sous-Bois. Mᵐᵉ Prével-Cassard. M. René Prével fils. Mᵐᵉ veuve Cassard. MM. Ludovic de Poumeyrol, chimiste, 19, rue Daubenton. Edmond Méot, dessinateur-lithographe, 148, boulevard Voltaire. Griffouly, artiste peintre, 4, rue Miromesnil. Georges Desbordiers, à Alfortville. Edmond Normand, artiste lithographe, 10, rue de Marseille. Gaston Delarue, 21, rue Saint-Ambroise. Bordeso, lithographe, 16, rue Folie-Méricourt. H. Delorme, 4, rue Folie-Méricourt. Ch. Misty, artiste sculpteur, 10, rue de la Roquette. Paul Grignon, 14, rue Sancier-Leroy. René Benoît, employé, 44, rue de la Procession, à Bois-Colombes. M. Roux. Clément, 77, rue Riquet, Paris. Mᵐᵉ Clément. Mˡˡᵉ Alice Roux. M. Ch. Gondouin, 28, rue Guillaume-Tell. Mᵐᵉ Jaclard. MM. Després. Jules Lévy. Albert Banault, 5, rue Saint-Denis. Mˡˡᵉˢ Marie et Gabrielle Weill. MM. Jules Oury, 56, avenue de la République. Amédée Laval, 80, rue du Temple. Henri Yltis, 46, rue Pierre-Charron. Yvon, employé. H. Joubert, modeleur, rue Bichat. Marcel Renaud, à Asnières. C. Burdin, 83, rue Crozatier. Victor Bloch, 6, rue Perleruet. Son épouse, Jane Bloch. Paul Dion, sculpteur, 5, rue Yvon-Villarceau, à Passy. Ch. Lamirat, sculpteur, 13 *bis*, rue de Silly, à Boulogne-sur-Seine. E. Allain, 1, sente des Guérets, à Boulogne-sur-Seine. Gissinger, 26, avenue Victor-Hugo. Daspailler, monteur en bronze, 63, rue Fessart, à Boulogne-sur-Seine. Legrand, serrurier, 1, sente des Guérets, à Boulogne-sur-Seine. Chevallier, monteur en bronze, 1, sente des Guérets. A. Richay, tourneur en cuivre, 80, rue de Montreuil. Jungmann. Ch. Salin, 44, rue Fessart, à Boulogne-sur-Seine. Artault, monteur en bronze, 8, rue Fessart, à Boulogne-sur-Seine. H. Jungmann-Crénanier, 63, rue Fessart, à Boulogne-sur-Seine.

MM. Georges Chamoin. Plant, tourneur, 3, sente des Guérets, à Boulogne-sur-Seine. Anglade, ajusteur, 85, boulevard de Port-Royal. L. Antoine, à Romilly-sur-Seine. G. Vinot. Em. Foucault, comptable, 21, rue Delambre. C. Eyssautier, 63, rue de Chabrol. Savary, 18, rue Crozatier. Mᵐᵉ Cazeaux, 63, avenue Ledru-Rollin. MM. H. Varnet. Eugène Klein, 116, rue Amelot. A. Bernard, 42, rue Richer. Arthur Bernard. Cécile Cassot, romancier. Mᵐᵉ Gâger. MM. Groslard, voyageur, 85, rue de Clichy. E. Jaiso. Oppenheimer. Tony Tavo, 16, rue Ravignan. Jules Tiercelin et Georges Vignes, étudiants en médecine. Guillemin, étudiant ès sciences.

MM. Alexandra, 32, rue Stephenson. Henri Alexandra, à Brévannes. Daniel Wormser, 13, rue Vivienne. Maurice Bloch, externe des hôpitaux. Boulet, 63, rue des Carbonnets, à Bois-Colombes. A. Lévy, employé. G. Lévy. A. Vallet, 69, rue Blanche. Ch. Beaume, 30 *bis*, rue Sorbier. Daniel Ventre, 10, passage Violet. F. Lévy. Mˡˡᵉ L. Ennery. Mᵐᵉ A. Lévy. MM. L. Boitard, 90, rue Philippe-de-Girard. Adrien Jonas, 90, rue d'Hauteville. G. Pissaro, licencié ès sciences, 23, rue Viéte. C. Hadamard, 145, avenue Wagram. Mˡˡᵉ Jeanne Schwob, 23, place de l'Hôtel-de-Ville, au Havre. Mᵐᵉ Amélie Biscoppez, 81, avenue Wagram. MM. L. Kahn, 3, rue Bleue. J. Worms, ingénieur, 9, rue Legendre. A. Savary, emballeur, 41, rue des Envierges. J. Worms, négociant, 9, rue Legendre. P. Couba, représentant de fabriques, 183, rue Saint-Maur. A. Jolly, propriétaire, 52, rue de Belleville. P. Koneck. Ernest Goutchot et son fils René, 51, avenue de la République. F. Barbanchon, étudiant.

MM. Manourier. Balucher. Prosper Lévy. Amidieu. Villain. Richard. Vallée. Peiffer. Gargara. Peiffer fils. Verrier. J. Marlot. J. Muller. Fardet. A. Clément. Aug. Piquet. A. Gondouin. Victor Klein. Thomas Anquet. Didelon. Henry. Virginie. Collot. Ch. Vallée. Ch. Périer. E. Golorbe. Eugène Simon. Alphonse Kohler. L. Sautet, comptable. Paul Etlin. Philippe Etlin. Adolphe Mausire. Julien Durieu, à Lillebonne. Charles Maquignon. A. Mansard, à Rouen. L. Dufour, ancien conseiller municipal de

Tours. Charles Hott, homme de lettres. Léopold Braunschwig, voyageur. Charles Schnepp, tourneur. Senay, tourneur. Armand, tourneur. Debeire, ajusteur. Chassang, mécanicien. Perrin, mécanicien. Ch. Né, chaudronnier. Le Brun, chaudronnier. Bressy, rue Biron. Thiébault, tourneur. Jean Schnepp, mécanicien. Mme Delphine Schnepp. M. et Mme G. Deberdt, de Saint-Pol-de-Léon. MM. Edgard et Henri Hirtz, étudiants. Emile Gallé. Mme Emile Gallé. MM. André Cresson, agrégé de l'Université. Philippe Lascombe, représentant de commerce. D. Parisel, artiste dramatique, à Niort. Ch. Duvent, artiste peintre. P. Dubois. P. Bourgeois. E. Delair. Gaston Mutel. Roger Pons. M. de Lécluse, étudiant. Michel d'Alsnitz, licencié ès sciences. Maurice Petit. Jacques Delage. Henri Vaugeon. Paul Boissier. G. Benoît. A. Temsit, 40, faubourg Saint-Martin. H. Reh, garçon de recettes. Mme As. Rey. MM. Paul Hallais et Victor Lucquin, répétiteurs au collège de Coulommiers. Docteur H. Denouber. Saint-Leu-d'Esserent. Munnier, peintre en décors. G. Munnier, peintre en décors. E. Venot, peintre en décors. R. Munnier, potache. A. Prochasson, étudiant. P. Periquet, mécanicien. Mme Munnier. MM. Auguste Collet. Ambroise Huguenin. M. et Mme Alexandre Vanel. M. et Mme Schreyer. Mlle Babel. MM. Charles Robart. Théophile Weil, directeur d'usine. Saint-Cyn. Charles Perrot, étudiant en médecine. Charles Labadie, étudiant en droit. F. Charron, ingénieur. Henri Beraut, à Troyes. Mme Maxime Alexandre. Mlles Gabrielle Alexandre, Suzanne Alexandre, Germaine Alexandre.

MM. Ch. Malichenski, ingénieur, 7, avenue Friedland. A. Hinard, 118, Grande-Rue, à Champigny. Mme Wanda-Malichenski, 7, avenue Friedland. MM. Marcel Lévy, étudiant. A. Lechevallier, mécanicien, 22, rue Escudier, à Boulogne-sur-Seine. A. Claeger, 50, rue Gambetta, à Boulogne. Ducornet, nickeleur, 63, rue Fessart, à Boulogne-sur-Seine. Picard, horloger, 178, boulevard Pereire. Aug. Barba, 63, rue Fessart, à Boulogne. Béchard, 82, rue Parmentier, à Montreuil. Georges Lévy, étudiant. H. Carruchel, peintre. Mme Jeanne-Henri Carruchel, professeur de lettres à l'Ecole normale d'Evreux. M. Edmond Lehmann, métallurgiste, 21, rue d'Hauteville.

Les élèves artistes peintres soussignés de l'atelier Colarossi : MM. Ch. Bauthian. Maurice Dessertenne. Henri Hourta. Edmond de Stabrowski. Constantin Somof. E. Rigaud. E. Gibier. H. Cayla. Alexis Boudrot. Artique. J. Barmau. P. Tranchant. Ériste Norsélius. Eugène Bloch. Mme Ida Bloch. M. Pierre Bloch.

MM. Bézanger. Decrécy. L. Perrin. Payen. Febvay. Fury-Girard. Maire. Benoît. Prompt. Grammont. Barbot. Alexandre. Hammacher. Degris. Debure. Hassler. Thierry Marchand. Jacquin. Mancarier. Bahulu. Roulier. Amidieu. Villain. Richard. Vallée. Peiffer. Peiffer fils. Gargaro. Perrier. Marlot. Muller. Fardet. Clément. Piquet. Gondoin. V. Klein. Auguste Thomas. Henry Didelon. Vigerie. Collot. Charles Stirer. Gotorbe. Eugène Simon. Alphonse Kohler, ouvriers bonnetiers. Vallée, contre-maître. L. Sautet, à Troyes. Citoyen P. Prud'homme, étudiant en droit. F. Rose, externe des hôpitaux.

MM. Campiel, ingénieur, 95, rue Michel-Bizot. Eug. Lecourt, dessinateur. Jules Bonastre, chef d'atelier. Ch. Virmaud, dessinateur. Alfred Gautier, dessinateur. Aug. Lavallée. Henri Guibaut. Edmond Lavallée. Duchier. Dubost. Balança. Veniez. Andrieu. Murer. Charles Brachmann. Grivaut. P. Bost. Bost fils.

MM. A. Boullière. Salomon Klein. A. Illeh. Adrien Parisot, à Ivry. F. Bigot. Mme C. Bigot. MM. Lhomond, 186, faubourg Saint-Denis. Perrier, 27, rue Stéphenson. Ernest Dumolard. Myriam. Maurice Kapferer, à Hambourg. Bourvens. Emile Brès, pasteur, à Dieulefit. Henri Carpentier. Louis Garnier, à Bordeaux. Thomas Foucard, représentant de commerce, à Marseille. Lucien Wahl. M. et Mme Masse. Mme et Mlles Lambert. MM. Jos. André. H. Bayle, conseiller d'arrondissement à Marseille. Docteur Morucci.

à Marseille. Auguste Hugues, à Servian. J.-B. Avenal, à Nimes. H. Bureau, étudiant en sciences. E. Grillat. Mme Churin, à Lyon. A. Moulin. Levitre. MM. A. Oelnitz, docteur en médecine. J. Delahaye. Jean Trèves et Ferdinand Barby, élèves au collège Chaptal. Charles Taurelle, coiffeur, à Marseille. Victor Marec, peintre. Raymond Lehmann.

MM. Adrian, 45, rue des Voies-du-Bois, Colombes. Ch. Sidenier, 45, rue des Voies-du-Bois, Colombes. L. Guillois, 16, place de la Liberté, La Garenne-Colombes. A. Tétard, boulevard du Havre, La Garenne-Charlebourg. V. Cudray, route du Havre, La Garenne-Charlebourg. V. Lebart, 45, rue des Voies-du-Bois, Colombes. Adalprey, 23, rue de Sartoris, La Garenne-Colombes. Ch. Habaüer, passage des Innocents, Argenteuil. F. Lecoq, 81, rue de Sartoris, La Garenne-Colombes. F. Vially, 28, rue Kléber, La Garenne-Charlebourg, tous corroyeurs. Ferdinand Ortet, fondeur-typographe, 54, rue Godefroy-Cavaignac. Henri Simon, ébéniste, 113, rue du Faubourg-Saint-Antoine. Ferdinand Connet, caneleur, 17, rue Keller. Ed. Schæfer. Mme Lucile Schæfer. M. Charles Philippe, 67, avenue Parmentier.

Mme M. Henri, à Brunoy. MM. Henri Bloch. Alfred Cahen, 150, avenue Parmentier. Auguste Lazare, Paulet, artiste lyrique. Mme Alfred Cahen-Fortier, 150, avenue Parmentier. MM. Paul Lucas. Bertaux, ouvrier tailleur. E. Bouchel. Navraux. Ros-Simon, 11, rue Sedaine. L. Robert, 16, rue Saint-Martin. L. Lucas, 66, faubourg du Temple. Ch. Fidrit, lithographe. Mme Ch. Fidrit. M. A. Fidrit, 228, boulevard de la Villette.

MM. Pierre Dabrins, Bordeaux. A. Morvan, 72, rue Rochechouart. Mmes Neley Alexandre, veuve S. Alexandre, veuve A. Alexandre. Léontine Beaulouchez. MM. G. Maris, employé, 42, rue Duphot. Gustave Chaillou. Louis Foulon. Léon Trébuchet, employé. Sevestre. Poydras. R. Chereau. Edouard Latil, fabricant-tanneur, Toulon. Mme Mathilde Labbey, 203, faubourg Saint-Denis. M. Albert Royen, Bordeaux. Mme Le Komar. MM. Fernand Bergeot, homme de lettres, 27, rue Saint-Patrice, Rouen. Henri Dumas, 125, boulevard Victor-Hugo, à Clichy.

MM. Cervain, 7, rue des Réservoirs, Clichy. A. Duplan, 3, rue de l'Ancienne-Mairie, Clichy. Chabillan, rue Marte, 25, Clichy. Mme A. Lenormand, Clichy. MM. François Leroy, 55, boulevard National, Clichy. A.-M. Fourmondi, Asnières. A. Cahen.

MM. Edmond Béziat. H. Daumas. E. Molinas. Granjean. P. Montagne. Villaret. E. Foëx. de Robert. E. Martin. Estève. E. Cros. J. Fabre. L. Guilhot. Chalumeau. Kerbaili, étudiants, à Montpellier (Ecole d'agriculture). Pour le groupe socialiste d'Aigues-Mortes et par ordre, le secrétaire Valette : J. L. Reybaud, rédacteur en chef du journal *la Culotte*, de Marseille. Crubellier, administrateur. Auguste Launy, secrétaire de la rédaction. Marius Rebon. Jules Bosmiau, rédacteurs.

Un groupe d'Arcueil-Cachan : MM. J. Planet. Dulmo. Vaucanson. Malaurent. Poënsin. Barthelemy, conseillers municipaux socialistes. Lange, employé. Mehel, employé. Paysan. Tricoche. Terre. J. Poumeyssous. Back. Thoumé. Sevient. Dieu. Audoirs. Studmith. Ricoult. Tarrière. Faut. Chassaing. Remin. Minet. Belbonene. Sederd. A. Poumeyssous. Robillard. Dupont. Caroly. Chervet. Legros. Chatelin. Chapart. Mme Irma Thomme. MM. Binet. P. Sevient. Bimon. P. Robillard. Paletot. Virlouvey. Ramond. Quéru. Chalvet.

MM. Bremenson. Grupier. Facory. J. Caroly. Auriche. Baptiste. Risnier. Joseph Worms, rentier, Mlle Esther Worms, 95, rue Molière, Lyon. MM. et Mmes Liebmann. Sylvain Lévy, 31, rue du Caire. Simon Lévy, 40, rue des Marais. MM. Charles Liebmann. Ad. Lévy. Mme Ad. Lévy. MM. Alfred Besnard. Henri et Julien Isidore. Edmond Heymann. Victor Simon, Mme Simon. Mlle Céline Isidore. MM. Ernest Blondel. Maurice Netter, 159, faubourg Poissonnière. Mme Maurice Netter. MM. G. Dumas, 21, rue d'Uzès. Arthur Rosier, conseiller municipal de Paris. P. Nathan. Mᵐᵉ Nathan.

M. H Barreau, à Orléans. Mˡˡᵉ A. Gautherot. MM. M. Toussaint Gautherot. Armand Gire, ingénieur civil, à Rethel. J. Bouchot. Olivier Ferranti, négociant. Pierre Lémont, rédacteur en chef du *Républicain de Crayonne*. MM. Henri Dabin. Marius Dabin. Ernest Dabin. Mᵐᵉ Estelle Dabin. M. Théodore Gérard. Mᵐᵉ Jeanne Gérard. M. Alfred Gérard. M. et Mᵐᵉ Hauser. Mᵐᵉ L. Appuhn, villa des Bouleaux, Avignon. MM. Antoine Admiraty, ouvrier peintre, à Marseille. Paul Jourdain. Louis Grumer, étudiant. Gabriel Maillard. Mᵐᵉ Gabriel Maillard. M. A. Oyon. Mᵐᵉ A. Oyon. MM. J. Paumier. Guillet. Mᵐᵉ Guillet. M. et Mᵐᵉ Deschamps. M. Gorju, ingénieur. Eberhard, voyageur de commerce. C. D., 24, à Nice. J.-B. Bouhey-Allex, conseiller général de la Côte-d'Or. Jules Millaud. Mᵐᵉ Rosa Millaud. Georgette Millaud. MM. Roger Millaud. Léon-François Denis, conseiller municipal, à Toul. Georges Maire. Louis Pommier. Jean Desroches. Jean Maire. V. Papyrus. Pierre Maire. Victor Mary. Claude Daujat. Grappin, peintre. Mᵐᵉ veuve Maire.

MM. Paul Bellon. Henri Parrot. C. Lemeray. A. Méclin-Camus. Courtines. Barbeder. Bouscarle. Deschler. G. Desprez. Groupe de revolutionnaires de la maison Bréguet, à Paris. Mᵐᵉ A. et J. Ziegel. MM. P. Ziegel. André Samson. G. Francfort. Jules Lelong. Mᵐᵉ Adrienne Lelong. MM. Jules Lelong, agronome. Jean Lelong, étudiant. Lagasse. Goury. Delaunay. Esnie Darmana, menuisier. Bruneau. V. Fouquet. J. Genvois. E. Pillault. Crachard. Treussard. S. Fajoux. Dreux. Védrine. Ghilht. Jules Fabre. A. Mathieu. Touzé, conseiller municipal, La Courneuve. Dreyfus-Chauffour, voyageur. Mᵐᵉ veuve Chauffour. MM. L. Peltier. L. Martel. A. Mary. A. Gradwohl, Alsacien. Lévy, comptable, Alsacien. P. Bollack, caissier, 38, rue des Jeûneurs. A. Buisson, chef de contentieux. Léon Gérard, comptable. Eugène Schmoll, voyageur. J. Caillot, sculpteur, à Orléans. E. Pourailly, représentant de commerce. A. Lambert. E. Bezon. Mᵐᵉ Lambert. M. J. Pillault.

MM. Gustave Mayer, négociant, 47, rue Laval. René Courbuy, 12, rue du Marché, à Neuilly.

MM. Ada B. Lovegrove, 38, rue Blanche. Henry-Oscar Lodherhose, 31, rue Saint-Lazare. Georges Clavere-Peyré, 49, boulevard Port-Royal. Ch. Pinoy, 31, rue Gauthey. Jean Singelé, 24, boulevard des Capucines.

MM. A. Gimpel. B. Jacob. Mᵐᵉ Jacob. MM. Th. Malet, employé. B. Meyer. Maurice Mary, instituteur en retraite. Daniel Kram. Mᵐᵉ Adèle Marx. MM. Maurice Meyer. A. Boulogne. Michel Haas. Paul Pierre.

MM. H. Dhers. L. Warnier. Deby. J. Lapeyre, professeur. A. Carteret, employé, 30, boulevard Saint-Germain. Louis Clerr, employé. Jean Roques. Louis Pasquelot, employé. Jean Vergnaud, employé. Michel Vaury. P. Coulon. Chaumel, mécanicien. Jules Rocia. Cassa. J. Dasque. Lenoir. Louis Flamen, quincaillier. Armand Barbier. Canat. S. Pléne.

M. Paul-Lévy Liebmann. Mˡˡᵉ Agate Maurice, 66, rue du Ruisseau. MM. Ch. Sarazin, licencié en droit. J. Rabany. J. Cohen, 73, rue Sartoni, à la Garenne. Marcel Horviller, dit Squelette. A. Guillemin, ingénieur civil des mines. M. et Mᵐᵉ Armand. Mˡˡᵉ Jeanne et Ernestine Armand, sténographes. MM. Félix Friédérich, avocat, 18, rue Taylor. Eugène Després, licencié en droit, à Bourg-la-Reine. Henri Didelot, licencié en droit, 44, rue Lamartine.

Mᵐᵉ Edith Brelay, 35, rue d'Offémont. Mᵐᵉ veuve Vignon, à Marles. MM. Th. Sueur, fils, étudiant en philosophie. Paul Cassoute, négociant, à Marseille. P. Delarue. J. et V. Antrain. Charles Duvernoy. Henri Fraenckel, à Elbœuf. Mˡˡᵉ Marthe Fraenckel, à Elbœuf. Mᵐᵉ Constance Fraenckel, 22 *ter*, rue Legendre. M. et Mᵐᵉ Rachmahl, à Sens. , MM. H. R. Rabeau, à Angers. Oscar Bloch, 89, rue Lafayette. Lucien Berr, 16, rue de Lancry. Jean Braul,

ingénieur civil. Léopold Monod, pasteur, 14, rue de Margnoles, Lyon-Caluire. Gérard Monnod, étudiant à la la Faculté des sciences, Lyon. Henri Bois, professeur à la Faculté de théologie protestante, Montauban. Mᵐᵉ Edouard Stapfer, Le Havre. M. et Mᵐᵉ Schwab, 7, rue Daguesseau. M. Charles Bruston, doyen de la Faculté de théologie. Montauban. Mᵐᵉ Bernard Alfred, 39, rue de Trévise. Mᵐᵉ Palsky, 39, rue de Trévise.

MM. Coulet, agrégé de l'Université, Rennes. G. Soulier, pasteur, La Rochelle. Lucien Ulmann. A. Lévy. Louis Paris. Achille Moliner, Vitry-le-François. G. Auvard. Docteur Louis Dor fils, Lyon. E. Lanusse, propriétaire. J.-Aug. Schoen, ingénieur, Lyon. Mᵐᵉ J.-A. Schoen. M. G. Guadet, licencié ès ciences.

M. Pierre Sardou, élève de l'Ecole des Beaux-Arts. Mˡˡᵉ Sophie Vienot, F. Pfenninger, Alsacienne. E. Rocheblave. E. Buguet. G. Bonnaud. M. Gravaud. Alice Maigre. L. Hauth, Alsacienne. Gabrielle Viénot. S. Goupil. Fanny Imhoff. Mina Viénot. Emma Mertz. A.-J. Chommelin. L. Pissot-Dauthereau. Maud Begg. Violette Mitchel. Gabrielle Laval. Noémi Grandon. Euphémie S. Elliot. Louisa Schmith.

MM. Henri Bayard. E. Pottier, agrégé de l'Université, Mᵐᵉ Léon Philippe. MM. Jules Chaine, 19, rue Caumartin. Charles-M. Mapon, 18, avenue Mac-Mahon. Séguin, 12, allée Yvonne, Le Perreux. F. Schouen, manufacturier, 11, rue d'Uzès. Marc Weill, fabricant de tissus, à Bertry (Nord). Loiseau-Rousseau, 20, rue des Grandes-Carrières. Docteur Pucker, à Maule. Mᵐᵉ Pucker, née Trévousse, à Maule. M. A. Petit, ex-interne des hôpitaux à Maule. Mᵐᵉ Petit, née Valluet, à Maule.

M. T. Kiener. Mᵐᵉ Marie Kiener. MM. Fritz Kiener. Ed. North. Schuler. Trautmann. F. Rempp. Henri Rempp. Ph. Segar. Joseph Blottner. Bostaetter. Hansicker. Ph. Luth. Ch. Wahl, à Soultz-sous-Forêts (Basse-Alsace).

M. Paul Pauvert, professeur d'histoire et de géographie. Mᵐᵉ F. Pauvert. M. Auguste Blum, 19, boulevard de Strasbourg. Mᵐᵉ Auguste Blum. MM. Lucien Blum. Georges Blum, externe des hôpitaux. Marcel Blum. B. Haas jeune, négociant. Gaston Haas, licencié en droit. Jacques May, 5, boulevard Voltaire. M. et Mᵐᵉ Arthur Marx. Mᵐᵉ M. Masson, à Saint-Mandé. MM. Gustave Dreyfus. Gustave Dreyfus, 101, boulevard Malesherbes. A. Daisème. E. Cerf, 59, rue Duplessis (Versailles). A. Dufresne, chimiste, 123, avenue Victor-Hugo. Charles Rivière, artiste peintre, 24, boulevard Richard-Lenoir. Mᵐᵉ Marcel. M. Armand Lévy, 6, rue Daubigny.

M. L.-H. Cordier. Mᵐᵉ L.-H. Cordier. MM. O. Mercier, négociant. L. Gugenheim. Emile Quinter, céramiste, Levallois-Perret. Georges Lévy, 35, boulevard Barbès. Raoul Schorestène. L. Poucy, 23, rue Joubert. Lucien May, 5, boulevard Voltaire. Edmond Ubry, architecte. Mᵐᵉ Marozeau. MM. Georges Marozeau. Paul Marozeau. Mᵐᵉ Rose Schmerber-Salomé Mathé. M. Xavier Mathé. Mᵐᵉ Anna Garnder. Maria Fischer. Miss Mac Fhail. Veuve Barrier, 4, rue Casimir-Perier. MM. H. Lévy-Finger. Henri Ruef. Mᵐᵉ Blanche Schwob.

MM. A. Jacques Schwob. Pierre Schwob. André Schwob. Robert Schwob. Louis Cohn. Mᵐᵉ Louis Cohn. M. Léon Lefèvre. Mᵐᵉ Léon Lefèvre. MM. Fernand Dubuisson. Docteur Montier.

MM. T. Larréguy, publiciste. Albert Cahen, compositeur de musique. A. Bernard, négociant. Docteur Gaston Lyon, ancien chef de clinique médicale à la Faculté. Robert Franck, ingénieur. Jacques Hinstin. Georges Hinstin, ingénieurs. Arthur Bernard. G. Sée, ancien inspecteur général des eaux et forêts.

MM. Edgard Klotz, publiciste. Marcel Lièvre, licencié ès sciences. Mᵐᵉ Louise Hirtz. MM. Lucien Hirtz. Georges Hirtz. Jacques Bloch. Edmond Bloch, 49, avenue de l'Alma. S. Copenhague. S. Cozati. Mᵐᵉ veuve Simon David, 20, boulevard Montmartre. MM. P. Hartmann, 22, rue de Tocqueville. G. Worms.

MM. P. Vorms. Robert Picard. Jouanny, industriel. Litramman, employé à la Compagnie de l'Ouest, Pontoise. Woog, fabricant, 3, rue Rampon. S. Lierre, artiste peintre. J. David, ingénieur chimiste, 7, rue Laffitte. Letourneux, Pontoise. Georges Francfort, 19, boulevard de Strasbourg. Armand Glotz. M᧹ Marguerite Glotz. Marcelle Glotz.

MM. Emile Hess, à Libourne (Gironde). Emile Wertheimer, à Nogent-sur-Marne.

M᧹ Gertrude Wertheimer. M. P. Wall, industriel, à Billancourt. M᧹ P. Wall. M᧹ Wall, étudiante. MM. Julien Picard, 12, place des Victoires. J. Mongin, agrégé de l'Université. Redarès. Jules Schwartz (de Strasbourg). M᧹ Moyse Dreyfus. M. Gustave Mélèse, M᧹ Gustave Mélèse.

MM. Henry Kapferer, ingénieur civil des mines. Marcel Kapferer, avocat. Charles Brown, 51, rue Lafayette. M᧹ Charles Brown. MM. A. Netter. Joseph Netter. P. A. L. Livray, 1, rue Baudin. Henry Schirwener, docteur ès lettres. Pour Raphaël Bloch, nonagénaire, son petit fils Georges. L. C. Lévy.

M. Théodore Seeligmann, chimiste industriel. M᧹ Seeligmann, 18, rue d'Hauteville. M᧹ Blanche Seeligmann, sténographe. M. et M᧹ Godberg, 18, rue d'Hauteville. M᧹ Marthe et Lucie Godberg. Lina Lob. M᧹ veuve Lob, 18, rue d'Hauteville. MM. Jules Luzato, 26, rue Milton. D᧹ Landowski. M᧹ Landowski. MM. Charles Branchet, employé, rue Descombes. J.-C. Brack.

MM. Lambert, docteur en droit. Henri Marot, propriétaire.

MM. Amédée Frank. C. Robert. Jules Sclosser. L. Flagelle. J. Wertheimer Neuilly-sur-Seine. M᧹ J. Wertheimer, Neuilly-sur-Seine. M. E. Spira. M᧹ Marcelle Oppenheim. MM. H. Oulmann. Alfred Coutoux, à Suresnes.

M᧹ Charles Bing. MM. Charles Bing, Charles Auscher, architecte. Léon Robert, négociant. Julien Haas, ancien juge consulaire. Léon Rheims. Albert Cousin. D. Bernheim, inspecteur général d'assurances. M᧹ Bernheim.

M. P. Izambard. M᧹ P. Izambard. M᧹ E. Chambrin. M᧹ Simon Lévy, à Maizières-les-Vic. MM. Lucien Lévy. Edouard Lévy. Lucien Hirtz. M᧹ veuve Sautier. MM. L. Karppe. Desfarges. Ch. Ferzac, du *Siècle*. Isidore Weill. Chaumont. Oscar Büttner, de Strasbourg.

M᧹ Caroline Estienne, 112, boulevard de Courcelles. M. D. Bourchemin, docteur ès lettres, à Sauveterre. M᧹ Bourchemin. M. Gabriel Reder, de Strasbourg, architecte.

M᧹ Elisa Rieder, à Strasbourg. M. P. Yver-Jalaguier, 8, cité du Trône. M᧹ Yver-Jalaguier. Blanche Dreyfus. Germaine Loëb. MM. André Loëb. E. F. Staub. L. Mouret. Henri Guiton. P. Wood, étudiant en théologie. Henri Decugis, docteur en droit.

MM. Alfred Bloch, de Strasbourg, 35, rue Etienne-Marcel. Alex. Heumann, 33, rue Réaumur. Adolphe Forestier, 62, rue des Marais. Emmanuel Jacob, 39, rue de Turenne. Eugène Lauer, 8, cité d'Hauteville. E. Durand, 2, impasse Cœur-de-Vey. P. Brière, 61, faubourg Saint-Martin. Ch. Lecomte, 38, rue Sainte-Croix-de-la-Bretonnerie. G. Porte, 21, rue d'Hauteville. Henry May, 12, avenue de la République, à Meaux. Maurice Franck, 88, boulevard Sébastopol. Jules Lyon, 41, rue Richer.

MM. Moskovite, 47, rue Rodier. Th. Garcias, 4, rue Caulaincourt. Moskovite, 13, rue Bréda. E. Ringel, 35, rue Ballu. L. Sully, 19, rue Bleue. E. Monteux, 27, boulevard Voltaire. A. Monteux, 41, passage Saulnier. T. Barral, Bois-Colombes. Maurice Weill, 2, boulevard Voltaire. Georges Monteux, 11, passage Saulnier.

M. E. Spir, 14, passage Saulnier. M᧹ veuve B. Cloch, 3, rue Cunin-Gridaine. MM. Léopold Weill, ingénieur des mines, 22, rue du Sommerard. Eugène Bloch, 33, rue des Deux-Ecus. M᧹ Eugène Bloch, 9, boulevard de Sébastopol. M᧹ Alice Bloch, 9, boulevard de Sébastopol. M᧹ A. Lévy, 3, rue Cunin-Gridaine. MM. Albert Bernou, 68, rue des Martyrs. F. Warder, 16, rue Lamarck. M᧹ Irma

Perrot. M. J. Vergnes, 108, rue des Dames. M᧹ Eugénie Montagnon, 28, rue Montholon. M. Casabona, 5, boulevard Montmartre. M᧹ veuve Crehange, 35, rue Etienne-Marcel.

MM. Seelmann, licencié ès lettres, 7, rue Toullier. H. Théolaire, 19, rue Poissonnière. Paul Froment, architecte, 32 *bis*, rue Pasquier. F. Sanchez, 108, rue des Dames. Guérin, 62, rue Alphonse. L. Guilemin, 69, rue de Richelieu. A. Thony, 46, boulevard du Temple. P. Landrin, 38 *bis*, avenue de la République. Normand, 2, faubourg Poissonnière. M᧹ A. Cahen, 2, faubourg Poissonnière. M᧹ Marguerite Cahen. 23, rue d'Armaillé Jodeau, 34, avenue de Clichy. Henri Berthias, théâtre des Nations. Emile Veil, 41, rue des Francs-Bourgeois. M᧹ Emile Veil, 41, rue des Francs-Bourgeois. M. L. Hirsch, 41, rue des Francs-Bourgeois.

MM. E. Daubrée, 74, boulevard Haussmann. Docteur Henri Guillemard, 8, boulevard Maillot, Neuilly-sur-Seine. Alphonse Lévy et Alfred Lévy, 105, boulevard Magenta. Bureau, ingénieur, 9, rue Pigalle. M. Darr, 9, rue Boccador. Paul Bruhl, 5, rue La Boëtie. Alfred Gans et Henri Gans, 71, faubourg Saint-Honoré. M᧹ Darr. MM. Henri Lévy. G. Lévy et M᧹ Lévy, 17, rue Tubirgo.

MM. Edouard Kann, compositeur de musique, 6, rue Murillo. A. Haas. E. Haas. David Loeb. G.-H. Capiaumont, 9, cité Condorcet. C. Coquelin aîné. J. Chapuis, M᧹ Chapuis. M. E. Warnesson, 20, rue Soufflot. M᧹ Marguerite Brémont.

MM. Maurice Schwob. Docteur Silva. J. Bing, graveur. 45, passage Jouffroy. Benediclus, 23, rue des Jeûneurs. Eugène Morand, auteur dramatique. G. Mérigot. W. Mérigot. H. Hazart. M᧹ Lacombe. Wenger.

M᧹ Georges Lacombe. MM. Georges Lacombe, artiste peintre. Daniel Metzger, 9, rue Ami-Lullin, Genève. M. et M᧹ Georges Crémieux, 14 *bis*, rue Montaigne. MM. E. Dreyfus, négociant. R. Dreyfus, lycéen. Lucien Dreyfus, lycéen. K. Paul, négociant. M᧹ Alfred Pissaro. M᧹ Fanny et Lucie Lévy, 7, boulevard Voltaire.

MM. Louis Lyon-Cahen, étudiant à la Faculté des sciences. Emile Cahen, représentant de commerce, 56, rue de Paradis. Raymond Lévy. Edmond Treves. M᧹ Busson. M᧹ Busson, ouvrière. M. Lucien Lévy, 38, rue Turbigo. M᧹ Yves Roland. M. Arthur Fontaine, ingénieur des mines. M᧹ de Coppet. M. B. Valentin-Smith, 52, avenue de Breteuil.

MM. Charles Barbier, agrégé des lettres, au lycée de Guéret. Louis Sautier, ingénieur, 16, avenue de l'Alma. Fournat, chef d'institution, 19, rue Tournefort. M᧹ Anna Fourna, institutrice, 19, rue Tournefort. Marie Sagnes, 19, rue Tournefort. MM. B. Cheyssières, 19, rue Tournefort. Foirnat, 26, rue Saint-Louis-en-l'Ile. Thanez, 26, rue Saint-Louis-en-l'Ile. M᧹ Louise Fournat, 31, rue de Cormeille.

M᧹ Elisa Humbert, 8, rue Amyot. MM. J.-M. Cassis, 5, rue Victor-Hugo, Bayonne. Gérard Olivera. Ernest Naquet. Arthur Bloch. M᧹ J.-M. Cossid. MM. Lucien Bloch. Docteur W. O de Coninck, membre de la Société de biologie, à Montpellier. M᧹ Maurice Ber, 31, boulevard Edgar Quinet. M. le docteur Henri Cuvillier, ancien interne des hôpitaux. M᧹ Ernest Lévy. M. Léon Derivelle, 19, rue Tournefort.

M. Gaston Lévy, 31, rue Baudin. M᧹ C. Delisle, ouvrière couturière. MM. Alfred Weill, 56, rue Montmartre. H. Grandin. M᧹ Mathilde Boulanger, 83, avenue Kléber. M. Gaston Dreyfus. M᧹ Gaston Dreyfus.

M᧹ Mathilde Laurent, 39, rue de Trévise. Charles Sarazin, licencié en droit. James Ryrie. Harry Ryrie. M᧹ Marie Lendron, cuisinière. M. Charles Fray. M᧹ Julie Denis, femme de chambre. M. S. Weill, 56, rue de Lisbonne. M᧹ Anna Weill, 56, rue de Lisbonne. M᧹ S. Morin. A. Reims.

MM. Maurice Wurmser, 50, rue de Moscou. Honoré Delcros, rue Gay-Lussac. Henry Fray. Jean Royère.

homme de lettres. G. Hochlaus, étudiant. Léon May, 5, rue Crozatier. N. Hazan, 92, rue Lafayette. Mᵐᵉ veuve Trèves. M. Ernest Stern. Mᵐᵉ Ernest Stern. MM. Georges Stern. Eugène Moutarde, directeur de la *Revue de Bordeaux*. Edouard Miellat, Gillonay (Isère). Landau. Chauvigny. Louis Besson, Chalon sur Saône. Docteur A. Hugensmidt. Z. Arnal, pasteur de l'Eglise réformée, Dijon. Raymond Duplantier, avocat à la Cour d'appel de Poitiers, licencié ès lettres. Adrien Schwab, Nancy. Louis Couve, maître de conférences à l'Université, à Nancy. J. Rigout, agrégé de l'Université, à Nancy. A. Fochier, professeur à la Faculté de médecine de Lyon. Jean Monod, doyen honoraire, Laforce (Dordogne). L. Kauffmann, Bordeaux. Mˡˡᵉ Léonie Kauffmann, Bordeaux. MM. Albert Heymann, à Nancy. P. Loisel, de Boulogne.

MM. Retour, caissier comptable, Boulogne. A. Magron, agrégé de l'Université, Nancy. Henry Fescourt, étudiant. André-Léon Picard, licencié ès lettres, Londres. Charles Bernardin, ancien notaire. L. Beaupère, principal clerc d'avoué, Montargis. O. Hamelin, chargé de cours à l'Université de Bordeaux. Le Bas-Breton, Châteaulin.

MM. G. Barbézieux, rédacteur en chef de *la Paix*. F. Frappier, secrétaire de la rédaction de *la Paix*. B.-M. Laumann, rédacteur de *la Paix*. Lucien Brunswick, rédacteur de *la Paix*. Vérone, rédacteur de *la Paix*. Paul Aubert, rédacteur de *la Paix*. Jean-M. Garigue, rédacteur de *la Paix*. Rosenstiel, Toulouse, Léon Merck, coiffeur-parfumeur, Neufchâtel.

M. Léon Spinosa Cattela. Mᵐᵉ Ernest May. Mˡˡᵉ Annette May. M. Jacques May. Mˡˡᵉ Lise May. MM. Georges de Traz. Robert de Traz. Mˡˡᵉ Maria Penchant. Mˡˡᵉ Eulalie Penchant. Mˡˡᵉ Mélithyne Revillard.

Mᵐᵉ Drot. Mˡˡᵉ Ossaye. MM. F. Picard. A Prot. Louis Sèpre. Pierre. Mᵐᵉ Eugénie Renard.

M. et Mᵐᵉ Léon Bas. Mᵐᵉ Cécile Meyermay. MM. Albert Meyermay. Jean Meyermay. Lamadou. Léonce Benedite. Mᵐᵉ Léonce Benedite. M. J. Prudhommeaux, agrégé ès lettres.

MM. le docteur Frédéric Monod, Pau. Edgard Monod, Livron. Richard Bouwens. Docteur J. Elie Pécaud, docteur en médecine. Mᵐᵉ Elie Pécaut, née Engelhardt. Mᵐᵉ veuve Félix Pécaut. Mᵐᵉ veuve Carreire, née Pécaut, à Ségalas. MM. le docteur E. Monod, chirurgien des hôpitaux. J. Léon, négociant.

MM. George Wolf, ingénieur chimiste, Montluçon. Louis de Robert, homme de lettres, Saint-Jean-Pied-de-Port. Paul Faure, homme de lettres, Saint-Jean-Pied-de-Port. Albert Derrien, publiciste. Mᵐᵉˢ veuve Bellefond. Garnier. M. H. Laudenbach, agrégé de l'Université. Mᵐᵉ Laudenbach. MM. Paul Monnier, pasteur, Orthez. Jules Lascroux, étudiant. Lannoy, ingénieur. E. Petron, interne des hôpitaux. H. Salomon. Mᵐᵉ H. Salomon. MM. Edmond Dapoigny. Alphonse Savoye. Antoine Pras. Léon Bauer, sertisseur. Metay. Mᵐᵉ Metay. M. Savoye, sertisseur. Mᵐᵉ Savoye. MM. Dijeaux, sertisseur. Emile Chauvelon.

MM. Constant Anchel. Laurand, docteur. H. Boussier. Henri de Saussine. Robert Forget, ingénieur civil. A. L. Guérard, étudiant. Octave Gelin, architecte. Alphonse Hochs. Alexandre Charpentier, sculpteur. Comte J. du Batut de Tersia, Toulouse.

Mᵐᵉ veuve G. Auberlet. MM. Ernest Auberlet, Dijon. G. Bardet, docteur, chroniqueur scientifique au *Siècle*. Jacques Lemonnier, docteur en droit. Alfred Lévy, courtier en grains. H. Cohen, banquier. Georges Gasne, docteur. L. Pers, architecte. Mᵐᵉ L. Pers. M. J. Durelle.

MM. Edmond Goudchaux, 52, boulevard Maillot, à Neuilly. Jules Bernard, 92, rue de Richelieu. Mille, 11, rue Vincent. E. Evrard, 36, rue de Montreuil. Louis Darboise, employé, 113, rue d'Aboukir. Cerydez, professeur de l'Université. A. Ruch, inspecteur d'assurances, 23, rue de Coulmiers. Martin, rentier, à Paris. Bergenon, 21, rue de Saintonge. Alfred Lavergne, tailleur, 24, rue des Martyrs. Michel et Henri Graffé, 33, rue d'Avron. Feppel, 9, rue

Condorcet, à Montreuil-sous-Bois. Richard. Georges. Albert et Simon Hirsch, négociants, 21, boulevard de Strasbourg. Audié, 6, rue Paul-Lelong. Bonniquet, 209, rue de Belleville.

MM. Marius Etienne, pianiste, 32 *bis*, rue Victor-Massé. Mᵐᵉ veuve Etienne, institutrice, rue Victor-Massé. M. et Mᵐᵉ Bourgeois, 27, rue de Beaune. MM. Pierre Chabrillat, 33, rue Victor-Massé. Charles Chabrillat. Mᵐᵉ Chabrillat. Adolphe Meunier. Samett, curiosités, 24, rue Victor-Massé. Wissotsky, 21, rue Victor-Massé. Henri Chatenay, 5, rue Maurice-Mayer. Charles Chenet, 14, avenue Richerand. E. Litzler, dessinateur. Mᵐᵉ E. Litzler. M. Maugny, 10, rue Sophie-Germain.

Mᵐᵉ veuve Collier. MM. Revillet, vénérable de la loge « La Démocratie maçonnique de Pantin ». MM. Thimotée-Paul Desbordes. Saintive, comptable, 50, rue de Rennes. A. Lemaire, 71, avenue Beaurepaire, au Parc-Saint-Maur. Eug. Foissy, 38, rue de Cléry. Louis David, serrurier, 10, impasse Dupuis, à Courbevoie. Edouard Piégas, 93, boulevard Voltaire. Léon Gigon, 33, allée Gambetta, au Raincy. A. Dormenval, 82, avenue Parmentier. Gaston Lévy, négociant, 3, rue Turbigo. H. Torché, menuisier, 19, rue Jouffroy.

MM. Lange Guglielmo, sculpteur statuaire, à Neuilly-Plaisance. Guglielmo, 5, rue Beautreillis. J. Hemmerdinger, 32, rue de Sévigné. P. Dupuy. J. Maurice, employé, 9, rue de Parme. Moch, 55, rue des Petites-Ecuries. Mᵐᵉ veuve Gins, 38, rue de Trévise. M. le docteur Pecker, à Maule (Seine-et-Oise). Mᵐᵉ Pecker, née Trimousse, licenciée ès sciences. MM. A. Petit, ex-interne des hôpitaux. Mᵐᵉˢ veuves Vignon. Petit, née Valluet. MM. E. Masson, commerçant, à Rouen. Jules Godet, dessinateur, 15, faubourg du Temple. Alphonse Blusson, mécanicien, 186, rue de Crimée.

MM. Courthieu, boulanger, 34, rue de Cambrai. Charles Dupuy, maire des Ageux Mᵐᵉ Charles Dupuy. MM. Jean Monceau. Edmond Hennequin. Léon Lhuillier. A. Royannet. F. Royannet, à Gisors (Eure). Emile Marieu, 28, avenue des Ternes. L. Lamotte, conseiller municipal, à Chantilly (Oise). Constant Drouin, à Trignac (Loire-Inférieure). A. Rigault. Fernand Becker, de Villemomble. Achille Darfeuille. Stanislas Blond.

Eugène Vacher, peintre en bâtiments, 28, rue Myrrha. Constant Jacquet, employé, 67, rue des Archives. Ch. Lévy, 153, boulevard Voltaire. André Chardon-Canaple. L. Lafourcade, 47 *bis*, rue d'Orsel. Léon Paquin, 191, rue du Temple. René Debraband, employé, 36, boulevard Barbès. E.-S. Jabelon, de Paris. V. Maret, 50, faubourg du Temple. Claude Chapuis. Juliette Duchâteau.

MM. Hamong, 21, rue Saint-Sauveur. F. Gardon, artiste peintre, 6, cité du Waux-Hall. Mᵐᵉ Marie Espagnol. M. Louis Emile. Mᵐᵉ Louise G. MM. E. Rambert, 7, rue Ravignan. A. Portet, capitaine en retraite, 21 *bis*, rue Molière. Thiry, graveur à Saint-Maur. Albert, 30, rue des Vignobles. Georges Abraham, 6, rue Saint-Gilles. Illide Devèze, 86, boulevard Rochechouart.

MM. Emile Parizet, 214, rue Saint-Maur. Désiré Moreau, 73, avenue du Maine. G.-G Gagnerie, fabricant, 13, rue des Petits-Carreaux. Paul Mondini, voyageur, 12, passage Nollet. J. Rothschild, Bréhéret, cuisinier, 3, chemin d'Arcueil, à Chantilly. Henrion, 104, rue Mouffetard. David, à Ballancourt (Seine-et-Oise). Genesseau, 171, rue de Charenton. Mᵐᵉ Genesseau, 171, rue de Charenton. MM. Théophile Gilium, 29, rue Grange-aux-Belles. Abel Thoridenet, 38, rue des Rigoles. Mˡˡᵉ Ernestine Thoridenet, 38, rue des Rigoles.

M. Albert Klein. Mᵐᵉ et Mˡˡᵉ Martin, 74, rue J.-J. Rousseau. Mᵐᵉ Thir, rentière à Rouen, et ses filles. MM. H. Meyer, 60, rue Ramey. Louis Bourgeois, ouvrier, 80, boulevard de la Villette. C. Rolland, 1, rue Portefoin. Gobant, 5, rue du 14-Juillet, au Pré-Saint-Gervais. Finzer, employé de commerce, rue Vieille-du-Temple. A. Jolly, propriétaire, 52, rue de Belleville. R. Monthe, propriétaire

Vaux (Seine-et-Oise). Uchan Bernard et Mme Bernard, 8, avenue de la Paix, à Montrouge. Mme Henry Maret, 50, rue du Four. Charlet, 47, rue Sainte-Anne. Lamy, 27, rue de Charenton. Launay, 51 *bis*, rue Sainte-Anne.

MM. Adolphe Louis, 34, place du Marché-Saint-Honoré. Léon Lacour, 11, rue de Suez. Raphaël Raboin, sculpteur, 2, rue Denis-Papin, à Pantin. Alphonse Guilemet, 22, rue de la Mare, au Perreux. G. Bellecroix, 34, rue Lacroix. L. Mayer, 26, rue Baudin. Ch. Parisot, 2, rue d'Uzès. Louis Robineau, 31, rue J.-J. Rousseau, à Montreuil. M. et Mme J. Muelle, 2, rue Ambroise-Paré. A. Gensberger, 9, rue d'Aboukir. Auroy fils, 2, rue de Kabylie. Louis-Charles Linaret, 6, rue Pavée. Silhol, chef de service du chemin de fer de Suresne. Mas, 34, avenue de Paris, à Rueil. Docteur Félix Wagner, conseiller municipal, à Lieurey (Eure). Lévier-Roger, conseiller municipal de Vanves. A. Lamy, 4, rue de Jouy.

MM. Weill, 4, rue du Château-d'Eau. Weil, boucher, marché du Château-d'Eau. Cerf, 24, rue Fontaine-au-Roi. Lévy, 7, rue Marie-Louise. Mme veuve Monteux, 9, rue des Guillemities. MM. Blas, marché de la Pointe-Saint-Martin. Oppenheim, marché du Château-d'Eau. Chénon, 5, boulevard de Strasbourg. Paul-Louis-Philippe Sée, 50, rue Croix-des-Petits Champs. L. Sée. Fernand Libert, 15, rue Alibert. J. Schneider, 8, rue Béranger. Alexandre Bonsel, notable commerçant.

MM. A. Sée, publiciste, 15, rue Alibert. Rouffignac. Mmes Rouffignac, 8, rue Béranger. Veuve Dreyfus. MM. J. Brudo. Gaye, 80, rue de Bondy. R. Weill, négociant, 62, rue d'Angoulême. J. Favre. Mlle Mook, 8, rue Béranger. MM. José Engracio Lopez, 16, rue des Laitiers, à Vincennes. Ch. Romondière, 261, faubourg Saint-Antoine. E. Rochel, 14, rue de Trévise. A. Cuguen, 16, boulevard Magenta.

MM. Edmond Bernadet. Bertheau, docteur en médecine, 6, avenue Gabrielle, à Courbevoie (Seine). Lucien Labarthe, 51 *bis*, rue Saint-Anne. H. Lamy, 52, rue Saint-Maur. B. Ruel, 12, rue Vauvilliers. Moriat, 4, rue de Jouy. Régnier, 11, rue de Fourcy. Léon Méris, rentier, 20, avenue Parmentier. Houlnick, 24, rue des Écoles. Jourdanaud, ouvrier en voitures à Pierrefitte. Méténier, mécanicien, 22 rue Lafontaine, à Pierrefitte.

MM. les membres du comité de l'Union républicaine radicale socialiste de Saint-Ouen : Daniel, 12, rue des Épinettes, secrétaire. Édouard Mouton, négociant, 7, rue de la Chapelle. Duvault, trésorier, 124, boulevard Victor-Hugo. Tellier, trésorier-adjoint, 20, rue des Graviers. Lauret, 9, rue Montmartre. Bonin, 11, rue Carnot. Rouquier. A. Pacouru, 33, passage des Quatre-Cousins. Dhume, 77, avenue des Batignolles. Jules Mouton, rue de la Chapelle. Lucien Louis, 4, rue Baraduc. Tiphme, président, 11, rue Soubise. Mme Lévier-Roger, à Vanves. Mlle Julia Verdy, à Vanves. M. Duc, rentier, à Vanves.

MM. J. Chrétien, ingénieur, 26, rue de la Faisanderie. E. Morin, 38, avenue des Gobelins. Armand Lézy, 61, rue Caulaincourt. Gaston Le Corsu, 11, place Pigalle. François Derndinger, 18, rue Gabrielle. De Mets, ouvrier bijoutier, 59, rue Oberkampf. Richard, passage du Moulinet. E. Perrin, 52, boulevard de Belleville. Camille Bertholle, 144, rue du Chemin-Vert. Jules et Émile Lévy, 153, rue de Flandre. A. Rendu, conseiller d'arrondissement de la Seine.

MM. H. Viel, 26, rue d'Enghien. Van den Brock, 16, rue du Château-d'Eau. A. Villard, 59, quai Valmy. Méon et L. Wolff, 20, rue Beaurepaire. Veuve Lévy, employée. MM. E. Naib, rue des Marais. Joseph de Jough. Lucien Wein. Gentilli, Château-d'Eau. David, 40, rue du Château-d'Eau. Léman. Ullmann. A. Weill et Kahn, 3, cité Magenta. L. Blum. J. Coblentz. M. Simon. F. Fribourg. Charles Hirsch, 41, rue Charlot. Mme R. Weill, institutrice, 52, rue de Lancry.

MM. le docteur Vanel, à Issy (Seine). Robert Béligné, violoniste, 172, rue Saint-Martin. Lucien Ferret, employé,

25, impasse Marteau, Plaine-Saint-Denis. Docteur de Beurmann, médecin de l'hôpital Broca. Mme L. de Beurmann, 40 *bis*, faubourg Poissonnière. E. Carpentier, employé. Georges Carpentier. Paul Carpentier, sertisseurs, 24, boulevard Voltaire. Alexandre Lavier, peintre, 212, rue Saint-Jacques. F. Cajac, 24, rue d'Armaillé. Maugeron, 44, rue de la Croix-Saint-Simon. Weidenbach, 4, rue Bourg-Tibourg. Julien, rentier. Helsen et Louis Morion, employés d'octroi, 93, rue Championnet.

MM. Louis Poirier, 33, rue Charlot. Auguste Boursier, 4, rue Louis-Blanc. Chassagnol, 178, faubourg Saint-Martin. M. et Mme Boitelle et leurs enfants, 23, rue Montmorency.

Lenormand, 26, rue de Wattignies. Louis Huguet, ouvrier serrurier, 50, boulevard de Belleville. L. Duret, employé, 12, rue d'Abbeville. Docteur Dessois, à Alligny, près Cosne (Nièvre). Guérin et R. Guérin fils, à Denain (Nord).

MM. Paul Maupin. Gazon, maire de Condé-en-Brie (Aisne), et Mme Gazon. MM. Th. Petit, à Blois. E. Berquier, 53, route de Versailles, à Boulogne (Seine). Une famille alsacienne : Alexis Wolff, Arthur Wolff. Louis Wolff, Adèle Wolff. Veuve Thomas Charbonné, à Nogent (Haute-Marne).

MM. Sam. Larsignol, Toynbee Hall, Londres. J. Baudray, à Nogent-sur-Marne. Ludovic Merlier et Mme L. Merlier, rue de Fontenay, Pierrefonds. MM. Lucien Girondon, employé, 3, rue du Plateau. Louis Bloch et Mme L. Bloch, 25, rue d'Enghien. Mlles Mélanie et Léontine Bloch. MM. Albert Bloch, préparateur à l'École de pharmacie, à Paris. L. Barni, rentier, 9, rue Traversière, au Perreux.

MM. Lahure, ouvrier tisseur, à Caudebec-les-Elbeuf. Georges Lisbonne, à Montpellier. Holet, mécanicien, 76, cours de la République, au Havre. Émile Rossignol, à Guignes Rabutin (Seine-et-Marne). Barbier aîné, 74, rue d'Anjou, à Versailles. J. Schamber, 75, faubourg Saint-Antoine.

MM. Samuel Hecht. Mme Samuel Hecht. MM. Alfred Beer, Gustave Kœchlin. P. Sarazin, ingénieur des mines, Versailles. Henri Stroheker, externe des hôpitaux. Jules Dumas, Rouen. Mlle B. Balaban. MM. Charles Unger. A. Ruwier, pasteur, Sainte-Foy. Pierre Mayniel, pasteur de l'Église réformée de Cognac. Mlle Marie Rodrigues, Mme veuve Oscar Rodrigues. Docteur Letourneur, Granville (Manche). Mme Amélie-André Gedalge, professeur de chant. MM. Émile Brack, Raymond Breack. A. Alba, comptable. Albert Crémieux, avocat à la Cour. Louis Deshayes, avocat à la Cour. Docteur H. Rieder. Marcel Rieder, artiste peintre. Albert Collignon. Ferdinand Cahen, manufacturier. Mme Wenger.

Mme Lacombe. Georges Lacombe. M. Georges Lacombe, artiste peintre. Albert Therode, ingénieur des arts et métiers. A. Brette. J. Vian. M. Lelièvre, pasteur. L. Morhange. Mme Wormser. MM. A. Wormser. René Wormser. René Travers, agrégé de l'Université. Albert Lévy, dessinateur géographe. E. Brieux, auteur dramatique. Xavier Roux, homme de lettres. Hugues Delorme. Mme veuve Prévost. Villennes (Seine-et-Oise). M. C. Zerapha. Mme Zerapha. MM. E. Silberberg. Jeanne Schmidt. Charles Jacouto, rédacteur en chef du *Progrès du Loiret*. Léon Zay, rédacteur. Paul Crémieux. B. Bowcliffe. Gerson Fribourg. Mme Gerson Fribourg. E. Bigolot. Paul Ollendorff.

MM. G. Monteux, directeur du *Marin*. Bessand, agrégé des lettres. Poytevin. L. Bardet. A. Conducher. L. Roux. Lortignol. Borner. Fabrègne. Wole. De Geytère. Biottos. Loljarel. Albert. Pierre Rainaud. Cayaux. Ménage. Humont. L. Turpin. Lelmoubj. Bazignan. Dreyfus. Baron. Puicedf. Perrin. Faure. Lesneix. Brébion. L. Béral.

MM. Lacassagne. Nicolas. Dubois. Dangerma. Donjon. E. Dubois. Amaut. Pallière. P. Ginoud. J. Orban. H. Lefebvre. Daverede. Daway. Liset. Echelon. B. Lucas. Franck. Parisey. Joseph. Mautain. Vegicier. Dassieu.

G. Taverne Friedrich. Bartte. Marcel Weil. Mme Marcel Weil. Docteur Becour.

Mme Paul Grendel, Lille. MM. A. Tournier, agrégé de philosophie, Rochefort. L'abbé Brugarette, ex-rédacteur en chef du *Livradois* et de *l'Auvergne libre*. Jean Roumengou, avocat. Joseph Meutin, licencié de l'Université de Grenoble. Henry Rescher. Mme Thérèse Rescher. Joseph Duproix, licencié ès lettres. Roger Audap. Frédéric Audap. Mme Albert Schwab. M. Albert Schwab. Mmes veuve Blum. Augustine Weiller, Épinal. M. Edouard Dreyfus, Épinal. Mme Julia Weil. Reims. Mme Louise Weil. MM. Joseph Weil. Marie Mougeolle. Mme Kahn. M. Jacques Schwab. Mme R. Schwab. Épinal. MM. Jean Friedel, licencié ès sciences. C. Grumel. Hippolyte Serre, étudiant en médecine. Jacques Bloch, élève de mathématiques au lycée Henri IV.

MM. Gaston Picot, étudiant en médecine. Maurice Picot. Georges Dreyfus, étudiant. Jacques Dreyfus. Mlles Germaine Weil. Andrée Weil. MM. Dufour. Lucien Haas. Octave Ratier, étudiant en médecine. Léon Jousseaume, étudiant en médecine. L. Brilhon. Julien Halphen. Mme Julien Halphen. MM. Charles Mortet, conservateur à la bibliothèque Sainte-Geneviève. Saphore. Mme Marguerite Tisset. MM. Escalière. Escalière fils. Armand. Ollivier. Joly. Faucher-Faber, propriétaire. Nathan Astruc, Bordeaux. Charles Bernouot. Mariano Nunez, étudiant en pharmacie. André Hesse, étudiant en philosophie. Alfred Collineau. Docteur H. Lamy. J Mourie, fabricant de bronzes.

M. Achille Dreyfus. Mme Adrienne Dreyfus. MM. Georges Paradis. Nathan Astruc. Mme Nathan Astruc. MM. Horace Vignon. E. Hospitalier. Charles Merlet, Versailles. P. Cussat. Auguste Diener. Baron Mourre. E. Thuillier. A. Fauquet. Schwob. J. Hemmerdinger. Henri Deverin, architecte du Gouvernement. L.-G. Michonis. Henri Caruchet. peintre. Mme Jeanne-Henri Caruchet, professeur de lettres à l'Ecole normale d'Evreux. MM. Alphonse Drape, docteur en droit. C.-G., élève de l'Ecole des Beaux-Arts. Paul Chapuis. J. Lévy. Louis Bourdon, avocat à la Cour d'appel, docteur en droit. Fontaine, étudiant en sciences. Clément Sionneau, employé. H. Picard, commerçant.

M. Charles Fontanas, docteur en droit. Mme Peugnet, Nogent-sur-Marne. MM. Alphonse Bourdon, dessinateur, Boulogne-sur-Seine. Antoine May. F. Uion. Eugène Bouhry. Henri Papon. Maurice Dinard. H. Boizot, rentier. Mme Boizot, née Camagny. Mme veuve Camagny. MM. Laisné. Journeaux, commerçant. Henry May. Leclaire. V. Singlo. G. Roy. Castests. Alfred Bronner. Pierre Simon. Louis Weber. Paul Landousky, élève des Beaux-Arts. Pierre Cassan. E. Millet, pharmacien. Mme E. Millet. M. L. Hauser. Mmes Hauser. Suzanne Millet.

MM. E. Chamelier. Gervais. Portine. A. Houdin, licencié ès sciences. Mme Houdin. MM. P.-G., élève des Beaux-Arts. Eugène Bonnibois, hôtelier. Pierre Poupetière. Joseph Ollivre, étudiant en médecine. A.-J. Jacob, licencié ès lettres. Mme Paul Simon. MM. M. Cruet, étudiant en médecine. Antoine Chalon. Pierre Berton, auteur dramatique. Mme Pierre Berton. MM. F.-Henri Kruger. Fourneau, chimiste. Charabot, chimiste, licencié ès sciences. Blanc, licencié ès sciences. Dugoujon, chimiste. Alexis Julien, professeur libre d'anatomie. Durandeau, licencié ès sciences Paul Hervoit, externe des hôpitaux. Abel Violette, docteur en médecine. Georges Tassain, étudiant en médecine. Marius Beaugourdou, étudiant en pharmacie. Jacques Chrétien de Lihus. Jacques Lesueur, étudiants en droit.

MM. René Lepère, étudiant en médecine. Maurice Pecard, étudiant en droit. P. Hollande, étudiant en médecine. R. Fosse, licencié ès sciences. Achille Charlet. Félix Courche, artiste peintre. Emile Charlet, architecte. Me Félix Courche. MM. Adolphe Caen. E. Hackenbrock. J. Hackenbrock. A. Maulmont, étudiant à la Sorbonne. Mosse, licencié ès lettres. Auriol, licencié ès lettres. Lazard, licencié ès lettres. Julien Katz, employé. Amédée Norroy. Mme Jeanne Norroy. M. A. Barthélemy, ingénieur.

Mme Barthélemy. MM. P. Appel, membre de l'Institut, professeur à la Sorbonne. G. Kœnigs, professeur à la Sorbonne. P. Painlevé, maître de conférences à l'Ecole normale supérieure. Docteur G. Kuss, ancien interne des hôpitaux. Auguste Renard. Mme A. Fauquet. Mme Octavie Ogler.

MM. Julien Haas. Charmes Rey. Velhac. Georges Soucher. Georges Roblin. J. Colot. G. Ridet. F. Warnier. Muslin. Malterre. Charles Labre. L. Baudoin. Christ. Delacroix. Michel Le Goff. Charles Stugard. Pourchasse. Paul Pasbecq. Louis Touche. Muller. Gaston Heurteunette. Charles Ratru. Auguste Vover. Léon Hulm. Edouard Meyer. Ernest Labre. Edouard Weinig. Baptiste Hoerbig. Constant Charny. Bech.

M. Henry. Mme Henry. MM. L. Brethous-Lafargue. Docteur Alfred Fournier Charles Bloch. Mme veuve Mallet. Mlle Marguerite Bourdot. MM. Georges Blum, externe des hôpitaux. Docteur A. Veil. Mme A. Veil. M. L. Nibert. préfet honoraire. Mme Jeanne Edmond Scherer, Versailles. MM. L. Maurice Ayraud, étudiant en droit. S. Heude. Raphaël Billiout, étudiant. René Benaine. Léon Chevallier. Jules Bertheau, étudiant. Emmanuel Faure, négociant. Louis Stive, cordonnier. G. Leroy, représentant. L. Dumontier, artiste. S. Rosenthal. G. Kahn. Mme Joudelat. MM. Alfred Kahn. Eugène Capet, bibliothécaire. Mme S. Rosenthal.

MM. Pierre d'Arces, étudiant en médecine. Marcel Berger, étudiant en médecine. Louis Guillemot, ancien interne des hôpitaux, Georges Charpentier. Jules Bollack. R. See, ancien élève de l'Ecole Polytechnique. N. Blum. Mme N. Blum. MM. Léon Richard, employé. Sohner, cordonnier. Henri Deljougla. Marquise Arconati-Visconti, née Peyrat. MM. Maurice, avocat. Joseph Bayard, étudiant en médecine. René Berteaux, étudiant en médecine. G. Crehange, agrégé de l'Université. Mme veuve Alfred Variot. MM. Lizoire, représentant de commerce. Victor Dreyfus, rédacteur-correspondant du *Siècle*. Gabriel Arrazat. Romani, Marseille. Mme Isabelle Mouod, Antibes. MM. Castelli, Marseille. Paul Lazerges. Mme Paul Lazerges. MM. Bompain, juge consulaire. Bédarieux. A. Gascard, agrégé de l'Université. J. Autrand, pasteur. Ernest Isidore.

M. H. Larose, Marseille. Mlle Tolat, Saint Leu. MM. Abel Chevalley, professeur agrégé d'anglais. M. Blum. David Bloch. Mme David Bloch. MM. Bergis, Montauban. J. Charmont, professeur à la Faculté de droit de Montpellier. Mme S. Carmelin. MM. Benjamin Abram. avocat, docteur en droit. Louis Lévy, ingénieur civil. Henri Lévy. Jacques Schwob, négociant. Mme J. Schwob. Alfred Blum, négociant. Mme A. Blum. MM. Gaston Schwob, docteur en médecine. Achille Schwob. Mme veuve Dijon. MM. A. Lévy, rentier. Weill, agrégé de l'Université. Mmes Weill. Blum. Veuve Marchand. Marie Hitée. Daum.

M. Seligmann Lévy. Mme S. Lévy. Mlles Emma Lévy. Léa Lévy. Hélène Lévy. Lucy Lévy. Mathilde Schattenbrand, Darlinsdoff (Alsace). MM. Edmond Guiraud, étudiant en droit. Albert Delfau, étudiant en droit. Jean Beuzart, étudiant en médecine. Valmy Dupuy, élève de l'Ecole coloniale. Léon Guichard, licencié en droit. Edmond Dunange, professeur. Jean Mouod. Albert Trocme, étudiant en théologie. Corbrol, étudiant. Mathieu, étudiant. Peyrie, étudiant. Cadix, étudiant. Savoye, étudiant. Ulric Draussin, étudiant. J. Toilant. F. Bessière. Jundt. Charles Maire. Saint-Martin. Charpiot. Gounelle. E. Bonnet, licencié en droit.

MM. C. Bastide, agrégé de l'Université. Daniel Masse, professeur. E. Ledermann, étudiant endroit. G. Johnston, étudiant. Charles Paix-Seailles, étudiant. C. Lévy. Mme C. Lévy. M. Gaston Lévy, étudiant. Mme Marguerite Bruniot, élève à l'école des Beaux-Arts. MM. Henri Rioux, dessinateur. Edmond Weil. J. Puyplat. Mme Alice Puyplat. MM. L. Baize, agrégé de l'Université. Emile Buchard. A. Brucker, agrégé de l'Université. A. Duportal, ingénieur civil des mines. Alfred Bonsergent, homme de lettres. Victor Brossier. Albert

Strauss, avocat à la Cour. Pacary. M⁰ Pacary. MM. Sarasin. Salomé. Lucien Bloch. Alphonse Bloch. René Durelle. Maurice Holleaux. Georges Hilliet.

MM. Félix Hannequy père, publiciste. Maurice Lange agrégé de l'Université, Caen. Mⁿᵉ A. Giry. Mˡˡᵉ Marianne Giry. MM. Frédéric Clément, avocat à la Cour. J.-Paul Boncour, avocat à la Cour. André Plaisant, avocat à la Cour. René Barbier, avocat à la Cour. A. Labrousse, avocat à la Cour. Edmond Sandoz, avocat à la Cour. Louis Bricart, avocat à la Cour. Emile Labarthe, avocat à la Cour. Edmond Coutard, avocat à la Cour. Simon Kauffmann. André Kauffmann. Neirot, rentier. Léon Lévy, externe des hôpitaux. Dumonchel, directeur de *la Revue*. Jean Bianquis. Mⁿᵉ Jean Bianquis. M. Louis Durney. Mˡˡᵉˢ Suzanne Durney, Colombes. Isabelle Durney, Colombes. MM. Henri Dreyfus. Broca let, étudiant en pharmacie. L. Boulmer. Mˡˡᵉ Madeleine Meyer. M. Grandmaître.

MM. Bernheim. Bobichon. Belet. Gaspard. Lorange. Pierre-François Simon. Cayeux. Lereuil. Bonheur. J. Garde, employé. Michel. Michel. Edmond Mosse, employé. René Bounet, représentant de fabriques. Ferdinand Dareau. Mⁿᵉ Dareau. M. Jules Schnerb. Mˡˡᵉ Schnerb. MM. Emile Drouet. A. Rousier, Boulogne. J. Forget, pasteur. Paul Platier. Mⁿᵉ Emilie Forget. MM. Paul Forget, étudiant. Maurice Forget. Armand Carsigny. Moock. Mⁿᵉ C. Moock. M. Edmond Hirsch. Mˡˡᵉ T. Hirsch.

MM. J. Hirsch. Ch. Waill. Mˡˡᵉ B. Forster. MM. A. Boudon. Spillmack. Fernand Hartmann. J. Vernet. Mⁿᵉ J. Vernet. Mˡˡᵉ Bienvenu, professeur de diction. Mⁿᵉ Emilienne Dupré, étudiante en médecine. MM. Louis Passella. Jean Aman, peintre. Gaston Laurent, professeur de philosophie. Théodore Brun, membre de la Ligue. A. Guery, agrégé de l'Université. Courty, chauffeur. Souchy. Georges Marchand. Bahuet, Orléans. A. Weintzen. J. Facon. R. Schwob. E. Bourgeault. Pierre Hirsch-Hoffmann. Grison-Poncelet, Creil. Jean Lallée, comptable. A. Barbara, marchand de vins.

MM. Leclercq. Constant Dumas. Margard. Portait. Augelier. A. Benoît. Fernand Archambaut, sculpteur. Docteur Gripois, à Joinville-le-Pont. Malvault. A. Alexandre, industriel. Lazard, licencié en droit. Alexandre Croineau. Marcel Quetin, élève au lycée d'Orléans. Emile Figuel. Boivin. Mⁿᵉ Boivin. MM. Ernest Payen, prote. M. Caullery, docteur ès sciences. Charles Mascart, ingénieur des ponts et chaussées. H. Buisson, agrégé de physique. A.-E. Maitre, ancien élève de l'Ecole normale supérieure, agrégé de philosophie. Georges Weulersse, ancien élève de l'Ecole normale, agrégé d'histoire. Paul Mantaie. Louis Cazamian, licencié ès lettres. Louis Pastour, prosodiste. Mⁿᵉ Maria Dez-Pastour. MM. Ernest Gaston. Georges Castaing, industriels.

MM. Robert Ducaure, licencié. F. Odobez. Michel Pinyer, lapidaire. Charles-Henry Hirsh, homme de lettres. Jules Butensky, statuaire. L. Bonhoure, Victor Sadoul, publiciste. L. Brille. Bauden. Billy. Bovineau. A. Pierre. Thevenin. Léon Paquin. L. Lafourcade. Javeline. Dalet, interne en pharmacie. R. Ferdinand, interne en pharmacie. Mⁿᵉ Marie Mirabeau. MM. A. Bernard, négociant. J. Lévy, rentier. Mⁿᵉ Jeanne Lévy, Asnières. MM. Camille Lévy, administrateur du Journal *les Droits de l'Homme*. Sylvain. Bénédict. Arthur Willard. J. Damon. Mˡˡᵉ Sidonie Danon. Marie Délange.

M. Wormser. Mˡˡᵉ Hermance Lecocq. MM. Paul Bernain. Docteur Sée. Mˡˡᵉ Sée. MM. Ludwig, de Colmar. L.-J. Bertrand, rentier. Mˡˡᵉ Alice Bertrand, directrice de pension. MM. Charles Brument, étudiant en médecine. Alfred Baillon, préparateur en pharmacie. Richard Mallet, élève à l'Institut agronomique. Peauger, publiciste. Thulier, licencié ès sciences. Henry Billon, rentier. Docteur Fer-

nand Besançon, chef de laboratoire de la Faculté de médecine de Paris. A. Seris, employé. Alfred Rebelliau. G. Brunet, ingénieur. Armand Dreyfus. Gaston Halbronn. Marchandite. H. Lacoste. Crozet. B. Marx. L. Fribourg. Lajeunesse. Mⁿᵉ veuve Fribourg. M. B. Marx. G. Galocher, étudiant en médecine.

M. A. Galland, docteur ès lettres, agrégé de l'Université. Mⁿᵉˢ A. Galland. Gaston Bonet-Maury. MM. G. Bonet-Maury. A. Bonet-Maury. Mⁿᵉ Louis Fournier. Veuve Jules Steeg. Théodore Steeg. Emma Brunswick. M. Léon Garand. Mⁿᵉ Armand Delille. Mˡˡᵉ Jane Armand Delille. MM. Israël. Edouard Bourdeau, dessinateur. Léon Bourdeau, licencié ès lettres. C. Wagner, pasteur. Hippolyte Sieulle. Jean Reville, maître de conférences à l'Ecole des hautes études. Gustave Glotz, agrégé de l'Université. Edouard Leblanc, homme de lettres. Mⁿᵉ Charles Le Corbeiller et ses six enfants, Maurice, Paul, Georges, Louis, Marguerite et Renée. MM. Astrade. B. Jacquemond. Simonet. Louis Bachsmidt. Grosjean.

MM. Bouhaud. A. Seligmann. Edouard Maugis, agrégé de l'Université. Douen. Louis Vollette, Beaumont-le-Roger. Georges Dreyfous, docteur en droit. MM. Alfred Ernout. Charles Nerot. Ch. Brothers. E. Blangiarnoy. Gossez. Dodanthun. Seguin. Thomassin. Lacroix. Delattre. La Flize. Millar. Balavoine. Denis, étudiants en lettres, Faculté de Lille. MM. Colier. Pagès, licenciés ès lettres, Faculté de Lille. Mⁿᵉ veuve Destruche, officier d'académie, château du Boir (Sarthe). M. Papin, château du Loir (Sarthe). MM. Louis Jolly, étudiant en pharmacie. Edouard Chauffred, céramiste. Albert Lartigue, peintre. Pierre Barre, licencié en droit.

MM. Guillaumin, graveur. Bocsanyi, architecte. Georges Ducos de la Haille, avocat à la Cour, licencié ès lettres. Firmin Bate, sculpteur statuaire. Lucien Elie, tapissier. Orens Deuizard, graveur peintre. Mⁿᵉ Médéric Dufour. MM. Médéric Dufour, professeur à l'Université de Lille. A. Arthaud-Berthet, employé, Villejuif. J. Jeune. Lancieux. Mⁿᵉˢ Henriette Daux, artiste peintre. Clémence Rouet, cuisinière. Cécile Marillier, clos de la Plâtière. M. Charles Bernardin, ancien notaire, à Epinal. Mⁿᵉˢ Charles Bernardin, à Bayonville. Veuve Bernardin, rentière à Bains-les-Bains. MM. Prosper Mosse, interne des hôpitaux, Toulouse. E. Peyrot, négociant, Béziers. L. Ripas, Bar-le-Duc. André Cougenheim, étudiant en droit. Mˡˡᵉ Blanche Taylor. MM. Arthur Kœn. Jules Weil. Mⁿᵉˢ veuve Maurice Weil. Louise Sengler, Neuilly. M. Nirler, Rouen.

MM. Albert Sahull. Giroult. Charles Lemasson. Jean Heller. Thamelin. Dornel. Habaud. Hemel. Ernest Thibaut. E. Fouret. E. Ojur. G. Laurent. Avanne. Jourdain. G. Plantrou. E. Godard, Rouen. A. Minrlositel. Armand Colin, éditeur. Thamin, agrégé de l'Université. H. Goyer. A. Taude. E. Lambert. J. Retout. Chandelier, Rouen. Gaston Godfroit, négociant. Paul Kaucourt. Mⁿᵉ Georges de Guer. MM. Georges de Guer, Ledan. Léon Dumet, Sedan. E. Kivat, agriculteur, conseiller municipal de Salles-Mongiscard.

De Salles-Mongiscard : MM. Moïse Gauyacq. A. Gauyacq. F. Marladot, propriétaire, conseiller municipal. Henry Marladot. Mesples. Mousques. Etienne Slarribaud, conseiller municipal. Paul Serres. Vincent Lamouret. Lescoute-Mousques, conseiller municipal. Pierre Lalaune. Charles Crohare. G. Joffre. Jean Mousques, conseiller municipal. Henri Barbe. Pouyanne. Mousques. Mousques, maire. Arnaud Lalaune, de Marseille. Louis Morhange, Charles Morhange. Eugène Morhange, Th. Puget. A. Aboudaram. Bensussan. Fernand de Rocher, Nice. E. Maquet, procureur en retraite, Aix. Roger Hollard fils, Bordeaux.

Jeudi 1er Décembre 1898

Mme veuve Tony-Moilin. Mme Alfred Bruneau. MM. Emile Houter, pasteur, à Marseille. Paul Brousse, conseiller municipal du XVIIe arrondissement. Gustave Perhuis, clerc de notaire, 17, rue de la Chapelle. Georges Bethan, préparateur à l'Ecole supérieure de pharmacie de Paris. Docteur Henri Pottevin. A. Lagrange, agrégé de mathématiques. Léopold Wenzel, compositeur de musique. J.-B. Damay. Victorien Sardou, de l'Académie française. B. Marcel, critique musical. Docteur H. Sureau, 4, rue Milton. Sar Peladan. Charles Strauss, avocat à la Cour d'appel. Alfred May, agrégé de l'Université. Docteur Pactet, conseiller général du Jura. Mme Juliette Kistmakers. MM. Pierre Nattan-Larrier, avocat à la Cour d'appel. Victor Duval, professeur agrégé au lycée de Nancy. Georges de Boutellier, 166, rue Grenelle. Docteur Archambault, Langeais (Indre-et-Loire). Louis Thinet. G. Durand. G. Savigny. Lucien Doublon.

MM. Block, étudiant en médecine. Lucien Delormel, homme de lettres. Henry Delormel, étudiant en lettres. Mme Colson, couturière, 110, rue Richelieu. MM. Vermorel. Léon Verne. Verdier. Docteur Debled, 89, avenue de Saint-Mandé. A. Oulmann, directeur de la *Semaine parisienne*. Marcel Mauss, agrégé de philosophie.

M. Maurice Wurmser, 50, rue de Moscou. Mme Wurmser, agrégée de l'Université. MM. Honoré Delcros, 66, rue Gay-Lussac. Jean Rogère, homme de lettres. Camille Roos, violoniste. Léon Roos, professeur de musique. Léon Marlier.

Protestation de l'Association des ouvriers lithographes, 27 bis, rue Corbeau. — MM. Romanet, directeur, avenue Carnot, Neuilly-Plaisance. J. Coutant, 18, rue du Delta. A. Guignet, 80, boulevard de la Villette. L. Lebreton, 43, impasse Gauvelet. L. Marchandon, 180, boulevard de la Villette. Loubet, 70, rue d'Angoulême. Blaisuis, 33, rue Poulet. S. Guignet, 3, passage de la Folie-Regnault. E. Bouspard, 32, rue Corbeau. J. Adline, 52, rue Boudeauville. Junod, rue des Caillots, 52, à Montreuil. Desvignes, 42, rue du Buisson-Saint-Louis. L. Leroy, 5, rue Anthony. Jules Roussel, 214, faubourg Saint-Martin. Ch. Klughertz, 27, rue Corbeau. Henri Schmitz, 87, rue Planchat, Champuis, rue Corbeau. Auguste Andrieux, 33, rue Beaurepaire, Lendière 11, passage Corbeau. Mme Berthe Tesson, 72, rue des Grandschamps. MM. Montamat, 32, rue Beaurepaire. A. Moreau, 125, rue de Montreuil. Guérein, 26, rue du Cherche-Midi. Félix Thureau, publiciste, 23, avenue de la République, Paris. Paul Brenet, artiste-peintre, 39, rue Lafayette.

MM. Georges Fourmer, 25, rue Monsieur-le-Prince. Léon Gimpel, 44, rue du Rocher. L. Brunschwig. Mme Alice Brunschwig, Mlle Andrée Brunschwig. Marcelle Brunschwig. MM. J. Etillat, négociant, 35, rue des Jeûneurs. Henri Lechêne, 60, rue Custine. Jules Berr. Mme Guilin, à Aulnay (Seine-et-Oise). P. Duflos, 66, rue de Malte. Arthur Stern, 46, rue d'Enghien. Mlles Mathilde Franck. Berthe Franck. MM. Maurice Franck. Constant Franck. Salmon Franck, 121, rue Saint-Denis. Mme Laurence Freisse, 217, boulevard Voltaire. MM. Jean Morin, propriétaire à Florac (Gironde). Georges Morin, chaudronnier, à Florac. Henri Barrousse, mécanicien à Bordeaux. La Bastide. Mlle Méry Morin, à Florac. MM. Milbert, 114, boulevard de Belleville Dupont, à Cernay (Seine-et-Oise). Charles Bourguignon, 92, rue de Lévis. Aimé Leroy, étudiant en droit. J. Martelet, peintre, 1, rue Chatelaris. N. Allahverdi, 12, rue du Quatre-Septembre. Bavier Chauffour, 153, avenue Malakoff. Albert Rivet, 13 bis, rue de Médeah. Lucien May, 139, rue Saint-Dominique. S. May, 2, rue de Cambrai. Mme veuve Lucie Guignard, 35, rue Richelieu. L. Lang, 17, avenue de la Bourdonnais. Simon Caen. 105, boulevard Richard-Lenoir. P. Chapon, 20, rue de Nice. G. Rochon, 28, rue Pierre-Lescot. F. et C. Scheppers, 28, rue de Nice. A. Jarfaut, 4, rue Cail. L. Beaufils, 12, rue de Strasbourg. Alfred Gompel, 1, boulevard Beauséjour. Mme Alfred Gompel. M. Adolphe Gompel, 96, avenue Henri-Martin. Mme Adolphe Gompel. MM. Edouard Lévy, 24, rue des Bons-Enfants. Th. Lévy, 35, rue d'Austerstaëdt. Heimann Lévy, 6, rue Rambuteau. Mme Heimann Lévy. Mlle Hélène Lévy.

M. Edmond Roux, dessinateur, à la Ciotat. Mme Georges de Guer. MM. Georges de Guer. A. Mardelet, notaire, à Lieuvillers (Oise). Maurice Lévy, Nancy. Ferdinand Dibot. Mlle Fanny Dibot, à Nice.

MM. Bonniol, industriel, à Vallon (Ardèche). Fromentin, pasteur réformé. Emile Martin, limonadier. Anatole Alméras. Méjan. Auguste Chantre. Paul Tendil. Ach. Martin. Barry. Boulle. Pochet, tailleur. A. Sammel. A. Eldin. Paul Albaric. Louis Serméas. Léon Rouvière. Camille Martin. U. Boully. B. Lauriol. G. Leroux. E. Proust, à Vallon (Ardèche). L. de Robert, pasteur. Fernand Ledoux, emballeur. Laurentz, tailleur, à Rouen. Achille Bloc. Lucien Bloc. Mme Lucile Bloc, 50, rue Taitbout. M. André Bazille, Montpellier. M. et Mme Arthur Mercier, rentiers. MM. Edmond Roux, à La Ciotat. Louis Coudert, comptable, à Saint-Gilles du Gard. Philémon Gras, à Marseille. Léon Serre, propriétaire au Calavon (Vaucluse). Houzé, receveur d'octroi, à Lille. D. Yvel, de l'*Avenir social*, à Marseille. Mme Laure Pottier, à Balagny-sur-Thérain (Oise). MM. René Godfroy, directeur du *Cri-Cri*, à Sceaux. Emile Levin père. Armand Levin. Emile Levin fils. Paul Bruillard. Ulysse Jodry. Mme Levin. MM. A. Marquet. C. Guénard. Delouard. Borie. Marguerite. Laupin. B. Margolot. L. Roiboit. Dupont. L. Fontaine. A. Trolet. Kommès. Gervais. Paul Bernheim, élève à l'Ecole supérieurre de Commerce, Nancy. G. Peulvé au Havre. Léon Thomson. Louis Fort. Henri Barbier. Eugène Valdin. Mme Anaïs Maugars et ses filles, Jeanne et Marguerite. MM. Honoré Trouilloud. Edouard Poncet François Maréchal, à Lyon. Bruneteau, à Marseille. Strauss. A. Mantez et ses frères.

M. Mugnier François. Mme Dumont d'Ayot. Mlles Sylvie et Adolphine Mugnier. MM. Terrier. Et. Lacroix. Emile Pallud. Jean Brun. Pierre Dupard. Ferdinand Bozon. M. et Mme François Fontaine. Mme veuve Curtot, à La Balme-de-Sillingy (Haute-Savoie).

MM. F. Cantone, à Lyon. Isidore Lévy. Mme Isabelle Lévy. M. Ch. de Vertus.

Le groupe mixte l'*Emancipation humaine de Rouen.* MM. E. Bazire, 10, rue Ambroise-Fleury. Mechin, rue des Bons-Enfants. Parfait, rue de l'Hôpital. Lebourg. E. Lefier Bazire. Fociabrite, révolutionnaire. O. Sarot. Delaunay, rue Lannier. Marcq, typographe, 41, place du Vieux-Marché. P. Trénel, lithographe, rue Sainte-Croix-des-Pelletiers. Mallet, 8, rue Bandin. Desseury. Auguste Noel, rue des Quatre-Amis. Hugueur. Ernest Sivermont, 44, rue Legouy. E. Leconte. F. Moindre. L. Benoist. Charles Benoist. G. Languin. Mme Duboury. Vilain. MM. J. Bazire. A. Levouy. Pousse. Mme Sanchin. MM. V. Helfus. Moindre. Mme Emilie Bernard. M. E. Moisson. Mme Moisson. MM. A. Masson. C. Masson. Duprey. V. Ledoux. Mme Eugénie Bazire. M. D. Gehon (et plusieurs signatures illisibles)

MM. Pierre Dallemagne, charron, 25, rue Ducouëdic. Sylvain Bachelier, charron, 52, rue de Bretagne. Charles Goyon, 26, rue Boulard. Aug. Boutin, forgeron, 35, avenue d'Orléans. Bonnal, 18, avenue d'Orléans. Fouinat, 12, rue Daguerre. Maire, 158, rue du Château. Mathien, 18, avenue d'Orléans. Ch. Boucher, 54, rue Hallé, Pierre Marleux, 22, avenue d'Orléans. Brette, cocher, 28, avenue d'Orléans. Bringaud, 6, rue Daguerre. Goujon, 3, rue Liancourt.

Vaisse, rue Ducouëdic. Jeanneteau, 16, rue Saint-Jacques, Audiffred, 10, rue Gassendi. Imbert, 21, rue Daguerre. Simonnien, 18, avenue d'Orléans. Joseph Cicler, 37, rue Daguerre. Schlsfer, 9, rue Boulard.

MM. Momain, rue de la République, 9, à Marseille. Emile Dreyfus. G. Alexandre, 129, faubourg du Temple. Montagne, 13, rue du Château-d'Eau. R. Juliette, 148, rue du Temple. Mme Rose Klein, 30, rue du Vertbois. MM. William Cot. Abel Mortklein. Albert Alexandre, architecte. Paul-Louis Garnier, homme de lettres. R.-Marius Ollivier fils, 12, rue de Picardie Mlle Paule-Germaine Ollivier. MM. André Viriez, dessinateur, 49, quai Saint-Michel. Gaston Leroux. P. Lacour, 15, rue de Belleville. Machefert, typographe. 43, rue Feutrier. Cousin, ingénieur agronome, étudiant en médecine. Henri Léonardo, élève de l'Institut agronomique. Parmentier, étudiant en médecine Mme veuve Léon Joseph et sa fille. MM. G.-P. Garnier, artiste peintre. Louis Bron, à Gorgan-Livry. F. Viandier 48, rue de la Victoire. Georges Heymann. Josye Grümberg. Fournier. Jeko, 8, rue Bornier. Boudon, 22, rue du Simplon, Delaperielle, membre du parti ouvrier, E. Vattebled fils, rédacteur à *l'Observateur du Centre.* Mme Meyer. MM. Klein, 18, *ter,* rue du Marché, à Neuilly. Henri Pivand, céramiste. Albert Bernheim. Mme Albert Bernheim. MM. Armand Doruille. avocat à la Cour d'appel. Rosseau, industriel. Marcel Delaferme. Georges R., 3, rue du Ponceau. Louis Marx, professeur à l'Union française de la Jeunesse, 50, boulevard de Strasbourg. Marcel Lapeyre. professeur, 55, avenue d'Ivry. Adrien Jacques, administrateur du théâtre-Antoine. A. Tréguier, 1, boulevard de Montmorency, à Deuil. Louis Huet, 10, cité Rondelet, au Grand-Montrouge. Gustave Lévy, 89, rue Dareau. Mme Massot, 4, rue de Salomon-de-Caus. Hippolyte Lamy, 69, rue de Bezons, à Courbevoie.

Mme Agnès Bry, couturière. MM. G. Anne. Léon Sahier. Raymond Stassart. Dumesnil Biart. Paul Chevrier. A. Colombots. artiste peintre. Alfred Vivien, sculpteur sur bois. Louis Bel. Louis Afchain. Salomon Klei, étudiant en médecine, 94, rue d'Hauteville. Mme Madeleine Turbour. Jeanne Thouviot. M. J.-B. Ancel. Mme Lucie Boulanger. Berthe Brunswig. Eugénie Lefèvre. Marie-Hélène Kayser. Lucie Bloch. Emilie Fizaine. Jeanne Hédouin. Constance Moïse. Marthe Denis. Paul Lévy. Edmond Lévy. MM. Jean Trolliet. Fernand Vallée. L. Blum.

MM. Jules Joly, à Clastres. E. Savioux, négociant, 5, cours Gambetta, Lyon. Marcillon, voyageur de commerce. Auguste Jossier, à Saint-Quentin. Pierre Baldocchi, à Nice. Maxime Raphaël, architecte, à Nimes. J. Saint-Martin, avocat, conseiller général, à Carpentras. François Tur. Albert Fraissinet. Louis Bigot. T. Jourdain. Edouard Lambon. Gervais. Ch. Veyre. Max Raphel. Chambon. R. Méjean. S. Trial. Auguste Hallon. M. Franck. Mme Ray. MM. Hugues Rouv. Eugène Lagrange. G. Salomon. Raoul Schwob, Mme Clémence Aboaf. Renée Schwob. Andrée Schwob. MM. Gustave Lemarchand. Mme Lemarchand. MM. Léon Ruffe. Albert Delaporte. Ch. Fréville, comptable. Mme Blanche Lièvre. MM. Crost. Louis Buisson. L. Constantin, docteur en droit. G. Brot père. Jules Brot. E. Cardoze. Lucien Birgé, secrétaire de la rédaction de *l'Annonce artistique.* Mme veuve Niquet, 16, rue Charlemagne. Léon Galant. Léon Lévy. A. Lainé. Schmoll fils aîné, Belfort. Alphonse Kiefer, Belfort. S. Mans fils, négociant. Albert Provost.

Lycée Condorcet : MM. J. Ollendorff, élève de mathématiques spéciales. Charles Goldschmidt. Paul Stiffel. Robert Douville, mathématiques supérieures. A. Fischer. Marcel Mirtil. L. Vigrat. Kayser. A. Guillout. Weill. Gallet. Macé. Spigel. J. Rueff. Ancel. De Saint-Aubanet. Erapenard. Eaubmann. Kaltenbach. De Meurville. Jean Brack, élèves de philosophie. Paul Eisenmann. H. Maréchal. A. Lesueur. Gimpel. B. Reichenbach. Eugène Amar, élèves de réthorique.

Mme B. Hermain et ses trois fils. MMes G. Fréville. Aline

Hillairet. M. Arthur Geismar, comptable. Mlle Berthe Salomon. MM. L. Bernard. L. Bernard fils. Mme L. Bernard. Mlles Jeanne Bernard. Rose Lévy. MM. Guichard père, chimiste, à Meudon. Michel Meyer, pasteur à Compiègne. Charles Barbier. Dufoin père, rentier. Auguste Lexatter. Numa Meyer. Achille Poirmeur. Paul Baudequin. Mlle Louise Poirmeur. Mmes Hortense Chevrin. Veuve Aconny. Veuve Snel. Laure Meyer. Marthe Dez. Irénée Dez. Hélène Warin. Obéline Bayer. Veuve Beaudequin. Timothée Beaudequin. MM. Eugène Dez. Alfred Dez. Ismaël Dez. Emile Dez. Julien Dez, à Cuise (Oise). J. Choquenot, à Chablis. M. et Mme Seignoud. MM. M. Zucconi, artiste. Forestier. M. Coulon. Arthur. Cabé. Mme Louise Choismard. MM. Ch. Cabé. Camille Worms sous-lieutenant au 88e territorial d'infanterie. M et Mme Lépidi. MM. Macléan. Paul Viteau, homme de lettres. Jules Thierry, dessinateur. L. Maillot. Henri Gohier, négociant. René Schuhl, étudiant. F. Castel. Mme Jeanne Castel, à Rouen. MM. Léopold Rottemberg. Georges Rottemberg. Mme Blanche Rottemberg. Marthe Rottemberg. MM. Henri Maistre. Arnold Heilbron. Emile Léger, à Fisme (Marne). E. David. C. Blanquet. Charles Emault. Antonin Bellaize. A. Levasseur. H. Ronné. Alphonse Meyer. Victor Basch, professeur à la Faculté des lettres à Rennes.

MM. V. Thuillat. Sartre, négociant. F. Marévery. Jean Vigier. Mmes Mandavy. Marguerite Jourde. Marguerite Vigier. MM. Baptiste Nicolas. Bosmy. Deconchet. Mandeix. L. Morichon. Blémont. Plancher. P. Mappas. Chabaud. Leproux-Lamargue, instituteur. Mme Maria Sartre, à Limoges. MM. Michel. Maurice Bouquet. Sylvain Kahn. Camille Dalroff. Louis Boudot. Gaston Derys. G. Poirier. Docteur Trinité. Alexandre Weiskopf. Joseph Weiskopf. J. Paquin. Mme J. Paquin. MM. B. Kahn. Robert Kahn. Eugène Chatelain. Marc Meyer. G. Flamand. E. Ozery. F. Chevalier, 43, boulevard Magenta. C. Canidec. M. Hulmann. Mme A. Meyer. MM. Auguste Mattéoda. Dumenil. E. Martin. Nertep. Mme Marguerite Nertep.

MM. Léon Gaston, 2, place Aubran-Moët, Epernay. Etienne Kahn, voyageur de commerce, 118, rue Monge. P. Moscoyer. E. Illouz. J. Zarka, 235, rue Paradis. Illouz, fils, 14, rue Chevalier-Rose. A. Zarka, 63, cours Pierre-Puget. Checler. Amédée Sambarrey, employé de commerce, 49, rue Thiers, Libourne. Edouard Lévy, au Grand-Montrouge. Léon Vorin, 57, rue Vallier, à Levallois. N. Morin, 14 *bis,* rue du Colonel Oudot. Mme N. Morin. MM. René Thomas, voyageur de commerce, 8, avenue de l'Est, au Parc-Saint-Maur (Seine). Emile Bodin, 8, passage de la Briqueterie. Martin Wéber, 60, rue de Paris, à Clichy. Mme Dumas, 125, boulevard Victor-Hugo, à Clichy.

MM. Auguste Picard, représentant de commerce. Lévy, commerçant. Delaplata. E. Buisson. Gustave Girard. Clément Netter, 125, boulevard Victor-Hugo, à Clichy.

MM. Rému, clerc de notaire. Louis Marguerite, propriétaire. Bessète, Grande-Rue à Sommières (Gard).

MM. Ch. Trousset, à Rosny-sous-Bois. G. Barrucand, 7, rue d'Enghien. F. Jeune, 56, faubourg Saint-Denis. E. Rohart, 1, rue Notre-Dame-de-Bonne-Nouvelle. J. Godemard, 49, rue Charlot. L. Delpierre, 16, rue Michel-le-Comte. Ed. Duquenoy, 2, rue Laurence-Savart. E. Fauvel, 9, rue des Francs-Bourgeois. Bruneau, 5, rue Delaître. Leroux, 15, rue des Couronnes. Pasturaud, 3, rue des Tournelles. Guidy, 33, rue de Cléry. Aug. Merty, 26, rue Réaumur. J. Floret, 40, rue du Château-des-Rentiers. J.-B. Trousset. E. Guillien, à Rosny-sous-Bois. Victor Prévost. Louis Van Dessol, 40, rue Traversière. A. Laforge à Rosny-sous-Bois. J. Nebutin, à Montreuil-sous-Bois.

MM. Noblet, 22, rue Rambuteau. Mendes, à Rosny-sous-Bois. J. Moger, 261, rue Saint-Denis. Alfred Lévy. Paul Hayem. Philippe Lévy. Jules Grançon, à Saint-Denis. Th. Hersant, 12, Grande Rue-Saint-Marcel, à Saint-Denis. Henri Grançon. Adrien Vervelle. A. Moreau. Vigier.

Grisez. Bougeat, passage Haguette. G. Poulain. E. Delreux. A. Chevalier. A. Bernard. Auger. Grandjean, 105, rue de Paris. Lorcery, 36, rue de Paris. Henry, 14, rue de la République. E. Connay, 86, rue de Paris. Lenoble, 15, rue Blanqui. A. Baudry. A. Martine, 13, boulevard Bessières. Lieury, 19, rue Fontaine, à Saint-Denis.

MM. P. Landry, 3, rue de Turenne. Mark, 33, boulevard de Reuilly. Fernand Bloch, 45, boulevard Magenta. Poulet, 49, rue Saint-Honoré. Harmand, 63, rue des Gravilliers. Déjardin, à Alfortville. Armand Lévy, 61, rue Saint-Dominique. Maxime Serf, 292, avenue Daumesnil. René Strauss, 36, rue du Temple. J. Eugène, 152, avenue Parmentier. Houlmann, 131, avenue Parmentier. Lucien Meyer, 19, rue des Juifs. Joseph Meyer, 149, rue d'Allemagne. Armand Meyer, 21, rue du Maroc.

M. H.-J. Laroche, ancien officier de marine. Mⁱˡ Créhange, 7, rue Sainte-Nôme, à Chartres. MM. A.-D. Perfettini, 71, rue d'Alsace, à Clichy. A. Millaud, pharmacien. Mᵐᵉ A. Millaud. MM. B. Millaud. F. Millaud, publiciste. Paul Mouton, dessinateur. F.-J. Kohn. Vincent Vrain, publiciste. M. et Mᵐᵉ Anselm, à Passy. MM. Ernest Blum, ex-sous-officier. André Lambert, 61, rue Lepic. Hubost. Marcel Raire. Clément Muzard. L. Berton. Paul Lascombes. Humbert Bourse. Dʳ Victor Green. J. Green, avocat. Félix Green. Alfred Allouche. Mᵐᵉ Régine Vauvert. MM. Ed. Boilat. Adolphe Duquesne. Aboucher. Albert Alexandre. Georges Marynski. Georges Vauvert. Emile Bon. Jacques Lewinski. Jean Bourguignon, homme de lettres. A. Colmart, avocat à la Cour. A. Beydon. A. Jouret, chef de bureau au ministère du commerce, retraité. Ch. Rivière. Roubineau. S. Ziwès, artiste peintre. H. Mifued, étudiant en droit. Guillaume Enriquez, étudiant en droit. Albert Stora, étudiant en droit. Léon Lebhoud, externe des hôpitaux. Encheine, étudiant en droit et en lettres. Lévy-Braun, industriel. Auguste Lapeyre, libre penseur. Pénédariez, étudiant en médecine. A. Coulond, imprimeur. Mᵐᵉ Jeanne Coulond. H. Philippe. D. Bonnier. Rodrigue. André Sciama. Paul Girerd. Dʳ Boha. A. Katz. Albert Hepp. Charles Salmon. Raymond Lina. Et. Furst. M. Sabin. A. Door, étudiant en médecine. Mᵐᵉ Pilanski. M. G. Pilanski, imprimeur. M. et Mᵐᵉ S. Kuhn. Mⁱˡˡ Alice Kuhn. E. Déhors, à Beauchamp. Bouillon, à Ay (Marne). Ed. Meyer. Lesueur, 129, rue Nollet. Léon Meyer. Mᵐᵉ G. Cahu. M. et Mᵐᵉ Jules Bach. M. et Mᵐᵉ Eugène Daum. MM. Jules Klotz, étudiant en médecine. Maurice Hauchard, 11, rue Mazagran. Louis Lemoine. Adolphe Cabuz. Lucien Jean. Mᵐᵉ Crousset, Rosny-sous-Bois. E. Bouteloup. E. Bourdon. Alexis Reversé. A. Cerf. E. Ficher. E. Dautreppe. Ledermann. Meichelber. Hector Meschini. F. Schultz. Mˡˡᵉˢ Jeanne et Marguerite Pagès. Mᵐᵉ veuve Caen. Mⁱˡ M. Lehmann. Mᵐᵉ et Mˡˡᵉˢ Salomon. Mᵐᵉ veuve Lazarus. Mᵐᵉ Salomon. MM. E. Bloch. A. Nefti. Jules Gouchault, conseiller municipal, à Orléans. Elie Green, avocat.

MM. G. Sabatti, représentant de commerce, à Aiguillon (Lot-et-Garonne). H. Giscard. J. Renaud-Villa, à Nancy. Charles Hirschler, voyageur de commerce.

MM. G. Bloh, étudiant. L. Braun, A. Lippmann, F. Lippmann, L. Bloch, employés de commerce. G. Kahn, négociant. A. Nerson, employé de commerce. Mˡˡᵉ Borel, à Lyon. M. Oscar Mascour, à Herseaux, Belgique. Quatre soldats de Nantes. MM. A. Kahn, à Nancy. Alexandre Fischel, négociant, à Epinal. Raphaël Lévy, à Saint-Mihiel. Ch. Jacques, docteur en droit.

MM. Fontanès aîné, à Beauvoisin. Giran. Bourolz. Paul Augé. Isaac Augé. Bataune. Bourelle. Cabot. Maur. H. Vidal. Pillaut. Peyron. Teissier. Lassalle. Larme. Bouy. Bonfils. Vidal fils. Henri Chabal. Isidore Dalmas. Albin. Amphou. Verne. Bernard. A. Vincent. Gausse. Guillaume. A. Port. Beau. Hély Girun. Maurin. Samuel. Fernet. Derne. Maury. Duplessis. Jean Mante. Le Gallus. Prosper. Briau. S. Telle. Palinar. Viala. Albert Régame. Beruzet. Colombe. Georges Lisbonne, à Montpellier. Paul Brunschwick, voyageur de commerce.

MM. Bazé, représentant de commerce. Jules Chaume, artiste peintre. A. Desqueyroux, photographe. A. Delmestre, à Bordeaux. Ch. Jourdan, à Valence. A. Dreyfus, 55, rue de Maubeuge. Mᵐᵉ Arthur Selz. Mⁱˡ Rose Selz. MM. Gaston Meyer. Georges Hauser. Armand Heymann. Maurice Chimène. Mᵐᵉ veuve Dreyfus, 55, rue de Maubeuge. René Metzger. Roger Baer. Clerc. Cerf. Videau. Veaumoroube. Cassoulet. Samuel. E. Lahousac. Guillaume. A. Barret. J. Rayourthe. Bourjade.

MM. Lucien Crosnier. Dufour. A. Marchand. Renaud. A. Lasne, à Orléans. Albert Frincenet, à Troyes, Mᵐᵉˢ veuve Vignetet. Berthe Vignetet. Marthe Vignetet. M. Auguste Copel. Mᵐᵉ Marguerite Coppel. M. Raoul Arnoult. F. Raoult. U. Jaillant. E. Brégeon. L. Lehmann. René Toussaint. J. Thiaville, à Troyes.

MM. le docteur E. de Lambert. Pierrelaye. René Promit, homme de lettres, à Saintes. Louis Kretz. David Hauser, 9, rue Saint-Maur. Mᵐᵉ David Hauser. M. L. Leprince, 127, rue de Montreuil. Mᵐᵉ Leprince. MM. Prosper Mossé. Lucien Lagriffe. Adolphe Oulié, Joseph Capyrus, Etienne Gaisseron, internes des hôpitaux, à Toulouse. Jules Paular, 170, rue de Bègles, Bordeaux. Hennequin, pharmacien, à Marquise. Milon fils, 33, 35, rue Solférino. Laval-Siméon Créange, de Metz, 35, rue de la Villette. Frédéric Aubergier, impasse de l'Astrolabe, 5. Abraham Hirsch, 40, rue du Tour, Toulouse. Charles Franck, 49, rue des Pargamineurs, Toulouse. E. Haas, Bayonne.

M. le docteur Germain Perlis, Bellegarde-du-Loiret. Mᵐᵉ Perlis, étudiante en médecine. MM. Boulanger, chef mécanicien, au Pecq, 7, quai des Champs. André Weil, étudiant. Mᵐᵉ Paul Weil. M. Paul Weil, ex-pharmacien militaire, 80, rue de la République, Rouen. Mᵐᵉ Louise Botiaux-Daubrive, ancienne directrice du Théâtre des Lettres. MM. Valentin Gustave, 116, rue Oberkampf. A. Lemoine. F. Lacroix. Wacher. A. Chouvel. Leprou. Aron Alfred. Escribe. Simon. Huret. A. Ernest. E. Schmitt. Martin Dauria. Arthur Jacques. Picard, à Maisons-Alfort. H. Picard-Pingault, 2, rue Ménilmontant. Emile Audronis. J. Clavet. H. Montigny. E. James. F. Defai. Arthur Vaucouleurs. Benoît Paul, 120, rue Oberkampf.

MM. André Hirsch, Cycles Select, 25, boulevard Saint-Martin. Lefèvre, ingénieur civil. Mᵐᵉ et Mˡˡᵉ Lefeire, 101, avenue de Clichy. MM. Bernard Chapellier fils, représentant de fabrique, 12, rue Bergère. A. Chappellier père. Adolphe Reiff, imprimeur, 3, rue du Four. Mᵐᵉ Marie Reiff. MM. S. Heymann, 4, marché Popincourt. A. Guélis, typographe, 7, rue Charlemagne. T. Aubry, imprimeur, 37, rue du Dragon. Garfunkel, graveur-imprimeur, 37, rue d'Amsterdam. Mᵐᵉˢ Theyron. Valentine Mourier de Goussencourt. E. Barbat, curiosités et bijoux, 116, boulevard Rochechouart. MM. F. Chayrou, 45, boulevard de Strasbourg. Paul Vallier, 49, cours Saint-André, Grenoble. Joseph Vallier, avocat à la Cour d'appel. P. Laluyaux, 159, rue Saint-Antoine. Léon Launay, interne à l'hôpital de Saint-Germain-en-Laye. Jules Yung, Fernand Yung, 2 bis, rue des Rosiers. A. Phélipon, médecin de la marine en retraite. Luçon. Denis Verse, dessinateur, rue Barthélemy, Marseille. Mⁱˡ Mathilde Maisonneuve. Mᵐᵉ Jeanne Pécot. MM. Jacques Mizraki, 43, rue Grignon, Marseille. Alexandre Maisonneuve, Vernoux (Ardèche). Mᵐᵉ A. Maisonneuve. M. Gaston Meyer, avocat à la Cour d'appel, Mᵐᵉ Gustave Meyer, Mⁱˡ Marthe Meyer, 60, rue de la Chaussée-d'Antin. Mᵐᵉ Léopoldine Le Parre. MM. Gustave Parfu, relieur. Robert de Souza, homme de lettres. F. Lehmann, représentant de commerce. Ch. Ramus, Monteyron (Seine-et-Marne). Ch. Monnier, publiciste. Jean Marieni. Albert Bouvier. P.-L. Albert Bloch. E. E. Baduel. Désiré Jacob, Taverny (Seine-et-Oise). Edmond Lévy. Mⁱˡ Blanche Lévy, institutrice. M. J. Berheim, 13, rue du Commerce.

MM. R. Lévy, comptable, 23, boulevard de la République, à Noisy-le-Sec. Alfred Satie, traducteur, 46, rue de Paris, à Saint-Germain-en-Laye.

Les soussignés : MM. T. Wertheimer. L. Martin, artiste

dramatique. A. Wertheimer. J. Wertheimer. Gilles Legris, chapelier. J. Tillèse-Jouillier, 174, rue du Temple. E. Girard, 131, faubourg Saint-Denis. L. F. Bapet, 26, rue de Trévise. E. Bloch, 42, rue de Meaux. J. Jamuel, 139, rue Saint-Antoine. G. Grier, 117, rue de la Roquette. Contrel, 2, rue Chapon. H. Lévy, 49, rue de la Victoire. Salmon, 27, rue Jean-Jacques Rousseau. J. Levy, Plaine Saint-Denis. Salomon Meyer, 14, rue de la Madeleine, à Douai. Charles Haardt, négociant en toiles. Marcel Legros, élève de mathématiques spéciales. A. Marty, ferblantier, 8, rue Fourier. Cavaillé, ferblantier, 12, avenue de Pézénas. A. Cavaillé, menuisier, 2, rue de l'Hospice-Saint-Joseph. Rocque. Léon Fournier. Bouvard. Alicot. Noël Fournier. F. Bézomb. V. Constans. Ch. Gély. M. Pouri. Paul Nicoles. Henri Lignon. Joseph Lignon. G. Bézomb. Marius Alzieu. Jules Clément. V. Lengé. Benoît. Ed. Bloch.

MM. Emile Double. Albert Double fils. Mme Gabrielle Double. Mlles Jeanne Souché. Marthe Claverie. Berthe Chartognat. MM. A. Le Gorrie. Simon Jacob. L.-B. Clos. François Sausteron. R. Naudy. Lajoinie. E. Cunformo. Albert Bataille. Baron. C. Dubourg. R. Coullaud. E. Tarride. F. Bentéjac. M. Bousquet.

MM. David Lévy, bijoutier, 12, rue d'Aix, à Marseille. F. Lafue, négociant, rue du Thon, à Thiviers (Dordogne).

MM. Camille Ancelin. Toussaint. Prudhomme. G. Migrenne fils. Jules Grandin. L. Lanloup. Alfred Migrenne. G. Poulain. Alexis Point. Lefèvre. Cornu. Louis Drecq. Charles Caudron. A. Galimant. Mme Alfred Mégrenne. MM. Paul Loriette. Poulain. Nouvellon. Louis Labbe. Henri Locqueneux. Emile Roy. Octave Catin. Camille Guénot. L. Gervais. J. Thiéfaine. Ch. Seret. A. Henry. A. Louis. Mme G. Louis. MM. Ernest Terière. Louis Point. J. Rabaux. Jules Ribeaux. Raphaël Jenny. E. Venet. E. Lécuyer. J. Lanciaux. A. Prudhomme. H. Combe. Ernest Flamant. J. Cheviller. Haraux. E. Furet. N. Berdouillard. A. Donnet. Victor Plinguet. Ed. Braillon. Alexis Poulain. Paul Rouy, à Guise.

MM. Ed. Maquis, dessinateur. Mmes veuve Crémieux. Veuve Frédéric Maquis. MM. Schmidt. Girot. Anglade. Merlin. Pesnot. Ducom. Maurice Binet. Iram. Louis Lecas. Lefoin. Eugène Parent. Emile Repin. Samson. E. Goudelacq. Mme E. Goudelacq. MM. Prosper Hervouet. Pierre Hervouet. Lombard. Busche. Beugnet. M. et Mme Gomert. M. Germain. M. et Mme Leclerc. M. et Mme William. MM. Bouy. Cantarel. Hervé. Boulanger. Gillibert, coiffeur. Cassau, Sartore. M. et Mme Passenaud. MM. Gagnebien. L. Geret. Martin. Lévy. H. Grand, à Montmartre. Paul Masson. Gustave Guénin. A. Four. Charles Graoelle. J. Mouzin. Ed. Lévy. Georges Dreyfus. A. Hayem. R. Lévy. L. Dreyfus. B. Haas. Pichon A. Grignon. R. Leclercq, du *Libertaire*. Mme L. Nicolet, une grand'mère de soixante-quinze ans. MM. A. Gebex, Félix Anguerand. H. Jun. Camille Bona. Becken. L. Patten. A. Gerber. G. Sauvageot. Jules Moriannet. J. Sauvageot fils. P. Bondier. Al. Cailebourdin. C. Cléry. F. Potier, architecte. Paul Buckart. J. Gillis. L. Mirtié. Mivielle, ancien gérant du *Cri du Peuple*. Louis Blum. C. Dupas, sculpteur. Pope. L. Aubin. Eugène Crotté. J. Rémy. Mendel. Lina. Birchener. G. Foullon. Jean Cuisinier. Ernest Bussière. Jean Morel. L. Dudon. V. Landron. Arapie. D. Levasseur. Mailly. Vidé.

Mlle Rachel Franck, 37, rue de Lévis. MM. Bru. G. Lurenberger. Alfred Huyot, agrégé de l'Université. E. Mathieu. Mlle Joséphine Planchamp, 73, rue Mozart. M. et Mme Français. MM. Tanier. Fleur. F. Geismar. M. Rodrigues. Gustave Rosenberg, 25, rue Meslay. André-Jack Kahn, élève architecte. Modeste May, faubourg Saint-Denis, 291. Mme Modeste May. Mlle Anna May. Fanny May. MM. Ernest Daltroff. Arthur Russeil. Ernest Samuel. L. Trévien. E. Dié. E. Delpy. M. Appel. A. Morel. Emile Fischmann, 62, rue Demours. Joseph Tastevin, étudiant. Han Ryner, homme de lettres, 3, rue Clotaire. Gustave Tillié, rédacteur en chef du *Petit Poète*, 86, rue du Cherche-Midi.

S. Laurens. Morsang-sur-Orge. Paul Lainay, étudiant. C. Beltrand, lithographe, 3, impasse Camus. M. et Mme Naulin. MM. A. Leib Robert Weil. Henri Maurel, étudiant en droit, élève à l'Ecole de sciences politiques G. Boismoreau, 3, rue Poulet. L. Viven, 12, rue Cail. Jules et Alfred Bernheim, industriels. Baron G. de Lamieussens, publiciste. Mme Bonne. Mlles Camille et Marthe Bonne. M. Raphaël Weil, interprète, 65, rue de Richelieu. Mme Rosalie Blanc, institutrice, 105, avenue de la Station, Ivry. MM. E. Ochmichen, architecte, 20, rue Perdonnet. Louis Thibaut, licencié en droit.

MM. Geo N. Meyer, publiciste, 19, boulevard Poissonnière. Marcel Chastanet, 30, rue de Clichy. Henri Marfaing, 51, rue Blanche. Gustave Quenel, représentant de commerce, 154, avenue Parmentier. Mme Gustave Quenel. MM. Théophile Bargent. Albert Gosselin. Jules Prévost, à Creil. Adam Levacher, aux Aydes (Loiret). C. Gilardoni, manufacturier, à Sermaize-les-Bains (Marne). Docteur Fernand Marmier, à Mailly-la-Ville (Yonne). M. Feuillade, à Le-Vivier (Indre). V. Courant, à La Chapelle (Charente-Inférieure). Ed. Phillippe, ingénieur constructeur, à Lille. S. Bellais, avocat, à Marseille. F. Henry, à Brassac (Tarn). D. Becker, 18, rue Rambuteau. Charles-Gras, député de Paris. Mme Baudry, 16, passage Colbert. M. et Mme Charles Gibier, 29, rue Boulard. M. Th. Serre, ancien négociant. Mlle Henriette Valadé. M. et Mme Maurice Rousset, 19, avenue Henri-Regnault, Sèvres. MM. E. Girandat, rentier, 20, rue des Martyrs. Léon Grandfils, correcteur. Fabre des Essarts, pasteur de la Sainte-Gnose. E. Dureuil, rue Curiale, 48, F. Levasseur, 18, rue Curiale. H. Lerouge, 46, rue Curiale. L. Lerouge, 46, rue Curiale. E. Flipeau, 2, rue Bellot. G. Lefèvre, 48, rue Curiale. B. Lebec, 48, rue Curiale.

De Quiévry (Nord) : MM. Lorriaux Osée, conseiller municipal. Jules Galio, clerc de notaire. Jonathan Méresse, propriétaire. G. Hautcœur, clerc de notaire. D. Druart, employé. E. Boulet, rentier. Paul Galio, clerc de notaire. N. Wattremez. F. Méresse. S. Druart, tisseur. J. Briatte. S. Jacquemin, tisseur. Jules Blanchard, peintre. C. Briatte, lammeur. Emile Jacquemin, propriétaire. Blanchard François, employé. Lengrand E., mécanicien. Machu Cyrille. Jacquemin Emile. P. Dailleucourt, Lorriaux David, Blanchard Camille. J. Bauduin, Blanchard Zélmir. Blanchard E.-J., Hureau J., tisseurs. Ad. Renny, conseiller municipal. Waxin H., cultivateur. Bastien C., négociant. Casimir Mercier père, adjoint au maire. Debuchy, menuisier. V. Hutin, comptable. Carrin Osée, jardinier. Blanchard Jean-Baptiste, tisseur. Casimir Mercier fils, agriculteur, secrétaire du comité républicain. E. Jacquemin. Leclerc Jacob, tisseurs. Jacquemin Jean-Baptiste. J. Langrand, E. Lengrand.

MM. D. Jacquemin. Joseph Lengrand. Lesage Elie. C. Lefebvre. C. Lorriaux. D. Jacquemin. E. Blanchard, tisseur. Henri Druvoi, agriculteur. J.-B. Jacquemin, employé. H. Davaine, ancien adjoint, rentier. V. Bernard. H. Lengrand. E. Lorriaux. G. Bauduin. Jacquemin. Ejournel. A. Bauduin, tisseurs. J.-B. Lengrand, rentier. J. B. Lefebvre, journalier. D. Jacquemin, fabricant de tissus. A. Lenotte. D. Lefebvre. D Delporte. Alf. Jacquemin. Jacquemin-Grassart. C. Jacquemin. C. Grassart. tisseurs. A. Druvot, cultivateur. David Bosquin. Emile Mercier, cultivateurs. J. Jacquemin. Victor Lengrand. H. Grassart, J.-B. Wattremez, tisseurs. J. Martin, pasteur. Ulysse Lengrand, conseiller municipal. Joseph Grassart, Henri Deladeuille. J. Lefebvre. D. Cézille. C. Sapin. F. Wattremez, tisseurs. Devigne, père. Henri Feuillet, tisseurs. Alfred Druvot, agriculteur. Oscar Mercier. diplômé de l'Ecole de commerce de Paris. Capron Lefèvre, Capron Lefèvre, Capron fils, négociants. Isaac, rentier, conseiller municipal à Quiévry (Nord).

MM. Albanie, étudiant, Maurice Choffel, chimiste. Brice Bruneau, chimiste, 191, faubourg Saint-Denis. D. Luizet, chimiste, Taverny. Emile Louis, chimiste. Ch. Berthaut,

Trosly-Loire. J. Morgand, auteur dramatique. Alexandre Roy, bibliothécaire, à Saint-Lubin-en-Vergonnois. Raymond Bourthoumieu, comptable.

MM. Adolphe Brisson, membre du parti ouvrier, 13, rue des Bois. Arthur Rochaud, employé à *l'Aurore*, 78, faubourg Poissonnière. Mᵐᵉ veuve Fauvel, 41, rue du Mont-Cenis. MM. E. Delmars, boulevard Saint-Marcel. Paul Mathurin, horloger. Désiré Mathurin. Urbain Moluié, 20, rue Trézel, Levallois. Michel Corbeau, 61, boulevard Barbès. Mᵐᵉ M. Corbeau. MM. Victor Grosz, 8, rue Vivienne. Alfred Dietrich, employé, Saint-Denis. Alfred Lagneau, représentant, 22, rue des Martyrs. Routet Fleury, 11, rue Chevreul. Blum, employé. D. Heumann. Emile Heumann. Henri Heumann. Charles Heumann. Edmond Heumann. Gaston Meitre, représentant de commerce, 1 *bis*, rue de la Mairie, Boulogne-sur-Seine. Samuel Isak, rue Louis-Blanc. G. Decaudin, 6, cité du Vaux-Hall.

De Huriel, (Allier). Mᵐᵉ Charles Jannin, 63, rue des Martyrs, Paris, en résidence à Huriel. M. Antoine Franchaise, vigneron. Mᵐᵉ Amélie Franchaise. M. François Bergerat, vigneron Mᵐᵉ Marie Bergerat. MM. Charles Robert, vigneron. Blanchard, pharmacien. Docteur Jardon. Gaulier, vigneron, à la Croze. Bouvard, président du Comité républicain. Pierre Bouilland, aubergiste, à Beaumont. Crépiat tuilier. Paul Maugenes, vigneron, à Beaumont. J. Lebourg, conseiller municipal. Gilbert Lebourg. Maugenes, Gilbert. Jean Sinturel. R. Roch. Jean Lavigne. Pierre Dupré. Lebourg. P. Bergerat. F. Busseron. Bergerat. Micard. Léonard. Bergeron. G. Bergerat. J. Lasseur. Martin, facteur. P. Darlet, négociant. Sauvanet, étudiant. Bergerat, propriétaire. Grandjean, premier adjoint. J. Tenet conseiller municipal. Momron, négociant. J. Decoup, négociant. Depeige négociant. Beyron, industriel. F. Relian, fermier. Jean Appert, entrepreneur. Verneuil, maçon. Auroux, tailleur de pierre.

MM. Boutet. A. Ternois. E. Feuchot. Ch. Déchenaud. P. Pompon. Léon Tresse. Caron. Em. Chaudron. E. Nicolle, contremaître. E. Masson, contremaître. C. Ragué, comptable. A. Derouilla, chef d'atelier, ciseleurs.

Les employés de la maison Simon : Mᵐᵉ L. Simon, directrice. MM. Mayeux, contremaître. Bourdon, chef d'atelier. Baltazard. Charles. Dupont père. Dupont fils. Algrin père. Algrin fils. Richard, comptable. Menicher. Ludovicq. Lacour. Pourchet. Besnard. Rolinger père. Rolinger fils. Elias. Oussard. Emile Menger. Katz aîné. Katz jeune. Robin. Noireau. Gaveau. Grandjean. Roublot. Chaptz. Mᵐᵉˢ Louise Katz. Berthe Bourdon. Anna Rolinger. Louise Oussart. Margueritte, Georgette, Jeanne, Marie, Anna, Reine, Berthe, Clara Poussin. Clara Potz. MM. Désiré Lombard. Victor Giorda. Alexandre Maffei. Etienne Saissi. Charles Saparetti. Michel Auda. Germain Paseros. Gaëtan Picard. François Baillet. François Emeri. Louis Laroche.

MM. A. Estauvelle. A. Durand. L. André. J. Fontanès. F. Amphoux. Brel. Rouvin. Vigouroux. Ernest Combelle. Villard. Ph. Jucla. Lucien Argenson. D. Aumar. Duron. Cuvier. Oswald. Fraissinet. Giran, Emile. Lassalle. Giran. Jaulmer. Fontanès aîné. Villaret. L. Giray. L. Brunet. S. Amphoux. Faysse. H. Boissier. Albin Boissier. Burginier. Giraudet. Marogne, à Beauvoisin (Gard).

MM. Léon Saussier, typo anarchiste. Francis Boucher. J. Salomon. H. Salomon. L. Salomon. Mᵐᵉ A. Salomon. Mosès. MM. Albert Lévy. Albert Marchal, 82, rue Ordener. Mᵐᵉ veuve Le Blond, 10, rue Tennerolles, Saint-Cloud. MM. Myrtil Lévy. Ed. Bornot, interne en pharmacie. Gustave Ranson, externe des hôpitaux. Mᵐᵉ Louise Chapart. MM. Albert Dejust. Imbert. Lucien Vallette. Joseph Fourdrinier. Burgis. Edouard Lehen. Léon Brachet. Emile Bloch. Mᵐᵉ Marguerite Bloch. Alice Bloch, de Malverne. MM. André Bloch. Sloog. P. André Tantet. Mᵐᵉ P. André Tantet. MM. Jacques Dreyfus. Docteur Meslier, à Clichy. Fonteneau, rentier, à Clichy. J. Gaubert.

M. J. Descauses, à Colombes. Mᵐᵉ veuve Jacques, 10, rue Dupetit-Thouars. MM. Auguste Nau, ferblantier.

J. Marchal, architecte, 190, boulevard Pereire. Mᵐᵉ Leroy. MM. A. Taillebois, à Condé-sur-Noueau. Isidore Weil. Mᵐᵉˢ Zélie Hirsch. Hélène Hirsch. Veuve Hirsch. MM. le vicomte de Morteuil. Edmond Nerson. Mᵐᵉˢ Adèle et Alice Nerson. Veuve Nerson. M. et Mᵐᵉ Zelmann Battist, 55, rue Charlot. MM. Eugène Coulon. G. Barthélemy, à Epinal. Georges Abt, agrégé de philosophie. A. Galpin, 39, rue Rochechouart. S. Gotlieb, publiciste. Mᵐᵉ Jeanne Helleboid. MM. Léon Moreau, artiste musicien. Léon Lacrie, à Montpellier. Edouard Médus, homme de lettres. Gruex May, à Vienne (Autriche). C. Prebay. A. Prebay. F. Prebay.

MM. Edmond Bernheim, à Troyes. Louis Cumora. A. Luck. A. Carlen. Albert Lévy, à Nancy. Raphaël Martin, étudiant en médecine. P. Buisset, agent commercial. Léonce Coblentz, artiste peintre, ex-adjudant d'artillerie, aux Andelys. Mᵐᵉˢ Léonce Coblentz. Schnerb. Mᴵᴵᵉ Madeleine Schnerb. MM. Paul Lévy, licencié ès lettres. Frédéric Pollard, dessinateur. René Maingourd. Mᵐᵉ René Maingourd, à Orléans. MM. J. Carpe, boucher, à Toul. André Cassel.

M. Salomon Weil. Mᵐᵉˢ Aline, Madeleine, Marcelle et Lucie Weill. MM. Constant, Edmond, Marcel, Charles, Ernest et André Weil. Mᵐᵉ Lucie Weil, à Sedan. MM. A.-H. Prevot. M. Alaine. Julien Simon, agrégé de l'Université, à Chartres. Mᵐᵉˢ Marie Breluriet. Fanny Eichmüler. MM. C. Verder. Dolfus. R. Chouillon. E. Henry. Georges Eichmüler. Mᵐᵉ Marie Mongin. M. G. Jaulmès, pasteur. Mᴵᴵᵉˢ Louise et Hélène Jaulmès. Mᵐᵉ veuve Ed. Melon, à Caen. MM. Pierre Désiré Maridort, licencié en droit. Pierre-Auguste Maridort, docteur en médecine. M. Lévy, de Strasbourg. Edmond Lévy. M. et Mᵐᵉ Péruffo, de Nancy. M. Gaston Weil, agrégé des lettres.

Mᴵᴵᵉ James, professeur. Mᵐᵉ Ruelle-Gaulard, à Bois-Colombes. MM. Octave Crémieux, 51, rue Richer. Ruelle-Gaulard, à Bois-Colombes. Docteur Santenoise, médecin-adjoint de l'asile d'aliénés de Saint-Ylie, par Dôle. Albert Mulot, statuaire, 133, avenue Victor-Hugo. Mᵐᵉ François Sabatier, 56, avenue Kléber. MM. Gérend, 1, rue de Turenne. J. Monis, homme de lettres. M. et Mᵐᵉ Armand Heumann, 35, rue de Châteaudun.

M. et Mᵐᵉ Lacomme, à Mesvres. MM. E.-S. Auscher, ingénieur des arts et manufactures. Léon Brunswick, 31, rue des Petites-Ecuries. Georges Robert, rédacteur en chef du *Progrès du Nord*, Lille. Victor Serant, directeur de l'*Echo de la Bresle*. Docteur Garnier, Commercy. Petrus Blanc, 6, rue de la Sorbonne. Mᴵᴵᵉ Jeanne Blanc, 6, rue de la Sorbonne. M. et Mᵐᵉ Dumont, 27, rue Laffitte. MM. Daniel Bellet, membre de la Société d'économie politique. H. Laffilée, architecte du Gouvernement. A. Près, élève de l'Ecole de de rhétorique au Lycée Corneille (Rouen).

MM. J. Bréthe, directeur du journal *le Moniteur agricole*, de Bordeaux. Giraud-Teulon, professeur honoraire à la Faculté des lettres de Genève, à Millhaud, près Nîmes. Paul Morin, manufacturier.

Mᵐᵉ Paul Marin. Mᴵᴵᵉˢ Marin. Thérèse Chaigneau. Suzanne Chaigneau. Marguerite Chaigneau. MM. André Gallet, élève architecte. Julien Chester, rentier. Frédéric Passy, ancien député, membre de l'Institut. Docteur Ladevi-Roche, château de Saint-Germain, par Neuvic (Dordogne). L.-A. Brégeaux, propriétaire, à La Chapelle-en-Serval. M. et Mᵐᵉ Georges Amson, 20, rue Le Pelletier. M. A. Mosticker, ingénieur des arts et manufactures, 13, avenue Bugeaud.

M. et Mᵐᵉ Veil-Picard, 4, rue Boissière. MM. Fleuret, négociant, Grenoble. Grenier, négociant, Grenoble. Thévenot, entrepreneur, à Grenoble. Bouchayer, clerc, Grenoble. Timothée Roussiez, pasteur. Paul Dubois. Charlier. Arthur Lemure, à Esquehebies.

Groupe alsacien : MM. Emile Muller. Jean Balsinger. Albert Michel. Louis Zeyssolff. Richard Boeckel. Jules Kohler. Auguste Dietz. Jules Stahl. Barr (Alsace).

M. et Mᵐᵉ P. Coizeau. M. et Mᵐᵉ André Etant. M. Georges Mayer, 97, boulevard Sébastopol.

MM. Eugène Levy-Haas. René Levy-Haas. L. Halbronn.

S. Halbronn. Simon Schnerb. L. Weil. Kahn. Roos. Brunswigh, de Lille. A. Cahen, 9, rue Nationale, Lille. Ab. Durand, directeur de *l'Indépendant Français*, Paris. L. Robert, 104, rue de la Chapelle. Mme Robert. Mlle Julie Robert. MM. Georges Marx, 27, rue de Larochefoucauld. B. Lauriez, 62, faubourg Poissonnière. Émile Picarda, avocat à la Cour.

Mmes Hélène Kremmer. Eugénie Cerf. A. Vidal. Lt Dupont. MM. Docteur Gilbert, membre correspondant de l'Académie de médecine, le Havre. André Alexandre, auteur dramatique, 113, avenue de Villiers. Hector Degeorge, architecte, expert près le tribunal de la Seine. René Degeorge, élève aux Beaux-Arts. Mme Hector Degeorge. M. Megriot, 11, rue Vincent.

MM. A. Caduc, sénateur de la Gironde. Jules Mottu, ancien maire du XIe arrondissement de Paris.

MM. Émile Jardé, professeur de musique à l'Association des instituteurs, 32, rue Schomer. Julien Weidenback, rentier, 4, rue du Bourg-Tibourg. Kelsen et Louis Morlau, employés d'octroi, 93, rue Championnet. Mme Eugène Vasseur, 3, rue de Grammont. MM. Louis L'Huillier. Jumentier, imprimeur, 47, rue de Doudeauville. Ferdinand Aubry, 69, boulevard Barbès. Frédéric Weber, 2, rue Lamarck.

MM. Maxime, Henri et Émile Sousy, employés de commerce, 41, rue du Mont-Cenis. Th. Lévi et E. Lévi, 24, rue de Château-Landon. Marcel Weill, employé de commerce, 11, rue d'Orsel. René Weill, élève à l'école commerciale, 11, rue d'Orsel. Charles Lauty, 41, rue du Mont-Cenis. Stongue, artiste peintre-graveur, 5, rue de Coulmiers. C. Demarquet, rue Lafayette, 95. E. Liodon, 100, Grande-Rue, Villemonble. Perney, 81, rue du Temple. Anain, secrétaire de la L. P. du XVe. C. Delveil frères, 78, rue Damrémont. Ameline, 22, rue Oberkampf.

M. E. Gaudefroy, ébéniste, 125, rue de Crimée. M. et Mme Tissier, 61, avenue de la Motte-Piquet. M. et Mme Duchesne, 6, rue de Calais. MM. E. et Célestin Rouy, 70, boulevard Ménilmontant. Tournier, cordonnier, 43, rue Polonceau. Jules Legros, 11, rue du Rhin. A. Levallois, 157, rue Saint-Antoine. Alexandre, 23, rue Salneuve. Mme Ch.-H. Ranovitz. Mlle Andrée Ranovitz.

MM. Auguste Cloirex. Samuel Isak, rue Louis-Blanc. Paul Philippe, émailleur, 1, rue Rabelais, au Pré-Saint-Gervais. Girard, cocher, 1, rue Rabelais, au Pré-Saint-Gervais. Gustave Girard fils, émailleur, 1, rue Rabelais, au Pré-Saint-Gervais. Hubert Muelle, tailleur, 8, rue Ganneron. Amédée Muelle, 33, rue de Lille. G. Bael, représentant, 41, avenue de la République. Weinert, 26, rue Lacharrière. Émile Duvivier, 4, rue Saint-Louis-en-l'Ile. Ernest Duvivier, 4, rue Saint-Louis-en-l'Ile. Mme Clémenceau, 16, avenue Philippe-Auguste. Andrée Graffé. Anna Graffé. Jeanne Graffé. M. Linchon, 36, avenue de la République.

La Loge les « Enfants de Rabelais », de Chinon. M. J. Ardaine, électricien. Mme Ardaine. Mlle Blanche Ardaine, 100, rue Marceau, à Montreuil-sous-Bois. MM. Charles Gayral, comptable. Epiphane Devorsine, 6 *bis*, boulevard Champ-Marie. Martial Renaud, expert géomètre, à Aunay-sur-Odon. Marcel Gins, 38, rue de Trévise.

MM. Besnard, adjoint au maire, à Villebourg. V. Caissat, instituteur, à Villebourg, J. Perrotte, à Touffreville. Paul Roux, étudiant, licencié en droit, 25, avenue de la République. Jules Rivaud. Mme Rivaud, 17, rue Émile-Lepeu. M. V. Bellière père. Mme Bellière. M. L. Bellière fils, 4, rue des Écoles, à Gennevilliers.

M. Théodore Pény. Mme Victorine Pény. Mlle Pény, à Saint-Germain. MM. A. Petit, à Alfortville. A. Ranfer, 60, rue Louis-Blanc. H. Poirier, entrepositaire, à Vanves. Joseph Roulier, asile de Vincennes. Gustave Barbou, receveur-buraliste, à Sillé-le-Guillaume. Albert Pernod. Émile Gerbier. Mme veuve Gerbier, 24, rue Saint-Claude. M. Eugène Kayser. Mme Kayser, rue des Maraichers.

MM. Gibiat, à Chevreuse (Seine-et-Oise). P. Guillot, 21, rue des Saints-Pères. Gustave Dubourg, 6, rue Saint-Marc. Mme Angèle Dast, 11 *bis*, avenue des Bruyères, à la Garenne. MM. Ch. Streicher, comptable, 234, rue de Bercy. Fernand Fiolet, 52, boulevard Arago. J. Renard, adjoint au maire de Palaiseau. Guyot. Voisin. Alexandre. Labonigues. J. Legrain, industriel, 123, avenue Parmentier. Mme Ganthé, 7, rue de la Monnaie. M. Ed. Secrétin, 64, rue Beaunier. Mme Thomas. Mlle Georgette Thomas, ancienne élève de Cempuis, 2, rue Bleue. M. Ruptier, 2, rue Bleue. M. et Mme Gravelet, 2, rue Bassano. M. et Mme A. Permaton. Mlle Permaton, 39, rue de Tolbiac. M. Auguste Jacquemin, employé, 125, route de Fontainebleau, au Kremlin-Bicêtre.

MM. Brault, étudiant, 72, rue Rambuteau. Edouard Touret, employé. J. Touret. Léon Briot, conseiller municipal au Pré-Saint-Gervais. Ch. Chambrin, 34, avenue Daumesnil. A. Petit, 9, impasse Rodier. René Candoze, 92, rue Legendre. Ernest Candoze, 97, rue Legendre. J. Burette, 23, rue Saint-Sauveur. C. Buisson, 85, rue de Chaillot. Léon Lévy. Mme Léon Lévy. MM. Georges Mijous, 9, rue Saint-Paul. Lucien Lévy.

MM. Rouvière, capitaine en retraite, 114, avenue de Neuilly. G. Robinet, 6, rue Claude-Vellefaux. Pierre Lucas, 6 *bis*, rue de Montsouris. Émile Delsane, villa René, au Perreux. Bleuse, 49, quai de Montebello. Lehmann, 138, rue Amelot. Gillot, 65, rue Clignancourt. L. Crême, 60, avenue d'Orléans. E. Tavernier, 65, rue de Bagneux, à Montrouge. Chouin, 54, faubourg Saint-Denis. Gigneaux, 113, avenue de Saint-Ouen. C.-K. de Kerval, 82, rue des Tournelles. Albert Provost, homme de lettres, comptable, marchand des quatre saisons, 30, rue Bargue. Barthélemy Bagette, 43, rue Belliard. Mme Lazard. Mlle Juliette Lazard. MM. Edmond Lazard. Lucien Lazard, à Paris.

MM. L. Charlot, 37, rue de Reuilly. V. Lantillon, 109, rue de l'Ourcq. Georges Géghor, 38, rue du Temple, rédacteur démissionnaire au journal *le Réveil militaire*. S.-E. Hazzan, 70, rue Turbigo. E. Bertalle, 27, rue d'Avron. Un citoyen.

Mme Aline, 42, rue des Vignoles. MM. Joseph, 4, impasse Bergame. Lucien Joseph, 16, rue Geoffroy-l'Asnier. Jules Hanry, 30, rue des Vignoles. Jean Poulet, 5, impasse Bergame. Faure, 30, rue des Vignoles. Désiré Durante. P. Poullain, 3, cité du Cardinal-Lemoine. C. Wybrecht.

M. et Mme Rey. MM. Edouard Créhonge, électricien, 5, rue Oberkampf. Jean Tribel, 37, rue Lafayette. E. Bernard, représentant de commerce, 5, rue Alexandre-Dumas. André Quen, dessinateur, 4, rue Taylor. Rotemberg, joaillier-bijoutier, 29, boulevard Saint-Martin. Mme Rotemberg. MM. Essonnier. A. Faroux, peintre décorateur, 1, rue Saint-Jérôme. G. Lafay, ouvrier typographe syndiqué, 148, rue de Vanves. Vauthier, employé, 54, rue Godefroy-Cavaignac. E. Watebled fils, rédacteur de l'*Observateur du Centre*.

MM. Marius Leydet, place de l'Église, à Asnières. Émile Morin, 20, rue des Gardes. Gaston Baptiste, 33, rue Cler. Jean Gouzon, 10, passage des Petites-Écuries. Paul Guyot, 36, rue Saint-Ferdinand. Joseph Besson, 40, rue Fabert. Mmes Champel et J. Champel, à Bois-Colombes. MM. P. Maquette, 86, boulevard de Grenelle. Albert Dupré, 2, rue Joanes. Ernest Wallet, 109, boulevard Diderot. A. Pouilly, étudiant en droit. Ed. Faillet, membre du comité socialiste de la Folie-Méricourt, 68, quai de Bercy. Laneuw, Mlle Laneuw. M. et Mme Rueff, 141, rue du Temple. MM. L. Mathieu, abonné au *Radical*. Fauste Barbier. Campeaux. Louis Maigné, 44, rue Polonceau. A. Raynal, peintre, 31, rue de la Goutte-d'Or. M. et Mme Th. Jeau, 31, rue de la Goutte-d'Or. MM. Eugène Boureau, coiffeur, 42, rue du Landy, à Clichy. Frélon, peintre, 67, avenue de Clichy. L. Raynal, armurier, 50, rue Bouret. L. Bonhoure, ancien secrétaire rédacteur de la Chambre des députés. Victor Sadoul, publiciste. Diehl, correspondant de l'Institut. G. Pariset, docteur ès lettres. Perreau, docteur ès sciences. Henry

Lemonnier, chargé de cours à la Faculté des lettres. A. Maujan, ancien député de Paris. Jean Hess, publiciste. Docteur Léon Marchand, professeur honoraire de l'Ecole supérieure de pharmacie de Paris. René Carrière, sculpteur. Lucien Foubert, agrégé, professeur au lycée de Saint-Brieuc. Félix Durrbach, professeur à la Faculté des lettres de Toulouse. Ursleur, député de la Guyane. Aubry, professeur à l'Université de Rennes.

MM. Paul Richet, homme de lettres. Rodier, professeur-adjoint à la Faculté des lettres de Bordeaux. Emile Michel, membre de l'Institut. Georges Renard, professeur à l'Université de Lausanne. Eugène de Faye, maître de conférences à l'Ecole des hautes études. Brieux, auteur dramatique. Ernest Denis, professeur à la Faculté de Bordeaux et chargé de cours à la Sorbonne. Morin, professeur de rhétorique. Vital Rousseau, professeur de philosophie au lycée de Cambrai. Henri Bréal, avocat à la Cour. Emile Bergerat fils. Laborde, membre de l'Académie de médecine.

MM. Charles Richet, professeur à la Faculté de médecine. Henry Beauregard, professeur à l'Ecole supérieure de pharmacie. H. Vaquez, professeur agrégé à la Faculté de médecine, médecin des hôpitaux. P. Rondeau, chef-adjoint honoraire des travaux physiologiques à la Faculté de médecine de Paris. Borrel, chef de laboratoire à l'Institut Pasteur. Oettinger, médecin de l'hôpital Broussais. Beclère, médecin de l'hôpital Tenon. Cassoute, médecin des hôpitaux. Hartmann, professeur de la Faculté de médecine. H. Pellat, professeur à la Faculté des sciences. J. Andrade, maître de conférences à la Faculté de Montpellier. Armand du Mesnil, conseiller d'Etat honoraire. Léonce Benedite.

Docteur Fernand Bezançon, chef de laboratoire de la Faculté de médecine de Paris. MM. Lajeunesse. A. Galland, docteur ès lettres, agrégé de l'Université. Jean Reville, maître de conférences à l'Ecole des hautes études. Edouard Leblanc, homme de lettres. Georges Ducos de la Haille, avocat à la Cour. Firmin Batte, sculpteur statuaire. Médéric Dufour, professeur à l'Université de Lille. Mᵐᵉ Henriette Daux, artiste peintre. M. Guillaumin, graveur.

MM. Georges Weyl, Fortuné Weyl. Mᵐᵉ Rosine Debenetti, Paris. M. et Mᵐᵉ Laheuze, Alfortville.

M. G. Basmaison, du comité radical-socialiste, Thiers. Mᵐᵉ L. Voisine, institutrice, à Lussault (Indre-et-Loire). MM. G. Guyot, étud., à Vitry-le-François. Ch. Cornu, sous-directeur du *Nouveau Châtillonnais*, à Châtillon-sur-Seine. L. Salaix. Th. Legras. A. Vasseur. G. Pimbeaux, ouvriers typographes du *Nouveau Châtillonnais*. E. Leclerc, ouvrier mécanicien, aux Mureaux. A. Vincent Desparres, à La Ferté-Bernard.

MM. C. François, ancien sergent-major, engagé volontaire, 114, rue de la Chapelle. V. Gareau. Léon Tillot, N. Caboche, pharmacien, à Crouy-sur-Ourcq. H. Guyot, instituteur, à Chaussy. Jeannint, cordonnier, à Arcis-sur-Aube. Sauvageot, 17, rue d'Allemagne. Gœllier, 10, rue Lylette, à Chilles. Mᵐᵉ veuve Lagarde. Mˡˡᵉ J. Lagarde, 95, rue des Maraîchers. MM. Charles Guerder, publiciste, 25, rue Nationale, à Ivry. Albert Donelli, journaliste. Clovis Verlot, ouvrier, à La Châtre. Eugène Hannecourt, libraire. Ed. Dubois. C. Dubois, employés, à Wignehies.

MM. Ange Ribeyre, comptable, 13, rue de Béarn. Albert Derrien, comptable, 23, boulevard Magenta. M. et Mᵐᵉ Alfred Picaud, droguiste, 36, rue Saint-Louis, à Choisy-le-Roy. MM. Maurice Trefon, employé de commerce, 56, rue Amelot. Paul Habert, 28, rue de Rivoli. Darles, 3 *bis*, villa des Vallées, au Grand-Montrouge. Hannequin, 16, avenue de Suffren. Caplot, 28, rue de l'Orillon. C. Delorme, 53 *bis* rue d'Angoulême. Vergeat, 343, rue des Pyrénées. Montaut 2, rue de Palestine. C. Peuquet, 162, Grande-Rue, Créteil. Emile Bloch, 210, rue Saint-Maur. Chartier, 98, rue Marcadet. Schneider, 16, rue du Cloître-Saint-Honoré. Tisson, 10, rue des Coutures, à Bagnolet. Gabriel Lefeuve, critique musical. Ernest Lefeuve, avocat à la Cour d'appel. F. Simon. A. Simon, graveurs, 9, rue Gabrielle, à Charenton. B. Lyon. G. Lyon, graveur. M. et Mᵐᵉ Piccini. M. Débonnaire père. Mᵐᵉˢ Flore Ulmo. A. Ulmo. M. N. Bernard, entrepreneur de menuiserie, 29, rue de Paris, à Charenton (Seine). Mᵐᵉ Alice Bernard, graveur. MM. B. Strauss. J. Strauss. Gibon. A. Herbet. F. Herbet. Michelat, rue Sambre-et-Meuse. Alfred Caron, 123, avenue de Bry, au Perreux.

M. A. Dreyfus, rue Louise, Paris. Mᵐᵉ Jeanne Fournier, 142, rue du Chemin-Vert. Mᵐᵉ Caroline Gosselin, 1, rue d'Angoulême. M. Desmelin. Mᵐᵉ J. Suzanne, 76, rue Richelieu. MM. Héret, 42, rue de Clignancourt. Quet, 6, rue des Cloys. Mᵐᵉ Alice Destames, rue de Chaillot. MM. Simon, rue Guilhem. Brisson, rue des Ecoles.

MM. Auciaux, 5, rue Git-le-Cœur. Collignon, 9, rue du Marché-Saint-Honoré. Liégeois, 2, rue des Lianes, au Perreux. Bailly, 54, rue des Bas, à Asnières. Boisselier, rue de la Pointe, à La Garenne. Frey, 21, rue Lantiez, Chesneau, 112, rue des Dames.

MM. Charles Ramus, à Montgeron. Dupret, 31, rue de Maubeuge. A. Pujol, 3, rue de la Mare. Boileau, 191, faubourg Saint-Denis. E. Cardoze, 97, rue Legendre. René Cardoze, 97, rue Legendre. H. Considère, 12, rue du Bouloi. Denier, comptable, 45, rue de Montreuil. A. Ibert, 3, rue Martel. H. Frath et Mᵐᵉ H. Frath, née Pégurd.

MM. H. Lelong, 88 *bis*, boulevard de Port-Royal. Ernest Bouvier, 30, rue Brochant. A. Champel. Wattelier, fils, rédacteur au *Républicain de Vernon*.

M. Rousseau, industriel, boulevard Arago. Mᵐᵉ Jane Lévy, 3, rue Turbigo.

MM. Jules Legros, ancien élève du pensionnat de Passy, 11, rue du Rhin. Baril, dessinateur, 16, rue du Sentier. Picard, 4, rue d'Erlanger, Jacques Draillif, zoliste-dreyfusard. Pignon, 18, passage de la Reuss. Antony Leigneur 68, rue de Meaux.

M. Etienne Albert, 23, avenue de Nanterre, à Rueil. Mᵐᵉˢ Anaïs et Amélie Albert, 23, avenue de Nanterre, à Rueil. M. Lebert et Mᵐᵉ Lebert, abonnés du *Rappel*, 65, rue de Paris, à Taverny. MM. E. Dehomme, industriel. G. Dehomme, caporal de réserve. V. Dacquet. Mᵐᵉ E. Dehomme. MM. Honoré Friourt. E. Daquet. Emile Verriez. Henri Dehomme. Mᵐᵉ Delettre, à Cauvigny (Oise).

MM. Paul Clary. Boutet de Monvel. H. Baudet. A. Landon. Orléans. Mᵐᵉ Morel Cazeneuve. MM. Adrien Morel. J.-G. Bourgey. A. Maret. Mᵐᵉ Cottarel. M. Dupeyron, Lyon. MM. Flochon. O. Coumier, pharmacien, président du comité républicain, Saint-Cyr, vénérable de la loge, le docteur Magnier. Durand. G. Boulanger. Garbet père. conseiller d'arrondissement, ancien maire de Beauvais. P. Rousselle, Beauvais. E. Schulz, pasteur. Mᵐᵉ Marie Schulz, Saint-Rambert (Rhône). MM. A. Lassay. Joubert, notaire. Leconte, principal clerc de notaire. Docteur Drouin, maire de Beaumont-sur-Sarthe. Gaisneau, propriétaire. Pote. A. Parard, propriétaire. A. Vannier, tanneur, adjoint au maire. A. Parard, propriétaire. A. Louis, chapelier. A. Legendre, propriétaire. F. Legros, Beaumont-sur-Sarthe.

MM. R. Waltz, professeur. A. Bernaux, professeur. Mᵐᵉ A. Bernaux, Château-Thierry. MM. Baudrillard. André. Freyche. Georgeot. Louis Comte, directeur du *Relèvement social*. Mᵐᵉ Louis Comte, Sainte-Néomaye. Pierre Bloume, Genève. Charles Hirschler, voyageur de commerce français. Charles Kerdyk. Edmond Baur. Henri Baur. Paul-Henri Barberat, fabricant de soieries, Lyon. Roux, directeur de *la Démocratie de l'Ardèche*. E. Davaine, pasteur de l'Eglise réformée de France, Rhoubari, Privas. Docteur Ryassen. Pierre Florand, pharmacien. Grohlier, avoué. Gibert, représentant. Bouttelas, propriétaire. Grand, avoué. Dalby, clerc d'avoué, Guéret.

MM. Dalby, clerc d'avoué. Paignaud, caissier de la Caisse d'épargne, Neny, des Caves populaires. L. Saint-Hilaire, distillateur. H. Guillemot. N. Pomel. Guéret. Gédéon.

Jaulmes, pasteur. John Vienot, pasteur, à Montbéliard. L. Marchand, pasteur, à Soloncourt. P. Poincenot, pasteur, à Voiyaucourt. Paul Mégnin, pasteur, à Allondant. J. Abt, pasteur, à Belfort. P. Dieterlen, pasteur, à Valentigney. A. Meyer, pasteur, à Beaucourt. Charles Fallot, conseiller général du Doubs. Henri Rau, ancien professeur. Ed. Courant, industriel. A. Bosquette, docteur en médecine. Henri Berger, industriel, à Montbéliard. Alfred Poisson, licencié ès sciences. Kergomard, agrégé de l'Université. H. Bourbon. E. Rieder. Louis Couissin. Mieillat, correspondant du *Progrès de Lyon*. M. Jacquier. J. Douillet. Hugonin. Boisset, conseillers municipaux, de la Côte-Saint-André.

MM. J.-B. Trillat, négociant, La Côte-Saint-André. Gillonnay. Léopold Ulmann, Valenciennes. Allègue. E.-J. Brunswick, ingénieur des arts et manufactures. Paul Coquerel, ingénieur civil, Vivens, près Clairac. Monteux, Paris. F. Santandrea, Bordelais, contrôleur des voitures. Auger. Cyrnus, ancien ouvrier de l'Etat. Rémy Fontenelle, agent d'assurances. Perrineau, clerc de notaire, à Saintes. A. Giraudet, rentier, Saint-André-de-Lidon. E. Poures, secrétaire général d'Union chrétienne, Bordeaux. P. Kissel, électricien. Dexmier, garçon de magasin. Labrousse, étudiant en droit. S. Monod. R. Siegfried. Jules Moullet, professeur, Bordeaux. Ange Baratte. Mme Joséphine Dehon. Césarine Dehon. M. Raoul Duseigneur. Mme Victorine Renet. MM. Henri Defranc. Paul Bellanger. Mme Victorine Dehon.

MM. S. Schneider. G. Gervais. L. Gros. Mlle S. Bing. M. Nathan Bloch. Mme Nathan Bloch. MM. Schreyer. Emile Thozan. Mlle Poux. MM. Gaston Weill. Raoul Dreyfus. André Hardoy. Joseph Bloch. Jules Bloch. L. Marion, étudiant, Genève. Charles Orion, étudiant. L. Roos, professeur au lycée, Bayonne. A. Lévy. Mme A. Lévy. MM. B. Lévy. Henri Cerf. J. Nordmann. Gerbert. E. Vernier, contremaître de tissage. Berteaud. Frédéric Peugeot. Frédéric Debard. Georges Volley. Henri Michaud. J.-B. Thevenot. Charles Hawazeck, employé de bureau, à Héricourt.

MM. Louis Paris. Emile Charton. Ronce. Jules Péquignot. Joseph Jaquot. Alexandre Willhem. Eugène Renez. Charles Chevalley. Alfred Vernier. Jules Bideaux. Mergy fils. Héricourt. Bonnefoy. Mme veuve Emile Schwob, Héricourt. MM. James Schwob, manufacturier. Merck, tailleur, Héricourt. Jacques Schwob, étudiant, Mulhouse. Léon Devin, employé, Héricourt. Charles Jacquot. Pierre Peugeot. Pierre Vuillequez. Louis Jacquot, ouvriers tisserands, Brévilliers. Louis Herche, Tavey. Julien Schwob. André Schwob, manufacturiers, Héricourt. Joseph Minery, directeur d'usine. Joseph Gasser. Th. Monnier. Auguste Mossier. Lambalot. Aloise Lemaire. Stadelmann. Raphenn. Stachle, contremaîtres. Marchand, mécanicien. Henri Vogel, menuisier. Héricourt. Paul Valiton, ouvrier, Brévilliers. Jules Bourquin, ouvrier. Tavey. Conrad Mergy père, mécanicien chef. Emile Maconnet, chauffeur, Jacques Vix, mécanicien. Bader, contremaître. Louis Zimmermann, ouvrier apprêteur, Ernest Iltio. Frédéric Roy. Schœnnenberger, ouvriers tisserands. Charles Hardin, menuisier. Louis Kiger, Wuillamier, apprêteurs, Héricourt. Félicien Andreux, tisserand. Charles Roy, apprêteur, Nyans. Ledermann. Mme Louise Rondeau, ouvrière. Augustine Viet, cuisinière. Famille Rondeau, Villeneuve-la-Guyard. M. Emile Dufour, ouvrier boulanger, Troyes. Mme Marie Favier, ouvrière, Châtelet d'Ambert. M. Albert Dreyfus. Mme Albert.

M. Léon Duquenheur. G. Duquenheur. Mme Eugénie Duquenheur. MM. Joseph Devoille. Claude Descombes. Auguste Vincent. Isidore Constanet. Louis Balliare. Casimir Boiron. Houilbert, Hippolyte. Julien. A. Dauby, Charenton. A. Martinière, Charenton. Delovollet. D. Lalaut. Leeland. Veyssettes. Clément Grouiller. Jard. Barbe. Bourgeot. A. Poiret. Mme A. Poirel. M. E. Thibaut. Mme P. MM. Martin. MM. Alexandre. Ouse. Dore. Dade.

MM. Garnier. René Eckert. C. Eckert. G. Gres. Clavereuil. Quiret. Sauveteur. Ed. Fostier. Deferney. Fr. Salomon Maillebois. Mme Fr. Salomon Maillebois. MM. Jean Grillon, étudiant en droit. Albert Salmon, licencié en droit. Mangeolle, employé. V. Salmon, industriel. Spire, fils, industriel. H. Plinate. Mehul. Poinsignon. Leguilloux. E. Riesen. Neumann. François. Goubeaud. Léon de Rocard. E. Poisel. Gachot. E. Poncin. A. Godelier, cordonniers, à Nancy.

MM. Pourel. Villemin. Chalon. Lemoine. Fremiot. Simon, contremaître. E. Munier. Lustemberger. A. Jacquin, contremaître. Frache. Martin. Crochetet. Munier. Vincent, cordonniers, à Nancy. Gustave Nordon. Emmanuel Nordon, chaudronniers, Malzéville. Alfred Nordon, Malzéville. P. Lévy, employé. J. Forest. J. Lévy, industriels. M. Forest, à Nancy. Abel Plinate, Malzéville. Bomblin. Malzer. A. Tisson, employé de commerce. Hilaire, contremaître, Nancy. J. Frohn, président du syndicat des ouvriers cordonniers de Nancy. A. Tikoczinski.

MM. Duchere fils, cordonnier, Nancy. Groots, conseur en chaussures, Nancy. Huser, Nancy. Victor Schneider, Nancy. Jules Plinate. Auguste Kallenbreur, brocheur, Malzéville. E. Bigneuf, peintre, décorateur. Eugène Mathias, Nancy. Louis Besson, Chalon-sur-Saône. Louis Guillaumou, député du Rhône. Léon Bernigaud, membre de la Chambre de commerce. Chretzchmar, président du tribunal de commerce. Jacquetin, conseiller municipal, Châlon-sur-Saône. Brun. Maugey. Gedon. Rousset, anciens conseillers municipaux, Chalon. J. Blum. Fetter. Armand Hoeiscop, correcteur. J. Prat. Salade. Faulquierg. Savinien Gardin. Alfred Paupe. Teodort. Dumont Chapuis.

MM. Merpillat. Badinier, officier au 29e d'infanterie. D. Marche. Galteau. E. Oberlé. Gustave-A. Kruger, pasteur, à Gaubert (par Orgères). Lindimer, entrepositaire de vins. Jean Mayer. Léon Lévy. Léon David. Henri Besançon, employé de commerce. Moïse Lévy, employé de commerce. Marc Meyer, employé de commerce, à Belfort. Maurice Ginsburger, négociant, à Héricourt. Simon Bernheim, à Belfort. Eugène Nathan. Henry Nathan, à Nancy. Abel Lorsignol, à Esquéhéries (Aisne). Léon Dreyfus, maire de Lourches. Henri Duhem, artiste peintre. Julien Garcy, à Montey-Saint-Pierre. E. Doizi. Mme Doizi, à Charleville. MM. Doizi, ancien élève de l'Ecole de santé militaire. Paul Serrure. Henri Da Costa, à Olivet (Loiret). Robert Chabree. Fayon, coiffeur. Colson. Joubert.

MM. Perrin ainé. Pierre Perrin. Hept, ancien négociant. Wayer, monteur, à Tomblaine. M. Adam, coupeur en chaussures. Caton, ancien manufacturier, à Malzéville. Gustave Hourliers, à Molin (Marne). Charles Dautel. Mme F. Dautel, institutrice, à Reims. MM. Bras, bottier. Chemitzer, entrepreneur. Fery, coiffeur. Dieu, cordonnier. Boutemin, cordonnier. Marclot, peintre. Martignont, peintre. Solomond, marchand de métaux. Chrétien, marchand. Gustave Hourlier. Louis Herbonville. Charles Louis, à Reims. Edouard Cahen. Mme Edouard Cahen. MM. Paul Malvoisin, rédacteur. Marcel Morriz, directeur. D.-M.-G. Rony, bibliothécaire, à la *Nouvelle Encyclopédie*. Mme L. Lecomte, rédactrice à l'*Annuaire des Femmes*. MM. Henri Fornet, comptable de la *Nouvelle Encyclopédie*. Lucien Lherault, à Saint-Malo. H. Dabadie, artiste peintre.

MM. Lucien Depas, pour l'amour de la vérité. A. Linthilhac, employé de commerce, Bordeaux. B. Souche, naturaliste. A. Combault, Merville. Mlle J. Zgraggen, professeur d'Ecole normale, Beauvais. MM. Henry Danjou, bijoutier. René Crud. A. Leygue. Mlle Jeanne Parisot, Alfortville. Mme G. Damour. J. Leygue. L. Bandier. Louise Aubert. Paul Couvreur. MM. Péloux. Eugène Beauvalois, receveur d'enregistrement en retraite. E. Miraillet, membre de la Ligue. E. Fliess, Lyon. L. Devaux. V. Drouin. Revesche. E. Pouteau. Léon Rebut, Saint-Maur-les-Fossés. Anatole Calle. J. Vapillon. P. Courreyre. Victor Larme, rentier. Mme Victor Larme. M. Quievreux, pasteur, Lille.

Mme Charles Keller. M Léo Keller. Mlle Marguerite Grinine, Nancy. Mlle M. Evrioux, Vallon. MM. Jacques Keller. Paul Keller, Nancy. Mlles Cécile Galle. Lucile Galle. Mme Emile Galle. MM. Durkheim, Epinal. Docteur Guiraud, Montauban. T. Fievet, ancien élève de l'Ecole polytechnique, Lille. Alexis Dreyfus. Henri Raba. Mme Albert Kohler-Boskowitz. MM. Emile Lefèvre, officier d'instruction publique, Reims. Marcel Pochet, conseiller d'arrondissement de Reims. L. Moutier, employé. J. Mallet, agent de locations, Dieppe. Alfred Spinosa Cattela. Jules Sommer père. J. Sommer fils, Laupen (Suisse). Simon Aron. Maximilien Lévy. Mme Hanusse. M. Louis Hanusse.

MM. Maurice Dacosta. Ernest Toutain, conseiller municipal, à Caumont. Jules Strauss. Mme Marie-Louise Strauss. MM. H. Du Pasquier, négociant, conseiller municipal, le Havre. Fernand Lang, Rouen. Gaston Prunier, artiste peintre. Mme Claire Prunier. MM. Pélisson. Fournier. E. Lafontaine, artiste graveur. Fernand Auzepy. Rognonas. A. Le Braz, Litalier, Lebeau, professeurs. Bellin, agrégé de philosophie. Quimper. James Ulmo, maître de forges, Rimaucourt. René Fonrobert, avocat à Calais. J. Rasque. A. Ledoux, Lannelac-Fauson. B. Vert. G. Queroul. Eymard, étudiants, Bordeaux. H.-A. Brustlein. A. Michel. E. Carlin, ingénieurs. Courtial. Qanchet. Jules Maillet. Albert, à Unieux.

MM. Albert. Osterberger. Antoine Girard. Pierre Lacour. Auguste Graignac. A. Gery, tourneur, à Unieux. Guilvard. Auguste Mulin, à Firminy. Marius Gery, à Fraisses. J. Bernard. Charles Muhlhopp, à Unieux. Jean Font. Etienne Aulagne. Giraud, à Firminy. Marius Delhomme. J.-F. Bernard, à Unieux. Louis Bourgeron. F. Dechaudon, à Fraisses. Rulagne. Ferrecton-Jounner, à Firminy. François Chol, à Unieux. Jean Bourgin, à Firminy. Henri Leblanc, représentant. Bowas, voyageur de commerce. Jacob Salomon. Ed. Julien, entrepreneur de peinture. E. Bailly, chaussures. Mme May, comptable. M. Augustin, café du Midi. Mme veuve Augustin, à Vitry-le-François.

MM. G. Collin, garçon de café. Dupuis, négociant. Paul Malinet, Vitry-le-François. Jacquot. Mme Jacquot. Mlle Jacquot, Thaon-les-Vosges. MM. Clique. Eugène Nicolas. L. Hecker. Ch. Malaise. Mme Ida Malaise. Lina Wertheimer. MM. Glodugaste. Jules Roussel, Thaon-les-Vosges. Frédéric Iung. Chavelot. Sylvain Aubert. Philippe Iung. Domevre-sur-Avière. Nicolas Iung. Jules Hesse. Mlle Lina Hesse, Thaon-les-Vosges. MM. E. Delahaye. A. Delahaye. Chavelot. L. Munsch. Alfred Grandelaud. Kirschwoff. J. Dans. Jean Laruelle, Thaon-les-Vosges. Paul Girard, Palligney. Paul Banzet. Mme Banzet, Thaon-les-Vosges.

MM. Alphonse Huillard, industriel, Suresnes. Guignoud. Blanc. Bourret. Mme Joséphine-Marion Debrabant. MM. L. Reynier. F. Marion. Ed. Bastide. C. Garcon. Th. et A. Devun. Berger. H. Depierre. J. Marat. H. Gille. G. Dupau. C. Varloud. Mme Hélène Varloud. MM. H. Barbezat. Dejey. Joseph Beuf. Charles Gaudard. A. Meulet. Mme Elisa Morel. MM. E. Berthier. Paul Duny. L. Sauses. François Lafoy. Henri Lagarde. Adrien Beaufils. Pierre Bailly. Mourier. Guerraz, Lyon. Georges Dreyfus, employé de banque. Mme Cécile Béguin. MM. A.-Marx Lévy, voyageur de commerce. E. Lévy. Mme Alice Lévy. MM. P. Delatte, bijoutier. H. Delatte, employé. Georges Delatte, céramiste. Mme Léontine Delatte, M. A. Coiret. Mme Coiret. Mme Renée Dreyfus. MM. Tony Kauffmann, membre de l'Association républicaine. Théophile Weil. Colson, Nanterre. Léon Gervais. Beuzibon, Ormilly-Canderan. G. Grimaldy. Capdefer, Bordeaux. P. Roche. Darque, courtiers à la Bourse. Lambry, représentant de commerce. Mathieu Ducros, pasteur, Jarnac. Edmond Dietz, Bordeaux. Georges Lassudrie-Duchêne.

MM. R. Hourticq, licencié ès lettres. Pereyra-Soarez, négociant. Mme Pereyra-Soarez. Mlle Adrienne Pereyra-Soarez. MM. Raymond Pereyra-Soarez. Théodore Silva. Mme Théodore Silva. M. Henri Audouin. Mme Henri Audouin. M. Daniel Rambau. Mme Daniel Rambau. MM. Mau-

rice Rudelle. Emmanuel Pereyra-Soarez. Charles Arne. Mme Charles Arne. MM. Paul Foraste, Coulon. Fernand Farges. Mmes Farges. Chère Teynat. Teynat. Veuve Gateuil. MM. L. Amilhac. M. Edouard Tein. Martin Bitaty. Jean Drouillard, à Bordeaux. Rieux, comptable. A. Marchand, comptable. Guillot, comptable. Guillon.

MM. Cot, Bruiton. Augustin, comptables. Boulang, aide-major. Viel, Petel, négociant. Troignez fils, Troignez père, sculpteurs. Lejeune. A. Colombet, directeur de tissage. Derotteleur, employé. Legrand, comptable. Gabet. Henri Bourgeois. L. Gabet. Vernois, négociant. Charles Bonnker, rentier. F. Carrez, comptable. Hellesnsiguer. Richard, Lefèvre. Louchard, Ligny-en-Cambrésie. Julien Lévy, licencié en droit. G. Potrat. Félix Berr, rentier. Premont. Léon Salomon. Lhuillier. Louis Ochs. Ernest Chausson, compositeur de musique.

MM. Henri Renand. S. Wolff. Ikle. Numa Radlin, professeur à l'Association philotechnique. Etienne Chauvet. Raymond Thamin, docteur ès lettres. Jules Serres. Mme Joséphine Ritter. MM. F. Besnard, propriétaire, Vitry-sur-Seine. Lucien Burby, décorateur. J.-H. Rosny, jeune. Charles Maillot. Mme Charles Maillot. MM. le docteur Luc. Marcel Lévy. H. Serre, docteur en droit. Docteur Launois, médecin des hôpitaux. André Morizet, étudiant en droit, avocat. Joseph Douze, étudiant en droit. M. Poux, licencié ès lettres, étudiant d'agrégation. Leroy, étudiant en droit. Mathieu Lelièvre, pasteur protestant, membre de la Ligue. Lelièvre. Isabelle Lelièvre. Emile Chauvelon. Mme Chauvelon. MM. H. Beaudean. B. Veinstein.

MM. Robert Forzinetti, fils de l'ancien directeur du Cherche-Midi. Goldschmidt, typographe. A. Gallier, étudiant. Daises, étudiant. Mmes Edith Weiss. Rachel Weiss. Gertrude Weiss. J. Elardin. MM. Aggie Weiss. Docteur Kœling. J. Alardin. Georges Ragumbaud, Paul Simirietti, étudiants en droit. V. Meugy, docteur en médecine. René Aubriot de la Palme. Léon Couly. A. Cournand-Portal. Alphonse Lévy. Mictor Binder, garçon de magasin. Jérôme Helft. G. Coloume. Henri Cerf, voyageur de commerce. Elie Fabius. Mme Elie Fabius, Marc See. MM. Lajeunesse, Cerf. L. Benoit. Marix.

MM. les frères Ledoux. Malherbe, brocanteur. Henri Moriveau, employé. Grandener, journaliste. Ch. Ratner, docteur en médecine, licencié en droit. Mme Delavigne. MM. Paul-Emile Foy, étudiant en droit, élève de l'Ecole des langues orientales. S Grosdemenge. A. Malherbe. Georges Morette. Mme Marguerite Volatron. MM. G. Allafort. A. Grimaud. G. Morange. J. Serin, Joseph Caraguel. Michel Dreal. Paul Duproix, lauréat de l'Académie française. Mlle Lydie Duproix. Mme veuve Duproix. MM. Camille Geant. Armand Cahen Strauss. M. Schwab. R. Schwab. Léon Gougenheim, employé. Mme Berthe Gougenheim. Mme Adèle Gougenheim.

Mme Reine Gougenheim. MM. A. Schratlawitz. X. Schratlawitz. Armand Schratlawitz, Mme Alice Schratlawitz. MM. M. Schratlawitz. S. Schratlawitz. G. Schratlawitz. A. Blach. Louis Matte, licencié en droit. Thévenet, sénateur. Horace Monod, pasteur. Carpentier, avocat, Lille. Poirrier, sénateur. M. Ducoste, étudiant en médecine, Bordeaux. V. Jardillier, Bordeaux. Mlles Benech, Hob, Massy, Pagnier, professeurs d'école primaire supérieure. MM. Bremont, peintre, Puteaux. Henri David, industriel, Arcueil. Amédée Fleurz, joaillier dessinateur. Henri Gout, licencié ès sciences, étudiant en médecine. Ch. Goade. Huot. Lucien Gout, entrepreneur de travaux publics. Lapeyre. A. Parmentier.

MM. Charles Bathault, avocat à la Cour d'appel. Pages, étudiant. Jules Lazare, étudiant en médecine. Auguste Baumann, étudiant en Sorbonne. Daniel Derruys, licencié ès lettres. François Bartel, rentier. F. Klincksiek, étudiant. L. Brossolette, Mme L. Brossolette, Auteuil. MM. Adrien Lavieille, artiste peintre. Léon Gaudibert, élève de l'Ecole des Beaux-Arts. A. Collin, employé de commerce. E. Raindsew. J. Raindsew. Jules Ferdinand Glivier, artiste peintre.

Mme Jeanne Chrétien, ouvrière fleuriste. MM. G. Jouaust, propriétaire. C. de Camp. Frédéric Houssay, docteur ès sciences. Léon Féris, Saint-Maur-les-Fossés. Marius Mencault. Léonce Dreyfus. Bartel, artiste au Châtelet. Auffray, artiste au Palais-Royal. Ponsoye, rentier. Lissagaray, publiciste. Emmanuel Bloch. Mme Emmanuel Bloch. M. Berthold Traugo, cocher.

Mlle Mutel. MM. Jules Jeudry, membre honoraire de l'Union française. Louis Gmeiner, membre du comité de l'Union française. Auguste Wittmann. A. Alligny. A. Winkler, ingénieur. J. Besançon, employé. Joseph Mathis, chef mécanicien. Joseph Schmitt, membre de l'Union française. Michel Hertz. Desplaces. Louis Bertand. Gueneau. Andrey. Marbeuf. Marzhanan. Hervé. à Ballot. Legrand. Monier. Ougel. A. Weill et ses cinq fils. Barbet. Henri Krick. Camille Pelni. Bourbon Panisset, à Bourg-la-Reine. Wolff.

MM. Bretel, Hilaire, Bourg-la-Reine. Arthur Grison, cordonnier. Albert Gueux. Désiré Lenfant. Vincent. Courtin. Désiré Jacob. Emile Gueux. Ferdinand Decouchant. Félix Decouchant. Etienne Segond. Périer Alaçon, Cerf. Alfred Espinas, doyen honoraire. L. Lévy. Joseph Wogue. Robert Lévy, Fontainebleau. Boistier. Samoreau. Léon Long. Mme J. Lévy. MM. Morel. Herp. Mme Couartz. MM. Rounif. Adolphe Dreyfus. Mme Adolphe Dreyfus. M. Marcel Morhange.

M. Edmond Besnard, professeur d'Ecole normale. Mme veuve Schwob. M. Albert Schwob. Mme Suzanne Lévy. MM. Georges Weil. A. Sichel. Polleri. C. Sichel. A. Salomon. Schwarz. H. Shwoh. L. Lacapère. Flostard. J. Baxhare. Jules Bloch. Mme Elise Moutton. Noémi Moutton. M. A. Pagès. Mme Albert Pagès. M. Lienhardt. Mlle Adèle Larteigt. Babette-Lienhardt. MM. Jean Eberlin. Henri Eberlin. Ernest Jaubert, licencié ès lettres. Paul Fremwaux, avocat. Robert Campion, homme de lettres. Henri Dupont. Gudenkauff. Lepinay.

MM. Rozières. Esglassan. Mazières. Justin Dupont. Lemaire, employé. Mlle Lucie Resenvald. MM. Rosenvald. Paul Paquier. Mathias Mull, protestant (mais Français). T. Muller. Mme Suzanne Muller. MM. A. Fuchus. Edmond Bay. André Muller. Mlle L. Muller. MM. Guerrin. Jacquemin. Camus, Pierrelaye. Jouvet. Augier. Mme Théry. MM. J. Thery, membre de la Ligue fraternelle de Montmartre. Colas, dessinateur mécanicien. Docteur Raspail-Raismondi, vice-président de la Ligue fraternelle de Montmartre. Teulé Kremer.

MM. Daltre. Jourdeau, membre de la Ligue fraternelle le Montmartre. J. Maiteau. Mlle Marchisau. MM. Louis Mejan, avocat. Maurice Cohen. E. Laqueire. A. Doussain. L. de Coetlogon. P. Duclos. E. Manoury. P. Evrard. A. Mauger, étudiants. Burgaert. Petrovitc, étudiants. Charles Carrère. Mlle E. Carrère. Mmes Pauline Moreau. Maurice Peraire. MM. Lucien Lévy, licencié en droit. C. Ragoneau. Maxime Labat, étudiant en médecine. Lucien Delvaille. Léon Delvaille. Félix Rubis. Armand Carvaillo. René Oxeda. Elizée Carvaillo, à Bayonne. Mlle Faine.

MM. René Oxeda. Madermann. Etcheverry. Soplainoler. Maurice Léon. Charles Delvaille, Bayonne. Charles Naquet. L. Frois. Chancel. Nicolas Muller. Gaston Baudet. Louis Navarre, ciseleurs. Alfred Vitouse. Camille Poitevin. Duruy. Mounier. Navarre. L. Allard. Vibert, ciseleur. Bertrand. Lapeyre. A. Salmon. B. Ratte. Ratte. Drucboet. B. Sandre. Léon Solaume. Georges Petit. Arthur Chieulon. Richez Aquilas. Aimé Gabet.

MM. Jules Klain. Mercier. E. Guyomar. P. Saget. Laraneuct. Isaac Klein. Louis Esnault. Ernest Hermardinguer. J. Cahen. Jules Halévy, négociant. A. Jhelmer. S. Foucault. G. Foucault. D. Sichere. E. Audrair. David Cahen. M. Lévy. E. Lévy. B. Bloch. Lionel Hadamar. Albert A. Simon. Haarscher. L. Richard. Dumène. Paul Gotschaux, employé de commerce. Paul Morillot, docteur ès lettres. Auguste Picquenard. E. Adeni. Maton. Willaey

fils. A. Willaey. Mme Auguste Picquenard. Mlle Willaey. M. Willaey. Mme A. Willaey. MM. Vaurs. Charles Gondry. Rouchet. Ch. Herbein. Guéroult. P. Martin. G. Huchery. E. Devain. Montaroux. Sieber. André Lévy. C. Klary. Auguste Nicolleau. Renaud Rossi (Armand Floréal). L. Gaget. Mme Baner. MM. Laurent Kœnig. Gustave Kœnig. Mlles Marguerite Bauer. Marie Bauer. MM. Fisbacher. René Jacob. R. Wegner. Victor Valense.

MM. Gustave Blum. L. Weill. Benheur. Max Weissbach. Justin Salomon. Mme Justin Salomon. MM. A. Lévy, employé de commerce. Haguenauer. G. Marx. M. Haarscher. A. Weil. Jules David. Alexandre, employé. Paul Schwob. G. Frebourg, le Havre. Albert Cahen. Léon Blum, agrégé de l'Université. Xavier Morel. Jules Carou. R. Peulve. F. Frebourg. Charles Vatinel, employés de commerce, le Havre. Gaston Lesaul, auteur dramatique. J.-M. Lecloux. Gustave Kuss. Mmes Gustave Kuss. Veuve Alfred Hagnœr, rentière, le Havre.

MM. D. Kahn. André Lévy-Oulmann, avocat à la Cour d'appel de Paris. Jacques-Pierre Lévy. Victor Basch, professeur à la Faculté des lettres de Rennes. Alfred Schwob. Mme Relen-Rotenbaum. MM. Laboulais, constructeur-ingénieur. Mme Lucie Laboulais, membre de la Société des gens de lettres. MM. Villemigane, colporteur. Crémieux. Monier. H. Soulier. L. Millaud. E. Crémieux, comptable. L. Seguin, coupeur. Camille Lequier. Audelert. Gerlier, coupeur. E. Martin, comptable. Mme Marie Prat, employée de commerce. MM. Simon Paut, conservateur de la Bibliothèque municipale. J. Simon. A. Teissier. H. Duval. A. Counigue, sous-bibliothécaire de la ville de Nîmes. Mme Veuve Jules Monteur. M. Léon J. Gilly. Mme Veuve L. Créange. M. Edouard Flias.

MM. Maurice Han, employé de commerce. J. Pregre, négociant. Romon. A. Kut, auteur dramatique. A. Joanin. P. Milliaud. G. Milhaud. Docteur Dieterlen. Isaac Lang. Mmes Julie Lang. Mina Lévy. Renée Kahn. Gabrielle Levy. MM. Salomon Auerbach. Labeque, avoué. Docteur Fourrier, conseiller d'arrondissement. C. Morrillon. Mme Pradiguat, Saujon. M. Paul Pradiguat, étudiant en médecine, Bordeaux. Mme Saintourens, Saujou. MM. Durollet, étudiant en pharmacie. G. Bour, étudiant en droit. Rapin, étudiant en médecine. Robas, licencié ès lettres. Dreyfous, étudiant en médecine. Borigite, voyageur de commerce. Docteur Cadenaule. Jean Darenne, Saint-Pierre-Lalande. E.-P. Chalon, Maxéville, près Nancy.

MM. Brunot, avoué, Saint-Dié. Jules Carl, statuaire. Paul Meyer, publiciste, Rueil. Jules Laverny, licencié en droit, Perpignan. Henry de Malvost. Roger Proix, membre de la Ligue. Mme Sara Cerf. MM. Paul Lenhardt. Maurice Lenhardt, étudiant à l'Université de Toulouse. G. Gallier, négociant, Cherbourg. Jacques Gantz. Ernest Levy, professeur agrégé de l'Université. Neuberger, agrégé de l'Université, compatriote de Picquart. Clément Lévy, ex-président du conseil d'arrondissement, ex-adjoint au maire. E. Laffitte, Salles-Mongiscard. L. Camy. Pierre Marladot. Jean Bareille, à Bereux. Laborde, maire de Bereux. Jean Peyran. Eugène Peyran, Salles-Mongiscard. Mme Bernheim jeune et fils. Mmes Louis Monod. Lucien Monod. Mlles Blanche Monod. Thérèse Monod. MM. Henri Bois, professeur de l'Université. Alexandre Westphaf, chargé de cours à l'Université de Toulouse.

MM. L. Maury, professeur à l'Université de Toulouse. F. Leenhardt, docteur ès sciences, professeur à l'Université de Toulouse. Wolff-Kuss, commandant en retraite. Mme Wolff-Kuss. Mme Lantheaume, née Kuss. M. H. Croll, contrôleur des contributions directes, Auxerre. Mme Croll. Mme Henriette Paul Bert. Anna Claydou, Auxerre. Mme Collin, directrice honoraire du lycée de jeunes filles. Mmes Marie Villéger. Marie Astier. Mlle Charles Goyau, institutrice, Auxerre. MM. S. Ythier, ancien maire d'Auxerre. Docteur Masson, médecin, à Auxerre. Paul Hérold, avocat, bâtonnier. Eugène Fijalkolwski, architecte. Mme Fijalkolwski. MM. Edmond Socard. Urbain Kœnig.

Mme J. Kœnig, Auxerre. MM. Henri Dabadie, artiste peintre, île de Brehat. Marcel Lenoir, enlumineur. Louis Courtigeol, étudiant en pharmacie. Xavier Combes, étudiant en médecine. Maurice Socard, étudiant ès lettres. Mme Fanny Zæssinger. MM. Charles Chauvin. Gaston Moreilhon.

MM. Frank Abauzit, licencié ès lettres, étudiant en philosophie, membre de la Ligue. J.-B. Severac, étudiant en philosophie. P. Maurin, étudiant en lettres. Joseph Maurin, étudiant en médecine. Angély Puech, étudiant en lettres. Paul Olivier, étudiant en philosophie. Fenouillet. Canac, étudiants en lettres. A. Verran. Julien, licencié ès sciences. Amiel, étudiant ès sciences. Salelles, étudiant en lettres. Trinquet, étudiant ès sciences. Henri Coural, propriétaire, Montpellier. Henri Maître, clerc d'avoué. Louis Martinet. Charles Masson. Paul Bouvier. Mlle veuve Maître. MM. Francis Domy, étudiant. Darles. Mmes Vales, ancienne institutrice. C.-A. Vales, à Louhans. MM. Louis Bernard, à Valentigney. Louis Brischoux, à Baulieu. Charles Mettey, à Valentigney. Charles Michaud, à Mendeur. Georges Peugeot, à Mendeur. Louis Koch. Beaulieu. Emile Metey. Jules Muller, Valentigney.

MM. A. Beles, Mendeur. Louis Geney, Aunincourt. Henri Schepringer, Mendeur. Georges Hoffmann, Valentigney. Chavey, Mendeur. Jules Brand, Mendeur. Onésime Brand, Beaulieu. Fritz Seigneur, Courcelles-les-Mendeur. R. Dupouy, professeur agrégé à la Faculté de médecine de Bordeaux. Sabrazes. Marc Frezals. Docteur Cabanes. Docteur Rivière. M. Victor Pachon. Docteur Libert, de Bordeaux. William Abadie, étudiant en médecine. Docteur Sellier, chef de travaux de physiologie à la Faculté de médecine de Bordeaux. Docteur Rondeau. Mme Rondeau. Mme veuve Rondeau, d'Illiers. Docteur Roger, professeur agrégé à la Faculté de médecine. Docteur L. Cahn, ancien interne des hôpitaux. Mme Cahn. M. Charles Futteur.

MM. L. Caron, graveur. Louis Dufraigne, fondeur. H. Bernard. Grignon, mécanicien. Bernhardt. Georges Vasseur, fondeur. Alfred Michel, fondeur. Oudille. Louis Hermine. E. Hayotte. Mmes Grignon. Dubois. Mlle Hubert. MM. Rio. A. Desmalines. F. Arleuj, fondeur. J. Paquatte A. Clément. Léonidas Passage. Delurier, compositeur typographe. Lelièvre, à Perron. Robert-Henri Sagot. Jules Moreaux fils. E. Moreaux. Demout. Rayez. Louis Duroux. H. Darras. Jules Demonceaux.

MM. Ch. Cordon. R. Detilleux. Désiré Gontier. A. Bouchin. Aristide Bassard. Leroy Désiré. Raphaël Diffetot. Louis Allet. Beault. Louis Vacquez. Prompernelle. E. Wieuzur. Cailleux. Detroye, Amédée Blanchet. Datraye. J. Jérome. Casar Griff. Poisseaud. Uorde. Trubert. E. Bianvois. Lafontaine. Desjardins. Dhume. Florentin Bridier. Plocq. Louis Caudillier. Jules Bertrand.

M. Larne. Mme L. Maifret. MM. Gauberdille. Ed. de Beaumois. Farnault. Henri Griff. Soslier. Monchaux.

Victor Monchaux. Victor Montier. Duquesne. A. Mouton-Henri Flahaut. Auguste Lebrun. Heron. Lucien Turpin. Auguste Duquesne. Benin. Canville. Trubert. Pierre Griff. Gossuin. Reinchard. E. Adam. J. Moral. Boutellier. Raimain. Prétré. Paul Daigner-Lelièvre. Mothys. Patin.

MM. Liedorel. Droin. Garnod. Laute. Georges Novinée. Broissard. J. Saulmée. Gueant. Collin. C. R. Loeger. Peau. Allet Lange. Bertin. Bernet. Bailleux. Hamon. Stauder. A. Lemercier. L. Vasseur. Girer, conseiller municipal. Persan. Lamory. Studer-Habert. Alfred Fouche. Raoul Floulède. Ernest Alignot. Mlle Mauny. MM. François Bonniot. Anatole Sellier. E. Friot. Pèche.

M. Rosenstiel, Mme Henriette Bellegarrigue. E. Fribourg, de Toulouse. MM. Larrue. J. Bressoles, étudiant en lettres. Armand Vaiss, étudiant en médecine. Rivere. Cluson. Louis. Buchet. Jean Dedieu. Ruquet. E. Ruquet. David Hirsch. Voiture. Paul Alliens. Paul Mayer. M. Stollo. Gaston Mayer. Victor Pind. Jean Pinel. Moïse Mayer. Jean Carbonne. Beziat. Morel. Louis Mayer, représentant de commerce. Malzu Mayer. Mme Mary Mayer, de Toulouse. M. J. Rouge, maître de conférences à l'Université de Bordeaux.

MM. Maurice Gaudin, étudiant en médecine. H. Delafarge, étudiant en droit, Bordeaux. A. Delafarge, employé de commerce. Tonnay. B. Robert, notaire, à Saint-Agnan-le-Marais. M. Robert, clerc de notaire. E. Robert, ancien juge de paix. Mmes L. Robert. E. Robert. M. Lavernière, greffier de paix, à Saint-Aignan. Mlle L. Robert. M, Gardin, propriétaire, à Cibouse. Mme Gardin. MM. Lartigau. Saint-Paul-les-Dax. L. Besques, professeur au Lycée, Guillaume Malan, négociant. Ch. Barbey. F. Passicos. P. Bernard. Bodenare, à Pau. Gustave Probst. Henri Robet. Biraben. J. Walch. G. Walch. Maurice Walch. A. Brunsching. Octave Cahen, ingénieur, à Evant. P. Trocquene, pasteur. Trocquene, fils. Saint-Sulpice-de-Royan. Mlle Pouvert. A. Meunier. Saint-Savinien.

Mmes veuve J. Adrien. H. Charbonnel. Mlles Salmon. L. Salmon. Saint-Savinien. Mmes Maurice Macoin, propriétaire. Macoin. Crozannes. M. A. Clérac, tourneur en métaux. Mme Clérat, Saintes. MM. Lucien Salmon, négociant. F. Salmon. Moïse Salmon. Mlle Léa Salmon. Lorca Salmon, protestants du culte réformé, MM. J. Bouygard, administrateur, secrétaire de *la Petite République*, directeur politique du *Peuple de Lyon*. Jules Bloch. F. de Sigel. F. Jacquet. Caillat. Bonjour. Philibert Campan. J. Buttion. Bertrand. S. Azémard. Fortz. Bouygard, publiciste. Bonnardel. Mme Tillard. MM. Alexis Sève, à Lyon. Dupau, industriel, membre de la Ligue. Mme Léon Lévy. MM. Léon Lévy. Gustave Ulmann. Albert Ulmann. Ducas. D. Ach. Achille Weill. Montbéliard. Samuel David. Emile David, membre de la Ligue. Clément Lafonds. Marcel David, Grenoble. Moïse Salmon. Mlle Léa Salmon.

Vendredi 2 Décembre 1898

MM. Jonnaud, chef d'escadron d'artillerie en retraite, chevalier de la Légion d'honneur. A. Boisson, avocat à Saumur. R. Sibilat. Mme Charles Moreau, 32, rue Fontaine. M. E. Pierre, avocat à la Cour. Mlles N. Polak. P. Picard. MM. Georges Derozère, de la maison Chanon. Charles Read, ancien magistrat, publiciste. Louis Radenac, docteur en droit. Léon Arthus, docteur en droit, avocat à la Cour. Mme Georges Marx. MM. Georges Marx, engagé volontaire en 1870, rédacteur correspondant de *l'Avenir du Tonkin*. Théodore Cahen. H. Barlou, membre de la Ligue des Droits de l'Homme. P. Fauconnet, agrégé de philosophie.

MM. A.-J. de Mauprat. Albert Livet, secrétaire de rédaction. Henri Mortimer. Paul Degouy. C. Nourry. M. Leblond. V. Desrieux, rédacteurs au *Voltaire*.

Mme Hélène Crespin. MM. Pierre Charron, notaire, à Saint-Nicolas-de-la-Grave (Tarn-et-Garonne). Philippe Martin, licencié ès lettres. D. Parisel, artiste dramatique. E. Mas, de Béziers. Docteur Rolland, du Havre. Docteur Salomon, médecin-major de première classe, retraité, chevalier de la Légion d'honneur.

MM. L. Neurisse, conseiller d'arrondissement et maire. E. Roussy, conseiller municipal, premier adjoint. Roger, second adjoint. A. Chollet, conseiller municipal. Eugène Andrieux. Genot. Tison. Lecrue. Dreville. Ancelin. Sarrazin. Berdouillard. Ed. Andrieux. Poulain. Furet. Venet. Duchâteau. A. Louis. E. Godin. P. Galez, conseillers municipaux, à Guise (Aisne).

MM. Mathieu, instituteur. Julien Torchet, critique musical de l'*Événement*.

Protestations reçues de Troyes. — Les conseillers municipaux et généraux de Troyes et du département de l'Aube:

MM. Arbouin, Denizot, conseillers généraux. François

Frisung, Marot, maires-adjoints de Troyes. Lavocat. Constant Claudel, Cochin, Roy-Maire, F. Mathieu, Pougiat, conseillers municipaux de Troyes. Victor Basch, professeur à la Faculté des lettres. A. Etiévant, du *Petit Troyen*. Paul Pasqual, percepteur en disponibilité. M. Decrup, secrétaire de rédaction du *Petit Troyen*. Lupie, rédacteur au *Petit Troyen*. A. Gillot, typographe, 51, rue Champeaux, H. Naitret, directeur d'usine, 1, rue de la Tour-Boileau. Fourmillon, 15, rue Sadi-Carnot, Sainte-Savine. F. Papin-Caissier, du *Petit Troyen*. A.-E. Burgy, comptable, 29, rue du Palais-de-Justice. Chaumard, 39, rue Surgalle. Roux, 6, rue Danton, Saint-Savine. Cottamber, 63, rue Thiers. Haut, 27, rue Largentier. E. Laurent, 49, rue de l'Hôtel-de-Ville. Louis Cabas, 7, rue Bonneval. A. Michel, 2, rue Jaillard. Berlin, 82, rue de Pruze. Louis Malbourier, 8, rue des Gayettes. Huet, 89, rue Thiers. E. Voinson, 120, rue Largentier. Coniot, 89, rue Thiers. Désiré Michelot. A. Gillet, 10, rue Saint-Martin. J. Guillou, 6, rue Geoffroy-de-Villehardouin. Elie Maillard, mail des Charmelles, 18. Bourgeois, 19, rue du Temple. F. Leseur, 32, rue de la Corderie, ouvriers typographes. P. Gotul, typographe, au *Petit Troyen*. Eugène Bouge, 15, passage du 4-septembre, Sainte-Savine. L. Cousin, typographe, rue Grande-Tannerie. Vescat, 12, impasse du Rameli. A. Schaffar, 44, rue Kléber. A. Latour, 24, boulevard Danton.

MM. J.-B. Dumay, régisseur de la Bourse du travail, 3, rue du Château-d'eau. Victor Duval, professeur agrégé au lycée de Nancy. Avec Picquart, pour le droit et la justice que m'a enseignée l'Université. Heppenheimer, président du conseil de prud'homie (métaux). A. Durant, conseiller prud'homme, 51, rue de l'Hôtel-de-Ville. Mme Durant. MM. Alph. Wogue, industriel, conseiller prud'homme 28, rue Michel-le-Comte. H. Couthier (O Prud'homme), ancien conseiller Prud'homme, rédacteur à *l'Aurore*, Jules Depaquit, dessinateur au journal *le Rire*, 16, rue Ravignan, F. Marion, rédacteur au journal *la Grande Bataille*. Georges Delaw, dessinateur au journal *le Rire*, 16, rue Ravignan. Jernani-Remember, publiciste, collaborateur à *la Nouvelle Revue Internationale*, J.-B. Perdraut, directeur du journal *l'Union Républicaine* 17, avenue de la République, à Béziers. Châteauvieu, homme de lettres. E.-B. Debacker. Dejous, officiers de la marine marchande, à Dunkerque.

MM. Jean Galop, étudiant en droit. Maillard, sténographe. H.-R. Maillard. E. Lemesle. Mme Yvonne Maillard, sténographes. Docteur A. Blatin, professeur à l'Ecole de médecine de Clermont, ancien député. M. Jules Decreus. Mmes Gustave Bettinger. Esther de Suze. Marie Bettinger, à Montmorency. M. Bénisti. M. et Mme Alfred Bloch. MM. F. Chabas, à Cavaillon. Mailly, à Ay-Champagne. Weill, du Perreux. Ducastel, étudiant en médecine. J.-B. Veraguth, étudiant en droit, à Rueil. J. Pannier. E. Hugé. Jean Meyer, étudiant en médecine. Claudius. Dalin, étudiant. André Altermann, ancien élève diplômé de l'Ecole des hautes études commerciales. Mme Duchesne, à Poitiers. MM. René Thénier, homme de lettres. C.-A. Lecherbonnier, officier d'Académie. Marius Doré, chroniqueur à *la Réforme sociale*.

MM. G. Kohn. L. Khon. J. Kohn. J. Quincampoix, catholique sincère. Gustave Devernay, conseiller général, Lille. Fernand Bloch, négociant, Lille. Mme Jules Bloch. Mlle Antoinette-Marguerite Roger, 11 *bis*, rue Montaigne. MM. S. Dreyfus, ministre-officiant, Vitry-le-François. Jacques-F. Goyne, pharmacie des Sept-Chemins, Lyon. E. Verdier, agrégé, Saint-Etienne. A. Tarul, Angoulême. Talma Braine, Verchain (Nord). Deboutin, ancien conseiller général, Montluçon. Ed. Revel, pasteur, Tramelan (Suisse). Théophile Heumann, employé. H. Boucher. A. Gast, de Malakoff. Anatole Schwob, Bruxelles. L. Déjean, sculpteur, 9, rue Allain-Chartier. E. Bousquannaud, voyageur. P. R. Saint-Philippe, homme de lettres. A. Picard, Tours. Mme G. Estelle. M. Abricossof, docteur en médecine, 186, rue de Grenelle.

MM. A. Décotte, Rosch. Latreille, trois élèves des Beaux-Arts, à Lyon. A. Cahen, négociant à Neufchâteau (Vosges). A. Lopez, 30, avenue de l'Opéra. Lopez Diaz, 22, rue Victor-Massé. Mme Louise Dalad, 22, rue Victor-Massé. MM. Solange Barrat, 22, rue Victor-Massé. Louis Poytarex, employé. H. Junca, officier d'Académie. Madrid. G. Bougeon, pasteur, 60, rue Bosnières, Caen. Saint-Martin Caprais, coiffeur, place de Strasbourg, Auch. Boudet, coiffeur, à Troyes. M. et Mme E. Maël, 59, rue Lepic.

M. Ernest Jaggi, licencié ès sciences mathématiques. Mmes Elodie Fenaux. Irma Fenaux. MM. Louis Viard, propriétaire, à Dammarie. Claudius Potet, vins en gros. Mlle P. Potet. MM. Dachet. Phalène. Dominique Barbier, pensionné de la Compagnie P.-L.-M. Célestin Perrier, maître carrier. Hippolyte Perrier, propriétaire à la Machine (Nièvre).

Mme Eugénie Camus. MM. L. Tréquenaux, étudiant en médecine, à Lille. Léon Coton. Victor Leuliette, professeur de musique, à Calais. S. Huisman, ingénieur, à Roubaix. Marie Belliard, avocat, au Havre. Mmes Poulain. Weyrich. Jane Weyrich. Madeleine Weyrich. Jeanne Dumontier, à Sannois. MM. Félix Mènereau, professeur agrégé de l'Université. A. Barbaud, à Vaucluse. E. Furlaud, artiste peintre sur porcelaine, officier d'Académie, à Limoges. Emile Cahen. A. Bolliet, au Havre. Lefèvre, compositeur et professeur de musique. J. Bérenger, à Paramé. Martin, membre du Conseil des prud'hommes, à Elbeuf. Docteur Gaston Walch, au Havre.

Un groupe de paysans, à Boucoiran (Gard). MM. S. Bonnefoix. E. Chapelle. A. Théroud. R. Chantegrel. E. Lamaty. A. Blanc. E. Maurin. A. Thérou. E. Sallier. E. Durand. E. Richard. F. Valette. N. Vallette. S. Mazel. Richard. H. Mazel. Bonaloux. A. Chantegrel. C. Fraysse. B. Fontanieu. M. Puget. F. Bonnefoi. A. Jalaguier. J. Maurin. P. Chapelle. L. Dumas. Delort. F. Bonnefoix. A. Labric. A. Mazel, conseiller municipal. Prat. Maleaussat. E. Bresson. J. Canabier. H. Mazel. S. Etienne. E. Castanier. P. Granier. A. Chantagrel. A. Belin. C. Batte. Th. Vidal. Sellier fils. J. Sellier. L. Clédon. N. Labric. A. Théroud. G. Fromental. Ch. Maurin. E. Huguet. U. Chantegrel, maire et conseiller d'arrondissement.

Le groupe d'études sociales, de Montmorency. Mmes Sarah Lang. Julie Lang. Séphora Lang. MM. Kraemer, rue Rochechouart. Maxime Greilsamer, Marseille. Pierre Hagueraud. V. Lévy. O. Lévy, représentant de commerce. Lucien Bloch. Roger Bloch. Mmes Lucien Bloch. Germaine Bloch.

MM. Lamouroux, conseiller municipal, Saint-Benoist-du-Sault (Jura). Aron Birnbaum, 58, rue Vieille-du-Temple. Adolphe Lœb, rue Léopold. Maurice Strauss, rue Dupret. Adolphe Roos. J. Baudelet. J. Brasseur et C. Jumet, à Charleroi (Belgique). Anger et de Sorieulles, à Nantes. Albert Gautier. Mmes Héléna et Jeanne Gauthier, Paris. MM. Joseph Lacave. A. Debeau. J. Berthier. Eug. Berthier et Dyon. Joseph Caillol. Jacques Léger. Baptistin Bicay. Pierre Pimadel. J. Léger fils. André Camoin. Louis Joubert. Auguste Bosc, de Marseille.

MM. Léon Alphandéry, docteur en droit, Marseille. D. Escallier, Marseille. Jules Hardouin, infirmier, Paris. Louis Michel. A. Giraud et G. Martin, directeur et employés de l'Huilerie provençale, Marseille. Joseph Haener. Armand Weber et P. Pardon, à Liège. Christian Marchal, 25, quai des Grands-Augustins. Robert Chardainne. Pierre Raisin, René Le Turcq. Fernand Chardon et Georges Roux, élèves à l'Ecole nationale des arts décoratifs. Georges Weil, étudiant. Guillaume Danes, propriétaire agriculteur à Montesquieu-Volvestre (Haute-Garonne). A. Jaulmes, ingénieur. E. P. C. A. Gervais, sténographe. E. Gauthier, ingénieur. J. Du Bellay, 16, rue Saint-Antoine. Tanegneau de Devn, 56, rue Philippe-de-Girard. Driessens, 59, avenue de la République, Bondy. Massard, 8, passage de la Goutte-d'Or. G. Seguin, 51, rue Gay-Lussac.

MM. Laidet-Gaudin, conseiller municipal, Luçon (Vendée). H. Coilliette, dessinateur, 19, rue de la Jonquière. Roger Morilot, étudiant en lettres, 46, rue Saint-Placide. Mme Eugène Duvernois. Mlles Alice et Geneviève Duvernois. MM. le docteur Baradat, rue d'Antibes, à Cannes. Docteur Marcel Duvernoy, à Audincourt (Doubs). Paul Viven, étudiant en droit. Emmanuel Bouve, dit Hady-Lem, publiciste, à Draguignan. Léopold Pellier, pasteur à Uzès. Émile Bouichon, professeur de philosophie au collège de Narbonne. Joseph Berlandier, étudiant en droit, Marseille. Jules Julien. Émile Goullon, 13, rue Daumier. J.-B. Coste, 7, cours Charlemagne, Lyon. Louis Silhol, chef du service de la voie, Suresnes. Eugène Desbordes, pharmacien, à Chasseneuil (Charente). Édouard Roëls, à Loos (Nord). Docteur Artières, à la Grand'Combe (Gard). Albert Crombet, publiciste. Maurice Vergue, négociant, Paris. Albert Dreyfus, mécanicien. Adolphe Dreyfus, dessinateur en broderie. Manuel Dreyfus, artiste lyrique. Henri et Simon Dreyfus, tourneurs en métaux. Ch. E. Rossellie, 32, rue Saint-Maur. Paul-Hyacinthe Loyson, licencié ès lettres, à Rome. Th. Calas, pasteur de l'île de Ré. Ch. Kœberlé et Joseph Hittler, à Strasbourg. Chauvet, dessinateur. Mmes Chauvet, rue de la Tombe-Issoire, 37. G. Bourgeou, 69, rue Bosnières, Caen. M. Louis Abbiate, musicien. Mme et Mlle Mandelstamm, à Maison-Laffite. M. le docteur J. Sarrazin. Mmes Laloge. Huck. Bonnin et Devillard. MM. André Durand. Alfred Roy. Louis Kréytz. Benjamin Arbousset. Eug. Dumas. Bosc. Charles Barbezat et Édouard Bion, étudiants français à la Faculté indépendante de théologie de Genève,

M. Charles Picard. Mlles Emma, Lucie et Blanche Picard. Louise de Jongh. M. Georges Trioulet, ingénieur des arts et métiers, 1, rue Pierre-Mys. Un groupe de mouleurs des ateliers de Grenelle : MM. Marchal. Ferassou. Miron. Carteron. Pétillot. Chatelain. Magnette. Briquet. Vallour. Voizelle. Copain. Grosbois. Berthelot. Garcin. Delair. Plichon. Percepied. Cristofle. Ménard. Morin. Foucher. Delorme. Blazer. Lux et Blanc. Émile Halme, employé de commerce, 156, faubourg Poissonnière.

MM. Périer. Mazoyer. Peronnet. Terrenoire. Agel. J. Cicérou. Obac. Sauverzac. Michat. Roy. Henry. Julliard. Vézant. Dumain. Gros, dit Vincenty, de Lyon. Élie Milhaud, à Narbonne. Delestre, 36, rue Michelet. Asnières. Alphonse Wogue, conseiller prud'homme, 28, rue Michel-le-Comte.

Mme Simon Gensburger. MM. Gaston Hildenberger. Georges Bastel. François Couderc. Auguste Legall. Émile Blotz. Émile Daumont, peintre-graveur. Mme Cécile Daumont. MM. Frédéric Lévy. Pierre Tiercin. Mlle Irma Thévenin. MM. Pierre Rouveure. I. Worms. Mme François Level. M. Ch. Leduc. Mme Thérèse Staedelé. MM. Biagion. E. Benoit, décorateur. G. Legrain. Claret, peintre. Aimé Chapuis. Armand Derberoi. Mme Derberoi. MM. Henri Derberoi. Ferdinand Derberoi. Raoul Derberoi. Mme Yvonne Derberoi. MM. Em. Horlaville, Rouen. Docteur E. Wisner. E. Clerjaud. Élie Minard. Bernezat. Gaétan Cantone, typographe. Paul Giraud, homme de lettres. Ernest Moret, compositeur de musique. Robert Dességno, à Bruxelles. Édouard Célos, peintre. Émile Franck, ingénieur civil. E. Philippe, administrateur de l'*Industriel forain*. Alfred Franck. Mme Adeline Bardet. M. L. Perrin, tailleur, à Mantes.

MM. J.-B. Vincent. E. Girard. E. Boutard. J. Vincent. A. Vincent. Michel. J. Vincent. J. Terrien fils. M. et Mme S. Rain. Mlles C.-P. Rain. MM. Deleschaux, 110, rue Carnot, Stains. Vigouroux, Rosny-sous-Bois. A. Charpentier. Duhamel. L. Lesguiller. Ch. Thélemier. E. Lesguillier. F. Neveux. G. Declerck. E. Loret. L. Arnault. Moetz Vits. V. Soignot. A. Lebey. Ch. Lévy, lithographe. Mme Ch. Lévy. Mlle Carmen Lévy. Mmes L. Lévy. Caw. Robert. MM. Wormus. Caw. Robert. Ludwig Reiss (grand-duché de Bade). Paul Magnier, chimiste, à Juvisy-sur-Orge. A. Levy-Lopès (Société manufacturière de limes et aciers). A. Poyer. A. Raas. Ch. Raas, voyageurs. P. Picard, 2, boulevard Ornano. L. Picard. P. Picard. René Durand-Morimbaud. Alcide Leroy, ex-sous-officier. G. du Perron. R. de Langlard. Ernest Petit. Ed. Chabrier. Paul Barbeau. Mme Paul Barbeau. M. Miet. Mme René Durand-Morimbeau. MM. Charles. Alfred Livret. Albert Dugoulet. Louis Hickel, alsacien. Lucien Lévy. Alexandre Schusler. Léon Philippeau. Auguste Léger. Beauchat. Baudaire. Rabussier. Desbarax. Rudié père. Rudié fils. A. Scherer. J. Collet. E. Antheaume. Lucas. F. Baudey.

MM. Léopold Brunschwig. Jules Brunschwig, expéditionnaire. Mme H. Brunschwig, institutrice. MM. Brunschwigh. Georges Weill, médecin-dentiste. Mlles Blanche Weill. Georgette Weill.

M. L. Martin, sculpteur, 183, avenue d'Argenteuil, à Amiens. Mme Martin. MM. Henri Brizout, 9, rue Pasteur, à Bois-Colombes, rédacteur au *Bulletin Algérien et Tunisien*. F. Bret, 12, rue Rodier. Savouré, 4, rue d'Orsel. Girbal, 50, rue Poloncean. Kryzanowski, 28, rue Lacondamine. J.-B. Escuroux, 8, rue du Commandeur. Louis Huet, 10, cité Rondelet (Grand-Montrouge). Joseph Julienne, 18, rue Houdon. G. Labbé, 15 *bis*, rue Sainte-Isaure. H. Certré, 6, rue des Maraîchers. Lenclud, 59, rue Doudeauville. Achille Andeien, 33, rue Balagny. G. Robert, 88, rue de Maubeuge. V. Demoreaux, 129, rue de Paris, à Sarcelles. F. Schevingt, 18, rue Simart. Baptiste Richard, 37, rue Stephenson. Mme Amélie Mignac, 19, rue Saussure. Mme Gabrielle Richard, 37, rue Stephenson. MM. J. Marion. Beuzart. Hélyard. E. Beauville. C.... André Lochard, 23, rue de la Faisanderie. Pierre Alcan, 7, rue Picot.

Un groupe d'élèves des divisions supérieures du lycée Janson de Sailly : André Lochard, 22, rue de la Faisanderie. Pierre Alcan, 7, rue Picot. H. Grevet. Lacascade. J. Klotz. Watheimer. L. Falk. Salame. Coulon. Sicot. Detré. Heymann. Gompel. Wahl. Plessis. Cayla, 31, avenue de Neuilly.

Mmes Renard. Veuve Marion, 188, boulevard Voltaire. M. F. Hoisnard. Mme Georgette Lambert. MM. Ponsard. Gauthier. Laury. F. Croiset. Martin. Moïse. Th. Baumann. Marcel Guiton. Jules Leroy. L. Boucher. Edmond Enfray. Paul Orry. H. Cuillin. A. Paillard. Mme veuve Peguet. MM. Henri Orry. F. Vincent. Louis Cousin, garçon boucher. Alphonse Barbezange. Octave Barbezange. Mme Léonie Tremlet. Mme Clara Witsenhaussen. MM. Lenneveaux. Jourde. Perroudon, peintre. Léo Brissac.

MM. A. Bousquet. C. Chatenier. L. Chatenier, étudiant en médecine. H. Vernet, étudiant en médecine, licencié ès sciences, Paul Dauphin, E. Soubeiran, F. Charlier, étudiants en médecine. A. Estève, licencié ès sciences physiques et naturelles. F. Beis. R. Neuvialle. P. Moderein. H. Séverac, Maurice Olivier, Antonin, étudiants en médecine, à Montpellier.

MM. B. Savarian, étudiant en droit, 20, rue Lhomond. Maurice Mervy, 8, rue des Écoles. Antony Vizé, 1, rue Payenne. Henri Chauss. Fred. Walbaum. E. Hériot, comptable. Max Berkowitz. Gaston et Léopold Berkowitz. Mlles Germaine et Marcelle Berkowitz. MM. Raymond Lauzerte. Max Borghase et Louis de Neyrac. Henri Lepert. Édouard Blas, 239 *bis*, rue Lafayette. Henri Chanet, peintre, 19, rue du Caire. Léon Marimont, 8, rue de Tanger. Achille Fargier, représentant de commerce. Jules Nordemann, 8, rue Cail. Aimé Pimel. Mmes veuve Pimel. Adolphine Pimel. Veuve Simon Heymann. Marie Lécuyer. Veuve Cahen. M. et Mme Strauss. Mme Georges Cahen. M. et Mme Maurice Cederbaum. M. et Mme Michel Lévy. M. et Mme Léon Kan. MM. Paul Cahen. Jean-Louis Bonet-Maury. Claude-Marie Bonet-Maury. Julien Torchet, critique musical. Jean Bourguignon. Maurice Peyrol. Georges Ducrocq. Ernest Delahaye. Georges Raff. André Cohen, étudiant en droit. L. Maury. Mathias Lestrade, étudiant en droit. J. Cahen. Simon Gensburger professeur.

MM. Samuel Sotto, 43, rue de l'Alma. L. Sacquespée, Paris. M. et Mme Starck. M. Marcel et Mlle A. Starck.

MM. Louis Monteil et son ami Lancelot. Mlle Jeanne de Fayet, (Seine). MM. Edmond Weil-Klotz, 16, rue Fontaine-au-Roi. A. Combaz, ancien maire de Briis-sous-Forges, officier d'Académie. Albert Bigot, à Briis-sous-Forges.

MM. Rouchès, 184, avenue Daumesnil. Gard, 14, route de Crosnes. Antoine Cas, 33, rue Proudhon. Bonnet, 42, boulevard Magenta. Decoraz, 8, rue Chaligny. Mme veuve Bonnet, 42, boulevard Magenta. M. C. Gamot, 9, rue Pascal. Mlle Annette Caen. Mmes Simon Caen, Brunschvig. Veuve Lehmann, 16, rue Bourg-Tibourg. MM. Idon Ehrly. Carlier, explorateur. A. Ramero, mécanicien. A. Braly, ingénieur civil, Mlle Creux, 17, rue Étienne-Marcel.

MM. Aimé Dumaine. Maurice de Soledo, élèves de l'École centrale des arts et manufactures. A. Lafond, externe des hôpitaux. J. Joindy, sculpteur, 64, rue Folie-Méricourt. R. Larchevêque, peintre en décors.

MM. Francis Arcous. A. Godet, administrateur à l'hospice de Saint-Germain-en-Laye. Mme veuve Roussel. Mlle Lucienne Roussel. M. Émile Roussel. Mme Ruff et ses filles. MM. A. Gamelin. B. Imbert E. Magnan. E. Louis. F. Laconque. Herquerot. E. Noël. Chaumontel, typographes. Georges Nicolas. A. Lévy. Ch. Lebreton. A. Sauvage. L. Besrumaux, typographe. J.-B. Méritan, 91, boulevard de Strasbourg. Mme Louise Bros. MM. Le Sidaner. Jasinsky, agrégé de l'Université. Léon Le Grain. T. Kahn, à Rosières-aux-Salines. Louis Fouché, étudiant, 5, rue Soufflot. P. Richard, métreur. H. Vizy, menuisier. Ph. Gros. L. Richard. Biais, menuisiers. Grall, agrégé de l'Université, son père, sa mère et ses deux frères, à Brest. Charles Kahn, 28, rue Lemercier. Samuel Kahn. Mmes Dinah Kahn. Céline Kahn. Wood. MM. Louis Piettre, publiciste. Louis Meslage. Emile Mearini, publiciste. J. Thévenot. A. Pouzenc. H. Viala, à Romans-Ville. J. Gelibert. G. Bonin, à Saint-Jean-en-Royan.

M. Auguste Dujardin. Mme Julie Dujardin, à Metz. MM. J. Lamorlette, à Valenciennes. Th. Renaud, licencié ès lettres. E. Renauld. G. Renauld. C. Renauld. J. Renauld, à Chaville. G. Dureau, rédacteur en chef de l'*Echo des Deux-Sèvres*, à Thouars. Paul Elbel, agrégé de l'Université. Docteur Oskar Scilmidt. Solothurn (Schweiz). Albert Cornu. Cornu père. Auguste Cornu. Adrien Cornu. Charles Besse, membres du parti O. S. R. Marcus Bernard, étudiant ès lettres. Mme veuve Jules Appert, petite fille de capitaine. MM. Fernand Fiolet. Ch. Govet. Nicolas Govet. Feimberg, statuaire. Pèlerin. Rouillard. Denis, 55, boulevard Gouvion-Saint-Cyr.

MM. Duforèt, boulevard Anspach, à Bruxelles. Marcel Bernard. H. Voiseux, 9, rue de Maistre. C. Garigue, voyageur de commerce. Claude Prégaldin, employé. C. Jacques. Félix Bernard, membre fondateur, dissident de la Jeunesse blanquiste. Félix Breuil, jardinier. A. Tibara. Mme A. Tibara. M. F. Chaumont. Mme F. Chaumont. MM. Paul Chaumont. L. Burdin. Mme L. Burdin. Mlle L. Burdin. M. J. Bazireau. Mme J. Bazireau. Mlle Juliette Bazireau. MM. P. Barra, secrétaire de la Jeunesse du XVe. H. Ettenghauser, ingénieur. Béranger, éditeur. A. Paul Girerd. Mme Caroline Meyer. M. Lucien Meyer.

Protestations reçues de Rouen : MM. Maurice Gayet, ouvrier de filature, 121, rue Lafayette. Mavais, ouvrier de filature, 242, rue Saint-Julien. Fonteau, contremaître retordeur, impasse Legrand. Alfred Patin, fils, 40, rue des Chartreux, Quevilly. Aimable Denira, ouvrier de filature, 21, rue de Strasbourg. Lebuste, 165, rue de la République, Sotteville. Houivet, 8, rue des Vrais-Amis, Quevilly. Courtin, 17, rue d'Elbeuf. Micault, 24, rue de Sotteville. Caumont, 12, rue du Petit-Quevilly. Sauvage, 25, rue de Grammont. Tavernier, 53, rue Armand-Carrel, Sotteville. Heurteaux, 10, rue Lécuyer. Lebret, 60, rue d'Elbeuf, ouvriers de filature. Delamare, contremaître filateur, 197, rue de la République, Sotteville. Saunier, contremaître menuisier, à Sotteville. Vadelavge, menuisier, rue Collombelle, Sotteville. Douvu, chauffeur, 46, rue Sotteville. Baron, rue de la Mare-du-Parc, Sotteville. Evévort,

29, rue Cuvier, ouvriers chauffeurs. Messelier, ajusteur, 11, rue de la Mare-du-Parc. Chopard, magasinier, 11, rue Valmont de Bonnard. Chevalier, chauffeur, 46, rue Brémontier. Calbat, tisserand, rue de Rouen, Petit-Quevilly. Louvigny, chauffeur, rue de l'Industrie, Petit-Quevilly. Tasy, tisserand, impasse Bazire, 36, Sotteville. Lagvne, tisserand, Sotteville. Raymond Prévost, coupeur, 18, rue Émile, Sotteville. C. Hendbourg, ajusteur, 24, rue Lazare Carnot. Bloch, 47, rue Vaimont-de-Bonnard. Vauche, 11, rue de la Cigogne. Dumont Vérité, tisserand, rue Louvet, Sotteville. Balzac, 63, rue du Quatre-Septembre, Sotteville. E. Vaucher, 2, rue des Jardins. Auguste Loques, tisserands, 9, rue de Grammont. E. Hally, secrétaire de la chambre syndicale des ouvriers cotonniers de Rouen. Soyer, 42, rue Grammont. Yon, 8, rue Bugnot, Sotteville. Laisné, 3, rue du Nouveau-Monde, Sotteville. Lesueur, 195, rue Saint-Julien, Harpin, 70, rue du Bac, ouvriers de filature.

MM. Jules Picard, officier de réserve, 5, rue Poissonnière. Auscher. Mme Auscher, 36, avenue de la République. MM. Maurice Charles, publiciste, 19, quai de Morville, à Alfortville. Alfred Deplace, 46, rue de Billancourt, Paris. Émile Riobé. A. Gaudy.

MM. Jean Bessières, herboriste, rue Velin, 3. F. Lucot, peintre-éventailliste. A. Bauduet, céramiste, à Livry. A. Segurd, tailleur. Francis Dujardin. Louis Rivat, élève de Rollin. Albert Lévy. Scheid, négociant. A. Bergmann, 97, rue Richelieu. Mme veuve Verdier-Fauvevry, propriétaire, 10, rue de Chantilly. MM. G. Jacquet, rue Sambre-et-Meuse. L. Joguel, 64, avenue de Châtillon. André Forest, 45, rue Sainte-Anne. S. Blum, représentant de commerce. M. Morisot. M. Lange. J. Lange, 99, faubourg Saint-Martin. Alphonse Aaron. Mmes Alphonsine Aaron. Loeb. Jeanne Meyer. Emma Meyer. MM. Jules-Georges Jeanningros, avocat à la Cour. Georges Strauss, ingénieur-minier de Kéramos (Turquie d'Asie). C.-J. Noyon, ex-receveur de l'enregistrement de la Commune de Paris. Georges Noyon, élève peintre décorateur. Gaston Noyon, élève de l'École nationale des arts décoratifs, 28, rue Piat. J.-B. Gagnant. Mme J.-B. Gagnant, née Beatz, ex-institutrice. MM. Leclerc, ouvrier typographe. Bouvier. Bourgeois, employé de commerce. Mlle Yvonne Lefourny. MM. Martin. Dubief. Chauchis, cultivateur. Lefèvre, libraire. Fourcau. Gatton. Zigovini, ouvrier typographe, 45, rue Grand-Faubourg, à Chartres.

MM. G. Franck, 2, rue des Fourchettes. G. Néel, 1, rue de Germont, à Rouen. Cauchard. Mme Cauchard, le Havre.

MM. Edmond Bernard, 2, rue de Bernis. Eugène Franc, 18, rue Cité-Fould. Marcel Bessières, avocat, 15, boulevard Victor-Hugo. Gaston Pavillard, 23, boulevard Gambetta. Max Raphel, architecte, 36, rue Clérisseau. Scipion Roux, rue de la Violette. Edouard Roux, rue Madeleine. A. Marc. E. Trophime, 9, rue de Paris. P. Chéron, 8, rue Racine. Jaqueroil, architecte, 3, rue Deyron.

MM. Prunier, 181, rue Saint-Antoine. Emile Rainouls. Auguste Perret. Assié. Pascal. Bouisson. J. Bastard. Armand Eychenne, artiste peintre. Alexandre Laffon, à Béziers. Jules Border fils. Marchand, rue Renette, ville Suisse. Grégoire Cessé, mécanicien, rue Duperrier, Bordeaux-Bastide. Th. Cahen, du Journal *L'Art lyrique*, Limoges. J.-B. Kaskevitz, voyageur de commerce, 112, boulevard Rochechouart. Daydon fils, directeur de journaux de modes, 7, rue du Quatre-Septembre.

MM. G. Gros, chirurgien-dentiste de la Faculté de Paris, 32, rue Truffault. Marcel Castelle.

MM. Voulot, sculpteur. N. Alexandre et R. Mayra. Léon Lévy. Mme Léon Lévy. MM. N. Gremitz. H. Labaylette, employé. A. Colimon, organiste. Henri Rottembourg, officier d'académie. Mmes veuve Max Rottembourg. Henri Rottembourg. MM. H. Pacoux. A. Lévy, 24, rue de Chazelles. A. Leroux, 41, rue de l'Échiquier. René Haye, étudiant en droit. A. Meyer. Poulard. Mme Poulard. MM. Edouard Bonneville. Jean Dreyfus. Paul Michelon. Henri Marande.

A. Guilbert. Jules Bonnet, homme de lettres. Gaston Lévy. Julien Bourgeois, à Groslay. Paul Dreyfus. E. Dupont. Verry. Mme Verry. Mlle Henriette Weil. MM. Edouard Berr. A. Dubois. Mmes Halphen. E. Vaquez. M. et Mme Hartog. Mlle Marthe Hartog. MM. Henri Hartog. Pierre Counet. Fréd. Wallbaum, pasteur, 28, rue Gay-Lussac. Mme Fréd. Wallbaum. Mlle C. Wex. MM. N. Masse. Arthur Rothschild, négociant. Mme Arthur Rothschild. MM. Marcel Rothschild. H. Cohen, Montmorency. Mmes Henri Cohen. J. Adler. Mlles J. Adler. Ida Adler. Anna Adler. Alice Adler. MM. Louis Parent, ancien militaire. Edmond Blum. Mme Greumutz.

Mmes Albert Lévy. Hippolyte Lamouris. M. J. Salomon. Mme R. Salomon. Mlles Berthe Salomon. Gabrielle Salomon. MM. Edouard Salomon. R. Delacourcelle. Louis Carbonnel, épicier. Mme veuve J. Lofman. M. Ritvon, étudiant en pharmacie. Mme veuve Ernest Lévy. Mme Malvina Sotto. MM. Jean Bourget, sellier. Hector Menet, typographe. Le Bolloch. Breton. Camille Cambis.

Mmes Berthe Kleinhoff. Marguerite Kleinhoff. MM. Nathan Klenhoff. René Choppard. Mme Maximilienne Biais. MM. Ch. Bernier, représentant de commerce. Adolphe Bernier. Mme Miquillon et sa fille. M. et Mme Lambert. M. et Mme Holman. Mme Ford. M. Stanley Ford. Mlles Ford. M. et Mme Nourrisson. M. et Mme Doussot. MM. Léon Franck. Docteur C. Soulages. Mlle Riquier. MM. E. Aviolat. Lucien Mouraux, professeur libre. Camille Carrey, à Ermont. Jules Mignot, à Ermont.

MM. docteur Convers, lauréat de l'Académie de médecine, 9, rue de Roanne. Marc Bernheim, de Bâle. A. Hamel, employé de commerce, 63, rue Louis-Philippe. Godefroy Aubert, Nice. Carle des Perrières. Magdeleine Broccard, 5, rue Duhamel. Henri Ducos, rentier à Bordeaux. A. Laffaux, élève de rhétorique, collège de Bergerac.

MM. Léon Bigot, professeur honoraire de l'Association polytechnique, délégué cantonal de Paris, publiciste. Adolphe Pignolet, licencié ès lettres, professeur au collège de Pontarlier. Viard, adjoint au maire du Havre. Georges Poignant, 58, rue des Pyrénées. Lévi-Tanneur, voyageur de commerce. Edouard Lévy.

MM. A. Weinberg, négociant, 25, rue des Blancs-Manteaux. L. Dézé, 18, rue de Thorigny. G. Allard, rue de la République, 40, à Montreuil-sous-Bois. Ferdinand Boigegrin. Mme Ferdinand Boigegrin, 42, rue des Francs-Bourgeois. MM. Alphonse Samson, 111, boulevard Richard-Lenoir. Gabriel Samson, 62, rue Pergolèse. Marcel Netter. J. Netter. Mme veuve Eisig. Mme veuve Gaensly, 25, rue de l'Aqueduc. MM. André Robin. Marcel Robin. Mme veuve Robin. Mme veuve Lagrange, 63, rue des Cloys. MM. Muret, architecte-expert. C. Duhamel, commis architecte. E. Dartois, commis architecte.

M. J. Babin. Mmes Robert. Babin. Mlle Lenglet. MM. E. Lenglet. Ferrand. Léon Villain, découpeur. Jules Dorigny. Mme veuve Pichaud. MM. Jacquerie. Léon Moron. Célestin Moron. Albert Lévy, sténographe. Al. Josselin, 27, faubourg Saint-Denis. Maurice Marter, représentant de commerce, 5, rue de la Solidarité, à Vincennes. Ch. Martel, comptable, à Asnières. S. Lauzenberg, voyageur de commerce, 73, boulevard Voltaire. Prosper Boumselle, 11, rue d'Enghien. O. Bloch, 6, rue des Petites-Ecuries. Jules Block, 6, rue des Petites-Ecuries. L. Ihsigshon, 113, boulevard Voltaire. Picard, 14, rue de Paradis. Halbeiser. A. Bloch, voyageur de commerce. A. Lyon, 3, rue Geoffroy-Marie. Weill, à Versailles. Gerard Gerson. Marcel Dreyfus, à Versailles. Roland Weill. E. Mochel, rue de la Condamine. E. Joseph, rue du Croissant. Simon Cholet, sellier, 7, rue Pergolèse. Victor Baudet, sellier, 1, rue Guillaume-Tell. Gaston Mutrel, peintre, 14, rue de Lévis. E. Collin, sellier, 41, rue de Courcelles, à Levallois. Mme veuve Tabarié et Mlle Marie Tabarié, 109, boulevard Saint-Michel. M. Ch. Lenche, sellier, 65, rue du Bois, à Levallois.

MM. Naoumn Cahann, correspondant des journaux russes. Rodinoff, prolétaire intellectuel. Simon Dienner, ébéniste, 35, rue du Roi-de-Sicile. Mlle Madeleine Billard, 6, rue Sauval. MM. Poulain, 1, rue Rondelet, aux Moulineaux. Blum, découpeur, 22, rue de Belfort. Dinner, ébéniste, 18, rue de Lappe. Georges de Bouteiller, 166, rue de Grenelle. Docteur A. Archambault, Langeais (Indre-et-Loire). Edgard Astruc, 41, rue Notre-Dame-de-Lorette. Mme Ch. Waresquelle, 178, rue Montmartre. Mme Edouard Stern, rue de Navarre. MM. Emile Mouriquaud, propriétaire négociant à Crest (Drôme). H. Poigin.

M. Gorand. Mme Claudine Gorand. M. et Mme Rosengarten, 3, rue des Taillandiers. MM. Edmond Rosengarten, Lucien et Marcel Rosengarten. Mlles Gabrielle et Alice Rosengarten, 3, rue des Taillandiers. Mme veuve Alexandre, 24, rue Keller. Mlle Alice Alexandre.

MM. Fumel, rue Saint-Maur, 76. L. Journaux, 43, rue des Panoyaux. Randeynet, 19, rue Simon-le-Franc. O. Blangarin. Henri Mémeg, 108, rue du Temple. Priaux. L. Gouvernaux. C. Bon. Emile Lemeunier, 18, rue Laurence-Savart. Ipehore, 241, rue de Belleville. F. Philip, 82, avenue Parmentier. M. Zidransky, 31 *bis*, avenue de la République. Errard, 16, cité Bertrand. Rabuteau, 72, rue Saint-Maur. Maximilien Guénon, 63, rue Oberkampf. Nicoud, 46, rue Hoche. A. Sutter, 58, rue des Poissonniers. A. Bion, 5, rue de Suez. Lucien Bion. Dorémieux, 18, rue des Partants.

MM. J. Boucher, voyageur de commerce, à Bayonne (Basses-Pyrénées). Mme Marie Méjean, à Père-en-Retz (Loire-Inférieure). MM. J. Souchet, 15, rue Linné. Pierre Lévy, à Lille. F. Thomas. H. Courgibet. Théodore Mayeux.

MM. Dumortier, sculpteur. Emile Ripouroux. Louis Gaudin. Louis Schreuder. Georges Schildkencht. Louis Geers. Antheaume. Henri Caron. Tesson. Champigny. G.-L. Lucas, professeur à l'Association philotechnique. Patry, étudiant. Louis Périllat, 28, rue des Petits-Hôtels. Jules Laurent. F. Davallon. M. Rémond. G. Soudanas. E. Duclau. Unerberger. H. Rénod. Métayer. Albert Benoît. Mme veuve Benoît. Mlle Jane Benoît. M. Henri Ferrus. Mme A. Baull. MM. L. Meuret. Morin. Ach. Gest. A. Michel. Mmes Marthe Grandjean. Céline Grandjean. MM. J. Bénolliet, ex-instituteur. A. Duchênes. F. Deschappe. M. Deschappe. Sizler, 108, faubourg Saint-Denis. Disant, 9, rue Delaitre. Mme Jeanne Disant. MM. Sarrazin, 16, rue Louis-David. Louis Harend, 87, rue Rébeval. Harend, 5, rue Lesage. Félix Joubert, 5, passage Ligney. Mmes Clara Sarrazin. Céline de Souza-Pinto. MM. Jacob Jouniaux. L. Delorme. P. Delorme. L. Schwartman. Bazin. Marius Leboucher. Mme Elise Leboucher. Mlle Adrienne Neyrat.

M. Pierre Janiaux. Mme Janiaux, 74, faubourg Saint-Denis. MM. Régnier, 178, boulevard Pereire. Montagne, 94, rue Riquet. Rittmann, rue des Sablons. E. Lebas, 56, rue des Grands-Champs. Defay, avenue de Paris, 104, Saint-Denis. Charton. Kohler, rue de la République, Saint-Denis. Boudaquin, route d'Epinay, Saint-Denis. Pernin, conseiller municipal, Saint-Ouen. Prudhomme, route de la Révolte. Denis Pignel, 22, rue du Port, Saint-Denis. Gérard, 153, rue de la Chapelle. Dettombe, 25, avenue Michelet, Saint-Ouen. Chatellin, route de Saint-Denis, 73. Moschetti, Plaine Saint-Denis. Louis Carré, à Pantin. Eugène Bernard, 5, rue Joseph-Dyon. Gruot, 77, boulevard Barbès. F. Texier. M. Jadeau. Charles Bloch. Mme veuve Gruselle. MM. A. Heymond. Rabourdin. J. Manet, externe des hôpitaux. Charles Raffard. M. Stratoniez. L. Hitel. E. Canovan. André Dérame. Mme Jeanne Regnault. MM. René Navarre, 245, faubourg Saint-Martin. L. Duhaut, représentant de commerce, 26, rue de Picardie.

M. Eugène Founau. M. et Mme Ernest Maure. MM. Louis Brasseur, représentant de commerce. Henri Lahens, élève à l'école supérieure de commerce de Nancy. J. Borrin. F. Viste. G. Détrain. Claude Marcey, typographe. Jules Malbranche. C. Augé, à Albi.

MM. P. Célérier, professeur d'histoire au collège de Fontenay-le-Comte (Vendée). Ch. M. Béranger. G. Bernard.

F. Boverat. J. Paulhan. Girardet. J. Carvallot. L. Liebschutz, élèves de classes supérieures au lycée Louis-le-Grand. Louis Kahn, docteur en droit, à Nancy. Gaston Crémieux. Mmes Nina Baze, veuve Crémieux. Lia Moïse. MM. Salomon Milhaud. Ernest Baze. Mme veuve Mossé. MM. Elie Coulet, docteur en droit, Montpellier. Frédéric Mallet. P. François, à Noisel. Edouard Bar, à Neuilly. Ch. Baloird, à Marseille. Jules Tissié. Mme Julia Tissié, à Villefranche (Aveyron). MM. J. Debeaux, pharmacien, à Lons-le-Saulnier. Edmond Sudre, voyageur forain, Perpignan. Aimé Richard. Ed. Terrasse. Magistretti. Paul Yœhr. A. Chavin. Reffay. Braillard. Prost. Aug. Tigné. Ernest Paget. Eugène Bussod. Jules Girard. Mme Lucie Yœhr. MM. Alfred Petite. Henri Bailly. Mme Marie Bailly. MM. Bèche. Wéniger. Georges Py. Berthouzat. Joachim Ricardon. Henri Toitot. Mme Armandine Petit. MM. Labourier. Michel. A. Daurez. E. Colio. Nestor Bury. Célestin Lançou. Zéphirin Thévenin. Joachim Ricardon. Mme Eugénie Bussod, tous adhérents au parti ouvrier socialiste, à Morez-du-Jura. MM. J.-B. Bonnet, à Chartres. Bourneville. Maréchallat. J. Gaie. A. Leroy. Allède. Morin. E. Dumoulin. Gutter. Raud. Kreimer. Laverdure. E. Chameau. V. Poirier. Jules Abramowitz. Moiseaux. Moriset. Chauchard. Cannet. Julien Aillerie. Charles Andoud. Jules Jolly. Duchanoy. Léon Wannebroucq, avocat à la Cour d'appel de Paris. J. de Queylar, ancien élève de l'Ecole polytechnique. Henri Sigros, sculpteur. Mme Marthe Notte. MM. Victor Richert. Désiré Leuret. Edouard Dits. Schmitt, sculpteur.

MM. le docteur V. Reumaux et son fils Louis. L. Odeph. Marius Trœndlé, à Creil. Mme Trœndlé. MM. J.-M. Sénac, docteur en droit, avocat, à Tarbes. Em. Tondelier. A. Dénisse. J. Marotin. A. Bonnemaison. A. Gosset. J. Démaretz. L. Degrémont. H. Senéca. A. Déclincourt. F. Tondelier. Genevoix. Henri Villaret, à Aniane. Paul Marquerie. Adrien Jouanetoy, étudiant en droit, Toulouse. L. Gillet, interne à l'hôpital Saint-Antoine. P. Guillaume, pharmacien, interne à Saint-Antoine. Joseph Wolff Sachs. Simon Schaffin, bonnetier. Sylvain Lévy. Mme Paul Damoye. M. Claude Bourgonnier, artiste peintre, à Passy. Mme veuve Bloch, 2, boulevard de Courcelles. MM. D. Vogel, dessinateur, 5, rue de Coulommiers. Fossat, photographe. Georges Elcar, ex-rédacteur en chef du journal *la Cloche*. Mme Marie Desgenétais. MM. Halpern, rue Cujas, 19. Edmond Murlay, pharmacien, à Lille. M. et Mme Tordeux. MM. Louis Cordier, préparateur à l'Ecole supérieure de pharmacie. Illouz, négociant, à Arles. Maurice. Charles Grivau, étudiant en lettres. A. Artigue, artiste peintre. F. Tamisier, dessinateur. H. Roche. Pillot. Bouquin. Boussiron, ingénieur. Mmes Will. Julie Bouquin. MM. Aug. Eloire, médecin-vétérinaire, à Cambrai. Jules Pellissier. Mme Joseph Chabaud.

MM. le docteur Victor Torchut. B. Torchut. Camille Roux. Charles Giton. Paul Rivière. Gaston Dumé. E. Phelippeau. Ernest Pineau. A. Seyewetz. Salomon de Soria, Avignon. Alfred Armand. J. Cuisinier. Gustave Léon. G. Déveaud. F. Léon. Charles Cuisinier. Schlœsinger. Raymond Midas. Guitton, à Royan.

MM. Albert Gelly, à Montpellier. L.-D. Bernheim, rédacteur à *la Paix* et à *la Semaine Parisienne*. Etienne Guiraud. Henri Guiraud. G. Plataux. A. Nervet. A. Maurel. Blavette. Chazeville. Isabey. C. Abraham. Le Vasseur, comptable. Harris Frémin. A. Prenvot. Emile Gonthier. Ch. Leilher. Al. Massous. Mme Doye. MM. Félix Darcy. André Claye. Leroux. Bacon. L. Ygnon. L. Tulemond. Crépel, Boulogne-sur-Mer.

MM. Sacksteder. G. Dansk. Faury. Chatemp. F. Beaujean. G. Joubin. A. Bernard. G. Hagenauer. T. Conti. Léon Alkan. Mme Léon Alkan. MM. Caillaux, négociant. Aroldi, au Havre. Delaunay, au Havre. Arthur Oper. Xavier Collot. Daniel Graff. Mme Catherine Graff. MM. Frédéric Graff. Maurice Gerson, 2, rue Malher. James Pasquier. Mme A. Pasquier. Mlle A. Pasquier, à Rennes.

MM. Aristide Allanic, à Saint-Brieuc. Alfred Allanic, instituteur. Emile Arnault, rédacteur au *Réveil du Quartier*. Mme veuve A. de Ribaucourt. MM. Raymond Lièvre, 61, rue de Lyon. L. Fournier, tôlier. Edmond Bonni, rentier. Ch. Devillers. Mellet. Mme Mellet. MM. Ch. Duviller. S. Judentey, 14, rue des Ecouffes.

MM. Jules Mathiot. Paul Mathiot. Ch. Mouchot. P. Napoléon Quignart. Henri Baujard, à Pantin. L. Laemlé. D. Dorard. C. Dorard. Marcel Dorard. Mlle Alice Dorard. MM. Tony Selmershein, architecte. Georges Gotscho. Gustave Gasser. Mme Méry-Laurent. Mlle Adrienne Goldschmit. M. Albert Coxot. M. et Mme François Lefranc. M. A. Bruneau, Vaugirard.

MM. Albert Mercier, 17, rue du Département. René Danjou-Pilliet, archiviste-paléographe. Mme Germaine Mercier, artiste lyrique. MM. Plomb, 10, rue de Meaux. Bonnet-d'Ivry, homme de lettres. A. Bouvier. Grenier, découpeur. Laid-Chenet, épicier en gros. Bonnet Mercier, archiviste. Georges Lain. Lignereux, poète, à Levallois. Placide Godefroy. Delamaison. E. Noury. Mme Eva Cady. MM. Buggeri, bouilleur de cru. A. Salmon, ancien élève de l'Ecole des Chartes. Mme Blanche Lavaudier, parfumeuse. MM. Meurant, marbrier. Pinck du Carroir, villa Léchenet, à Levallois-Perret. Argentier, négociant. Mage-Hindy. Passenaud. Hanappier. Mme Julia Eunamis, brocheuse. MM. Abram. Chiquart. Léninger, artiste et poète. Lorenza, guitariste. Emile Legros, maître de danse. Crétinaud Delarbre. Porrée-Dentaire. Mme Julie Romainville. M. Lorilleux. Les deux sœurs Jambo1. MM. Yves Guilbert, chef correcteur. L'Argentier, à Passy. Chevreuil. Marcotte.

M. Alfred Picard. Mmes Léontide Picard. Adèle Picard. Charlotte Henry.

MM. N. Duhayo, 3, passage des Entrepreneurs. J. Roux, 9, rue Surcouf. Gittauduit, 137, rue du Théâtre. F. Salon, 14, rue Montaigne. Aiman Caire, 51, rue de Maubeuge. Jean Meyer, 18, rue de Fleurus. Detteweiller, 64, rue Taitbout. Henri Simon, 4, avenue de Bel-Air. Ernest Meyer, 91, rue de Montreuil. Bézillot, 4, rue du Liban. Henri Pintel, négociant, 6, avenue du Trône. A. Bellanger, 25, boulevard de la Villette. Ch. Wal, de la L.·. La Justice, Ile de Beauté, à Nogent-sur-Marne. Peyrolier, tapissier, 67, rue Albert. M. et Mme Maurice Sanson, 8, boulevard Saint-Martin. M. Louis Martin, représentant de commerce, 14, rue de Paradis.

Les ouvriers et employés de la Carrosserie Indust., 78, Claude-Decaent : MM. Cauquil. Dufort. Thibert. Chadefaux. A. Jahier. Lechenault. Pelletier. Jacquet. Martin. Anglade. Arpentinier. Silustre. Cussac. Lepellier. E. Goliot. Schmitt. Naudot. Jules Villemet. Thiause. G. Ballereau. E. Magis. Ponthieu. Bustin. Brédard. Thiause jeune. Ed. Salle. A. Magnier. Léonard. C. Noville. Gustave Walter. List. Schweitzer. Ch. Pachard, à Alfortville. Ernest Saxe fils. L. Dumont. L. Diémer. Thiéblemond. Saxe jeune. Félix Emery. Rué. Hugelé.

MM. Emile Dupin. H. Dupin. L. Dautresme. Le Batteur. Mme E. Lerondelle. MM. F. Duval fils. Eisembarth fils. Tessier. Oscar Block, licencié ès lettres, 68, boulevard Port-Royal. Louis Touzard. Laniau. Trouvé. C. Perrin. A. Joucel, employé de banque, 2, rue Lécuyer. Breslou. Deuraud. Brunet. Félix Pou. Ch. Couët. Eclaire. Bruet. G. Liraut. A. Lecerf. Maupas. Godalet. A. Chanvis. Louis Croullard. Ch. Marchand. Barrère. Cresson. Mme Cresson. MM. Gaudet. A. Cornu. V. Leconte. Mme Léa Leconte. M. Cloërec. Mme Maupas.

Protestations du lycée de Nantes : MM. Louis Hervieu, licencié de philosophie, répétiteur au lycée. Théophile Jouy, répétiteur. Ferdinand Le Poupon, licencié ès sciences, répétiteur au lycée. Guyourard, licencié ès lettres, répétiteur au lycée. A. Hervieu, répétiteur.

MM. Georges Claude, étudiant en médecine. A. Darbon, agrégé de philosophie. Victor Baley, 40, rue de Paris, à Clichy. S. Brunet, 11, rue des Cailloux. Ed. Esch, 44, boulevard National, à Clichy. Michel Baley, 11, rue Daval, à

Paris. Bance, 34, rue des Cailloux, Clichy. Jean Meyer, étudiant en médecine. Paul Ginsburger, écrivain lithographe, à Noisy-le-Sec. N. Roff, Alsacien. Paul Morizot fils, à Noisy-le-Sec. Michel Houilleur. H.-F. Broochmann, boulevard Wallace, à Puteaux. Gillent, 34, rue des Cailloux, à Clichy. S. Kinsburger, statuaire. J. Conrad. Léon Brunet, 34, rue des Cailloux. G. Gatanes. Eugène Lemaître. A. Grosse, 9, rue Gobert, Clichy. M. et Mᵐᵉ Francis Dreyfus. MM. Plessy et Chartier. Maison Gérard, charcutier, à Paris. Denis Lance, docteur ès sciences. René Strauss et toute sa famille, 8, rue de la Folie-Méricourt. J. Alexandre, à Saint-Mandé.

Protestation de Lyon : MM. Périn, étud. Braël, étudiant ès sciences. Antoine Rigot, chimiste. Glotz et F. Morin, étudiants ès sciences. A. Mathivet, géomètre, à Villefranche. Roger Lacouture.

MM. Desparain, maçon, 3, rue des Ecoles, à Charenton. N. Lebeau, du *Journal*, 73, rue Blanche. A. Bertin, photograveur, 21, rue de l'Estrapade. A. Brun, ingénieur civil. A. Martet, représentant de commerce, 1, rue Larrey. E. Chatelin, 5, rue de la Collégiale. Guérin, ouvrier graveur. Venillard, mécanicien. S. Salat, graveur. Bourbon, imprimeur. Mᵐᵉ Ch. Martet, à Bois-le-Roi (Seine-et-Marne). Chassang, chromiste. G. Filoleau, dessinateur. A. Masset, chromiste. Brunet, imprimeur. G. Pastré, chromiste. J.-J.-Op. de Bel. Mahalin, lithographe. Porchet, panicographe. Ruiss, lithographe. Lefinan, représentant de commerce. Aufaure, photographe. Lejeune, photograveur. Ed. Ulma, 132, rue Saint-Antoine. Irthum. Ald. Schwartz. J. Blum. Léon Groos. Roche, photograveur. R. Rosenstein. Lucien Ulma. F. Blum. E. Weiler. Leroy. L. Lang. Joseph-Joachim Feldman. Au citoyen Vaughan et ses collaborateurs. MM. M. Picard. A. Picard. Ch. Picard. F. Lévy. Myrtyl Picard. H. Picard.

Protestations reçues de Bergerac (Gironde) : MM. Vizerie, docteur. G. Cazalis. Raimbaud. Mᵐᵉ Raimbaud. MM. E. Costes. A. Peyrat. Mᵉˡˡᵉ Cousy. MM. L. Allard. Docteur Pouthier. J. Moulinier, négociant. E. Delbon, comptable. Tamarelle. G. Sarlat. Mˡˡᵉ Gabrielle Larousse. M. Albert Lassus. Mˡˡᵉ Madeleine Cousy. MM. Renam. Labrousse, pasteur. Mᵐᵉ Lucie Labrousse. M. Etienne Gais. Mˡˡᵉˢ Herminie Cousy. Yvonne Allard-Linarès. Marie Vizerie. MM. Plisaguelle. L. Coustoux. Delbos. Mˡˡᵉ Suzanne Delbos. M. Ch. Delbos, employé de commerce.

MM. Clément Céroux, catholique, 18, rue Bouchardon. Eugène Vialla, 18, rue Bouchardon. Paul Avert, ouvrier tailleur sur le trimard, 98, rue de Cléry. Adolphe Rousselet, 2 *bis*, quai de la Mégisserie. Alfred Jourzac, catholique, 54, rue de la Chapelle. Gustave Mulon. Mᵐᵉ G. Mulon, 18, rue Bouchardon. MM. Léon Ulmann, négociant, Châlons-sur-Marne. J. Volpillière, employé. G. Ginet, comptable, Lyon. M. Périn, 18, rue Bouchardon.

Comité Vérité-Justice-Liberté de Levallois : MM. Rocagel, 5, place du Marché. A. Bellier, 28, rue Rivay. Ch. Berthélemy, 61, rue Carnot, à Levallois. F. Beck, avenue de Clichy, Paris. A. Mansdorff, facteur de Paris. E. Kocq, 83, rue Gravel. Van-Imschot-Roos, 35 *bis*, rue Rivay. A.-E. Silvestre, 16, rue des Frères-Herbert, à Levallois. E. Besse, professeur à l'Association polytechnique, avenue du Parc, Saint-Leu (Seine-et-Oise). Vincenot, à Bessancourt (Seine-et-Oise). Bussière, 27, rue Lannois. Docteur Lemardeley, 49, rue Rivay. Eug. Pellier, compositeur de musique, 38, rue Vallier, à Levallois. Ch. Dunod, aquafortiste, 41, boulevard Saint-Jacques, Paris. Pauchet, 59, rue Chevallier. Frédéric Chardainne, bijoutier-ciseleur, 2, rue Rivay. Ch. Mirande, directeur du journal *Le Républicain*. J. Cerf, 120, rue Victor-Hugo. L. Dizy, 79, rue Gravel. Edmond Bellier, 25, rue Hugo. Eug. Mouchon, 25, rue Lannois, à Levallois. Mᵐᵉ Thérèse Lécuyer, 115, rue Victor-Hugo. M. J. Boyer (rien de Judet), 3, rue des Batignolles, Paris. Mᵐᵉ Marie Alexis. Mˡˡᵉˢ Paule et Toton Alexis, de Levallois. MM. André Maréchal, auteur dramatique. Ch. Ballu, 4, rue Raspail, Le-

vallois. Mᵐᵉ Paul Brulat, Paris. Mᵐᵉ Georges Bonigen. MM. Marie, ravaleur, 12, rue Verginaud. Albert Dufétel, 61, rue de Gravel. Albert Dufétel fils, même adresse. E. Goldbert, 15, rue du Marché. Auguste Goulancourt, 42, rue Fouquet, à Levallois-Perret. Maret-Leriche, publiciste, Neuilly-sur-Seine. Mᵐᵉˢ veuve Barel, femme de France, diplômée. Hélène Baillet, à Levallois. MM. Emmanuel Maréchal, 2, rue Say, Paris. Renard, Maisons-Laffitte. Mᵐᵉ Penot, sage-femme, 97, rue Chevalier, Levalllois. MM. Romain Morin, 15, rue Beudant, Paris. Jean Normand, 20, rue de Courcelles, Levallois. Ch. Baggio, ancien maire de Carvin (Pas-de-Calais). Charles Heymann, 18, boulevard de Strasbourg, Paris. Mᵐᵉ Charles Heymann. M. Wolff Creutzusch, officier d'instruction publique, 26, rue Saint-Charles, Paris. Mᵐᵉ Wollf-Creutzusch. MM. Gustave Nottelet, dessinateur, 7, rue Gravel, Levallois. E. Haudebourg, du comité Vérité-Justice-Liberté, 55, rue des Arts, Levallois. Georges Lévy, sténographe, 23, rue de Sablonville, Neuilly. Georges Letailleur, dessinateur, 74, boulevard Ménilmontant. Boiteaux, dessinateur, 7, rue Manuel, Paris. F. Bernard, dessinateur, à Saint-Ouen. Denis, dessinateur, 11, rue Notre-Dame-de-Lorette. Paris. Roger Mouchan, archiviste, 22, rue Lannois, Levallois. A. Dupin, 66, rue de Lauriston, Paris. Bergeron, 38, rue du Pont, Argenteuil. Ludovic Rochet, Paris. Mᵐᵉ Fanny Fouillade, Paris. Mᵐᵉ Barancy, 23, rue Lannois, Levallois.

MM. F. Mathieu, à Genève. Charles Boisson, rue de Crimée, Lyon. Docteur Gouin, 97, cours Lafayette, Lyon. Alexandre Terret, employé de commerce, à Toulouse. C.-R. Marchand, étudiant en pharmacie, à Rouen. Jules Lannay, à Granville. Henri Lévis, Belfort. Alfred Hauser, Belfort. Alexandre Vaissier, 8, rue Elisa Lemonnier. Henri Pinguet, conseiller général, à Moulins. Mathias Stener, 39, boulevard de la Chapelle. Félix Desruel, sculpteur. Auguste Lecerf, pasteur de l'Eglise réformée, Saint-Lô. Mᵐᵉ veuve A. Lévy. M. et Mᵐᵉ H. Lanne. MM. Julien Lévy, professeur. Pierre Lévy. Mˡˡᵉ Marguerite Lévy, Lyon. MM. G. Bourdeau, licencié ès lettres, 5, rue Léopold-Robert. L. Landry. Mᵐᵉ Adolphe Landry. M. Louis Cahen.

MM. P. Tisserand, agrégé de l'Université, Bourges. Un Français : M. Tillac. Deux Arméniens : Aram Bechdoani, Arménat, élèves aux Beaux-Arts. Giracosse, Arménien, étudiant en médecine. Sarkis, Arménien, élève des Beaux-Arts. P. Henderyksen, caissier, à Lorient. Etienne Freissel, pasteur, 2, place de la Liberté, Bayonne. Ernest Coutand, à Anvers. Louis Doisié, typographe, à La Garenne. Gustave Robinau, sculpteur, 31, rue Soubise, Saint-Ouen. Joseph Guerra, sculpteur, 58, rue du Cherche-Midi. E. Vanhaecke, 3, rue de Rébeval. P. Chabert, professeur, à Pontarlier. Lhôpitaux, 3, rue Richarme. Léon Schlachter, rue des Boulets. Bourges, 34, rue des Prés-Saint-Gervais. Rouvière, impasse du Moulin-Joly. Alexandre Godin. Paisseau. Annoté, à Vincennes. Ed. Jaulnies, à Congénies (Gard).

MM. Paul Pillot, étudiant en droit, licencié, 51, rue Gay-Lussac. D. Billotey. Charles Bartalot, à Mont-de-Marsan. Lucien Bambergen. Edgard Montel, à Amélie-les-Bains. H. Granger. E. Chédeville. L. Bardet. J. Savignat. A. Prévost. Van Denhœh. Edmond Léonard, instruments de précision. Alfred Picoche, 84, rue de Longchamp. Louis Gillet, sculpteur. Mᵐᵉ Emilie Porce, La Graverie (Calvados). M. Marc Dasque, ancien employé supérieur des Finances. Mᵐᵉ Dasque. MM. Henri-Edmond Cros, artiste peintre. Emile Clare, à Saint-Clair. Ferdinand Dibot, à Nice. André Lefèvre-Bosquet. Arthur Heuclin. André Lefèvre. Ernest Henry.

MM. Georges Flé, Ambleuteuse (Pas-de-Calais). Henri Folliot, banquier à Chablis, (Yonne). Georges Delhonnel, 206, rue du Congo, à Mouveuse (Nord). G. Lelu, villa Germinal, 1, rue Paul Jozan, Montereau (Seine-et-Marne). Emile Junès, externe des hôpitaux. Jaulmes frères, étudiants, 5, impasse Nicole. Chourreau. Meynadier. René

Lafon. A. Pénigaud. S. Bonan. De Beaucourt, territoire de Belfort : Frédéric Bernard. Edgard Curie. Mmes Léonie Bernard. Marguerite Plain. M. Alphonse Kiger. Mmes Jeanne Curie. Caroline Kiger. MM. Georges Bohin. Alfred Saint-Lanne, 32, rue de l'Entrepôt. E. Fink. René Chevalier, 39, rue de Douai. Victor Meusy, chansonnier, 26, rue des Abbesses.

MM. Alphonse Corbet, 4, rue de l'Abbé-de-l'Epée. A. Marcilly. Maurice Nelson, rentier, 2, rue de Sontay. Paul Nelson, élève des Beaux-Arts. Auguste Nelson et Robert Nelson, New-York. Mmes Gabrielle Braconnier, 8, rue de La Bruyère. J. Granès, artiste peintre et lithographe, professeur de dessin à l'Association polytechnique. Maluska, ancien professeur. MM. René Maluski, pasteur de l'Eglise réformée, et Maurice Malzac, pasteur, à Mens (Isère). De Jargeau (Loiret) : Georges Badini, clerc de notaire. Albert Brunet, distillateur. Léopold Valot, horloger. Emile Chouard, étudiant en droit.

MM. L. Bricka, étudiant en médecine, à Marseille. Gaston Mossé. Isidore Meyer, président de la Société de secours mutuels, 24, rue Pierre-Lescot. Marcel Dreyfus, étudiant. Emile Bernard. J.-A. Jacobson, avocat à la Cour. André Johnson, publiciste. Revelo, dessinateur, aux Forges (Marseille). Emile Meissonnier, préparateur de physique à la Société des sciences de Marseille.

MM. Vivarez, ancien officier, ancien conseiller général, à Alger. Henri Le Riche, grand-prix de Rome, à Nice. René Meyer, rue du Pré, à Pantin. Masse, 37, rue d'Angleterre, à Nice. Léopold Charvais, comptable, 77, rue Vaneau.

MM. René Marx. F. Chevé, externe des hôpitaux. M. Rouillon, professeur au lycée de Périgueux. F. Crenier, 67, rue du Cardinal-Lemoine. Jacques Lestelle, étudiant en médecine. Léon Warnier. Israële, externe des hôpitaux. S. L. Eguillon, 151, rue de Charonne. Ottomar Rosenbaum, négociant, à Prague. Clément Gabais, voyageur, allées Lafayette, Toulouse. Mmes E. Rauch, Lyon. Veuve Picornot. Rey, née Picornot, 2, montée du Gourguillon, Lyon. M. et Mme Samuel Moch. Mlles R. et A. Moch. Famille Miran (cinq personnes), 6, rue Paul-Louis-Courrier.

M. J.-A. Hutereau et ses quatre fils, 7, avenue des Ternes. Mme Louise Pochet, propriétaire, à Garches. M. Henri Meuvret, chef de clinique à l'hôpital Saint-Antoine. Mme Jean Cornilleau, sage-femme à l'hôpital Cochin. Citoyenne Briffaux-Buisson de Templemars, étudiante ès lettres. MM. René Merry, étudiant en médecine. Robert Gabrault, étudiant en droit, 14, rue de la Sorbonne. Ratier et Buissons, hommes de lettres. Marcel Clère, étudiant en médecine. Roux-Champion, artiste peintre. Burgevin, élève de l'Institut agronomique. Louis Marve Pissot, docteur en médecine, 34 *bis*, boulevard Saint-Marcel. Mlle Gabrielle David, étudiante en médecine. MM. Jules Delaje, étudiant en droit. Pichat et Duquesne, artistes dramatiques. Champigny, interne des hôpitaux. Ravaud, interne à l'hôpital Saint-Antoine.

MM. Ernest Métral, rédacteur en chef de la *République du Morbihan*. Le Pautremat, répétiteur. Bournouvou, répétiteur. Lacotte, licencié ès sciences, répétiteur, Lorient. Henri Bard, pasteur. Mme et Mlle Bard. MM. Georges Porion, agriculteur, à Arques (Pas-de-Calais). Maurice Artières fils, Millau (Aveyron). E. Leuba, missionnaire, 25, rue du Ballet, Nantes. Louis Fauquier, Bordeaux. R. Delavenay. Mme Delavenay. Mlles Bouchard. Marie Jenatton. MM. Levy. J. Rérolle, artiste peintre français, et Mme Rérolle, 22, route de Saint-Jullien, à Carouge, Genève. Un groupe de lecteurs, à Angoulême. MM. Jean Guillet, ancien adjoint, à Belley. Jules Lacaze, avoué licencié à laïque de Lourdes. Mmes Gerde-Abadie, directrice de l'Ecole Lourdes et Amélie Pibon, institutrice adjointe.

M. C. Lévy. Mme C. Lévy. Mlles J. Lévy. M. Lévy, 194, rue Lafayette. MM. Emile Macquart, publiciste, Reims. Emile Worms, professeur à l'Association philotechnique, Bois-Colombes. Georges Denizet, étudiant en pharmacie, Troyes. Camille Stahl de Valraff, étudiant, à Troyes.

M. Elie Cerf, 98, boulevard Sébastopol. M. et Mme Petiot, 5, place des Ternes. Mmes Mathilde Salomon, directrice du collège Sévigné, membre du Conseil supérieur de l'Instruction publique. Marie Schach, agrégée de l'Université. F. Tobler, professeur au collège Sévigné. E. Nahn, 40, rue Saint-Dizier. Henriette Chantavoine, agrégée de l'Université, professeur au collège Sévigné. M. Lucien Hirtz, peintre émailleur. Mlle O. de Joannis. M. E.-C. de Joannis, descendant de l'armée de Condé. Mmes Scailliet. Suzanne Scailliet.

Mme Jules Koechin, 4, place d'Iéna. M. G. Bodier, 5, rue du Champ-de-Mars. Mme veuve L. Pitoin, 11, rue Léon-Cogniet. MM. Alphonse Lickman, 21, rue Baudin. B.-A. Asscher, 63 rue Taitbout. Mme Trarieux, 4, rue Logelbach. M. Jean Trarieux, 4, rue Logelbach. Mmes Haviland, 29, avenue de Villiers. Ph. Burty, 10, avenue de Villiers. Georges Boutelleau, à Barbezieux. D. Colaço Osorio, 1, avenue Montaigne.

Mme Caroline Dale, 1, avenue Montaigne. MM. Hamilton Eastu Field, 12, rue de Seine. Gimpel Gaston, 46, rue de Paradis. Weil Arnaud, 5, boulevard Magenta. Marcel Barboza, 16, rue Lancry. E. Chinchant, à Boulogne-sur-Seine. Mme Catherine de Rosenberg, 103, rue de la Boëtie. M. et Mme Joseph Lœwy, 103, rue de la Boëtie. MM. Devilard. Adine.

MM. le docteur Léon Faisans, médecin de la Pitié, 30, rue de la Boëtie. E. Froger Delapierre, chimiste. S. Bernard, de Colmar.

MM. Robert Bloch. Alexis Bloch. Louis Bloch, négociant. Lucien Bloch, licencié en droit. Paul Bloch, étudiant. Edouard Bomsel, négociant.

MM. Victor Lemoigne, actuaire. V.-Henri Lemoigne, étudiant, à Lille. Edouard Lucas, entrepreneur de peinture, à Rouen. Camille Lasnier, architecte, 44, rue Saint-Ferdinand. Hartmansen, rue Sainte-Marie, à Montauban. Edmond Lesaint, 53, rue d'Alsace, à Roubaix. V. Bovée. E. Jourdan. F. Gueblé. Georges Mayer. H. Correvon. Paul Lhérie, professeur au Conservatoire, 69, rue de Douai. Armand Lévy, licencié ès lettres, à Lyon. Jules Simonet, industriel, 203, rue Lafayette. Ernest Chazel, pasteur. F.-M. Pouget et Mme Pouget. M. Th. Freiss, négociant. Mme Freiss. Mlle Julie Freiss.

MM. Roger Allier. A. Hollard. Mme Pauline Hollard. MM. Edmond Cotard, 20, boulevard Flandrin. Docteur Diamantburger, 34, rue de Maubeuge. Albert Lévy, 4, rue Richer. Alphonse Lévy, 18, rue Taylor. F. Geslin, 12, avenue de Neuilly, à Neuilly-Plaisance. Henri Romiguière, 9, rue de Mulhouse.

MM. S. Gal, 23, rue Baudin. M. Lévy, 34, rue de Cléry. Timothée Roussiez. Dubois-Charlier, négociant, à Le Nouvion-en-Tiérache. Arthur Lemue, négociant à Esquehéries (Aisne). Gustave Ettinger, 61, rue Thiers, au Havre. E. Jeanmaire, professeur au lycée du Havre. M. Katz, 56, rue Mozart. J. Katz.

MM. L. Izart, propriétaire, à Asnières. E. Derar-Ponsan. M., Mme et Mlle Renous, 27, rue d'Athènes. MM. Ed. Sauvage, 14, rue Eugène-Flachat. Emile Delalande, dessinateur. Eclée, artiste peintre, 6, rue Fourcroy. M. Bergner, manufacturier, 4, rue d'Uzès. Mathilde Jagot, 1, rue d'Alsace, Angers.

MM. Albert Cadix, pasteur, 25, rue du Château, Besançon. Georges Luck, 25, faubourg Saint-Martin. A. Moch. Léon Moch. A. Moch. H. Schmitt, Strasbourg. Charles Hirschler, voyageur de commerce français. Emile Aufrie, 3, rue de Paris, Lisieux. Mlle Lucie Moch.

Mme Emile Aufrie. MM. E. Hirszberg, 25, rue Rivelet, Lunéville. Jacques Delamain, Jarnac. Gustave Simon, voyageur de commerce, 91, avenue de Clichy. Georges Dufêtre, fabricant de soieries, 18, rue des Capucines, Lyon. R. Leenhardt. Emile Lauth-Kœchlin, manufacturier. Mme Jeanne Lauth-Kœchlin. M. Auguste Lauth-Schwenk, manufacturier. Mme Lauth-Schwenk, Masevaux (Hte-Alsace). MM. Edmond Fazy, homme de lettres. Arthur van der Stempel.

E. Corinaldi, pasteur. Edmond Rifaut, chef d'escadron en retraite. Edouard Rifaut, artiste dessinateur. Antibes. Edmond Guilmet, industriel, Cenneré (Sarthe). Maxime Adler, 26, rue d'Angoulême. Edmond Duvernoy.

M. et Mᵐᵉ Désiré Jacobson, 20, rue Condorcet. M. et Mᵐᵉ Gaston Lantz. MM. Claude Panel. Albert Lévy. Mᵐᵉ Gustave Hinstin, 7, rue de Londres. MM. Sam Gaffré, 85, rue Maubeuge. J.-B.-F. Cuau. Parisot, 142, faubourg Saint-Denis. L. Scatena, correcteur. Mᵐᵉ Jules Kœchlin. MM. E. Sorel, industriel, 24, rue de Bondy. Georges Gougenheim, Mᵐᵉ Lévy, 49, rue Pigalle. MM. A. Alla. A.-F. Bowers. Paul Joannès, 155, rue Nationale.

MM. Emile Bénion. Félix Leseur. Mᵐᵉ Félix Leseur. Mˡˡᵉ Redarès. Mᵐᵉ Blanchet, rentière. M. Marcel Lapey, 55, avenue d'Ivry.

Mᵐᵉˢ Mirthil et Régine Morange. MM. Edmond Lavergne, employé de banque, 31, faubourg Montmartre. Georges Dennery. Armand Haas. S. Bernard, 4, rue de la Boule-Rouge. Georges Bernard, 30, avenue de Neuilly. M. et Mᵐᵉ du Bugnes, 50, boulevard Haussmann. M. et Mᵐᵉ Marc Regert. M. Paul Bernhard.

Mˡˡᵉˢ Renée et Jeanne Quilici, 21, rue de Trévise. Mᵐᵉ Hébert d'Arbaud, 16, rue Wattignies. M. et Mᵐᵉ Ollier, voyageur de commerce, à Saint-Mandé, Mˡˡᵉ Anne-Marie Quilici, à Sotta, Corse. Mᵐᵉ Catherine Pietri, négociante. M. Dealma Grimaldo, propriétaire, à Porto-Vecchio. Mˡˡᵉ Adèle Bruneton, 199, rue de Charenton. Mᵐᵉ Boudet, rentière, 96, rue Ordener. M. Richard Candéli, 37, rue Legendre.

M. Antoine Candeli, à Porto-Vecchio (Corse). Mᵐᵉ veuve Hildembrand, au Parc-Saint-Maur. Mˡˡᵉˢ Georgette et Alice Gaudron, 11, rue Ganneron. Mᵐᵉ Marguerite Wibaut, 9, rue Hermel. M., Mᵐᵉ et Mˡˡᵉ Marmiès, 11, rue Bernard-Palissy. Mᵐᵉˢ Hildembrand, 15, rue de Malte. Antoine et Elie Frobert, 199, rue de Charenton. Berland. Camille, rentière, Nevers. Gauthier, 4, passage du Grand-Cerf.

M. Julien Lethimounier, 65, rue Marcadet. Mᵐᵉˢ Buzeau, 17, rue d'Angoulême. Wilmet. Mˡˡᵉ Rose Martin. Mᵐᵉ Faivre, Laurent, au Parc-Saint-Maur. MM. Vacossin, boucher, à Poissy. Lecomte, cultivateur, à Chauvry (Seine-et-Oise). Gaston Pouard, teinturier, 33, rue Berthe. Mᵐᵉ Pouard, 33, rue Berthe. MM. Gouty, limonadier, 14, rue Bernard-Palissy. Candeli Don Jacques. Mᵐᵉˢ Candeli Don Jacques. Antoine Candeli, à Porto-Vecchio (Corse). M. Georges Boutillier. Mᵐᵉˢ veuve Boutillier, veuve Courangeot, tailleur, à Beaumont-sur-Oise. Mˡˡᵉˢ Jeanne et Albertine Bruneton, 199, rue de Charenton. M. Massy, comptable, 13, rue Tesson.

MM. Charles Guermeri. Eugène Merlier. H. Brochier. Mᵐᵉˢ Annette Garnier. Veuve Jeanne Lecoq. MM. J. Vanderheim. A. Vanderheim. M. Brach, 12, boulevard du Temple. Mᵐᵉ Fanny Weil, 12, rue Demarquay. M. P. Wintrebert, ancien interne des hôpitaux de Paris, 13, rue Linné. Mᵐᵉˢ Tabuteau. Marie et Magdeleine Tabuteau, 36, rue La Bruyère. M. E. David. Mᵐᵉ E. David, 112, rue Richelieu. MM. Georges Blanchard, 11, rue Jacquemont. Stéphane Villemsens, Nogent-sur-Marne.

MM. Coquelin cadet, rue Arsène-Houssaye. Mᵐᵉ Françoise Pamel, 10, avenue de Messine. M. Parmantier, 10, avenue de Messine, Mᵐᵉ Louise Weber. MM. E. de Huppy-Neuville, avocat, 32, rue Guyot. Paul Berson, 104, rue Richelieu. Paul Moulin. Ernest Wellhoff. L. Levot.

M. Félix-Carmel Brincat. Mᵐᵉ Marie Brincat, MM. A. Blum, 58, rue Amelot. André Pochez. Alfred Proche. Washington Hilaire, pasteur, à Florac (Lozère). Paul Meslé, artiste peintre. Ingoult, lauréat de l'Institut de France. Lehmann, grand rabbin, Arcachon.

M. Léon Escudié, maire de Rignac (Lot). Mˡˡᵉˢ Anaïs et Eugénie Escudié, M. et Mᵐᵉ Joseph Jacob. M. et Mᵐᵉ Théophile Jacob. Mˡˡᵉ Mimi Jacob, Schalbbach (Lorraine). MM. Marc Jacob, agent consulaire. Lazare-Aimé Jacob. M. et Mᵐᵉ Hippolyte Hayen. Mˡˡᵉ Renée Lévy, à Forbach.

MM. A. Dreyfus. A. Pringaut. S. Dreyfus. Xavier Bertsch, à Belfort. Henry Vasnier. A. Pavis, instituteur, à Chemazé (Mayenne). E. Cerdier, membre de la « Pomme », à Senonches (Eure-et-Loire).

M. Maurice Schmitz. Mᵐᵉ Ernestine Privat, professeur d'école primaire supérieure, à Monteng (Lot). MM. Albert Kohler, pasteur. Léon Lévy, 4, avenue Friedland. Max Behrendt, 55, avenue Kléber, Mᵐᵉ Max Behrendt. MM. Georges Brack. François Leloup. Francisque Delpit. Georges-Louis Beaudouin. Hubert Picavet. Alfred Westphal, à Cette. André Bazille. Montpellier. L. Hugues, adjoint au maire de Pézenas. Raoul Chélard, homme de lettres, 32, rue Pigalle. Edouard Sauter, pasteur de l'Eglise réformée de Paris. Maurice Bernard, ingénieur au corps des mines. Georges Hayem, professeur de clinique médicale, 97, boulevard Malesherbes. Fr. Berr. Mᵐᵉ Yvonne Berr. Mˡˡᵉˢ Marthe Berr. Suzanne Berr. Simone Berr. MM. Pierre de Bengy, artiste peintre, 63, boulevard Pereire. E. Mallet, ancien consul. Jules Giraud. Mᵐᵉ Jules Giraud. MM. Emile Wibert. Gustave Guérin. Mᵐᵉ Eugénie Laroche, 259, boulevard Pereire. M. Eugène Hirsch. Mᵐᵉ Eugène Hirsch. MM. Jacques Hirsch. Gustave Goudchaux, 8, rue Laurent-Pichat. M. Maxime Drossner, 13, rue Ambroise-Thomas. Léon-M. Véran. Mᵐᵉ Pauline Lombara.

MM. Fribourg. E. Simon. Le commandant Norès, Monte-Carlo. Mᵐᵉ W. Norès. MM. Ferdinand Chaigneau, artiste peintre. L. Chaigneau. Paul Chaigneau, artiste décorateur. C. Haas, ancien inspecteur des beaux-arts.

Mᵐᵉ Alfred Marx, 97, boulevard Malesherbes. MM. Eric Besnard, homme de lettres. Félix Gousse. Jules Salomon, 4, rue de Provence. Henri Mugnier, 27, rue Laffite. Mᵐᵉ veuve Honoré Bloch, 23, rue Albouy. M. Moïse Bloch, 3, rue de la Douane.

MM. Benjamin Bloch. A. Gassier, ancien député. Mˡˡᵉ B. Quillet, médecin-chirurgien-dentiste.

MM. Edmond Quillet, architecte diplômé. André Quillet, chirurgien-dentiste. S. Delré, ancien professeur au collège de Sedan. Alexandrine Lyon, Caen. Emile Samuel, professeur de mathématiques. Octave Ratier, étudiant en médecine. M. et Mᵐᵉ Ch. Collin, 28, rue des Halles.

MM. Brincat, 145, boulevard Pereire. Camille Baudon, 9, rue Ambroise-Paré. A. Gerson. J. Limozin. Louis Levasseur. A. François. M. et Mᵐᵉ Gendre, 8, rue Germain-Pilon. MM. Charles Mayer, rue du Port-Villiers, Châlon-sur-Saône. Roger Lévy, étudiant. René Meyer Sée, 17, rue de Constantinople. Gustave Popelin, artiste peintre. Mᵐᵉ J. Lévy.

MM. Hermond Cahen. Marx Cahen, de Londres. Paul Cahen. Mᵐᵉ Jeanne Heurtaut, 59, rue Barrault. MM. Louis Blochet Behr, 171, rue Saint-Martin. G. Burghard, licencié ès lettres, 118, rue Monge. Mᵐᵉ Marguerite Boverat. MM. Ch. Labrie, 9, rue Bertin-Poirée. Anna J.-F. François. M. et Mᵐᵉ F. Fallek. Mˡˡᵉˢ Gabrielle Fallek. Marie-Thérèse Fallek.

Mᵐᵉ veuve Ernest Desjardins. Veuve Picot. MM. Arthur Selz. Victorien Sardou, de l'Académie française. Lévy, 10, rue Malher. C. Henri, ingénieur, 10, rue Malher. E. Gugenheim, étudiant, 16, rue Rivoli.

MM. P. Lamour, 4, rue Popincourt. L. Pater, 21, rue Leregrattier. Samuel, 34, boulevard Haussmann. Gugenheim, 16, rue de Rivoli. Edmond Lévy, 30, rue des Francs-Bourgeois. Alphonse Eberhart, 8, place des Vosges. Pierre Jaillet, 17, boulevard Beaumarchais. L. Bernard, 4, rue Malher. H. Schupnick, 4, rue Malher.

MM. N. Tumpornsky, 24, rue de l'Equitation, Nancy. L. Priinz, 43, rue de l'Equitation, Nancy. Joseph Schupnick, 4, rue Malher. Moris Bachner, 4, rue Malher. Emile Berr. Georges Berr. Georges Samuel. Mᵐᵉ Georges Samuel, 35, rue d'Hauteville. M. Moincare, 10, rue Malher.

MM. C. Droulin, 11, boulevard Barbès. Koelbel, 48, rue Godefroy-Cavaignac. Duprée, 6 bis, rue des Récollets. Déhaye, 118, rue Saint-Maur. Mᵐᵉ Le Simon, 43, boulevard Voltaire. MM. S. Séeberger, artiste peintre. Ida Frankfürter, de Budapest. Ed. Roux, 21, rue des Epinettes, à Saint-Ouen. Emile Lenglet, sculpteur, 53, rue de l'Ouest. Georges Morelle, artiste, 103, avenue de la République, Grand-Montrouge. V. Commène. Novinski. Ernest Schreinet, 108, rue Rambuteau. Henry-Louis Hirschmann, compositeur, 1, avenue Gambetta, à Saint-Mandé. F. Legros. P. Millot, 29, rue Pépin, à Montreuil. H. Nixo, 21, rue Saint-Augustin.

Mme Lucy Picard, 83, rue de Rome. MM. Ettinghausen, 83, rue de Rome. Henri Ettinghausen, ingénieur des arts et manufactures. A. Clafke, 10, rue de Lancry. J. Picard, 134, rue de Turenne. Emile Nite, 14, rue de Bellefonds. Rodrigue, 9, rue Saint-Lazare. Mmes veuve Foissin. Maria Foissin. MM. Foissin fils, 127, faubourg du Temple. J. Tonié, employé de commerce. Albert Derrien, 23, boulevard Magenta.

MM. César Cormeray, 4, rue de Gentilly, à Arcueil. Bonnevald, 83, rue Lamarck. Pichereau, 73, rue des Dames. Lepigeon, 66, rue Doudeauville. Rondenet, 45 bis, rue de Lille. Durestein, 38, rue Laugier. Eugène Bennevuld, 83, rue Lamarck. Bouton. Mme Bouton. MM. Jean Bouton. Marius Bouton. Adrien Bouton, à Fontenay-aux-Roses. Elie-Jean Chaveroux, 54, rue de Seine.

MM. E. Letellier, 22, rue Simart. Georges Gentilly, 19, boulevard Rochechouart. Louis Caufurau, comptable, 19, rue Beaunier. L. Valluet. Mme Valluet, 10, rue de Plaisance. M. F. Jumentier fils, 47, rue Doudeauville. M. et Mme Colibert, 3, rue de l'Alma, à Courbevoie. MM. Alexandre Vacher, 50 bis, rue de la Chapelle. Eugène Lagrange, 20, rue Vincent. M. Houdouin, 3, rue Martel. Jules Pascaly, rédacteur en chef de la revue *le Devoir*. Mme Morot, à Reims. MM. Chauveau, 27, faubourg Saint-Denis. Fisteur, 55, faubourg Poissonnière. Louis Cottenain, 8, rue du Marché-Ordener.

Un groupe de citoyens libres proteste énergiquement contre les poursuites exercées contre le colonel Picquart avant l'arrêt de la Cour de cassation : MM. Georges Lefèvre, 6, villa Saint-Michel. Dumas, rue Sauffroy, 53. Bily, 6, rue Léon-Coignet. Nicolle, 24, rue Poncelet. Gulvout, 32, boulevard National, Clichy. Naudé, 126, rue de Courcelles. Raynaud, 76, rue Demours. Knipper, rue Chance-Milly, Clichy. Pras, rue du Bois, 100, Levallois. Deroy, chemin des Perches, Colombes. Widiez, rue Rivay, Levallois. Lévy Alexandre. Phourrissol, rue Lannois, 26. Lascaux, 5, rue du Général-Brunet. Brisso, 38, rue Dulong. Achille Couteaux, 104, boulevard Victor-Hugo, Clichy. A. Etienne. Georges Lucotte. Seuws, 26, rue Vallier, Levallois. Gauiter, 110, rue Cardinet. Bomilleau dit Béhanzin, 2, rue Trézel, Levallois. Bertucot. Dejouy. A. Couturier, 11, rue Jouffroy. P. Raymond. Godin, rue Ernestine. Charles et Henri Plaise, 23, rue Perrier, Levallois. Coupry, 32, rue Cardinet. Berrard, 65, rue d'Avron. Quénini Marmuse, 246, rue de Paris, Montreuil-sous-Bois. Ruffier. Tambour, 100, rue du Bois, Levallois. Louis, 74, rue de Courcelles, Levallois. Jussy, 19, rue Brey.

MM. Paul Strauss, sénateur de la Seine. Docteur E. Darin. Mme E. Darin, à Chaville. MM. baron Antoine d'Espelata, 5, rue Boissy-d'Anglas. H. de Saint-Genois, 18, rue des Quatre-Fils. Gaillemain, notaire, maire d'Epense. Pierre Detouche. Mme Detouche, 71, rue Michel-Ange. MM. Alfred Besnier, membre du Conseil général des Côtes-du-Nord. Chartier, délégué cantonal, 62, rue Tiquetonne. Le Broquart, médecin, à Erchen.

M. Jacques Hervé de Kérohant, rédacteur en chef du *Soleil*.

Mme Féresse-Deraismes, 72, rue Cardinet. MM. Albert Beaulieu, sculpteur, 15 et 17, rue des Martyrs. Ernest Picard, architecte, 155, faubourg Poissonnière.

M. André, à Cavaillon. Mme Justine Lévy, à Paris. MM. Paul Durand, à Montfort-sur-Mer. Frédéric Bunel, 23, rue Brongniard, à Sèvres (Seine-et-Oise). Fernand Rousseau, à Brie-Comte-Robert (Seine-et-Marne). Mme Alice Rousseau, à Brie-Comte-Robert. M. Pognant, à Brie-Comte-Robert. M. et Mme L.-H. Nos, à Villennes (Seine-et-Oise). M. Jules Legrand, 3, rue de Lagny.

MM. Gary, à Paris. G. Quénard, à Paris. Dérouzier, instituteur, Verchain (Haute-Savoie). Victor Raton, à Chatou. Léon Grivolat, rentier, à Epinay.

MM. Viverge, 132, rue de Turenne, à Paris. Ch. Thomas, Mme Ch. Thomas et H. Thomas. Mlle C. Péguet.

MM. E. Bloquere, 2, rue du Rendez-Vous. S. Kahn et Mme S. Kahn, 10, rue Albert-Joly, à Versailles. MM. Victor Langlois, ingénieur, 9, place du Parc, à Sèvres. Emile Surgos, 6, rue des Poissonniers. A. Trolot, 17, rue des Petites-Ecuries. Wisphen, 104 bis, boulevard Voltaire. Auguste Chéry, 41, boulevard Saint-Jacques.

MM. Louis Lodi, 49, rue de Charonne. Paul Julien, admirateur de Mme Michelet, 5, rue Réaumur. Mme veuve Julien, 5, rue Réaumur. MM. Barré, 37, rue de la Grande-Truanderie. Bernaudat, 48, rue Notre-Dame-des-Victoires. P. ∴ Vivard, propriétaire, à la Ferté-sous-Jouarre. Rambach, 4, rue Française. Mme A. Rambach. MM. C. Vallée, 11, rue Chardon-Lagache. Maurice Largeris, à Villiers-sur-Marne. Paul Louis, rédacteur à la *Revue socialiste*, 61, rue Condorcet. Mme Potin, 13, rue Hérold. Mme Olinger, rue Gabrielle. MM. Parnot, 40, boulevard Saint-Michel. Marc-Antoine, 142, rue de Javel. Mme Marc-Antoine, 142, rue de Javel.

MM. Trodant Frilley, à Savigney-lès-Angirey (Haute-Saône). Camille Mesnage, aquarelliste, 48, rue Jacob. M. Petigars, 5, rue Carnot, au Parc-Saint-Maur. A. Caen, rentier, 66, boulevard Voltaire. G. Talamon, 32, rue Molitor. G. Leullier, 17, rue de Rivoli. Mme Levourd, 187, rue du Faubourg-Poissonnière.

MM. L. Greffier, ancien interne des hôpitaux. Fernand Crémieux. Blanche. Templier. Charles Bernard. Paul Abel. Dusart. Juste Tomboise. Benjamin Riche. Josenir. A. Gabet. Napoléon Maxaux. Mérieult. A. Davain. Abel Richez. Pichet. François Davain. Camille Delsarte. Albert Schlagdenhauffer. H. Mundler. Louis Berger. Joseph Damon. Léon Meyer. Charles Meura. Edmond Larue. J. Schmolle. Geo. Artzner. A. Caron. Ch. Deschamps. N. Votier. D. Reider, au Havre. Félix Lévy. Liediheim. Deusch, à Nantes. Grabit, retraité. A. Dabodin. Blachère, receveur aux magasins du Bon Génie. Ravix. Gay. Jules Quaix. Jean Tripier, garçon de magasin. Paul Teillère. Auguste Vette, à Grenoble. Un fonctionnaire alsacien. Datour. L. Jamart, étudiant en pharmacie. Goris, interne en pharmacie. Marcel Delage, chimiste. Tiffeneau, étudiant en pharmacie. Docteur Manheimer. P. Cantin, licencié ès sciences. G. Caudrillies, agrégé. Boutz, négociant. Lucien Catin. Demart, à Clermont-Ferrand. F. Schlagdenhauffer. E. Gartner.

Protestations reçues de Lyon : MM. le docteur R. Lépine, correspondant de l'Institut, associé national de l'Académie de médecine. Docteur A. Fochier, professeur à l'Université. J. Appleton, professeur agrégé à l'Université. V. Angagneur, professeur à l'Université. L. Bard, professeur à l'Université. Flurer, professeur à l'Université. Docteurs Weil. Lannois, chargés de cours à l'Université. Docteurs L. Bérard. Paviot, professeurs agrégés à l'Université. Docteur Tournier, ancien chef de clinique à l'Université. Docteur Josserand, médecin des hôpitaux. Docteur J. Dreyfus, ancien médecin des hôpitaux. Docteur Louis Dor, chef des travaux à l'Université. Adrien Storch, ingénieur. Angel Dulac, ex-capitaine de réserve. Paul Valayer. Jean Lépine. Georges Lévy, internes des hôpitaux. Parot. Cattan. Kœune, externes des hôpitaux. Emile Chaumat. Alphonse Chaumat, Charles Schmidt, négociant. Mme Ch. Schmidt. MM. Ernest Delon, comptable. Jules Doyne. Louis Morel. Mouttet, avocat. Brisac, préparateur à l'Université. Rebillard. Joanny Dessignes, employé. Pelican. Maxime Loup. Louis Clergier. Latour. Achard. Ribes, étudiants en médecine. Charles François, licencié en droit. G. Lévy, étudiant en droit. Milliard, employé. Jean Coquet, étudiant en droit. Chauvet, étudiant en pharmacie. Parot. Poucet. Beauvisage, élèves aux Beaux-Arts. Puy, étudiant en droit. Louis Payen, publiciste. Lalmand, employé. Carraz, étudiant en mathématiques. Fayard, employé. Monge, peintre. L. Selmes, mécanicien. Ducrou, publiciste. Laroussarie, pâtissier. A. Durand, coiffeur. D'Urbino, publiciste. J.-J. Girardet. J. Richou. J. Chazit, comptables. P. Girardet, étudiant. H. Paumier, comptable. Louis Girardet, comptable.

MM. Anthelme Simon, rédacteur au *Peuple*. Laurent Vallée. F. Gapeti, comptable. Ernest Michel, typographe. Charles Lejeune, ouvrier forgeron. Pierre Cordonnier. François Imbert. Placide, coiffeur. Michaud, étudiant en médecine. Bramard. Jean Bourrude, étudiants en médecine. Ollagnier, étudiant en pharmacie. Paul Serves, étudiant en médecine. René Colombin. Marcel Debolo, Philippe Curtil. C. Briffaut. Rougier. Vincent. Emile Chanut, étudiants en droit. Gauthier, élève en philosophie. Villebrun, boucher. Aumonnier, publiciste. Percevaux, coiffeur. Saint-Bonnet. J.-C. Petit, fondeur. Aucourt, employé. Mme veuve Neyt. MM. Sasseigne, chocolatier. J. Delmores. Chollet, camionneur. Helly, boucher. Dupau, industriel. Clavier, peintre. Perrin, commerçant. Large, négociant. Louis Laloge, commerçant. Charles May. A. Mottin, restaurateur. J. Vivien. Ferlet, employé. Aymer. Meunier, boucher. Louis Laissus, tapissier. H. Rey. F. Vermelle, étudiant en droit. Fleury. E. Laburtandrie. Moynat. Adam. Lecœur. G. Tixier. Laurent. Grec. Thouvelin. A. Cretois. J. Bognon. Henri Bleuse. Mme Henry Lemonnier. Mlle Valentine Lemonnier. MM. A. Noël. Gretarlon. Jounet. C. Vardel-Vieux. Oblin. A. Bisson. E. Houdry. Landou.

MM. Maugarny, conseiller municipal de Bagneux. Gerlat, secrétaire du comité d'études sociales de Bagneux. Auguste Lefebvre. Pierre Chartreire. Jacques Labouchais. Pierre Hervé. Henri Lardot. Lamasure. Soupault. Alfred Pluchet. Chatelain. Henri Dutry. Gaspard, de Bagneux. Guillaume Kouch. G. Ulmann. Courtois Gerbert, pasteur. Saint-Maixent. Docteur Coste, Saint-Etienne. Lucien Cahen, Besançon. Edm. Perlet, Rondeval. Edouard Chochard. David Monnier, Valentigney. Emile Naas, Mondeure.

MM. Charles Bequillard. Paul Ducommun, à Valentigney. Schvin, à Mondeure. E. Bastard, à Valentigney. Georges Chassert. Jules Schom. Paul Ducomme, à Mondeure. Fritz. Vurillot. Rodolphe Vernier, à Valentigney. Auguste Mivhel, à Bondeval. Alfred Chapuit. Charles Lombard. Joseph Schlienger. Emile Garnichey, à Mondeure. Louis Vuillemier. Henri Metin, à Beaulieu. P. Metin. Henri Orisier. Louis Metin. Albert Demorgeot. Adolphe Fourtot. Georges Renaud. Mmes Louise Fourtaut. Marie Demorgeot.

MM. Edmond Lodes, à Audincourt. Pierre Grisier, à Langeville. Edouard Mayer, à Audincourt. Henri Etienne, à Valentigney. Jules Fourtot.

MM. Louis Gluck, Valentigney. Eugène Fourtot, Audincourt. Pierre Gluck, Valentigney. Mme Louise Grisier, à Audincourt. MM. Edouard Mougin, Cordier, à Valentigney. Paul Bouton. Samuel Bouton. Vernier. Colonne. Jules Pierlet, à Mondeure.

MM. Alfred Juillaud, Valentigney. Constant Voleton. Jules Bertin. Banchut. Henri Rayot. Fritz Seigneur. Gustave Draugney. Eugène Monnier. Jules Netillard. Julien Seigneur. Poulon. Vuitherot. Buignon. Paul Juillierat. Masimann. Charles Goetzmann. Paul Bataillard. Louis Quelet. Fritz Detoux. Georges Doucelance, Valentigney. Armand Pheter. Louis Valiton. Léon Michaud. G. Turpillot. Georges Cordier. Adel Provote. Eugène Postel. Henri Barbeir. Auguste Bretegnier. Alettetal. Eugène Mettez. Georges Bouzer. Jules Hubner. Louis Carrend. Louis Bernard. Louis Brischoux. Charles Mettey. Charles Michaud. Georges Peugeot. A. Beles. Louis Geney. Henri Schepringer. Georges Hoffmann. Louis Koch. Emile

Mettey. Jules Multer. Chavey. Jules Brandt. Onésime Brandt.

MM. Fritz Seigneur. Guidot. Coulon. Jules Wittmer. Camille Malcuit, Emile Cometet. Georges Louys. Julien Corndet. Emile Ménigaud. Albert Privez. Alphonse Coulon. Frédéric Seigneur. Eugène Bertal. Paul Vieux. Georges Charpiot. Louis Gueutal. Bretegnier. Emile Vieux. Constant Quai. Jules Barbier. Emile Gindrat. Lucien Pequignot. Achille Boname. Henri Valiton, à Mondeure (Doubs). J. Mosse, Perpignan. A. Chaubet. Eugène Sagul. Louis Joffre. J. Pujol.

M. Moulard, Mme Mary Charley, MM. A. Marqui. A. Barnol. P. Mosse. A. Vidy. Milhaud. Léopold Milhaud. N. Mosse. Joseph Dumaine. A. Amiel. Sors. Alreunger, à Perpignan. Auguste Lecat, le Havre. E. Bloch. A. Bloch. Rouen. Docteur Charles Arou. Georges Arou, Reims. Mme Blum. M. L. Charles. Mme L. Charles. MM. Deramats. F. Picard. Mme F. Picard. M. A. Gersinar, Mme A. Gersinar. Reims. M. A. Gersinar, Mme Gersinar. MM. Martin. Jules Jacob, Epernay.

MM. Leclerc. Petou. Clermon. Tremblay. Nerau, à Bourg-la-Reine. Mme Georges Fisch, née Duplessis. M. et Mme Plé. MM. Edmond Gaillardon, docteur-médecin, à Aubeterre. H. Yvon, agrégé de l'Université, à Angoulême. Mme Brilloin-Mascart. M. Maurice Schmitz. Mme Cotchaux. MM. Dubreuil, licencié ès sciences, Chemineau. Henry Simon, étudiant en droit. J. Rasque, étudiant. A. Ledoux, étudiant. P. Lanneau-Fauson, étudiant. B. Vert. A. Cerfavo, à Angoulême. Mme Négre-Baudoin, peintre. M. F. Baudoin, peintre. Mme Pillon. Mlle Drugbert, institutrice. Mme veuve Charles Négre et ses deux fils. M. Armand Jouet, négociant, à Châteauroux. Mme A. Baudoin.

MM. Ernest Levassor. Fernand Levassor. Mme Levassor. Mlle Levassor. MM. Guillonneau. E. Cappenolle. H. Beau. F. Malleval. Mme Berthe Boulet, de Montigny-sur-Loing. MM. Elie Reverdy, à Gaubert. Amos Reverdy, plâtrier, à Gaubert. F. Fourne, cultivateur. C. Lhuillery, journalier. Paul et Albert Fourne, cultivateur, à Menainville. Henri Couvrer, à Cormainville. Cyprien Augros, cultivateur, à Cormainville. E. Morize. S. Sadorge. D. Sadorge. E. Chamiard, à Laubert. L. Morize, à Guillonville. Charles Morize, maréchal-ferrant, à Guillonville. E. Dousset, à Guillonville. John Reverdy. Mme Reverdy, Mlle Morize. MM. S. Dousset. S. Rivière, à Gaubert. A. Crosnier. S. Dousset, à Guillonville. Albert Cahen. Bretin, employé de commerce. L. Raoul, employé de commerce. G. Besnard, employé de commerce. S. Julien, négociant. E. Besnard, employé de commerce, à Orléans. Louis Dubois. Isidore Malabat. Albert Bonecau. Bluet. Bernard Trevey. B. Manson. Tissier. Bouty. Fourtine. Louis Roche. Pavie. Leclair. François Peyronny. Fernand Dreyfus, Le Thillot (Vosges). Gaston Weira, architecte. Creissel, Saint-Mandé. Schrameck, Lyon. Etienne May. Mlle Marianne May. M. Marcel Oppenheim.

MM. Charles Mayer. Langlois. Mlle Valentine Bernard. MM. Ernest Cohen. A. Leroux, Moyse Schowb. Long-Risser. Raoul Cahen. Alexis Dorrange, Rouen. Léopold, Bernheim, le Havre. E. Thomas. Bianchi Rinaldo. Alfred Gugenheim, rédacteur à *l'Express Belge*. Mlle Marion Derville, artiste dramatique. MM. Godefroy. Pierre Tharaud. Georges Pfintzinger. Bugnicourt, directeur de la *Défense nationale*, de Chauny. Amédée Bugnicourt, rédacteur en chef de la *Défense nationale*, de Chauny. E. Gronier, président du tribunal de commerce de Chauny. F. Vindal, employé de banque. E. Démeline, employé de banque. Nottelet, employé de banque. A. Cadot, femme du pasteur protestant de Chauny. J. Falour, cultivateur, Amigny-Rony. L. Péne-Heutte, J. Péne-Sofert, Saint Martin (Eure). C. Guyon, Le Quesnoy, par Tousencours. Jules Fleury, Mauves (Loire-Inférieure). Désiré Mayer. Mme Désiré Mayer. M. et Mme Aron Lévy. Mlle M. Lévy. M. René Lévy. Mlles L. Bloch. Alice Montel. J. Bloch. M. Simon Mayer.

9

Mlle Eugénie Mayer. M. et Mme Abraham Salmon. Mmes Gabrielle Nicolas. L. Meyer. MM. Bernard Blum. Gustave Blum. Mmes Emma Blum Cécile Blum, Charmes (Vosges). MM. Emile Desvaux, étudiant en lettres. A. Buot, étudiant en droit. Jules Leconte, étudiant. J. Lefour. G. Roger, étudiant en droit. Etienne Oger, étudiant en droit, Caen. Salle, principal clerc de notaire. Flambart. Arthur Josserand, employé, Reims.

MM. Justin Cuendet, pasteur. Emile Emerique père. Michel. G. Emerique. E. Michel. Riss Karn. Lazard. Gustave Michel. P. Henry, ingénieur. Mme Henin, fille d'officier. MM. J. Henri, Saint-Dizier. René Ménager, Harponville. Docteur Jagot, professeur à l'Ecole de médecine. Mme M. Jagot. MM. G. Jagot, négociant. Jagot. Mme G. Jagot, Angers. MM. F. Rauh, Toulouse. Félicien Challaye, ancien élève de l'Ecole normale, professeur agrégé de l'Université. Paul Léon, ancien élève de l'Ecole normale, professeur agrégé de l'Université. Charles Riquier, professeur à l'Université de Caen. H. Ouvré, professeur à l'Université de Bordeaux. P. Lemoult, docteur ès sciences. Louis Lafon, pasteur de l'Eglise réformée, Montauban. Paul Cavalier, ingénieur, à Givet. R. Lemaire, professeur de philosophie au lycée. E. Guitton, agrégé de l'Université. L. Dispon. P. Bruet. Paul Desfeuilles, agrégé de l'Université. Arthur Desfeuilles. Henri Michel, Amiens. Cazelles, agrégé de l'Université. Lavergne. Chopis, professeurs. Siman, répétiteur de l'Université. Cabanac, répétiteur. Soudoyer, professeur. Canal, licencié ès lettres, Rodez. A. Puigbo, Marseille. Docteur Bernheim, professeur à la Faculté de médecine. Mme Bernheim, née Sciana. Nancy. MM. Charles Side, professeur à la Faculté de droit de Montpellier. Charles Delague, Marseille. Paul Valayer. Paul Veyrin. J. Amieux. A. Henru, Lyon. Léon Lévy. Schneider, Marseille. E. Zyromski, chargé de cours à la Faculté des lettres, Toulouse. Mme A. Baigue. MM. le docteur Baigue. E. Baigue, Besançon. Edmond Bloch. Maurice Bloch. Emile Oulif, ex-sous-officier. Armand Bloch. Silvain Cahen. Mme Hélène Cahen, Nancy.

MM. Bertrand. Lévy Mayer. L. Edmond. L. Julien. Paul Salmon, à Toul. J. Felder. G. Cappe, ouvrier peintre. Chapelle, comptable. Charles Monchaussi. H. Bimbard. Bouniol, ébéniste. Mlle Abeline Cavayé. MM. Paul Déjardin, étud. en droit. G. Coste, sénateur. Paul Constantin, agrégé de l'Université. Maurice Habert, étudiant en droit. Gustave Beaudelot, étudiant en médecine. Jacques Loeb, écrivain. Allen Kalm, élève au lycée Saint-Louis. Carle, étudiant. Pierre Barthélemy, étudiant en pharmacie. Dubost père et ses fils. Bougeard. H. Mazet, élève à l'Ecole des Beaux-Arts. Achille Acis, agrégé de grammaire et des lettres. Mme V.-L. Tarbouriech. Mlle C. Tarbouriech. M. F. Fouragnan, coupeur tailleur. Mme Fouragnan. MM. Clément. V. Dubramel, à Saint-Maurice (Seine). L. Bodin, du syndicat typographique. A. Willm. Brasseur, avocat, docteur en droit. Henri Varlet, graveur. Constant Naura. William Cot. Gabriel Corraud, conseiller municipal, à Montrouge. Charles Vandeventer. Maurice Hoch. Banegre, régisseur. Lefort, Garde (Seine-et-Oise). Raillard, professeur au lycée Janson-de-Sailly. Mme Raillard. MM. Emile Héligon. A. Ternisien. Mme Ternisien, artiste peintre. MM. Louis Devraigne. Gibert. E. Wicart, externes des hôpitaux. B. Nogaro, étudiant d'histoire.

MM. A. Marpaux, adjoint au maire, correcteur typographe. Lucien Goubet, typographe. Auguste Blomb. Jules Wehrly, conducteurs typographes. Lafont, publiciste. A. Soriet, typographe. L. Laubert. J. Philippe. Octave Georges, directeur du journal *la Vulgarisation des Assurances*. Emile Ignace. Gustave Fleur. Armand Danheisser. Léon. E. Lévy. Paul Morsse. E Devilliers, inspecteur d'assurances. Léon Blac, de Dijon. Mme veuve Désirée Valabègue. Mlles Anna Muscat. C. Borel. Joséphine Alazard. Mme veuve Anaïs Lisbonne, à Carpentras. M. Louis Comte, directeur du *Relèvement social*. Mme Louis Comte, Saint-Etienne. MM. Léopold Ullmann, industriel, Valenciennes. Francis Salomon. Mme Francis Salomon, Maillebois. MM. Léon Dreyfus, maire de Louches. J. Mallet, Dieppe. A. Ducros, pasteur, à Jarnac. Edmond Dietz, négociant. J. Michel jeune. Mme J. Michel, Bordeaux. MM. Rogenfroid, négociant, à Bayonne. Schuneur. J. Schurre. Ch. Schurre, ingénieur des arts et manufactures, Collonges. Marius Moutet, avocat Charles Moutet. Moutet.

MM. Gayet. F. Dupont. Arthur Maluski A. de Maubeuge. Jean Mottre. P. Ranc. Martineaux. Filleron. A. Chaurand, de Lyon. C. Simon. Mmes Pauline Simon, Alsacienne. Haguenau. Vedel. Camille Riquet. Mme veuve Riquet, professeur. MM. Paul de Saint-Etienne, peintre dessinateur. Eugène Sée. Paul Moreau, typographe. Mme F. Montant. Mlle Francine Montant. MM. Jules Montant. Alfred Staehling, conseiller municipal, à Biarritz. Alexandre Lemoine. B. Varlin, Claye (Marne). Mmes L. Ravier, professeur. Jeanne Vivasson. M. le docteur Lazare Sée. Mme Alfred Blum, de Genève. Mlle Georgette Lévy. MM. J. Lang, défenseur de Belfort. H. Roger, professeur agrégé à la Faculté de médecine. L. Philippe. L. Wassour. Charles Defer, Beauvais. Georges Defer, Buzenval. Beauvais. Ludrier, vétérinaire. Boullanger. Louis Mahon. Edouard Sangnier. Sene. Doulenger. A. Menoille. Duval. David. Lebon, à Beauvais. Lebon fils. Léon Garbet, président de la Beauvoisienne. Lene. Christ, architecte. Jambon, plombier, Beauvais. Fernand Petit, licencié en droit. Maurice Truptil, clerc d'avoué, Beauvais.

Noms des protestataires des communes de Bellocq et Puyos (Basses-Pyrénées):

MM. Mesplès Cassalle, propriétaire. Caresse Amadine, propriétaire. P. Laherre, propriétaire. Tisnérat, propriétaire. Georges Roth, propriétaire. Pierre Pédezert, propriétaire. E. Pédezert. Domercq-Taitas, propriétaire. Onésime. Pées. Pouyanne. Mme Caroline Pées. MM. Pouyanne fils, propriétaire. Pouyanne. Tisnérat. Destandeau Loubères. Amading Pédezert. Joffre. Destandeau. J. Coasen, propriétaire. Dartigue, propriétaire. Dortigue. Henri Pédezert. H. Simon. Joseph Sellier. Domercq. Pées, propriétaire. E. Domercq. Badié. Pées. Hourcade. Jean Père. Pouyanne père, propriétaire. Pédezert. Mme Léa Carresse. MM. Jean Lesparre-Rayron, boucher. Pédezert-Sévignac. Saint-Picq. Berthière. A. Goaser. P. Lesparre. Mesplas. Jean Gauyaq fils. Pées-Lahon. Mesples. Dutel. Lannes père. Elie Pehau. Paul Lafourcade. Puyoq. Dartiguepeyrou. Auguste Pées-Lahon. Gauyaq, cordonnier. Lanne fils, entrepreneur charpentier. Montagut. Jean Hou. Sourp. Petit. Bourdou. Mme Mathilde Laborde. MM. Pierre Pédeprat. Jean Domercq. Mme Louise Laherre. MM. Jean Pédezert. Narp. Monjot fils. Jean Laherre. Pierre Pées. Julien Hourcade. Auguste Houreude. Egereque. Gauyaq Missole. Mme Honorine Gauyaq. MM. Sourp, viticulteur. Jean Beprat. Labustin. Pierre Lafourcade. J. Poumié. L. Coudures. C. Mourao. Lellien. Mme Jeanne Hourcade. MM. E. Pédezert. P. Pées. Géronny. Mme Marie Larrat. MM. Mespiès. Cartie. Benjamin Hourcade. Pierre Pouyanne. Pierre Narp. Gauyaq père. Cabé. Lambert. Tisnérat. Domercq. Barabé. Destandeau. Pées. Pées. Germain. Cassou. Pouyanne. Sourp. Sourp. Pierre Sourp. Sourp. Gauyaq. Pétaux. Pierre Gauyaq fils. J. Sourp. Sourp. Théau. Lalame. Pées. Marbadot. Pées. Domercq. J. Tisnérat. Domercq. Domercq père. Duthil frères. Cabé. Labatie. Caresse. Labastie. Labastie. Caresse. Labatie. Cazenave. Lavadé. Narp. Monjot. Lartigue. Pouyanne. J. Boude.

Samedi 3 Décembre 1898

MM. Pierre Berton, adjoint au maire de Marseille. Ferdinand Gibon, conseiller municipal de Marseille. Gustave Charpentier, compositeur de musique. Docteur Bourneville, ancien député, médecin de Bicêtre. L. Calvinhac, député de la Haute-Garonne. Georges Ancey, auteur dramatique. Le poète Saint-Pol-Roux. Roger Gatineau, rédacteur à la *Petite République*. Mme Charles Moreau, 16, rue de Maubeuge (rectification d'adresse). MM. Lucien Bonnefoy, licencié ès lettres. Pierre Dufay, bibliothécaire de la ville de Blois. Paul Cressonnois, chef d'orchestre. Mme P. Cressonnois. MM. Henri Torchet. Armand Guerinet, libraire éditeur. Mme Armand Guerinet. Mlle P. Perrot. MM. Edmond Claris, rédacteur à la *Petite République*. L. Cressonnois, auteur dramatique. P. Thomas, étudiant. Le pasteur Genouy, à Rotterdam. Chausse, conseiller municipal de Paris.

MM. Auguste Keufer, typographe, membre ouvrier du Conseil supérieur du travail. A. Malfait, typographe. A. Maquet, typographe. Dufournet, typographe. Edouard Dété, typographe. Jean Bénézech, typographe, député de l'Hérault. L. Lamberget, typographe. J. Ozanne, typographe. Charles Pasquelin. J. Colyns, typographe. J. Baudier, typographe. J. Langlois, typographe. E. Fayet, typographe.

MM. F. Hesling, secrétaire de la Fédération nationale des syndicats de la voiture. A. Billiette, secrétaire de la Chambre syndicale des forgerons en voitures. Séron. F. Chauvet. Larapidie. Le Blavec. Patinaud. Déchaume. Brunneau. Miral. F. Luquet. Gadra. Desseigne. Renaudin. Gaumet. Gamhu. Muzet. Clément. P. Bénert. Rayet. Vigier. A. Denis. Brochet. Martinot. Guy. Havet. Cadoret. Poitrimol. Danjou. Cintrat. Gabet. Borzeine. Genoist. Ducret. Leguay. Lapeyre. Gallien. Michel. Colombat. Guinot.

Les soussignés, élèves à l'Institut national agronomique, se déclarent de tout cœur avec leurs distingués et respectés professeurs, MM. A. Carnot, Duclaux et Grimaux :

MM. I. de Vialar. Weill. Wehrung. Ismalim. Boulli. Dreneau. Gault. Farges. Léonardin. Nègre. Lièvre. Martin. Henri François. Massol. Mayer. Najar. Mallet.

MM. J.-H. Juliette, verrerie artistique, 115, rue Vieille-du-Temple. L. Carré. Mme L. Carré. Mme veuve Zianne, Nanteuil-lès-Meaux. M. Léon Bernheim. Mme Bernardin, de Nice. L. Strauss. M. A. Durand, docteur, Arcueil. Mme veuve Ettlinger. Mlle Marguerite Ettlinger. MM. Pierre Pesante, Marseille. Georges Torchet, 57, rue des Vinaigriers. Mlle Ferber, Fontainebleau. MM. G. Henriet, Gaillot. Assiec, étudiants en philosophie. Alfred Brettauer, Zurich. A. Grogniet-Dalet. René Corbet, adjoint au maire d'Avenay. Jules Henrion, propriétaire, Avenay. Ed. Vidoudez, pasteur indépendant. Justinien Baudassé, littérateur. Georges-Maurice Dreyfus, directeur de *l'Annuaire de la publicité*, 26, rue Feydeau. Millon, employé de commerce. Rousset, employé de commerce. Enselme, coupeur, Mâcon. Lépine. A. Allier. E. Douin. E. Lepeinteur, employés d'administration. Mme et Mlle David. MM. A. André, Allais. G. Bastard, 27, faubourg Saint-Honoré.

Mme Louis Verdan. MM. Elie Bourdillat. Albert Durville. Fèvre Duplessis, à Châblis. Adrien Valabrègue, 4, place Jeanne-d'Arc, Aix-en-Provence. Mme C. G, 157, avenue Wagram. M. et Mme S. Bourgeois, à Orléans. MM. Ch. Anselmet, 5, avenue Niel. Gatumeau, publiciste, à Brest. Charles Boutel, négociant, à Château-Thierry. Victor Roche, 33, avenue de la République, à Château-Thierry. M. et Mme Flamant. MM. Maxime Boutet, à Château-Thierry. G. Goldschmit, 95, quai de Valmy. Mme veuve E. Besnard, rentière, rue Denfert-Rochereau. MM. Joseph Landowski, externe des hôpitaux. André Malécot, publiciste, 22, rue de Bécon, à Bécon-les-Bruyères. Mmes André Malécot. Veuve Duvalet, Courbevoie. M. Marcel Pauphille, représentant de commerce, à Tulle.

MM. Emilien Mourgue, pasteur. Henri Doux. P. Nouis. Hugues, propriétaires. Servières-Verdier, négociant. Saussin-Bermond. Th. Girard, épicier. S. Roux, propriétaire. Samuel Roux fils, à Caveirac (Gard).

Mme J. de Graaff, rentière, Le Vésinet. MM. E. de Graaff, 14, rue Poissonnière. G. Godqui. Louis Kauter. Fillol, 52, quai de Billy. Mme Fillol. MM. Henri Weil. Iker, peintre, à Saint-Gratien. M. et Mme Givret, 76, rue du Pré-Saint-Gervais. MM. Lecastou, de *la Tribune* de Pantin et d'Aubervilliers, rue de la Marine, Pantin. Henri Mayence, homme de lettres, 4, cité Hermel. Henckel, à Poissy (Seine-et-Oise). E. Chesneau. A. Herzard. Th. Lecloarec, à Brest.

Les typographes de l'imprimerie de la Bourse du commerce. MM. Léon Clément, 18, rue Leregrattier. Paul Hœglin. Ernest Thomas. Ferdinand Bivort, 56, rue Jenner. Louis Autrusseau, 5, rue Sainte-Isaure. Edmond Piette, 13, rue Châtelain. Alphonse Clarin, 25, rue Labbé. Gabriel-Louis Bénay, 5, villa Michel-Ange. Cailleau, 2, rue de Bagnolet, Vincennes. J. Marchal, 78, rue du Moulin-Vert. Feuillâtre, 113, rue Thiers, Billancourt (Seine). Henri Bébin, 2, rue Ginoux. Antoine Chadelet, à Montmartre. J. Tilhet, 1, rue Pierre-Nys. L. Maillard, 23, rue des Bons-Enfants. H. Lefort, 40, avenue des Gobelins. Cardon, 128, avenue de Clichy. Albert Gouin, 12, rue Boulitti. Emmanuel Raidel, 232, rue Saint Denis. G. Lefèvre, 15, rue de la Gaîté. L. Baccarat, 32, rue Coquillière. C. Astorgyré, 33, rue Jean Jacques-Rousseau. P. Derouard, 48, rue Saint-Honoré. Ch. Motz, 181, rue Marcadet. Albert Maillard, 23, rue des Bons-Enfants. Auguste Imbach, 247, boulevard Voltaire. A. Pérusson, 11, rue Custine. Laurent Feret, 4, rue du Commerce. E. Henry, 73, rue Lecourbe.

MM. Paul Guastalla, étudiant en droit, publiciste, 36, rue des Ecoles. Ernest Roze, représentant, 8, rue Prieur-de-la-Côte-d'Or, à Dijon. Gabriel Heymann et Henry Lévy, à Grenoble. Lhuillier, dessinateur. Alfred Gaboriaud, évangéliste. Charles Tournus. Abel Gaboriaud, licencié ès lettres. Henri Plasson. J. Plasson. G. Godin. Mme Gaboriaud, artiste-peintre, à Saint-Germain-en-Laye. MM. Jacques Bloch. René Bloch. André Bloch. Mmes A. Bloch. Nelly Bloch. Marcelle Bloch. MM. Pigeonnat, 242, rue de Tolbiac. Ed. Pigeonnat, métreur-vérificateur. Georges Weyl, à Nancy. Albert Goudchaux, à Nancy.

MM. Clément Hannedouche. Paul Hannedouche. Mme Hannedouche. MM. Lemonnier. Lefébure. Durian. Jacques. Grosperrin. Liotard. Arnaud. Clémentin. Arvoldé. Michaud. Favier. Léonec. Marcelle. Pierre-Asc. Veidyol. Cattiaux, ouvriers peintres. I. Seligmann. E. Cahen. E. Bonny. J. Zarenberg. Vilain, 8, rue des Vinaigriers. C. Vilain. F. Vilain. G. Picot, 16 bis, rue Censier. Noël Villard, 24, avenue du Bel-Air. H. Gentil, 31, rue de la Harpe. E. Sotain, 6, rue du Val-de-Grâce. L. Menoux, 17, rue du Banquier. Mlle Ch. Moisant, 6, rue du Val-de-Grâce. MM. G. Jacquet, 153, rue Lafayette. Maurice Hopstein, à Neuilly. L. Lévy. D. Salomon. S. de Ricci. Le Moussu, ingénieur des arts et manufactures. Ph. Ellinger fils. Paul Gros. Bénevent de la Mure. Henri Bloch. Pierre Pruneaux. Ognibène. Raoul Tafouin. Joseph Judeaux. Cournet. Hippolyte Cournet. Léon Puech. Lourte. Métignon, 21, rue Croulebarbe. Delavy, rue Censier. Albert Meyer. Henri Raymond. Léon Rouest, 37, avenue d'Italie. Gourdeaur, rue des Cinq-Diamants. Simonet, 25, passage Barrault. M. et Mme Joseph Lévy, 135, faubourg Saint-Denis. MM. C. Olinger, artiste dessin. L. Chrysostôme Degas.

M. Thys, 5, rue de Chantilly. René Boura. R. Boura. Edouard Lombrail, industriel.

MM. C. Matheron, avocat. Paul Tudesq. Bonnefoy. Mlle Blanche Combe, rue de la Verrerie. M. et Mme Louis Bocquet, 71 *bis*, boulevard Barbès. MM. Maurice Claverie, 177, rue de Paris, à Sannois. Armand Wolff, 89, rue Dareau. Michel Demats, 11, rue Grange-aux-Belles. Laurent Drevet, étudiant. André Noël, ingénieur, 30, rue Bergère. Louis-Paul Alaux, licencié en droit, 20, rue des Fossés-Saint-Jacques. Gabriel Maréchal, 11, rue Cadet. Paul Grados, employé à l'Assistance publique. Mlle L.-W. Hauswirtt, professeur de langues étrangères. MM. Girès, 24, rue du Cardinet. E. Berthault fils. E. Gaiffe, 48, avenue des Gobelins. Brûlé, 6, rue Suger. L. Hernette, étudiant à la Faculté des sciences. S. Cerf, de Calais. Docteur Boutaul, 17, rue des Tournelles. R. Loup, 1, rue Mignet. M. et Mme Ch. Weisshoff. MM. Robert Weisshoff. G. Merlin, journaliste. Joseph André, étudiant. Henri Villemayer. André Nicoullaud. Alix Nicoullaud. Roger de Châteleux, dessinateur, 81, rue de Lille.

Protestations reçues de Maronne (Seine-Inférieure) : MM. A. Mas. Benoist. Lemya. Heuze. Langlois. Auguste Duval. Albert Barrière. Hermiez. C. Muras, pharmacien. Mme Louise Millot. MM. A. Lecoutre. A. Condron. Raoul Cartel. E. Lefebvre. A. Hazard. Cormillard. Mme Marie Auray. M. Cormillard. Caudray. Mmes Cormillard. Langlois. MM. A. Cormillard. A. Cormillard fils. Sarazin. Goujard. Hélion.

Les soussignés ouvriers mécaniciens : MM. A. Delhomme, 29, rue des Orteaux. Oscar Marienval, 13, rue Houdart. Sabot, 108, rue Pierre. Barbe, 25, rue Vincent. Gerbault, 3, rue Renoult. Seyer, 13, rue Julien-Lacroix. Didier, 55, rue de la Mare. Jules Poupet. J. Lauche, 14, passage Vaucouleurs. Primont. Béna, rue de Ménilmontant. Poulin, rue de Rébeval. Louis Marienval, 15, rue Oudard.

MM. Beaudemont, 9, rue du Pressoir. Desmaret, 3, rue de la Mare. Armand Poupet. Lefèvre, à Fontenay-sous-Bois. Girouard, 6, rue Crespin. Delboo, rue Custine. Lafontaine, à Epinay. Mant, 122, rue Oberkampf. Goffard, à Montrouge. A. Lauche, 14, passage Vaucouleurs.

J. Rivière, courrier des postes. Delplancq, marchand tailleur. Joseph Marsy. Mme Rivière, sage-femme. MM. Victor Biziaux, tisseur. A. Godécaux, à Bousies.

MM. E. Prévost, 5, rue Michal. F. Provéra, 18, rue Jeanne. J. Molière, 70, rue Folie-Méricourt. Desnard, 9, rue du Général-Blaise. A. Thalamy. A. Vergnet. G. Delbos, à Saignes (Cantal). Danjou, médecin, à Boulogne (Seine). P. Brocadet, étudiant.

Protestations reçues de Nanterre : Mme C. Heuser. Diacomène veuve et Simonin. Marie Crunel. Lucie Mény, institutrice. Veuve Datzler. Gengoult. Veuve Dubos. Veuve Payen. Henry. Clémence Pilot. Himmiller. H. Halle. Calame. Mlle Huet. Mme V. Krieger. Weber. Schaffer. F. Dugnas. Elise Mousquès. Rachel Casalis. Angèle Rischy. Emilie Straehl. Veuve Pierret. Batiard.

Lebon, étudiant en médecine, 8, rue de la Sorbonne. P. Larcher, étudiant en droit. E. Mouret, étudiant en médecine, 28 *bis*, rue du Cardinal-Lemoine. Dubosq. Hayen Louis. H. Lannois, étudiants en médecine. Lefort, étudiant en droit. Goury. Plimbier. Etienne Louis, 52, rue des Archives. Louis Mettling. Mme Mettling. Mlle Mettling.

MM. J. Vertner. Garré. G. Delpy. E. Diot. Beauvineau. Frédéric Ragot, monteur en bronze. Leval. Bourdev. Gayou.

Un groupe d'ouvriers cordonniers : Yvray. J. Lemaire. J. Jingers. Harmand. E. Lacroix. L. Royer. Jager. Perrin-Venain. Alp. Barrier, coupeur. Brame. E. Rey. A. Jeannon, Schmids. A. Roucher, D. Pestre. Guer fils, ouvriers coupeurs. S. Terry. Boucher. Bertrand. Mme Bertrand.

MM. Maurice Fouché, ancien élève de l'Ecole polytechnique, agrégé de l'Université, professeur de mathématiques, 27, rue Louis-Braille. L. Mayer. Mme et Mlle Mayer. M. Blin, industriel, 47, rue de Bretagne.

Vermorel, industriel. C. Michaut, chimiste. Docteur Letellier.

M. Bernard Dalhann. Mmes J. Dalhann, Mlles Palmyre et Rosette Dalhann.

E. Morin, 10, rue de Lévis. E. Perrot, 20, rue Montessuy. Sabotery, 10, rue de l'Exposition. E. Rambaud, 169, rue de Grenelle. Blet, 16, rue Oudry. E. Bezard-Bigolet, 43, rue Cler. Freminat, 12, passage de Grenelle. Mme veuve A. Boulet, 42, rue Cler. Droulez, 4, boulevard Garibaldi Gorréguer. Michel, 20, rue Nansouty. Veuve Guégueu, 160, rue de Grenelle.

MM. L. Fichet, vins et spiritueux en gros, 144, rue de Bercy. Isidore Crémieux, 9, rue Clauzel. L. Boudourrier, 9, rue Clauzel. P. Mas, 157, port de Bercy. G. Dumetz, 4, avenue de Versailles. Clément Fichet, 64, rue Julien-Lacroix. Lucien Fichet, avenue des Sapins, au Parc-Saint-Maur. A. Brulhe, 141, rue de Bercy. Mlle M. Bertrand, 12 *bis*, quai de la Rapée. J. Courtois, 112, rue de Bercy. Mme Sidonie Barret, 141, rue de Bercy. M. Brulhe, 141, rue de Bercy. J.-B. Barret, 141, rue de Bercy. Mlle Berthile Daulhey, 141, rue de Bercy. Mme E. Duihe, 141, rue de Bercy. MM. V. Garnion, 141, rue de Bercy. Vernay. Lebreton, 11, avenue des Sapins, Saint-Mandé. P. Gautheron, 64, rue Julien-Lacroix. Fabre, 10, avenue Sainte-Marie, à Saint-Mandé. G. Frugier, négociant, 10 et 12, avenue Sainte-Marie, à Saint-Mandé. Schwoll, avenue de la Pelouse, 5, à Saint-Mandé. Mme Demange, 69, avenue Sainte-Marie. MM. Massicart, 10, avenue Sainte-Marie. Fabre, 12, avenue Sainte-Marie, à Saint-Mandé. L. Raynaud. Antonin Nouyaut, horloger, à Toulon.

MM. E.-J. Marthelain, employé. Ernest Barabraham, licencié en droit. M. et Mme Th. Gaillard. MM. P. Vian. Paul Gourauid, étudiant, à Avignon. Mme Elisa Canniccioni. Rosalie Canniccioni. MM. Josse Bernheim. Gaston Bernheim jeune. S. Bouvard, typographe. P. Chambaud. Delidon. Robelin. F. Le Leizour, typographes. Jules Venelle, correcteur. Henri Boullenger. Mme Maria Perraud, couturière. MM. G.-F. Danasy. Gautier, ancien correcteur à *la Justice*. Mme Gautier, rentière. MM. Fernand Cornu, à Cambrésis. Florent Flament. Mme Julienne Milliot. Flavie Mairesse. MM. Arthur Cornu. Jules Desfossez, usinier. Mme Dinah Lagouche. MM. François Mairesse. Emile Mairesse. Jules Defossez. Baudry-Defossez. Mme Fioria Defossez. MM. Emile Glacet. François Glacet. Adonis Caillaux, épicier. Jules Caillaux. Mmes Léonie Caillaux. Léonie Handelin. MM. Léon Caillaux. Emile Vaillant. Aligne Glacet. Elie Mairesse. Arthur Seigney. Gustave Busin.

MM. Joseph Lecrèle. Lecrèle. Caillaux. Jules Ramette, à Saint-Waast. P.-J. Janssen, Amsterdam. Poutrel, architecte, 16, cité Bertrand. Jean Hemmer, 18, rue des Cinq-Diamants. Droulez. A. Louis, rue de Choisy, 79, Ivry. Chazal, avenue de Choisy, 12. Chauvaud, 39, rue Pascal. L'Héraud, 112, boulevard de la Gare. Dupuis, 13, rue de Tolbiac. Lassal. E. Colignon. Léon Brun. A. Finot, étudiant en droit. Jeantet. Lazare Pasquelin. Louis Pelletier, rue Pascal, 71. Albert Meunier, 66, rue de Paris, Ivry. Emile Doreau, 20, rue Baudin. Ivry. Antoine Hemmer, rue des Cinq-Diamants, 46. Albert Duterne, 10, rue Corvisart. Alexandre Heitz. Eugène Eloi. Graffé. Mme Eloi, 1, rue Rubens. M. Graffé, rue Croulebarbe, 21. Mme Eloi, 1, rue Rubens. MM. Albert Victor, 31, avenue d'Italie. Louis Dubois, rue du Gaz, 79 *bis*. Not, 147, avenue d'Italie. Daurot, Guillaume Willems.

MM. Emile Rochas. Edouard Pflug. Aristide Launel. Félicien Perrin, camelot. M.-E. Pichard.

M. G. Chassagne et Mme Chassagne. M. et Mme Coissac, rentiers. Mme veuve Ninaud. Veuve Chassagne. M. et Mme Pilou, négociants, à Tours. MM. Léon Chery. Roman Romani, à Marseille. M. Daniel Salmon, 11, rue de la Hache, Nancy. MM. F. O. M. Clément, de Rennes. Claude Roussillon. Mme Françoise Roussillon. Eugénie Roussillon. Amélie Roussillon, Limoges. MM. J.-M. Anglade de Cahors. Auguste Baillet, clerc de notaire. D. Moos. E. Sabliet. G. Teissier, typographe. Rai. Voltetoi, poète. Victor Disparol. Chelletfer. Charles Dugas. Fabreguette. Eugène Barrat. de Brosse, publiciste. Germain Boujiol. Alexis Pourraux. Louis Floutier. Alphonse Borne. F. Blum. Charles Seguin. Jules Floutier. Jean Floutier. Auguste Roux. Roux, négociant. Ed. Castellas. Chappon. Henri Lamas. Bonnet. Aliger. Hanzy. A. André. F. Faure. L. Brunck. Avelan. E. Dadid. Michel Cadenet. Charles Revey. Rouylous. F. Galabert. E. Paut. Eugène Lacotte, ingénieur-chimiste. Em. Capon, maire d'Archiet-le-Grand. Gaston Archambault, 60, boulevard de l'Ouest. Fernand Rabau-Gautier. Un groupe de Manceaux.

MM. Bertin, coiffeur. Eugène Colle, propriétaire. Antoine Olivier. P. Trie. Marius Pons. Emile Bertrand. Félix Guilban. Casimir Clarion. Emile Mistre. Louis Laborde. Rapon. Joseph Gondran, conseiller municipal. Philippe Victorin. Albert. Fortuné Reboul. Ambroise Ferbaud. Basat. Gonsoyer. Emile Troin. Pascal Ours. Ferdinand Boulanger. Gonzague Colombet. Albert Badarey fils. Gustave Blanc, à Salernes (Var). Weil, 16, rue Montmartre. Francis-B. Thomson. Pierre Hepp. A Thomson. André Gouin. Alexandre Bar. J. Potier. G. Numile. Maître. Blanjot. Franquet. J. Printz. Henry Guggenheim. Louis Delaporte, homme de lettres. Fernand Delaporte, licencié en droit. Antony Valabrègue. Hyacinthe Fabre, ingénieur-agronome. Edmond Lévy, peintre sur porcelaine. Esther Lévy. Lorrain Schmitt. V. Gigleux. Mme veuve Gigleux. MM. Fleury-Routet, représentant de commerce. Schutz. Robert. Léo Michaux, grainetier. Garcin. L. Fernand. Michel, propriétaire. Franc, cultivateur. Jules Bertin. Gurassef. F. Roux. Coulomb. Barthélemy.

MM. Joseph Parczanski, 9, rue Charles-V. Nathan Parczanski, 29, rue de la Fontaine-au-Roi. Mme veuve Dany, 28, rue de l'Entrepôt. MM. Gaston Blanchot. G. Péji, à Asnières. Mme Giraud-Lionnet. MM. Edmond Attout. Edmond Giraud. Lucien Renault, 16, rue d'Avron. Renault père. Mmes Renault. Augustine Renault. M. Paul Eyrioux, industriel, à Vallon (Ardèche).

MM. Guilhot. G. Besson. A. Rey. L. Noël. L. Redon. S. Machoud, élèves au collège de Valence. Claudius Berlioz, voyageur de commerce, à Lyon. Léon Mureau. Mme Mureau. M. et Mme Charles Gros-o. MM. Jean Michel, artiste dramatique. Edward Langenbach, Londres. L. Buvat, externe des hôpitaux, à Lyon. Louis Lagier. Alexandre Escallier. Emile Vergnes. Elie Demontès. Mme Julie Demontès. M. Paul Girband. Mme Warnery. MM. Strabal. A. Baucher. H. Lecleux, clerc de notaire. 87 *bis*, rue Blomet. A. Terriel, chez Stock, éditeur. Maurice de Neuville, de la Renaissance. Charles Lehmann. dessinateur. Ernest Früh, dessinateur, au Perreux. Alexandre Hess, 15, rue des Archives. Jean Laurent, 5, rue des Barres. M. et Mme H. Girard, à Levallois-Perret. MM. J.-B. Poulain, dessinateur. Ferdinand Bernard, voyageur de commerce, Marseille. Henry Ghys, compositeur de musique. Mme Adrien Farge. MM. Joël Salomon. Josué Gunberg. Mme Maurice et ses enfants. MM. Pierre Nestor. Joseph Danitz.

MM. T. Oballan. Paul-Louis Garnier. Louis de Zaréal. Albert Keim. Daniel Lantrac. Louis Codet, rédacteurs à la *Cité d'Art*. Charles Boussel, 5, rue Basse-des-Carmes. A. Lévy. D. Mathieu.

MM. Charles Noches. X. Pommier. Pierre Liebelin. Holstein père. Holstein fils. Jean-Baptiste Meyer. Alexis Demeusy. Eugène Merle, défenseurs de 1870. Louis Oriez. Joseph Fleisch. Nestor Py. François Keller. Louis Theninge. Julien Canal. Louis Petitjean. Julien Charpiot. Auguste Schwalm. François Bessot. Xavier Bidot. Emile Girardey. Joseph Toilion. Eugène Francfort. Emile Grisez. Camille Hosatte. Augustin Fendeles. Henri Olivier. François Demenus. Gustave Merle. Jean-Baptiste Piot. Louis Frund. Emile Marconnot. Florian Theninge. Louis Demenus. Alexis Barberet. Jacques Sarrazin. Emile Petey.

Louis Démy. Louis Millot. Jules Lacreuse. Philippe Phelpin. François Bringard. Louis Merle. Jules Raphenne. Henri Kleindients. Eugène Marconnot. Simon Trabac. Emile Jardot. Julien Schwalm. Paul Jacquemin. Joseph Meyer. Emile Huot. Constant Labrude. Jean Fournier. Julien Jacquerez, jardinier, Bellevue (Haut-Rhin).

MM. Agnelli. C. André. E. Léon. J. Sibille. Lancrel. T. Lambert. Louis Troin. Saussier. Péniez. Garcin. F. Dinand. G. Albert. Jules Congourdoin. Jules Dol. Guichard. Roidellat. Roumieu. E. France. A. Garcin. Aynaud. Rapon. Inard. Paul Bausset. Victor Boirel. Daumas. Blanc. Louis Fabre. Franc. Marcellin. Gustave Perrier. M. et Mme Pons. MM. Lucien et Léon Moyse. M. et Mme Adrien Dreyfus, 14, rue des Messageries. MM. Langou, 30, avenue des Gobelins. Gugenheim, comptable, 38, rue Notre-Dame-de-Nazareth. G. Haag, 32, rue Richelieu. Charles Sellier, volontaire de 1870. Henri Sellier. Mmes C. Sellier. Edouard Sellier. M. et Mme Emile Dreyfus, 139, faubourg Saint-Denis. Mme Langlois, 182, faubourg Saint-Denis. MM. Victor Goupil, électricien, à Mantes. Emile Hinard, peintre, et Mme Hinard, à La Varenne-Saint-Hilaire. M. Alphonse Haye.

MM. Loir, adjoint au maire. Baroux. Achille Beaudrain. Lequiem. Jules Jubin. Suisse, conseillers municipaux. Ch.-Louis Baudrin. Alix Baudrain, propriétaires. Oscar Loir, propriétaire. Mme Berthe Elisée, cultivateur. MM. Henri Dambrine. Alfred Vigny, rentiers. Delangre, jardinier. P.-A. Corriez, propriétaire. Joseph Corriez, commandant des pompiers. Baudrin. Lojus, cultivateur. Lajus, rentier. Joseph Moucomble. Paul Berthe. Albert Corriez. Quignon. Ulysse Davrinche. Joseph et Paul Vasseur. Marc Moncomble. Frank Jubin. Louis Dubois. Jules Moncomble. Gaston Faucon. Auguste Laquay. J.-B. Moucomble. Elie Vahé. Alfred Corriez. Choisy. Moncomble. Louis Pavy. Georges Leroy. Honorat Merville. Joseph Lefebvre. Mme Norman, cultivateurs, à Wauquetin (Pas-de-Calais).

MM. Henri Fournier. Eugène Fournier, voyageurs de commerce. Poilblanc. Dumont. Paule, ex-conseiller municipal. A. Laossois, conseiller municipal. Laurent Coutant, limonadier. Stanislas Romani, à Marseille. Gustave Ulmo, vice-président de la Commission administrative de l'hospice de Mont-de-Marsan. Emile Ulmo. Mmes Noémie Ulmo. Marguerite Ulmo. MM. J. Perret. B. Dumarchv. Eugène Duraffour. Pochon, répétiteur, à Nantua. Mallet-Chevallier, viticulteur, 27, rue Roussy, à Nîmes. Daniel Lagondeix, 4, rue Larribe. Antoine Roulle. Mme veuve Monier. MM. Béraud. Léopold Cerf.

M. et Mme Léopold Cerf. M. Alphonse-Marx Cerf. Mme Cécile Cerf. MM. André Cerf. Jean-Henri Cerf, 87, rue de Maubeuge. Torterat, 2, rue Paul-de-Kock, Pré-Saint-Gervais. Macle, employé de commerce. Maniglier, employé. Dupy, secrétaire des groupes du Parti ouvrier français. Laumond. E. Klein, 15, rue de Bretagne, Asnières. A.-D. Perfettini, 71, rue d'Alsace, à Clichy. Léon Maison, 71, rue d'Alsace, à Clichy. Léon Cornet. Mme Cornet. Léontine Cornet. MM. Brutus Cornet. Marius Cornet. Léon Cornet. Mmes Eva Cornet. Georgette Cornet. MM. Marcel Cornet. Pierre Simon, 38, rue de l'Entrepôt. Roustain, médecin, 6, avenue Reille. Jules Michaud, impasse Orfila. Henri Le Béguet, 6, rue de Jarente.

MM. Désiré Lefébure. R Picard. D. Meisel. Marx Marcus, 40, rue Sévigné. Mme Jeanne Samuel, 30, rue de la Folie-Méricourt. MM. Maurice Mantoux. Georges Bloch. Eugène Bloch, rue Antony. A. Weill. Alphonse Dreffutal, 6, rue Deguerry. Weill, 39, rue Clavel. Stern. Marcel Kahn. S. Netler, rue Saint-Antoine, Colombes. Hasfeld. Rochon. Jacques Picard, 21, avenue de la République. Arthur Grumbach, 20 *bis*, boulevard Voltaire. Mme Héloïse Grumbach, 20 *bis*, boulevard Voltaire. MM. L. Picard, 21, avenue de la République. Schwab, combattant de Crimée. Lévi, 18, boulevard du Temple. Marius Espinosa, 84, rue des Archives. Maurice Hirtz, 1, rue de Marseille. David Hirsch. Joseph Hirsch, 22, rue des Ecouffes. S. Sebillio. Mlles M. Sebillio. G. Sebillio, 40, rue de l'Echiquier.

Mme E. Blim, rue des Messageries. MM. A. Blim, 80, rue d'Angoulême. A. Léman, 4, rue d'Aboukir. Armand Oppenheim, voyageur, F. Perrot, avenue Laplace, Arcueil. Léon Fridmann, voyageur, 170, rue Saint-Antoine. Georges Fridmann, employé, 170, rue Saint-Antoine. Georges Brochet, 7, rue Rameau. Ernest Meudel, représentant. Louis Aymont, garçon de café. Docteur Achille Hauser, 10, rue du Commandant-Rivière. Dosmann, cordonnier, 15, rue de Rivoli. A. Vial, publiciste, 35, rue de Turenne. Clément Arnir, publiciste, rue Biscornet, 13.

MM. Beauchot. G. Guyot. Lormet. Rougier. H. Renard. Georges Bouguery, commis de marine. L. Ott, artiste peintre, et sa femme. Paul Camus, artiste peintre, et sa femme. Michel Aribaud, à Céret (Pyrénées-Orientales). P. Guilloux. Mme Z. G. Mlle Y. G. MM. docteur Klein. Coudret, à Mailly-le-Château. Léon Denis, licencié en droit, à Nîmes. Joseph Ollivier, étudiant ès lettres, à Rennes. H. Fichtenberg, chimiste, à Saint-Mandé. Alphonse Saut. Delaunez, boulevard de la Part-Dieu, à Lyon. Emile Boutiller, professeur de philosophie, à Flers. Arthur Coblentz, 68, rue Turbigo. G. Rozies. F. François. J. Rozies. Pédedant. J.-Léon Bichat, à Châteauroux. Paul Cotte, ancien député. Fernand Garcin. Maurice Weil, 33, rue Lemercier. Henri Weil. M. et Mme Alice et Marcel Weil. M. Maurice Wagenheim, bijoutier. Mme Wagenheim. M. Max Berner, horloger, 9, rue Vieille-du-Temple. Mme Max Berner. Mlle Alice et Marcel Weil. Mlle Alice Miller. M. et Mme Thourouze, à Aunay-sur-Odon. Mme P. Lazerges, pasteur, à Arles. Mlle Gabrielle Salles, à Nîmes. MM. A. Halphen. Lambert. Cahen. Jules Aniel. E. Lourier. Mmes E. Lourier. Fanny Morin, à Floirac (Gironde). MM. Eugène Barruet. Henri Causon, dessinateur. Mme Henri Causon. M. André Mélendès, lycée Condorcet. Mme Fernand Mélendès. MM. Mayer. Simon-Cahen. J.-B. Veraguth, étudiant, 312 *bis*, avenue de Paris, Rueil. Raphaël Weil.

MM. Marc Lang. Charles Weil. Mmes Charles Weil. Léa Weill. Fanny Weill. MM. Emmanuel Weill André Weil. A. Franck. Henri Werdenschlag. E. Werdenschlag. A. Ravan, 18, rue Amelot. Mme Lucie Bollack. M. Charles Boolz. M. et Mme H. Heumann. MM. Victor Evézard. Louis Evezard, 46, rue des Gravilliers. Benoît Levaillant, 140, rue Amelot. Mme veuve Bernard. M. et Mme Weill. Mlle Blanche Weil. Emma Weil. Hortense Weil. Jeanne Weil. MM. Edmond Weil. Alfred Weil. Mme Fanny Weil. MM. Jacques Blum. J. Grunfeld, 9, rue Ambroise-Paré. Fernand de Dion, rue des Marais-s.-Bois. Mme V. Séné, 12, rue Baillon. MM. Pierre Guédy. Ch. Baggio, à Carvin. Jacques Collandres. L. Flament, comptable. Mme Auguste Flament. MM. E. Pelée, à Denain. Pierre Buez, à Anzin. Labatette, à Valenciennes. Mmes Buez, à Anzin. Turge, Valenciennes. Flament, à Valenciennes. MM. Denis Lazare, mineur. Aimé Holgard, à Anzin.

Mme Charles Taillet. Mlle Charles Taillet. MM. J.-G. Lanoire fils. Alfred Robert, étudiant en droit, à Bordeaux. Dreyfus, à Vitry-le-François. Félix Paclet, aux Rousserges, Milhaud. Benjamin Kahn, industriel. Mme Benjamin Kahn, née Bomsel. MM. Ed. Caen. Paul Mathieu. Mme Paul Mathieu. MM. Louis Lévy. Lucien David, archit. Elisée Tellier. Jules Boutin. Henri Lepore, étudiant en droit, 30, rue Bergère. Jules Giraud. Mme Jules Giraud, 4, avenue Hoche. MM. Tizy, La Rochelle. Emile Bera, nég^t., à Saulzoir (Nord). Mme veuve Sénion-Weil (de Paris) et ses enfants. M. et Mme Fernand Weil et Mlle Albertine Weil, de passage à Mulhouse, envoient leurs protestations indignées.

MM. Beaudroux, professeur. Gorce, professeur. Girard, professeur. Jules Pie, jardinier, Châlons-sur-Marne. Turge Jules. Turge Olympe. Clotilde Taquet. Taquet Elie. Nerée Turge. Bernheim frères, sept Alsaciens mulhousiens. S. Simon. Biolot, menuisier, 4, passage Tourlaque. Lucien Weill, 3, rue Ambroise-Thomas. Jacques-L. Mongiraud, professeur. Choisy-le-Roi. Jacques Prolo, publiciste. Edouard Laporte, de l'Ecole positiviste. Georges Laporte, de l'Ecole positiviste.

Mlles Blanche Pépin. 29, rue des Batignolles. Jeanne Pépin. S. Roux. M. Emile Renet. Mlle Fanny Brunswic, 12, rue d'Hauteville, honneur au brave et loyal colonel Picquart. MM. Léon Bernard, ouvrier horloger, 37, rue Secrétan. Renaud. J. Ardimer, 37, rue Secrétan. J. Bloch, mécanicien. Bonneau. Mme Bonneau, 46, rue Secrétan. MM. Léon Lafon, courtier. Lafon, rue de Meaux. Albert Metzer, avenue Laumière. Sylvain Block, 2, rue Baste. Mme Jeanne Weyl. MM. J. Weyl, juif. René Bladt, 6-8, cour des Miracles. Maurice Block. Léon Block. Georges Block, 42, rue de Meaux. R. Lévy. Mme Berthe Villibord, 37, rue Secrétan. MM. Napoléon Murray. Wimphen.

MM. Blind, 8, carrefour Saint-Antoine, le Chesnay (Seine-et-Oise). M. Hisnard, professeur, qui connaît bien le 120 court, offre une leçon gratuite au général Gonse. Thouroude-Vaun, 226, rue des Pyrénées. Georges Weil, correspondant du *Patriote mussipontain*. Louis Worms, 66 *bis*, rue de Châteaudun. L. Weil, négociant. M. et Mme Francfort. Mmes Léa Francfort. Laure Francfort, 10, rue Lavoisier. M. G. Fouju, 33, rue de Rivoli. M. et Mme Hyppolyte Girard, à Levallois-Perret. M. Jules Lambert, 6, boulevard de Strasbourg.

M. Joseph Zeller, confiseur-pâtissier, à Cologne. Mme de Fallois de Saint-Germain, à Pelousey (Doubs). MM. P.-D. Prunetti. C. Delimongue, cultivateur, Saint-Preuil (Charente). Mme C. Demliongue, Saint-Preuil (Charente). MM. E. Moulinier, 4, rue de l'Hôpital, Angoulême. Louis Figuière, professeur à l'Université, Thonon. Léon Cugny, Marseille. Emmanuel Basch, 25, rue d'Hauteville. Maurice Kahn, 53, rue de Maubeuge. R. Potet, à Montpellier. Edouard Deby, avocat près la Cour d'appel, docteur en philosophie et lettres, 66, rue Joseph-Claes, Saint-Gilles, Bruxelles. H. Cheilley, 35, rue de Villiers, Neuilly-sur-Seine. Emile Rosenthal, 121, avenue Wagram. M. Lévy, dessinateur. J. Fournier, 5, rue de la Hache, Nancy. Mmes L. Dumesnil. Mlles Magali Cuisinier. Anna Cuisinier. MM. A. Migeosse. L. Cuisinier. F. Bonny. Mme Marie Bachelot-Souligné.

MM. Cloître, coiffeur, Chabert. Perrin, à Grenoble. Henri Cogohierches, métreur. Rivoire, tailleur de pierre. Alphonse Klein, typo, à Corbeil. M. Cres-ent, 26, rue Notre-Dame-de-Nazareth. Alfred Lévy. Mmes J. Lévy, Veuve Lévy. Mlle Fourcadelle. Un élève de philosophie du lycée de Grenoble. MM. le docteur M. Hamel. François Denat, ouvrier coiffeur, à Londres. F. Rose, externe des hôpitaux 21, avenue Victor-Hugo. A. Gaillard, cultivateur, à Simandre (Ain). Frédéric Massot, 9, place du Breuil Le Puy. A.-P. Raynal, peintre. M. et Mme Gomard. Mlle Jeanne Gomard, 31, rue de la Goutte-d'Or. M. et Mme Alex. Jean. MM. Eugène Boureau, coiffeur, 42, rue du Landy, à Clichy. Octave Taillard. M. et Mme Bathedou, marchands de vin, 42, rue du Landy. MM. Alban Sabattier. M. Cantarel, à Clichy. M. Mantez, rue du Landy. Mme Néaulle, à Clichy.

M. et Mme Louis Jacob, épiciers-marchands de vins, rue Alfred-Couillard, 3. Mme Jacob mère. MM. Camille Fize et Albert Courdesse, étudiants, à Vanvert (Gard). Georges Olivier, étudiant en médecine. Victor Lhomme, artiste peintre. Marcel Mathelin, sculpteur, à Lille. Emile Lhomme, littérateur, à Lille. M. et Mme Ernest Rosenfeld. M. Lazare Léopard. Mme P. Léopard. M. et Mme Bédier, à Trélazé. Mlle Bédier, télégraphiste, à Trélazé. MM. Leduc, à Trélazé. Jobert, instituteur en congé, à Montargis. Essel, 27, rue Baudelique. Louis Marchand. Jacob Hislovitz, casquettier, 52, rue de Sévigné. Lazarol Hislovitz, fabricant de bérets, 16, rue du Bourg-Tibourg. Mme Augustine Maurice. M. G. Baron. Mmes Berthe, Rébecca et Augustine Hislovitz. Mancel et Sauvan-Mancel, 132, avenue Victor-Hugo. MM. Mancel. Léon Lafeix, licencié ès lettres, étud. à l'Université de Bordeaux. Mme Ludivine Drouot, 23, rue de la Chapelle. MM. Jean Bayard, à Blaye-sur-Gironde. François Morère, professeur de l'Université, à Castres. Mme Louise Bagcot, à Saint-Mandé.

MM. Louis Sevestre de Jarrige, de Salers (Cantal). Georges Bougarel. Albert Frischmann, homme de lettres.

Jules Royen. Edmond Voisin. Albert Roze. L. Parker, pasteur. F. de la Gorce. 47 *bis*, avenue de Clichy. Docteur Henri Dupont, à la Mothe-Saint-Héray (Deux-Sèvres). Eugène Fornet, graveur, à Saint-Sauveur (Oise). Léon Schnerb, 13, rue Custine. Maurice Hégay. Mme Maurice Hégay. Docteur S. Baudry, professeur à la Faculté de médecine, à Lille. Docteur Desbordes, à Civray (Vienne). Mlles Lice et Marie Fédensien, 24, rue Durantin. M. E.-C. Flament, artiste peintre. Mme J. Thomas. MM. Roger Trautwein, avocat, à la Cour, à Montpellier. Nathan Blum, compositeur et professeur de musique. Mme Nathan Blum. Mlles Renée et Esther Blum, 12, rue Soufflot. MM. H. de Robert, à Sydenham, près Londres. Amédée Romanet, 262, boulevard Voltaire. Louis Romanet et Albert Romanet, 262, boulevard Voltaire.

MM. René Durand, répétiteur au lycée de Tours, en congé. Aubert. A. Freslong, à Chinon. Henri Rieux, 77, boulevard Ornano. Fléché, faubourg Crancelle, 22, à Troyes. S. Blum, représentant, 69, avenue de la Grande-Armée. Docteur L. Hernette, Saint-Martin-de-Ré. Suronneau, docteur en droit, ancien militaire, Bordeaux. Léonce Petit, instituteur, au Havre. Docteur Tanche, 207, rue du Longpot, Lille. J. Capelle, pharmacien, Lille. Henri Vilain, étudiant, Faculté de Lille. Pierre Grapp, chimiste, à Lyon. M. et Mme Bourger. Mlle M.-C. Catonné. MM. Grobb, à Rambervillers. Louis Coste. Mme Louis Coste, à Valence. MM. Marcel Kahn, 5, rue d'Hauteville, Paris. Léon Mansier, Rambouillet. Franz Wittemans, avocat, à Anvers. A. Leclerc, typographe, 36, rue de l'Hôtel-Dieu. L. Thomas, typographe, 12, rue Savaron. Delbos, typographe, 6, boulevard Trudaine. J. Renial, typographe. Victor Simon, 108, rue Amelot. Mme Victor Simon. MM. Fernand Moché, 112, rue Saint-Antoine. Léon Simon, 54 *bis*, rue de Lancry. Désiré Simon, 2, passage du Jeu-de-Boules. Mme Désirée Simon. M. et Mme Georges Lévy, 26, boulevard Voltaire. M. Henri Simon, 9, rue de la Sainte-Chapelle. Mme Agathe Simon.

MM. Didier Pailhé, étudiant, Montpellier. Auguste Breylon, pasteur, membre de la Ligue, Graissesac (Hérault). Mme Juliette Baraduc. M. Albert Cuvilliez, 6, rue Tesson. Mme Eugénie Dubois, 12, quai Claude-Bernard, Lyon. M. Philibert et Mlle Philibert, Toulouse. MM. Louis Bastide, directeur du journal *Les Droits de l'Homme*, à Albi. A. Jacobson.

MM. Maurice Deplihez, 1, rue Pergolèse. Lenet, 3, rue Delbek. M. et Mme Edouard Seillère, 53, rue de Neuilly, Suresnes. M., Mme et Mlle Chapits, Lyon. Mme Cochand, Lyon. MM. F.-E. Boijegrain, à Bondy. Myrtil. Koos. Mlles Jenny et Hélène Koos. Marie Bourdin, couturière, 10, rue Anthony. Jeanne Brunschwig, Montpellier.

MM. Pernot, rue des Couronnes, 48. Georges Dufrenois, étudiant en droit, élève à l'École des sciences politiques. Gauthier, ancien élève de l'École normale, professeur de l'Université, à Ajaccio. Foissy, professeur de l'Université, Ajaccio. Jules Auzaud, ouvrier bijoutier, Lyon. Renoux, à Voiron. Fernand de Reyan, rue du Marché, à Neuilly. Georges Giroudou, employé. Roche-Henry, négociant, 27, rue de Vendôme, Lyon. A. Bédarride, conseiller municipal, Marseille. F. Meynent. Genève. Edouard Autant, architecte, 8, rue Milton. Henri Dalmont, Lyon. A. Barry, Lyon. J. Perron, 172, avenue du Prado, Marseille.

MM. Pierre Bret, rue Garibaldi, 95, Lyon. Jantin, rue Saint-Augustin, 32. Ebers, rue Tête d'Or, 76. Guillot, 85, rue Bugeaud. Boyer, 98, cours Lafayette. Faure, 15, rue Molière. Richardier, 112, rue Garibaldi. Cufion, 31, rue Bouteille. Falconnet, 6, rue Pareille. Moulin, 42, rue de Condé. Praly, 20, rue de la Charité. Villebrun, rue de la Charité, 64. Ginet, 156, rue Molière. Curtil, 6, rue Duviard. Bertholier, rue Dumont, 16. Richardier, 112, rue Garibaldi, Lyon. Ad. Bouceret, 50, rue Fabert. Mme Auguste Bouceret. MM. Lucien Bouceret, étudiant. Charles Meyer, négociant, 10, rue Oberkampf. Mme Julie Meyer. M. F. Debenest, adjudant en retraite. Mme Debenest,

Cholet. M. et Mme Simon. MM. Jean Moreau. Fernand Bouchelot. Mme Marie Giraudeau.

MM. Métayer père. Métayer fils. Giraudeau. M. et Mme Gaschet, cultivateur, à Chebrac. MM. Léon Durugnac. Jean Biais. Mme Marie Biais. MM. Paul Fabre, pasteur, à Montignac. Gustave Billy, colporteur, à Chebrac (Charente). Moïse Rogier, entrepreneur de bâtiments. Edouard Rogier. Albert Rogier. F. Baelens, 7, rue des Vosges. V. Rogier. Mme L. Huntzinger. Gabrielle Rogier. MM. J. Schobig, voyageur de commerce. Alexandre Lefèvre, Liège. Mme Eugénie Donnay. MM. Léon Donnay. L. Meleck, de *la Réforme*. L. Moreels, de *la Réforme*. André Donnay. Henri Speten, comptable, 52, avenue Charlotte, Anvers. Maurice de Loct, 6, rue de la Pépinière, à Bruxelles. A. Heidsieck, de New-York.

MM. Gustave Robert. Joseph Aubin. Clément Jassard. Jacques Jassard. Maria J.-B. Cardinal. Victor Astier. Louis Raybaud. François Raybaud. Etienne Chaix. Louis Coulet. J.-B. Bourgoin. Jean-Alfred-Alexandre Aubin. Nicolas Fumel. Antoine Villeneuve. Digne. Funol père. Antoine Digne. Joseph Benoit. Fernand Benoit. Gustave Payon. A.-André Meynard. Fortuné Lorin. Etienne Pierrugues. C.-Jean Labaud. Clary. Edouard-Pierre Caille. André Baron. Simon aîné. Pierre True. François Pélissier. Baptistain Bain. Guignon. Blanc. Pierre Boyer. Antoine Pierrugues. Laurent Peissel. H. Jassand. Désiré Boyer. Troine. J.-B. Zebely. Boyer. Joseph Calasse. C. Barrin. Louis Joannet. Jacques Perregmond. Amédée Trigance. Antoine Langier. Toinon Langier. Cabasse. Garnier Marcellière. Louis Fortuné.

M. Block, 76, rue d'Angoulême. Mme Zingard, rue Saint-Maur, 162. MM. Blaise-Puard, 6, rue de l'Entrepôt. Julien Regnier, 20, rue de Belleville. Etienne Bassallier. E. Riche. J. Ardainri, 86, rue de Cléry. Elie Werdenschlag, 50, rue de Ménilmontant. Marcel Lévy, 5, rue Morane. P. Billon, 17, rue Princesse. Regnault, 9, rue Gambey. Georges Montel, 24, rue Sylvabelle. Achille Montel, 24, rue Sylvabelle. Joseph Loubure, 17, rue de Coze, Léon Eyraud. Antoine Bertella, 3, place du 4-Septembre. Louis Renaud, place du 4-Septembre. Louis Baille. Louis Barbarin, 11, rue Charras. Henri Cauvin. D. Laroque, 16, rue Colbert. L. Coheye, 11, boulevard Gazzino. M. et Mme Ernest Letourneaux. Docteur Clauzel-Viallard. MM. G. Guguet. Levêque. L. Jouannet. Laigneau. E. Sergnard. Courtois Billeau. G. Pelletan.

M. Souchnersteck, étudiant en médecine. Mme Volpoix, étudiante en sciences. MM. Shocer, étudiant. Moisejeva. L. Delattre et Carton. Terrier, rue Broca, 95. Laurent Fournier-Berman, 19, boulevard Saint-Marcel. G. Roche. Gaston Cropchardi. Corni. L. Lejeune, voyageur de commerce, 117, boulevard d'Italie. Ch. Charvet, dessinateur, 37, rue de la Tombe-Issoire. Mme Charvet. MM. Louis Gillet, 84, rue Trouçon. Henri Mounerin. Lançon, 87, rue de Patay, Marius Cartier. Alfred Moriceau, peintre, 21, rue de la Harpe.

De Marseille : MM. le docteur Isoard, 14, rue Colbert. A.-P. Puget, 14, rue Colbert. G. Paillargue, employé, 10, rue des Graffins. Paul Alic, courtier, 4, rue Vieille-Monnaie. Mme Blanche Lombard, rentière, 60, rue des Incurables. MM. Ernest Michel, négociant, 4, rue de la Mûre. Albert Valier, entrepreneur en bâtiments, 49, rue Tivoli. Henri Mirame fils, tailleur de pierre, 19, rue Tivoli. Jean-Baptiste Reynaud, layetier, 73, rue Ferrari. Montagnon, employé, 73, rue Ferrari. L. Castellan, membre de la Commission des logements insalubres, 1, impasse de la Tour. A. Degan, architecte, administrateur du bureau de bienfaisance. F. Giraudon, employé. Laurent Renaco, représentant. Jean Michel, comptable. Rigaud, professeur de géométrie, 148, rue de Breteuil. Paul Bousquet, employé de commerce, 1, rue de la Cordellerie. E. Idril, négociant, 4, rue de la République. S. Idril, 4, rue de la République. A. chirurgien-dentiste, 17, Déchaux, rue Saint-Ferréol. André Laffitte, directeur de teinturerie, 45, traverse Périer.

E. Beinaix, comptable, 4, place Périer. Paul Ponté, propriétaire, 5, rue d'Alger. Clément Lévy, ancien adjoint au maire, propriétaire. Gabriel Lévy, employé.

MM. Ch. Lévy, étudiant. Jules Blanc, employé. J.-B. Cabance, employé à la Bourse du travail, à Saint-Marcel (banlieue). A. Martin, typographe, 49, boulevard Rougier. Calixte Causse, employé, 42, rue Belzunce. Vando, marin du Commerce, boulevard de Roux, 31. Robin fils, peintre, Bourse du travail. Delcassou, peintre, Bourse du travail. Jacques Nicglad, ferblantier, 5, rue du Saint-Sépulcre. Eustache, employé à la Bourse du travail. Jules Blanc, maçon, rue de l'Abbé-de-l'Epée. A. Sottariva, employé, 143, rue de Breteuil. Théophile, cordonnier, 84, Grand'-Rue. Ongard, employé de commerce, 7, rue de la Salle. Emile Méary, 13, rue Longue-des-Capucines. H. Pratschmann, Bourse du travail, 8, rue Magenta. J. S. R. XX., lieutenant d'infanterie. Théophile Sawart, employé de commerce, domaine Ventu, J. Orns, employé, cours Gouffé, 18. Ad. Méary, coupeur, 3, rue Magenta. J.-H. Laugier, cordonnier, 2, rue de Crimée. A. Mille, maître cordonnier, 6, rue de Palestro. Louis Millest, bijoutier, 6, rue de Palestro. J.-B. Teychenne, négociant, 15, rue du Grand-Puits. Antoine Carlès, explorateur, rue Bernard-du-Bois, 58. C. Brondt, opticien, rue du Pin. J. André, sculpteur, 51, chemin d'Aix. MM. Marius Jullian. Alphonse Mézy. Louis Devaux. Charles Rebord. Raphaël Revest. Louis Olivier. Georges Delpuget fils. M. et Mme Gaston Delpuget. Mlles Rébecca et Jeanne Delpuget, Lyon. M. Emile Cahen. Mme et Mlle Cahen, 30, rue des Francs-Bourgeois. MM. Franck Junius. Lebateux, 150, rue Lafayette. M. et Mme Ch. Hartmann, 58, rue de Londres. MM. Ch. Cerf, Maurice Roozboom. Szkucki, 14, rue Taylor. Mme Louise Voytet, 32, rue du Mont-Cenis. Cécile Naudet, 42, boulevard Voltaire. MM. Ernest Lindelof, docteur ès sciences. Maurice Malfilâtre. Léon Baranger, 89, rue Championnet.

M. Bruno Menard-Guilbert, à Montliault, (Loir-et-Cher). M. et Mme Albert Samuel, Paul et Renée Samuel, 10, rue de Strasbourg. MM. Emile Méresse, négociant, 3, rue Saint-Joseph. Foucard, 89, rue de la Verrerie. A. Bénichon. Mme A. Bénichon, 28, rue des Halles. M. Vincent Prudon, 12, rue Poccard, à Levallois-Perret. Mme Berthe Grasset, 50, rue Notre-Dame-de-Lorette. Marguerite Foucret, couturière. MM. A. Cœdès-Mougin, organiste-compositeur. René Ledeuil. Leblanc, chimiste, 262, avenue Daumesnil. T. Veil. Georges Schnitzer, Yorkshire-Leeds (Angleterre). Pierre de Karguentah, à Oran. Mme Roch, née Theuret, à Oran. M. J. Raymond, à Campagne-Pin, à Aix.

Les employés, ouvriers et ouvrières de la maison Hartmann frères, 81, rue Saint-Lazare. M. Edmond Tranlay. Mme Anna Jaquelin. MM. Pain. Dauches. Joseph Reingold. Abraham Korin. Paul Le Bouleux. Ernest Caillette. Henri Hartmann, ébéniste, 102, rue de Charonne. Auguste Logeat, dessinateur, 24, rue Debelleyme, A. Lemaire. E. Clemann, rue Montcalm, 37. Hébert. J. Schrepfer, rue de Cléry, 37. H. Boissi. G. Boissi, 14, rue des Coutures-Saint-Gervais. M. Lespeud, 32, boulevard du Temple. Louis Logead, 24, rue Debelleyme. A. Simond, 24, rue Debelleyme. Paul Bienvenu, 55, rue Ménilmontant.

M. Louis Gaudebert. Mlle Louise Gaudebert, 55, rue Ménilmontant. Mme Julie Harsigny, 55, rue Ménilmontant. MM. Gustave Bernier, 110, rue des Couronnes. Auguste Sabre, 59, rue Julien-Lacroix. Théophile Lefèvre, 95, rue Ménilmontant. Prothin, rue Pelleport, 132. Paquelin, 42, Grande-Rue, Alfort. E. Vincent-Viry, 3, rue de Saint-Mandé, Charenton. Léo Bonnardel, directeur de *la Voix républicaine*, 5, rue des Chartreux, à Marseille. Auguste Jean. L. Ferny. L.-B. Bernard. Georges V. Max Ferlau, rédacteurs à *la Voix Républicaine*.

MM. Gilles Ricod, 124, boulevard de la Gare. Laurent Bochas. Pierre-Jean Lebeau. Edouard Grippon. Eugène Millot. Henri Bard. Léon Jehmann. Desrochers. Paul Mouvet. Henri Lévi, 22, boulevard Saint-Marcel. Laurent Mayer, rédacteur au *Rappel* et au *XIXe Siècle*. A. Jean, avenue de Choisy, 189.

MM. Besnard, 82, avenue de Choisy. A. Lexandre. Emile Ducrez. Guerry, 82, avenue de Choisy. Jules Roulan. Pascal, peintre, rue du Château-des-Rentiers. Bredin, 82, avenue de Choisy. Quillard, rue Pascal, 27.

MM. Eugène Sterand, 176, rue Nationale. Ferdinand Golaisarlixte. Léopold Lacour, rue Saint-Hippolyte, 5. Grillon, 115, place Nationale. Labrosse. Lapaintade. Citoyenne J. Lavallée. A. Gurgur. Mme veuve A. Adnet. MM. Gallot. H. Caillet, 15, boulevard d'Italie. L. Binet, 161, boulevard d'Italie. René Dupont. Arsène Topsent. Walter.

MM. Bigos, Hoen, rue de la Butte-aux-Cailles, 39. Louis Cayer, 122, rue de la Glacière. Martin Legay, 24, rue d'Arcueil. Léopold Schmoll. Reynaud. Lagier. Faur. Gicconin. Arnaud. Rey. Eprand. Ch. Cornud. Louis Cornud. Glaize. Barrier. Isaac Balency. Jean Treyture. Marcel Balency. Laffite, Domercy. Homera. C. Louis, G. Graner. E. Laborde. Darricide. B. Peyronnette. H. Peyronnette. F. Daiyon. Lajusan. Cornard. Maurice Chouvet. L.-E. Cornand. Marius Cornand. Alexandre Escallier, de Saint-Bonnet. Emile Gamet, épicier, Malzac.

MM. A. Gandy, 149, rue Saint-Denis. E. Michel, 93, rue de Maubeuge. C. Leclerc, 28, rue Fontaine-au-Roi. Wertheimer, 17, rue Bleue. Mlle Louise Reville, 42, rue d'Angoulême. MM. H. Duciel, 278, rue Saint-Jacques. P. Ravel, 61, quai Valmy. L. Pautrat, 16, rue Rambuteau. E. Dagan, 7, rue Gay-Lussac. Lamartine, 9, rue Blainville. J. Mosset, 29, rue la Victoire. Mlle E. Barri, 8, rue Jean. MM. Robert-Maxime Roldet, rédacteur à la *Petite République*, 14, rue de Lancry. E. Farobbia, 129, rue de Sèvres. A. Willim, 60, rue des Moines. Albert Dupas, 78, rue de l'Ouest.

MM. Jean Maillard, étudiant. Charles Kahn, 17, faubourg d'Einville, Lunéville. Achille Wolf. Marchand. Cellier. Gaston Verdier, manufacturier. Lucien Lévy, représentant de commerce, 6, rue Nouvelle. Louis Dubreuil, de Mamers.

De Troyes :

Mmes Alice Souweine. Désirée Renaud. E. Garnier. Marie Garnier. MM. Eugène Dist. Klopfstein. Maurice. Albert Kalm. C. Cain. P. Horvilleur.

MM. A. Guidat, 1, rue Chaptal, à Levallois-Perret. Charles Granies, 27, rue Durantin. C. Morère, 97, avenue de Clichy. Fritz, 134, rue de Charonne. Moïse Schwartz, 194, rue du Château-des-Rentiers. P. Vauchez, cultivateur. Louis Vauchez, cafetier. Simonin, à Ecleux (Jura).

MM. Victor Dubrencq. Achille Dubrencq, à Templeurd (Nord). Jules Decreus, chef pâtissier, à Roubaix.

MM. Farjasse, licencié ès sciences, à Neuilly-sur-Seine. Fernand Weil, de Strasbourg, 100, rue de la Tour. A. Bernard, architecte. M. et Mme Victor Moch. Mme Saunier. Mlle Suzanne Saunier. MM. Maurice Jacob. S. Cerf, de Calais, 34, rue Lacroix. Pierre Jacob. Louis Hirsch, 99, rue Richelieu. G. Liebschutz. Mme J. Liebschutz. M. Louis Liebschutz. Mlle Jeanne Liebschutz. MM. Louis May, 50, rue Paradis. S. Gatté, 17, rue du Marché, à Neuilly-sur-Seine. Henri Wickham, 16, rue de la Banque. Jules Dreyfus, 50, rue Paradis.

M. et Mme Aimé Rieder fils, 12, rue de la Paume, Mulhouse. MM. Simon Lévy. E. Ulman. Mme E. Ulman. M. Ad. Astruc. Mlle Alice Astruc. Mme Suzanne Lévy. Mlle Segonde Tauzin. Mme Jeanne Astruc. MM. Z. Astruc, à Bordeaux. G. Goepp, professeur en congé. J. Chennevière, Pontoise.

M. Alfred Berr. Mme Louise Berr, 133, rue Saint-Dizier, Nancy. MM. C. Gide, à Bellegarde-du-Gard. Marcel Castelle, à Bordeaux. H. Cahen. Docteur Roux, à Touzac. Docteur Edmond Gaillardon, médecin, à Aubeterre. Mme Draussin. MM. Nelly Draussin, à Pontarlier. Edouard Nouvel, professeur de l'Univercité.

M. J. Fraenkel, à Elbeuf. Mme Victor Fraenkel, à Elbeuf. M. le docteur L. Guiraud, chargé de cours à la Faculté de médec. de Toulouse. Mme Renée Baire, agrégée de l'Université. MM. T. Robert à Trouville. Alphonse Even, cl. d'avoué.

Victor Daumer. Georges Seligman. E. Champs, mécanicien, 16, rue des Tourelles. Marie Robert, à Trouville.

Mmes Victorine Bloch, 6, boulevard Voltaire. Germaine-Denise Bloch. M. J. Strauss. Mme J. Strauss. M. Em.-L. Strauss. Mmes Adrien Lièvre. Lise Lièvre. M. Pierre Lièvre. Mme E. Lièvre. M. et Mme B. Brandin. Mme Marguerite Brandin. M. Marcel Théaux, publiciste.

M. et Mme Raphaël Hirschmann. M. Maurice Lange, agrégé des lettres, professeur au lycée de Caen. Mme M.-S. Diamantberger. M. André Simon. Mme Joseph Lévy, de Strasbourg. M. Jules Lévy, de Strasbourg. Mme Paul Kestner, 40, boulevard Vauban, Lille.

MM. P. Bernard, 10, rue Saint-Gilles. Oscar Wallach, 3, rue de la Banque. Slawinska. Mlle Slawinska. MM. F. Vidal, 40, rue Laugier, Paris. G. Lambiotti, ingénieur industriel. G. Million, interne des hôpitaux de Paris. E.-M. Feketo, directeur de la Compagnie coloniale de cafés, 15, quai Valmy. J. Campagnac, agrégé de l'Université, rue Bellegarde, à Carcassonne. Ed. Rabeaud, 44, cours Pierre Puget, Marseille. Mme Elisabeth Fonsèque, professeur à l'Association philotechnique. MM. G. Fonsèque, industriel. Alphonse Franck, homme de lettres, Mme A. Franck, née Diaz de Soria. M. et Mme H.-L. Piales, 43, rue Boulainvilliers. M. et Mme Georges Samuel, 31, rue d'Hauteville.

M. V.-J. Vandier, ingénieur civil, Lille. Mmes Elisabeth Bury, professeur d'Anglais, 3, rue des Arquebusiers. Mathilde de Craponne, de l'Opéra-Comique. Clémence Duvillars, 12, rue Hippolyte-Lebas. MM. René Weil, 105, rue Lafayette. Bernheim, 105, rue Lafayette. Mmes veuve B. Cayser, 86, rue de Maubeuge. Veuve Neymarck, 105, rue Lafayette. MM. Gaston Selz, compositeur de musique, 18, rue Spontini. M. Bulvault. Ch. Bauthian, docteur en droit. Henri Gibout, publiciste, 10 *bis*, rue de l'Aiguille, Cambrai.

MM. Paul Petit, 34, rue de la Montagne-Sainte-Geneviève. Auguste Monod. Mmes Atez. A. Van Glœhnx, née Monod.

MM. G. Guignard, artiste peintre. E. Quiévreux, pasteur. Julien Weil, pasteur. Mme Julien Weil. MM. Maurice Dumoulin, rédacteur chef du *Journal du Havre*. Robert de Cantelou, secrétaire de la rédaction.

MM. André Hofgaard, rédacteur au *Journal du Havre*. V. Sérand, Le Tréport. Robert de la Ville Hervé, rédacteur au *Journal du Havre*.

M. et Mme E. Michel. Mlles A. et L. Michel. MM. Michel. J. Weil, comptable. Fernand Weil, employé. Mme J. Weil. Mlle Mathilde Karp. M. Julien Besset, employé, 29, quai des Brotteaux, Lyon.

MM. Auguste Babut, 1, rue Bourdaloue. H. et J. Bubut. Mmes Elise Gomez, 4, rue Bourdaloue. Louise Lamothe, 4, rue Colbert. MM. A. Soulier, place Maison-Carrée. A. Luce, 3, quai de la Fontaine, à Nîmes. Edmond Maréchal. Mme J. et Mlle S. Maréchal. MM. Monteil. Charles Martin. Français, maître de conférences de lettres françaises à l'Université de Glascow.

MM. Eugène Froment, artiste peintre, 83 *bis*, rue Notre-Dame-des-Champs. D.-F. Deluca, étudiant français à l'Institut électrotechnique de Liège. E. Franck, 85, avenue Malakoff. Meyer, 27, rue Duret. Léopold Pellier, pasteur, à Uzès. Rotschild, 43, rue de Trévise. Mlle Claire Cahen. M. Charles Helbronner.

Mme Charles Helbronner. MM. André Helbronner. Ernest Cerf. M. et Mmes Numa Rodrigues, 20, rue Chauchat. Mlle Madeleine Rodrigues. M. Eugène Worms, 7, rue Ballu. M. et Mme Hartog, 33, rue Lafayette. M. Henry Hartog. Mlle M. Hartog. Mmes C. d'Ambre, de *la Fronde*. H. Rueff, née Jonas. MM. A. Crouc, propriétaire, 74, rue Laugier, à Paris. A. Chambré. Mme A. Chambré, 4, rue Chappe.

M. Louis Lang. Mme veuve N. Goudchaux. MM. Pierre Bauer. Albert Revel, 24, rue de Clichy. C.-A. Meyer. Maurice Lévy, 67, rue de Chabrol.

MM. Louis Cahen, d'Anvers, 2, rue Bassano. Rambach. Mme Rambac, Bois-Colombes. MM. Victor Lyon, 20, rue

Richer. Richard Lyon, 20, rue Richer. Marie Lévy. Albert Lehman. M. et Mme Danheiser. MM. G. Hirschfeld. Léon Lehman. M. et Mme Léon Monhange, 11, rue Condorcet. M. Gaston Walter, 45, rue Laffite. Mmes Paul Walter, 20, rue Desbordes-Valmore. Suzanne Walter.

Mme Marguerite Wolff, de la Chaux-de-Fonds. M. Marcel Lévy, 24, boulevard des Capucines. Mme veuve Léopold Lévy, 28, rue Louis-le-Grand. MM. André Lévy, 28, rue Louis-le-Grand. Charles Simon. E. Gilles. D. Strauss. Docteur Achille Hanser, 10, rue du Commandant-Rivière. Edmond Naura, 34, rue Baudin.

MM. J. Hesse. Félix Hesse. Pierre Léri, 4, rue Sontay. Paul Regnard, ingénieur. Bernard Meyer. Eliacin Mary. A. Schamasch.

MM. Auguste Thomas, maire de Gravières (Ardèche). Castellant, conseiller municipal de Larguy. Alphonse Lenoir, directeur du *Journal des Agriculteurs de la Manche*. Charles Brumant, étudiant en médecine, 12, rue de Panama. Alfred Baillon, préparateur en pharmacie, 10, rue Gareau. Edouard Berghem, professeur aux cours de Saint-Denis, 107, rue de Paris. Docteur Guérin et Mme Guérin, à Flers. MM. Cointin, à Langrune-sur-Mer. Cahen, agrégé de l'Université. Ernest Leblanc. Bigerel, président du Conseil d'arrondissement, à Vitry-le-François. Louis Morosti, publiciste. J. Falliès, 61, rue de Clignancourt.

MM. Garmond, 18 *bis*, boulevard du Pont, à Poissy. E. Lemaire, à Warmaise (Oise). Jean Jacob, 57, rue Doudeauville. Ragon, à Dammartin-sur-Marne. A. Hahm, employé de commerce. Achille Bloc. Mme Achille Bloc. M. Emile Bloc. Mme Emile Bloc. MM. Maurice Simon. Emile Cujat. Mme veuve Jandry. Mlle Marie Jandry. M. Léon Godchaux. M. et Mme Eugène Lévy. MM. Edouard Bomsel. P. Cahen. Paul Cahen, négociants. Simon Weill. Jules Adler. Icheben Borich. Jules Lambert. Gustave Bernard. Henri et Jules Lévy. Maurice Jacob. Gustave Lévy. Armand Levy, à Paris. Mme Péraire, à Libourne (Gironde).

Un groupe d'amis à Sens : MM. Louis Lancelin. Théodore Léger. Lucien Guyat. Pourrière. Diemert. Malassagne, typographe. Mulot. G. Peirair, typographe. Jacquet. Guyard père. Georges Cleuvenats. Gaston Villain. Mlle M. Duporc. MM. Roch. Empard. J. Deyme, typographe. Paul Irsa, typographe. J. Duporc, typographe. L. Allègre, typographe. C. Lancelin, typographe. Diétrich. Jalot. G. Diemer. Imbert. A. Bouat. Brisson. G. Gellet. Fotei, typographe. Mme J. Lencelin. MM. Ebbert, relieur. Théodore Carmignac, coiffeur. E. Barral. Charles Cosset, coupeur. A. Beaux. M. Sevel. Nun. Paul Petit, employé. Gour, employé. Rondeur, coiffeur. Charles Gaucher.

MM. François-Vincent Maurot, tapissier, 90, rue Perronet. Philippe Gardot, tapissier, 9, rue des Huissiers. Jean Guilleaunand, tapissier, 13, rue Ibry. François Pangand, tapissier, 11, rue des Huissiers, à Neuilly-sur-Seine. Louis Maier, tapissier, 7, rue Figatier, Courbevoie. Laroche. L. Bono. Jacquart, 15, rue des Huissiers. A. Rigaut, cocher, 91, avenue du Roule. H. Hanselme. Vernal. L. Rey, tisseur. Picuri, apprêteur, rue de l'Hôtel-de-Ville. Sugeroy, menuisier, 127, avenue du Roule. Bruch, cordonnier, 15, rue des Huissiers, à Neuilly.

MM. Jaunault, sellier, 13, rue des Huissiers, Neuilly-sur-Seine. J. Maorel, employé de commerce, 42, avenue de Neuilly, Neuilly. Perryner, emballeur, 17, rue Garnier, Neuilly. Mme Manrot, couturière, 91, rue Perronet, Neuilly. MM. Francillon, tapissier, 8, rue de l'Eglise, Neuilly. Emile Botschlowski, 17, rue de la Roquette. Eugène Dubuard, artiste dramatique. M. et Mme Dubuard, 19, rue Pelet, Alfortville. M. Ernest Dubuard, lapidaire, rue Folie-Méricourt. M. et Mme Genestier, 9, rue de Charonne. MM. Octave Cadot, 67, rue du Chemin-Vert. Léon Fréville, représentant, 46, rue Fontaine-au-Roi. Louis Mortinat, 34, rue Doudeauville. L. Gersbon, 25, rue Clauzel.

MM. Adde, tailleur. Henri Getaz, 91, rue de Vaugirard. Camille Dupont, 4, rue de la Boulangerie. Blind, 8, carrefour Saint-Antoine, Le Chesnay (Seine-et-Oise).

Chauvin. Thouroude, 226, rue des Pyrénées. Demadrille. Aubin, 17, rue Rellut, à Clichy. W. Salomon. Daltroff. P. Salomon, 19, rue des Blancs-Manteaux. A. Dazon. Bouzac, 34, rue du Temple. Maximilien Robinet et Mme Robinet, 2, place du Caire. M. et Mme Adolphe Lazard, 101, rue de la Folie-Méricourt. Mme Fernand Moch, 55, rue des Petites-Ecuries.

M. A. Chileri, électricien, 81, rue de l'Eglise. Mme R. Dessouroux, rentière. MM. Marcel Levieil, villa Marcel, à Rosny-sur-Bois. F.-V. Camin. Alexandre Marchal, peintre-fileur, 7, rue Oberkampf. A. Diard, ex-instituteur. Mme Diard, avenue du Chemin-de-Fer. MM. G. Mayé, 19, rue Albouy. A. Vidon, 20, rue de Clignancourt. Eugène Bigey. Henri Auger. M. et Mme Veil, 73, rue Mozart. M. De Lom, 36, rue Washington. Mme S... Une Strasbourgeoise de la rue des Orfèvres. M. Sylvain Kahn, employé de commerce, 8, rue Crussol.

MM. Georges Valade. E. Bert, représentant, à Choisy-le-Roi. Auguste Laurent, peintre, à Nancy. Auguste Pérot, 6, rue de la Michodière. Lucien Montillier, 1, rue du Helder. P. Minter, 6, passage des Petites-Ecuries. Hourcade, 6, rue Lesueur. J. Roux, à Saint-Germain-en-Laye. L. Salmon. B. Lièvre. E. Becker. L. Kleczenski. B. Lévy Salmon. M. Kleczenski, 14, rue Condorcet. M. Hayman. Mme A. Elie, 88, rue Lafayette. M. L. Ascoli, 11, rue Condorcet.

MM. Lehmann, 15, rue Choron. Z. Salmon, 11, rue Condorcet. H. Ramet, 14, rue Condorcet. T. Courbou, 62, rue Meslay. G. Ramet, 14, rue Condorcet. J. Pillot, 1, rue des Trois-Bornes. Mmes veuve Castellant, Les Charmettes-sur-Larguy. Castellant, Les Charmettes-sur-Larguy. MM. N. Légy, 169, rue du Temple. E. Trécis, 11 *bis*, avenue des Bruyères, à La Garenne-Colombes. J. Bernard. Mmes Henriette. Rosette. Jeanne. MM. Albert. Georges. Frédéric. Esther. Joseph. Adolphe. Berrhe. Emmanuel. Armand. B. et Mme Marie Bernard, 32, avenue Casimir, à Asnières (Seine). MM. Ch. Wogue, 14 *bis*, rue Saint-Georges. A. Franck. Eugène Montigny, mécanicien, 170, rue de Paris, à Vincennes. L. Pécheur. Jules Thibault, ouvrier chocolatier, 84, avenue de Choisy. E. Wolff, 22, rue Milton. Mme A. Wolff, 22, rue Milton. M. N. Devillard, 28, rue Milton.

MM. Roulin, employé, à Foulangues. Amédée Weyland, 272, faubourg Saint-Honoré. A. Legrand. Vicel, rentier, 21, rue Marceau, à la Varenne-Saint-Hilaire. Ed. Henry, à Mons-en-Chaun. Ch. Chalonnon, directeur d'usine, 88, avenue Philippe-Auguste. Bernard Dupony, 21, rue Bouquière, à Bordeaux. Charles Mantion, instituteur en retraite, à Saint-Maurice-sur-Vingeaune. Cl. Lanoiselée. Louis Lion, négociant, 2, rue Haudoudine, à Nantes. Ch. Dubois-Garcia, à la Châtre. J. Banet, à la Nazière. Albert Lièvre-Boussardon, 8, passage Saint-Hippolyte. J. Boussardon, 11, boulevard Arago.

Mmes Bonneru, 51, rue du Château-d'Eau. Thollot, 10, avenue des Tilleuls. MM. Louis Mayer. Joseph Mayer, 10, avenue des Tilleuls. Charles Granat, 151, rue du Faubourg-Poissonnière.

MM. Vailland, 61, rue de Romainville. Basgrimau, à Paris. L. Vadembusche, employé, à Paris. Eugène Piprel, joaillier, à Paris. Mme E. Piprel, à Paris. F. Cahen. Mlle A. Cahen. M. Maurice Cahen, 150, boulevard Magenta.

MM. Million, fabricant, à Gap (Hautes-Alpes). Césarie Trouslaret, rentière, à Bezonveaux (Meuse). Jules Cheneval, à Bezonveaux (Meuse). Emile Docquin, adjoint de la commune de Boutancourt (Ardennes). Mme Camperon, à Paris.

MM. H. Thierry. Messin. Mme Thierry-Nourry, 215, rue Saint-Maur. MM. Albert Planhart, à Paris. E. Lavallée, commissaire-priseur, à Briey (Meurthe-et-Moselle). E. Guérin.

M. Maximilien Lefort, conseiller municipal de Saint-Ouen. Mme Julie Lefort. MM. Olivier Lefort, 21, rue Chevalier, Saint-Ouen. Em. Girard, agriculteur, à Cresnier, Lion-en-Sullias (Loiret). Darré. Joseph Savard, artiste

peintre. A. Le Bihan, conseiller municipal. Le Chevanton. Le Mahou, maître au cabotage, à La Clarté, en Perros-Guirec (Côtes-du-Nord). Froville-Noé, fabricant, à Ezy (Eure). T. Boisseau, agriculteur, Verrières (Orne). Ernest Levassor. Fernand Levassor. Mme Levassor, tous trois à Montigny-sur-Loing (Seine-et-Marne).

M. Célestin Tribolé. Mme Marie Tribolé, 226, avenue Daumesnil. MM. Georges Scellier, 59, rue Greneta. Victor Halley, à Elbeuf (Seine-Inférieure). G. Champion, propriétaire agriculteur, au Chalet (Ille-et-Vilaine). Jacques Weyl, 26, rue du Château-d'Eau. Molimard, 129 *bis*, rue de Paris, à Saint-Denis. E. Thirault, 53, rue du Cardinal-Lemoine. Joseph Baudriller, instituteur, à la Bigottière, par Alexain (Mayenne).

Noms des protestataires des communes de Belocq et Puyos (Basses-Pyrénées) : MM. Pouyanne. Capdeville. G. Pouyanne. F. Capdeville. A. Pouyanne. H. Pouyanne. C. Pouyanne. Mondéteguy. Lavignotte. J. Montédéguy. M. Lalaune. E. Lalaune. Paul Gauyacq. Domercq. L. Dartigue. A. Dartigue. P. Dartigue. Calbé. Menvielle. Maisonnard. Sarrabève. Labastie. M. Labastie. Braise. J. Semaco. E. Mesplès. L. Mesplès. F. Mesplès.

MM. Pereuilh. Marques. Sylvain Prat. A. Prat. G. Prat. Lahaire. Lavie. Dutic. Lahet. Bergerat. Dutilh. Boisjeard. Saulhe. H. Bordegave. J. Bordegave. W. Bordegave. E. Bordegave. F. Dufourcq. E. Dufourcq. A. Dufourcq. C. Dufourcq. A. Destandeau. E. Destandeau. P. Destandeau. S. Perriat. P. Perriat. P. Lajus. L. Lajus. Elie Soulleys. Soulleys-Laborde. Cazafus. Soulleys. L. Lesparres. V. Lesparres. Lartigue. J. Lesparres. Loustalot. Lalanne. Madonne.

MM. Victor Charbonnel, homme de lettres. L. Creutznach. Mme L. Creutznach. M. Borg. Mme Borg, négociants à Beauvais. M. Léon-Charles Roux, interne des hôpitaux de Paris. Mme veuve L. Tarbourich. Mlle C. Tarbourich. MM. Gandais. G. Hauser. Ernest Lévy. Louis Varol, ingénieur des arts et manufactures. Grégoire Salvini, étudiant en droit. Mme Rollin. MM. Albert Najar. Léon Massol.

Protestations reçues à Lyon par le comité local de la Ligue française des droits de l'homme et du citoyen : Docteur S. Cordier, chirurgien des hôpitaux. MM. F. Bellemain, étudiant en médecine. Guérinot. E. Ledoux, droguiste. H. Voidier, licencié en droit. G. Soenen, directeur de la succursale de la Pharmacie centrale de France. J. Schwab. Docteur E. Destot, ancien interne des hôpitaux. Adrien Weil. Carrier, trésorier du Sou des écoles, à Vénérieux (Isère). Jean Mérinsol, homme de lettres. Joseph Marx. Henri Gorjus. H. Verne. Billon, industriel. Betti. Clavel, chef d'atelier. Vedrenne, commerçant, membre de la Ligue. Martin, chef d'atelier. Mme Périer, modiste. MM. Raymond Périer. C. Morin. Fay, négociant. E. Chavannes. J. Labully. L. Portallier. J. Martien.

MM. F. André. Uzel. G. Tavau. E. Heumel, horloger de la Ville. Lemaire. L. Bricout. Alfred Roche. P. Mazard. C. Dupras. A. Julien. Fr. Bennmeyer. Tabur. Landauer. Marius Lafay, licencié en droit. Mme Louise Satin. MM. B. Moulin. A. Charmeil, dessinateur. F. Cantone. L. Dubois. C. Cantone, typographes. Mme Augustine Cochaud, garde-malade. MM. J. Chassaing. Demore. Docteur Cl. Martin. F. Martin, externe des hôpitaux. E. Martin.

Mmes Marie Béquet de Vienne. Anne de Vienne. MM. E. Bourdery. Untremoli, architecte. Emmanuel Lippmann. Félix Franck, membre de la Société des gens de lettres. Barbiche. Heubantz. Frédéric Foullois. Ernest Pannier, docteur en droit. A. Gasselin. Louis Cottrael. Rhem. Mlles Fanny Wolff, Elisabeth Praneuf. MM. Fréchet. Docteur. A. Vignalon. P. Halbron, étudiant en médecine. René Brancour, compositeur de musique. Molac, typographe. Horace Monod, pasteur de l'Eglise réformée de Lyon. Mme Horace Monod, née Durand. Augustine Monod, née Roman. Mlle Marguerite Monod. Mme veuve A. Reeb. Mlle Amélie Gyssler. MM. Albert Najar. Léon Massol. Charles Maréchal. Alfred Mayer. Henri François. Isnard Maréchal.

Jurestal. Une petite fille de dix ans. Mme Mauri Jacobi, membre de la Ligue. MM. Nisius. Baron, avocat à la Cour d'appel. Rollet. Henri Chevalier. Mme Rolland. MM. J. Enraud, agrégé de l'Université. Louis Tauziac. Mme Th. Gosset. MM. Gosset. Léon Werth. A. Charles, agrégé des lettres Mmes Marie Blondelu. Jeanne Berderou. MM. Louis Vincl. Gaston Louvel. Louis Michel. Bacher. Mellot. Malingues. Savary. Jean Favier.

Mmes Armandine Favier. Virginie Martel. MM. Barousse. Muller. A. Levasseur. Marcel Lafieu. Charles Kaum. V. Deloz. H. Holmès. Victor Dasce. Lucien Dassere. Ludovic Pronier. P. Dolvau. Dalsace. Georges Maire. F. Maire. A. Kaufmann. Paul Kaufmann, à Épinal. E. Schambourg. Meyer. Sehlg. Kalfrest. Blot. Gross. Mmes Jeanne Lionnet, peintre. Eugénie Mayer. Louise Waechter. MM. Richard. graveur. Bourst, tailleur de cristaux à Nancy.

Mme Bourst. Rose Hild. MM. J. Leroux, contremaître à l'usine Émile Gallé, Sarville. Guy, marqueteur. S. Guy, à Nancy. Dinot, Vandœuvre. Rivet. Sorioz, graveur. Lang, graveur. Ajolderhaut, modeleur. Marin, mouleur. E. Mariotte. Huser. Petitjean, architecte. Albert Chénevier, avocat. Goutière-Vernolle, avocat. Paul Nicolas, artiste décorateur. A. Moulins. Maxime Leroy, avocat. Édouard Spiré, industriel. Mme Jenny Spire. MM. Mac Auliffe, décorateur. Hestaux, artiste peintre. Windeck, graveur. Courouve. Ferry. Chailliard. Kuhn. Henri Diébolz, Nancy.

Mlles C. Lebeau, institutrice libre. Émilie Bontemps. M. P. Grépet Bonnot. Mmes Grépet Bonnot. Pillon. M. E. Leroy. Mlle Maria Pillon, à Sennecy-le-Grand. MM. Muniet. H. Mauchard, décorateur. C. Guise. Ad. Jacquot, décorateur. J. Foh. L. Thincelin. Villermaux, décorateur. Rousseau, ébéniste. Godard, décorateur, de Nancy. Docteur E. Feindel. Docteur Trenel, Sotteville-lès-Rouen. E. Jouguat. Docteur Josserand. M. Louis Schujeur, Condeau-sur-Noireau. Mlle A. Privat, au Boucau. MM. A. Schloesing, pasteur de l'Église réformée de Toulon. Élie Jacob, Libourne. Lhipmann. Gabriel Lévy. Salvador Hayen. A. Franck. Dreyfus. L. Din. Mme Barrier-Chantenay, à Besançon.

MM. Samuel Simar. Aristide Deniset. Henri Houdayer. Gabriel Gallot. Mmes Blanche Samuel. Jeanne Francfort. MM. Strauss, Nancy. Gaston Richard, docteur ès lettres. Mme Jeanne Richard, le Havre. MM. Fernand Delvaille. Fernand Gornès. Jules Castro, à Bayonne. Raoul Delvaille. Charles Delvaille. Constantine, à Madrid. Mme H. Caro Delvaille, femme de lettres, à Bayonne. Mlles Marie Elgart, à Iholdy. Gracieuse Souharat, à Villefranque. M. E. Debat-Ponsan, artiste peintre, Mmes J. Héricourt. M. J. Gourdet, pharmacien. J. Sourdel. MM. Gehrigh, élève en pharmacie. Chandebois, docteur. Jules Simon. B. Simon, à Chaumont.

MM. Emmanuel Ducho, licencié en droit, ancien élève de l'École des sciences politiques. S. Guéraud. Mme Guéraud de Laharpe. MM. Oscar Brumeteau. Paul Chassin. Delage. Fernand Giet. Vicard. Boitreaud. Auriacombe. Bouba. E. Jaulni. F. Rabouin. Pierre Jean. Léandre Brumeteau. Georges Michaud. Maurice Raby. E. Machenaud. Henri Robin. Givert. A. Raboin. Gay. Coureu. Texier. Chavaribert. Bellant. A. Chabot, à Barbezieux.

Mme B. Simon. Mlle Suzanne Simon, Chaumont. M. J. Lacouture. Mme Lacouture. MM. P. Lalassère. M. Servant. G. Salvat. P. Bérad. C. Castéra, de Bordeaux. Alexandre, négociant. Adolphe Guetschel, négociant. Lévy, maître d'hôtel. C. Pluntz, antiquaire. Justus, publiciste. Raymond, ancien sous-officier. Florent Mignon. Clément Zati. Jean Bonavero. Mme Charlotte Baze. MM. Georges Baze. Victor Serandier. Serf, voyageur de commerce, de Nice. L. Dreyfus. J.-R. Duchesne. Antoine Ducrot. Louis Bertrand. Louis Perrin. Narcisse Gagnau. Étienne Fusier. Paul Brocard, de Besançon.

MM. Pierre Duchesne. Jules Ulmann. E. Grosjean. Seirf. L. Patre. E. Lipmann, de Besançon. Docteur Gustave Geley, Annecy. L. Houllevigne, maître de conférences à la Faculté des sciences de Lyon. Genetier, principal clerc de notaire. A. Pallière, clerc de notaire. Émile Augellier, étudiant. Jean Appleton. Émile Martin père. Ludovic Martin. Prosper Martin. Mlles Louise Martin. Renée Martin. Mmes Martin. Veuve Isaac Lévy. MM. Félix Cocogne. Pierre Marcoz. Léon Lévy. Lévy. Mmes Léon Lévy. Gabrielle. Lucy Lévy. MM. Joseph Dodard. Bonnaure. Louis Berthon. Pierre Gauthier, de Lyon.

MM. G. Gallard. E. Marchat. Marillon Angel. Adrien Boutin. Fortet, menuisier. Paul Boutin, à Barbezieux. Mlle Marthe Perret, à Saint-Antoine-de-Breuille. MM. J.-Alexandre Léon. Edmond Delvaille. L. Meyer. Paul Delvailley. B. Lepas. Maurice Merlut. Bourt. Schrameck. Théodore Lévy. A. Weill. Courage. Maurice Moline. Alfred Sèche. Raoul Peigne. Créange. Zimmermann. Dubourg. Boès frères. Alfred Lévy. Alphonse Naxara. Charles Barguet, à Bordeaux. Musanty. Dodard. Mme Mélanie Dodard. M. Désiré Hélion.

Mmes Désiré Hélion, à Lyon. Lubet-Jormy. M. Burtin. Mme Burtin. MM. Émile Martin. L. Guy. Mme Guy. MM. B. Martin. S. Wahl, membre de la Ligue. J. Lévy. A. Legrand. Leblond. Duriradet. J. Thuillier. Ramoisf, comptable. Lévy. Francfort. Lazari. Kauffmann. Arthur Caen, à Lyon. Alfred Wolf. Léon Lévy. Maquet. Jacquars. Muller, à Amiens.

MM. Georges Armingaud. Deif Pierre, employé. François Saissi. Jean Tozzo. Oliver. Isidore Crémieux. Mmes Lazard. Lambert Guirard. M. André Tardi. Mlle Marguerite Matton. MM. Jean Casanove. Baze, négociant. G. Revanche, employé. Gabriel Bazé. R. Masse. F. Cassin. L. Lattès. Jean Anglezy, garçon livreur. V. Bertrand, garçon de magasin. Hormu, chemisier. Louis de Greux, employé. Henri Riverot, employé. E. Geoffroy, employé. Horace, bijoutier. Joseph Mallet, garçon de magasin. Jules Corbière, employé. Dubin. Armand Dreyfus. Herpin, publiciste, à Nice.

MM. Lebon. T. Lévy, ex-sergent, secrétaire d'état-major. Fernand Moyse, membre de la Ligue. David Schultz. Revillon. Charles Salomon. Myrtil Dreyfus. Poinsot, ancien fonctionnaire, à Amiens. Simon, agence de locations. Guillon, propriétaire. H. Cottalorde, voyageur de commerce. A. Vial, négociant. Cerini, agent d'affaires. Léon, représentant de commerce. Navolini, représentant de commerce. E. Peyronie, porteur de contraintes. A. Laurenti, employé. Maxime Dreyfus, à Nice. Alfred Salomon. Léon Manuel. Georges Léon. Lévi. A. Lévy, négociant. G. Ferreyra, employé de commerce. Édouard Léon. Henry Hey. Olynde Daird-Molina. Guisconnier, voyageur de commerce, à Bordeaux. Eug. Basso, représentant de commerce.

MM. Georges Lévy. Paul Lévy. Vicente Actel, coiffeur. Dousson, employé. Valensin, rentier. Dalmas, bijoutier. Delense. Crombac, employé. A. Lattès. Ch. Bovet, directeur de *la Lutte sociale*. J. Matton. C. Corlero, employés de commerce. L. Gaudray. H. Lazard. B. Golstat, négociants. J. Bazille. Palmieri, employé de commerce. Lucien Mayvargue, publiciste. Albert Dubarry, membre de la Société des auteurs dramatiques. Mouchy Mati. Gustave Wahl. A. Niel, négociant. Aborden. Garrot. J. Barbut, employés. Claudius d'Arcoles, homme de lettres. L. Poyella, publiciste. Ephraïm, négociant. Vincent Pellezon, employé, Nice.

MM. S. Perret, à Lardagne. S. Perret. Perret, à Bordeaux. Comte Louis d'Ongran, à Marseille. Paul Lafage, publiciste. Mme Lafage. MM. P. Bénézech. Jean Berton, étudiant en droit. A. Catin, étudiant. Raymond Duplantier, avocat à la Cour d'appel, la Rédaction et l'Administration de *l'Éclaireur de la Vienne*. A. Fonteneau, licencié en droit. Georges Georgel, avocat à la Cour d'appel. Armand Labonde, retraité, avocat à la Cour d'appel. G. Lafontaine, licencié ès lettres. Mahoudeau, étudiant en droit. H. Meyer, agrégé de l'Université, langues vivantes. Paul Montel, agrégé de mathématiques. Maurice Pic, agrégé de mathématiques. A. Poux, licencié ès lettres. Henri Renelé, avocat à la Cour d'appel. Sureau, licencié en droit, à Poitiers. Mignot, dessinateur. François Frize. Antoine Ricard.

Mmes Pauline Bloch. Salomée Frich, Alsacienne de Colmar. MM. Hirtz, licencié ès lettres. Hirtz. F. Girardin, adjoint au maire du Xe arrondissement. Raymond-Maxime Hayman. E. Schull, Alsacien. Mme Justine Schull, à Strasbourg, MM. A. Poulet. F. Koch. F. Mesnil, docteur ès sciences, chef de laboratoire à l'Institut Pasteur. Mme Félix Mesnil. MM. Maurice Chevalier. A. Parmentier, professeur au collège Chaptal. Mme Culot. Mlle Elisa Culot, agrégée de l'Université. M. Benou-Villiers, professeur à l'Union française de la jeunesse. Mme veuve L. Paris. MM. Lucien Alekan, agrégé de l'Université. Randon de Grolier, élève des beaux-arts. A. Chicatret, rentier. Mme Chicotot. MM. Morel. E. Morel. Emile Lévy. P. Sacerdote. A. Lang, ingénieur. Ch. Rival, employé des postes. Alfred Paris.

MM. Emmanuel Pelissier. Antoine Béagini. Marius Fontin. L. Fabre. Louis Leblanc. Marius Dedieu. Rimbaud. Pierre Hortel. Victor Jeancaume, électricien, membre de la Ligue. Mathurin Thirieux, modeleur. Louis Baquais, conseiller municipal socialiste. Dupuy. Honoré Graez, modeleur. Marius Guey. Ferdinand Durand, ancien conseiller municipal. Débiezsiat. Paul Martinée. E. Jouve, conseiller municipal. Jules Faure. François Delestel. Célestin Martin. Edmond Cabane. Emile Gerbaud. Marius Pezot. Louis Canorghe. Honoré Petremann. Mouquier, Frédéric. Albert Wolf, l'auteur du *Cri isolé*. Docteur M. de Langenhagen.

MM. Rabasse, Issy. Charles, Gustave et Edouard Blochmay. Eugène Gony. Ch. Blant, typographe. Adolphe Blant, employé. Mmes Pétrus Blanc, agrégée à la Sorbonne. Veuve Bersier. Docteur Roullier, Formerce. Docteur Neumann. Mlle Amélie Liou. M. Daunes. Mme Hortense Bouet, publiciste, Auteuil. MM. Blum. André Blum. Robert Blum. Georges Goury, avocat à la Cour. Emile Schwartz. Amédée Renaud, professeur de l'Université, membre de la Ligue, Marseille. M. T. Berry. Toulouse. Léopold Pellier, pasteur de l'Eglise réformée, Uzès. Joseph Guillot, contrôleur. Louis Pic. Docteur Daubois. Allovon. J. Allovon, Valence.

M. Hatt-Boyé. Mme A. Charbouné, Fontenay-aux-Roses. MM. Georges Deherme. Henri Lévy. Mme S. Lévy. Mlle P. Lévy, à Montbéliard. MM. Ch. Parrot, comptable, à Courcelles-lès-Montbéliard. Vuillaume, horloger. Rigoulot, employé. Laurent, horloger. Mme Blanc-Garin. MM. Blanc-Garin, doreur. Emile Sippointe. Gustave Schwab, négociant. Mme Adèle Bloch. Maria Schwab, à Montbéliard. MM. Léon Ducas, à Héricourt. Numa Thierry. Mme Marguerite Thierry. M. H. Bourquin. Mme Félicie Bourquin. MM. L. Curie. Jacques Vauthier. Julien Chagnot. L. Péchin. Justin Grand-Clément. Emile Mosramy. Moïse Mistelet. Mme Louise Thierry, à Etupes. Mlle E. Thierry, à Montbéliard.

MM. Louis Fize. Maurel. Louis Meizonnet. L. Cabanis. Henri Banquet. Rouvière. Camille Fize. Casimir Pons. Albert Courdesse. Eugène Durand. Hilaire Martin. Dellière. Emile. Prosper Courdesse. Courdesse. Henri Brès. Auguste Guiraud. César Brunel. Elie Rey. Louis Perrot. Gavanon-Gulgou. Eugène Libra. Brunel. Bruel. Duplessy-Fabre. Louis Mathieu. Léonce Roche. Jacques Berc. Prosper Borie, à Vauvert (Gard).

MM. Jean-Louis Librad. Louis Pic. Brennas-Gaissard. Simon Meizonnet. Jean Nissard. Boissier-Lambon. Guillaume Bourelly. Louis Rivière. Ulysse Fave. Lacroix-Broussard. Reinaud Defer. Chabert. Boussanquet. Mme Lina Guy. MM. J. Gaisno. Jacques Falgairolle. Br. Fabre. Fize Benna. Hippolyte Allier. J. Melon. E. Bord. U. Bouzanquet. Emile Branquet. Louis Allier. J. Ribier. Jules Amphoux. Thomas Chastre. Emile Ducros, à Vauvert (Gard).

MM. Lacroix. L. Gleize. A. Lauzet. U. Allier. U. Dunige. Duret-Veyrine, Mme veuve Chauvon. MM. Jean Vigouroux. R. Barafort. C. Furiner. Bortoumy. V. Darthes. Bouzanquet. Edmond Bolle. Alfred Duret. Pattus-Bénézet. Bénézet-Barrandon. Rouvière-Bouzanquet. Fulcrand. E. Rouvière. A. Guéry. E. Farinière. Mabelly. Dufour. Allier-Gasquet. Alexis Listard. Louis Vieux. Philippe Prat. P. Boissier. Barry Gaissard. Léonce Guiraud. F. Gras. E. Gavanon. E. Grou. Roux. E. Fulcrand. Léonce Privat. Louis Villard. Daley, Mme veuve Chauval. MM. J. Brunne. R. Boissier. B. Bari. Mabrue. E. Brunel. L. Brunel. Ranquet. Ducros. Louis Roux. J. Meyrargues. Eugène Fabre. U. Guigne. Louis Bouzanquet. Mme Brunel. MM. Gras. A. Brunel. Mmes veuve Boissier. Ida Brennac, de Vauvert (Gard).

Mmes Th. Rouvin. Eva Brénac. Emilie Rouvière. Guiraud. MM. Berrus Nissard. Marc Barbusse. Sabatier-Guiraud. Cabanis-Gascuel. Jean Cavallier. Elie Nissard. Courdesse-Brémont. Pierre Fauché. Vigouroux-Gravel. François Roux. François Fernand. Nicolas Bagnol. Antoine Brunel. Audema-Bernard. Vigne-Barrandon. Philippe Dufour. Louis Marc. Marc César. Louis Rouvière. P. Lombard. Vialat-Allier. P. Cabanis. Hippolyte Tempié. L. Bénézech, Vauvert (Gard).

MM. Jean Lauzet. Bernard. J. Soulet. Hippolyte Chatellier. Sully-Granier. Marc Bourguet. Mme Sophie Auquier. MM. Etienne Rouvière. Léonce Rouvière. Elida Boissier. Mme Anaïs Nolhah. MM. Chabert-Fourmand. Albert Granier. Mme Julie Ventujol. M. Jules Rouvaret. Mmes Suzanne Barrandon. Mélanie Vigouroux. M. Vigouroux-Larouzière. Mme Léonie Foucarand. M. A. Bastet. Mmes Léa Bastet. Anaïs Poitevin. M. Simon, Jean. Mmes Alice Simon. Delphine Sarrus. Emilie Cabanis. MM. Gauthier-Bourelly. Jacques Librard. Auguste Simon. M. Bolle. R. Courazier. Meysonnet. Mme Césarine Petit-Jean, à Vauvert (Gard).

MM. Alphonse Cugnez, horloger. Armand Cugnez, horloger, à Bethoncourt. Emile Roux, horloger. Martin, mécanicien, à Montbéliard. Bar, rentier, à Montfort-Saint-Amaury. Etienbled, cultivateur, à Méré. Gauthier, propriétaire, à Monfort. A. Rose. J. Légéraud, à Cognac. Mme Lina Valkher. MM. Charles Tovagliari. Georges Baute. Daniel Vitsenhauser. Joseph Walberg, à Strasbourg. Albert-André, peintre. Riat. Marouly. Mathieu Hirschmann. Martrès. Germain Marcel. Linster Pierre. Morf Pierre. Bonnain Camille. Cordier Georges. Vié Edmond, mécanicien, à Fontenay-aux-Roses. Bassanan, à Vanves. Théval. Berthon, à Fontenay. Chalufour. Leidelman.

MM. Darvaines. Camille Bloch, archiviste-paléographe, licencié ès lettres. Mme Louise Debor, rédactrice à la *Fronde*. MM. Stéfanie. H. Pamanceau. H. Pouennat. Nectoux. Chrésiey. Marcaille. Monniot. Vandelle. Léopold Enos, ancien élève de l'Ecole polytechnique. Dufour, docteur en médecine. Samarcq. Jean Gagny, externe des hôpitaux. Tastemain, peintre. Ballaguy, publiciste. André Pinon, avocat à la Cour d'appel. Azincourt, avocat à la Cour d'appel. Pinart, étudiant en pharmacie. Docteur Bresset. Dubran, docteur en droit. Borget. G. Jacquemond. Mmes veuve Jacquemond. J.-B. Jacquemond. M. Achille Beuré. Mme A. Beuré. M. Ch. Luigi, directeur du journal *l'Eglise libre*. Mlle Madeleine Boniface.

MM. A. Judis. Louis Bloch. Isidore Lévy. E. Smétaud. E. Grenier. Paupinet, à Montfermeil. Matance. Behry. Chomontet, secrétaire du *Saphir artistique*. Samuel David. Fernand Lévy. A. Delamarre, membre fondateur du Follio-Club. J. Maréchal. L. Legéron. Michez. Breton. Doldans. Félix Geimar. Jean Alexandre-Fonti, fondateur du Photo-Club. V. Waechter. Alphonse Coudrey. Mathurin Marchand, retraité. La Gazelle, mécanicien. A. Claret, étudiant en médecine. A. Boitrivant, licencié ès sciences. Mlle Stahl, professeur. M. le docteur Guillemonat.

M. Georges Frois, élève du lycée Voltaire. Mme Louise Bergmann. MM. Eugène Cœur de Roy, sculpteur, Villeneuve-la-Garenne. Docteur G. Bohn, préparateur à la Sorbonne, Sceaux. Mme Bohn, licenciée ès sciences. MM. Henri Picard. Georges May. Mme Georges May, Mlle Mathilde May. MM. Henri Fivaz, architecte. Langlois. Marcel Oppenheim. Mlle Valentine Bernard. M. Etienne May, Mlle Marianne

May. Mme Paul Bondois, Mlles Marguerite Bondois. Elise Bondois. MM. Isidore Lévy. Zilbermann. Mme Zilbermann. M. Audiger, représentant de commerce. Mme Audiger. MM. Chauffour, professeur. Eugène Simon. Emile Bourguignon. Mme Bourguignon. M. Dubédat.

MM. A. Bichenot. Bichenot. Juston. Mme Marie Juston. MM. L. Blanc. Louis Diage. Raymond Masse. Blondin. Borier. Chareyre. Beux, employé de commerce. Mme Henriette Thomas, employée de commerce. M. Victor Sabatier, coupeur de chaussures. Mmes Clémence Forest, piqueuse de bottines, Marie Raynal, piqueuse de bottines. MM. Victor Saint-André. Jacquemet. Bonnet. S. Courbe. J. Freschet, Valence. A. Barrère. Ragouet. Redeuilh. Jules Dieunaide, Aubeterre. Min-Barabraham, agent de change, Bordeaux. L. Jacquet, membre du conseil départemental, Grenoble. Bonjard, instituteur. Autran, avocat, Marseille. Borel, instituteur, Grenoble. J. Bert, avocat, Bordeaux.

MM. Thomas, instituteur. E. Bert, voyageur de commerce. L. François, instituteur. Fuleoz. L. Reynaux. Berthet, à Grenoble. A. Camu, propriétaire, Le Reynoux. Pierre Chaussade, licencié en droit, à Vichy. Emile Thomas, imprimeur. Stéphane Thomas, à Pontarlier. Vogeli, ancien député de l'Isère, à Mens. Félix Lunje, négociant, à Sarrians. Fortuné Crémieux, fondé de pouvoirs, Mme Fortuné Crémieux. MM. Paul Briscous, comptable. Jacob Carcassonne, à Carpentras. François Vendran, à Bedoin. Alexandre Puget, à Avignon. L. Seinier, à Orange. F. Chauvin. Arthur Verchère. Pierre Leydier. Henri Correard, employé de commerce. Nicolas Albert. Laroche-Murel, rentier. Augustin Ayme. L. Gautier. Adam Suffrein, employé de commerce, à Carpentras.

MM. E. Blanchard, employé de commerce, Carpentras. Chauvet, négociant, à Souetz. Alfred Dallemand. Auguste Leydier, employé de commerce. Lunel. Auguste Josselme, bouquiniste. Auguste Plantevin. Achille Roux. Jules Baleuze, comptable. Carret. Fernand Baze. Mmes Fernand Baze. Estherine Carcassonne. MM. Georges Base. Josué Carcassonne, représentant de commerce, à Carpentras. Charles Contejean, professeur honoraire de l'enseignement supérieur. Paul Bernardin, négociant. Georges Bernard, pharmacien. Léon Bernard. A. Nardin, boulanger. Cordier-Rigoulot, représentant de commerce. Gédéon Jaulmes, pasteur, à Montbéliard. Paul Collier, dessinateur. E. Collier, professeur de gravure. Ferdinand Collier, mécanicien en précision. Edmond Carcassonne. Léon Fèncirou. Georges Milland, de Nîmes.

MM. Elie Gré, Emile Gré. Louis Brahier. Gousette. V. Peller. Mavaillon. A. Jallaguier. L. Cavailler, voyageur. Mme E. Cuanon. M. L. Cavailler. Mme Lazan-Cavailler. Mlles Andrée Cavailler. Finette, à Carcassonne. Mme Denise Carcassonne. MM. Elie, Carcassonne. Combet. Mme Eldéa Cavaillon. MM. Coumert. Marius Lévy. Mme Marius Lévy. MM. René Lévy. Cerf Bloch. Mme Casildé Bloch. MM. Edgard Bloch, à Nîmes. Henri Schlœsing. Mme Henriette Guillaume. MM. Henri Corbessas. Meyer. L. Hartmann. Mamaudet. F. Boissier. Bourque. E. Prunière. Michel. A. Roger. L. Remesy. H. Tric. Arnold Malon. Marius Sarrade. J. Ramond. Ducros. Brun. L. Monier. Etienne Raymond. F. Escher. Mmes Ernestine Schlœsing. Renée Schlœsing. M. Emile Schlœsing. Mme F. Schlœsing. M. Penoget. Mme Hélène Estrabaut, à Marseille. MM. Sam Lévy. A. Garot. E. Jeanno. Lemoine. C. Thibout. E. Dansy. Emile Burlet. Passant.

MM. Léon Lecler. Victor Chevallier. Gabriel Brugier.

Charles Fortin. Léon Pispot. Alexandre Bastin. Eugène Walch. Louis Boudret. Camille Marcon, propriétaire, Suresnes. Eugène Weil, avocat à la Cour d'appel. Joachim Weill, à Nancy. A. Lichmann. Jules Schneider, à Nancy. André Lévy. René Lévy. Moch, élèves de rhétorique au lycée de Nancy. Rabouille. Emile Maurin. Fierrière, serruriers. A. Faiquez. Eugène Cahen. Mmes Lucie Cahen. Marthe Cahen. Veuve James. M. J. de Jong. Mmes Palmyre de Joug. Elise Blum. M. Armand Blum. Mme Anna Willard. Mlle Lucie de Jong.

M. Henri de Jong. Mmes Alice Willard. Isabelle Willard. MM. André Willard. Sylvain Lévy, à Toul. Ferdinand Collier, mécanicien de précision. Lehmann. Gilles. Morin. Meyer. Docteur Besnard. Steiner, pharmacien. S. Franckel. J. Franckel. Fagné. Emile Falligan Davergne, imprimeur-lithographe. V. Fortin. E. Bonnecarrère, imprimeur. E. Coulardot. Louis Laoute. H. Souriau. Alphonse Halford. Edouard Cuvellier. Paul Caille. F. Fraisse. B. Gonzalez. Emile Rouzeau. P. Carré. Breton, à Belfort.

MM. Henri Canac. E. Poivret, à Clichy. Bonnamour. Léveillé, à Nanterre. Philippot, à Alfortville. Ch. Lebrun, négociant, de la Ligue. Paul Tissot, tailleur. Alfred Dubreuil. E. Karleskine. A. Girard. A. Barrachin, graveur. C. Frécon. Pauvert. Platel. E. Guillou, Fontenay-sous-Bois. A. Russier, pasteur. Jean Conord. Mme Russier, née Guépin. MM. D. Galineau. Conord. A. Clary. A. Taupi. J. Lambert, pasteur. P. Roquemaure. A. Régnier. A. Byla. Léon Régnier, à Sainte-Foy-la-Grande.

MM. E. Sabatier, pharmacien. E. Payron, étudiant en pharmacie. Martial Meriglier, étudiant en pharmacie. A. Limousin. Louis Armand. V. Arnoux, président honoraire du consistoire de Brest. Elzières. Ozan Couvonneur, propriétaire. Louis Martin. Cournier, à Nîmes. E. Hours, membre de la Ligue, à Saint-Etienne. Gilbert, ancien juge de paix, à Hyères. L. Ruif, propriétaire. Bloch. C. Bernheim. Jules Millaud. L. Bernheim, voyageurs de commerce. Reitlinger, à Marseille. Fortuné Monteux, à Montpellier. Alexandre, négociant. L. Rhein. Léopold Bernheim, voyageurs de commerce, à Marseille. A. Giraud, employé de commerce. A.-H. Dumas, conseiller prud'homme. Lemi, négociant, à Marseille. Gouleme.

MM. L. Boutereau, pharmacien. T. Clary. Auguste Sicard. Clary. E. Boutereau. H. Faure. Lavergne. Mazzelle. Ch. Mège. Louis Hébrard, couvreur. Jean Britaud. Jean Taupi, négociant. A. Vannoer. Vannoer. Baritaud père. Gourrecht. L. Nouvel. H. Martin. G. Salmon. J. Grillet. Louis Bonnet. Raoul Bonnet. Bruère-Dumail. Docteur A. Marche. Mme Hélène Marche. M. E. Fouraignan. Mme E. Simonet. Mme Boucher, pharmacien. Langel. Emond, à Sainte-Foy-la-Grande.

MM. Augustin Cadaten. Fournier. D. Montserrat. Paul Teissier. Marius Travier. Elie Crémieux père. Mme M. Crémieux. MM. Moïse Lisbonne. E. Rolland, employé de commerce. Samson, employé de commerce, ex-sous-officier de cavalerie, indigné de la conduite des généraux. Mme C. Crémieux, ennemie du mensonge. MM. L. Carveillan. Mendez, ministre officiant. Eugène Flandrin. Bareutz-Darmheisser. A. Paulet. Raphaël Lopez, fabricant de produits chimiques. Mme Laure Lopez. MM. Adolphe Mossé. Joseph Milhaud. Louis Michel. Léopold Laudune, manufacturier. Teinère. Louis Devaux, voyageur de commerce, Nîmes. J. Morel, avocat à la Cour d'appel, Grenoble. A. Verpillot, employé de commerce, à Audincourt. Lucien Seneur, mécanicien, à Beaulieu.

Dimanche 4 Décembre 1898

MM. Charles Bocher. Jean Bertrand, publiciste. Emmanuel Origot, licencié en droit. H. Burguet, directeur de la Comédie-Parisienne. Marius Valabrègues, homme de lettres. Jacques Bataille, publiciste. Marius Richard, publiciste. Georges Varnier, métreur. Maurice Allard, député. Mme René Van der Borght, née Hayet. MM. le docteur G. Roulleau, ex-interne des hôpitaux. Docteur Jules Guérin. Fernand Brunschwig, agrégé des lettres. Docteur Combe, 87, boulevard Haussmann. A. Olivier, rédacteur à *l'Indépendant du Cantal.* Georges Chaudel, peintre. Louis Achard, publiciste. Louis Paraf, ingénieur, 15, avenue Victor-Hugo. André Bourrier, directeur du *Chrétien français.* A. Endrey, 55 *bis*, boulevard Pereire.

Mme Poulaine-Mourier. MM. Auguste Delâtre, artiste graveur. Eugène Delâtre, peintre graveur. Victor Delâtre, imprimeur, 102, rue Lepic.

MM. G. Champion, sculpteur, 37, rue Brossat, Colombes. A. Roussin, sculpteur, 5, rue Demours. Pierset, 80, rue Papillon, Levallois-Perret. Gerby, rue Godon, Colombes. H. Hermant, sculpteur, 39, rue de Lévis. Lalu, 98, rue de Montreuil, Vincennes. Vielle, rue Louis-Blanc, Levallois-Perret. Charles Bouvrande, 29, rue du Marché, Levallois-Perret. Laurque, 101, rue de Courcelles, Levallois-Perret. Prat, 101, rue du Bois, Levallois-Perret.

MM. Achard, 269, faubourg Saint-Antoine. Boche, 20, rue Joseph-Dijon. Mercier, 9, rue Bayen. Georges, 79, rue Lamarche. L. Pourquier, 6, passage Poncelet. Morin, 7, rue Michel-Delacroix, Boucher, 111, rue Saussure. Dormois, 18, rue Poncelet. V. Oudin, 19, rue Keller. Gigot, 27, rue Truffaut. Bresson, 18, rue Rennequin. Mme Bresson. MM. Dubois, 22, rue Rennequin. Huard aîné. Mmes Huard, 61, rue Demours. Marie Albiser, 24, rue Rennequin. M. Ernest Decouan, 21, rue Rennequin. Mme Girard, 25, rue Rennequin. M. Radigon, 66, rue Demours. Mme Radigon. M. Albert Charlier, 9, rue Fourcroy.

MM. G. Commun, employé, à Clamart. E. Jeantroux, imprimeur, 14, rue Auguste-Lançon. H. Aubin, imprimeur, à Malakoff. Georges Mérieux. Noël Cœur, typographe, 3, impasse de la Gaîté. Barler, imprimeur. A. Heloin, typographe, 15, rue de la Butte, à Malakoff. Herbert, imprimeur. Barbotin, marchand, à Château-Larcher (Vienne). J. Barbotin, avenue de Saxe. Renauld, imprimeur 26, rue de la Mairie, à Antony. L. Michelin, typographe, 4, rue Emile-Raspail, à Sceaux. Mme Tapernoux, villa de Saxe. M. Masson, typographe, 3, rue Vieze.

MM. Emile Richard, mécanicien. Etienne Denis, mécanicien, avenue Philippe-Auguste.

MM. Georges Willard, 54, faubourg du Temple. Gabriel Bouvier, 3, rue Boinod. Armand Dreyfus, 21, place des Vosges. Eugène Straël, 152, avenue Parmentier. Ch. Alexandre, 8, boulevard du Temple. Daniel Lippmann, 41, rue Vieille-du-Temple. Georges Lion, 11, rue Réaumur. Lucien Boos, 35, rue de Poitou. Paul Netter, 119, rue Saint-Antoine. Sylvain Netter, 52, rue François-Miron. Edmond Bloch, 19, rue Turenne. Albert Mellin. Henri Levrier, 3, rue Jean-Jacques-Rousseau. Adolphe Rapp, 103, faubourg Saint-Denis. Gustave Bloch, 68, rue Louis-Blanc. C. Faulquier, 9, place Dauphine. Henri Ruff, 57, rue Turbigo. J. Maas, 5, rue de Jouy. Auguste Barrègre, 71, rue du Temple. Honoré Rapp, 165, faubourg Saint-Denis.

MM. A. Labelle, tailleur, 14, rue d'Alexandrie. E. Van Hay, tailleur, 23, rue Duvivier. Gabriel Pucep, tailleur, rue Fraisdinet, 15. J. Dahmen, 27, rue Bréda. M. Joffre, 22, rue Rossini. S. Deveirnu, 5, rue de Provence. Joseph Saillard, garçon de salle, 42, rue des Ecluses-Saint-Martin. Ad. Rhauteperdri, 154, rue Montmartre. E. Aubry. A. Alvenil, 22, rue de Maubeuge. Maurice Vigier, 4, rue Saint-Spire.

MM. Amédée Petelet-Chambon. Arthur Monnier. Emile Fontaine. André Bardon. Julien Beleys. Edmond Bellet. Edouard May, Edouard Brunel. Georges Dupert. Camille Raver. René Marlat.

MM. Henry Lévy, 35, rue Oberkampf. L. Edinger, 5, rue de Marseille. D. Heysonnat, 71, rue de la République, à Puteaux. Félix, 22, avenue d'Eylau. Guihlard, 14, rue Simon-le-Franc. F. Guy, 5, rue Hermel. E. Cossin, 39, rue Turbigo. L. Paillard, 15, rue de Belleville. S. Worms, 12, rue Beautreillis. J. Nathysant, 10, rue Marc-Séguin. Vive la justice.

MM. L. Aubin, rue Charlot. Eugène Crotté, 8, rue Charlot. V. Remy, 8, rue Charlot. Meudel. Lida. Birchener. Foullon. Jean Cuisinier. J. Morel. Ernest Bussière. L. Dudou. Victor Landron. Larapidie. Henry. Mailly, ciseleurs.

MM. Lamy, doreur, 8, rue Saintonge. M. Julliette, souffleur de verre, 115, rue Vieille-du-Temple. Er. Walbraum, agronome. Roger Berment. Mme veuve Gras, 19, avenue de la République. Mlle G. Schweider, 19, avenue de la République. MM. Gay. Boulier. Lagorie, ingénieurs-chimistes. Virot, contentieux. Ed. Cahen, 41, rue Monge. Clément. Billard, répétiteur au collège de Beauvais. Michel Mauss, à Elbeuf. Gottrand, 59 *bis*, rue Rochechouart. A. Gouin, 230, boulevard Péreire. Vitte, hôtelier, 66, rue Montorgueil. Charles Pethron, à Argenteuil. Mme veuve J. Aron. M. L. Sommer. Mlle Henriette Lang. MM. Albert Disert, 92, rue La Condamine. Jean-Paul Alaux, dessinateur. Louis Désirat, bijoutier.

MM. Alfred Haas, Strasbourg. Salomon Weil. Mme Salomon Weil. MM. Roger Weil, 117, rue du Temple. Chanet, Monsoult. J. Letoup. M. et Mme Georges Franckel. MM. S.-L. Lévy, 65, rue de Chabrol. L. Gillard. J. Georges Pollak, président de la Société symphonique du IIIe arrondissement. Edouard Morlon, garçon marchand de vins, 22, faubourg du Temple. Chemin. Pathon. Négros. Gallelement, employés à *l'Aurore.* A. Alexander, sculpteur. Lorny, publiciste, Paris. Goffin, employé de commerce, 23, rue Granges-aux-Belles. Victor Poinçon, 35, rue Marc-Séguin. Mmes Duvigneau, surveillante à l'hôpital Broca. Pauline Négro, pour la liberté du colonel Picquart. Mlle L. Monmignot. Mme M. Juge. MM. A. Gonet. L. Juge. P. Lejeune.

MM. Claude Laroy. Albert Michel, représentant en librairie, 27, rue Clignancourt. E. Dorsit. L. Bourg. E. Mariotte. M. Descamps. Jacques frères. A. Collot. A. Dubus. Poirot frères. H. Gout. J. Davot. G. Gillot. A. Perney. P. Gerbaut. P. Lamboley frères. Joseph Renaud. Lamaine. Lacourbas frères. Laprevotta. A. Blaise. M. Menière, à Saint-Loup.

MM. Vidal, à Lernac (Gard). Marcel Mutil, élève de philosophie au lycée Condorcet. Docteur Hamel, médecin à Rouen. L. Taillée, 1, rue Beaurepaire, Coulommiers. Fernand Mourique, clerc de notaire. Mme Jules D... MM. J. Roof, négociant, à Avignon. R. Forget. Emile Morhange, à Toul. Gustave Delattour, garçon limonadier, à Brignoles. Mathieu Badavitch, à Nimes. Charles Messine, propriétaire, à Clairac (Lot-et-Garonne). Georges Varoy, dessinateur, 44, rue Lepic. Emile Peyrot. Adolphe Le Guern. E. Henry, membre de la Coalition socialiste de l'Aube. Gustave Cahen. Romainville. Louis Burtscher, 154, rue d'Allemagne. Henry Baron, rue Lafontaine, à Auteuil. Maurice Kahn. Théodore Kahn. Lucien Kahn. Mmes Alice Kahn. Berthe Kahn. Caroline Kahn.

M. Emmanuel Ulmann, ex-sous-officier, campagne de Crimée. Mme Fany-Dinah Ulmann. MM. Honoré Auclair, artiste peintre, à Courbevoie. Albert d'Iris, homme de lettres. L. Desmazières, à Vieux-Condé (Nord). J.-B. Loupot.

Louis Tauzin, à Bellevue. Mme Tauzin, Lorraine. MM. Henri Tauzin, élève des Beaux-Arts. Louis, Eugène, Edouard et Théodore Tauzin, élèves au lycée Hoche, à Versailles. L.-N. Seichan, curé de l'île de Sark, par Guernesey. E. Macquinghen, à Samer (Pas-de-Calais). Louis Lévy, 2, rue Denoyez. Mme Noémie Michel. Mlle Marthe Michel, 5, rue de la Manutention. M. A. Bujard, industriel, licencié en droit. M. et Mme Bourger. Mlle C. Catonné, à Clamecy. MM. Charles Morice. E. Gauthier, comptable. Albert Carette, ancien député de la Somme, à Abbeville. Honoré Sibade, ancien conseiller général de l'Aude. J. Arrous, préparateur de physiologie, à la Faculté de médecine de Montpellier. G.-Antoine Bénézech, ancien conseiller municipal de Béziers, rédacteur à *l'Union socialiste*. M. et Mme Sausseret. Mme Louise Loupot.

MM. Ansout, directeur. E. Vitrebert, chimiste. C. Perrin, chef-comptable. Merckoffer, chef de fabrication. Jumeau, chef de fabrication. F. Le Gall, chef mécanicien, de la papeterie de Stains. Cassard. Duquesnel. Joseph Petot. Hanon Arthur. Louis Monin. Cyprès. Legrand. Kater. Davoust père. Davoust fils. Poivey. Lévy. Fiancé. Perrot. Robaut. Camus. Garde. Crétel. Christoud. Faucault. Damien. Amidey. Darchy. Peronnaud. Renard jeune. Fradet, papetiers. Vallet. Ossard. Turquet. Petit. Renard aîné. Fiévey. Vin. Legrand fils. Labarre. Louis Renard. Fourrier. Moulignier. Thollet. Fournier. Gillet. Gineste, papetiers, à Stains.

MM. Démier, 279, rue Saint-Honoré. J. Bureau, employé. L. Marcel, manufacturier. Forme, étudiant ès lettres. Chassigny, agrégé de l'Université. Ch. Amar. Phunet, étudiant. Mme Juliette Lolliot. MM. Kohn, mécanicien. Telèze, dessinateur. Lucien Bonnefoy, licencié ès lettres, 35, rue Gabrielle, à Charenton. Alexandre Vaissier, 8, rue Elisa-Lemonnier. Bianchi, 78, rue du Kremlin, Bicêtre. Gaillard. Robert, administrés, à Bicêtre. Doublemard. J. Paysant. Arnould. Paquet. Jacquemin. Pickring. J. Perrin. H. Paquelin. David, Ch. Etienne. L. Le Griss. François Le Saulmier, à Bicêtre. Marcel de Bar. L. D. P. Vidart, 50, boulevard du Port-Royal. Mme Jeanne Albert Thireon, 30, faubourg Saint-Martin. MM. Albert. Gaston Spire. Mme Irma Spire. MM. L. Granet. J. Morel, bijoutier. Ruf, graveur. Mme Aubriot-Palmgren, 12, rue Surcouf, Paris. M. G. Marock, 4, rue Saint-Laurent. Mmes Ducharne. Nantel, 25, passage Delaruelle.

MM. Valéry Prezon. Eugène Thiébaut. Ernest Carpentier. Jacques Magniez. Eugène Lemer. G. Danchy. Charles Blanchard. Camille Margallé. Edouard Moriaux. Joseph Jacques. A. Devillers. Cauchetier. Chapron. Georges Delahoche. Mme Marie Jacques. MM. Jacques Desprez. Havart. Lematte. A. Delahoche. Joseph Bonnal. Mme Jeanne Cauchy. MM. J. Duval. Siffait. Désiré Doquet. Fouque. L. Lavoine A. Duchesne. Fernand Grignon. Tellier. E. Robinet. A. Crevel. Dechilly, propriétaire. Rose. Lempereur. Delaporte, typographes. Blanchard. Gobin. Debailly. Mouret. A. D.... Quien-Gaillard. Mouret-Delarue. Leverbe Boudrole. Eug. Leverbe. Edouard Garet. Liébert-Mouret. Devillers-Dubois. Mouret-Fouache. Mme Marie Pellieux. MM. H. Loyer. P. Laurent. Louis Lemaire. Mouret. H. Laurent. Henri Gobin. François Duquenne. Raoul Jourdain. P. Duvivier. Joseph Loquet. Eugène Quien. L. Leverbe. E. Garet. Laporte. Garet, à Mondidier (Somme).

MM. les membres du cercle Voltaire, à Aimargues (Gard) : MM. Bernard Abadie. Pierre Sabatier. Louis Dumas. Pierre Carrière. O. Giboulet. Alfred Dupont. Sully. Salayer. Edmond Brunel. Dumas. Rothschild. S. Giboulet. H. Jean. Prounige. Edmond Rayet. Justin Laurent. A. Dumas. A.-D. Guillaume. Bécharl. Bertrand. Salvaire. R. Jalalès.

M. Georges Moitet, professeur d'astronomie.

Protestations reçues de Grenoble : MM. Donday. Louis Bayoud. Antoine Combaz. Félix Levet. L. Boyer. Auguste Flandin. E. Parrin. A. Viandé. Lejoie. J. Perret. O. Dabol. G. Biard. Huré. Bardin. Bouebet. Piot. C. Boujard.

Louis Type. Barodin. Gavet. J. Bois. Félix Besset. Louis Besset. Louis Perret. Coyret. Passard. Mermier. J. Solety. Giraud. David. Riton. Revol. Barnoud. Emile Cotte. Rosset. Gadet. Claude. F. Cloz. P. Frapprol. Albert Royer. Joseph Chabert. J. Catton. Pierre Bourdon. Auguste Clissier. Avesnier. Thomas. Coudot du Terrail. Gaude. C. Damoth. H. Renaud. Bonnardel. Marius Brachon. Duclot. Renaud. Mure. Gamond. P. Sellon. J. Rousset. Clair. Mauquat. Viande. Dechottes. Genon. Bellon. Louis Faure. Périotat. Chassignu. G. Carlé. V. Peyein. Libouret. Zécat. Poëte Alexandre. P. Pirroud. Bouvier. Petit. Bonnetau. Richard. P. Sillon. Duraine. Seillac. J. Blay. Henri Tisset. Paul Rivière. Alfred Lup. Thévenin. Pain. Gerymond.

Famille Halphen, 18, rue Corbeau. MM. Alfred Schorsten, clerc d'avoué. Welklen. Mmes Hélène Kahn, Marthe et Anna Weill. Jeanne et Alice Levy. Marguerite Seligmann. MM. Henri Bruhl. Lazare Levi. M. E. Carton. Mmes Biéler. Eléonore Biéler, institutrice. Catherine Biéler. MM. Théodore Biéler, chimiste. Paul Biéler, 5, rue du Lac. Benjamin Biéler, Nogent-sur-Marne. Mmes Hartmann, 39, rue de la Tour-d'Auvergne. Henriette Hartmann, institutrice. MM. François Theboult. Rodolphe Theboult, à Vouillé (Deux-Sèvres).

Un groupe d'ouvriers facteurs de pianos : MM. Pierre Emile, 10, rue Doudeauville. Charles Manseau, rue Boinod, 8. Paul Delord, rue Muller, 9. Octave Bucourt, avenue de Paris, 103, Saint-Denis. De Vos, rue des Rosiers, 78, Saint-Ouen. Arnous, cité Marcadet, 4. Seurre, rue Richomme, 15. Morbr, passage du Poteau, 4. Funkhauser, rue Ramey, 10. Charles Duval, 13, rue Marcadet. E. Cottrot, 58, rue Richer. Pascal Hublart, 18, rue du Simplon. Cohalion, 15, rue Simart. Schultz, 64, rue Clignancourt. Pestel, rue Boinod, 24. Ginouze, rue Lepeu-Projetée, 2. Eugène Boilly, 3, rue Meynadier. Louis Manseau, rue Boinod, 8. Paul Focké, 30, rue des Panoyaux. Cartier, 20, rue de la Goutte-d'Or. Philippe Moëck, rue des Poissonniers, 49.

M. L. Dubois, ancien conseiller prud'homme. Mmes Dubois, 25, rue Popincourt. Dublié. Mlle Jane Nerson. M. S. de Heredia, ancien ministre, 177, rue de Courcelles. Mlle Isidore Lévy, 87, rue de la Victoire. MM. Alfred Lévy, externe des hôpitaux. Samuel Bloch, 15, avenue d'Iéna. J. Dugniol, négociant, 14, rue de Marivaux. M. et Mme Isaac Lévy, 13, rue Rougemont. Mme Valentine Blum. Mlle Andrée Blum, 186, rue de Rivoli. M. Louis Trudet, 100, rue Leibnitz. M. et Mme Ferrand, représentant de commerce. Mlle Ferrand. MM. Michel Ferrand, 13, rue Chevreul. Poussigne fils. Léon Vilemberg. Ch. Vilemberg. Léon Zeninski. J. Coper. S. Coper. Salomon Schmolovitz. Mme Martinon, artiste, 4, passage de l'Industrie. MM. A. Leby, de Dijon. Vidé, tourneur en bronze. Ramond, monteur en bronze, 8, rue Charlot. E. Robichon, rue du Caire. Auguste de Pauw, dessinateur. Gustave Meyer. Alphonse Leblanc. Albert Cerf, Les Aydes (Loiret). Emmanuel Danais, ancien chef de cabinet de préfet, 60, boulevard Clichy. Albert Bernier. L. Thimbre, typographe. Mme Miclon et sa fille. MM. S. Bloch, 8, rue Paradis. Paul Valet, étudiant en médecine, 27, rue Gay-Lussac. Jules Le Bossé, étudiant en médecine, 33, rue Linné.

M. Jules Salomon, représentant de commerce. Mme Salomon, à Noisy-le-Sec. MM. Edmond Bartout, 82, rue des Cascades. Alfred Bartout, 42, rue Turbigo. E. Mutz, 124, rue Bolivar. Charles Hontancy. Emile Heidenheimer, 37, rue Ampère. Mmes veuve Overlaet, 49, passage des Thermopyles. Simon Gottlieb. MM. Jacques Gottlieb. Gaston Rossi. Mlle Céline Rossi. MM. M.-R. Démoulin, propriétaire, 132, rue de Turenne. Charles Imbert, architecte, 23, rue Chevert. Mmes Rose Imbert. G. Ruff, 18, rue Gérando. Mlle Marcelle Ruff. MM. A. André, 28, rue Condorcet. Ernest Ruff, 10, rue Gérando. Critos, publiciste. J. Hermann. Isidore Lévy. Alfred Lévy, externe des hôpitaux. Alphonse Cahen, 46, boulevard Magenta. Mme Joubert.

M. Mary, aquarelliste. Mme Louise Lemonnier, femme de lettres. MM. Cahen et sa famille, 13, boulevard Voltaire. E. Jacques, à Rochefort (Seine-et-Oise). Joseph Weill. A. Cerff, 19, boulevard Saint-Martin. H. Langhin, étudiant en lettres. Raymond Basset. L.-M. Collins, statuaire. A. Prévôt, statuaire. S. Klotz. Jules Zébaume, 39, rue de Châteaudun. Wiselle, 30, rue de Bretagne, à Asnières (Seine).

Mmes veuve Lévy, 108, boulevard Richard-Lenoir. Gaston Lévy, 15, quai Valmy. Albert Netter. Mlle Marthe Netter, 108, boulevard Richard-Lenoir. M. Marrigues, 78, rue d'Assas.

MM. Marius Alzieu, typographe, 25, rue Houdon. Charles Lévy, typographe. Mme et Mlle Suzanne Lévy. MM. Achille, typographe. P. Lanoë, typographe, 7, rue du Pont-de-Lodi. J. Thomann Ducommun, fabricant d'outils, à Montéchéroux (Doubs). Mme et Mlle Oppenheim, 174, rue de la Pompe. Mme Henriette Weil, membre de la Société des auteurs dramatiques. Harbulot, 41, rue de Lévis. MM. Hugaro, Paris. Fred. Walbaum. Mme Walbaum (pour rectification). M. J. Vignon, 51, rue Notre-Dame-de-Nazareth. Mme E.-G. M. Maurice Schmitz, 4, rue de Cérisoles. M. et Mme Israël, négociants. M. Jacques Israël. Mme Marie Israël. M. Lucien Israël, représentant de commerce. Mlle Lucie Gourdy. M. Julien Lévy. M., Mme et Mlle G. Péraire. M. J. Depaule, 12, rue de la République, Charenton.

MM. Nicolas Francotte, 58, avenue de Choisy. Mathieu Alphonse, 3, avenue d'Ivry. Mathurin Lamour, 84, avenue de Choisy. Boissel, rue de Paris, 41, Ivry. Girod, 20, rue de la Glacière. Venner, ruelle Gandon, 8. G. Feny, rue Frileuse, Gentilly. Gadchot, avenue d'Italie, 25. G. Mercier, avenue de Choisy, 169. Bezu, rue du Moulinet, 34. Royer, rue du Rendez-vous, 58. C. Bauer, rue Paul-Bert, 29, Alfort. Soupizet, boulevard de la Gare, 54. Sanvoisin, boulevard de la Gare, 54. G. Gouy, 34, rue du Moulinet. Morillon, avenue d'Ivry, 55. Dupécher, avenue d'Ivry, 117. Dezessard, avenue de Choisy, 72. Pierre Martin, avenue de Choisy, 86. Henri Martin, place de Belleville, 6. Desmortier, avenue de Choisy, 96. Monier, boulevard de la Gare, 203. Cayen, boulevard Barbès, 21, Ivry. Pierre Colignon, 3, avenue d'Ivry. Paul Leuridan, 121, avenue d'Ivry. Léon Foullez, ex-sous-officier d'infanterie de marine, avenue d'Italie, 117. Knoderer, rue de la Voie-Verte, 13. Delage, rue Jean-Rolbert, 17. Péon, 72, avenue de Choisy. Benjamin. Félix Guérand. Mlle Guérand. M. et Mme Joseph Boivin, à Bougival. MM. Paul Steck, artiste peintre. A. de Saint-Mont. Jules Gilles. Louis Viviers, à Saint-Mandé.

MM. Georges Hichand. Emile Seguir. Charles Pauwert. Charles Katha. Louis Mathic. Fritz Perrot. Gustave Raphène. Jules Behm. François. Louis Louyé. Julien Gosrenaud. Charles Massand. Henri. Louis Thourd. Emile Pousot. Frédéric Gabinet. Léon Tisserand. Camille Thourot. Georges Petit. P. Tisserand. Edouard Rigoulot. Albert Mouginot. Charles Cuillier. Georges Debrassier-Farat. Charles Parrot. Jules Pichon. Louis Croissant. Aristide Laurent. Isidore Carrez. Armand Ducellier. Jean Clairer. Jules Lothe. Joseph Maniotte. Emile Geindrat. Frédéric Pépin. Georges Wittmer. Charles Haas. Fritz Chenet. Frédéric Grosrenaud. Armand Monginot. Charles Hartmann père. Cuvier. G. Miopot. Eugène Steinback. Frédéric Chambard. Humbert. Faivre. Désiré Crétien. Vitté. Alfred Rollin. Paul Granier. Auguste Renaud. Louis Gérard. Auguste Gauthier. Louis Laigle. Léon Tisserand fils.

MM. Crinon père. Urbain Merisse, Debaye, Regnault. Emile Gette. Jules Herbert. Luc Constant. Honorat Merisse. Louis Diot. Dequinquatte père. H. Lesueur. Picard. A. Carron. Dequinquatte fils. Bergeron. Cartier. Boulla. Fortier. Thieux père. Honoré Bergeron. Alphonse Dubois. Thieux fils. Gustave Dhoury. Dufrenne. René. Delarue. Lumidiaux. Eugène Choron. Luc François. Paul Merisse. Antoine Choron. Benoni. Jules Lemaire. Debuire. Regnault. Jullien Louis. Lebrun. Edouard Debaye. Constantin. H. Le-

sueur. Ramet père. Dubois père. Desaim. Gancel Fontenay. Emile Morhange. Roussaye. L. Dreyfus. Mme veuve Bretonville. MM. Edouard Violette, négociant, 29, faubourg du Temple. Bonn. Rachelle. Mme Augustine Amivat. 30, rue Pierre-Lescot. MM. Paul Souchon, publiciste. Emile Maillie, ciseleur. Abel Lafleur, sculpteur. Alfred Griot. Contal, peintre. Moriss, dessinateur. A. Mervy. Jakonsky. Elie Murmain. Reneuf. David. Fabriot. Paul Lembrey.

MM. Eugène Martel, peintre, à Revert-du-Béon. Léon Grandfils, correcteur, 38, rue de Malte, Paris. Abel Trécourt, correcteur, 6, avenue de Villiers. Jules Lévy. Julien Zimmermann, Alsacien, employé de commerce. Carlos Zimmermann, Alsacien, employé de commerce. Welter. Henri Barbolin. D. Frémaux, employé de commerce. M. Tiberghien, employé de commerce. Q. Delemer, élève du Conservatoire. Louis Picavez. A. Dislaire, employé. G. Thellier. Gustave Blicq, à Lille. G. Horber.

M. Félix Pignal, fils de l'ancien maire de la ville de Cluny, ancien président du conseil d'arrondissement de Mâcon, à Cluny. Mmes Léonie Pignal. Violette Pignal, à Cluny. M. Georges Schnitzer, étudiant français, résidant à Leeds. M. et Mme Honigsberg, 33, rue des Francs-Bourgeois. MM. Jules Bernard. Albert Honigsberg. Mlle Amélie. Augustine, Pauline Honigsberg. M. C. Deffuont. Mme veuve Touren, rue Bichat, 25. M. A. Pelluet, 71, rue Croix-Nivert. M. et Mme Lemoux, 24, rue Lepeu. MM. Georges Brunet, 8, rue de Panama. E. Bonsergent, rue Marcadet, 10. Trouillos, 3, avenue de Bouvines. La famille Martin, 11, passage du Génie. Germain Martin, tourneur sur bois. Henri Papette, tourneur sur bois, 242, faubourg Saint-Antoine. Jean-Pierre Muller. Nicolas Monsel, 14, rue Claude-Tillier. Georges Itzinger, 22, rue Vivienne. Une Lyonnaise, fidèle lectrice de *l'Aurore*. MM. N. Lofache. Lofache frères. Guillot, 28, boulevard du Temple.

MM. Juillard, 26, boulevard Richard-Lenoir. J. Mosser, 28, rue Stephenson. Deroy, 6, rue Stephenson. L. Meyer, 13, rue Stephenson. Paul Zoukerman, commerçant, 2, rue Stephenson. Ellen Radvawitz, commerçant. André Gaudin, 2, rue Commines. Charles Robiez, 28, rue Stephenson. Ed. Decourt, 17, rue Custine. A. Strassel, 18, rue d'Angoulême. A. Schaller, 52, rue Hoche, à Montreuil. Constantin, 13, rue Stephenson. Guérault, 10, rue Stephenson. Gaston Guérault, 10, rue Stephenson. E. Viellez, 14, rue de Chartres. A. Robiez, 24, impasse Jessaint. J.-B. Jorby, 14, rue de Chartres. Estieux, 10, rue Chapon. C. J., instituteur public. René Guillemet, Noé Saurain, Charles Savoye, externes des hôpitaux. Lucien Gouverneur, étudiant en pharmacie. René Camuset, étudiant en médecine. Mlles C. C., M. H., M. I. D., E. D., E. S., élèves d'une école du Gouvernement.

MM. Goldschmit, 2, rue de l'Entrepôt. E. Didiot. A. Didiot. Camille Didiot. Mme Mathilde Therié, villa Camille, Rosny-sous-Bois. MM. Weil, 8, rue du Croissant. C. Weil, 8, rue du Croissant. L. Weil, 8, rue du Croissant. René Gauthier. Georges Fribourg. Emile Blum, 7, rue de Lancry. L. Bidault, employé. Mme Palmyre Magnenin. MM. Jules Grumbach. Docteur F. Hauser. Léon Bernheim. Guillot. Emile Mansicourt. Eugène Lalande, employés de commerce. Barrat, 7, rue d'Arras. Georges Lansiaux, 26, rue Myrrha. Charles Truchot, chansonnier, Paris. H. Maljean. Gray. Eugène Lefort, entrepreneur de maçonnerie, 80, rue Sartois, La Garenne-Colombes. Mme Edmond Hirsch, 20 bis, rue Voltaire, La Garenne-Colombes. Mme L. Lion. MM. L. Lion, négociant. A. Schulte, 51, rue du Caire. Louis Dreyfus, négociant. Nurpillot, pasteur. Hartmann fils. Albert Brunschwig. E. Humbert. Emile Beucler. Simon Brunschwig. Emile Curié. J. Violorere. Bouzon. Louis Bouzou.

M. le docteur Decornet. Mme Decornet, La Ferté-sur-Aube (Haute-Marne). M. le docteur A. Valentin. Mme A. Valentin, Menton. MM. Wuilleunie. Emile Bolet. Charles Eldgène. L. Lieg. Jacques-Paul Hartmann. Voisilot. Louis Cuvier. Georges Lauvillard. Auguste Fournier. Frédéric

Curie. Frédéric Clerc. Gustave Vanchot. Emile Jacques. Edouard Clerc. Victorien Lépine.

MM. Parisot. Louis Parrot. Emile Gremillot. Rusterholtz. E. Marino. Pierre Clerc. Charles Petit. Barjot. Charles Parrot. Julien Mathié. Charles Richard. Célestin Behra. Edouard Detoux. Emile Emonot. Jules Roy. Auguste Kahier. Auguste Maurer. Cuvier fils. Maire fils. L. Gamson. Emile Perrot. James O'Brien. Léon Maire. Emile Marchand. Julien Grosrenaud. Louis Lorrat. Gustave Parrot. Emile Noël. Ruhier. C. Vernier. Alfred Mathie. Edouard Bernard. Victor Haut. Chrétien. Paul Mathie. Emile Roth. Fritz Rigoulot. Paul Petit. Parrat. Emile Depoutet. Fritz Bernard. Louis Veuilleminot. Emile Sira. Louis Cartrer. Edmond Larat. Louis Rigoulot. Samma Petit. Jules Prime. Lucien Beley. Auguste Detour. Jocman. Frédérique Fillod.

La majorité républicaine du Conseil municipal de la commune de Bourran, par Clairac (Lot-et-Garonne) : MM Baudon, maire. Deler. Allègre. Bourges. Fournié. Os. Casson. Dubreuil. Reillon, conseillers.

MM. J.-B. Coconnier, propriétaire. M. Coconnier. Mme Weidmann. Mlle Weidmann. MM. E. Peters. Louis Coutrel, dessinateur, 7, rue Gambey. G. Schubens. G. Schubens père. E. Coutrel, 7, rue Gambey. Labbeye. Louis Berthier, 188 *bis*, rue de Belleville. H. Pecry, 5, rue Dejean. J. Pecry, 26, rue Torcy. G. Pecry, 45, rue du Terrier, à Vincennes. Camille Leclerc, de la Conférence socialiste, 28, rue Fontaine-au-Roi. Mme Lévy, 5, rue Pasteur. Mlles Céline et Henriette Lévy, 5, rue Pasteur. MM. Marcel Astruc, élève à l'Ecole centrale des arts et manufactures. Leboucher, homme de peine à *l'Aurore*. Emile Blanc, 26, rue Saint-Sauveur. G. Levy. M. Dassiny. Maurice Kahn. G. Fischer. Dumanoir, 22, rue Bichat. L. Lepnaud. Robert Brussel. Edouard Camus. Gabriel Allouche. Eschaya Allouche. David Allouche et sa famille. Benedite Alcide. Félix Cohen de Tunis. Docteur Stora.

Protestations reçues de Saint-Jean-du-Gard : MM. Eugène Rabotier. Paul Jauvert. Jean-Louis Travier. Adolphe Bousquiez. Auguste et Josué Briguière. Victorin Laporte. Henri Fesquet. Ferdinand Alméras. Eugène Bancillou. Auguste Calvet. Daniel Dhombres. Ambroise Metge. Ulysse Daumet. Félix Rossel. Fernand Bazalgette. François Dumas. Louis Dhombres. Jules Bastide. Charles Préel. Eugène Pagès. Louis Dhombres. Auguste Génolhac. Louis Laval. Gaston Pagès. Eugène Goût. Achille Lavesque. Jules Bastide. Lucien Rauzier. Louis Pontier. Gustave Pougy. Louis Verdier. Scipion Greffeuille. Alphonse Lavesque. Albert Rauzier. Achille Coutarel. Adolphe Jauvert. Hippolyte Plagnes. Eugène Séite, ancien adjoint. Joseph Ricca. Samuel Cavalier. Louis Lauret. Adolphe Méjanelle. Auguste Bordarier. Victor Huguet. François Deleuze. Eugène Bordarier. Eugène Dupas.

MM. Etienne Escande, ancien instituteur. Jean Greffeuille, président du cercle « l'Avenir social ». Adolphe Méric, conseiller municipal. Louis Méric, cordonnier. Paul Préel, voiturier. Eugène Benoît, négociant. Louis Teule, maître d'hôtel. Casimir Corbessas, conseiller municipal. Eugène Chanson. Frédéric André, mécanicien. Louis Courtois. Louis Lapoule. Jules Verdier. Auguste Pantoustier. César Nogaret. Jules Dhombres. Albin Mercoiret. Théophile Armand. Arthur Dupuy. Henri Angeau. Jean Roy, pasteur. Adolphe Travier. Henri Brugnière. Eugène Daumet, adjoint au maire. Gaston Lafont. Louis Courtois. Bres père, négociant. Bres fils. Léon Géminard. Albin Hébrard. Paul Bordarier. Albin Tinet. Paul Thérend. Paul Mercoiret. Casimir Armand. Samuel Blanc. Louis Pantoustier. Jules Travier. Achille Gascuel. Louis Julian. Albert Jauvert. Jean Teissier. Louis Lafont. Philippe Barthélemy. Victor Méric. Jules Mercoiret. Victorin Bruk. Hippolyte Dugas. Malan, pasteur, président du Consistoire. Eugène Soulage. Auguste Fournier. Raoul Greffeuille. Aymard Combet.

MM. A. Tardres, maréchal-ferrant. G. Thérond, cafetier. Eugène Benoît, épicier. Louis Sabadel, épicier. Léon Rozier, félibre. Alfred Morin, cultivateur. A. Fabre. Jules Bordarier, charcutier. Antoine Bonhoure, épicier. Louis Tessier, faïencier. Eugène Travier, boulanger. Scipion Serres, propriétaire. Bordarier, charcutier. Louis Jauvert. F. Alméras, cultivateur. Emile Bordarier, négociant. Louis Mercouret, négociant. J. Pinjon, mécanicien. H. Rousson, boulanger. Donnadieu, cultivateur. Emile Carrière, cordonnier. Charles Deleure, propriétaire. Eugène Daunis, cordonnier. A. Pelcot, maçon. J. Bousquier, propriétaire. Ernest Prouzet, secrétaire de la mairie. Jules Maurin, cultivateur. Ad. Mourgues, cordonnier. Boutin, sabotier. C. Gascuel, rentier. L. Soulier, comptable. Cabassud, négociant. Gaston Bordarier, négociant. L. Donzel, cordonnier. Valette, maçon. Perredon, maçon. Pantel, horloger. A. Sabadel, négociant.

MM. P. Cabassud, négociant. L. Grevoul, tailleur d'habits. Ad. Rozier, faiseur de bas. Auguste Laune, messager. Fie Lafond, propriétaire. L. Nègre, comptable. Mercoiret, cultivateur. Ernest Prozuet, comptable. Théophile Pagès, homme de lettres. Alph. Manoel, cultivateur. Auguste Pagès, coiffeur. Camille Bernard, cultivateur. L. Adoul, jardinier. Chanson, maçon. J. Dardaillon, surveillant filateur. G. Gras, employé. Maurin, surveillant filateur. Jules Coustier, cultivateur. L. Rouquette, cafetier. Metge. G. Durand. Massal, cultivateurs. E. Deleuze, négociant. Corriger, cultivateur. L. Adoul, jardinier. G. Plantier, représentant de commerce. Eug. Bancilhon, fabricant de bas. Paul Pierredon, maçon. Camille Boucheté. Vict. Mathes. Louis Dubois. J. Travier. L. Roussel. Silvestre Causse. Eug. Bordarier. Lucien Lafont, cultivateurs. Aug. Dugas, menuisier. Louis Barral, cultivateur, à Saint-Jean-du-Gard.

MM. Jules Jourdan. Gaston Rossel. Emile Mathes. G. Guizard. F. Martel. Huguet. Frédéric Maleval, cultivateur. Ch. Tondut, tailleur de pierres. Emile Caulet, chaudronnier. Antonin Marié, menuisier. Paul Rouvière, chauffeur. Eugène Plagnes, faiseur de bas. Linus Viala, maçon. Marius Lafont, cordonnier. H. Bruxelles, maître tailleur. Jules Gras, charron. Max. Bordarier. Jules Bordarier, cultivateurs. Félix Balmayer, maître maçon. Eugène Boudouric, journalier. Eug. Pagès, cantonnier. Adrien Castanet, employé de filature. Peytavin, bûcheron. Cas. Aguilhon, cultivateur. Louis Coutarel. Samuel Serres, perruquier. Léon Plagnes, ferblantier. A. Bruguières. D. Travier. E. Bourrely. Louis Viala. E. Lauret. François Teule. L. Dhombres, cultivateurs. Louis Pierredon, négociant. Paul Viala, cultivateur. E. Blanc, maréchal-ferrant. Grevon, ex-appariteur. E. Cavalier, cultivateur. Paul Lafont, facteur.

MM. Léon Salles. Meissonnier. Gout. E. Lauret. J. Lauret. Julien Roussel. Léon Salles fils. F. Travier. Gaston Jauvert. Gout. Pierre Jourdan, cultivateurs. E. Pastre, palefrenier. Albin Gout. Jules Plagnes. Jules Dhombres. E. Rossel. Emile Deleuze. Louis Benoît. Albin Bonniol. David Benoît. Louis Dhombres, cultivateurs. Ed. Ferbail, maçon. Albert Gras, cultivateur. François Serres, propriétaire. Achille Bordarier. Adrien Serres. Jules Fournier. Neh Méry. J. Lauret. Bordarier. Louis Saltet. Jules Laval. J.-P. Gout. Laune. E. Travier. E. Guizard, cultivateurs. P. Sauret, propriétaire. E. Dupont, charron. J. Lapierre, surveillant. Et. Martel, contre-maître.

M. René Boudon, conseiller général. Mme René Boudon. MM. Emile Reilhan, aubergiste. A. Pierredon, maçon. A. Legrand, serrurier. Louis Pinet, ouvrier. Eug. Rouvière, cultivateur. E. Deleure, mercier. A. Géminard, boulanger. H. Van der Voo, propriétaire. Em. Fougueirolle, cocher. Alb. Charpentier, menuisier. D. Dhombres, cultivateur. Emile Mazauric, coiffeur. J. Grevon, Eug. Coutavel, Paul Gleize, employés de filature. Eug. Rocher, faiseur de bas. Aug. Rouvière, cultivateur. D. Gal, jardinier. L. Tresfont, H. Fougueirolle, cultivateurs. A. Pierredon, maçon. H. Donzel. A. Préel, cultivateurs. Ch. Gleize, négociant. Ad.

Baumel, terrassier. Louis Maurin. Armand Alger, cultivateurs. Paul Méjanelle, coiffeur. Léon Bruxelles. François Bruxelles, faiseurs de bas. Albin Jotti, mécanicien. Emile Coutarel, chauffeur. Emile Gaillard. Raoul Pantoustier, faiseurs de bas. Alph. Baumel. Adolphe Cazalet. Léon Mazauric. J. Lapouze. Louis Lauvelt. Valmalle, cultivateurs.

MM. Siauve-Evausy, rédacteur en chef, 28, rue de Fives. René Lamarre, administrateur, 61, rue du Pont-de-Commines. Louis Marle, secrétaire de la rédaction. Elysée Folvent, rédacteur. André Pioteix, gérant. Mary Gill. A. Gosselin, rédacteurs, au *Réveil du Nord*, à Lille. Mubonneau, correcteur. Ed. Delassalle, adjoint au maire de Lille. Henri Chesquière, conseiller général du Nord. Georges Devraigne, professeur d'agriculture. Gustave Devernay, conseiller général du Nord. Alphonse Bigaud, dessinateur. Mme Bigaud. Mlle Marguerite Dubois. MM. Laurent Pastouillère, appareilleur. Auguste Doweau, représentant d'entreprises. Eugène Pinaud, chef de chantier. Gadouleau, employé. Mme Gadouleau. M. Constant Dodin, appareilleur, Tours.

MM. Maurice Richard, voyageur de commerce, à Clisson (Loire-Inférieure). Léon Bier, 58, rue Louis-Blanc, Paris. Fernand Goujon, élève de philosophie au collège d'Avranches. Maurice Lévy. Alphonse Lévy. Marcel Lévy. Gustave Pierrard. Claude Sibuet. Lucien Klein. Lucien Picard, rue Réaumur, 53. Désiré Descamps, homme de lettres, à Lille. M. et Mme Léon Maus, 100, faubourg du Temple. M. Georges Prunier. Mme G. Prunier. Veuve L. Vincent, à Argentan (Orne). MM. A. Poulin, rue du Bloin, à Lyon. Dumas. Pioch. Mmes veuve Cahen, 32, rue Bréda. Weil, 32, rue Bréda. Joséphine Marteau, 32, rue Bréda. Georges Cahen, rue Saint-Ambroise. Honorine Garnier, 5, rue Saint-Ambroise. Marie Pessey, 56, rue Lafayette.

Protestation d'ouvriers elbeuviens : MM. Georges Hauser fils. Edouard Dott. Charles Gunot, employés. Charles Hauser. Martin Biecheissen, dégraisseur de drap. Emile Dott, rue Poussin. A. Gissler. Léopold Milliard, à Saint-Aubin. V. Carlen. L. Nouvel, à Orival. Gruel. Louis Rœnig. Gaston Martin. Edmond Picard. Auguste Rœnig. Georges Hauser père, teinturiers. Mamoser. Plessis. Emile Lebland. Morin, trieurs de laines. Charles Gislerr, employé. Lecoq, chauffeur. Michel Ursin. Adonis Beillard, trieurs de laines. E. Whate. Charles Mullet, menuisiers. Joseph Démare, employé. Ledoux, trieur de laines. Théodore Meyer. Ferroy, journaliers. W. Fœster, tisserand. Albert Labique, chauffeur. Albert Maris, chauffeur. Frédéric Boss, contremaître. Jacques Stoll. Louis Bourbon, encolleurs de laine. Alphonse Houel, ourdisseur. Félix Schmitt fils. Eugène Pontois, encolleurs. Guillaume Boos, contremaître. Jules Picard, tisserand. Albert Azel. Louis Hartel. Charles Brehm. Mme Alphonsine Masselin. MM. Guillaume Rapp. Auguste Courtillet. Louis Carlen. Martin Breicheissen fils. E. Lemonnier. Alphonse Leclair. Léonard Lerey. Adrien Cavélien. Louis Muntzer. Gaston Cuillardier. B. Aubin. Béguin. G. Raine. Pille. A. Renault. P. Picard. Pinard. Henri Wendling. Charles Carlen, ouvriers tisserands. Geoffroy Brecheissen. Guilla Amsperger, contremaîtres. Victor Lefeuvre, ouvrier tisserand. G. Dufour. Th. Marais. F. Lehillein. Ed. Taillefer. Eug. Schmitt. Gaston Duval. Emile Wogt. Joseph Blanchet. Guillaume Brehm. Louis Coulon. Georges Etrich. Louis Bertrand. Joseph Bouette. J. Schmitt. Eugène Goller. Daniel Berville. Guillaume Muntzer. Philippe Hauser. Chrétien Brecheissen, tisserands. Fritz Brecheissen, apprêteur. Savary. E. Camouche. A. Kerner. L. Kerner. Claudel. Joseph Gissler. Gissler. Eugène Roussel. Joseph Pesseau. Jules Langlois. E. Alleaume. A. Lucas. Pierre Roux, laineurs. Ernest Dienis, voiturier. Jules Glass. Gaston Langlois. Jules Paon. A. Hermier. Albert Lucas. Demare, laineurs de draps. A. Gaudoin. G. Gaudoin. Henri Folie, chauffeurs. J. Glass, laineur de drap. E. Kerner. J. Pinsard. Knosp. Heinrich. Tribolet. Théodore Thomaun. Ch. Belloin. Dussoreux. Surget. F. Muller. Guimonet. A. Cour-

tillet père. Louis Hazet. Q. Giller. G. Thomas. Schall. E. Bauer père. Bornays. J. Capron. Pierre Hauser. Dubois. Thomas Schneizler. L. Bertrand père, ouvriers tisserands. Yeing. Ch. Rohr. Bruck. D. Roger. H. Pitois. Dietz. Magel. Christmann. Champion. Schall. Zuida. Letterlé. Ch. Kapp. J. Kapp, ouvriers tisserands. Faultich. I. Potel. L. Dezouède. J. Coulon. P. Bunel. Joulin. A. Dienis, laineurs. Charles Brecheissen, apprêteur. P. Lejeune. Q. Vautier. Q. Faupoint. A. Revert. Louis Eloy. Thomann père. Adolphe Boimard. A. Lefebvre. H. Guillois. C. Bonneville. J. Guerrier. A. Lemarchand. A. Vassont. Léopold Carvible, ouvriers décatisseurs. A. Vivien. P. Enoé. Charles Rougeron. Vincent. Haiblé. André Gissler. Georges Delamare, décatisseurs. Jacques Hauser. Delaporte, employés. Delamare. A. Boyard. P. Milliard. J. Chouland. A. Bisson. J. Allais. E. Geoffroy. Gustave Chouard. Louis Goller. V. Duhamel. G. Geoffroy. Druel. Lecomte. Albert Durand. Jules Joulin. A. Masclef. Louis Lebourg. B. Picard. Louis Scherding. Charles Hébert. Honoré Nouvel. Jules Blactot. Charles Bardin. L. Prévost. Adolphe Portier. Auguste Regnault. Guillaume Knœpfle. A. Bréant. Ernest Bisson, ouvriers tisserands.

MM. Helloin. Cardon. Tony Lehorn. Danner. Emile Yung. Tonnery. Deschamps. Alexandre Bonnet. A. Brismontier. J. Savard. L. Cavalier. Fréret. Geoffroy. L. Druel. V. Bourdet. Lejeune. Dufour. Parmentier. Guerrier. H. Dufresne. Bonnefond. J. Renault. Edgard Bisson. Albert Girard. H. Ostertag, ouvriers tisserands. Charles Ostermann. Henri Lemonnier. Emile Duboc. Najel. Lepelletier. Lefrançois. René Wallet. H. Valet. Augustin Mouchard, foulonniers. Victor Golard. Corbelet. Pirouelle. François Daniel. Hardy. C. Heurteux, presseur. Parissot, journalier, à Thuit-Anger. Gaillon, fileur. Q. Yvray, à Orival. Maurice Ménard, contremaître de filature. Albert Giblot. Hœhedé. Bougon. Pellier, fileurs. Emile Duval. Vorrey. Louis Lesclozets, fileur, à Orival. Bouland, fileur, à Caudebec. Messias. Désiré Pitou, à La Londe. Masselin, à Saint-Aubin. Georges Charlet. Florentin Dubourg. Louis Moreau. Louis Guérard. Moïse Papeil. Léon Vendange. Fréret. Raoul Aublé, à Caudebec. Joseph Lambrette, contremaître. Eugène Quesnot. Démare père, fileur. Voiment, à Saint-Aubin. Ernest Grouvel, fileur. Gustave Dupré, à Caudebec. Clovis Moutardier. Louis Dantan. J. Delahaye, échantillonneur. A. Roussel. Pierre Guédon. J. Lechevallier. P. Hamel. Throude. D. Horent, dessinateur en tissus. Léon Deshays, à Thuit-Signol. Chéron. Pierre Miquel, teinturier. Gadin. Lenoir. Allix, à Saint-Pierre. Charles Bourdet, ajusteur. Eugène Sorel. G. Lebingle, chaudronniers. Duclos. Chauvin, essoreurs. Aimable Bourdet. Louis Goumaud. Eugène Thomann. Hauvel. J. Saint-Pierre. Labigne. Louis Scherding. Félix Pastre Danner. Mignot. Enault. Gayat. Denape. Jean Goller. Victor Cavelier, tisserands.

MM. Laplacette. Fernand Léon. Albert Léon. Amédée Ribétou. Eugène Masse. Henri Dattas. Jean Casalis. B. Casalis. Artigoula. Emile Camastou. Bordegave. A. Dufau. Maximilien Sedeilleau, à Navarrens (Basses-Pyrénées).

MM. Louis Rosenthal, à la Chaux-de-Fonds. E. Petit, à Rouen. Gabriel Gros. Paul Kreder, artiste peintre. Marchand, artiste peintre. Albert Clerget, Vesoul. Kasperski, marchand de journaux, à Troyes. Laurent Garnier, à Troyes. Benoit Klopfstein, 15, rue de la République, à Troyes. Mme C. Vellepeux, à Troyes. B. Lipps, à Troyes. J. Klopfstein, 19, rue du Paon. Berthe Gonaux, à Troyes. MM. Arthur Dietrich, rue Fasseral, à Troyes. Marius Goudoux, 43, boulevard Victor-Hugo. Klopfstein, à Sainte-Savine. A. Davis, à Troyes. G. Meyer, employé de commerce, rue Louis-Hulbach. Henri Lévy, 10, rue Colbert. Henri Lieber. A. Hache. Charles Meyer, 15, rue Thiers. Michel Dreyfus, commerçant, rue de l'Hôtel-de-Ville. Turlu, confiseur, à Troyes. Mme veuve Simonet. Rochard. Jeanne Rochard, 77, rue Cambronne.

MM. M. et C. Hubert, commerçants, à Saint-Omer. Mme Jeanne Déléglise. M. et Mme Eberhard, à Marquise. MM. Eugène Hubert, à Saint-Omer. E. Deckmeyer, 18, rue Roger, Dunkerque. V. Vaillant, licencié ès sciences, à Lille. Un groupe d'élèves des classes supérieures du collège d'Avranches. Lacassagne. Thibault. Letailleur. Branetot. Henrion. Hébert, étudiant en médecine, à Rouen.

MM. Charles Bonigen, 48, rue Ramponneau. Henri Deschildre, 220, rue de Paris, Nord. D. Lévy, 43, faubourg Saint-Jean, Nancy. Gaston Schwoob, propriétaire. Georges Lévy, employé d'industrie. L. Charrière, clerc d'avoué, à Saint-Dié. Paul Wattecamps, agrégé d'Université. Mme Vimont-Rémy, 2, rue Lavoisier, M. Fréjaville, 65, rue des Gravilliers. M. et Mme Charbonnel, 16, rue Lepic. Mme Marie Biron, 52, rue de Chabrol. M. Raphaël Douge, représentant de commerce. Une admiratrice de Picquart, à Reims. Mme Vion et son petit filleul. M. Fabrice Marmoix, au Vésinet. Mme Marguerite Holleman, artiste peintre graveur, à Monaco. MM. Courtonne, à Paris. A. Chavanier. L. Bernheim. Mmes L. Bernheim, 8, rue de Trévise. Delagrange. M. Emile Delagrange.

Mlle Marguerite Méguin, d'Hérimoncourt. Mme Mauguin. MM. Alcide Bénédite, à Tunis. Prosper Marc, 2, rue Belliard, Bruxelles. Sixte Quenin. Victor Rey. E. Chautard. F. Rabier. A. Peyrot, membres du groupe *le Réveil socialiste*, d'Arles. René Fort Marcelin Suraud. Marcel Fort. Léon Fort, à Angoulême. Un groupe d'employés du chemin de fer de l'Est. Pierre Briano. Théophile Layre. Arthur Larguier, à la Grande-Combe. J. Royer. Mme Gabrielle Royer. Mlle Marie Royer, à Lyon. MM. A. Chambon de Bonin, 35, rue de Lubeck. S. Michel, de Metz. Docteur Courmont, professeur agrégé à la Faculté de médecine.

MM. le docteur Suss. Achille Weille, 5, rue d'Argout. Emile Levi, 160, rue Montmartre. J.-A. Borderie. Mme Borderie, 15, rue Poulet. MM. Théodore et Victor Borderie. Albert Benda. Mme Elie Cerf. MM. G. Hauret, 35, rue de la Chapelle. G. Collad, négociant, 62, boulevard Voltaire. Mme veuve Riquier. MM. L. May, ancien magistrat, boulevard Rochechouart. René Belayer, représentant de commerce, 6, rue Montmorency. Victor Belayer, peintre décorateur, 19, rue Fauret. Auguste Belayer, menuisier, 7, rue Folie-Méricourt. Daniel Brun, courtier, 42, rue Véron.

MM. Préaubert, commissaire de marine en retraite. Nourillion, Toulon. J. Michel, à Naut-d'Aveyron. Léon Levinsohn. Mmes Alice Levinsohn, 6, rue de Navarin. M. V. Teifel. Mlle C. Teifel. MM. L. Teifel. F. Maudin. S. Beline. Mme S. Beline. Mlle Y. Beline. MM. S. Beline. Rochow. J. Schoumsky. D. Bersak M. Mostowski. Léopold Spirer. W. Baumrgarten. M. Blasberg. H. Ribac. A. Coldin. B. Rozen. Max Aslan Mlle Elisa Rollès. MM. A. Bourtier. E. Boudin. M. Joseph. Auguste Journeau, typographe. Staron, ébéniste, 15, rue des Gravilliers. Jean Bruet, 141, boulevard Sébastopol. Virgilio Petit. Hartog Crozt. Hoisnard, 6, rue Perronnet. Gaston Coupvent, 4, avenue Victoria.

De Mouchamps (Vendée): MM. Mathieu, notaire. Pinoud, médecin vétérinaire, à Chantonnay. A. Guilbaud, pharmacien. Ducasse, pasteur de l'Eglise réformée. E. Suard, marchand. A. Brivonneau, maître d'hôtel. Pubert, charron. G. Paquier, horloger. A. Bléteau, ouvrier horloger. C. Chaigneau, tailleur. E. Lucas, fabricant de sabots. Louis Gillier. Mme Hortense Salard. MM. A. Tremblet, adjoint au maire de Mouchamps. Poinsard, clerc de notaire. J. Chaigneau, cultivateur, au Plessis. Mme Jeanne Penaud. MM. Pierre Coussineau. Poisselaud, cultivateur. Jean Chaigneau, sabotier. Pierre Brémaux, cultivateur, au Plessis. Mme Amélie Flandrois. MM. Jean Guichard. Alzine Flandrois. L. Chiron, ouvrier maçon. Jacques Gouillaud, charpentier.

Mme Prudence Flandrois. MM. Louis Chaigneau, maçon. Ernest Gouillaud, propriétaire. Jacques Puaud, propriétaire. Benjamin Chavigneau. Gustave Chavigneau. Louis Chavigneau. Jean Ray, cultivateurs. Mme Elise Roy. MM. L. Vonlard, cultivateur. Pierre Bridonneau. Ernest Blétau.

Auguste Chavigneau, cultivateur. Eugène Chopot, charron. Victor Chopot, serrurier. Chopot père, charron. Alfred Bridonneau, tailleur. Mme Marie Fonteneau. MM. L. Auger, pépiniériste. J. Bléteau.

MM. Louis Rau, 7, rue Montchanin. Charles Rau, ancien élève de l'Ecole polytechnique, élève à l'Ecole des mines. M. et Mme Durey-Comte, 50, allée de Gagny, au Raincy. MM. Tissot, allée de Gagny, 50, au Raincy. Henri Le Foyer, licencié en droit. F. Silva, propriétaire. Casimir Noël père, 32, boulevard du Temple.

M. J. Moche, 97, rue de Courcelles. Mme E.-P. Aron. 54, rue Blanche. MM. Emile Franck, 5, rue Condorcet. Ferdinand Salomon, artiste peintre, 47, rue d'Orsel. A. Bloc. M. Wolf, 10, rue Beaurepaire. Charles Wolf, sujet français à San-Paulo (Brésil), actuellement à Paris, 10, rue Beaurepaire.

M. et Mme Jules Rain, bijoutier, 78, rue Turbigo. M. Myrtil Salomon. Mme Léonie Josse. MM. Jules Bellmann. Louis Delaporte, homme de lettres, 6, rue Mignard. Pierre Rigot, 75, rue Blanche.

MM. Pierre de Marville, publiciste. Paul Miron, homme de lettres. Mmes Suzanne Saillé, 9, rue de l'Orient. Veuve Emile Arnoulin. Mme Valentine et Mme Stéphane Arnoulin. MM. Gaston Donnet. André Hess, avocat à la Cour. Jules Ducas, négociant, à Rouen. Th. Ellis, ancien président de l'Alliance radicale de Levallois-Perret.

Mme Georges de Peyrebrune. M. et Mme Georges Aron. Mlles Laure et Andrée Aron, 18, rue Lafayette. MM. Salmon. 1, rue Hippolyte-Lebas. A. Salmon, 14, rue Condorcet. E. Carvaillo, 15, rue Belfond. Mlles Louise et Aline Berr, 37 *bis*, rue du Sentier.

MM. Léaux, 58, rue de Dunkerque. J. Lépine, 26 *bis*, rue Hermel. B. Mayer, 31, avenue Trudaine. M. et Mme Eugène Berr.

Mme H. Salmon, rue Hippolyte-Lebas.

Mmes Claire Lévy, 10, rue Chauchat. C. Lehmann, 15, rue Choron. Z. Salmon, 11, rue Condorcet. L. Morhange, 11, rue Condorcet. MM. Léon Morhange, 11, rue Condorcet. Roger Danglar, directeur de *la Cloche*. Mme Albert Félix. M. Marcellin, rédacteur à *la Cloche*.

MM. Marius Ader, secrétaire de la rédaction de *la Cloche*. Warnet, rédacteur à *la Cloche*. Hubert Desnous, rédacteur à *la Cloche*. J. Desroches, chroniqueur à *la Cloche*. Alexandre Mary, publiciste.

La liste suivante a circulé dans une usine de Valentigney (Doubs). Tous les signataires, sauf quelques-uns, sont des ouvriers ou des employés :

MM. H. Poincenot. Emile Louys. Emile Ferciot. G. Quaile. A. Rebillard. Lalloz. A. Merillot. Lucien Louys. Fritz Thourot. E. Maeson. G. Mayer. Alb. Morlot. P. Chambe. Ch. Ernonot. G. Mignerey. Joseph Rollet. F. Dubois. E. Abram. P. Pétrequin. Eugène Louys. Jules Masson. Wittner.

MM. Louis Chenelot. Numa Cordelier. P. Longs. Ch. Massier. L. Dolet. Paul Mouhot. Mme Catherine Mouhot. MM. Jules Bourquin. L. Bourquin. Pierre Nérac. Amstutz. Emile Bourquin. Eugène Barbier. Julien Barbier. Alfred Jacquemin. Louis Bretez. Ch. Paris. Emile Barbier. P. Juillard.

MM. P. Chavey. Fr. Bouteiller. Ch. Guillard. Beleney. J. Schaltenbrand. L. Vurpillot. Eugène Mazimann. E. Menegaux. Fritz Mettetal. Georges Juillard. Lucien Brand. Gaston Pechin. P. Jeanperrin. Eugène Lafrance. L. Bourquin.

MM. Pierre Lévy. Charles Dollet. L. Juillard. Eugène Herret. Eugène Fallot. Charles Bosserdet. Emile Parrot. Georges Mazimann. F. Bonâme. Louis Metin. Paul Devin. Lucien Fury. Jules Coulon. J. Landry. E. Doucelance.

Mme veuve Leyssens. MM. Louis Pingrenon. Eugène Rivaux. Pierre Vincent. Bouchard Roch. E. Mahé. Eugène Honnet. 8. passage Saint-Hippolyte. Ulysse Jouy père et fils, 8, impasse de Mont-Tonnerre. Paul Lacroix, 119, rue de Vaugirard. Marissal, abonné au *Radical*, à Roye. Julien

Bigot, 5, rue Froissart. Arthur Farinet, négociant. E.-D. Julien, entrepreneur de peinture. Gérard, négociant. J.-P. Jacquelot, propriétaire. Franquet, peintre. Paul Malinet, commerçant. Léon Lévy, commerçant, à Vitry-le-François.

MM. Tellerin. F. Terreau. Gugenhein, 22, rue Milton. Verinette, 20, rue Milton. René Lévy, 9, rue Jules-César. Mme L. Philippe. Mlle J. Philippe. MM. F. Ferdonare, 22, rue Milton. Proust, 18, rue Milton. Madeuf, 123, rue Montmartre. F. Fantin. Mme Fantin. MM. A. Fantin fils, 47, rue Doudeauville. A. Chéret, à Orsay. Paul Cotté, 36, rue Fabert. Lepaire. Mme Lepaire. Mlle Maraiz, à Fontenay-aux-Roses.

MM. Maurice Jambut, employé de commerce, 120, rue Boucicaut, à Fontenay-aux-Roses. Gogibus, 277, faubourg Saint-Antoine. F. Marchasson, commerçant, 240, faubourg Saint-Antoine. Lecerf, employé, 16, rue Cortot. Horace Lapeire, comptable. Georges Lapeire, ajusteur mécanicien Ferdinand Lapeire, rentier, 14, rue du 14-Juillet prolongée, à Bois-Colombes. Pernot, employé de commerce, 8, rue Grégoire-de-Tours. Georges Boyer, 26, rue Duris. F. Helbert, comptable, à Montreuil-sur-Ille. S. F. L... à Assigny. Deref, à Pontoise. Mme Helz, à Pontoise. Mlle Anna Leroyer, à Pontoise. M. Gabriel Calohard, aux forges de Trignac.

MM. J. Vérot, 3, rue Lacépède. Julien Legeleux, 84, Grande-Rue, à Nogent-sur-Marne. René Déjardin. Mlle P. Binet. Mme veuve Binet, à Croissy-sur-Seine. MM. E. Séron. A. Séron, à Levallois-Perret. Mmes Esthel-Chazeau. Muller. MM. Louis Alexandre, 82, rue de Rivoli. Léon Portat, comptable, 72, rue de la Pompe. Henri Régnier fils, à Noisy-le-Sec. Léon Bourdes, ouvrier luthier, à Mantes. Émile Lair, peintre sur verre, 17, rue du Moulin-de-Beurre. Liévoux, 26, rue Blottière. Wagnet, artiste peintre, 7, impasse Fremin. Lavernhe, fabricant de vitraux, 65, rue de Sèvres.

M. Arthur Bœhler, employé au journal *Le Bâtiment*, 53, rue Ganneron. Mme E. David, 93, avenue de la République. MM. Léon Picard, employé. Manuel. J. Mauduit. L. Bidot. A. Weill. Heymans. H. Havart, employé. Camille Alexandre. Camille Dreyfus. Sylvain Kahn. Adrien Bernheim. Pierre Haguenau. Achille Haussmann, 53, rue Turbigo.

Mmes Jeanne Martin, 9, rue d'Aboukir. Rollin, 117, rue d'Aboukir. MM. Henri Lom, 26, rue Washington. F. Kunemann, au Raincy. Léon Gilles, 5, passage Violet. Mlle Lamotte, cravatière. MM. Pons, violoniste. Julien Sappey, 10, rue Curiale. François Gaudinot, 104, rue de Ménilmontant. Mmes Louise Bauduin, Pauline Bauduin, 105, rue de Ménilmontant. MM. Eugène Duroisel, 86, rue du Vertbois. Louis Trémoulet, 80, rue Caulaincourt. Lebel, sculpteur, 17, rue Erard. C.-H. Pinard, 120, rue Saint-Denis. Mme E. Pinard.

M. et Mme Lévy-Coblentz, artiste peintre, 11, rue des Lilas. MM. Albert Mottot, 8, rue de Bagnolet. J.-M. Cossid, membre de la Ligue des droits de l'homme. Mme Berthe-Marck, caissière. M. Salzedo, négociant. Mme Inès Lopès, employée. M. Robert Cossid. M. et Mme Fabre. Mme L Pierre, 40, rue de Malte. Lenoir, une victime des jésuites. MM. H. Lenoir, au vaillant Georges Picquart, 102, avenue de Saint-Mandé. A. Meulini, employé de commerce, 21, rue de la Nation.

M. Gustave Fautrier, 11, passage Thionville. Mme Lechevallier, 11, passage Thionville.

M. H. Dubouchet, grand prix de Rome, artiste peintre et graveur, professeur à l'Ecole Robert Estienne. Mme Emilie Dubouchet. Mlles Cécile Dubouchet, artiste peintre et aquafortiste. Sabine Dubouchet, propriétaire au Petit-Châtenay (Seine).

MM. B. Goldschmitt, ingénieur des arts et manufactures, 4, avenue de Montsouris. A. Charbonneaux, chef de laboratoire à l'observatoire de la Société astronomique de France, 4, rue Rameau, à Versailles. G. Esnard, dessinateur, 55, boulevard de Vaugirard. Grangier, 153, avenue de

Versailles. F. Chambaud, ingénieur civil, 92, rue de Cléry.

Vingt-trois employés du ministère des Beaux-Arts.

M. G. Leullier, 17, rue de Rivoli. Mmes et Mlle Cahen, 150, boulevard Magenta. MM. Maurice Cahen, 150, boulevard Magenta. R. Élina, homme de lettres, 4, cité Hermel. Achille Desgrez, 13, rue André-del-Sarte. Mme Desgrez. MM. Paul Dreyfus, 10, boulevard Malesherbes. A. Spite, 46, rue Pajol. C. Delaporte. Ed. Gallet, 13, rue Pierre-Leroux. Albert Zimmer, comptable, 3, rue Paul-Bert, à Nogent-sur-Marne. E. Spite, 46, rue Pajol.

MM. L. Dumay, employé de commerce, à Charenton. Signoret, propriétaire, 10, rue du Vingt-Neuf-Juillet. Eugène Lerminier, 74, rue du Faubourg Saint-Honoré. J. Longuet, 5, passage Brunoy. Bellemin, chauffeur, 436, boulevard de Charonne. Métral, 199, faubourg Saint-Antoine. M. Pérard, 13, villa des Fleurs. Denier, comptable, 45, rue de Montreuil. Mlle Laneyrie, 286, rue de Vaugirard. MM. G. Laneyrie. A. Husson, 194, rue Lecourbe. Deline, 107, rue de l'Université. Migeouviel, artiste de l'Opéra-Comique, 55, rue du Château-d'Eau.

M. et Mme Vernier, 2, rue Géricault. M. Alfred Rivaux et sa famille, 41, rue des Panoyaux. MM. Caen, 6, rue du Parc-Royal. H. Heumann. Mme H. Heumann. M. Ménard. Mme Ménard, avenue Véniard, au Mont-Sarry-en-Val-Saint-Père, par Avranches (Manche). M. Bitry, Saint-Flour (Cantal).

M. Maurice Barthe, élève au collège Chaptal, dix-sept ans, Asnières. Mme veuve Blambert, villa Melsine, Chatelard (Savoie). Mlle Emma Cartegu, villa Melsine, Chatelard (Savoie). MM. E.-A. Rorel, à la Varenne-Saint-Hilaire (Seine). A. Bureau, 83, boulevard Richard-Lenoir. A.-J. Habert, 18, rue Oberkampf. Mme Claire Ansaldy, septuagénaire, rue des Maraichers.

M. Langlet, directeur d'usine, à Château-Thierry. Mme Langlet. M. Vantelon, à Montrichard (Loir-et-Cher). Mmes Avenel, à Noailles-de-l'Oise. Veuve Gustave Dugat, née Amic, domaine de Calissanne, près Barjols (Var). M. Antoine Avy, cultivateur, à Calissanne.

MM. L. Nepoen. O. A., professeur de langues. Ed. Nepveu. R. Nepveu, à Bagneux, près Saumur. Un vieux républicain. L. Lévy, 100, avenue de Neuilly, à Neuilly. Mme A. G..., 223, rue Lafayette. MM. E. Trimouillat, 2, place Achille-Roche, à Moulins (Allier). B. Joannais, commerçant, à Châteaurenard (Loiret). Auguste Joannais, fils de déporté en 1851. A. Guinet, industriel, à Montreuil-sous-Bois. Mme veuve Poignaud. Mlle Louise Poignaud. M. Baudemuit. Mme Delamotte, 37, rue de l'Ermitage.

Mmes Jean Destrem. Amédée Blondeau. MM. Martial-Renault, géomètre, à Aunay-sur-Odon (Calvados). Barnicaud, pharmacien à Randan (Puy-de-Dôme).

M. Lamy, à Blye. Mme veuve Godard. Mlle Marie Godard, à Cleppé. MM. Maurice, maire de Choussy (Loir-et-Cher). Dupuis.

MM. E. Chambeaudry. Guignard. A. Hurault, pasteur, Sainte-Foy-la-Grande. Amanieu. A. Raffargue. A. Goulard. Maubert. Salavaire, maire. J. Pénissier. H. Bérard, conseillers municipaux. A. Mezmé. Silas Tillet, adjoint. Paul Thénaud, pasteur, Port-Sainte-Foy. Fernand Simondet. Baraton Messager. Mme Marguerite Baraton, veuve Roquemore. MM. Faure, Sainte-Foy-la-Grande. Ch. Raffemme, employé de commerce. Audincourt. Ch. Cramotte, employé de commerce. Seloncourt. Marcel Peugeot, employé de commerce, Audincourt. E. Méguin. S. Népoutot. marchand de vin, Audincourt. A. Schneitter, étudiant, Montbéliard. Schoulle. Etienne Conscience, magasiniers. Frédéric Vernier, concierge. Fret. Boidet, comptable. Pierre Jiolard, automobile Peugeot, Audincourt.

Protestations reçues par le *Petit Var* et envoyées à la Ligue des droits de l'homme : MM. C. Boyer, rédacteur. François Ravello. Constant Roy. Albert Visterbon, metteur en pages. Lucien Sauvaire, correspondant. C. Bernard. L. Bitsaud. Lafoux. Edouard Latil. T. Alzen.

Charles Blanc. Gustave Chataignier. Philippe Rupert. François Bonnet. J. Blum. Wetzel, dit Paul Ozonf. Joseph Saillan. Nivière, employé. Antoine Charleux. Cauvin, secrétaire de la rédaction. Daniel, administrateur. F. Périn, prote. Houit, administrateur. Louis Roques, directeur. Camille Prudon. F. Muller, rédacteur.

MM. Charles et Henri Violard. Emile Brouillard, menuisier. Charles et Charles-Louis Peugeot, cultivateurs, à Audincourt. Charles Gatschou. Eugène Masson, employés de commerce, à Valentigny. P. Clavel. Genet Fabien. Jules Bonnaric. Louis Guétaut. C. Bourillon. E. Guétaut. Lucien Bacharach. Achille Lévy. Mmes Pauline Guétaut. Veuve D. Bouliaro. MM. Bacharach. Blum. Hervé. Me Pauline Bacharach. M. Lucien Bacharach. M. et Mme Brunswick. M. Antoine Lurier. Mme Marie-Rose Milliard. MM. Pélage Milliard. Emile et Rachel Milliaud. Léon Aldir, de Lyon.

MM. Graglia. Alfred Modiaux, voyageur de commerce, à Marseille. G. Costel, agent général. Ramond, graveur. Pidelly, comptable. H. Hugues, comptable. Lucien Porteaux. A. Grillet. Félicien Marquet. Armand Maurice. Paulin Turcan. Joseph Gueil. V. Méric. G. Méric. A. Garnier. J. Donnéty. M. Brun. Bernard. Antoine Oster. P. Eyrioux, fabricant de chemises. Fournier, agent d'assurances. Dauzet, commerçant. Bokanowski, négociant. Gabriel Bokanowski, négociant. Louis Garnier, employé. J. Kahn, commerçant. Achille Imbert, employé de commerce.

Noms du personnel de l'Imprimerie du *Petit Var* : MM. Pressat. C. Verme. Henri Julien. E. Rimbaud. Granjon. L.-M. Aubin. J. Audram. Azibert. Giraud. Gricheux. E. Gastinet. E. Teissier. Senès, dit la Siuse. Richard Andrieux. Marius Philip. Emile Sénès. Henry Schloesing. Emile Foa. F. Foa. G. Hotn, photographe. Théophile Raynaud. Théodore Dalert, retraité. Roniagliolo, ancien adjoint au maire de Toulon. J. Olli. Guet. Bonnerolle.

MM. D. Blanc. Henri Alexis. A. Moeser. Leslamap, négociant. Auscher. Depazy, voyageurs. Victor Fabre, pharmacien. Auguste Thomas, docteur. P. Rouverol. Lhoumeau, étudiant en théologie, Genève. Ferrière. Mme Ferrière. MM. Tremblay, à Cheny (Yonne). Duthu-Céry, Lyon. Jacques Lourbet, publiciste. Petibon. Foussereau. Dupin. Heffinger. Weber. Jean Daire. Gaubert, pasteur. Mme Céline Gaubert. MM. F. Jacob. Benjamin Bertrand. Tony Hubert, élève à l'Ecole centrale.

Mme Raynaud, Lyon. MM. Rouxbédat, professeur à l'Ecole primaire supérieure de Mortagnes-sur-Sèvres, ancien élève de l'Ecole normale de Belfort. Jacques Bloch. Mme Eugénie Bloch, née Kahn. MM. André Bloch fils. Roger Bloch fils. Pierre Bloch fils. Mlle Jeanne Bloch. MM. Jacques Bloch. Victor Bloch. Bouvier. F. Feugiez, à Lyon. Paul Rottembourg. Mme Paul Rottembourg. A. Carost. MM. A. Carost. Alfred Rottembourg. Mlle Jeanne Rottembourg. MM. Nathan. Alphonse Lévy, rentier. Edmond Koyse, propriétaire. Emile Lévy. Eugène Heiman. A. Meyer, Chaumes. Edmond Bloch. A. Dunes. J. Rubens, Bruxelles.

MM. Giraud. Gaudestikkes. Adolphe Reinach, négociant. A. Vheischmann. J. Val, représentant l'*Express* publiciste. Henri Wertheimer. Léon Chabresier. Meyrinier. Chanternergue, bijoutier. J. Brandon, président des Secours mutuels. Marc Meyer, négociant. L. Baur, courtier. Henri Chauveau, interne des hôpitaux de Paris. A. Laureau. H. Foucault. P. Lamoureux. Ch. Delbourg père. Morain. Damé. Bouvet. Filloux. Alphonse Bouvier. Lepère. Albert Cassé, à Essonnes. P. Mieille, Tarbes. Lallement, emballeur. Vogel, pileur, Guyot. Mme Michel Cohn.

MM. B. Savery, Auxerre. Good, Brest. Mme Anna Jézéquel, Laval. MM. P. Saillard. Desvillier, caissier. Georges Mouriquand. Emile Mouriquand, étudiants en médecine, Lyon. G. Sartres. E. Charpiot, Lyon. Mme Humiceka. MM. L. Gillard, pasteur, à Eynesse. A. Cleisz, Nancy. Henry Mauger, rédacteur en chef du *Lannionais*. Mme Henri Mauger. M. Edouard Mauger. Mlle Cécile Lelnément, Lannion. M. Henri Albert, dessinateur. Mmes Albert, blanchisseuse. Veuve Fauvel. MM. Jean Ajalbert. Louis Legrand, peintre graveur. L. Lalmant, évangéliste, Mission populaire évangélique de France. Eugène Mongirard. Nicolas, avocat à la Cour d'appel de Nancy. Ramondou, représentant de commerce. J. Gaitte, ingénieur civil, Belfort. Docteur Bernheim, lauréat des hôpitaux et de la Faculté de Paris, rédacteur en chef de l'*Indépendance médicale*.

MM. Henry. J.-M. Levey. Francis Jourdain. Mlle Louise Noé. Mme Charlotte Futterer. MM. Alfred Boivin. Albert Vanrin, Rouen. Camille Steinbach, Déville-les-Rouen. Binder-Valter. E. Boudier, Petit-Quevilly-Rouen. A. Saillard. A. Branllen, employés de commerce. Mousseaux. E. Mousseaux, Chaladut, Rouen. L. Caillaud, employé, à Farnac. Mme V. Fontaine, employée, à Farnac. MM. D. Maurice de Langenhagen. J. Leneuf. Félix Mathieu. Mmes J. Rouff, Cannes. V... MM. Méjan, pasteur, Tornan. Paul Fournier, agrégé de grammaire, membre de la Ligue. Mlle L. Lacharrière. Mme veuve Lacharrière. MM. Biniciani, Lyon. G. Grumier, pasteur de l'Eglise réformée de Bagard Boisse. Béthanie. Capaillery, pasteur, Condé-sur-Noireau.

M. Henri Mortimer, publiciste. Mme Jeanne Heryfeld. MM. Sarlat. Bernard Blum. Gustave Blum. Mmes Bernard Blum. Gustave Blum. Veuve Alexandre Blum, à Charmes. MM. A. Cahn, représentant de commerce, à Nancy. Léon Tionsil, voyageur de commerce. Salomon Dreyfus. Edouard Thouret, employés de commerce. Mme J. Touret, couturière. M. Schzemberger, employé de commerce. Mme Elisabeth Bury, professeur d'anglais. MM. Constant Posse. Léon Constant, négociant, à Salon. Docteur Ganzinotty. Georges Lévy, à Nancy. La Fédération socialiste des Bouches-du-Rhône. MM. Bourguin, professeur à la Faculté de droit de Lille. L. Weber, docteur en médecine. J. Bazouin, négociant-commissionnaire en nouveautés. Jallet. Mmes Léa Jallet. Sarah Jallet, à Châteauneuf.

MM. Sallemar, maire. J. Carrive, propriétaire agriculteur, à Auteville. Gaston Rancère, cultivateur, à Guimarthe. C. Lavigne, cultivateur. Lembezia, gérant. Lauga Daviel, cultivateur. Lauga Isaac. Sallenave, propriétaire, maire de la commune. Milhet, cordonnier. Casaubon, charron forgeron. Bourdieu, cordonnier. Mme V. Beigleder. Mlle Adèle Carrive. MM. Dévignan, propriétaire cultivateur. Duboué, cultivateur. Mme Bourdé. MM. Darrieulat, métayer cultivateur. Pierre Serres, cultivateur. Jean Carsurau. Sallemon fils, boulanger. J. Lauga, cultivateur. Pierre Larroque. J. Sarrouille. Barthe, à Auteville. Calixte Allier, maire de Mus. Paul Gonzalès. Georges Alphandery, à Marseille. René Obissier, à Bordeaux. Albert Soudou, à Mazamet. Heurley, à Bordeaux.

Noms des protestataires de Marseille : MM. Maurice Olric. Marius Verandy. Théophile Brouchon. J. Dubosc. P. Lorenzy. J. Bœuf. Serrouya. Olivier. Jules Favier. Henri Blanc. Poucelin. Louis Jouve. Tinel. Dumas. Ch. Arène. Besset. V. Charaix. Edouard Bruy. Charles Rebelly. Adrien Bras. Pierre Guillot. Bourachon. Mme Lucie Guillot, Châteauneuf. M. A. Chasteau. Mmes Berthe Chasteau. Louise Chasteau. M. J. Chasteau, Châteauneuf.

M. Gustave Poitevin. Mmes Marthe Poitevin. Albertine Tétard, MM. L. Dassens. Marc Poitevin. Isaac Jentis. Mmes Agathe Lherot, de Châteauneuf. Madeleine Bazoin. Y. Martz, ancienne élève de Sèvres. MM. E. Floret. Claudius Raffin, de Tarascon. Jean Augier. Louis Violet. Auguste Nove. Lafon. Lucrès. Beraud. A. Vidal. J. Robert, dépositaires du *Petit Provençal*. Guillaume Violet. Carrier. A. Bourles, ouvrier. Gugenheim, comptable. E. Galtier. Georges Ruyssen, docteur en médecine. Zihaire, étudiant en droit de la Faculté de Paris. Ch. Robin. René Dussaud,

MM. S. Mommeja, Bordeaux. Emile Cornialdi, pasteur. Poët-Laval. Mme Amélie Falabert, Nimes. MM. Emile Brès, pasteur. Dieulefit. Charles Cool, propriétaire. Adolphe Jean. Alphonse Clair. A. Glaise. Jules Coursange père, fabricant de poterie. Richard. Coursange fils. Mᵐᵉ A. Coursange. MM. Léopold Peyrol. Allier. C. Rodet. Paul Roussin. Auguste Dessinard. E. Maguet. Jean Batifoulier. Baptiste Bec. Mᵐᵉ Léa Turc. MM. Jules Maignet. Florian Quiôt. Frédéric Bertrand. A. Litron. L. Tavan. Mᵐᵉ A. Peloux. MM. H.-M. Corinaldi, à Poët-Laval. Samuel Jocelyn, Dieulefit.

Cercle radical socialiste d'Alais : MM. Paul Gasquiel, négociant. Raoul Courcier, comptable. Gabriel Roux, limonadier. Paul Justamont, employé de commerce. Auguste Gros, marchand tailleur. Gaston Delfieu, maçon. Emile Foucard, négociant. Fernand Reydon, entrepreneur de menuiserie. Charles Fraissinet, employé de commerce. Auguste Bastide, pâtissier. Chrétien, voyageur de commerce. Ernest Fournier, négociant. Louis Corogno. Marc Florian, conducteur. Francelon, retraité. Bianchini, négociant. Clovis Bastide, voyageur de commerce. Emile Lauriel, négociant. O. Rodier, employé de commerce. Eugène Granier, boulanger. Eugène Marcelin, peintre. Prosper Verdeille, ferblantier. Malhautier, voyageur. Fernand Savin, propriétaire. Arthur Verdeil, ferblantier. E. Préel, tapissier.

MM. Emile Doladille, voyageur. Bruguerolle, épicier. Auguste Lauze. Emile Baulès, marchand tailleur. Eliacin Médard, tailleur de pierres. Auguste Chapelle, marchand de cuir. Alfred Pierredon. Paulin Roque. Paul Gally, voyageur. Charles Bondurand, professeur. Albert Martel, négociant. Albin Artigues, garçon limonadier. Léon Jumas, employé. Jules Priou, étudiant. Joseph Gros, négociant. Mᵐᵉˢ Gros-Vilette, Capdier-Dumas. Mᶫᶫᵉ Louise Gally. MM. Louis Raspal, garçon coiffeur. Elie Altairau, négociant. Mᶫᶫᵉ Suzanne Moulon. MM. Laurent Pellequer, employé de commerce. Jules Viala, vannier. Auguste Delorieux, employé de commerce. Mᶫᶫᵉ Myra Lavigne. MM. L. Hermet, employé de commerce. U. Capdur. Paul Lavigne, négociants.

MM. Poulier. Vardier, coiffeurs. Mᵐᵉ P. Valat, jardinière. MM. Eliacin Jesquet, chaufournier. Léon Jesquet. Casimir Jesquet. E. Préel, marchand tailleur. Lucien Vigne. Teissier. Plantier, propriétaires. Paul Compay, employé de commerce. Pierredon. Gillet, employé de commerce. Froment. Ture, limonadier. Monna. Caubet. Rouvière. E. Villard. Mᵐᵉ Bianchini. MM. E. Pagès. A. Martin. M. Volette. E. Pontis. Thérond. Achard. A. Thérond. Paul Vaissaire. Louis Lichère, négociant. Louis Raspail.

MM. Alfred Huer. Ernest Lichère. A. Granat. Blanchet. J. Priou. Balzagette. Durand. Jean. Mᵐᵉ Henriette Chapelle. MM. Paradis. Plantier. A. Auzas. Bartide. Michel. Emile Pradel, serrurier. Marius Pradel, serrurier. Prosper Foucau, négociant. Antoine Bastide, propriétaire. Elie Benefort, propriétaire. Samuel Foucard, propriétaire. M. Ferdinand Gascuel. Polydore Courcier. Arthur Rouverand. P. Hugon. Abel Hugon. Ernest Guy, représentants de commerce. E. Granat, propriétaire. Prosper Lauze, représentant de commerce. Gaston Ribot, propriétaire.

MM. Albert Ribot, propriétaire. A. Sarrazin, distillateur. Julien Codou, cordonnier. Henri Dumas, boucher. Emmanuel Durand. Louis Gas, limonadier. P. Ariès. A. Briançon, propriétaire. L. Pivarot, menuisier. G. Jérôme, propriétaire. Auguste Cabot. A. Vaissaire, publiciste. Ernest Mazer. Courozier, limonadier. Barry, maire de Saint-Christol. Laval, propriétaire. Marcellin Erenquier. F. Chaut. Ch. Bouvier. Trélis, propriétaires. Auguste Bonnaure, pharmacien. Henri Roche, commis de pharmacie. Paul Chaute, menuisier. Jalaguier. Frédéric Compan, propriétaires. Emile Messimily, négociant. Auguste Campredon, filateur. E. Laval. Fernand Laval, voyageur. Firmin Vidal, huissier. Emile Crespon, employé de commerce. Frédéric Jalaguier, confiseur. Numa Quincinal, notaire. Léon Roussy, avoué, officier de réserve d'administration. Henri Mazert, employé de commerce. F. Dufour, négociant. Fernand Cavalier, employé de commerce. Elie Mazer, voyageur de commerce. Emile Airal, propriétaire, à Alais. Frédéric Gascuel, représentant de commerce. J. Vidal, propriétaire. Gardier, représentant de commerce.

Mᶫᶫᵉˢ L. Laval. E. Fontanier. Fontanier, maîtresses de pensionnat de demoiselles. P. Brahic, couturière. MM. Ernest de Laroque, verrier. J. Falcon, avoué. Louis Gasquier, étudiant. E. Betthou. Cesmat. A. Donadile, employés de commerce. E. Saussine père. E. Arnal. Elie Rocheblave. A. André, employé de commerce. Chapelle, comptable.

MM. Barthet, comptable. Lafond. Bazalegette. Gaussorgue, clerc d'avoué. Ernest Roux, étudiant. Arnasson, négociant. E. Regal, colon de Marengo (Algérie), à Alais. Alphonse Meyer. Etienne Pomey, ancien élève de l'Ecole polytechnique. Emile Cook, pasteur. Jules Masmondet, Athis. A. Blum, propriétaire. Delaferté, Sainte-Honorine-la-Charderonne. Chauvin, pharmacien. Durand, notaire, Athis. Mᵐᵉ Marie Cook, membre de la Ligue. MM. David Lehmann, Belfort. Arthur Blum. Mᵐᵉ M. Blum. MM. Vaisinet. B. Blum. F. Bram. Christen Schildknech. Louis Vallet. Chipeau. A. Girin. Léopold Lehmann. Paul Lehmann. Isidore Lehmann.

La réunion des délégués de tous les cercles républicains d'Alais joint ses protestations en faveur du colonel Picquart : le secrétaire de La Vigilance. — MM David Lehmann aîné, métallurgiste. David Bernheim. Isaac Meyer. Mayer Dreyfus, à Belfort. Worms, Nancy. A. Sundel, représentant de commerce. H. Blumenfel. Brigi. Gilbert Darius. Arthur Didisheim. F. Picard. Paul Berthault, pasteur de l'Eglise réformée, Guéret. Sylvain Berthault. Edouard Kampmann. Mᵐᵉˢ Edouard Kampman. Anna Lichtenberger. Marguerite Lichtenberger, à Versailles. M. Alfred Staechling. Mᵐᵉ Marguerite Staechling. MM. L. Mayer. C. Mayer. A. Mayer, étudiant. Georges Dalsac. Mᵐᵉˢ Dalsac. Veuve Katz. M. B. Biquard. Mᵐᵉ Lucie Biquard. MM. Robert Biquard. A. Douchet, dessinateur. S. Biquard. E. Vormes. E. Tarbouriech. Gustave Bonanet. A. Cousin. J. Israël. A. Cropar. Gaston Dorville. Raymond Bourge. Dauvergne. Grognet. Pierre Lagrené. A. Bouillounesque. Toutain. Henry Plat. Auguste Manat. Myrthil Israël. Julien Mury. Arthur Israël, à Rouen. Achille Perreau, conseiller municipal, membre de la Ligue. Berthelot, horloger, à Taunay. Chapon, marchand de journaux. Rivet, aubergiste. Sirdey, ancien négociant. Roy, peintre. Quibert, conseiller municipal, entrepreneur de travaux, à Taunay.

Protestataires de la ville de Noyons. MM. Paul Vigna, avocat. A. Ravoux, pharmacien. Jules Girard, propriétaire. Eugène Vigne, rentier. Gallaud, propriétaire. Emile Girard, négociant. Etienne Manivet, propriétaire. Léon Gillouin, négociant. Ponçon, avoué. Girard, clerc d'avoué. Auguste Piolet, cafetier. Gabriel Girard, huissier. Paul Thiers, avoué. Emile Grange, employé. Mourier, rentier. Daniel Cornud, confiseur. Louis Cornud, propriétaire. Souillier, négociant. Cornud frères, jeunes, négociants. Rousset, garde. Jules Somayne, huissier. Jean-Pierre Cornud, propriétaire. Henri Bourgeaud, cafetier. Léglise, employé. Reynaud, propriétaire. Chiou, propriétaire. Auguste Guiminel, rentier. J. Morin, cultivateur. Noël Moneir, menuisier, Louis Mourier, propriétaire. Pélissier, maçon. Adrien Monot, rentier. Escoffier, avocat. Achille Barre, rentier. Carrois, employé. Guinirand, négociant. Emile Giraud, propriétaire. A. Bonnel, chevalier de la Légion d'honneur. Ferdinand Reynaud, propriétaire. Auguste Tyran, employé. Alfred Reynaud, rentier. Armand, père et fils, confiseurs. Faure, propriétaire. Faquin, rentier. Camille Jouve, cordonnier. Henri Delaye. Frédéric Reynaud, négociant. Ferdinand Gleize, propriétaire. Maillet, pasteur. L'Estève, retraité, chevalier de la Légion d'honneur. Poletta, mécanicien. Faure, pasteur. Bernard, rentier. H. Auran, cordonnier. Rolland, maçon. Alaise, cordonnier. Paul Bernard, employé. Mlle Ponçon, diaconnesse. MM. Adolphe Mory, négociant. Roud, caissier de la Caisse d'épargne. Mme Valérie Bland. couturière.

Mmes Lydie Thiers. Léa Martin. Mlle Burdallet, couturières. Mme Louise Ducros, rentière. M. Gustave Ducros. Mlle Filliet. MM. Alphonse Guiminel, épicier. X. Rey, négociant. Gabriel Thiers, propriétaire. C. Ravoul. Jules Vigue, greffier. Chauvet. Duclaux, imprimeur. Jules Faure. Auguste Teste, propriétaires. Ernest Girard, messager. Mme Augustine Teste. MM. Louis Mathieu, cordonnier. Joseph Bernard, propriétaire. Eugène Loubaud et fils, boulangers. Delaye, ferblantier. Mme Antoinette Mertz. MM. Faure. Martin, ex-vérificateur, Nyons.

MM. Cournemelle. Louis Langland, typographes. Jules Siméon. Alexandre Hirschel. Bonnet. A. Quentin. C. Rochecaud. E. Voisin. Téodiri. Chapuis. Dumont. P. Greman, typographe. L. Guillou. Debord. Duplan. Th. Rossin, typographe. Cornuel. Fiancé. Beaufils. Hunel. Faivre, professeurs d'école normale primaire. Georges Blum, employé. Cléomène Klein, commerçant. Mme Célestine Veil, couturière. Clara Veil, modiste. MM. Simon Bloch. Lévy, élève du lycée Condorcet. Rosenbaum. Jacques Blum.

Ville de Cannes. — MM. Conté. E. Rouff. B. Alexandre, architecte. Emile Blum. Fernand Rouff. Mme Lucie Conté. M. Z. Boulay. Mme veuve Lanzenberg. MM. Cerf. E. Ben Simon. Michel Bruno. P. Raynard. L. Cassin. Deguernel. Mme veuve J. Hourtoule. MM. E. Pellegrini. Morvan. Sousman. Mmes Christine Cachoux. Veuve Claudine Pégaz. MM. Baptistin Murguet. L. Cachoux. Mme Thérèse Loiseaux. M. D. Lattès. Mlle Hélène Lévy. MM. A. Serrières. A. Caën. Mme Emilie Caën. MM. E. Raymond. Auguste Mascarelle. G. Simon. Pierre Taurnaire, à Cannes.

MM. Alphonse Aniselle, à Pont-à-Mousson. Gaston Aniselle, étudiant, à Nancy. MM. Paul Marchand, docteur. L. Goudard. Pierre Labastie. E. Cavaillès. Albert Trouillet. Camilon. A. Lajus. Goudard père. Ernest Monod, pasteur, à Pau. C. Màzuc, capitaine d'infanterie, membre de la Ligue, à Marseille. J.-D. Davias, Ferdinand Guilbot. Louis Royer père. G. Gobeau. Merlin fils. G. Mullon. L. Rivière. A. Abel. L. Royer. E. Royer. Marc Royer. Dognon. G. Leduc, à Jarnac.

MM. Combat, pasteur. Auguste, négociant. Paulin Bompaire. Gustave Bompaire. Adelou, ingénieur agronome. Paulthelous, arbitre de commerce. Georges Bompaire. J. Adelou fils. David Coulon. Arnal, rentier. Durand, Bédarieux. Constant Lambert. Ad. Lévy. Aveline Lambert. E. Ardilly-Chellier. Paul Berth. Eugène Chevalérias, Bruxelles. Albert Demangeon. Docteur Hulman. Mme Anna Bauler, étudiant en pharmacie, Reims. MM. Berton, pasteur. Guissard. Georges Pellissier. P. Boley, agrégé de l'Université, Quimper. G. Dottin, docteur ès lettres, Reims. Léon Persac, le Havre. M. Ardilly.

MM. Bourlière. Docteur Carrive. Candan. Bonzon. Duhald. Hourcadi. Lavie. Cambon. Larteigt. Jean Casadavant. Lahitte. Soulheban. Henri Casadavant. Bernard, Montane. Bidegaray. Mme Paul Carrive. Boullerce. MM. J. Lavie. Cambert. Dupleich. J. Darroguy. Joseph Drots. Casalis. Céré. Latureau, adjoint, Sauveterre. P. Boyeux, ingénieur des arts et manufactures. Caqueron. Jules Walter. Mme Spire.

Noms des protestataires de la ville de Marseille : MM. D. Carcassonne. L. Bensimon. N. Montel. Jailleux. Donate Lévi. Mayer. MM^{lles} Gabrielle Fitt. Marguerite Fitt. MM. J. Deva. Lunel. Gustave Mossé. H. Armand. Maurice Rosa. E. Carcassonne. François Roubaud. Albert Mossé. Mme Marthe Henri. MM. Alfred Davin. E. Cohen.

MM. Joseph Cahn. Emile Emerique, Vaucouleurs. Gustave Lévy. Mme Joseph Cahn. Lée. M. S. Seligmann. Mme Seligmann, Vaucouleurs.

Ville de Nîmes : MM. Justin Ribière. Marcel Bessière, avocat. A. Lambon. Ulric Mauberuat. Léon Fontanieu. A. Clavel. Paul Villaret, ingénieur agronome. Louis Villaret. Albert Allègre. Bargeton. Auguste Vigouroux. Alfred Saboureau, conseiller municipal. Jules Bessou. Piguet. Olivier de Sardau, docteurs en médecine. Emile Brot. Paul Peyrou, vice-président du Conseil général des Bouches-du-Rhône, maire des Saintes-Maries. Roux Spiciou. Fernand Lamouroux. Antoine Maubon, à Saint-Gilles. Félix Teissèdre. Cambacédès, architecte. Charles Guibal, notaire. Henri Cerf. Ferdinand Monnier. Gaston Villaret. G. Brugnier. A. Chabrier. Georges Carcassonne.

MM. M. Barral. Chamboiteur. Durandon. P. Boigel. Henri Chastier. E. Samur. L. Bertrand, notaire, conseiller d'arrondissement. Soubeyron. Louis Soubeyreau. Louis-Paul Deprat. Victor Noyer. Auguste Cavet. Gabriel Player. Auguste Tardieu. Victor Rammond. Mme Emile Varembon. MM. Joseph Faure. Sully Faure. Anselme Bertrand, Dieulefit. Moïse Deprat. Casimir Varembon. Poët-Laval. H. Sentis, agrégé de l'Université, Grenoble. Gustave Poubel. Arthur Lepers. H. Bénard. Paul Tapie, agrégé de philosophie, Rennes. René Puaux, étudiant ès lettres. Mme veuve Mathieu Weill. M. et Mme Hemerdinger.

Mlles L. Bruneau. M. Thouvenin. P. Grosjean. Lucie Reuss, à Versailles. MM. Ruben Dacosta, architecte, à Bordeaux. Knoderer, à Neuilly-sur-Seine. Mlle Knoderer, institutrice, Besson, à Courbevoie. MM. L. Moïse. Montel. H. Moïse. Mme Bar. MM. Jacob. Karcher. V. Frandin. Mme Nathan. Mlle E. Fray, directrice d'institution. S. Destandan. MM. A. Derbecq. J. Vipeau. J. Villaumet. Mlles Mathilde Duchemin. Marianne Duchemin. Alice Duchemin, à Neuilly-sur-Seine. Mmes Berthe Lair. Veuve Kilian. MM. Lesage. Krueg.

Mme veuve Bellengé. MM. J. Vassa, Bayonne. Meyer, ex-forçat de la Commune. Anglet. Edouard Lion. Chevalier Silvia. Mme Henriette Olmera. M. Albert Lion. Mme Valentine Cossid. MM. Cadet Lopez Silva. Gustave Léon, agent d'assurances. Prosper Mendez. T. de Olivera, à Bayonne. Maurice Abraham, le Havre. Delvaille. Isidore Lévy. Julien Lévy. Victor Lévy, à Bayonne. Emile Séba, Bordeaux. Maurice Dacosta. Oxédat-René Meyer, Bayonne. Mmes C. Grawitz, Saint-Hippolyte-du-Fort. G. Grawitz. Gassin. R. Février. Mlle M.-L. Février, Saint-Hippolyte-du-Fort. MM. A. Styol, pasteur, Sainte-Félix. Bertrand, pasteur, Nîmes. U. Rigal, pasteur, Sourdognes. R. Février, pasteur, Saint-Hippoiyte-du-Fort.

MM. Arthur Bloch, Barcelone. Henri Berr. Mme O. Prunier. MM. O. Prunier, pasteur. René Martin, étudiant ès sciences. A. Cornet-Auquier, pasteur. Maurin. Klein. G. Clément. Pierre Perruchot. Mme Marius Maurin. M. Bazin. Mme Beley. MM. Louis Beley. Kretzichmar. Mme Kretzichmar. M. F. Brusson. Mme Anna Brusson. MM. Devaux, Chalon-sur-Saône. Schmidt, Belfort. Mmes S. Weiller. M. L. Hayen. Mme Léon Hayen. MM. Salomon. Weiller, Chalon sur-Saône. Delprenier-Duclaux. François Matras. Mlle Matras. MM. C. Matras, Chalon-sur-Saône. J.-B. Camdau. Pierre Lespès. Jean Ducasse, à Morcenx.

MM. Victor Dupont, adjoint au maire. François Cellier, conseiller municipal, Hilaire Moreau, conseiller municipal. Arthur Dupont, industriel. Mlle Esther Dupont, propriétaire, à Hérin. Alexandre Pereyre. Gustave Lendeler. Georges Pereyre. Jules Rodrigues-Ely, Patricien. Jules Passa. C. Seillier. D. Lévy. Gaston Lévy, publiciste. Mmes Elodie et Berthe Cossid. MM. J.-A. Lopès. Emile Pereyre. Mme Valentine Cossid. Amélia Posso. MM. Félix Mendez. Gustave Mayer. A. Silva. Mmes Lucy Lévy. Germaine Cossid. Claire Marx Cossid. M. Max Lopès. Mme Emma Bloch. MM. Lucien Bloch. Arthur Bloch, à Barcelone. MM. Lucien

MM. Renard, quincaillier. Lemaire. R. Evard, serrurier. Maria, agent d'assurances. Ezard, boulanger. Gautheron, ouvrier carrossier. Lejeune, menuisier. Berthelwot, ouvrier carrossier. Laillet, représentant de commerce, à Taunay. Georges Burghard, agrégé de l'Université. Lucien Geismar. Léon Behin. Marius Lemieux. Gustave Delacroix, le Havre. A. Baraton. Paul Lévy, représentant de commerce. Mmes Lévy, née Dedu. Thérèse Journaux. Rose

Journaux. MM. Etienne Peugeot, industriel, à Belchamp. Gaston Donzé, pasteur, à Sainte-Suzanne. Mlle Clémentine Perdrizet. M. Jules Vesseaux, docteur en médecine, Montbéliard. Mme Y. Mortz, ancienne élève de Sèvres, Tarascon. MM. V. Martin. L. Lantheaume, Mme Gabrielle Dalgue, à Beaucaire. MM. Robert Selle, Denain. Victor Dunour.

MM. J. Ducasse, Morcenx. Ed. Gaussorgues, ancien député du Gard, à Nîmes. H. Reynier. Dasque. G. Olmera fils aîné. Edmond Gommez. Maurice Castre. Gaston Dacosta. Labarthe. Jules Garvini. G.-Alvarez Pereire, à Bayonne. Jules-M. Cossid. Gabriel Pereyre, Bayonne. Alfred Bloch. Mme Thérèse Bloch. MM. Fischer-Meyer. Henry Benedig. C. Weille. Mme veuve Simon. MM. I. Bloch. Léon Cerf. Adrien Jacob. Henri Jacob. Edmond Wormus. Ellis Meyer. Gaston Lévy. Raphaël Lévy. Céleste Godfroy. Gaston Hemmeudinger, à Nancy.

M. J. Huc, pasteur, Monoblet. Mlle Berthe Marc. MM. le docteur Marc. B. Gravitz, pasteur. Emile Giraud. Jentoubaben. Paul Martial. Mme Anaïs Martial. MM. Léon Roc. Adolphe Gaubiac. André Grevoul. Florian Mourgues. Casimir Gaubian. Jules Cauvellier. Frédéric Cabriac. A. Caugée. Durantad. Charles Delpucet, Saint-Hippolyte-du-Fort. Mlles Marthe Goepp. R. Cavalier, Angers. MM. Best. Elie Corbeau. Fernand Bonnesset. Mesnand fils, La Tremblade. Auriand, Arvert. E. Farjat, pasteur de l'Eglise réformée. Mme Farjat. M. Ph. Fahle, ancien pasteur. Mme Fahle. Mlle Braud. Mme Mathilde Harrisson, Fontainebleau.

MM. Gabriel Haunart. Bemau. Franet. Lipte, à Nancy. J. Brodinard. G. Meyer, à Vincennes. G. Strauss. Swold. Mme Léontine Roques. MM. L. Bloch. G. Cerf. Robert Lévy. L. Picard. S. Hess. Th. Boun. G. Lévy. Hatz. Serrast. Maurice Held. D. Meyer. J. Lévy. Mme G. Mauss. Jeanne Meyer. Lucie Joseph. M. Ch. Esch. Mlle J. Cahen. M. Léon Wolff. Mme L. Bouchet, à Epinal. M. Henri Bonn.

Protestataires de la ville de Saint-Hippolyte-du-Fort : MM. Février Japhet. Clarisse Antoine père. C. Ménard. E. Vieille. A. Pouget. Alb. Glérin. E. Ducros. Sabatier frères. A. Monnier. Paul-Emile Petit. Adrien Serrets. Alfred Lamblard. Jules Clauzel. Lucien Mourgues. Ulysse Mouret. Louis Frégier. Jules Etienne. Henri Donzil. Dussonnière. E. Moulin. Charles Février. Charles Ducros. Félix Pin. A. Martel. L. Monviel. L. Venturin. Casimir Teissèdre. François Clauzel. Alphonse Claparède. Maurice Brisson. Lucien Bastide. Th. Brunier. Louis Lacoste. Hippolyte Guiraud. Eugène Valette. Lucien Bourguet. Jean Soutoul.

Mme Pazon, Fontainebleau. MM. Roger Farjat, élève de rhétorique au collège de Fontainebleau. André Farjat. Mlles Suzanne Farjat. Lydie Farjat. Mlle Geneviève Farjat, Mandeville. MM. G. Passet, Fontainebleau. Marcel Bredin, agrégé de l'Université. Marcel Fourcault, agrégé de philosophie. Charles Gros, agrégé de l'Université. Maximin Morre, professeur à l'Ecole normale, Mâcon. Mengue. Mme Julie Lucantins, Bagnères-de-Bigorre. MM. Paul Pozzi-Escot, Mont-de-Neyrac. J.-L. Salinier, publiciste, instituteur, Sennecé-les-Mâcon. F. Beulard, docteur ès sciences, agrégé de l'Université, Grenoble.

MM. Ernest Cahen, Epinal. Ernest Dacosta, ancien conseiller municipal. Mme Ernest Dacosta. Edmond Posso. M. Edmond Posso. Mme veuve Ulysse Rodrigues. MM. Charles Rosenfeld. Gustave Castro. Emile Bernal. Mme Gonès Silva. MM. A. Carvaillo. Léon Alvarez-Perevre, Bayonne. G. Lévy. Jules, Paul et René Lévy, Godineaud. Ernest Kahn, à Bordeaux. Isidore Léon. Mmes Jeanne Léon. Berthe Lang, à Niort. S. Léon. A. Renaudier. MM. Ch. Carrance. Edmond Léon. G. Monteux, Bordeaux. Louis Mechof, à Talence. Mmes N. Michel. E. Depart, à Bordeaux.

MM. François Rongau. Pavillard, conseiller municipal de Biarritz. Seitz, publiciste, directeur de la *Gazette de Biarritz*. Casimir Larrebat, rédacteur correspondant de *la France du Sud-Ouest*. Raphaël Sensal. Isidore Sensat. F. Cinqualbres. Alfred Périna. Omer Lafargue. Pesty.

Reynaud, rédacteur correspondant de la *Dépêche de Toulouse*. J. Faucon. Henri Dumas. Cazaubon. Marcellin Rongau. Michel Dufils. Clément Mère, artiste peintre. Molinari. Jean Glize. J. Brasquet. Etienne Cazaux. J. Destrémaux. Paul Delvaille. Martin Larrodé. Paul Dussairat. Louis Basqué. G. Lahary, à Biarritz.

Noms des protestataires de la ville d'Héricourt : MM. Edouard Schnob, conseiller général. Henri Hux. Armand Perchet. Lucien Clément. Emile Lhomme. Alfred Gluntz. Charles Pernot. Joseph Faibre. Fays. Gainet. L. Iselin, conseiller municipal. Emile Frahier. Pierre Létair. F. Bourbon, conseiller municipal. Bourquin. Rondot. Emile Metzge, conseiller municipal. E. Cordonnier, conseiller municipal. Albert Beaulé. Charles Schnedecker. Henri Aubert. Emile Tournu. Charles Dormoy. Pierre Taille. Paul Krier. Denlike. Charles Euvrard. Pierre Receveur. Gustave Schelamer.

MM. Hückel fils. Jacques Vaugier. Frédéric Vernet. Christophe Vernet. P. Jacquot. L. Schnedecker. Garnier. Ch. Carmier. Nifenecker. Juillard. Ch. Carmien. Ch. Macler. Ch. Lodo Vaugier. Jules Dormoy. E. Perdrizet. A. Perdrizet. Hunkel. Th. Perdrizet. Maul. Fernand Leconte. J. Bailly. E. Brunner. Ch. Roth. Edouard Rau. Le Pellec. L. Nardin. Vaugier, conseiller municipal. Lérich. Emile Doërr. Henri Fallot. Alphonse Weiss. Charles Merck. Maurice Ginsburge. Les fils de Maurice Ginsburge. Moïse Hauser. E. Hauser. Meyer. Millier. Jules Ducas. Charles Fossard. P. Français. Léon Ducas. Charles Metthez. Charles Nardin. Pierre Geney. Emile Geney. F. Nardin. Emile Hugoniot. Auguste Kiger. H. Schoffit. Georges Mathy. Bourquin. Rougemont. Louis Kiger. Christophe Viennot. Ch. Roth. L. Roth. Henri Roth. A. Roth. Vite.

MM. Emile Roth. Emile Faivre. C. Cuiller. Spinner. Brochon. H. Brulliard. H. Robert. Kiger Tell. Dormois. Caillet. Emile Pernot. Pierre Bonothal. Emile Martin. J. Poirel. A. Lehnert. Bulteux. Joseph Marchand. Jean-Baptiste Etirckler. Sauvageot. F. Wendel. Aloïs Wendel. Alfred Grenillot. Alexandre Groise. Eugène Gaudet. Woindrich. Joseph Lardier. Ferdinand Lombard. Simon Rall. Buray. Joseph Dillensger. Joseph Henri.

MM. A. Lombard. Julien Schwob, membre de la Ligue. Désiré Werck. Joseph Herrgot. Joseph Herrgot fils. Eugène Meyer. Pierre Chaiffre. Binnder. Paul Déloye. Edmond Roy. Alfred Loblot. Théophile Verneer. Albert Valk. Paul Wurthsele. Ernest Fiessel. Jean Meyer. Constant Jeannet. Joseph Killy. Léon Didierjean. Auguste Thévenot. Fabien Sargues. Jules Lefebvre. Levy Emile. Emile Jamais. Auguste Bresson. André Sutter. Adolphe Olanié. Paul Bailot. Edouard Braun. Olanié fils. Emile Richard. Joseph Thiébaut. Georges Coulon. Louis Lods. Louis Off. Pierre Martin. Paul Ferrand. Emile Pillods. Albert Monnier. Edmond Hoffchir. Léon Paris. Jules Roy. Gustave Raphenne. Victor Janvier. Léon Dupont. Baptiste Charlier. Théophile Hassenbohler. Victor Courand. Paul Paris. Paul Villot. Eugène Pichon. Ernest Pape. Xavier Sténacker, à Héricourt. Mlle Marie Savestre, Allenswood, Londres. M. P. Fonbrune-Berbinau, pasteur. Mme P. Fonbrune Berbinau, à Contay. MM. Clément, Lyon. A. Etienne, Lyon.

Nom des protestataires de Sous, par Marles : MM. J.-A. Mélère. Emile Lebeay. Saint-Richaumont. E. Voreaux. Coppeaux. Gaston Juilliart. Bernard Siméon. Emile Poulet. Elisée Bernard. Octave Bernard. Eugène Poulet. Jules Poulet. Rousselle. P. Lavisse. Aimé Grandin. Emile Carlier. P.-G. Lebeau. J. B. Langlois. Ernest Reumont. Jules Paradis. Eugène Pagnou. Adrien Lebeau. Oscar Langlois. Geudet. Cochet. Emilien Lebeau. Camille Petit. Lebègue. Joseph Fruchart. E. Castaigne, à Londres.

MM. Sensat père. Alfred Sommer. Ed. Sarniguet. Albert Lombard. Edouard Lafargue. Jean Cazenave. P. Jeaudin. Joanotéguy. Tinné. Henri Lainé. Marcel Lainé. Gabriel Corniou. Lucien Flich. Barthélemy Etcheverry. Beaufils.

Henri Guillaume. Bordaisco, à Biarritz. Ernest Cahen, ancien adjoint au maire de Bordeaux. Ernest Lévy. Albert Tournier. Albert Thévenet. Jean Thévenet. Georges Sar-

rat. J.-V. Leymarie. V. Francès. Melzence. Léonce Foy. Georges Foy, Georges Cahen, à Bordeaux.

Lundi 5 Décembre 1898

MM. le colonel G. Humbert, 9, rue Chevreul. A. Minder, adjoint au maire du XIIIᵉ arrondissement. Edouard Lepage. Jules Moy, chansonnier. Pierre Lasserre, avocat, à Paris. octeur Melik. Fagotte, ingénieur, 93, rue Sedaine. Amédée Joyau, artiste peintre. Mᵐᵉ Alice Joyau. MM. Manuel, artiste lyrique. Adolphe, dessinateur en broderie. Albert, ajusteur mécanicien. Henry-Simon Dreyfus, tourneur sur métaux.

De Nimes : MM. Elie Reboul, industriel. L. Lafon. Elie Lafon. Elie Théron, relieur. Ernest Clavel, comptable, 5, rue Violette. Elie Barry. E. Laget. Emile Lacoste, comptable. A. Marion. E. Dubois. Carrouge. A. Laune, négociant. E. Martin. A. Rafinesque. Paul Meyrneis. S. Laune, négociant. A. Perrier, employé, 13, rue Auguste. G. Rocher, employé, 14, rue Nationale. Louis Comte, menuisier, 7, rue du Château-Fadaise. J. Martin, 5, rue Rabaut, Saint-Etienne. H. Séguier. François Bénézet, 19, rue Menaud. Louis Vals, comptable. A. Antonin, comptable. A. Blachère. N. Deleuze, comptables. J. Monier, courtier. A. Salles, 11, rue Dorée. J. Martin, comptable. J. Floutier, cartonnier. Reboul-Méjan, industriel. André Jalaguier, étudiant. Jean Ravaud, rue des Bénédictins. Alexandre Imbert, 28, rue Vaissette.

MM. le docteur Poujol, à Montpellier. E. Cailleux et A. Rousseau, étudiants en pharmacie. Maurice Labadie. Henri Labadie, clerc d'avoué. Marceau Labadie, commis d'architecte. Georges Dégar, clerc d'avoué. Georges Hunod, clerc d'avoué. Emile Benoist, clerc d'avoué, à Fontainebleau. C. Fages, professeur. Chapuis, propriétaire, à Montreuil (Seine). B. Mittnacht. Mᵐᵉ Félicie Mittnacht. MM. Sabin Sarget, 13, rue Didot. Paul Sarget, 36, rue du Polonceau. Louis Becquet. Mᵐᵉ Louis Becquet. MM. Paul Chevrot. Marcel Chevrot. Mᵐᵉ veuve René Chevrot. MM. Claudius Marioton, statuaire-ciseleur. Gustave Ployon, ciseleur. Alfred Barrul. Edmond Sost, ciseleur. Désiré Monjean, ciseleur. Gaston Malleron, ciseleur. Louis Bossu, ciseleur. A. Noël, instituteur.

MM. Louis Magard, publiciste. A. Pagel, du *Libertaire*. Et. Couchet, mouleur. Wœterlox. E. Dupraz. Bonhomme. Jourdan. Duboz. Verot. Louis Parassols. Raoul Lesens, compositeur de musique, à Rouen. M. et Mᵐᵉ Marx, 58, rue Tiquetonne. MM. Sylvain Marx, à Leysin (Suisse). Stoffel-Blum. Renouard, typographe. E. Gencel, 241, rue de Charenton. Gustave Villard, 5, passage des Fourneaux. P. Menant, 19, quai Bourbon. Paul Louit, 74, rue d'Angoulême. C. Veyrières, ciseleur, à Saint-Mandé. Meyer. Frizet. Eug. Autran. R. de Smolizansky, étudiant en médecine. Mébey, étudiant en médecine.

MM. Jules Bayler. Léopold Lavoué, 101, rue Saint-Denis. Léonce Dupeyreux, 4, rue du Grenier-Saint-Lazare. Henri Gaillard, 4, rue de Paris, Saint-Denis. H. Cauchois, 11, boulevard Barbès.

MM. Masson, 19, rue Lagrange. Louis Bertin, 4, rue d'Orchampt. G. Perrin, 39, rue des Bourdonnais. J. Amen. Cochet, 13, rue Laurence-Savart. Victor Cordier. Auguste Béchut. Joseph Hagliamonte. Armand Magnet. Jean Lormier. Henri Gaul. Mᵐᵉ Maria Masson. MM. Isidore Lévy, 87, rue Turenne. Charles Schwartz, Mézières. Edouard de Bergevin, artiste peintre. M. et Mᵐᵉ J. Lorentz, Rouen. MM. Charles Lopès, carrossier. H. Michon, ingénieur, conseiller municipal, Ivry-sur-Seine.

MM. Noël Joannes. Néel Mathieu. Dussaus Joannes. Jaban. Pierre Croizier. Vincent Marot. Auguste Lasaure. J. Perronet. Desjeaud. Cl. Chatain. Ferlay. Eugène Poisset. Rossignol. Grange. Néel. Patre. Peronnet. Chenue. G.

Cerniz. Favre. Brunet. Simont. Gayet. Béguie. Brinjean. Emile Harpuis. Claude Dussurgez. Antonnin. Jomard. Boura. J. Verne. A. Perlay. J. Tholly. Pierre Salaimieuz. F. Thivelet. André Pailleux. Flichet. Adolphe Jomard. Personne. Moyraud. Bouland. Joseph. Guy. Marius Grouge. Théophile Féraud. Moureau. Pierre Crouzat. Bruyas. Delorme. Grenoulle. Pradelon. Pierre Cernize. Pierre Bouteille. Marin. J.-B. Morthuis. Louis Perret. Joanne Perret. François Venet. Telly. M. Perret. L. Perroches, Grataloup. Moyrand. Forestier. Mouverne. Mᵐᵉ Conrad Jomard. MM. Francisque Blanchard. Cornet. Goubier. Rubière. I. Fayolle. Pupier. Troccou. Jacques Larue. Delorme. Adenet. Roux. Georges Malon. Morettvia. Badoi. Cavizil. Thomas. J.-B. Moretton. Gallan. Gulland. Graige. Mure.

MM. Blanchon. Marius Galland. Renard. Brunel. Georges Bloch, 18, rue Galvani. Mᵐᵉ Jeannette. MM. Bloch-Picard, 18, rue Galvani. Ch. Dively, 4, rue Copernic. Gaston Langlois, 2, rue du Progrès, à Asnières. Emile Charles, employé, 58, rue d'Hauteville. L. Bénatar, 17, rue Pauquet. G. Lambla, 62, faubourg Poissonnière. Jacohl soto, 43, avenue de l'Alma. Félix Lévy, 7, boulevard Bonne-Nouvelle. Mᵐᵉˢ Félix Lévy. M. Leconte. J. Cattien, 18, rue Taylor. Mˡˡᵉ Cécile D., 175, faubourg Poissonnière. M. Lepellier, rue Sainte-Foy. Mˡˡᵉ H. Favreau, à Arcueil-Cachan. Mˡˡᵉ A. Marteau, 10, rue Jean-Goujon. MM. Ch. Langlei, 37, rue de Cléry. H. Chable, 19, rue Montaigne. V. Abraham, 18, rue d'Hauteville. Mᵐᵉ veuve Victor Houry, 18, rue d'Hauteville. M. Fernand Meynet, auteur dramatique. Mᵐᵉ Marie Geoffroy, auteur dramatique. M. Jules Bing. Mᵐᵉ Jules Bing. MM. José Sarraille. Pinel, maire de Chaise-Dieu-du-Theil (Eure), membre du Comité d'études sociales. Normand, 4, boulevard Denain.

Protestations reçues de Lézau (Gard) : Docteur Bertrand Sauze, conseiller général du Gard. Emile Laurm, maire-adjoint. Ch. Dumas, viticulteur. L.-C. Bernard, conseiller municipal. Pierredon, ancien maire. Edmond Couilhière, cultivateur. Julien Pin, viticulteur. Serrière, conseillers municipaux. Fernand Scipion, viticulteur. Mᵐᵉ Julien Pin. MM. Eugène Durand, fils, propriétaire. Eugène Durand père. Michel Laporte. Joseph Durand, propriétaire. Etienne Besnard, cultivateur. Ferdinand Laporte. Isaac Perrier fils. Fernand Bourguet. Ulysse Dumas. Clovis Bernard. Frédéric Périer. Elie Dhombre, cultivateur. Louis Bastide, cordonnier. Eugène Crouzet. Auguste Garimm. Jacques Durand. Auguste Seyal. Casimir Peyre. Molysse. J. Durand. Albert Rauzin, tailleur. A. Permanet. Louis Combes, maçon. G. Dumas.

MM. Jules Dhombre, bourrelier. Isidore Brunet, cultivateur. Cyprien Durand. Jules Durand, propriétaires. Camille Dupuy. Clément Bourguet. Charron. Jules Peyre. A. Hauret-Bernard, viticulteur. L. Pic. François Pic. Pierre Pic, maçons. Alfred Vaguy. Antoine Bernard, maçon. Paul Madège, viticulteur. Jean Jalaquier. Emile Larguier, cordonnier. Brun. Eugène Bresson. L. Magnier. Mᵐᵉˢ H.-Elise Crouzet. Elise Malige. Eugénie Huguet. Marguerite Perrier. MM. François Richard, négociant. Ferdinand Bernard, épicier. Alfred Crouzet, propriétaire. Ulysse Goulin. David. Simon, coiffeur. Eugène Bresson. D. Numa, cultivateur.

MM. François Lauret. Lucien Garimond. Eugène Peyre. F. Tourtoulon. Félix Villaret, Louis Barbusse, négociant. Jules Gourdin, viticulteur. Bougarel, propriétaire. P. Hugat. Auguste Rostide. Alphonse Dumas, cultivateur. Mᵐᵉ Julia Dumas. M. Paul Sekinger, cafetier. Mᵐᵉ Fernande Sekinger. Georges Rolland. Mme Marguerite Rolland. M. Albert Fournier-Serrière. Mme Emma Fournier-Serrière. Mlle Rosalie Serrière. M. Augustin Perrier, cultivateurs. Mmes Césarine Dumas. Veuve Guignon. MM. Paul Dumas, propriétaire. Bastide, tonnelier. Isaac Perrier père. Mourjosse. Marius Richard. Henri Genollier. Emile Masbon. Mme Mathilde Tourtonlon.

MM. Dumas. Lamonardier. Salomon Roux. Auguste Bernard. Scipion Bernard, propriétaire. Auguste Cabanis. Gustave Alibert. César Crouzet, propriétaire. Frédéric Laporte, cultivateur. Alp. David. Alise David. Albert Bourguet. Jean Durand, cultivateur. Auguste Pougy fils. Adrien Barousse. François Guolher. Cyprien Durand. Mme Louise Larguier. MM. Félix Barbusse. Antoine Barbusse. Mme Augustine Pic. MM. Louis Bouvier. Samuel Bastide. Félicien Villaret. Louis Tourtoulon. Jacques Tourtoulon. Charles Tabarie, tailleur. Louis Durand. Barthélemy Blanc. Scipion. Crouzet fils, cultivateur. Scipion. Crouzet frères, propriétaire. Edouard Fesquet. Félix Fesquet. J.-L. Noguier. Mme veuve Julie Guisan. Alfred Fesquet, tailleur. Eugène Perrier. Isaac Brunel fils. Isaac Brunel père. Mme veuve Lauze. MM. Auguste Bourguet, charcutier. Fernand Perrier, boucher. Mmes Emma Couderc. Marie Barthélemy. MM. Jean-Louis David. Roussel David. César Lauriol. Léon Lauron. Fanny. Martin. Bernard. Mme Louise Bernard. MM. Mouret. Flamy. Bouvier. Plusieurs signatures illisibles.

MM. A. Duponchel, publiciste, 4, rue Coëtlogon. J. Daille, représentant de commerce, 7, rue du Four. Mme Charlotte Payem, 4, rue Coëtlogon. MM. Pernot, à Lyon. Docteur J. Crespin, professeur suppléant à l'Ecole de médecine, médecin à l'hôpital de Mustapha. Maurice Jullien. A. Périer, 1, rue Pleyel. A. Jullien. Edmond Bénédic, 65, rue Amelot. L. Baillet, 6, rue de Normandie. J. Weste. Liotteau. F. Ferrère, 38, rue Milton. Emile Benoist. Henri Gheist. Isidore Desfours, employé. Emile Rivernale, employé. Maurice Perrot, à Clermont-l'Hérault.

Mme Léopold Blum. Mlle Adèle Blum, à Cannes. Mmes Jeny. Bader. Mlle Lise Bader. Mlle Mady-Bader, 17, rue de Belzunce.

MM. Lucien Pantigny, dessinateur. A. Cheminaud, commerçant. Guy. Cheminaud, 66, rue de Rivoli. Pantigny, 66, rue de Rivoli.

MM. Alfred Dècle, à Ivry-sur-Seine. Veuve X. Dècle. MM. Denis Fournier. Paul Idoux, ouvrier cordonnier, 24, rue Maître-Albert. Bourdurier, 123, rue Saint-Jacques. J. Brut, 251, avenue Daumesnil. Vital. Bouloin, 33, rue de Fécamp. Alp. Korn, 36, rue Simon-le-Franc. Lefebvre, 21, rue Saint-Sébastien. V. Bourre, 75, boulevard de Strasbourg. E. Join, bijoutier, 15, faubourg du Temple. S. Bellelle, à Neuilly-Plaisance. Houdot, 76, boulevard de Rosny, au Perreux. Gaudry, propriétaire, à La Varenne (Seine). Constant Patry, 44, rue Claude-Vellefaux. Léon Cochery, voyageur de commerce.

MM. Jules Ferrier, Mlle M. Ferrier. MM. R. Bouras. L. Badin. Maurice. Laibat. Moureau-Puvel. Berne. F. Bouteille. Baronnier. R. Moulinier. Hilreit. P.-M. Goubier. Benoist Hospital. M. Gubian. J. Vernay. Jean Crozier. Ferlay. Caterain. Marcel Belin. Gillemaquet. Puvel fils. Moue Grangy. Finoy. Gustave Hilrut. Ferlay. Giraud. Philip. Granyon. Ruffy. P. Noël. E. Fournaud. J. Bouteille. Michau. Chapot. Giraud. Dumas. Peycellon. Philip. A. Beyron. Amequin. Louis Féraud. Pierre Pupier. Mmes Catherine Rousset, Antoine Ciseur. Vernay. MM. C. Rousset. A. Vacher. C. Jomard. J.-B. Ouriol. Eugène Bruilly. Vilier-Fleury.

Mme Picard. Mlles Marguerite et Suzanne Picard. MM. H. Fleischmann, homme de lettres. Roux, ancien notaire, Yssingeaux (Haute-Loire). Danjou, médecin. Boulogne-sur-Seine. A. Camux, 108, avenue de la République. Claude Buchet et son fils. Abel Buchet, rue Amédée-Bonnet, Lyon. Mazel étudiant en droit. Montet, employé de banque, Campredon, employé de banque. Coste, édu-

diant en droit. Salles, employé de banque. Bordoriez, employé de banque. Albert Maybon, étudiant en droit. Turcan, artiste dramatique, à Aix. E. Doumeng, joaillier, plateau d'Avron (Seine-et-Oise). Bussy, rue Servient, 62, Chiabotte, rue Servient, 62. Lyon. Deux Lorrains et un Rémois. Deux Lorrains de Metz.

MM. Isquierde. Perette et Guillaume, à Cologne. Mathus Christmann, ébéniste, 62, rue Servient, à Lyon. Mme Math. Van Eys, née Kleimann, à San-Remo (Italie). MM. Pierre Roux, propriétaire, à Ribaute (Gard). Luce Valan. Joseph Piconel, aîné. E. F. de Genève. Félix Mossé, 5, rue de Loge, à Montpellier. Eugène Cerf, industriel. Cavalier, ingénieur. Louis Doumergue, propriétaire. Eugène Dupont, propriétaire. A. Puget, propriétaire. Raymond Milhaud, avocat, à Montpellier. F. Meynadier, viticulteur. Gaston Nonis, industriel. Edouard Cambounès. Joseph Foriat, à Razimbaud, Courzan. Klippel, à Faches-Thumesnil. S. Roubin, licencié ès lettres. E. Douté, 6, rue Burq. A. Nathan, avocat au barreau de Marseille. Mme R. Heumann, veuve du professeur C. Heumann, à Vienne (Autriche). Docteur Louis Ernest, de Milan. Mme E. Sachsé. Docteur Gros, 9, rue de Navarre.

MM. F. Nougaret, licencié ès lettres. Docteur Charles Livon, à Marseille. Marcel Anoyant, étudiant en philosophie. Achille Werth, voyageur de commerce. René Desbordes. Elie Desbordes. Samuel Coupeau. Pierre Gay. Elie Giet, à Jarnac (Charente). S. Dorniel employé de commerce, Orléans. N. Bénisti, ancien avoué-agrégé, à Nice. Camille-Henri Pinoy, 32, rue de Balagny. Emile-Alexandre Pinoy, 32, rue de Balagny. Emile Benjamin, 31, rue Gauthay. Maurice Chapuis, directeur de l'*Eclectisme*, 8 bis, cité Trévise. Lepasteur, employé de commerce, 30, rue Trézel. Mme J. Morin, institutrice, au Puy.

Cercle radical socialiste d'Allais : MM. Numa Gueidan, représentant de commerce. Auguste Laval, bourrelier. Frédéric Bourrely, maçon. Layre, maçon. A. Corogno, faubourg du Soleil. Antonin Corogno, maçon. Adrien Thérond, domestique. Emile Bonnal, mécanicien. Félix Malaval. Ferdinand Teissier, propriétaire. Albert Melquion, employé. Louis Fages fils. Alfred Soleirol, employé de commerce. Louis Debruc, propriétaire. Numa Gleize, fermier. Léonce Lafont, propriétaire. Georges Bonnefon. Casimir Barbut. Félix David, fermier. Louis Castanet, menuisier. Adrien Castanet, tailleur. François Castanet, ancien mineur. Gaston Tour, propriétaire. Firmin Pic, à l'Elzierette. Pierre Albert, étudiant vétérinaire. Joseph Peladan, serrurier. Elie Julot, serrurier. Fernand Panse, ouvrier tanneur. Prosper Saint-Pierre, comptable. Louis Augier, comptable. Louis Gougibus, serrurier. Louis Sabatier, publiciste. Louis Baradon, garçon cafetier. Ferdinand Roux, chapelier.

Mlles Alice et Suzanne Ulmann. M. et Mme Jules Ulmann. MM. André et Ernest Ulmann, 1, rue Gambetta, Besançon. Docteur André Pressat, 6 ter, avenue Mac-Mahon. Paul Labrousse, étudiant, à Bordeaux. Ernest Wahl, licencié en droit, à Lille. Mme veuve E. Valensot, à Lyon. Vidal, 8, rue Germain-Pilon. G. Tedesio, philosophie, avenue Bugeaud. R. Louzon, philosophie. Langeais, philosophie. Bénard, mathématiques élémentaires. Jozon. Orghéon. Bruet, cadet. Jacques Debré. Bréban. Brunschwig, de seconde classique. Fubinig et Boris, de moderne. Robert Debré, de philosophie, du lycée Janson-de-Sailly. Albert Cerisier.

Cercle de l'Alliance républicaine de Callas (Var) :

MM. Audibert Fernand, ferblantier. Félix, maire, conseiller d'arrondissement. Berthemy, percepteur. Nouvel, maréchal-ferrant. Honoré Audibert, cordonnier. Léon Giraud, cultivateur. Joseph Augier, épicier. Joseph Boyer, cultivateur. Pierre Bertrand, cultivateur. Joseph Salomon, cultivateur. Auxile Laugier, cultivateur. Octavien Augier, négociant. Antoine Fabre, cultivateur. Paul Mistral, maçon. Eugène Savine, cultivateur. Joseph Audibert, garde champêtre. Camille Siveira, boulanger. Jean Gibpin, cultivateur. Bertrand, cultivateur, adjoint au maire. Beringuier, cultivateur. Aimé Bayol, boucher. Tombarel, instituteur. Casimir Augier, menuisier. Marius Augier, menuisier. Fortuné Bertrand, propriétaire. Honoré Mistral, boulanger. Pourchier, instituteur. Augustin Bertrand, cultivateur. Jean Laugier, cantonnier. Charles Contant, employé, à Callas.

MM. Granat, professeur agrégé d'histoire, Pau. P. Fontaine, Brécey (Manche). Docteur L.-A. Bonnal, Nice. Emile Ennery, licencié ès sciences, professeur à Issoudun. M. et Mme Masson, horloger. M. L. Lebrun et Mme Lebrun, La Haye-du-Puits (Manche). M. L. Lichtblau, 12, rue Taylor. Mme Weill.

L'Union internationale du droit des femmes (branche belge). MM. Julian van Marck. Edm. Potanié. Potanié-Pierre. Alfred Massebiau, 3, rue de l'Hôtel-de-Ville, Laval. Jules Martin. C. Martin. Arthur Blocher. René Dirchs et Lorenzo, sculpteurs. Paul Rebauz, libre penseur, Le Mans. Joseph Jardin, Le Mans. Emmanuel Horlaville, comptable, 78, rue Saint-Romain, Rouen. Théodore et Aline Fréhis, coiffeurs, 122, boulevard de la Villette.

MM. Walter Stuts, ouvrier coiffeur. M. et Mme Auguste et Marie Havaux, 16, rue Gangulphe, à Liège. MM. C. Potin, licencié ès sciences. Louis Fleury, artiste musicien, 4, rue de l'Echiquier. F. Ducoux. J. Boucherit. G. Bourgougnan. Albert Rumeaux. Georges Petit, rue des Carmes, à Rouen. Adolphe Rosenbeck, 52, rue des Tournelles. E. Proust, employé. André E. Monet, étudiant en médecine, à Toulouse. Achille Haguenauer, voyageur de commerce, à Nancy. L. Dubois, professeur au lycée, à Toulouse. Henri Maitre, 4, rue Brémontier. Philippe Bach, coiffeur. Paul Linon, étudiant en pharmacie. Julien Mahic fils, entrepreneur, à Lourdes. Maurice Latapie. Pierre Cazaux, coiffeur. Eugène Weill, avocat. Mmes Gabrielle Braunschwig. Suzanne Braunschwig. M. Charles Vazeilles, 7, avenue Victor-Hugo.

MM. Pergot, 2, rue des Charbonniers. Cécile Capelle. René Capelle. 24, rue du Bac, à Ablon. Numa. Estien, préparateur au baccalauréat ès sciences, 9, rue Lacaille. Mme Estien. Louis Bouvet, propriétaire, 8, passage d'Aunay. Jules Martin, 26, passage Saint-Ange. Louis de Croze, compositeur de musique, maître de chapelle de Saint Martin, Marseille. L.-W. Cart, agrégé de l'Université. Auguste Delhalle, 10, rue Parmentier, Maisons-Alfort. Maurice Frédefon, 46, rue des Entrepreneurs. Paul Rœderer, 44, rue des Moines. Yves Le Querrec, homme de lettres. Paul Strohёker. Léon Moriame, 5, rue Camille-Desmoulins. Gaston Duval, 3, rue de Belfort. Emile Gaudeau, 12, rue Jules-David. Alfred Gaudeau, 12, rue Jules-David.

MM. Poueységu. Ernest Sorefol. Ch. Halbort. A. Gérard. Sébastien. Fund. A. Trugadet. M. Boursault. Fossier. Soustran. Eugène Pugno et Ch. Leroy, 37, rue Doudeauville.

MM. Georges Mouchon, artiste peintre. Th. Botiaux, ingénieur, 5, rue Vauthier, Boulogne-sur-Seine. Jules Promont, capitaine en retraite. Léon Lenoir. Chaminade, 252, rue Vendôme, Lyon. Louis Raymond, publiciste, Lyon. A. Poincenot, professeur français, à Saint-Jomier (Suisse). L. Hillairaud, à La Rochelle.

De Bordeaux : René Coullaud, imprimeur. Camille Dubourg, négociant. Jules Lajoinie, graveur. Mme veuve Rouquet. Mlle Roller, à Barr (Alsace). M. Thadée Dybowski et Mme Olympe Dybowska. M. et Mme Guerjabek. Louis Bertrand, villa des Marguerites, rue d'Isly, Mustapha. Paul Renoy, à Jemmappe (Belgique). Durbée, rue des Lices, 19, Marseille. Pour la jeunesse socialiste communiste de Nimes, réunie en assemblée générale, le secretaire : Claude Barbier. MM. Louis Curet, élève en pharmacie, Marseille. Sylvain Combe, rue de l'Hôpital, 25, Avignon. Mme veuve Berson, caissière, rue Notre-Dame-de-Nazareth, 16. MM. E. Mathieu, 13, rue Bouchardon. Eugène Dupré, 13, rue Bouchardon. Philippe Julien, 6, rue Rollin. H. Thévenin, Paris. M., Mme et Mlle Renard de Guchtenaёre, clerc

de notaire, à Galluis (Seine-et-Oise). MM. Hennequin, 3, rue Dareau. Jauny, 3, impasse des Partants. Fougère, 7, rue Berthollet. Hippolyte Ancel, Paris.

MM. J. Brossel, 28, rue Mouzaïa. Ch. Salomon, étudiant en droit. Emile Bernheim. Mme Emile Bernheim. MM. André Bernheim. Emile Chor, dessinateur. Léonard Blancherie, employé.

Les soussignés, artistes du Nouveau-Théâtre : MM. Gabriel Souvary. M. Flandre. René Véron. Hubert. Mlle Barbieri. Francine Lorée. Mme Jane Dys. M. A. Labruyère, administrateur général.

MM. Lucien Huisman, journaliste. Armand Huisman, médecin-dentiste, 31, rue de Flandre. Mme veuve Huisman, 31, rue de Flandre. M. Jacques Lévy, 31, rue de Flandre. Mme Riémond, 70, rue de Flandre. MM. J. Riémond. Jindel, 58, rue Championnet. Vladimir Kourtcheff. Bernard Lévy, 105, rue de Flandre. Mme F. Lévy, 31, rue de Flandre. MM. Guyonneau. Brignon, peintre en bâtiment. André Weill, licencié ès sciences, externe des hôpitaux. Mme J. Lion.

MM. F. Capjuzan, boulevard de Belleville, 80. H. Galantus, 34, rue la Folie-Regnault. A. Reynaud, 22, rue Berryer. A. Lelaire, 170, rue de Belleville. E. Lagrange, à Saint-Mandé. Gréhier, 32, rue Corbeau. Lévy, 106, faubourg du Temple. Laporte, 183, rue Saint-Maur. G. Dazard, 31, rue de Loos. Mme Dazard. MM. Albert Lévy, 106, faubourg du Temple. Léon Lajoie, 183, rue Saint-Maur. A. Bloch, de Thann (Alsace). Jean Fischer. E. Desjardins, 30, rue de l'Orillon. Mme Desjardins. M. Mingot, mécanicien.

MM. J. Monin, 5, rue Montsouris. E. Hartmann, fils, rue de Tolbiac, 43. Julien, rue Servandoni. Louis Hermine, rue Guilleminot, 23. Klein, 13, rue de la Grande-Chaumière. Michot, rue du Moulinet, 10. Granger, mécanicien, 75, rue Montmartre. Goureau, 73, rue Dareau. Morin, 183, rue Saint-Maur. Belyn, 13, rue de la Glacière. G. Zolen, 87, rue de la Glacière. Clerc, 1, rue Hallé. Fr. Tussa, 48, rue de la Santé. C. Pissis, 212, rue Saint-Maur. Comgileet, 64, rue de la Glacière. Limbourg, 61, rue de la Glacière. Augnet-Gérault, rue Beaunier, 36. A. Mury, rue du Pot-de-Fer. Perrin, 75, rue de la Glacière. Ott, rue de Médéa, 17. Grojant, 100, rue Vercingétorix. Jacotin, 31, rue Montsouris. Grailla, 13, rue Daguerre. J. Hartmann père, 43, rue de Tolbiac. A. Spiller, 12, boulevard Saint-Jacques.

Mmes Adeline Duclos. Vve Ducrocq. Léonie Ducrocq. Louise Duchemin. Marthe Catala. Kiéken, 72, rue Pixérécourt. Gaston Kiéken, 72, rue Pixérécourt. Emile Moireau, 139, boulevard Magenta. Fleury, artiste peintre. Mme Lepoivre, représentant de commerce. MM. F.-R. Robert, compositeur de musique, à Beauvais. Mme Bl. Robert, professeur de musique. MM. Bourguignon, à Beauvais. J. Depralon, comptable. Mme Fanny Brunswick, 12, rue d'Hauteville. Thérèse Haas, 12, rue d'Hauteville. MM. Ludovic Merlet, rentier, rue Jean-Félix, à La Riche, près Tours. Champion, typographe, 17, rue de Suez. André Bloch, 30, rue de Bondy.

Ville d'Anduze (Gard) : Lucien Fontane, conseiller municipal. César Plantier, café du Marché. Ferdinand Jouvent, menuisier. Auguste Lafont, conseiller municipal. Gaston Gaston, chapelier. Louis Lauze, propriétaire. Gaston Gascuel père. Antoine Roman, cultivateur. Gaston Valcroze, cultivateur. Emile Arnassan, menuisier. Paul Boulet, rentier. Jules Novis, ferblantier. Adrien Brès, boucher. Agulhon, cultivateur. César Bastide. Alexandre Brès, charron. Bourguet, dit Margot. Auguste Balcen fils. Auguste Blanc, conseiller municipal. César Roman, chapelier. César Castenet, chapelier. Louis Carrairon, jardinier. Félix Dupuy, chapelier. César Maurand, maçon. Auguste Vielledent, menuisier. Léon Lauret, cultivateur. Auguste Perrier, buraliste. Louis Laporte, chapelier. Louis Brès, charron. Alexis Sabatier. Alexandre Huguet, meunier.

MM. Revion, horloger. Paul Guy, menuisier. Severac

Louis, peintre. F. Michel, cordonnier. Lucien Viala, terrassier. Louis Perrier. Brandouy, chaussures. E. Therom, horloger. J. Leleuz, conseiller municipal. Serre, cafetier. Alf. Pierredon. Bournelter. Louis Bris.

MM. Serre, carrossier. Louis Roque, cafetier. Louis Coulome, négociant. Auguste Pierredon. Ernest Broc, charron. Paul Gras, peintre en voitures. Artus, chapelier. J. Guy, adjoint. J. Domergue, conseiller municipal. J. Roux, menuisier. Tranel. Jules Travier. Aurillon, comptable. Pierre Numa. L. Vieilledert, boulanger. Saindert, conseiller municipal. A. Lurand, charcutier. P. Pantel, horloger. P. Deleuzin. E. Carles, ferblantier. L. Toumer, cocher. Docteur Mazel.

MM. Charvet, représentant de commerce. Auguste Guiraud. Foriel, vétérinaire. Jules Olivier, cafetier. Sprécher, filateur. Albert Gas. Pauc, épicier. Fernand Bastide, chapelier. Clauzel, maçon. Paul Bernard. Jules Faucher, chapelier. Julien Chanson. Roque, cafetier. Bastide, conseiller municipal. Albert Julian. Julien Biosca. Numa Faisse, bourrelier. Albin Mazel. Victorin Viala. Fernand Roux. Ernest Escouffier. Issarte. Jules Faucher, homme de peine. Frédéric Biscuit. Artus. François Gras. Albert Ribot. Ulysse Durand. Louis Ducros fils. Félix Gervais, chapelier.

MM. Victorin Bastard. Justin Guy. Cabot, chapelier. L. Malibrand, contremaître. Alfred Elie. Jules Frayssinet. Auguste Gros. E. Barrefort. Frédéric Castanet. Frédéric Verdie. Adrien Laporte. Louis Guy. Marrion. Pomaret. Auguste Maurand. Jules Faucher frère. César Clauzel. Auguste Bernard. Auguste Velot. A. Chausson. J. Martin. C. Merci. Louis Raspal. Jules Clauzel. Verquière. A. Roux. Paradis Césard Simard. C. Saltet. E. Juffiol. Bastide. Aug. Bastide. H. Bernard, chapeliers.

MM. Berthézène, maire d'Anduze. Elie Pellet. Emile Rabe. Emile Sigal. Justin Boisset, secrétaire à la mairie. Louis Berthézène, secrétaire à la mairie. Lafont, garde. J. Riboulet, agent-voyer. César Donzel. Auguste Bony, César Bastide. C. Lacour, C. Serre, chapeliers. L. Vignolle, coiffeur. Léopold Crouzet fils. H. Rossel, chapelier. Louis Faise, charron. Gaston Boudet. Justin Delmas, cultivateur. Armand Paul. Eugène Crozade, cordonnier. César Rouvière. Fernand Ture fils. Henri Michel. Jules Laporte, chapelier. Noé Martin, serrurier. Henri Brès. Simon Brès. Casimir Puechegut.

MM. A. Bloum, ingénieur des mines. P. Jouyon, chapelier. A. Astruc, viticulteur. Henri Verdier. E. Vielles. J. Jouvent. Ferdinand Boulet, rentier. Lapise, boulanger. L. Bourguet, boucher. Maurin. E.-M. Puech. Puech fils. C. Vigne, serrurier. C. Sibleyras, pasteur. Etienne Eyme, épicier. L. Tuech, bourrelier. L. Gascuel. A. Combet. C. Féline, cultivateur. A. Bonifas. Scipion Rodier, mineur Adolphe Chaudesaigue. C. Dumas fils, voiturier. A. Labrie, coiffeur, Corbesson, coiffeur. Achille Rossel. J. Soulier. C. Roux, dit Bobe. Broissant frères. L. Delcuze, propriétaire. Scipion Bertrand, propriétaire. Boutonnet pâtissier. Fernand Maurin, cultivateur.

MM. Casimir Puechegut fils. Achille Silbermann. Casimir Pic, épicier. Jules Frigoulier, menuisier. Edmond Fabre, vannier. Félix Barbut, cordonnier. Armand Laurent, Henri Pic. Albert Pic. César Verdeilh, chapeliers. Louis Guy, coiffeur. Henri Jaffiol, épicier. Auguste Bourguet. Lucien Bourguet. Daniel Viala. Jules Melquion fils. Jules Melquion père. Henri Roman, boulanger.

MM. L. Boulet, 36, rue du Mail. Blanc, 106, rue de Courcelles, à Levallois-Perret. J. Coblanze, 1, avenue Trudaine. Mme Coblanze, née Baumann, de Colmar. Mlles Mélanie, Blanche et Berthe Caublanze. MM. Maurice Coblanze voyageur. J. Allard, 7, rue de la Félicité. L. Calvet, 11, rue Dussoubs. Mme Julie Clément, 4, rue Glück MM. C. Cheilleh, 43, boulevard Saint-Germain. V. Devosse, 118, rue de Courcelles, à Levallois-Perret. L. Terrasson, 36, rue du Mail. Louis Julian, 10, rue Volta. Mme Gabriel Boulet, 36, rue du Mail. MM. Lucien Boulet. Doery, 36, rue du

Mail. Mme Alrau, née Perrin. M. G. Voirin, 36, rue du Mail.

Protestations reçues de Marseille : J. Dupont, pharmacien, 22, rue des Petites-Mains. Edmond Lesbrot, artiste peintre, 50, boulevard Dochadoha, 50. J. Touru, 2, place Charles-Cazaux. P. Serre, 101, place Charles-Cazaux. Louis Caillat, 14, rue du Saule. François Terton, 10, rue Gamborry. Paul Alic, commissionnaire en vins, 1, cours Belzunce. J.-B. Rosso, négociant en vins. P. Philibert, courtier de commerce. Mme Gille. P. Marques négociant en vins et huiles.

Protestations reçues de Béziers : MM. Ed. Boissière, employé de commerce, boulevard du Chemin-de-Fer. Mme Boissière. M. N. Granade, employé de commerce, rue Dachortic. Mme Granade. Mlle Elisabeth Kellermann, Mme L. Roume, avenue d'Agde. M. E. Mauab, à Bâle.

Protestations reçues de Saumur : MM. E. Boutin, comptable, 26, rue Fardeau. Alfred Nasses, tailleur. Gabriel Cyr tailleur. Ch. Richard, typographe. André Magne, typographe. Henri Potoin, employé de commerce. Charles Chailloux, typographe. Jules Robin, imprimeur. Georges Rousseau, imprimeur.

MM. A. Leroy, conseiller municipal de Bois-Colombes, 81, boulevard de la République. A. Helmann, étudiant en droit, Paul Moristy, 78, rue Ganterie, Rouen. H. Frossard étudiant en médecine. Maris Lepetit. M. Palte, licencié ès sciences. Mme Augustine MM. Morisset. Gustave Joly. Bouchut. Georges Ruffier. E. Rousseau. Drowert. Fortin. H. Bornand. Charles Petit. Ruffier père. G. Linotte. Ouvrard. Morlay. Leroy-Victor. Boudeint. E. Jey. G. Fournier. Ed. Corton. Rousseau. Vatripe. M. et Mme Paul Robert, 22, rue Doudeauville, Paris. Mme René Cahen. P. Vaughan. Lucas, Londres. J. Dufau. Mlle Dufau. MM. Jean Rolland, 82, rue Caulaincourt. Gombault, à Merville, par Cabourg. Georges Eberhard. E. Pra. Mlle A. Eberhard. Paul Lovel. Louis Schneider. Mme Marthe Morelle. Maria Zinck, de Strasbourg. M. E. Poursy. Mme Poursy. MM. Martines, étudiant en lettres. Jules Lefebvre, avoué, de Faget. Mmes Louise Garnier, Suzanne et Germaine, de Faget, aux Lilas (Seine) La rédaction du *Progrès Spirite* et la directrice du groupe Espérance, 1, rue Oberkampf, Paris. MM. Victor Vigor et Euge-Douru, graveurs, 49, rue de la Roquette.

MM. F. Cerf. Eugène Cerf. Ernest Cerf. Mlle F. Cerf. M. Sauvage. Le comité radical de Bohain (Aisne), réuni en assemblée générale le 3 décembre 1898 : MM. le président Eugène Horne ; le secrétaire, Chartier. Paul Mussotter. Julien Mussotter. Marius Lange, ouvriers patriotes alsaciens, Genève. Comte E. Bernav. Mmes P. Hérold. Auxerre. Charles Robert. MM. H. Millot, Auxerre. H. Cartier, voyageur de commerce. Raoul Mercier, homme de lettres. Alfred Bastien, artiste peintre. A. Pinot, artiste peintre. Wagermann. J. Belard. Maurice Pirod. André Dapoigny. Théophile Forin. H. Nantier, typographe, à Auxerre. Mme Henriette Bastien. MM. J. Gaerger, artiste lyrique. Am. Duprat, artiste peintre. Emile Thomas. Emile Blum, professeur de musique, 12, rue Soufflot. Georges Lefebvre, répétiteur au lycée de Tourcoing, licencié ès lettres. Mme Emile Clévi, libraire. M. Pothenot.

MM. Auguste Stemler. Ferdinand Tharnaye, 30, rue Saint-Esprel, Liège. Henri Plennis, Liège. Docteur Good. A. Ghesquière. Louis Guilbert. Maurice Ghesquière, secrétaire du Théâtre-Socialiste. Eugène Ghesquière. C. Cagny. Desmoutiez Jean, gérant de la Maison du Peuple. Mmes Desmoutiez. Victoria Demeyer, tapissière. Larose. Louis, secrétaire du Parti ouvrier, section lilloise. Haden. Henri, mouleur en fer. Fremaux. Desnalades fils, mouleur. Gustave Rosset. Mlle Camille Foulon, corsetière. MM. Ghesquière Henri père. Arthur David, vérificateur d'octroi à Lille. Brunot. Emile, aubergiste. M. Paul Hudry. Ménas. Veuve Hudry-Menas. Paul Martin.

M. Jean Morin. Mme Maria Jaulmes. M. Cook, Lausanne (Suisse). Mme Jean Morin. Charles Dintz. Alice Paulne. MM. H. Rotin, docteur en chimie. Léon Panjoulas fils,

8, rue Pavée-Nimes, habitants de la commune de Mézières-en-Drouais (Eure-et-Loire). Dubosc, pasteur. J.-E. Debin. J. Lemaire. Caillac. Toutain-Damoi. Edmond Deba. Oscar Babaroux. Jacques Bouillot. Pierre Debu. Alzire Lepintre. Charles Pinot. E. Houille. Auguste Rebert. Louis Debu. E. Champagne. E. Robert. A. Bouillot. A. Debu. O. Guille. René Guille. R. Voxeue. E. Debu. A. Pavie. Gaillard. L. Toutain. D. Maillard. Cordé. E. Croizet, 14, faubourg Saint-Antoine. E. Sainsot, industriel. H. Bouquin, 8, rue de la République, Montreuil-sous-Bois. Jean Monier, ébéniste, 204, faubourg Saint-Antoine. M. Sarrot, 25, rue de la Forge-Royale. Smets, 64, rue des Grands-Champs. Houreaux, 18, rue de Chanzy. Carineux, 3, rue des Boulets. Weiss fils, 18, rue de la Forge-Royale. Théodore Weiss. Cotte successeur, 19, rue de la Forge-Royale. Bricourt. Burdet, 7, rue Lepic. Tisicy, 10, rue Richard-Lenoir. G. Volland. L. Petit, 178, faubourg Saint-Antoine. Morain père, 13, rue de la Forge-Royale. Favrier, 32, rue de Paris. Alègre, rue du Faubourg-Saint-Antoine. Lecornu, 9, passage du Moine-d'Or. Evrot, 19, avenue de la République.

MM. P. Averou. G. Duiarque. G. Lorin. Vernet. Mavet. Charles Besse. X. Champagne. Miclin. Marcel. J. Philippe. A. Paron. Bazemont. Bourgeois. Benoît. Piron. D. Barbier. J. Debu. D. Toutain. Louis Margat. C. Leroux. D. Maillart. Barbier, conseiller municipal. A. Sipert. Bouillet. L. Polas. Vincelot. Bavau. Fontenay. Langot. Langot fils. Firmin Lalandre. J.-S. Baillot. B. Jeulin. Camille Toutain. Renault ainé. Paul Lévêque. Albert Prevost. Jean Goulon. Jacques Nedly. Prosper. Sardin. Emile Herluison. Emile Andry. Philippe Dieudonné. Poirey. Henry Chill. Augustin Duimont. Ernest Berlot. Léon Lazures. Adolphe Matrion. Emile Edelbloin, 6, rue de Madagascar. Charles Lepy, 23, d'Auxerre. Auguste Combe, 10, rue de la Trinité.

MM. Albert Garnier. Georges Yedler, rue Passarot, 7. Victor Lannoin, rue de l'Avenir. Webert Thiébaut, rue Clos-le-Roi, 6. H. Gester, rue de la République. A.-S. Schmitt, 24, rue de la Corderie. Mansigot, rue des Marronniers, aux Tourelles. Mouret-Prunier, rue de la Grande-Tannerie. Marguercot, à Rosières. Choiselat, à Rosières. Pelloin, rue Rapy, 18. Jules Seroux, rue du Gros-Rainir, 4. Auguste Lainseaux. Henri Beor, 107, route de Sens. Brion Noir, rue Paul-Bert. Gustave Oudos, rue aux Moines, 26 *bis*. Rodolphe Kuhn. Paul Aubois, rue Kléber, 49. Alexandre Boullon, rue du Pont-des-Champs. Hautois. Eugène Mitervald.

MM. Charles Bouillon, route de Sens, 53. Frison. Agasse, rue Courtalou, 45. Camille Robert, rue de Voler. Gustave Grand-Pierre, rue des Trois-Ormes, 4. Alexandre Barroy, rue des Tourelles, 69. Ernest Monier, rue Petit-Saint-Julien. Frédéric Frison, boulevard du 14-Juillet, 36. Adolphe Senn, rue de la Petite-Tannerie, 86. Henri Herluison, rue Bugeot, 15. Alexandre Drone, rue de Paris, 148.

MM. Guillaume. Paul, rue François-Gentilly. Foin, Louis, rue de la Vacherie, 274. Chevalier, Eugène, rue de l'Eglise, 15. Vaillequin, rue Saint-Auventin, 50. Sidan, rue Perdrue, 19. Noël, rue des Capucins, 38. Bertin, rue Cantalou, 43. Chevalier jeune, rue Prèze, 103. Poirier, rue des Jardins, 12. Guichard. Houssier, rue Delarothicas, 22. Heckbour, rue Branneval, 10. Grangé, rue Thiers, 30. Ranseger ainé, rue de Molène, 4. Michel père, 2, rue Jean-Louis-Delaporte. Thuillot, rue de l'Indépendance, 22. Charles, rue de l'Indépendance, 22. Coffinet, rue Béjand, 18. Boittier, faubourg Croncels, 87. Faroy, 76, rue de l'Hôtel-de-Ville. Maxime Leroux, rue Vanderbach, 33. Buat, Charles, rue Saint-Frobert, 3. Helhay, rue du Labourat, 11. Argentin fils, rue de l'Arcin, 21, Thierry, rue du Faubourg Croncels, 200. Brouzon. Lucien Renault. Malmitt Gaston, rue Ropy, 32. Jules Recolin, tapissier. Alfred Guillot, tailleur d'habits. Joseph Guillot, voyageur de commerce. Lafond, comptable. Lafond Paul, employé de commerce. Ch. Roux, tailleur. Louis Reiplin fils. Mmes Jonas

Bernard. Veuve E. Millsaud. A. Gueraud. Irénée Ginoux, publiciste, rue Racine, 98.

M. et Mme Brachet, Valence. MM. Jean Marchal, professeur, 18, rue de Jarente, Lyon. A. Blanc. L. Maurice. Docteur Alfred Goguel, 2, rue Pasquier. Paris. Y. Helie. Lucien Tocaven. E. Roux, chimiste diplômé, 13, rue des Maréchaux, Nancy. Albert Barcaux, professeur de comptabilité, à La Rochelle.

MM. Gadot. Rollo, Jean Judet, maire de Lavaufranche (Creuze) François Judet, négociant. Victor Judet, agriculteur. A. Gaillardin, jurisconsulte, 32, rue Croix-des-Petits-Champs. Jules Bastien, 16. rue Saint-Ferdinand. Levvastre, 26, rue du Mont-Thabor. Mmes Alice de Reyan, 18, *ter*, rue de la Marche, à Neuilly. Géo Bonet-Maury.

MM. Alexandre de Mari. Adolphe Falcucci, conseiller municipal. J. Guerrini, maire de Velone-Orneto. Don Pierre de Mari. Jean-Charles Fani. Louis Fani, conseiller municipal. Philippe Franzini. Giocante Mari, à Taglio-Isolaccio, par Pero (Corse). A. Giovannoli, à Lyon. Jules Rossat. Mme et Mlle Rossat. MM. Gontard, à Grenoble. Alfred Aymard, 38, rue du Prieuré. Maisons-Laffitte. Louis Brillat, chimiste au laboratoire municipal de Chambéry. Charles, préparateur au lycée de Chambéry. Eugène Wolff, représentant, 10, villa des Gobelins. Docteur. C. Bouglé.

De Prémery (Nièvre) : MM. E. Germain, employé. A. Lefèvre, comptable. E. Gille, employé. Chamonard, ouvrier. L. Levêque. J. Thomas. Louis Talou, employé. J. Pouillot, sabotier. J. Boisson, électricien. Henri François, chauffeur. Arnould Brunet, nettoyeur. Antoine Brunet, mécanicien. Maurice Aimard, chauffeur. Louis Péranet, nettoyeur. Matriolet, maçon. Montfort, emballeur. L. Fournier, employé. Pierre Robin, distillateur. Claude Brossard, maréchal. Merle, chauffeur. Paul Garnier. Ernest Mature, manœuvre. Louis Cassiot, charpentier. P. Raoul, aide chaudronnier. Charpentier, chaudronnier. Cossenet, employé. Fleury, ferblantier. Richer, cocher. Jules Nicaud, charbonnier. Vintermirère.

MM. Pinon, chaudronnier. Jean Chalmet. Alexandre Lalloit. Thélouzat, chaudronnier. Angerand. Gautherot, forgeron. Thuriault, outilleur, usine Lambiotte. Narbouton, charron. Robillot. Mandel, chaudronnier. Ch. Bonnet, maréchal. François Poulin. Rabdeau Renault. Jean Boisson, manœuvre. Louis Boisson. Edme Bourdier. Pierre Boisson, charbonnier. Louis Bourdier. Charles Godet. Gilles Bénard. Jean Rapeau. Jean Riblet. Gabriel Bernard. Alexandre Mary, à Prémery. Gaillard, à Giry. Jean Chamonard. Joseph Quoy, manœuvre. Alphonse Boisson, charbonnier. François Roblin, employé. François Boisson, charbonnier, à Prémery.

MM. Sigismond Cantz. Fr. Petrequin. Edouard Studer. Julien Louys. P. Abram. Louis Surleau. Mlles Louise Dollet. Eugénie Renoud. Aline Doriot. Marguerite Perrenot. Emma Perrenot. MM. Ahnne, pasteur. Albert Gerber. Jacques Viénot. Bender.

MM. L. Mettetal. Jean Wœiflin. Louis Barbier. Georges Surbau. Albert Grosdens. L. Bourquin. E. Barbier-Mayer, photographe. Emile Mouchot. Mme E. Poincenot, institutrice privée.

MM. E. Péchin. Charles Groshens. E. Louys. Robin. Jules Guillard. Emile Perrenot. Toillon. Merle. Bruot. P. Beurnier. Alcide Breugnard.

MM. E. Boname. Demougeot. Samuel Dupuy. Louis Humbert. Emile Mayer. Jules Vienot. J. Jand'heur. Emile Monnin. Brunschwig, négociant. Mme Adèle Brunschwig.

Nous avons reçu d'autre part les protestations de :

MM. N. Mayer, 48, rue Sainte-Anne. E. Huard, 60, rue Truffaut. Auguste Delaherche. Docteur Gerson. Docteur Ch. Monod de l'Académie de médecine. A. Spezzachino, architecte, 21, rue Saint-Vincent-de-Paul. Mme R. Cerf, institutrice, 196, rue Legendre. M. E. Lazarus, 19, avenue de la République.

MM. Charles Tréfousse, 32, boulevard de Courcelles.

Marcel Lévy, 1, rue du Château-d'Eau. Arnold Naville, 76, rue du Cherche-Midi. Mlle Maria Guy, 76, rue du Cherche-Midi. MM. Charles Chavenon, publiciste, 37, rue Bellefond Henri Dreyfus, 28, rue Rochechouart. Fabien Salza, 14, rue de Messaint, Ernest Chavenon, 20, rue Affre. F. Naurès, 32, rue de la Goutte-d'Or. Alfred Bayet, 91, rue Championnet. Jean Chavenon, 29, rue Cave. Mme Léon de Joannis, née de Diétrich, 33, rue d'Assas. François Gorgiard, 1, rue de la Charbonnière. Mmes Marguerite Teseler, 37, rue de Bellefond. Elise Naville, 76, rue du Cherche-Midi. M. Edmond Gergot, avocat à la Cour d'appel. M. et Mme Bamberger. MM. Ernest Singer. 67, avenue Kléber. Marcus Hugo. Victor Fontaine. A. Boudier. Henri Sommer.

MM. Manuel Wolff. J. Restani. Perrin. Claude. Sylvain Glotz, à Nancy. Jacques Chan, à Grasse. Mme Eugénie Blum.

M. Henri Strube. Mme H. Strube. MM. G. Franssen-Vatol, propriétaire, à Gironville (Seine-et-Marne). M. Sulzback-Dreyfus, 6, rue de Port-Mahon. Victor Pinel, représentant de commerce, boulevard de la Liberté, au Perreux.

M. L. Richaud, 86, rue de Bondy. Mmes veuve Carcassonne. R. Crémieux. Mlles V. Crémieux. Juliette Crémieux. Jane Crémieux. M. Albert Crémieux, 90, rue La Fontaine.

Mme veuve Candeli-Zénaïde, Porto-Vecchio (Corse). Mme Marinier, 27, boulevard Pereire. M. Berthet, 14, rue Descombes. Mme Berthet, 14, rue Descombes. M. Grimaldi (don Jacques), négociant, Porto-Vecchio. Mme Grimaldi, Porto-Vecchio (Corse). M. Roch Filippi et Mme Filippi, Marseille. M. D. Denizard, négociant, 35, rue Legendre.

Mme Boucher, 180, rue Cardinet. M. Baptiste Piétri, conseiller municipal et Mme Anna-Marie Piétri. M. Jules Piétri, propriétaire et Mme Lilline Piétri, Porto-Vecchio (Corse). M. Benoît, spiritueux, 91, boulevard Malesherbes.

MM. Merrienne, propriétaire, Vitry-sur-Seine. François Lorenzoni, conseiller municipal. Antoine Cadani, Porto-Vecchio (Corse).

MM. Albert Codani, propriétaire. César Balési. Grimaldi Balési, propriétaires, à Porto-Vecchio, Corse. Mmes Alice Baron, 22, rue Berthe. Henriette Pioso, 7, rue de Provence. MM. Joseph Pietri. François Pietri, propriétaires, à Porto-Vecchio (Corse). E. Sins, 5, boulevard Montmartre. Adrien-René Dubuisson, 11, rue Bolivar.

MM. Maurice Dreyfus, de Montreuil. Henri Weill, négociant, 11, rue Franklin. Mme Henri Weil. MM. A. Dérignou, négociant, Angoulême. J. Haas, 71, rue du Temple. Le comte et la comtesse Guy de Raymondal. Une jeune mère. Mmes Amélie C... Louis Havet. MM. Marius Barbier, professeur honoraire de philosophie, à Céziers. Comte Jehan de Barthélemy, 9, rue d'Anjou. Liane Orsero, à Marseille. Claude Orsero, à Marseille. Assunta Orsero, à Marseille. Raymond Guérin, fabricant de porcelaines.

Les soussignés, membres du Comité radical-socialiste de Seine-et-Oise. Ont signé: MM. Hubbard, ancien député. Maréchal, conseiller général; Prou, conseiller d'arrondissement. Buisson, maire de Forges-les-Bains. Lucien Merlet, du *Réveil de Seine-et-Oise.*

MM. Mazinghien, publiciste. Lemoine-Rivière, conseiller municipal d'Argenteuil. Morice, conseiller municipal de Limay. Foucault, conseiller d'arrondissement. Guimier, conseiller municipal de Deuil. Bonnange, ancien maire de Palaiseau. Danglard, conseiller municipal de Juvisy. Duchesne. Aubel. Poulain, à Conflans. Brucker. Boursier, conseiller municipal, à Domont. Bellant. Moreau. Lamarre. Regnouard. Etienne Ernest. Roger. Guinet. Cheronnet. Louvet. Renaud. Gout. Chapiseau-Gaucher. Eschard. Pelletier. Lallemand. Lacroix. Jeanneney. Brunet. Cousturier. Albert Colas. Turquet, conseiller municipal de Versailles. Poiret. Duchesne, à Bréval. Bréchon, secrétaire du comité radical-socialiste de Seine-et-Oise, 62, rue Tiquetonne, Paris.

MM. le docteur Baudin, conseiller général à Nantua, Docteur Hamard, Orville. Albert Meurgé, avocat à la Cour d'appel. Victor Bonglet, 378, rue de Vaugirard. Docteur Gernez, président de la Ligue républicaine du canton de Vimy. L. May, boulevard de Rochechouart. Novochelski, administrateur de la Caisse d'épargne, 9, rue du Caire. Mme Novochelski, 9, rue du Caire. Mme veuve Fort, rue Lafayette, 106. MM. O. Perrier, ingénieur, 30, quai de Béthune. Henri Spès, poète publiciste, 61, rue Caulaincourt. Louis Troncet, homme de lettres, Paris.

MM. Joseph Troncet. Antony Troncet, peintre dessinateur. Fernand Troncet, étudiant. Mme L. Troncet. MM. E. Hulin, 1, rue Delomieu. L. Plessis, ingénieur, ancien adjoint, avenue Beauséjour, à Vienne. J. Mousnier, conseiller municipal, à Sceaux. O. Hulin, sculpteur-statuaire, 3, rue Malebranche. Lavilette-Roque, cultivateur, à Orville. A. Rovillain, ouvrier. Binet, conseiller municipal, à Etampes.

M. Henri Bruneau, 5, rue Delaître. Mme M. Gachelin, lectrice du *Radical*, 76, rue Demours. MM. Louis Risbec, 125, rue Saint-Maur. Goffinet, à Asnières. Gidon, 16, rue du Pont-aux-Choux. Henri Ardisfera, père et fils, 32, rue Debelleyme. Charles Lefebvre, 12, rue Robert-Fleury. Guillard, vins, 17, passage Charles-Bertheau. Jules Samson, sellier, 144, rue de Javel. Henry Nexon, sertisseur. Mme Nexon, polisseuse, et Mlle Henriette Nexon, polisseuse, 21, rue Saint-Augustin. MM. René Godfroy, libraire, à Sceaux. Bazignon, 51, boulevard Montparnasse. Gustave Bernay-Tiquet, artiste dramatique. MM. Richard Clérin, 162, faubourg Saint-Denis. Gustave Philippe, 162, faubourg Saint-Denis. Pierre Chalande, artiste dramatique, Gervat, mécanicien, 3, cité d'Angoulême. Emile Jeannin, Paris. E. Monnier, à Houilles. A. Dailly, à Marcoussis. Emile Schneider, employé de commerce à Paris. Henri Bizeau, tailleur, 99, boulevard Victor-Hugo, à Clichy. Mme veuve Cousin. 11, rue d'Alger. Peussot, sa fille Berthe, son gendre Charles, 25, rue Saint-Sébastien.

MM. A.-V. Bellamy. A. Bellamy, 18, rue Saint-Jean. Ch. Munerelle, 21, rue Lebrun. Berger père et fils, rue de l'Abbé-Groul. Etienne Lorillot, 75, boulevard Richard-Lenoir. Jules Gerboin, 1, rue de Jarente. Théodore Hiardin. Mme Hiardin, Paris. M. L. Courlet. Mme L. Courlet. MM. E. Courlet. R. Courlet. M. Courlet. Mlle F. Courlet, Paris. M. et Mme Rheims. Mme veuve Weinrhen. Michel, de Neuilly. MM. A. Mabilhou. F. Rigard, 19, route Stratégique, à Arcueil-Cachan.

M. Thomas, abonné. Mme Thomas. Mlle Thomas. MM. Thomas jeune, avenue de Choisy, 113. M. Georges Boutrin, représentant de commerce, 42, rue Mathurin-Régnier. Mlle Thirot, 42, rue Mathurin-Régnier. MM. Edouard Cholba, 14, rue Vivienne. M. et Mme Hupter, 14, rue de la Pointe-d'Ivry. J. Ducoroy, 13, passage Raymond. Ed. Chevalier, représentant, 13, passage Raymond. Honoré Fenard, 13, rue de Suez. Gustave Ducros, 268, faubourg Saint-Martin. P. Champion, tailleur, 29, rue Monge.

M. et Mme Kanfler. Mlle Kanfler, 40, rue Turbigo. M. et Mme Liphson, 10, rue de Panama. MM. C. Laux, 22, rue Pigalle. H. Donaldson, 54, rue des Batignolles. Gustave Renard, à la Borne-Creuse. Jules Moreau, 105, rue Nollet. J.-D. Blin, horloger, 244, boulevard Voltaire. Mme Chardin. M. Héricourt, négociant, 46, rue des Archives. Mme de Villiers, 67, rue Caulaincourt.

MM. Adolphe Bobin, employé de commerce, à Chauny. E. Tétard, faubourg de Chaix, à Chauny. Legret, ex-adjudant rétrogradé par abus, représentant de commerce à Chauny. Mme veuve Bodier, journaux, à Chauny. MM. Ch. Soier, comptable, à Chauny. Em. Lamect, rédacteur au journal *la Défense nationale*. Corbiaux, tapissier, rue de la Fère, à Chauny. Coquelet, chaisier, à Chauny. F. Mittelette, cultivateur. Toussaint. Lange. Mme Toussaint. Veuve Rousseau. M. Ponchelet, monteur, à Chauny.

M. Legris Mousson, 15, rue du Noyau, à Chauny. M. et Mme Legris. MM. H. Hanrath, négociant. Prévost, à Chauny.

Georges Plessis. H. Plessis. Girousier. A. Brehot. Mme Lydie Toureau. M. P. Renaud. Mlle Alice Wild, 42 *bis*, avenue de Suffren. MM. E. Argoud. L. Védrine, 33, rue Traversière.

MM. Michel Franck, négociant. Edouard Franck. G. Calamy, à Dampierre. C. Cornuez, propriétaire, au Treuil de Freyssinet. G. Makian, typographe. Mme Makian, à Angoulême. MM. Dalet. rue des Caboteurs, à Saint-Nazaire. L. Stierlin, mécanicien. Mme Augustine Stierlin, 159, rue de Bercy. MM. Ferronnière, entrepreneur, à Bourbon-l'Archambault. Jules Giraud, libraire, à Melun. Robert Rosenbech fils. Henry Rosenbech fils, 52, rue des Tournelles.

MM. A. Lenoir, officier de réserve, à Paris. F. Geraud, conseiller municipal, 17, avenue du Centenaire, à Bagnolet. Maurice Archie, à Paris. D. Boivin, propriétaire, à Nogent-le-Bernard (Sarthe). Auguste Bernou, à Fressines, par la Crèche (Deux-Sèvres). L. Kraemer, Alsacien, à Paris. Mlle M. Schmidt, à Paris.

MM. Orsel, 26, rue Neuve-des-Boulets. Carilla, 55, rue des Boulets. Bombone, 10, cité Beaumarchais. Buet, 52, rue de Montreuil. E. Lefèvre, 6, rue Basfroi. A. Vallet, 1, rue Pétion. Sellé, 50, rue des Boulets. Steminler, 2 *bis*, passage Guénot. Niez, 62, rue des Boulets. Pérou, 12, rue de Petit-Pierre. A. Onibault, rue Neuve-des-Boulets. Herbé, 13, rue de Reuilly. Billard, 154, boulevard Voltaire. Teissère, 6, rue Emile-Lepeu. Thébault, 75, avenue Niel. Charpin, 244, boulevard Voltaire. Carlier, 88, avenue Philippe-Auguste. Aubert, 18, rue des Vignolles. Ouvrard, 111, rue de Charonne.

MM. Delarue, 21, rue Montmartre. Sauzet, 17, rue du Louvre. Picard, 76, rue Vieille-du-Temple. Charmoille, 97, avenue de Saint-Ouen. Joigneaux, 6, rue de la Collégiale. Bourquin, 17, rue Edmond-Robert. E. Chédéville, 196, faubourg-Saint-Martin. G. Joubert, 20, cité Lemière. Gustave Chalvet, à Deuil (Seine-et-Oise).

MM. A. Métayer et R. Maury, employés des contributions directes.

MM. Edmond Boisson, à Sommières. Mme Anna de Brellier, à Paris. MM. Bal, homme de lettres, à Paris. G. Gilon, directeur, 31, rue Racine, au Grand-Montrouge. Albert Oniol, 35, rue Lamarck, à Paris. M. Streicher, 23, rue de Bercy.

M. Adolphe Duvernet, à Paris. M. et Mme Teurcoud, à Paris. Alexandre Parti et Mme A. Parti, née Mazel, 30, rue du Moulin-de-Pierre, à Clamart. MM. Quévy, 46, boulevard de la Villette. V. Corteyn, joaillier, 8, rue de l'Assomption. P. Roux, 53, chemin latéral du Nord, à la Varenne-Saint-Hilaire. V. Bergougnan, représentant de commerce, 9, rue Houdon. Mme veuve Coclin, 38, rue de Ménilmontant. Mme veuve Ravel, 38, rue de Ménilmontant.

MM. A. Deville, 115, rue des Boulets. Lécot, au Raincy. Mlle Henriette Weilt, 4, rue de l'Entrepôt. MM. Charles Chevalier, dessinateur, 19, rue des Feuillantines. Laurent Henry, 10, rue Pascal. Mme de Villiers, 61, rue Caulaincourt. MM. Elie Catté, 30, rue de Belleville. Henri Salson, à Puteaux.

M. C. Humiec, à Beauvais. Mmes veuve Lebesque. Claire Lebesque, institutrice. Camille Darvergne, maire d'Aubeterre. Edmond Gaillardon, docteur en médecine, Aubeterre. I. Judenstein. S. Judenstein. N. Lévy. Justin Brach. Salomon. Léon Gimpel. Eugène Gimpel. Mlles Esther, Jeanne Gimpel, élèves au lycée Racine. MM. Robert Gimpel, élève de 9e. A. Giraud. Albert Reboul. Binniou. Charles Boyer, commerçant. Busquier. Lucien Casanova. Ambar. Désiré Abat. Allegre. Félix Baptistin. Charles Sage, à Toulon. L. Letellier. Vigouroux, à Valbourdin.

MM. Jean Emmanuel. Antoine Arnaud. Adolphe Dusseres. Justin Martin. Estienne Lamis. Cerutti. Loigne. Constant Allegre. Jules Garnier. Déougin. Amoutte. Junglar. Quevauviller. Majaud. A. Guit. A. Vidal. Mouréreau. Baptin. Ludovic Fest. Augustin Castagne. Barbier. Daustour. Sage. Totet. Toussaint Baude. Moreau. Rimbaud.

Henri Aude. Auguste Berthon, ouvrier du port, à Toulon.

MM. Giraudex, quartier-maître mécanicien. Lambert. Garoin, à Toulon. Lourrcille, ancien conseiller municipal de la commune de la Valette-du-Var. P. Jaine. Louis Parrel. Berthelin. Henri Badet. Prosper Berthoux. B. Vidal. Alphonse Dalmas. Cyprien Garnier. Bouids. Marius Ghiroirde. Simial. Gabriel Blanc. Jean Bertrain, à Toulon.

MM. Baptistin Champagne. Louis Brunel. Alfred Bouvet. Constant Semfit. Louis Blanc. Auguste Casta. Louis Coucas, à Toulon. Georges Tounain, typographe, Nanterre. Chabrier, Puteaux. A. Léminger, Levallois-Perret. Paul Pénot, ex-directeur de l'Alliance républicaine de Seine-et-Oise, Asnières.

MM. Charles Patry, Levallois-Perret. Albert Gourtay, Clichy-la-Garenne. V. Grenier, Levallois-Perret. Alphonse Meurant, Clichy. Louis Aubert. Louis Demullou, Saint-Cloud. Raphaël Coudart. Lioukou, Asnières. Denamps. Camille Salvador. Edmond Espezel. Blot. Laavedra. Jean Espezel. L. Le Guent, Clichy. L.-Arthur-A. d'Oliviera-Veysseyre fils. Henri Lecuyer. Paul Guilbert, Levallois-Perret.

MM. Armand Bousquet. Paulin Dukacinski. Jacques Rieu. J. Carmade. François Ferlus. E. Boyer. Paul Pons. F. Pujos. P. Fouilh. Etienne Pujol. Elie Cathala, à Béziers.

MM. V. Rogé. Salvon. E. Bousquet. A. Molinier. A. Vignon. Alexandre Bousquet. J. Escandre. L. Escandre père Léon Ribot cadet. J. Bessière. Larribat. Jules Pancol. Paul Junco. Charles Bénézech. Georges Reveille, François Ferlus, à Béziers.

M. Alphonse Salmon. Mme Alphonse Salmon. M. Arnold Salmon. Mlle Yvonne Salmon. M. Léon Weil-Salmon. Mme Léon Weil-Salmon. MM. Maurice Weill, à Rambervillers. Jacques Serres. Etienne Darmes. Michel Quinta, Antoine Salvab. Louis Coste, à Thuir.

Le Comité fédéral de la Fédération socialiste du Centre (adhérent au P. S. R.), réuni le mardi 20 novembre, au nom de ses trois mille adhérents. Pour le Comité fédéral, le secrétaire : V. Mazuel. Commentry. MM. V. Van der Becken, pasteur protestant français. Alphonse Picard, Nephtalie Kahn, Rouen. A. Drancourt, Reims. A. Alavoine Colmart. G. Dugros, Reims. L. Coutin. Pierrou. Jean Manalt, conseiller municipal. Jules Ronduy, imprimeur du *Républicain*, Perpignan. Léon Bonetty. Espira de l'Agly. Célestin Manalt. François Figuères. Perpignan. Michel Labois. Abliton Vails. Delavère. A. Cayrol. Alarrod, avocat, ancien conseiller général des Pyrénées-Orientales, H. Manalt fils. Albert Castelland. Courmanel. Vengès, Perpignan.

MM. Coste père. Lavail-Thomard. Pierre Poramède. André Lavail. Louis Gitaren. Jean Salvat. Camille Olive. Joseph Olive. Joseph Janicot. Joseph Descossi. Joseph Pointis. Henri Bert. François Tignères. Alphonse Bertrand. T. Guiral. Charles Grasler. Solmac. C. Erb. Bonnot Guillochau. Boeschlin. Nicolas. Tollot. Sorelle. Walter. Guillemin. E. Petithoy, maire. Thuir. Th. Pochard, Magny-Danizon.

MM. Joseph Manalt. J. Sobaguès. Marius Bonnet, Seignolles. Vincent Carboneill. A. Fons. Justin Patroux. Dirigoy. Baptiste Rolland. Pierre Bernard, François Manalt, à Perpignan. M. P. Marteill, à Céret. MM. Jean Roirre II. Duclo. A. Duclo. Pierre Civis. Michel Vassail. Alard François. G. Melchior, conseiller municipal. Jules Barriac à Perpignan. M. Billerach, à Terrats. MM. Joseph Moudelin. S. Koffman. Auguste Salomon. E. Félix. S. Metzer. Lévy. Strulle. L. Bonn. Jacob Worms. Mart Liebmann, à Nancy.

MM. Ch. Petithor. Jacques Clovis. Jacques Daniel Jacques Petithor. Paul Petithor. P.-L. Croissant. Louis Petithor. Auguste Français. Charles Bron. Mme Français. MM. Jacques Abel. Henri Jacquest. Henri Puchard, conseiller municipal. Barthélemy Devaux. Alphonse Croissab. Georges Petithor Alf. Petithor. C. Jacques. Mme Olympe Triboulet. MM. C. Puchard, Henri Puchard. G. Petithor, conseiller municipal, Jules Panchot. Joseph Voisin. Emile Panchot, à Magny-Danizon.

MM. Marius Malbos. Claude Barbier. Mlles Isabelle et Mathilde Barbier. M. Louis Méric, à Nîmes.

MM. Revault d'Allonnes, agrégé de philosophie. F. Villeneuve, agrégé des lettres à Mont-de-Marsan. M. Jules Faivre. Eugène Faivre. Charles Faivre. Auguste Faivre. Désiré Baroux. Emile Croissant. Dumont père. Jules Dumont. Auguste Nardin. Louis Chamot. Henri Nardin. Henri Chamot. Charles Faivre. Auguste Vuillemin. Emile Nardin. Louis, Edouard et Emile Croissant. Frédéric Duvernoy. Henri Croissant. Pierre Racine. Mme Louis Croissant, à Frédéric-Fontaine.

MM. S. Kahn. Camille Puchs. Samuel Sylvenus. J. Gumpel. A. Landauer, de Nancy. M. et Mme Anastasy Michel, président du syndicat des marchands de journaux. MM. Marius Bourret. Léopold Coussès. Fernand Capion. Clément Francezon. Auguste Brun. Louis Gourd. Louis Jany. Honoré Janot. Victarien Brugnur, conseiller municipal. Louis Rivière. Hippolyte Thérond. Eugène Roquette. M. et Mme Albert Pélat, directeur du Salon populaire. MM. Malbos Marius. Louis Combe. Emile Gibert. Jean Estre. Jean Gévaudan, conseiller municipal. Auguste Boiteau. Numa Aubaret. Etienne Rengade. Claude Trial, de Nîmes. M. Georges Foy, de Bordeaux.

M. Auguste Faivre. Mme veuve Martzloff. MM. Louis Bretegnier. Charles Faivre. Charles Bretegnier. Deloraine. Jean Chamot. Pierre Faivre. Mme veuve Faivre. Bretegnier. MM. Charles Deloraine. Charles Croissant. Mme Louise Faivre. M. Charles Croissant-Langlois. Mme Emilie Racine. Sophie Doriot. Frédéric Fontaine. MM. Elie Faure, étudiant. Alfred Jaulmes, étudiant en théologie. J.-L. Liénard, étudiant. André Vernier, étudiant. Roger Pagès. Raoul Capelle, étudiant. Jules Duffaut, étudiant. Casalio. Henri Lafoux. Moussiegt, étudiant. Génolhac. A. Gauthier. Montauban. Fernand Gomez-Taez. Cersans, Bayonne.

Ville de Bordeaux : MM. Georges Cahen. Ernest Cahen, ancien adjoint au maire. Ernest Lévy. Albert Tanunier. Albert Thévenet. Jean Thévenet. Georges Sarrat. J.-V. Leymarie. Francès. Léonce Foy. G. Lévy. Jules-René et Paul Lévy. Godineau. Ernest Kahn. Isidore Léon. Mmes Jeanne Léon, Berthe Lang, Niort. S. Léon. A. Renaudy. MM. Ch. Carrance. M. Edmond Léon. Gustave Monteux. Ch. Moliner. Louis Sechof. Michel. Mmes N. Michel. Depart. MM. Louis Brivet. Léon Carvaillo. Olivera. Louis Capdeville. Olivera-Valz. Emile Silva. Auguste Tardis. Fernand Lopès. Michel Bromet. Victor Bassmann. Virgile Lepos. Jules Reigner. S. Veigne fils. Benjamin Lévy. Ernest Lopez. Armand Salzédos. Désiré Suarez. Jean Laussade. Boucher. J.-A. Lopès. Jean Daugey, Bayonne. André Larène. Joachim Roy. Tuilliaux. Alexandre Signont. J. Valès. Lougne, avocat. E. Bost. Jules Sicard. Toulon.

Ville de Clairegoutte : MM. Lucien Cordelier, pasteur. Louis Iselin. Edmond Grandjean, conseiller municipal, membre correspondant du Comité radical, à Champagney. G. Bourguin. P. Grandjean. Georges Bourquin. Ferdinand Burcey. Charles Mignerey. L. Hory. A. Iselin. Croissant. Frédéric Fontaine. Charles Faivre. Emile Iselin. L. Bonnetoy. Jules Nardin. Grandjean. Charles Faivre-Iselin. Henri Horny. Jules Horny. P. Jacquot. Jules Perret. Paul Faivre. Alfred Lurleau. Paulmier. Henri Hory. Louis Iselin. Emile Piquart. E. Grandjand.

MM. Léon Brémond. Aignier. H. Grimaud. Roux. Dupra. Luchon. E. Blanc. Pierre Giraud. Jean Barlet. Albert Simon, avocat. Mellon cadet. Ducloitre. Mme Ducloître. MM. Rouvon. Bique. L. Rolland. Marius Gal. A. Ollivier. François Sipar. Baroly. Moitiger. Jacques Jules. Tissot. Louis Clamel. Louis Imbol. Abert. François Guiens. Victor Marius, à Toulon.

MM. Viénot. A. Hory. Albert Hory. Albert Sire. Ch. Marchal. E. Pourchot. E. Hoy. Charles Grèges. Iselin. Ernest Paulmier. F. Hory. Paul Paulmier. Albert Iselin. Henri Nissler. Henri Iselin. Emile Fourtel. Iselin. Henri Hory.

Louis Dolet. E. Roy. Paul Faivre. Grandjean. Delphin Faivre. A. Iselin. Marchal. De Clairegoutte. Mme Dubédat. Mlle Dubédat. MM. B. Weills, étudiant en médecine. E. Roux, assistant au Muséum.

MM. Eugène Dipay. Gilette. A. Bessenet. Eugène Ayssautier. Jean-Baptiste Mattei. Richerme Roselin. A. Couigny. E. Platier. Ollivier Darius. Jérôme Rognoni. E. Bonnaud. A. Meiffret. P. Marioc. Catie. J. Diticheim. Malaterre. E. Maureff, Toulon. Jean Maire. Pochard. Ch. Pochard. Petithory. Jules Pochard. Louis Pochard. Pochot, adjoint. Ch. Pochard. Henri Pochard. Louis Jacot. Emile Jacques. Octave Glarden. Magny-Danison.

De Valréas : MM. Léo Cherfils. Jacques Nerson. Henri Nerson. Georges Nerson. Metger. L. Mancelon. Fargeau. Léon Crazure. Amblard. Berthet. Aubenas fils. F. Bourguet. Paul Monié. H. Blanchon. A. Billard. E. Jambar. Raymond Sylvain. Victor Rivière. P. Butillon. Raphaël Burle. Léo Cherfils. E. Weis, Aubenas. H. Gilles. Culieras. A. Rivier. F. Vautour. Vincent Rigaud. Joseph Mallel. Eugène Amblard.

MM. Raymond Fortuné. Louis Bernard. Filanchir. Gabriel Vendran. Motal père. Marius Guigne. Alphonse Laget. Roussel. Paul Mornier. Armand Casimir. L. Billard. Henri Bagnol. Gille. Jules Philibert. Rivière. Burle. Ch. Chonier. Duflès. A. Jabert. Ch. Baron. Hippolyte Combe. Camille Reynard. A. Peyron. H. Truc. V. Monnier. Joseph Mathieu. Victor Sévidre. Victor Saurel. A. Villon. A. Jabert. Jean Mornier. Massol. L. Thiers. J. Masson. E. Salomon. L. Fraichon. Léon Peyronnet. François Masson. Julien Segoud. J. Daurand, docteur en médecine. Marius Durand. J. Veyron. Julhes. L. Martinien. Tardieu, docteur. Hucher. J. Besson. Jules Desagnat. Mme Adèle Desagnat. MM. H.-D. Renaud. J. Touba. Renaudin, étudiant. Louis de Romeuf. D. Renaud, professeur à l'école municipale Robert-Estienne. Lalemand. B. Cuyot.

Nous recevons du *Petit Var* les signatures suivantes : MM. Henri Guinard. Rabufet. J. Fabre. Cornibert. Courdouan. Giraud. Mebon. Rouf. Porrin. Emorens. Garlarinde. D. Blanc. Barthélemy Mariny. Fazicaria. Miesch. Prichard. Vallarino. Baudin. Elie Orcuez. Chambener. Dénégri. Hamonz. Paguet. E. Daumas. Gerjer. A. Cheynis. Autric. Chobod. Lombard. Scarron. Pierre Journery. François Pinel. Bonnet. Paul Douillet. A. Parey. E. Boyer. F. Coste. Joseph Jaubert. Imbert. G. Gravier. Olivier. Potier. B. Vachier. Arthur Bouffier. Revest. Boutrout. Rauzy. Salvaint. Henri Malhert. Mathieu Vial. Chabaud. Larsaille. Reymoneyni. Henri Carence. Aubonel père. Cabasson. Amadei. Savelli.

Nous recevons de *La Petite République* les signatures suivantes : MM. Alexandre Guillon. J. Cavanios. N. Segrand. Bertaux. Champcommunal. Foucaud. Buguois. Simon. H. Desbois. Edouard Mitteau, membre de la Ligue. Bertrand Lauze, conseiller général du Gard. Cohn. Elie Lauroy, adjoint. Charles Dumas. Julien Pin. Scipion Fernand. Ed. Couilhière. Bernard. Serrière. Pierredou. Mme Julien Pin. MM. Eugène Durand père. Eugène Durand fils. Michel Laporte. Joseph Durand. Elie Plomba. Etienne Bernard. Louis Bastide. Ferdinand Laporte. Fernand Bourguet. Isaac Perrier. Ulysse Dumas. Clovis Bernard. Jules Combes. Frédéric Perrier. Eugène Croazet. Auguste Supet. Jacques Durand. Casimir Peygre. P.-R. Jacques Durand. Molines. Albert Rauzier. Tallien. Louis Combes. Fermond. Jules Dumas. Jules Dhombre. Isidore Prunet. Cyprien Durand. David Numa. Jules Durand. Camille Dupuy. Jules Peyre. Clément Bourguit.

MM. Vaguez. Louis Pic. Pierre Pic. François Pic. Antoine Bernard. Paul Malige. Jean Jalaguier. Emile Larguier. Huguet. Brun. Eugène Bresson. Georges Rolland. Marguerite Rolland. Elise Malige. Eugénie Floquet. Adrien Barbusse. Ferdinand Bernard. Alfred Crouzet. Ulysse Soulier. David Simon. Eugène Bresson. François Lesuret. Germond. Eugène Peyre. Bernard Mouret. Tourtoulod. Félix Villaret. Louis Barbusse. Jules Gourin.

Bougarel. Auguste Bastide. Mme Julia Dumas. MM. Alphonse Dumas. Paul. Mlle Fernande Sekinger. M. L. Mognier. Mme Elise Couret. M. Alb. Fournier-Serrière. Mmes Emma Fournier-Serrière. Rosalie Serrière. MM. Marcel Poirier, étudiant en droit. Paul Louis, Poitiers. Augustin Perrier. Mmes Marguerite Perrier. Césarine Dumas. MM. Voude Guigon. Paul Dumas. Bastide. Isaac Perrier. Jules Mons. Marius Richard. Henri Guiollier. Louis Tourtoulon. Dumas. Louis Durand. Salomon Roux. Auguste et Scipion Bernard. César Crouzet. Auguste Calmain.

MM. Auguste Vogel. M. Fleury. Mmes Maria Mutel. Stéphanie Guyot. Blanche Fleury. MM. le docteur Frédéric Monod. Edgar Monot, de Liron. Fernand Archambaut. Octave Glardon. Pierre Petithorry. Edouard Jacques. D. Pochard, conseiller municipal. Louis Jacques. Henri Bron. Pheulpin. Louis Jacques, conseiller municipal. P. Faivre. Petithorry, maréchal. Petithory, conseiller municipal. Pochard. Henri Petithory, maréchal. Henri Petithory, propriétaire. Jacques Pochard. L. Jacques. Louis Jacques, conseiller municipal, à Magny-d'Anigon. M. le docteur Gonse. Mme L. Gonse. MM. Armand Gantet. G. Denerbizier. Daniel Boyer. P. Albert fils. E. Laporte. L.-Ch. Delpuech fils, étudiant en droit. Docteur de Crémé. Mme J. Bénazech. Mlle E. Bec. M. Félix Fabre. Mlle J. Armengaut. MM. Paul Galibert. Sudre Benjan. Camille Bénazech. David Bénazech, pasteur. Gustave Cadier, pasteur. David Cavayon. Louis Cèbe. Louis Benoît. Faure fils. Maynadre. Allar. E. Mailhé. Mmes Elisa Mailhé. Nelly Galibert. Mlles Célina et Lucie Raissiguiès. Marie Vidal. Delicia Bec. MM. Valette. Galibert, à Vabre.

MM. Octave Liat. Victor Cursin. Gustave Alibert. Frédéric Laporte. Alphonse David. Alix David. Albert Bourguet. Auguste Pongy fils, François Genolher. Cyprien Durand. Ciron. Mmes Marie Barthélemy. Louise Larguiven. MM. Félix Barbusse. Antoine Barbusse. Mme A. Pic. MM. Louis Bouvier. Samuel Bastide. Félicien Villaret. Emile Mabbon. Jacques Tourtoulon. MM. Charles Tabarié. Barthélemy Blanc. Scipion Crouzet. Scipion Crouzet père. E. Fesquet. Félix Fesquet. Noguiès. Mme veuve Julie Guigon. M. Alfred Fesquet.

MM. Louis Leclerc. Julius Leclerc. Aurélien. Leclerc-Catenat, à Carrière-Saint-Denis. Etienne Gaubier. Emile Feuninger. Honoré Desgranges. Léopold Senet. Edmond Benoît. Justin Lagand. Damas Lamouche. Elysée Fournier, à Persan. Joseph Bila. Alphonse Toullet, à Beaumont. Jules Morancy, à Persan. Albert Lamouche. Lanté, à Beaumont. Edouard Gourdin. Cochu, à Persan. Alfred Elui, à Champagne. Charles Piat, à Persan, Aug. Laurent. Désiré Hervin. Goussot, à Beaumont. Livernay, conseiller municipal. Charles Toulet. Eugène Bosselet. Stéphane Guillaume. Gaston Werner, à Peran. Victor Coulette, à Beaumont.

MM. Jean Durand. Eugène Perrier. Isaac Brunel père. Isaac Brunel fils. Lauze. Aug. Bourquet. Fernand Perrier. Mme Emma Couère. MM. Jean-Louis David. David Roussel. César Laurie. Léon Lauron. Mmes Fanny Martin-Bernard. Louise Bernard-Mouret. Fanny Bouvier, de la *Petite République*. MM. Charles Castel. E. Alexandre. Charles Netter. Abraham Blum. A. Cerf. Paul Lévy. Alexandre Bloch. Klein. Grivel. Lehmann. Jacques Blum. E. Baulard. A. Bernard. Rouen.

MM. Carpentier. B. Carpentier. Dépaux. Louis Legrand. Moreau père. Beaumont. Xavier Vandenbogarde, Champagne. Ed. Kiffer, conseiller municipal, Persan. Joseph Duchême, Beaumont. Mansard père, Champagne. Pierre Durand, conseiller municipal. François Jules Brouard, Persan. Victor Ballagny, Beaumont Lopinot, Persan. Blancheteau. L. Gauthier. E. Lefebvre, Beaumont. Allet. F. Pourchot. Jacques Vogt, conseiller municipal. L. Massin. Trommenschlager. Hannon. Ch. Vente. L. Dubreucq, Persan. P. Dépaux. Er. Darras. Léonce Dantard. Paul Devaux, Beaumont.

M. B. Weill, Mmes Joséphine Saremène. Lucie Alexan-

dre. Alice Wieuphen. MM. J. Klunz. B. Armand. E. Milot. L. Rehn. Saint-Mandé. Charles Wurmser. S. Lanzerberg. Léon Nathan. Lemaître. Mme veuve Alexandre. MM. Peltier. Bunel. M. et Mme Lévy. MM. Robert Dumas, étudiant en droit, Montpellier. Ernest Dupux, étudiant en lettres. Bel. Gaillard, Carcassonne. Crémieux, licencié ès sciences. Rieux, étudiant en médecine. Bouzaud, étudiant en pharmacie. Quiminal. Augot, étudiants en droit. H. Bousquet, étudiant en pharmacie. Errère, étudiant en lettres, Montpellier.

MM. E. Farriot. A. Lecouvé. Claude Masson. J. Dubreucq. L. Cottinet. E. Livernay. G. Pflieger. J. Margry. F. Mathis. Migros. Mangin. Ch. Tomas. L. Bonardi. René Lenoir. Eugène Leclerc. Clovis Leclerc. Eugène Falot. J. Jaille. C. Hotrigue. G. Héron. Tallon, Persan. Gauthier. Louis Carré. Ed. Cresson. G. Décagny. Décachel père. Gaston Cochet, Beaumont. F. Cuvillier. R. Follot. C. Hotrigue. Gauthier.

MM. Roig, boursier d'études. Louis Perrier, étudiant en sciences, à Montpellier. Emile Billoquet. Defond Chouit. Belthoise. A. Bomich. Juchel, conseiller municipal. A. Houteau. Armand Meunier. Célestin Chapuis. L. Front. Bressier. Rigot. Poignard. Maisonneuve. Buquet. Rouillet, à Orléans. A. Ulmo, à Saint-Mandé. N. Abélès, membre de la Ligue Goldschmidt. Goguely. Meyer. L. Dessal. Henry Bertheray, auteur dramatique. Mme Bisser. M. Edmond père, ex-pharmacien, à Nancy. Mme veuve M. Bing. M. Benjamin Monnier, pasteur. Mme Benjamin Monnier, Deux-Sèvres.

De Beaumont : MM. Henri Cochet. H. Fournier. A. Ducollet. G. Stoll. H. Déjardin Biloni Pelletier. E. Masson. A. Chavoutier. A. Rambour. E. Bourdon, conseiller municipal. A. Surein. Mme A. Rambour. MM. Ch. Bourdon. A. Faure, étudiant en pharmacie. E. Borel. F. Thut. M. et Mme Gravel. MM. H. Sililat. A. Gourdin. A. Descamps. Albret. A. Soubie. Mme Soubie. MM. Anatole Lucien. A. Fleischmann. E. Avisse. A. Servant. Weber père. Petiteville.

La majorité républicaine du Conseil municipal de la commune de Bourran, par Clairac (Lot-et-Garonne) : MM. Deler. Allègre. Bourges. Fournié. Os. Cusson. Dubreuil. Reillou. E. Baudont, maire de Bourran. Albert Spire, étudiant en médecine. Paul Blum. Longbretz. André Lévy. Albert Blum, à Nancy. E. Montbrun, pasteur, à Angoulême. P. Adenot. Berthier. Branchet. Lavoilottin. A. Merrin. Louis Bonnet, Chalon-sur-Saône.

MM. L. Délepine, à Beaumont. Th. Weber, à Bruyères. Joseph Bila. H. Laslier. H. Aumont, à Beaumont. E. Machias, à Poitiers. Paul Doutet. Poin, à Poitiers. J. Veyles. Lemoine. Camille Lévy. J. Clain. J. Cerf. P. Herbelot. René Cerf, étudiant en droit. Léon Cahen. Robuist, à Poitiers. Léon Dreyfus, à Chalon-sur-Saône. Mlle Madeleine Job. MM. Abraham Job. Emile Job. Auguste Prouhet, à Blondefontaine. Mme Thérèse Guilleminot. MM. Gérard Guilleminot, à Martigny-le-Comte. Landauer, à Saint-Marcel. Cerf-Francfort, à Eschevaunes-Saint-Marcel. Albert Bacher, à Chalon-sur-Saône. Mme Clémentine Schwab, à Diemeringen.

MM. Lucien Schwab, à Diemeringen. Adolphe Meyer. Weil Marc. Richard Galle. Georges Hirschmann. Emile Sély. Alfred Bernheim. Théophile Frank, de Lille. Jules Bernheim. Roubaix. J. Henri Weil, Reims. Guenau, sous-préfet honoraire, Nevers. Ch. Bazelin, directeur en chef de *la Tribune républicaine*. F. Poncet, de Nevers. Louis Bolland. Henri Hugot. Alexandre Chabot, délégué cantonal, Fours. René Champenois, Nevers. J.-B. Nolot, retraité, Coulanges. Eugène Raiga, rédacteur à la *Tribune républicaine*. Poncet, docteur, conseiller d'arrondissement du canton de Saint-Benin d'Azy. A. Meunier, agent voyer en retraite à Pouilly. Georges Lambiotte, à Prémeny. M. Guilhemot. Barrès, percepteur, à Corbigny. Bellanger. C.-L. Bailly. B. Minard. E. Perret. Guéridon. Bouiller, de Nevers.

MM. L. Joly. Vupill. Gintery. Cordouin. Mathieu.

F. Guillon. P. Leduc. André Adenot, Chalon-sur-Saône. Mmes veuve Grombeich Schmoll, Mulhousienne. L. Lévy-Grombach. MM. N. Lévy-Grombach, E. Prudhon. Mme Lefèvre, Rouen. M. Joseph Royer, Fougerolles-du-Plessis. Paul Chartrain Mme Paul Chartrain et ses cinq enfants. MM. V. Latréguilly, imprimeur, directeur du journal *le Nouvelliste*, Avranches. Mauduit, Avranches. A. Dontableau, ancien professeur de rhétorique, rédacteur du *Nouvelliste*. Arthur Batut, Labruguière, Tarn. H. Kampmann, viaduc de Viaur, Tarn. Léon Schwob. Henri Schwob. Mme Francine Schwob.

Protestations du Havre : Mme Dolfus. M. Charles Herter. Mmes Stapfer. Eugénie Lavenant. Louise Gascuel. Amélie Gascuel. MM. E. Bourlé. J. Hée. Martin Dufour. G. Aloner. H. Alphonse. Debray. Paul Alliguet. E. Langer. Foltz. L. Alliguet. E. Lacheret. Cournil de Lavergne. Pierre Davost. Mme Mathilde Cournil de Lavergne.

MM. André Weil. Elbeuf. Letourmy. Saint-Aubin-lès-Elbeuf. Bayeux, Caudebec. Mme Pauline Maureau. Boulogne-sur-Seine (rectification). MM. Laloy, archiviste paléographe, Vanves. M. Léry. J.-G. Léry. G. Léry.

Protestations reçues à Lyon par le Comité local de la Ligue des droits de l'homme : MM. Louis Durand-Koechlin. G. Lang. Marius Maninet. Edmond Pénin. Mme M. Pénin. MM. Léopold Monod, pasteur. Gérard Monod, étudiant en sciences. Francisque Sapin. François-Marius Carrey. A.-F. Paizot. Elisée Enjalbert. A. De Rosenthal. J. Bricaud. Emile Courtot. A. Perrin. Journey. Genevay. Antony Dufour. J. Delon. Gustave Seibel. Mme Gustave Seibel. MM. E. Pellissier. Barriquand. A. Tisserand. Hector Brissac. Montet. Jacquet.

MM. J. Fougerat. Docteur Joseph Nicolas, ancien interne des hôpitaux. Félix Villebrun. Panul. Chandelier. Moïse. Viénot, négociant. Lévy, employé. Frich. Sol, clerc d'avoué. J. Moulin, Lyon. Mlle Flora Schwob. MM. Poulain, officier d'académie, professeur honoraire, Vitry-le-François. Auguste Pegey. A. Heurlaut. Vitry-le-François. Docteur E. Oudinet. Henri Luthier. Vitry-le-François. Jacques Gottlieb. R. David.

MM. Guitot. Daniel, à Vitry-le-François. Docteur Benoît Nordman, médecin, à Calais. Mlles Poirier, la Crèche. Proust. Maunay à la Crèche. Mmes veuve Geiser. Veuve Coyne, veuve de pasteur. M. Du Renoul. Mme Renault M. Henri Renault, la Crèche.

Protestataires de la ville d'Elincourt : MM. A. Boury, licencié ès sciences mathématiques. Augustin Louchard Timothée Louchard. H. Ducornet. Louis Victoire. Ernest Blondiaux. Charles Louchard. Joas Louchard. Louis Bourgeois. François Décaudis fils. J. Caisne L. Pinchon. Henri Ruffin. Augustin Bourgeois. Alfred Décaudin. Jean Lefranc. Ernest Nisole. Alfred Bourgeois. A. Briatte, conseiller municipal. Joseph Lamouret. E. Dreux. Dieraudin. Théodore Carony. Joël Louchard. Ramette. Charles Lamouret. Prosper Crinon. Louis Nisol. Gédéon Louchard. François Louchard.

M. Delphin Renault. Mme Eloïse Thézaux, Niort. Mme et Mlle Cacouault. MM. Cacouault. E. Kruger, La Crèche. Prévost. J. Sainton, pasteur. S. Sainton, L. Biget. Mme Dumas. MM. A. Mouillet, pasteur. Durcas-Biliard. Ledère Thézard, négociant. Mme Noémi Thézard. Rachel Dubois. Veuve Deschamps. Eva Guignard, à Niort. MM. Dautresme père, propriétaire. Dautresme fils, directeur. Bonnat, rédacteur en chef. E. More, rédacteur gérant. G. Clavaud de Luçon, rédacteur au *Petit Rouennais*. Edouard Oui. Alexandre. M. Haye. J. Berthollet. A. Leneutre. A.-F. Grenet. Rouen.

MM. E. Rémy. V. Larrien. V. Caruel. F. Berné. E. Lefebvre. A. Tellier. Bidel. J. Springer. R. Saulniezz. Jules Lemaître. L. François. A. Soreri. M. Blondel. Silvanir Louvet. Armand Nerlon. Samrein. Armand Bloch. L. Rolland. Savary. J. Rolland. A. Rolland P. Lepetit. G. Barbé. Barbé. Baric. Paul Baudault. Almeroult. Zacharie Nerton. Henri Cauvin. Vimentel.

MM. Alfred Lamouret. Prosper Crinon. Frédéric Jésus. Jacques Mairesse. Jules Boulanger. Bisseux, pasteur. Jean-Baptiste Louchard. Roussel. Gervais père. Gédéon Gervais. Siméon Masaigne. Jean-Baptiste Cattelan. Irma Gervais. Mme Macaigne. M. Germain Louchard. Mme Marie Bourgeois. MM. Pierre Briatte. Désiré Jourquin. Mme Juliette Delbart. MM. Pierre Mégal. Léon Vilain, adjoint au maire. Cyprien Mégal. Briatte. Le Maire. Delacourt Goez, Blincourt.

MM. Alphonse Bertrand, publiciste, adjoint au maire de Versailles. Edouard Jacob.

MM. Léon. A.-E. Prenet. Loudar. Maurice Marolon. Edouard Medus, homme de lettres. Pilatri. Alban-Lévy. Marc Jacob, licencié en droit. Nelson Dias. Minni. Cléry. Morel. Saint-Yves, publiciste. Guillambert. L. Vielle. Douet. Albert Parent. Lagault, à Fontenay-sous-Bois. Lamy. Gauthier. H. Lucas. Fraignaud. Dobbélaère. L. Deville. Mazet. Borroni. G. Lucas.

MM. Bredis. Alliman. Certe. Brischon. Herp. Balaban. Clergues. Perrin. Tinchou. Hervé. C. Kermam. Pinoy. Faucher. Danton. E. C. Berthet. de Lapierre, élèves de philosophie du lycée Carnot. Neel. Pereire. Roll. Magnus. Couramac, publiciste. Naffre. J. Flavien. Alfred Bénézech. Montauban. Félix Meillan. Nérac. Jean Charbonneau. Léon Schrameck. Paul Schrameck.

Ivry-la-Bataille : MM. V. Duval fils. A. Tribouville. F. Barbey. Camille Thibouville. Hippolyte Martin. Charles Lenoir. Brunet père. Alphonse Denois. Jules Passager. J. Bachelier. Lalance. Alfred Barbey. E. Frémont. Edmond Guicheux. Moritz. Garnier. Z. Jonot. Philadeppe. A. Faucheur. E. Salomon. C. Faucheur. L. Huet. Manceau. Lemoinet. Adrien Lemaitre. Eugène Latouche. Arsène Brunet. Boudeult. Eugène Billet fils.

MM. Léon Kadh. Louis Renaudie. Gounelle. Turquand Eynesse. Pierre Sivadon. Docteur Renateau, receveur buraliste. P. Dubur. J. Ladoux, conseiller municipal. J. Sabeau. Lanceptême. J. Cremail. Bellivier, instituteur. Pierre Clary. J. Paget. Lespinasse. J. Boisselier. J. Terrible Marie Savariand. Beissade. Pignot fils. P. Guisnard, conseiller municipal, à Eynesse. J. Yot, à Saint-Avit-de-Soulège. Roland. Adrien Milhaud. Mmes Adrien Milhaud. Elise Anon. MM. Albert Lévy. Louis Rocheblave. Bernard Meyer, à Port-Saint-Foy.

MM. Huet. Simon Julien. Louis Steimann. Alfred Quidet. A. Giroux. Isidore Leroy. François Leroy. Paul Duclos. Adrien Simon. Mme Simon. MM. Joseph Lamort. F. Paul Duclos. Emile Billard. Mme veuve Duclos. M. Leguay. Mme veuve Laurent. MM. Paul Pontiel. Eugène Pontiels Ivry-la-Bataille. Mme S. Courtines. MM. S. Courtines, licencié ès sciences. Théodore Ferneri, poète chansonnier. Mme Théodore Ferneri. MM. Esprit Gombert. Jules Manent. Félix Turias. Mme Turias. MM. A. Taneron. H. Sauveplane. Mathieu Castel, Lunel. Jules Franchebois.

M. Albert Lévy. Mme Pauline Meyer. Mlle Noémie Montel. Léontine Montel. MM. J. Bouichadel. P. Lacroix. Edmond Fallier. Devaux Denair. H. Thorembey. J.-J. Treilhou. L. Louis. Mlle Marthe Godchot, institutrice. MM. E. Lesobre. L. Lazar. A. Bourdon. J. Fleur. Chilliat, Gentilly. Schvendemann. C. Guillard. Baju. J. Carayon. Godchau. Jean Finot, directeur de *la Revue des Revues*. Mme J. Finot. MM. Courriel Etienne. Chaville. Emilien Legout. J. Rogues de Fursac. Jean Guillot. A. Lépine.

MM. Jean Pataud. Fulkenberg. Arthur Harlay. Edouard Barthélémy. Jacques Schwab, à Epinal. Jules Baer, à Sedan. Robert Andrieux. Albert Leroy, à Charleville. Charles Raymond, à Mézières. Harlay, étudiant en médecine. Lecène, étudiant en médecine. Marie, ancien receveur central des finances de la Seine. A. Gosset, prosecteur à la Faculté de médecine. Ravignac. Docteur Midlly. Salvant, interne en pharmacie. Docteur Bourouy. J. Sudaka, externe des hôpitaux. Savignac, externe. Urbain Guinard, ancien interne des hôpitaux. Mircouche, interne provisoire des hôpitaux. Paul Dopff. Pierre Laprade. Fernand Giraudeau, ancien directeur au ministère de l'intérieur. Savariaux, étudiant. M⁰ᵉ C. de La Berthelière.

MM. Albert Pécheur. Gaston Tueur. Eugène Meffre. J. Guillemin, licencié en droit. Victor Duglou. Avrial. Victor Adam Poirier. Mⁱⁱᵉ Jeanne Lucas. Blanche Lucas. MM. Charles Gimpel. J. Gosselin, étudiant en lettres. Paul-Adrien Schayé, licencié en droit. Mⁱⁱᵉ Louise Jear. MM. P. Besques, licencié ès lettres, licencié d'histoire. Emile Doublet, étudiant en droit. Docteur Josué, ancien interne des hôpitaux de Paris. Emile Altette. A.-H. de Mollins. Antonin Dalsème. Eugène Geisenhœffer. Jean Magron, élève de l'Ecole des beaux-arts. Jean Laran, étudiant ès lettres. Adrien de Jarnac. Mᵐᵉ Martin. Docteur Salathé et Mᵐᵉ Salathé, 90, rue de Vaugirard. Bezall, pharmacien.

MM. G. Mérand, avoué, à Bourgoin. Camille Noble, à Bordeaux. Paul Berr. Edouard Weil. Mᵐᵉˢ Weil. Paul Lévy. Mⁱⁱᵉ Andrée Lévy, Strasbourg. Mᵐᵉ Paul Berr et ses fils. MM. Auguste Breyton, pasteur, Graissessac. Foula. Verse. De Max. J. Fournier. Oger François Romain. Ch. Amey, professeur de l'Université. Louis Garsot, étudiant en médecine. Jules Douady, licencié ès lettres. Albert Lauvinierie. Robert Kahn, Londres. L. Jourdée, Montpellier. Marc Fraissinet, pasteur. Mᵐᵉ Eugénie Fraissinet, Rom. MM. Félix Barbut. Léopold Barbut, Fontecave. A. Chauvin, professeur, de Carcassonne. Jean Monod, élève de philosophie. H. Bonnefon, Cannes. Chabrand.

MM. Edouard Sylvin, rédacteur à la *Gironde*, à Bordeaux. Amédée Baumgartner, Georges Coulomb. Gaston Maillous, étudiant en médecine. A. Pierre Muron. J. Guibert. Mᵐᵉ Peyrou. M. Mary. Mⁱⁱᵉˢ C. et V. Peyrou. MM. Edouard Braeunig, licencié ès lettres. J. Raumilhac. Gustave Reynier. Mᵐᵉˢ Gustave Reynier. MM. E. Rodier. A. Denis. Mᵐᵉ Bricogne. MM. Leclaire. René Durelle. Ch. Talabart, avocat à la Cour d'appel. Mᵐᵉ Leroy. Mⁱⁱᵉ Yvonne Leroy. Mᵐᵉ Marie Thiery. Mⁱⁱᵉ Leroy. M. F. Loye. Mᵐᵉ Célestine Loye. MM. F. Jeannet. L. Colliot. E. Deschamp. Lhuillier.

MM. F. Bégou, pasteur, à Cannes. Jules Lévy. Charles Godon. Paul Hart. Docteur A. Salathé. Spiez, membre de la Ligue. L. de Paen. Paris-Auteuil. Jean-François Cor. Pierre Charles. Cadiou fils. Damiellou. Taillanter. E. de Jagher. Lefennteun. A. Duval. Sanquer. Pierre Coi. François-Baptiste Baron. A. de Jaefger. François Marzin, à Morlaix. P. Legas, membre de la Chambre de commerce. Leguy, président du tribunal de commerce. V. de Dauter. Ch.-L. Zenkins. Mᵐᵉ Laure de Jaegher. MM. Théodore Morin, docteur en droit. Mᵐᵉ Edith Morin. MM. Roger

Morin. Hubert Morin. Bouygard, ancien directeur du *Peuple*.

MM. Pergot. Guinebert. E. Monmien. Albert. Verout. Frapié. Frontier. Cru. Léonard. Chevallier. Mᵐᵉ Marie Chevalier. MM. Laporte. Corouet. Blanc. Pierre Poizard. Henri Bornett. Jean Rairnet. Jules Vauthier. Jean Ponge. Paul Schlumberger. Mᵐᵉ Schumberger. MM. Carruel. Antoine Chenillot. Henri Lavaud. Jean Castang. J. Lavaud. J. Raven. Eloi Borderie. Daniel Borde.

Mᵐᵉ Matignon. MM. Viau. Paul Faure. Laurent Faure. Pierre Goulard. Samuel Farnier. Jean Basset. Henri Costang. Borde. Dapetitbreuilh. Mᵐᵉˢ Henri Lavaud. Veuve Bernède. L. Borde. Barret. MM. Barret. F. Soizeau. Mⁱⁱᵉ Anne Dumas. MM. Rebevre. J.- Elie Nicouleau. Paul François, Docteur Larrat. E. Maillie. Joel Lalaurie. Aristide Morichon. A. Bosquet Caubon père, républicain de 48. Wohler. L. Vignols. Crupel. E. Rivès, Clairac.

Ville de Seloncourt. MM. Sircoulan. Alfred Levin. Charles Cordier. Gustave Coulon. Louis Marchand. Léon Boname. Emile Roy. L. Bouvin. Frédéric Valiton. L. Beaudroit Renaud. Adolphe Bulle. Jules Douzot. Joseph Toussset. Adolphe Maury. Mᵐᵉˢ Amanda Levin. Marie-Rose Bulle. M. Csalley fils. Mᵐᵉˢ Fanny Grienne. MM. Léon Meguin. Joseph Saillet. Quaille. Berly. Emile Mathias. Onernier. Jacques Schuler. Henri Vernier. Charles Fainet. L. Mettete. Mᵐᵉ Rose Vouillemont. Maziman fils.

MM. Bivès. Etienne Crispel. A.-J. Caubon, médecin. Clairac. B. Gillard, géomètre expert. A. Serre, Clairac. A. Boutinaud, pasteur. André Gedalge, compositeur de musique. Mᵐᵉ F. Piallat. MM. L. Albiate. Pennequin. De Seynes, Mᵐᵉ Marguerite Gedalge. MM. Henri Radiquez. Henri Bloch, Mᵐᵉˢ Amélie-André Gedalge, professeur de chant, D'Obigny de Ferrière, née Trochu. MM. A. Cadès Mongin, compositeur. Georges Moreau. Mᵐᵉˢ Marie Moreau. Valentine Boudet. MM. Bufoulet. Charles Lalaune. Hourla, Podenzac. Léo Posso. Posso. V. Janowski. Léon Rosenfeld. Prosper Cahen. E. Redeuil. Achile Posso, Bordeaux.

Ville de Audincourt; MM. Frédéric Boucler. Fritz Fourrot. Mᵐᵉˢ Emma Cuire-Lod. Sophie Donze, Louise Meguin. Catherine Ferelot, Anna Cuisinier. Catherine Fallet. M. Paul Cuisinier. Mᵐᵉ Marie Schmitd. MM. Emile Cuisinier. Bapies. Mᵐᵉ Adèle Sircoulomb. MM. J. Belfils. Di met. Eugène Thouret. Eugène Megnin. Emile Revers. E. Buchs. Pierre Juillard. J. Bourquin Emile Zelin. Albert Nétilles. Emile Perrot. Méguin. Robert Curie. Guffroy. Mᵐᵉ Rose Curie. MM. Parrot. Eugène Parrot. C. Duvernet.

Mardi 6 Décembre 1898

M. A. Mégnin. Mᵐᵉ Albert Mégnin. M. Hérimoncourt. Mᵐᵉ Jacques Coulon. Mⁱⁱᵉ Jeanne Coulon. MM. le commandant Rifaut. Paul Destieux-Junca, sénateur du Gers. Mᵐᵉ G. Morin-Goustiaux. MM. A. Collignon, 156, boulevard Magenta. D'Echerac, 29, rue de Condé. Charles Edmond, homme de lettres. V. Landrin, avocat.

MM. Léon Cochet, ingénieur des arts et manufactures. André de Champbonin. Henri Brière, à Abbeville. Comte de Bellot de Pradel. Mᵐᵉ la comtesse de Bellot de Pradel. M. Maurice Cohen, rédacteur aux *Droits de l'Homme*. Mᵐᵉ Henry Leyret. M. Camille Dussaud, avocat à la Cour, licencié ès lettres, à Bordeaux. Mⁱⁱᵉ Amélie Ernst, officier de l'instruction publique. MM. Georges Lery, homme de lettres. Georges Wemert, rédacteur à *la Paix*. Edmond Rocher, de *le Gazette des Beaux-Arts*. Liches, employé de commerce. Paul Vuibert, artiste peintre. H. Chessé, de Versailles. Clément Berta. Joseph Caravel, 86, rue de Rambuteau

MM. William Shackleton, pasteur, Lunel. E. Devèze, docteur en droit. A. Devèze, à Sauve. Ernest La Jeunesse, publiciste.

De Vernoux (Ardèche) : MM. A. Maisonneuve, délégué cantonal. Rissoau, conseiller municipal. Vialet, maire. Delarbre, docteur en médecine. R. Vialet, ancienne institutrice. Seyne. Emile Bessy. Jean Bessy. Albert Bessy. Frédéric Grand, Vinson jeune. Viazac. Ferdinand Couret. Jean-Pierre Couret. David Chapon. Ferdinand Fort. Eugène Ponce. Léourier, conseiller municipal. Majal. Laforêt. Brès. O. Dejour. Jullien, conseiller municipal, Saint-Félix. Emile Peyronnet. Ponce, maire, Saint-Julien-le-Roux. Sesson, conseiller municipal, Vernoux. E. Fauriel, pasteur, Vernoux. L. Nodon, clerc de notaire. G. Nodon. Vinson aîné, conseiller municipal, Vernoux.

De Mulhouse (Alsace) : MM. Julien Marx. Léon Marx. Mⁱⁱᵉ Jeanne Marx. MM. S. Marx. Fritz Wolff. Pierre Guilming. H. Kampfmuller. Jules Thia. M. Hug. E. Holzmann. Ehard. Hug. Charles Hug. Oscar Gugenheim. J. Roos. René Fraiser. M. Carpentier. W. Wolff. Odile Sitterle.

De Denain : MM. F. Vincent, pasteur. H. Dejonghe, colporteur évangélique. Ph. Fontaine, boulanger. A. Fontaine, propriétaire. Louis Surmont, mineur. Emile Surmont, mineur. Léon Surmont, métallurgiste. Aimable Graver, tailleur. Jules Bernard, à Dinard (Ille-et-Vilaine). Maxime Massias, voyageur de commerce.

MM. Louis Berthezène, conseiller municipal de Vollerangue (Gard).J. Griange.C. Sénès, étudiants en médecine. Beauchamp. Grangnard, étudiants en pharmacie, Marseille. E. Peyron. Louis Lamand, à Genebrière, par Champagnac-de-Belair (Dordogne). Jules Ventre, au Luc (Var). Victor Maurel, ancien conseiller général du canton de Luc (Var). Moïse Bonnel. François Brun. Aimé Ventre, fabricant de liqueurs. Emile Ventre, propriétaire, au Luc (Var). Pierre Lableynie, à Tulle.

MM. Léon Véran, à Marseille. P. Revel, rue Gilibret, 26, à Marseille. Louis Pocat. 2, place Vaucanson, à Grenoble. Gustave Lesur, rédacteur au *Réveil du Nord* et à *l'Egalité*, 13, rue du Champ, à Roubaix. Antoine Pinelli, à Madrague-de-Montredon, Marseille. Louis Castoldi, à Lyon.

M. Alexandre Avrial, 23, rue Servan, Ami de la justice et de la vérité! Vive Picquart! Vive *l'Aurore!* Mlle Rosalie Lévy, 170, rue du Faubourg-Saint-Denis. MM. Paul Leclerc. Louis de la Salle, 30, avenue du Trocadéro. A. Marque, sculpteur, 30, rue Dutot. Charles Leymann, 74, rue Victor-Hugo, à Levallois. Camille Vallaux, agrégé de l'Université, à Brest. J. Kuhn, papetier, 38, rue Guy-de-Maupassant, à Rouen. Emile Vermale, clerc d'avoué, 21, rue d'Aquitaine. Louis Lhermet, principal clerc d'avoué, 19, rue Bourdaloue. Louis Eybert, clerc d'avoué, 36, rue Papin, à Nîmes.

MM. Louis Rey. Paul Gérard, chef de bureau. Crechange. Salomon Auschel. Paul Heymann. Paul Auschel. Laurent. Mme F. Nemarq. MM. F. Nemarq, industriel. Guillaume, artiste peintre. E. Guillaumi. A. Girault. Gustave Goudin. Eugène Goudin. Fernand Serrure. Alfred Pingalle. Claude Amand. Jules Verbecque. Eugène Grimonprez, employés. Mme Gabrielle Girault. M. Frédéric Van der Elst. Mmes Jeanne et France Argelas. MM. Léon Choulette. Eugène Schmoll, 44, faubourg du Temple. Moulin, professeur de philosophie. A. Barbay. Mme Barbay. MM. Georges Betoulières, 55, rue Lacornée, Bordeaux. M. et Mme Louis Picard, 30, boulevard Voltaire, Paris. MM. Léon Mercier, rue de l'Epaule, Roubaix. J. Mendès. Mme Marie Mendès, rue du Couvent, Bordeaux. MM. G. Mendès, comptable. Clément Mendès. Mme Marguerite Mendès. Isabelle Mendès, 14, rue Lacour, Bordeaux. MM. Th. Quenaud, 17, rue Pétion. P. Pierret, 83, rue de la Roquette. Bouvres, 21, avenue des Gobelins. G. Fricotel, 5, rue Basse-des-Carmes. Fersing, 27, rue Buffon. A. Lauvergnat. 22, rue Darcau. Gustave Goudin, employé.

MM. Rudelles, 11, rue Descartes. Galdberg, rue des Jardins-Saint-Paul, 33. Schlalstein. S. Rothschild, 22, rue Saint-Paul. Max Meyer, rue Thinard, 6. Albert-Henri Drescher, 46, rue du Figuier. S. Sapin, 7, rue Charlemagne. Isaac Lévy, rue des Jardins-Saint-Paul, 35. S. Wenifel, 13, rue du Pont-Louis-Philippe, 75. Maurice Weltsa, rue de la Roquette. Isaac Klater, rue des Rosiers, 44. Steltmann, 22, rue de Charenton. Feldmar. Henri Durville. Salomon-Lévy. Victor Lapoulle. Mme Lapoulle. MM. Maurice Lapoulle. Eug. Deschamps.

M. Alizard Favril, agriculteur, au nom d'un groupe de Wimy (Aisne) : MM. G. Philbois, 20, rue de l'Ecole normale. J. Perrenx, 3, rue Dametalles. Fleurence, rue d'Auxerre. Bertin, 5, rue Vieille-Rome. Randin, rue François-Gentil. Bataille, 35, rue Jeannette. Bourgeois Cassano, 36, rue Jeannette. Gadebois. Pont-Saint-Marie. Georges, Staller 4, rue de la Tour. Camusat, faubourg Conedo. Arthur Stal, 15, rue du Chapitre. Jules Cognevant, 20, rue d'Auxerre. Louis Ettet, 20, rue Bergat. Brazier Jules, place Saint-Nizier. Jules Beck Emile Oriate. Clément Ficher. T. Halm, 19, rue de l'Hôtel-de-Ville. E Geiller, 20, rue de l'Indépendance. A. Geilier, rue Louis-Blanc. Nicolas Ficher, 11, rue de la Cité. Alphonse Thierry.

G. Blanchard, 4, rue du Paradis. G. Reisser, rue de la Grande-Courtine. Delorme, place Saint-Denis. Bezin, rue de Gournaz. Kessler, rue de Molène. Strassel, rue de Fistasian. Ludot, route de Sens. Grosdemenge, 42, faubourg Saint-Jacques. Krumenache, 20, place Saint-Nizier.

M. A. Amilhac, à Bordeaux. Mme Laure Thurmann, à Genève. M. Daniel Simonnet, répétiteur, lycée de Quimper. Mlle Claire Lœwel, 7, rue Lévrier, Genève. MM. Fleury, publiciste. Henri Sassey. Sassey. C. Plantier. Armand Stern, 14, rue Saint-Paul. Arthur Stern. 119, rue Saint-Antoine. Clément, blanchisseur, 68, rue Mouffetard. Auguste Rueff. 19, rue Saint-Paul. Paul Rueff, peintre, 39, rue Gabrielle. Mme J. Desaulle, rentière. MM. Salomon Stern. Edmond Bernheim, employé de commerce. Mme E. Bernheim, 170, rue Saint-Antoine. Mlle J. Bernheim.

MM. E. Astruc. Adolphe Cristini. Bataillard. Joseph Ven, employé de commerce. H. Devigne. Arata. François Cornevale. Etienne Barbier. H. Clérissy, publiciste, Marseille. Louis Sabarin, publiciste. Bourgeois, publiciste. Gomard, publiciste. A. Arnoux. Michel Ponzio. B. Gamerre. Antoine Maille. Rouquié-Mourié. H. Mazien. Ch. Ponlier. L. Julien, typographes. H. Loris, ingénieur civil. M. Baurès. J. Florent. P. Coster, typographes. L. Meuvielle, publiciste. L. Cléringt. Martz, rédacteur en chef du *Radical*, de Marseille.

MM. L. Fichet, 141, rue de Bercy. L. Durand, 10, rue d'Uzès. A. Fichet, 7, rue d'Avignon. Lombard-Tranquillin, 20, rue Flamande. Clément Roussel, 10, rue des Patins. A. Enguel, 4, rue des Bénédictins. Pierre Graff, voyageur. Henri Castelloux, rue Grizot, 4. Alfred Palisse, 22, rue Saint-Pierre. L. Pasquel, 35, rue Docteur-Félix. Laborie, 12, rue Séguier. A. Tournier, 1, rue de France. Cl. Fichet, rue d'Avignon, à Nîmes.

MM. Triboulier, négociant, à Grenoble. A. Brancaz. Coche, serruriers. Barbier, 52, rue Saint-Laurent. Dupuis, serrurier, à Grenoble.

MM. Gaston Marot, auteur dramatique. J. Haguenauer. G.-D. Mayence, 95, rue des Moines. Alfred Colinion, organiste, 67, rue Voltaire. Mme A. Colinion, à Levallois.

M. Charles Alexandre, 8, boulevard du Temple. Mme de Villiers, 64, rue Caulaincourt. MM. Henri Spès, publiciste. Ad. Bècle, 48, rue Marcadet. Hyppolite. Erlanger Gradvohl. Régine Sauvanz. Bertrand, abonné. G. Ziégel. Docteur Francfort, 10, rue Dupleix. Emile Mayer. 74, rue de l'Abbé-Groult. G. Lumbroso. J.-M. Cattan. M. Lagnesse, étudiant en médecine. Paul Vertheuil. A. Goutcharon. M. Peyronnet. Armand Vallet, étudiant. Maurice Waller. S.-R. Guiz. Mlle E. Noret. M. Georges Aron, dessinateur. Mme Annette Lumbroso. Julie Fourcade.

MM. Arthur Guillon. Alcide Loyal. Henry Simon, à Sèvres. Pivert, 73, avenue Victor-Hugo, Boulogne. Meunier. E. Lorbail. Mme Suzanne David. MM. Louis Fassino, Ecole de chimie appliquée. A. Catonné, étudiant en droit. Leveille, étudiant en médecine.

MM. Jacques Steinhart, étudiant en médecine. Henri Aboulker. Dumoulin. Veangeard, 15, rue de Bièvre. A. Maillit. L. Bachmann. Lazare Mayersohn, étudiant. Pierre Carrière, étudiant. Louis Estève. Mme Jeanne Néry. MM. Henri Hertz G. Meyer. A. Halpern, étudiant en médecine. A. Door. J. Bounelius, étudiant en médecine. Th. Guyaumeau, publiciste. Bouchain, cocher. Mme Gay. MM. Lancermin. Félix Isnard. J. Chapon, 7, rue d'Alençon. Alory. 36, rue du Louvre. G. Thierry. M. et Mme Désiré Horvilleur. M. et Mme Edmond Moritz.

Mme Louis Horvilleur. MM. E. Petremant, 38, quai d'Orléans. J.-V. Tairraz, sculpteur. Abbadie. publiciste. Carrière, bijoutier. E. May, chef de bataillon en retraite. Mme E. May. Mlle A. May. M. Buisson. 167, boulevard Victor-Hugo, Clichy. Mme Marie Boucher, Paris. MM. Georges Gins, artiste-peintre. E. Rinny, imprimeur, 41, rue Davy. J. de Graaff, Le Vésinet. E. Nesnard, chevalier de la Légion d'honneur. Arthur Cahen, commerçant. 121 rue de Flandre. J.-B. Lassaras, représentant de commerce, 24, rue Oberkampf.

Mme Julie Pasquier, 7, rue des Ecouffes. MM. Gargorot, à Troyes. Paul Dobellet, 98, boulevard de l'Hôpital. Bruneteaux, 80, rue Marcadet. L. Gervaux, 8, rue Sainte-Appolline, Suresnes. Octave Ritt, 67, boulevard de Versailles, Suresnes. Victor Ritt, 67, boulevard de Versailles, Suresnes. H. Marion, négociant, 119, boulevard Sébastopol. Lévy Renaux, propriétaire, à Lagny. Hippolyte Deschamps, 119, boulevard Sébastopol. Dubois, 76, route d'Orléans, à Montrouge. A. Chimau, 212, rue Saint-Denis. R. Schwob, 119, boulevard Sébastopol. L. Simon, 37, rue Bouret Bouleteau, 119, boulevard Sébastopol Georges Lévy, 119, boulevard Sébastopol. A. Dombret, 119, boulevard Sébastopol. H. Comis, 119, boulevard Sébastopol. L. Guigau, 34, passage des Panonceaux. Emile Outreau, 96, boulevard Sébastopol. Lacour, 1, avenue de la République. Nanterre. Aupaz, 6, rue Neuve-Popincourt. H. Mignotet, 14, rue des Panoyaux. Mme Constant, 6, rue du Marché-Popincourt. MM. Ernest Lévy, 13, rue Notre-Dame-de-Nazareth. Paul Trèves, 38, avenue du Rocher, Parc-Saint-Maur.

MM. Seuffer, 56, rue de Belleville. S. Hermann, 54, faubourg Poissonnière. Alcide Métayer. René Maury. Albert Jehan. Georges Flonet. M. Hausmann. A. Diard, rédacteur à *l'Echo du Public*, 17, boulevard de la Madeleine, Paris. Louis Lagarde, bijoutier, 12, rue du Pont-Louis-Philippe. Louis Weill. Giuboni, 27, rue Sainte-Marguerite, à Pantin. A. Pernier, employé de commerce.

MM. Lucien Sairnien, 15, rue Larrivey. Charles Garnésion. Charles Klein. Marchiel. Grubert. Collinef. Auguste Begin. Emile Houel. Joseph Feder. Edouard Jeanmougin. Arthur Diétrel. H. Bouffin. A. Bertrand. L. Bertrand. Emile Habat. A. Guillemin. G. Girardin. J.-B. Binder. Perrotin. Corberand. Darbon. T. Hubert. C. Edouard. Paul Simonin. Joseph Simonin. Auguste Simonin. Edouard Jeanmougin. Valéry Bernard. Félix Lièvre. Adolphe List, Troyes.

M. Gremmitz, 42, rue de Lancry. Mme Gremmitz. MM. Damas, 6, rue Tiquetonne. J.-V. Lod, 45, rue de Charonne. Mmes Léonie Lods. Marie Lods. Jeanne Lods, 45, rue de Charonne. MM. André Boistard. Jules Bloch. Aristide Laubé. Victor Gréault. Mmes P. Schweizer. Delphine B. M. R. L'Eguillon fils, 151, rue de Charonne.

MM. Léon Busset, rue Monge, 7. Jean Mougin. Mirkel, rue de Coulommiers, 8. Victor Frissung, rue des Vassaulles, 2. Cyrille Frissung, rue de la Cité, 36.

A Beaucourt : MM. Lucien Jobin. Ed. Berget. Emile Vallat. Charles Libert, horloger. Henri Schouller, employé de commerce. Emile Mettetal. Martin Wilbre, tourneurs. Jacques Loray, repointeur. Emile Kiffer. Auguste Willamie. Klubler. Léon Bernard. Sébastien Strebel. Julien Jelion, repousseurs. Jules Hubner. Albert Bonzon, horlogers. Edmond Humbert, graveur. L. Chavel, horloger. Léon Blanchot. Emile Plain, tourneur. Henri Metol, ajusteur. Edmond Cordier. Emile Cordier. Abel Cordier. Alfred Krumin. Georges Vinkel. Fritz Beby. Paul Schley. Albert Masson. Emile Laigle. Pierre Laigle. Edmond Laigle. Philippe Schley. Plaintbal. Seig, horlogers. Charles Godet. A. Dirvi, ajusteurs.

MM. Alfred Bernard. Paul Lovy, mécanicien. Edmond Cabreret. Jules Traxer, ouvriers sur métaux. Paul Mathis, tourneur. H. Beurnier, mécanicien. Alfred Baldensperger. Constant Grosneyret, forgeron. Arthur Balet. Henri Arnosut, mécaniciens. Gustave Momeret. Baldensperger. Ch. Veuillement. Célestin Foessel. Albert Giaconnini. L. Friez, tourneurs. F. Totens, charpentier. A. Veuillemonot, musicien. Marc Franck, négociant. Xavier Riez. Pierre Rougier. Gustave Mahie. Gustave Plançon. Emile Colin, fondeur. Charles Bernard. Cerf Franck. Daniel Froak, négociants. Joseph Colin, tourneur. E. Vuillemenot, employé. Paul Altemann. Célestin Kloettz. Louis Gudenfeld, serrurier. Joseph Kieffer. Louis Schouller. Paul Perret. Al-

phonse Scholler. Gaston Perret, horloger. Jules Schouller, serrurier.

MM. Mathias Schouller, serrurier. Ernest Frig. Jean Frig. Roicombe, serrurier. Louis Péchin. Emile Rouche. Louis Gubus. Jules Vuillaumier. Louis Brunet. Sébastien Sobroquin. Emile Froisinet. Charles Wilhelm. Emile Tissot. Siméon Coulon. Auguste Lods. Emile Cura. Gustave Poillot. Auguste Vernier. Joseph Lehmann. Adolphe Poillot. Albert Jardot. Henri Humbert. Jules Vergon. Edmond Ress. Paul Jardot. Emile Jardot. Louis Loyrer. Julien Blanchet. Gaston Laurent. Henri Rayot. Léonard Franck. Emile Franck. Adolphe Hosotte. Lucien Gruel. Henri Bernard. Charles Fainnot. Louis Fainnot. Paul Bourguin. Maurice Graff. Victor Laigle. Constant Beley. Henri Pétrement. Jules Franck. Eugène Schepper. Jacques Camus. Marius Alazard. A. Sire. Edmond Bimberlin. Lucien Seigneur. Charles Kléty. Huguet. Georges Amtutz. E. Cuvier. Frédéric Briéty. Baudouin. Charles Cuvier. Dross. Charles Rigaudot. Frédéric Bozon. Louis Traxer. P. Cornetel. Edouard Bouteiller. Pierre Bainier. Alphonse Baldensperger.

MM. Edmond Monnin. Eugène Monnin. Paul Monnin. Louis Monnin père. Louis Monnin fils. Emile Verpillon. Louis Bobin. Emile Douzé. Gol. Charles Bairet. Ernest Bairet. Emile Sire. Edmond Pierron. Emile Coulon. L. Peugeot. Henri Maillot. Isidore Graff. Alfred Chapuis. Paul Coulon. Edouard Demougeot. Lucien Ress. Jules Ress. Lucien Amtutz. Jules Vergon. Alfred Demougeot. Paul Faivre. Albert Graff. Emile Reslin. Charles Cobinet. Henri Monnin. E. Monnin. Emile Miquet. Léon Coulon. Edouard Coulon. Edouard Hérique. L. Béquillard. Grouanol. Louis Cramotte. Henri Sire. Colin. Albert Bouteiller. Joseph Allemann. Emile Belponse. Edouard Dormoy. Paul Monnin. Albert Stain, à Beaucourt. Henri Klein, élève des Arts décoratifs. Henri Régnier, serrurier, 4, rue Bachelet. Mme L. Mayer, 46, rue Folie-Méricourt. MM. J. Lévy. André Crémieux. Mme veuve Elie Crémieux, 3, rue Lagrange. M. Maurice Stora, 32 *bis*, boulevard Haussmann.

MM. Léon Duchemin, étudiant. A. Gréard, 12, galerie Véro-Dodat. Ferdinand Benoît, voyageur de commerce, 23, rue Biscornet, Paris. Gaston Benoît, étudiant, 28, rue Biscornet. Mlles Agnès Tenance. Eugénie Satie. MM. Barnetche, professeur de piano, 6, rue de Paris, Saint-Germain-en-Laye. M. Vidal. Les familles Isidore Franck, Hayem-Gaudechaux et Cahen, de Metz. MM. Susmann, 28, rue de l'Entrepôt. Edouard Soyer, Bray-sur-Seine. Alexandre Bicler. Jean-Louis Vaudoyer, 132, avenue de Villiers, Paris. Georges Vannier, coiffeur, 7, rue des Tournelles. Leproux, 10, rue Faidherbe. Ernest Ferry, coiffeur, 5, rue Germain-Pilon. Henri Lugagne, 17, rue du Départ. Ch. Rossignol, 29, rue de Lancry. Camille Baillot, 42, rue de Cléry. J. Mulot, 15, rue d'Odessa. Gaulard, coiffeur, 8, rue Béranger. Louis Mouron, coiffeur, 10, rue Dancourt. Pierre Brosset, coiffeur, 37, rue d'Angoulême. Henri Gosselin. A. Bernard, coiffeur, 16, rue Popincourt. René Aubrun, coiffeur, 11, rue du Grand-Prieuré. Luquet, coiffeur, rue Corderie, 11.

MM. Bormotte, 23, rue Pierre-Levée. Schaelclerc. Charles Morin, 22, rue Maître-Albert. Frédéric Thomas, 16, rue Lagrange. G. Zilliveger, coiffeur, 20, rue Albouy. A. Lagane, coiffeur, 22, rue Taylor. Gibelin, coiffeur, 24, rue Marie-Stuart. Marcel Jacques, 16, rue Notre-Dame-des-Victoires. Léon Plachte. J. Nulmalne. R. Loels. M. Labbé, 46, rue Pierre-Charron. A. Pernisset, 17, rue d'Auteuil. E. Caumaert, ouvrier bijoutier, 3, rue Saint-Fiacre. Paulin, rue de Marseille. Laburthe, 15 *bis*, rue Sainte-Anne. Camille Gardelle, architecte, 83, rue Demour. Lucien Dreyfus, élève de commerce. Nathan, peintre-céramiste, rue Solférino, à Billancourt. M. Cahen, 20, rue Cadet. E. Delabadie, 121, boulevard Saint-Michel. Mlles Georgette Langlade- Jeanne Debèze, 121, boulevard Saint-Michel. M. A. Haas, 39, rue des Petites-Ecuries. Mme S. Haas, 39, rue des Petites-Ecuries. MM. A. Sauphar.

De Mannuguy, employé de commerce. C. Bretin, 16, rue Saint-Joseph. L. Maury, secrétaire d'un député. P. Marius André, 66, boulevard Port-Royal. Mme P. Marius André. MM. N. Meyer. F.-R. Robert, compositeur de musique, à Beauvais. Mme B. Robert, professeur de musique, à Beauvais. MM. Bourguignon, secrétaire du Comité socialiste de Beauvais. Farges, coiffeur. Mme Céline Nathan, à Billancourt. M. Simon Mirtil, 181, rue d'Allemagne.

MM. E. Muret, négociant, 123, faubourg Saint-Antoine. Kinsbourg, 57, avenue de Clichy. Strauss, 181, rue d'Allemagne. Sylvain Cerf, rue d'Hautpoul. Edmond Kinsbourg, Neuilly. Mme Emilie Decoin. MM. Georges Créach. R. Bautegnie. Cressin. Bautegnie. G. Lèbre, étudiant en médecine. Th. Potel, peintre. Cremer, P. C. N. M. Sloog, étudiant en médecine. Eugène Couturier, Beaux-Arts. A. Mervy, étudiant en droit. René Compain, des Beaux-Arts. Robert Bonnin, sculpteur. Maurice Dupuy, élève sculpteur. Paul Lecour. Mmes Mathilde Voignier. Julie Cressin, anarchiste. MM. Armand Cressin, anarchiste. Franké, professeur. Gouny, professeur. François Sauter. Labric, passage de l'Union. Dodier. Grandin. A. Page. J. Didelan. A. Biot. E. Rambaud. E. Perrot. Loubignac, brasseur. Garnier, brasseur. E. Brunet, 14, rue du Petit-Pont. J. Thomas, 34, rue Henri Chevreau. E. Buzin, Maisons-Alfort. P. André. Bapul Thomas, comptable. G. Guillery. Ch. Perros. Delaisse.

MM. Genty. Ferdinand Zurbuchen. V. Brébant, 146, rue Saint-Maur. A. Brébant. Alexandre Montel, 117, rue Saint-Maur. Fraget, ferblantier. Fournier, tourneur. Bernard fils, 27, rue Corbeau. Bernard père, 27, rue Corbeau. Lacroix, 10, rue Crussol. Fournier, impasse du Moulin-Joly, 9. Godin, 43, rue Bisson. Baudelot. J. Drevet. Bernard, 131, rue Oberkampf. Henri Bernard. Molénat, 148, rue Saint-Maur. Etienne Gouin. J. Fraget, 134, avenue Parmentier. Du Havre : MM. A. Limare, couvreur. Paul de Venaucourt. J. Cléroux. Perrot. Mme Jeanne Emile. MM. Couturier. Fouchet. Victor Cousin. Fleuret. Alfred Debannes. César Giguet. Un libertaire. Crespin. A. Crespin, à Montivilliers. Georges Jenzer. L. Gilles. Jean Chevalier. E. Jourdain. Hannicot. De Backer. Huet. Serry. Gauthiérot. Anatole Resmer. Mlle N. Dumour. Pollet. MM. Léopold Houville. A. Richer. Armand Robinault. Thomas Bouchereau. Georges Le Berquier. H. Bérault. Platen. Mme veuve Guérinot.

MM. Marc Denis. Victor Coulomb. Alexandre Martel. Hippolyte Marcou. Camille Rascalon. Ernest Rascalon. A. Genouillac. Albert Astier. François Fages. Louis Pradier. Marius Néplat. Louis Delord. Roux fils. Barafort. Emile Blaye. Perognac. Albert Martel. Henri Merail. Noma Geurdan. Gabriel Rouveirolle. Herlaine. Mourgue fils. Emile Deleuze. Pascal. Emilien Volpelieri. Albert Gibert. Léopold Quit. Jules Granier. Elie Fournier. Eugène Chabrolin. Auguste Rascalon. Eugène Chambouleyron. Gérôme Rouveyrol. Léopold Lafont. Numa Bertrand. Etienne Guigan. Pierre Montagnon. Jules Mutel. Audemard. Bulland. Olive. Roger. Jardy. G. Laganie. François Guernaud. Bonnaud. Prosper Besson. Jean Muret. Henri Masson. Claude Suget. Joseph Coulon. Louis Boudon. Félix Roux. Henri Privat. Victorien Bastide. Eugène Plantier. Plusieurs signatures illisibles. MM. Albert Hugon. Ernest Peyre.

MM. Andrieux, de la maison du Peuple, de Paris. Jus, gérant de la Maison du Peuple. H.-G. Tamyrac, conducteur-typographe. Auguste Henry, stéréotypeur. Anthvine, 32, rue Simart. Borderie, 35, rue Poulet. Plessier, 12, rue Durantin. Lemasson, 19, rue Feutrier. Mansier. Félix Tardivel. MM. Lardé, 13, rue du Poteau. Gustave Facier, 54, rue Labat. Lefebvre, 11, rue d'Orsel. Edouard Moroht 22, rue Baudelique. Alphonse Biedermann, 19, impasse Clignancourt. Charles Noir, 20, rue Ramey. Mme Alice Pellé. MM. Philibert, 8, rue du Mont-Cenis. A. Soret, 28, rue Letort. G.-P. Delange. Mme Marguerite Delange. MM. Remier, 88, rue Duhesme. Vialard, 40, rue de la

Goutte-d'Or. A. Remier, 28, rue Durantin. Eugène Soyard, 34, rue des Trois-Frères. Marius Ortet. Isidore Gérard. Boudon, 22, rue du Simplon. H. Delaperelle, 87, rue Duhesme. M. et Mme de Boulard, 63 *bis*, rue Ramey. MM. L. Andrieu, 90, rue Ordener. G. Eustache, élève en pharmacie.

MM. Jean Curton. Pallier, 32, boulevard de Clichy. Gournier, 18, rue de la Chapelle. Férard, 18, rue de la Chapelle. Taillefer, 60, rue Philippe-de-Girard. Hardy. Etienne Develay, Louis Zéko, 8, rue Bonnet. G. Morel, rue Caulaincourt. Mme Aurélie Borel. MM. Gautier. H. Rousseau. Hoste. A. Escoffon. A. Leizar. M. Stern. Henri Leizar. Mme Henriette Cochu. MM. E. Charles. Louis Cosson, coupeur, 15, rue Montcalm. Mme Louis Cosson. M. et Mme Gaston Mariotte. MM. Louzon. A. Simon. Octave Carpentier. Eugène Ramsden. James Ramsden. Edouard Brunschwig. Percheron, 187, faubourg Saint-Martin. Emile Combe. J. Desdoigts. B. Lanoirtz. Daviet, 25, rue des Ecouffes. Elie Latzarug, 8, rue des Ecouffes. Charles Specht, 7, rue Simon-Lefranc. Charles Dreyfus, 4, rue Bréguet.

Comité Vérité-Justice-Liberté, de Levallois-Perret : MM. Aloïse Reibel, 37, rue Martinval. Ch. Ruault, 50, rue de Courcelles. Charles Mouette, 31, rue Voltaire, à Levallois. J. Courte, 27, rue de Sambre-et-Meuse, Paris. Edmond Poulain, 19, Grande-Rue, à Sèvres. Mme veuve Poulain, 12, rue Lannois. MM. François Courtine, 12, rue Lannois. Combaz, 1, rue Trezel. A. Guidon, 170, rue du Bois. Charles Roncillat, 170, rue du Bois. R. Brie, fils, petit-fils, neveu et cousin d'officiers généraux et supérieurs, 12, rue du Marché. Citoyen Billon. Citoyenne Billon, 34, rue Raspail. MM. Jean Barthélemy, 20, rue Fromont. Désiré Normand. Bouchard, 32, rue de Courcelles. Joseph Joachim, 27, rue Danton, à Levallois. J.-B. Dufour, 93, rue Nollet, Paris. L. Aubert, 18, rue Danton, à Levallois. Joseph Aubert, sculpteur, 33, rue du Moulin-Vert, Paris. Poudret, 99, rue Fazillau. Léon Trocmé, 44, rue des Frères-Herbert. Leperlier, 21, rue Victor-Hugo. François-Jules Déjardin, 49, rue d'Alsace, à Levallois.

MM. Gustave Cerceau, 16, rue de Bretagne, Levallois. Ch. Hortsmann, 37, rue Poccard, Levallois. P. Maroger, étudiant, 25, rue Chauveau, Neuilly. Mme Clotilde Boucquin, Levallois. MM. Joseph Bonigen, 12, rue Vincent, Paris. Papiot, 1, rue Bolivar, Paris. Creuillot, 4, passage Poncelet, Paris. Louet, 121, rue de Cormeille, Levallois. E. Monnereau, 17, passage d'Isly, Levallois. Deschamps, 40, boulevard Pereire, Paris. Hamard, à Puteaux. Rampin, 7, rue d'Armaillé, Paris. H. Décors, 111, rue de Cormeille, Levallois. L. Charpentier, 111, rue de la République, Paris. Joullais, 84, rue de Cormeille, Levallois. Denisse, 6, passage Roche, Pantin. Lamy fils, 67, rue Laugier, Paris. Paul Baisnard, 6, passage Charles-Dallery, Paris. Adolphe Laurent, 67, rue Gravel, Levallois. H. Toussaint, 16, rue des Bois, Bezons. Adam, 52, rue Cavé, Levallois. E. Thomas, 16, rue de Metz, Courbevoie. Aubry, 1, rue Fromont, Levallois.

MM. C. Rousseau, 37, rue Volta, Paris. D. Gautier, 36, route de Fontainebleau. P. Bacot, 16, rue de Metz, Courbevoie. C. Decors, 31, rue Marjolin, Levallois. Celzard, 18, rue Letort, Paris. Cacheux, 21, rue Saint-Ferdinand, Paris. Ernest Alric, 50, rue Chaptal. Henri Maclet, 58, rue Vallier. E. Cahen, 30, rue Chaptal. Dorlcam, 30, rue Chaptal, Levallois. D. Dubernelle, 53, rue de la Sablière, Courbevoie. Ernest Bonheury, 9, rue Belidor, Paris. Piogé, 35, rue Chaptal, Levallois. H. Coudert, 34, rue de l'Espérance. L. Gally, 14, rue Montessuy. E. Chevalier, 149, boulevard Malesherbes, Paris. Dumarthiray, 22 *bis*, boulevard de Villiers. Vincent, 28, rue Galvani, Levallois. Lebrun, 5, boulevard Gouvion-Saint-Cyr. Blanchard, 19, rue Vieille-du-Temple, Paris. Raatz, 77, rue Chaptal. Touron, 3, rue Camille-Desmoulins, Levallois. G. Labaie, 55, rue de Villiers, Neuilly. Edouard Orsuis, 1, rue Aumonthieville. Louis Navette, 49, rue Chaptal. Fulbert Laignier,

4, rue Lannois. Louis Murphy, 4, rue Lannois, Levallois.

MM. Emile Laignier, 90, rue Chevallier, à Levallois. Aristide Laignier, 4, rue Lannois. Socrate Laignier, 4, rue Lannois, Levallois. Arsène Laligant, 18, rue Guyot, Paris. Isidore Levy, ferblantier, 36, rue Vallier. Alexandre Lévy, 107, rue du Bois. Viciot, 128, rue de Courcelles. G. Gaertner, à Levallois. Ledorz, 59, rue du Moulin-Vert, Paris. Chabin, 3, rue Camille-Desmoulins, à Levallois. Babouot, 84, rue de Lévis, à Paris. Lediez, 87, boulevard National, à Clichy. Glatigny, 45, rue Saussure. Sagot, 86, rue de Lévis, à Paris. Emile Ruppert, 161, rue de Courcelles, à Levallois. A. Poteletty, rue Béranger, Petit-Colombes. Camille Taffoureau, 31, rue de Chazeilles, à Paris. Paul Emard, 14, rue Vergniaud, à Levallois. Breitcheid, 86, rue de Lévis, Paris. Alexandre Barbier, 2, rue Lannois, à Levallois. Boch, 20, rue de Seine, à Suresnes. Millière, 28, rue Victor-Hugo, à Courbevoie. Grault, 5, rue des Jardins, à Asnières. Smith, rue de Neuilly, 6. Binet, 77, rue Chaptal, à Levallois. Boutron, 21, rue de Paris, à Courbevoie. Romme, 3, rue des Arts, à Levallois.

MM. Guiot, 2, rue Bernard, Levallois. Perron, rue Pierre-le-Grand, Paris. A. Widcoq, 83, rue Chaptal. Husson, 37, rue de Courcelles, Levallois. Proeder, 15, rue Daru. F. Widcoq, 17, rue des Acacias. L. Schmidt, 16, rue Angereau. Praneuf, 17, rue des Acacias. J. Widcoq, 17, rue des Acacias. Schmidt, 40, rue Brunel, Paris. Maillard, 1, rue de Paris, Courbevoie. Lahezan, 7, rue de l'Amiral-Courbet. Frize, 4, rue Boutard, Neuilly. E. Bouttier, dessinateur, 33, rue Victor-Hugo, Nanterre. P. Bessone, 32, rue Carnot, Levallois. Paul Rupallen, 2, avenue des Tilleuls, Paris. A. Lamure, 21, villa Reine-Henriette, Colombes. D. François, 97, rue des Arts. Passé, 7, rue Rivay. Baudoin, 66, rue des Arts. V. Genillon, 23, rue Carnot.

MM. H. Lefebvre, 16, rue Raspail. Thyriet, 50, rue Carnot. Securs, 116, rue Chevallier. S. Guidon, 170, rue du Bois. J. Girard, 37, rue Guersant. Miedan, 106, rue Chevallier, Levallois. T. Bailly, artiste peintre, 69, rue Caulaincourt. C. Ponsignon, ingénieur des arts et métiers, 69, rue Caulaincourt. Alfred Muller, artiste peintre, 69, rue Caulaincourt. Th.-A. Steinlein, artiste peintre, 69, rue Caulaincourt, Paris. Calipel, 45, rue Martinval. Berthier, 49, rue Fazillau. Morat, 108, rue Corneille. E. Jamin, 58, rue Carnot. Etienne, 24, rue Gide. Camille Securss, 4, rue Carnot, Levallois.

Cette (Hérault) : M. Crémieux, négociant. Mme Crémieux. MM. A. Mossé. René Volff. F. Gabriel. Mme Gabriel. M. Crémieux, licencié. Mme veuve Carcassonne. M. E. Carcassonne père. Mme Léa Lyon. MM. B. Carcassonne. J. Bamberger. Peyre. J. Mossé. G. Saurel. M. Crémieux. A. Jouve. J. Martin. J. Contouly. Cerf Ramon. P. Anduel. G. Said. M. Lisbonne. Quamel. J. Forestier. Bouguès. R. Naquet. Robert, artiste lyrique. Louis Jannot. Binffel. Aubès, ancien conseiller municipal. Aubès père. Darolles. P. Lugagne. L. Recouly. Mme Deville. MM. V. Hurey. Emile Hérail. J.-B. Vivarès. T. Layrac. A. Granier. Pioch. Azuech. Mokel. Bargeon. Cottalorda. Reboul. Roche. Taillon. Conge Fiat. Antérieux. Louis Roux, artiste lyrique. G. Thomas. Gleyses. Raymond. G. Chanoine. L. Pagamon. J. Combes, administrateur du musée municipal. Groussier. Bel. F. Renaud. J. Granié. C. Loubière. A. Maurel. Penériq. Mme Eugénie Girony.

Nîmes (Gard) : M. et Mme G. Auquier, 19, rue Roussy. Mme Salle. Mlle Marthe Salle, 18, rue Roussy. Mlle J. Alméras, 14, rue Pradier. M. et Mme Alméras, 14, rue Pradier. Mlle Louise Bonijol, rue Roussy, 49. M. Paul Martion, 49, rue Roussy. M. et Mme Philip, 36, rue Roussy.

D'Aimargues (Gard) : MM. Dumas-Pioch, chef de cave. F. Picart. A. Picart. A. Gaussent. L. Daumas. Saloger. Béchard. H. Daumas. Frizol, jardinier. Mme veuve Gras. MM. X. Fasson. P. Mourgues. G. Galibert. T. Larmande. Hippolyte Daumas, régisseur.

Mme Chevrier, née Siriey de Gandy. M. Ernest Gindraut, chef d'atelier, rue de la Gare, à Bienne.

De Toulon : MM. Gustave Esteva, secrétaire du *Réveil social Mourillonnais*. A. Chainot, secrétaire du Comité de vigilance de Toulon. Ch. Luck, ouvrier riveur. Jules Massel. Martinelli. Novero. J. Chabert. Morazanni. Bonifacio. Barthélemy. Emile Marcadéry. Justin Drogoul. Baptiste Sage. Auguste Marteu. Bernard Généreux, ouvriers du port. Joseph Gautier, jardinier. Viniguera, commerçant. Prosper. Parca, teinturier. Cordier. C. Hiamparine, tôlier. Dominique, ajusteur. Julietti Charpentier, tôlier. Martin. Denis, représentant de commerce. L. Garidou, charpentier tôlier. Geoffroy, cordonnier. Viale, ouvrier du port. Franceschi. Joseph Philipi, propriétaire. Louis Mathère (plus cinq signatures illisibles).

MM. Klein. Eugène Valluet. Mme Valluet, 10, rue de Panama. MM. Gaston Durand, étudiant en médecine. H.-A. Lebel. Louis Wouters, homme de lettres, 80, rue du Rocher. E. Auger. Mmes Auger, 12, rue des Pyramides. Eugénie C..., Banville.

MM. Louis Cumet. Charles Mat. Ch. Philippe. G. Prod'homme. Armand Klotz, 18, rue Voltaire. G. Bilger, 80, rue Pixérécourt. Mlle Claire Schainbert, 16, boulevard Saint-Germain. MM. Victor Etasse. Alfred-Léon Etasse fils. Albert Etasse fils, 11, rue Saint-Joseph. Joseph Paquatte. Mme Paquatte, 24, rue Montorgueil. MM. Joseph Servanier, à Pantin. Victor Vabotin, à Pantin.

De Gand : M. Henri Lhomaus, 12, rue Bréderode. Mmes Pauline Douceman. Marie de Radher, 100, chemin de Courtrai. Mlle Julie Gurard, 2, chemin de Courtrai. M. Jules Gurard, coiffeur, 2, chemin de Courtrai. Mme Prudence Gurard, tailleur, 2, chemin de Courtrai. M. Oscarino del Gardidano, 2, chemin de Courtrai. Mlle Irma du Parc. MM. Pierre Maès, rentier, 31, rue Bréderode. Théophile Moens, propriétaire, 51, boulevard du Parc. Mme Régine Moens. M. Charles Lecomte, cafetier, 195, chemin de Courtrai. Mme Marie Lecomte. M. François Velghe. Mme Marie Velghe, 40 chemin de Courtrai. M. Armana Gurard, 2, chemin de Courtrai.

M. Charles Van den Berghe, 72, chemin de Courtrai. Mlle Irma Vansleirbilch, chemin de Courtrai. MM. Léonard Vandputte, 28, boulevard du Parc. Edmond Bacle, 76, chemin de Courtrai. Mme Marie Bacle. MM. Henri Sorgeloose, rentier, 47, chemin de Bruxelles. Ledeberg. Mlles Justine Pappoert, rentière, 76, chemin de Courtrai. Palmyre de Rudder, 100, chemin de Courtrai. MM. Emile de Rudder, typographe, 100, chemin de Courtrai. Auguste de Rudder, voiturier, 100, chemin de Courtrai. Mlle Mathilde de Rudder. MM. Gérôme Voet. Léopold, Raymond, Basile, Paul, Gentil Voet. Mme Marie Voet, 170, chemin de Courtrai. Mlle Emilie Buysse, 40, rempart des Chaudronniers. M. Henri Matthys, 40, rempart des Chaudronniers. Mmes Léonie Matthys, cabaretière, 40, rempart des Chaudronniers. Marie Van den Berghe, 72, chemin de Courtrai. M. Julien Van den Berghe.

MM. A. Lévy, ingénieur. Pitay, 142, avenue de Versailles. A. Féroul, 92, rue Michel-Ange. L. Pinot, 14, rue de la Seine. Ménégaut, 32, rue Théophile-Gautier. Jouanne, directeur du *Journal*, à Boulogne-Billancourt.

MM. Tissat, 19, Rond-Point-de-la-Reine, à Boulogne. Paul Thooris, homme de lettres, 8. rue de l'Assomption. Barrière, 44, route de Versailles. Jean-Marie Poncet, 24. boulevard Exelmans. Alphonse Bureaillet, 28, boulevard Exelmans. Castex, architecte. Auguste Roques, 192, avenue de Versailles. Lajeunie, 8, rue Lemarois. Pissot Louis, 26, rue Félicien-David. Martin, 5, rue Pessard, à Boulogne-sur-Seine. François Bussière, 24, rue Boileau. G. Taboulet, 12, rue Félicien-David. Mme Marguerite de Curel, 8, rue de l'Assomption. Dard. Mme Dard. M. Choppé. Mme Choppé. Mlle Choppé. MM. Jean Reibrach. Jouet. Auguste Conte. J. Martin. Fernando de Arteago.

MM. Gabriel-Amand Jaudoin, pianiste, premier prix du Conservatoire, 112, boulevard de Rochechouart. Gabriel

Jaudoin, artiste musicien. M. Rothschild. H. Boss. E. Boss. A. Boss. Mlle Louise Lacour. MM. de Ruel. Jodin. Dupont. Fariom. Fleuros. Copez Nouret. Perrin.

Mme J. Rothschild. Mlles Léa, Gabrielle et Hélène Rotschild, à Noisy-le-Sec. MM. Camille Carel, 30, rue du Printemps. H. Thomas. F. Thomas. Alexandre Cavet. Mmes Florence Brothier. Suzanne Denéchaux. MM. Charles Leroy. Paul Jumel. Peletin, expert, 64, rue de l'Hôtel-de-Ville. Lucien Cohen. A. Marcus, tailleur, 33-35, boulevard du Temple. Raphaël Lehman, E. Cottereau, voyageur de commerce, 5, boulevard Richard-Lenoir.

Pour le groupe libertaire d'Angers : MM. Emile Hamelin, 13, rue du Port-Signy, à Angers. Basdevant, 232, boulevard Voltaire. Nobis, 30 *bis*, rue des Boulets. Leclerc, 35, rue du Sergent-Blandeau. J. Legeau, 47, passage du Bureau. Mule, 62, rue Alexandre-Dumas Anatole Pétey, 3, avenue de Saint-Mandé. Fernand Fabre, 140, rue Sainte, à Marseille. P. Bastenavre, typographe, à Beauvais. Gabriel Gaillot, voyageur, 42, rue Blotin, au Puy. E. Lenglé. Bruno. Gorin, à Anzin. Joseph Nathan. Mme Jean Nathan. M. J. Loel. Mme E. Loel, à Nancy. M. Gabriel Montel, voyageur de commerce. Mmes Gabriel Montel. Veuve Jules Mosé, rentière, à Marseille. MM. Louis Devinck, imprimeur, faubourg des Postes, à Lille. Jules Haas, à Strasbourg. G. Ogé. L. Ogé. Mme Marie Ogé. MM. H. Roux, licencié ès sciences, à Lorient. Mme Renée Piéron, de Saumur. M. Albert Bourgeot, à Bourray.

M. G. Strauss, publiciste, 192, rue de Courcelles. Mme veuve Strauss. M. L. Strauss. Mmes L. Strauss. G. Strauss. Cerf Strauss. Mlle Clarisse Strauss. Marthe Strauss. M. Stanislas Mossé. Mme Mossé. MM. Adolphe Mossé. Rubens Mossé. David Mossé. Léon Mossé. Sadi Mossé. Victor Mossé. Mme Victor Mossé. Mlles Séphora Mossé. Lydie Mossé. M. H. et Mme veuve C. Salomon. MM. L. Salomon. Pascal Salomon. Mlle Delma Salomon. M. Albert Salomon.

M. et Mme Gaston et leurs enfants, à Amiens. MM. Normand, voyageur de commerce. J. Seguin. G. Suchon. Mmes G. Suchon. Marie Kreis, de Metz. MM. R. Ménager, à Valmedan (Somme). A. Alexandre. Mme G. Combes. MM. Edouard Combes, à Nice. Isidore Delevoye, à Lille. Bouscarle, sellier. Emile Chabert, charron. Joseph Riper, tanneur. Eugène Grégoire, cordonnier. Audibert Porte, vannier, à Avignon. L. Dessaint, professeur, à Armentières. J.-F.-J. Donat, à Montargis. S. Brunswig. P. Brunswig, à Marseille. A. Simon. L. Brunswig, 16, rue Pertinax, à Nice. Paul-Henri L'Epée, étudiant. Francis Jaulmes, étudiant. Auguste Roos. J. Beryadac, surnuméraire des postes et télégraphes. M. et Mme M. Alleaume, 18, rue d'Alembert. Louis Pierra, étudiant en médecine Pichon, comptable, 35, rue Condorcet.

MM. Manoury, Grand-Hôtel, à Royan. Elie Wal. Mme Esther Wal. MM. Arthur Baer. Salomon Baer. G. Corbineau, professeur à l'Ecole normale d'Angers. L. Chobert, voyageur de commerce. J. Batier, licencié ès lettres, professeur. F. Guiraud, professeur. J.-B. Duret, à Houpline (Nord). Adolphe Beck, à Laval (Mayenne). Oscar Cuvelier, négociant, à Heppignies. Firmin Guimard. Lacombe, à Vineuil (Loir-et-Cher). Maurice Bas, pasteur. Mme Bas, à Besançon. M. le docteur H. Muller. Mme A.-L. Muller-Pascal, 40, avenue Saint-Maurice, à Nice. MM. F. de Robert, représentant de commerce. Amaloux. J. Rouch, conseiller municipal. J. Coulon, propriétaire. Mme P. Coulon. MM. L.-J. Aubin, élève pharmacien, à Aix. Frédéric Lacoste, typographe, 17, rue Beaubourg. M. et Mme Edouard Lévy, 6, rue Meslay. MM. Armaud Franck, à Béthancourt (Oise). Auguste Ricalens, professeur au collège de Condom. Docteur J. Grémillon, à Dollon (Sarthe). V. Wauthion-Acherov, à Heppignies. Léopold Dupont-Follie, à Heppignies (Belgique). P. Monnier, 26, rue Grand-Pont, à Rouen.

M. Page, conseiller municipal. Mme Page-Charlier. MM. Josué Page. Etienne Page. Emile Page. Mlles Blanche Page. Claire Page, à Sains (Aisne). MM. Georges Montaigne. Isaïe Barafort. Paul Mourgues. Louis Chabaud, à Saint-Hippolyte-du-Fort (Gard). Emile Manscour. Adrien Raymond.

MM. Gaston Thimey. A. Petin. Mme A. Petin. MM. E. Fauche, à Clairvaux. Marcel Bon, boulevard de Picpus. Mme Annette Bon, 9, boulevard de Picpus. MM. Emile Tardy, 13, rue des Boulets. H. Lausanne, 153, rue de Charonne. F. Paliez, 62, rue Alexandre-Dumas. A. Choulet, 47, passage du Bureau. H. Lept, 47, passage du Bureau. H. Petit, 226, boulevard Voltaire. Jules Bouillet, 124, rue de Charonne. Paudullé, 7, avenue de Taillebourg. Langroguet, 66, avenue Philippe-Auguste. Léon Boullet, 226, boulevard Voltaire. Paquelin, 232, boulevard Voltaire. Marion, 56, rue des Boulets. Dia, 62, rue des Boulets. M. et Mme Marius Beydau, 124, rue de Charonne.

MM. Simon May. Rodolphe Lévy. S. Kahn. Mlles Clerc et Rosalie Lévy de Bruyère. MM. Prosper Gardy. A. Thuillier. V. Brunschvig. Haguenauer, voyageur. Bloch, de Roskein. Mme Caussade, 34, rue de Douai. MM. Ernest et Marcel Daninos, étudiants en lettres. J. G. Renoir. M. Renoir. Mme Renoir, à Alfort. MM. G. Janin, 86, faubourg Saint-Denis. Georges Lion, 4, rue d'Abbeville. Emile Mitreccy, à Orly-la-Ville (Oise). Ajidé, 1, place de l'Opéra. A. Gravier, aquafortiste. David Lévy. Mme Henriette Patient. Mlles Victor Lévy. Lina Lévy. Alice et Berthe Dufour. MM. Emile Lefebvre, 186, rue Michel-Bizot. Gabriel Allouche, étudiant en droit. Alfred Allouche, étudiant.

M. Louis Coquenheim. Mme et Mlle Suzanne Coquenheim. MM. A. Lœw. A. Drugbert, 5, rue Descombes. E. Deligny. Binoche. Marcel Robiquet, étudiant, 115, boulevard Saint-Germain. Louis Favre, étudiant. Mlle Hélène Bernard, artiste, 54, rue Madame. MM. L. Bernard, graveur. Théodore Evsen, étudiant, 38, rue de la Sourdière. Michel Horvilleur. Jules Lopès, 2, cité Rougemont. Ernest Armand, 36, rue de Turin. Maurice Barthélemy, étudiant, 32, rue de l'Arbalète.

MM. Maniguet. A. Horming, du P. O. F. Dupont. Charles Palisson. J. Millet, Emmanuel Vollmer. Alphonse Tritsch. Emile Lanneau. Huin. E. Charlachay. Ernest Frissung. François Fournier. Mme Adèle Lefèvre. MM. Paul Benoît. E. Krumenacher. Robert. Joseph Maire. Golier. Alphonse Wilcher. F. Maire. Emile Mège. Armand Gillet. Lainé. Gabriel Mainfroy. Renault. Jacquin. Masson.

Protestations de Français résidant à Bucarest : MM. Albert Lévy. Strauss. J. Lévy-Strauss. Mmes Adrienne Lévy. Strauss. Marthe Lévy. M. Achille Lévy. Mme Jeanne Boucault, 17, rue Fontaine.

Les Lilas : M. Guyard, ouvrier tailleur, 10, rue de la République. Mme Guyard. M. Herbault, découpeur, 18, rue Weymitlier. Mme Herbault. MM. Henri Herbault. Georges Herbault. Griffon, bijoutier, 136, rue de Paris. Mme Griffon. MM. Edouard Chenel, dessinateur, 30, rue Bernard. Julhe, bijoutier en doré, 144, rue de Paris. Mme Julhe. MM. Douette, mécanicien, 5, rue de Pantin. Romainville. Carpentier, mécanicien, aux Trois-Communes, Romainville. Brunot, sellier, 31, rue de Bagnolet, Romainville. Monot, 13, rue Ledru-Rollin, Pre-Saint-Gervais. Combet, 131, rue d'Avron, Paris. Mme veuve Perrard. Mlles Fernande et Juliette Perrard. Mme veuve Pestiaux. Mlle J. Pestiaux. Mme Desmontier. MM. L. Pestiaux. Duboc, dessinateur, 30, rue Bernard. Petit, 30, rue Bernard. Mme Petit. Mlle Parachon. M. Ravier, 56, rue de Romainville, aux Lilas.

MM. Léon Chenel, 40, rue du Bois. Michel, 7, rue Bernard. Ruchot, 2, passage de l'Hortensia. Brossard, 17, rue des Ecoles. Thaly, 5, rue Masson. Vesly, 15, rue du 14-Juillet. Mme et Mlle Vesly. MM. Leclerc, 38, rue de Paris. Victor Gauthier, 155, rue de Paris. Constant Chauvin, 18, rue Lecouteux. Auguste Chauvin. Bernard père, 82, rue de Paris. Bernard fils, 69, rue de Paris. Bolack, 44, rue de Garde-chasse. Duc. Mangeot, 97, rue de Paris. Mmes Taillaud. Piterd. M. Sevené, 18, rue Veymillier. Mme Sevené. MM. H. Devergie, 13, rue Léon. A. Duvergie. F. Duvergie.

C. Devergie. Ed. Chenel, 30, rue Bernard. Delaine, 124, rue de Paris, aux Lilas. U. Bertrandias, 3, rue des Tanneries, à Angoulême. Mme Bertrandias.

D'Apt (Vaucluse) : MM. Paul Lamy, industriel. Marius Rey, cafetier. M. Magnat. Pellenc. P. Mille fils, courtier. Philippe Guérin, boulanger. Joseph Giraud, cafetier. Bourdon aîné, maçon. Lucien Anselme, industriel. Estève, marchand tailleur. E. Pellenc, représentant de commerce. Gaston Robert, avoué. Escoffier, marchand de grains. Lucien Joly, boissons gazeuses. Jules Richier, huiles et savons. E. Maurizot, cordonnier. A. Gourdes, peintre. A. Gros, docteur en médecine. Gassin, maître maçon. Louis Lidon, correspondant du *Petit Provençal*. Victor Aubert, forgeron. Hippolyte Parret, ancien marchand de fers. Gaillard, plombier. Henri Dupuy, chapelier. A. Estelle, cafetier.

Mme Clara Giraud. MM. Jules Eysserie, ferblantier. A. Giovanna, menuisier. A. Manrizot, menuisier. Philippe Jaumard. Stanislas Premier, coiffeur. Henri Blanc, voiturier. Paul Benoît, journalier. Henri Espieu, charron. Lazare Paque, journalier. Adrien Tamisier, boucher. Léon Gras, journalier. Auguste Roman, scieur de long. A. Coutarel, ancien huissier. Clève, gérant de l'octroi. Thomas, comptable. Octave Elzéar, maçon. E. Brunel, boulanger. A. Goirand, journalier. Louis Jouval, ferblantier.

MM. Léo Larguier, homme de lettres, La Grand'Combe (Gard). Eugène Prunit : Vive Picquart ! E. Ghilini, publiciste, Nice. Mme Marx Cahen. MM. Marx Cahen, Marseille. Fritz Pagès, à Lyon ; Mme Fritz Pagès.

MM. Ludovic Mathieu, agriculteur. Frantz Mazel. P. Chabaud, à Donzel. Achille, tous quatre d'Aubussargnes (Var). Mme Renaud. Mlles Renaud. Cuveau.

De Mâcon : Mmes Estelle Vernet, propriétaire. Emilie Vernet.

De Nogent-sur-Marne : MM. Auguste Corselle, rue des Jardiniers, 39. Jean Schwemmer, cordonnier, 97, Grand-Rue. Eugène Fauchini, sentier des Sainfroins, 3, Le Perreux. Auguste Franchini. Albert Ilson. rue Paul Bert, 12. Eugène Misquault, impasse du Nord, 7. Kaiser. Louis Guillot.

MM. René Bureau, imprimeur-directeur du journal *l'Echo de l'Ameublement*, 4, rue Chevreul. Ernest Navarre, 30, rue François-Miron. Isidore Cahen, 50, rue des Francs-Bourgeois. F. Richard, maire de la commune de Saint-Bénézet (Gard). Valmale, maire-adjoint de Salinelles (Gard). Eugène Théroud, ancien conseiller d'arrondissement, à l'Eglises (Gard). L. Sablier-Fabrègue, représentant de commerce, à Nîmes.

De Barcelone : MM. Esteban Cot. Parent, ingénieur.

MM. André Le Bœuf. Emile et Elie Cohen, représentants de commerce. Mme Emile Cohen. Une mère de famille, 193, boulevard de la Magdeleine, à Marseille. L.-A. Harleux. Mmes veuve Harleux. Léontine Harleux.

Sedwerand. Malcles, sculpteur. L. Eudignoux, de l'Ecole des Beaux-Arts. J.-P. Gras, sculpteur. Louis Gabreau. Paul Fumey. Charles Authier, Robert Gabreau, étudiants en droit. Auguste Marc. Mme Auguste Marc, réparations de meubles, 2, passage Violet.

MM. Alphonse Némarcq, à Saint-Mihiel. M. Bloch, voyageur de commerce. M. et Mme Audéoud. Mme Marie Boisson. M. E. Mazenaud, employé. Mme Gabrielle Caire. M. J. Mazenod. Mme Anne Caire, à Saint-Etienne. MM. Henri Richard. Jean Kuntz. Mme Julie Kuntz. M. Marius Jullien, adjoint au maire de Rians.

MM. E. Laurent, à Gigean (Hérault). Paul Pailloux, propriétaire. Pelisson, courtier en vins. Recouly, distillateur en vin. Léon Carabasse, entrepreneur. Villemejeanne, propriétaire. Alphonse Poulation. Germain Serrier. Higonnime. Eugène Delour, directeur des tramways. Brunel. P. Bieu, menuisier. Fernand Salles, ancien conseiller municipal. Toussaint, représentant de commerce. Clavel, propriétaire. A. Salis, négociant. Galonnié, propriétaire, Pierre Choisy. Prosper Moissounier. Belle.

Ricôme, propriétaire. Jean Grégoire, propriétaire, à Gigean (Hérault).

De Tours : MM. Jules Braun. Paul Elice. H. Alexandre. A. Telament. P. Grossin. A. Colas. Justin Corbeau. Mme veuve A. Braun. Mlle Buffalac. Mme veuve Isidore Lévy. M. A. Alexandre. Mmes A. Alexandre. A. Lévy. MM. Marius Mercier. Emile Léger. René Moreau. B. Caron. Judith. Léon Weill.

MM. Paul René, employé de commerce, à Aulas (Gard). Paul Desteil, pasteur, au Vigan. François Bougné. Peryamon. David Teissier, propriétaires. David Fabrègues. Albert Flouret. Emile Recolin. Fabrègues fils. Samuel Randon. Zacharie Martin. Ferdinand Randon. Eugène Recolin fils. Farnal. Louis Randon. Edmond Seryel. Firmin Saran. Arthur Saran. Elie Servel, à Serres. Emile Martin. Elie Solignac. Jacques Quatrefages. Barrat. A. Nogdrede. Joseph Finielo, propriétaire, à Aulas (Gard).

MM. André Davoust, 72, rue Daguerre. H. Julien Robart, 61, rue Vercingétorix. Eugène Vervial, 9, rue du Lunain. Ch. Ponchet, parqueteur, Grossin. H. Weill. R. Weill. L. Devraigne. Gibert. E. Wicart, collaborateur à *l'Etoile*. Billet. G. Auquier, 49, rue Roussy. Mmes G. Auquier. Veuve Salle, 49, rue Roussy. Mlle Marthe Salle. Mme Alméras. Mlle J. Alméras. M. Alméras, 14, rue Pradier. Mmes Louise Bonifol, 49, rue Roussy. Paul Martien, 43, rue Roussy. M. Charles Philip, 26, rue Roussy. Mme Charles Philip.

Mlle de Colnet d'Huart. MM. Georges Abraham, 46, rue Richer. P. Jeallot. Bestelli. L. Gaisman. R. Gaisman. Mme R. Gaisman. Mlle G. Gaisman.

MM. Roux, professeur au lycée d'Angoulême, et sa famille. P. Jeanmaire, à Mulhouse. Narodetzki, pharmacien, 71, rue de Provence. Mme Jules Moche, 97, rue de Courcelles. M. Georges Gougenheim, 97, rue de Courcelles. Mlle Marcelle Aron, 54, rue Blanche. MM. Jacques Hirsch, Strasbourg. Charles Lévy, Colmar. Paul Béguin, Epinal. E. Lévy. Mmes Nina Barboza. Amélie Barboza. MM. J. Hazan. V. Hazan. Mmes Yvonne Férec, 92, rue Lafayette. Veuve Léon. MM. Jacques Léon, 71, rue Lafayette. Albert Léon. M. et Mme Albert, 67, faubourg Saint-Denis. Mmes veuve A.-J. Barboza, Miss B. Mason, 18, avenue Niel. Marie Haine. Goupy. MM. Hector Bréon. Karl Kirbihler. Pohl Jaffait, 106, avenue de Suffren. Joseph Pelzinger, 102, avenue de Suffren. Xavier Darses, 66, rue d'Alésia. L.-G. Elie. R. Lazard. Pierre Elie, 5, rue Magdebourg. J. Girod, 26, rue La Trémoille. Mme Boursier, 26, rue La Trémoille. Berthe Hément. M. Gaston Hément. Mmes Germaine Hément. Suzanne Hément, 4, avenue Hoche.

Mme A. Dreyfus, 28, rue de Turin. MM. Galland, 13, rue de la Monnaie. A.-L. Meynardier, 68, faubourg Saint-Honoré. H. Lefebvre. Mme H. Lefebvre. Mlle J. Lefebvre, 10, rue Erard. Mlle Marie Friedll Riant, Mont-Lausanne. M. Briançon, 18, rue Clapeyron.

MM. Léo Pollet, château Peyrat (Gironde). Eugène Blum, professeur de philosophie au lycée de Montpellier. Fernand Simon. Mme Simon. M. Albert Simon, 29, rue Coquillière.

Mmes Louvet, 1. rue Théophile-Gauthier, à Neuilly. Veuve Bourquin. Veuve Barrachin, 135, avenue Malakoff. L. Louvet, 7, rue Creveaux. Mlle Zélia Lévy. Germaine Millet. Marthe Lévy. Céline Millet. MM. Jacques Lévy. Millet. Mlles Marie Millet. Henriette Lévy. M. E. Jeanne de Lamarre, explorateur, 5, rue du Château-d'Eau, à Boulogne-sur-Seine.

M. Lucien Salomon, antiquaire, 54, faubourg Saint-Honoré. Mme veuve Crémieux. Mlle L. Crémieux. M. A. Morhange, de Metz, expert au tribunal de première instance de la Seine, 6, square de l'Opéra. Mme A. Morhange, 6, square de l'Opéra. Mme veuve G. David, de Metz, 6, square de l'Opéra. M. Marcel de Morini, 178, faubourg Saint-Honoré. Mme Marcel de Morini, 178, faubourg Saint-Honoré. MM. H. David, de Metz, 50, rue Tintoret, Asnières. Emile David, de Metz, 36, rue Tintoret, Asnières. Lucien

Mulhfeld, 7, avenue de l'Alma. Mmes Catherine Janke, 30, rue du Tintoret, Asnières. Hélène Peynot, 32, rue de l'Avenir, Asnières. MM. Lucien Simon, 20, rue Guilhen. Gaston Lob, 3 *bis*, rue Bleue. Mme G. Lob, 3 *bis*, rue Bleue. MM. Marcel Morhange, 6, square de l'Opéra. Mathieu Lob, 3 *bis*, rue Bleue. Edouard Lob, rue Jarente, 18, Lyon. Sylvain Lob, rue Jarente, 18, Lyon.

Mlles Gabrielle Meyer. Lilly Texier, 12, rue de Berne. Blanche Bernard, de Metz, 6, square de l'Opéra. MM. Jacques Weill. René Weill. L. Weill, 19, boulevard de Strasbourg. E. Meyer, manufacturier. Julien de Bienne, Bâle. M. et Mme A. Dreyfus, 11, rue des Messageries. MM. R. Meyer, avocat à la Cour. F. Gervex, industriel. Mme E. Gervex. Mlles Jehanne Gervex. Henriette Gervex. Madeleine Gervex. Berthe Gervex, 16, rue Barbès, à Levallois-Perret.

MM. Eugène Lehounn, 13, rue de Panama. E. Chanvin, 154, boulevard Haussmann. Henri et Aléné Levis. Jengœ, rue Chaptal, 80. Bordier, 18, rue Voltaire. Aubezon, rue Danton, 74, Levallois-Perret. Doré, 44, rue Doudeauville. Halhar, rue Trézel, 8. P. Loven, Plaine-Saint-Denis. 22. Laporre, 1, rue Simplon. Durand, 59, rue Danton. H. Seiler, 7, rue Joseph-Dijon. Gustave Thierry, 14, rue du Château. E. Bissel, 17, rue du Roi-d'Alger. Victor Ricon, 10, rue Pernetty. A. Klein, 173 *bis*, rue de Paris. Montreuil.

MM. Ochler, 33, rue Kléber. Berthache, 18, rue Jean-Robert. Emile Ziegler, 9, rue Bonnet. Heinbach, 90, rue des Arts. Doivin, 123 *bis*, rue du Bois. Bukley. L. Vendôme, ex-conseiller d'arrondissement du canton de Lumbres, maire de Vaudringhem (Pas-de-Calais). Edmond Monot, 9, Boolh-strass Grunewald. J. Clerget. Mme Maria Clerget, à Vesoul. Marie H. de Fremery, 3, place de la Tranchée, à Saint-Symphorien (Indre-et-Loire). MM. Fernand Bournon, archiviste-paléographe, rue Antoine-Roucher, 12. Robert Leroi, agrégé de lettres. Mme Robert Leroi.

MM. le docteur Oulmont, médecin de la Charité. Robert Leven, étudiant. Raoul Leven. Mmes Juliette Leven. Marie Cherret. Alice Plouin. Françoise Salmon à l'Hermitage, Saint-Denis. MM. Jules Geulot, 5, impasse Saint-Clément, rue Suger, Saint-Denis. Antelle Jandit, jardinier, chez Mme Leven, à l'Hermitage, Saint-Denis. A. Deslinières, publiciste, 8, rue de Chantilly.

MM. A. Leveau, à l'Hermitage, Saint-Denis, Louis Grandeau, 4, avenue de La Bourdonnais. L. Bezault, dessinateur, 82, avenue des Batignolles, Saint-Ouen. Mme C. Bory.

MM. H. Houston, représentant de commerce. Edmond Duret-Roth, Vauvert (Gard). S. Houston, professeur. J. Guedin. Louis Cally, étudiant ès sciences. Fernand Fos, publiciste. Edouard Monod, licencié ès lettres. Jules Riemann, agrégé de l'Université, Paris.

MM. G. Joly, 2, rue Lejemptel, Vincennes. Rainal, 22, rue de l'Hôtel-de-Ville. Elie Poujoulet, 49, rue de Fontenay. A. Sutra, 47, rue de Fontenay. L. Heylliard, 48, rue Lejemptel. E. Corsin, Vincennes.

MM. Louis Naulet, 7, rue des Messiers, à Montreuil-sous-Bois. Th. Normand, 34, avenue du Polygone, Vincennes. E. Baillot, 84, rue de Charenton, Paris. A. Goujon, 120, rue de Fontenay, Vincennes. Emile Druntzer, 4, rue du Port, Joinville. Bezier, 2, rue Lejemptel, Vincennes. Docteur Rouen, 47, rue du Levant, Vincennes. Levy, 2, rue Lejemptel, Vincennes. Mme Lucien Lévy, 2, rue Lejemptel, Vincennes. MM. A.-E. Muteau, 1, avenue des Deux-Gares. S. Cahen, 2, rue Lejemptel, Vincennes.

MM. Georges Gastinel, agrégé de l'Université, Nancy. L. Mayer, 15, faubourg Montmartre. Mme S. Mayer. Mlle Mathilde Weill. MM. Lucien Franck. Emile Weill. Sarah Franck. Léon Ulmann. Mme Marthe Franck. Céline Franck. Mr Henri Franck. Docteur L. Moreau, professeur de l'Ecole de médecine, médecin à l'hôpital civil, chef de service de l'Institut Pasteur, 3, boulevard Carnot, Alger.

MM. Gabriel-Armand Jaudoin, artiste musicien. Léopold Ulmo, Lyon. Jules Ulmo. Blanche Cerf. Mmes Marguerite Ulmo. Jane Ulmo. Adrienne Ulmo. Pauline Ulmo, née Goldschmidt.

MM. G. Kahn, Mulhouse. Adrien Cerf. Paul Cerf. Ch. Bloch, voyageur de commerce, 4, rue Sala, Lyon. Mme Caroline Privat, institutrice, Bayonne. M. A. Jaudard, Romanèche-Thorins (Saône-et-Loire). Mlle Suzanne Lafond. MM. Léon Cahen, 17, rue Gambetta, Poitiers. Henri Moatty, publiciste, Marseille. Paul Béguin. Mme Bonheur. Mlle Rosa Bonheur. Renée Bonheur. MM. Marc de la Taillade, étudiant, 7, rue des Trois-Conils, Bordeaux. Louis Bloch, 104, rue Sylvabelle, Marseille. Docteur de Vlaccoos, à Conneré (Sarthe).

M. D. Charruaud. Mme Charruaud, à Nieulle, par le Gua (Charente-Inférieure). M. et Mme Tagaud, propriétaires, à Senonches (Eure-et-Loir). MM. Achille Lévy. Kronenburger. Ring. Eugène Duin. Kronenburger. Lucien Thion. Duches. R. Vormus, Strasbourg (Alsace). E. Quémeneur, 4, rue de Clisson, à Nantes.

Mmes Lucie Casse. Madeleine Casse, licenciée ès lettres. MM. Roger, à Nancy. A. Galliot, régisseur. A. Goumard, jardinier. Louis Noé, maître-d'hôtel. A. Girandeau, cocher, Callan (Indre-et-Loire). E. Thuinet, 14, rue Sainte-Elisabeth, Roanne. M. et Mme Paul Picard, 6, rue Rapp, Colmar. M. et Mme S. Ettinger, Grande-Rue, 4, Colmar. M. le Docteur E. Wertheimer, 31, rue de Bourgogne, Lille. Mme H. Schlésinger, 40, rue Copernic. M. S. Daubisse. Mlle Anne Ochner. Mme Emma Iklé. Mlle Louise Guezière, 181, avenue Victor-Hugo.

Mme M. Lautard, 20, rue des Belles-Feuilles. Mlle Horrenberger. M. Yver, à Tun (Orne). Une républicaine honnête. MM. Lefebvre. Durlos. A. Rarie. Mlle Valentine. Zélia Desdomaines, à Trun (Orne). Mmes Perseil, professeur d'école normale. M. Henri Risler, à Saint-Aubin-Epinay, près Rouen. Mlle Noémie Risler. MM. Achille Bloch, homme de lettres. Edmond Bloch, artiste peintre. J. Jeannin, ancien marsouin de la Guyane. Mme J. Jeannin, à Corbeil. MM. Marx, 75, rue Turbigo. A.-S. Priaberg, 15, rue Trévise. A. Fontaine, Courbevoie. Charles Lévy, 4, rue de l'Echiquier. Mme Jenny Cahen. M. A. Cahen. Mme Estelle Moriceau. MM. Th. Moriceau. Roubier. Ludet Pierre. Cailleux. René Brionne, au Bourget. Mme Weill-Kinstesurg.

Mmes Laure Mallet. Marguerite Mallet, villa du Cap, Antibes. Robert. Mlle C. Robert, répétitrice à Fontenay-aux-Roses, rue Boucicaut, 125 *bis*.

M. Léon Lévi. Mmes Berthe Lévi. Juliette. MM. Jean Lévi. Th. Clément, haras du Perray. Jean Berthel. Mme Th. Clément. MM. Antoine Chastany. François Deschampy. Edmond Pierson. Max Olehanski, 18, rue du Banquier. Marc Bernheim, 1, rue des Cerisaies. Mme Marc Bernheim. M. Jules Weller. Mlles Marguerite Weller. Suzanne Weller. MM. E. Samuels, 5, rue Scribe. E. Simonet, 32, rue des Peupliers, Bois-Colombes. E. Mayer, 52, rue de Clignancourt.

M. Achille Kahn, industriel, 28, rue Trévise. Mme Achille Kahn. MM. Gustave Mathan, 37, boulevard Voltaire. Albert Fraissinet, 24, rue Montgrand, Marseille. E. Bazin, 8, rue Perdonnet. Mmes E. Bazin. Houry. Valès. Fortanier. Régis. Régis. Mlle L.-M. Klerk. M. A.-P. Tortanier.

MM. S. Debry, pasteur français, Amsterdam. Théophile Oriol, 33, rue Lamarck. Mlle Aline Oriol. MM. Achille Dorville, 5, square de l'Opéra. Georges Lévy. Gaston de Jough. Henri Altmann. Paul Rosé. Lucien Deutsch. Labadie. Achille Cahen. Quadrasteine. Chrétiennot, nés à Paris, élèves de l'école commerciale.

MM. Jacques Gurewicz. André Lévy, nés à Paris, élèves de l'école commerciale. Abel Legay, 22, boulevard Saint-Michel. Mlle Augustine Chicot. MM. Granet, 13, rue des Boulangers. Emile Avaullé, 22, boulevard Saint-Michel. Marcel Borghesio, 33, rue Jeanne. Mmes Marcel Borghesio. Lallement. M. Georges Cartalas, 9, rue Delbet. Mme E. Cartalas. M. Samuel Cartalas. Mme Vogel, 17, rue Chatelain. Mlle Marie Mutel. Mme Sahuguet. MM. Denobière, 19, rue des Saints-Pères. H. Chanon. L. Edeline. Jules Mathiel. M. Adolphe Bouchard. M™ veuve Georges Halphen, à Versailles. MM. Louis Alphen. Léon Perseil, instituteur. F. Seyrig, ingénieur civil, 147, avenue Wagram. M™ Poutrei. Alice Vonoven, 6, rue Léon-Cogniet. MM. Alry. Louis Hude. M™ Joséphine Delion. Eugénie Motte. Rosine Matigot. M. Anatole Barbier. M™ Judith Dubez. Joséphine Mérit. MM. G. Labadie, directeur de l'asile Armand Hayem, à Montignon. M™ Noémie Martin. Cécile Labadie. M. Artillon. M™ Isabelle Comte. MM. Louis Cornette. H. Hayem.

MM. Jules Siegfried, 41, rue Saint-Ferdinand. M™ Jules Siegfried. Alphonse Benoît Lévy. M™ Cécile et Berthe Kastor. M™ Simon Kauffmann et ses trois filles. MM. Charles Ariès, étudiant en médecine. Gobert Dalsace, 6, rue Rougemont. Doumergue. J. Chevalier.

MM. A. Trèves. Georges Trèves, 12, rue des Jeûneurs. Autin. Bormind. Dosch. Raymond de Parsillé, 36, rue Washington.

M. Lemaire, employé. M™ Lemaire, 1, rue de Mirbel. MM. Samuel Lévy, 34, boulevard Hausmann. Jean-Henri Lévy, étudiant en philosophie, 68, rue Jouffroy. M™ G.-L. Formachon. M™ C. Formachon, 68, rue Jouffroy. M. Depoux, ex-lieutenant territorial, à la Sauzée (Ardèche).

M. Henri Schirmer, professeur à la Faculté des lettres de Lyon, 107, boulevard Saint-Michel.

MM. J.-A. Mélodion, statuaire, 58, rue Traversière. Passourieux, professeur d'École normale. Pepesme, conseiller municipal, à Maisons-Alfort. Regnard, maire de Nailly. Gerard-Flot, conseiller général de la Marne. F. Bailly-Basset et sa famille, maire, à Prémery. Louis Rey, conseiller municipal, à Bligny-sur-Ouché. A. Compère-Bringuez, conseiller municipal de Breteuil. Compère-Morel, de Breteuil. A. Vacousin. Albert Maroyer. J. Vacousin. Eug. Tuane, adjoint au maire de Choisy. Lucien Bouhault, publiciste, 58, rue Gay-Lussac. Joseph Labiche, rédacteur au *Journal de Mortain*.

MM. Georges Maninck, bijoutier, 26, rue de la Réunion. Girard-Vidal, bijoutier, 38, boulevard de l'Hôpital. M™ Deltombe, journalière, 62, rue Alexandre-Dumas. MM. A. Garreau, 111, rue Oberkampf. Achille Moheng, 7, avenue Laumière. Achille Gary, 77, rue Saint-Fargeau. M. et M™ Huard, 38, rue Compans. MM. Camille Alexandre, 8, boulevard du Temple. François Ramond, 6, passage Rochebrune. Albert Uliver, 49 *bis*, rue de Flandre. R. Cottinet, artiste peintre. A. Cottinet fils, 59, faubourg Saint-Martin. M™ L. Foucault, 40, faubourg Poissonnière. M. Delrieu, 27, rue Ramey.

MM. Paul Rophé. Adrien Rophé. Fernand Rophé. M™ Emma Rophé, 25, rue Richer. MM. E. Gaunier, 33, rue de Charonne, à Saint-Mandé. Avis, 166, boulevard du Montparnasse. F. Weilhorski, architecte, 9, rue Lagrange. M™ Ventu. MM. Auguste Ventu, 10, passage Nollet. Thennevet, bijoutier, 21, rue du Retrait. Gabriel Moreau, 16, rue du Cloitre-Saint-Honoré. Ducarnay père. Alfred Ducarnay, 46, rue Polonceau. Dobelle, 73, rue Balagny. Edouard Brunschwig, 7, rue Camille-Desmoulins. Maupino, métreur, 46, rue Lacroix. E. Sior, interne en médecine. V. Demels, 59, rue Oberkampf.

M. et M™ Dumont, 15, rue Debelleyme. MM. Henri Emié, 25, rue Montebello, à Vincennes. Auguste Caen, 10, rue Chabanais. J.-F. Lament, 11, rue Daval. Aubert, 62, boulevard Barbès. Aubert, section sciences, Chaptal. M™ J. Duhamel, 62, boulevard Barbès. M™ J. Prévot, 93, rue Ordener. MM. Girardot, 15, rue Fauvet. Bouvelier et sa famille, 74, quai Jemmapes. Henri Lebrat, 84, rue Marcadet. P. Huriaud, rédacteur au *Peuple* de Saintes (Charente-Inférieure), 7, avenue de Saint-Ouen. F. Huriaud, receveur des douanes en retraite, 7, avenue de Saint-Ouen.

M. et M™ Heysters, avenue de Saint-Mandé. M. et M™ Léon David, 88, boulevard de Charonne. M. et M™ Hess, 58, rue Lafayette. M. et M™ Julien Kindts, sculpteur,

10, passage Rochebrune. MM. Pradeau, comptable, 17, rue Biscornet. A. Strauss, 28, rue Milton. Wohlfran, ouvrier ébéniste, 12, rue des Haies. Charles Charlot. M. Soyer, à Courbevoie. A. Lavef, 27, rue de Paris, à Courbevoie. P. Jegou, 8, rue Saint-Denis. Cuvier, 5 *bis*, rue de Colombes. Jules Soyer, 9, rue des Boudoux. Robert, 12, rue de l'Abreuvoir, à Courbevoie. J. Préklin, 33, rue de Saint-Cloud, à Suresnes.

MM. Lautemchlager, serrurier, 35, rue du Moutiers. Granjasse. J. Thellier, 16, rue des Borits. Langlet, 17, rue Neuilly, à Surennes. Charles Ruol. Arthur Selves, 142, avenue Ledru-Rollin. E. Colignon, 34, rue Nollet. A. Febvre. Em. Braneq, 32-34, rue Pastourelle. M. Olivier, 67, rue de Paris, à Saint-Ouen. Benoît, comptable, 11, rue Charlot. G. Poisson, 43, rue Lecourbe, lecteur du *Radical*. Rolland, 12, rue des Meuniers. Ch. Merli, 159, faubourg Saint-Antoine. Ravel, 9, rue Keller.

M. L. Blondeau, 54, rue Ordener. M™ Andrée Séverac, peintre, 6, rue Gambey. MM. F, Butin, interne des Ambulances urbaines, 17, rue Castellane. A. Beauvais, interne des Ambulances urbaines. J. Boulanger. L. Calmels, cochers aux Ambulances urbaines. Gédéon, chef de station aux Ambulances urbaines. Brunel, cocher aux Ambulances urbaines. Piedferme, restaurateur. M™ Jaglin, née Léger, 47, rue de Longchamp. MM. Roncier, 47, rue de Longchamp. Garanger, 73, avenue d'Antin. M™ Roncier, née Gallien, 47, rue de Longchamp. M™ G. Jaglin, 47, rue de Longchamp. MM. P. Chevigny, rue de Longchamp. Cotte, 47, rue de Longchamp.

MM. Pautart, négociant, 35, rue Saint-Blaise. Humbley 38, rue Servant. Guignard, employé, 90, rue des Pyrénées. P. Roger, 38, rue des Panoyaux. L. Denisé, 90, rue des Pyrénées. A. Einaragé, 36, rue du Volga. E. Veryneac, 11, rue des Amandiers. G. Bastard, 50, rue de la Chine. N. Piquet, 1, rue des Balkans. Toreau, 29, rue des Orteaux. Maxé, 20, passage de la Folie-Méricourt. Harlé, 27, rue des Peupliers, à Billancourt. Briatti, 14, rue des Panoyaux. P. Poulat, 54, rue Véron, à Alfortville. Capdeville, 45, avenue Gambetta.

MM. Henri Foulon, 11, rue Verace. Charles Bauglade, 31, rue du Parc. Raugriez, 87, rue de Villeneuve. Frottier, 36, rue Véron. G. Marchandèse, 47, rue Petit. Garnier, 11, rue Véron. Posière, 19, rue Joseph-Dijon, à Alfortville. A.-J. Ajustion. E. Poulain. E. Descuns, 10, rue Saint-Sauveur. L. Lorain, 127, faubourg du Temple. A. Mangin, bourrelier. M™ Mangin. Dégruelle. MM. Langouder, à Nailly. Achille Roy, 35, rue Vercingétorix. Antony Sassin, route d'Orléans. J. Courtois, 29, rue Juge. E. Dolli, 14, passage Alphand. Fichet, 11, rue du Moulin-des-Prés. Fargues, 8, passage Tenaille. F. Guénard, 154, avenue d'Italie. Grumet, imprimeur, 10, rue Corvisart. Paris, 31, avenue d'Italie. Ferret, 13, rue Laplace. Adrien Maugematin, 72, rue Hallé. Ch. Wetta, 65, avenue du Maine. A. Vemaut, 33, boulevard Arago. Marcucey, 2, passage Vandrezanne.

MM. J. Buga, rue Nevers. F. Perriot. Duvea, Grande-Rue. Germain. Goudoux. G. Dupyis. Jouit-Gilbert. Emile Guet. Augo, rue Nevers. C. Parthaie. E. Millet, rue des Ponts. Mantez. Ernest Daguet. Roure-Denis. L. Martin, photographe, rue de Nevers. Louis Guichard. Champ du Puits, A.-B. Huden, place de la Halle. Joseph Levieux, rue des Engerons. Cormier, place d'Amiens. Saucoin. Junesset, distillateur. M. le comte de Gasparin, à Nimes.

M. Victor Tatin, ingénieur-constructeur, lauréat de l'Institut, 6, rue Mont-Louis.

M. Léon David, artiste-peintre. M™ Léon David, professeur, officier d'Académie, à Médan. Une institutrice de la Ville de Paris. M. G. Bourson, directeur de la *Gazette de l'Oise*, à Compiègne.

M™ Charlotte Duval. M. Désiré Moulin, licencié ès sciences. M™ Désiré Moulin, à Douarnenez. MM. L. Dewez, négociant, déporté de 1848. Georges Dewez fils, 19, rue de Lagny, à Vincennes.

Mmes veuve Saillac. Veuve Hilaire. Veuve Berthelot. Cluzeaux. M. A. Jourdain. Mmes Cogneaux. Veuve Collet.

M. P. Bouhotal, professeur de peinture. Mme E. Bouhontal, institutrice, à Nérac. M. et Mme Millet. M. Delahaye, à Evreux.

MM. Léon Bellard, maire de Boutigny (Eure-et-Loir). E. Fessard. E. Roger. Os. Benoist. J. Foucault. J. Michel. L. Hélix. E. Rousseau. A. Mallet. L. Gohard. A. Houlbrack, conseillers municipaux de Boutigny (Eure-et-Loir). E. Harau, lieutenant des pompiers de Boutigny (Eure-et-Loir). Louis Fabre, receveur d'enregistrement en retraite, à Massanès (Lot-et-Garonne). Prosper Degrès, 37 *bis*, avenue de Courbevoie, à Asnières.

M. A. Carpentier, 106, boulevard Voltaire. Mme Béatrix Schwob, rue Caumartin. M. Lubrun, 20, rue Stéphenson.

MM. Jacques Georges. Pierre Georges. Charles Georges. Pierre Maillard. Ismaël Boniol. Louis Pillads. Georges Wuillamey. Perret-Gentil. Mme veuve Helmerich. L. Petithory et C. Pillads. J.-G. Voilans, tous à Echenaus-sur-Mont-Vaudois, par Héricourt (Haute-Saône).

MM. G. Argant, représentant, à Maisons. Frédéric Boussard, employé, 26, rue Fessard. Mme S. Schroder, rentière, 16, rue Saint-Ferdinand.

MM. Alcide Barthélemy, ouvrier tonnelier, 12, rue Jules-Latreille, à Montpellier. E. Tirfoin, 36, avenue Estibal, à Saint-Maur-les-Fossés. A. Cavin, à Vernois-les-Vesures (Côtes-d'Or). H. Lebeau, horloger Mlles Joséphine Lebeau, Hélène Lebeau. Alice Lebeau, à Montmirail (Marne). M. Renault, à Ivry-la-Bataille. Mme Renault. M. Alexis Renault, à Ezy.

M. et Mme Malard, 26, rue des Belles-Feuilles. M. Thierry, père, employé. Mme Eugénie Thierry. MM. A. Thierry, élève au collège Chaptal. M. Thierry, à Paris. Decalp, 30, rue Beaunier. Loubet. Mme Véronique Rospar, institutrice d'anglais, à Paris-Clichy.

MM. C. Duvernoy. Eug. Traliac. Mme veuve Ch. Parrot. MM. Eugène Liévy. Beucler-Peugeot. Eugène Dienne fils. Mme Mathilde Curie. M. Victor Wurt. Mme Jeanne Rayot. MM. Armand Barbat. Audincourt. Jules Briot. Paul Semeur. Eugène Bourry. Louis Quile. Paul Buinet. Mme Elise Bainier. MM. Gustava Haye, Selencourt. Charles Bougarel, pharmacien herboriste. Mme S. Broido, étudiant en médecine. MM. Le Corguillé. Fernand Kholnar, publiciste, Ch. Hopodepski. Robert Chabosau, étudiant en sciences. Louis Goillot, employé de commerce. Mme G. Chauvet. MM. Jean Variot, élève architecte. H. Dreyfus. Raymond Beignet, étudiant. Michel Tillus. Louis Dambrun, étudiant en droit.

Lyon : MM. Jean Appoleton, avocat à la Cour d'appel, professeur agrégé à la Faculté de droit. C.-A. Bryton. Vosse, Rondier. Mlle A. Tharrel. MM. B. Perrier. V. Burnant. Mlles H. Clément. A. Jalabert. E. Bothmer. Baumayer. C.-J. Barklay. MM. E. Breyton. A.-H. Fine. Mme M. Fine. MM. Auguste Rancurel. Antoine Lafay, dix-neuf ans. P. Meyeric. Claude Buchet. Abel Buchet. Paul Porchère. Mme veuve Bailloud. MM. E. Breyton. Louis Bailloud. Carougeau. Mme Alice Perrin. MM. André Mayer. Bernard Lévy. A. Seligmann. Jean Hamann. A. Navissano. J. Bobert. L. Wormser. J. Cottarel. Henry Picard. Laffon. Carempoid. Barot. Paluy. Galland. Reviron. Steinlé. Goujon. Francon. Huguet. Lonat. Joly. M. Brenier. Louci fils. Marius Chaunier. E. Payot. André Psiessenhoffer. P. Mathieu. Picard. Mme Jeanne Curtat. MM. C. Morel. E. Simon. S. Oury. N. Oury. J. Oulnan. Paul Lévy. Nathankal. A. Kahn. Jules Jacob. Marc Israël. Henri Diedisheim. Isidore Bloch. Louis Gerin. Georges Kahn. Nathan Dolomon. Georges Chomel. E. Lion. Henri Gins, rédacteur. Mme veuve Guisburger. MM. Lang. J. Pinst. Mme veuve Salomon. MM. Curtat. Sylvain Hausser.

MM. Charles Riond. Paul Hoffmann. Donche. Julien Baute. Nyon. Eugène Antonin. Lausanne. Paul Barnaud. M. Bégouin. Mme Bégouin. MM. Max Bertrand. Trochon.

Bertrand. A. Brounet. Reaux, par Jonzac. J. Privat, à Béreux. Edouard Rabaud, pasteur, Montauban. Edouard Creissel, pasteur. Mme Edouard Creissel. MM. Etienne Creissel, étudiant. L. Carrive. Marcel Bareille. Mme Eulalie Pédéprat. M. Pédéprat Brocq. Mme Anne Domercy. M. Jean Pédéprat. Mme Marie Dartique. M. Julien Foix. Mmes Joséphine Sar-Noux. Léonie Bareille. MM. Pédéprat. Jean Chinou. Laborde. Jean Marancie. Mme Mathilde Labondigue. MM. Henri Bareille. Jean Barrieux. Mme Péhan. MM. Pierre Darrieux. J. Laffite. Joseph Laffite, Béreux.

M. Paul Barnaud, à Mazamet, Mme Jane Legraud de V. MM. L. Sarrus, à Lausanne. Théodore Vasserot, à Roanne. L. Gaudin, à Lausanne. J. Barraud, à Mazamet. Ch. Maurech, professeur de musique, au Havre. Louis Joly. Ernest Frey. Pierre Pin. Alfred Lévy. Charles Cerf. Edmond Wildenstein. Raphaël Frey. Elie Lévy. Gabriel Kauffmann. Charles Berque. Mme Charles Berque. M. Adolphe Trapp. Mme Lucie Pierrard-Armengaud, MM. Fernand Blondeau. Ulysse L'Hermitte. Ch. Pierrard, à Reims. Alexandre Laffitte. Alexis Lafitte. Mme Léontine Lasserre. MM. Pierre Guichemin. Armand Foix, à Béreux. Jules Coblentz. André Coblense, à Nancy.

M. Henri Gaillard. M. et Mme Raynaud. MM. Julien Schwob. Charles Vory. Capart. Charles Bourgeois. Eugène Nariet. Emile Heudet. Arsény Véjux. Clément Verrier. Edouard Jeudi. Louis Durand, à Héricourt. Louis Picard. Jules Picard. Henri Jacquot. Frédéric Millier. Pierre Millier. Pierre-Frédéric Millier. Wilhem Dopf. Martin Hartman. Auguste Dubois. Emile Valiton. Abel Maillot. Ghidon. Aimé Georges. Georges Jacques. Goux, à Brevilliers. Charles Grosjean. E. Payer, à Héricourt. E. Pichon. Tavey.

M. Charles Garnier, agrégé de l'Université. Mme Léon Marillier. M. Léon Marillier. La Loge Saint-Jean de Thémis, de Caen. MM. L. Sulzer, Saint-Dié. Georges Klein, ex-soldat au 147e, Verdun. F. Coifflin. Maas. B. Dreyfus. Kauffmann. Yardin. G. Cahen, Pervodeux. Marcel Lévy. Albert Cahen. M. et Mme Verrier. M. Meyer. M. et Mme Cousseau, Nantes. MM. A.-J. Roley. Ch. Rouyer. Jules Cayen. Georges Ganniette. Pierre Builet. Emile Védrines. Louis Rougeot.

MM. G. Gauthier. Antoine Massiotaz. Edouard Lemaigre. L. Jautey. L. Berdett. J. Briare. Vaumorin. P. Barthonieu. A. Bérard. Mme A. Roubaud. M. Dornu de Gorgier, pasteur, licencié en droit. Mlles C. Dornu de Gorgier. E. Dornu de Gorgier. Mmes Marguerite Dornu de Gorgier, à Nevers. Marie Rodrigues. MM. Oscar Rodrigues. Marcel Grimault. Mme Grimault, à Pougues-les-Eaux. M. Joseph Jacob. Mme Dornu de Gorgier, de Nevers. MM. G. Werquin. Gaston Bailly, Lille. A. Delmotte, à Aniche. Docteur A. Douche, Lille. Adolphe Meyer. Henri Weil. Moyse, Lille. J. Verney, ingénieur civil. C. R. Halbronn.

MM. Emile Fabian. Xavier Billote, Héricourt. Auguste Sigot, Surcy. Zobenbuhler père. Dupont. Jean Boulogne. Auguste Daval. Pierre Peltier. Edouard Michel. Emile Coulon. Léon Camu. Léopold Rapp. Maurice Dubois. Jules Charton. Alexandre Ruez, Héricourt. Jean-Claude Faivre, Tavey. Nicolay Berne. Edouard Grandjean. Léon Grandjean. Auguste Clirute. Xavier Koehl. Emile Gaume. Charles Gremillat, Héricourt. Valère Farochon, licencié d'histoire. Pascal. Dusaut, Saint-Privat-de-Vallon. Emile Rauzier, pasteur. J. Ressaire. V. Rauzier, Collet-de-Dèze. H. Léon Salvador. Mlle Alice Armand Collin. M. Herbert, membre de la Ligue, Pontoise. Mme Charles Combe, Labastide-sur-l'Hers. M. E. Escot, ancien instituteur Mme Elisée Escot. MM. E. Guichou, homme de lettres. Léo Bez, industriel, conseiller d'arrondissement. Mme Leo Bez, MM. Emilien Rols. Julien Rols. Alphonse Marthre. Hector Rols. Ulysse Bonnery. Théodore Boubila. Jean Brun. Paul Laumerg. H. Cathala, adjoint au maire. Eugène Doumeng. Jean Bonnerie. Guichoux, Labastide-sur-l'Hers. Georges Dufrénois, étudiant en lettres, élève à l'école des sciences politiques. Albert Schnéegans, licencié en droit. Edouard

Thiéry. Georges Klotz, étudiant en médecine. Henri Lejet.
Mᵐᵉ veuve Vanden Broek. M. A. Block, Nancy.

MM. de Sabatier Plantier, à Saint-Michel-de-Dèze. Alb.
Agulhon, pasteur, à Saint-Frézal-de-Vantalon. L. Tesson-
nière. C. Coudert. Z. Calvin. Nicolas. Deleuze, à Collet-
de-Dèze. Eugène Jacger, à Frangins, membres de la Société
Française de Secours Mutuels, Nyons. Eugène Jacger.
Louis Jacger. Mᵐᵉˢ Louis Jacger. Pauline Jacger. MM. L.
Jacger fils. J. Bidal, de Nyons. Mᵐᵉ Louise Bidal. Mˡˡᵉ J.
Bidal. Mᵐᵉ Alice Bidal. MM. Jacques Bonnin. L. Bonnin.
M. Bonnin. Paul Bonnin. Mᵐᵉ J. Bonnin. MM. Marius
Bonnin. Joseph Gueffin, à Nyous. Frembelland. Mᵐᵉ Louise
Frembelland. M. Vidal, à La Verpillère.

M. Louis Varignier. Mᵐᵉ Louise Bétannière. MM. A.
Miederlinder. B. Lapointe. J. Binck. Mᵐᵉ L. Lévy. MM. L.
Zilliox. M. Cordier. Edmond Moncollin. Joseph Daltrophe.
Mᵐᵉˢ veuve Wahl. Marie Munier. MM. Gaspard. Henri
Georges. Henry, à Nancy. H. Prud'homme. J. Philipp de
Barjeau, pasteur, au Raincy. Meuret. J. Mauses. Mᵐᵉ C.
Meuret, née Mauses. MM. A. Granier. L. Granier, à Ville-
momble. Jounnet, au Raincy. Faivre. J. Meuret fils.
Simon. C. Pelletier. M. Prud'homme, à Villemomble.
Mˡˡᵉ L. Prud'homme, Dorliskeim (Alsace).

MM. Joseph Vidal, La Verpillière. Mᵐᵉ Marie Burdin.
MM. L. Allier, étudiant français. P. Perdriget, étudiant
français en théologie. Gost Tenebras Lux. Louis Dumas.
E. Viéla. Léonce Gounon. Antony Vincent. E. Mounier.
M. Monnin, étudiants français. Alcide Piolet, étudiant en
théologie. Paul Brun, étudiant en théologie. J. Caravon.
G. Perlet. Ch. Serfass. Emile Lhoste. Gilard. A. Allard.
Gaston Filhol. Elie Majal. Paul Coupron. Louis Vaury.
Georges-Nicolas Bordes. Pierre Vergnes. Ch. Orion. Léo-
pold Marion, étudiants français, Genève. Ernest Klein,
juge au tribunal de commerce. A. Liégeois. Saint-Laurans,
à Sedan.

MM. Pierre, à Villemomble. Desbordes, au Raincy.
L. Bouchardon, à Chamalières. A. Postel, à Clermont.
Lambert Weill, A. Feutry. Isidore Simon. Mᵐᵉˢ Lambert
Weill. Moïse Weill. MM. Moïse Weill. Maxime Logez.
A.-T. Daretz. L. Mullet. A. Duretz fils. Arthur Courouble.
Mᵐᵉ Courouble, à Lille. Mˡˡᵉ Léa Heymann, à Epinal.
MM. André Caillard, peintre. Eugène Morel. Paul Fargue.
Mˡˡᵉ Georges Harrys. MM. Moignet, île de Bréhat. Louis
Sue. Mˡˡᵉ A. Stolz. Mᵐᵉ M. Stolz, à Mondigny. MM. Fré-
déric Bonhomme, à Saint-Palais-de-Phiolin. Charles
Werner, pasteur, à Châteauneuf. Benjamin Robert.
Alfred Jarsin, pasteurs, à Pons.

MM. A. Laurens. Georges de Quer. L. Dumet. Ch. Ber-
tèche. Marei. J.-B. Loupot. Metz. Fouquet. Compagnon.
Moset. L. Schmit. Jacob. Laurent. Jules Monin. Camille
Dubois. Masson, conseiller prud'homme. Hanrotel. La-
motte. Emile Docq. Guyon. Poquet. Jules Masson. Rous-
seau. Miot. Didot. Maréchal, à Sedan. Camille Noble.
Léonce Samson. Alvarez Pignero, à Bordeaux. A. Dias de
Soria, à Mérignac.

MM. A. Carpentier, pasteur, à Jonzac, membre de la
Ligue. Guilhamasse fils, ex-sous-officier, Jonzac. D.
Bobard. Mᵐᵉˢ Florine Bobard, Ile-Barbe. MM. A. Ambert,
Lyon. B. Souché, naturaliste. J. Ferrineau. L. Proux, à
Lamproux. F. Baillard, pasteur de l'Eglise réformée.
Pierre Maillard. L. Mimault. P. Demelier. A. Renvoizet.
J. Micheau. Jean Micheau. Philipponneau. A. Ingrand.
L. Fouchet. Edmond Souché, à Pamproux. L.-M. Leh-
mann, membre de la Ligue. Mᵐᵉ Lehmann, Vincennes.
MM. L. Lehmann. J. Bost, membre de la Ligue. Mᵐᵉ veuve
Jean Appfel, veuve du commandant Appfel. Mˡˡᵉ Schreiner.
Mᵐᵉˢ Pauline Allin, Rachel Perret, Versailles.

MM. le docteur E. Solle. Frorier. E. Geilhar. Da Costa,
A.-M. Coutigne. Les fils de M. Coutigne. Paul Meyer.
Achille Naxaser. Georges Garrance. Alfred Molina.
M. Kahir, Bordeaux. Rossignan. Savart. Resseron. Jules
Dubois. Caniaux. Mangin. Paul Auscher. Sedan. Jules
Forest, Montmorency. Mᵐᵉ Herest-Forest. M. Fores

André. Mᵐᵉ Claire Forest. MM. Jacques Forest, Etienne
Forest, Montmorency. Chatelain. Louis Sigournais.
Edouard Moser, né à Mulhouse (Alsace). H. Habermacker,
R. Fromont. J. Cézard. Mᵐᵉ Anna Cézard.

MM. Jean Mourietas. Paul Magnin. Mᵐᵉ Rosalie Magnin.
M. Charles Chevalon. Mᵐᵉ Louise Chevalon. M. Rousseau.
Mᵐᵉ L. Rousseau. MM. T. Dufrit. V. Hirbec. A. Troubat.
Georges Réveillaud. Mᵐᵉ Réveillaud. MM. Thompson.
André Réveillaud. L. Thénard, à Versailles. Henri Marton,
de Colmar. Mᵐᵉ Paul Marton, née Guillet. MM. Louis Ber-
trand. Gustave Auvray. E. Lallemand. Louis Dutand,
élève de seconde. Mᵐᵉ Jeanne Porche. MM. de Gael. P.
Collignon, Georges Smerle. Maurice Selz. Georges Salo-
mon. Adolphe Selz.

MM. Charles Winter. Léon Dreyfus. Mᵐᵉ Amélie Drey-
fus. MM. Larrat. Théodore Michaelis. Aron Kahn. P.
Carlo-Bunode, publiciste. Charles Béchacq. Docteur
Bonzon. Gaston Beauvais. Docteur Stora. Louis Meunier,
H. Carevitz, ingénieur des Arts et Manufactures. Dela-
porte. Mᵐᵉ Marie Grotz. M. Adolphe Nègre. Mᵐᵉ Marie
Nègre. MM. A. Causse. Emile Bruneton. Mᵐᵉ Jenny Bru-
neton. MM. Georges Guébin. M. H. Mahistre. Mᵐᵉˢ Andréa
Mahistre. Marguerite Arnaud. Veuve Jannin Arnaud,
Anais Arnaud, à Nimes. M. Louis Michel. Mˡˡᵉ Michel.
Mᵐᵉ Merle d'Aubigné. M. Pierre Picheral, pasteur.

MM. Bergougnan, avocat à la Cour de Paris. J. Bacé,
docteur. Th. Michelot. Charles Prévost. Georges de Saint-
Germain. A. David. Emile Lévy. Mᵐᵉˢ Meert. Robert.
MM. Charles Legouge, étudiant en lettres. De Malézieux.
Mᵐᵉˢ Bagdadi. Marcelle Bagdadi. Mˡˡᵉ Olga Bagdadi.
MM. Armand Bagdadi, Beyrouth (Syrie). Benjamin
Nathan. Léon Lévy. Eroffmann. William Black. B. Black.
C. Black. Israël. Albert Pétrel. Mᵐᵉ Albert Pétrel. Mˡˡᵉ Cor-
nélia Pétrel. Mˡˡᵉ Francesca Pétrel. M. Maurice Eudlitz.
Mᵐᵉ M. Eudlitz. M. Zacharie Eudlitz.

MM. Morlinier, pasteur. G. Fayot, pasteur. Mᵐᵉˢ H.
Estanoves. Isabelle Lanne. MM. Auguste Roux. Cardinon.
Gustave Gabian. Mᵐᵉ Jeanne Nègre, Nimes. MM. F. Gre-
nier de Latour, pasteur, à Gabre. A. Boissier. Docteur
Dommergues. Edmond Dommergues, pasteur. Jules Bois-
sier, Nimes. Mᵐᵉ Jeanne Blanchet, Louise Halgers. MM. G.
Vincent. Lucien Olagnu. Lucien Schmidt. Emile Vincent.
Maurice Marx. J. Marx. Mᵐᵉ Marie Jeanne, Caen. M. Edouard
Jeanne. Mᵐᵉ Marguerite Jolas. M. Raymond Jolas.
Mᵐᵉˢ Jeanne Voysson. Suzanne Duval. M. Emile Dorel.
Mᵐᵉˢ Delphine Puchereau. Marie Lefebvre.

MM. David Eudlitz. Georges Eudlitz, collège Chaptal.
Mˡˡᵉˢ Fanny, Jeanne et Germaine Eudlitz. MM. Jules
Charles. A. Schwob. Georges Grappe. Blumenthal, avocat
à la Cour d'appel. Félix Schweitzer. Franck Varnier,
statuaire. C. Marot. Mᵐᵉ C. Marot. M. le docteur Péchadre.
Mᵐᵉˢ Péchadre. Henri Marot. MM. A. Aboucava, à Sétif.
A. Mille, ingénieur. Eugène Vanderheim, ingénieur civil
des mines. Fernand Nathan. Michel Leroy. U. Franck.
A. Rabi. Ambroise Réby. E. Rétif. E. Amarde. Henri
Helger.

Mᵐᵉ Rodolphe Herzfeld Merter. MM. Rodolphe Herzfeld
fils. Coulomb. Victorien Bruguier. Louis Gueysse.
Mᵐᵉ Brugnier. MM. Léon Tournier. Th. Rancel. Pélissier.
C. Seguier. Mathieu Duplessis. Célestin Hugues. Georges
Gignaux. Mourel. Mathieu Mus. Fournel. Fontanieu.
C. Serrières. Louis Rancoule. J. Vignaud. Isidore Bonnet.
Jean Martin. C. Bonnet. C. Roger. Cognou. Hippolyte
Saurel. J. Blanchet. Alcide Protin. Biscuit. L. Michel,
Bourges, à Nimes.

De Mazamet. : MM. Gaston Cormushoul. Ferdinand Cor-
mushoul. Jules Cormouls. Hoiclès. Armand Puech. Mˡˡᵉ J.
Puech. MM. Bruniquel. L. Chazotte. Camille Bruniquel.
Numa Bendin, maire de Payrinaugmontel. Mᵐᵉ G. Sarrul.
Mˡˡᵉ A. Puech. Mᵐᵉˢ M. Sabatié. Ernest Molinié. MM. Ernest
Molinié. Alquier Griffoulet. F. et Ch. Armengaud. Emile
Prades, notaire. E. Roques. Desmons. T. Rives. Gustave
Sarrat, vice-président de la Chambre de commerce. Henri

Sarrat. C. Bénijech. V. Bénijech. Jules Reygnaud. E. Maffe. Pouzador fils.

Mlles Laure Barthe, avec toute son admiration. Mathilde Corbière. J. Argot. Mmes Saint-Cyr Estrabant. Louis Debard. Mlle E. Lepainteur. MM. Josué Brenac. Paul Escande, pasteur, Vianne. Paul Bonnet. L. Thierry, pasteur. D. Sivadon, pasteur. de Robert, pasteur. J. de Robert. Mme Casse Triadon. M. Rèves Triadon. Mme Marie Cabrol. MM. J.-L. Debord, pasteur. Jean Molinié. Mme Molinié. Mlle Mathilde Molinié. Mme L. Barnaud. M. Emile Rives. Mme Paulin Daure. M. L. Debard, parteur. Mmes Louise Molinié. Charles Molinié. Rosa Guiraud. Louise Guiraud, à Mazamet.

MM. Erzéma. Paul Bonnafour. Mme Alquier. MM. M. Almalric. Paul Almalric. Jules Bénazet. Henri Almalric. Emile Rigaud. Azémar Darcis. Louis Molinier. Mme Emma

Satgi. MM. Dougardes. Mathier Alquier. Dougadas. Mmes Emma Rainaud. Noémie Alquier. Julie Alquier. Adèle Avéraus. Léontine Alquier. MM. Jean Raynaud. Clément Molinier. Molinier. Jules Petit. Louis Gau. Aimé Gaubos. E. Viela. Armand Pinel. Pierre Bénézech. Nancy-Pujol. Jules Lémar, à Mazamet.

MM. A.-C. Estrabant. Charles Bénézech. E. Amalric. Charles Campagne. Armand Prat. C. Mirom. E. Larhmann. C. Caben. Douarpos. Mme E. Puech. MM. Emile River. Proux. Eugène Molinier. Elie Escaux. Elmabric. Salvaing fils. C. Bénézech. Puech, professeur de tissage à l'Ecole pratique de commerce et d'industrie. B. Puech. Mme Marie Estrabant. MM. Aimé Estrabant. Jacques Raynaud. Bougadet Puyot. Mme Joséphine Guéraud. Gaubaux père. L. Puech, à Mazamet.

Mercredi 7 Décembre 1898

MM. Raymond Barthère, licencié ès sciences, Verfeil (Haute-Garonne). Joseph Chareyron, à Soyons (Ardèche). Paul Decroix, Boulogne-sur-Mer. Adolphe Tabarant, homme de lettres. Mme Gibert. MM. Henry Oulevay, artiste peintre. Marius Julien. Charles Gras. Poncet, Boulogne-sur-Seine. Frechu, à Versailles. F. Le Porz, ex-chevalier de la Légion d'honneur, ancien magistrat, ancien officier de la défense nationale, avocat, à Lorient. Comte de Malville de Bous. L. Wittersheim. Goudin. Mme Goudin. MM. G. Weiss. L. Syémons. Ch. Bloch. L. Taupin. H. Dufour, typographes.

Du Théâtre-Antoine : MM. Gémier. G. Amyot. H. Desfontaines. H. Sérusier. Derville. Mme Luce Colas. MM. G. Saverne. Noizeux. André Grandjean. H. Chartol. Tervil. Georges Jacques. P. Guettard. Daltour. Juliette Blum. Dufresne. Arquillière. Carpentier. Mme Justin. MM. Marsay. Verse. De Max. J. Fournier.

MM. Pierre Batail, rédacteur en chef. Emile Violard, secrétaire de la rédaction. Hubert Jacques. André Allattissière. J. Torrent. Dambigné. Martel, rédacteurs *à la Vie algérienne* d'Alger.

MM. J. Fossard, plébiscitaire, à Montdidier (Somme). J. Silberberg. Mme Silberberg, 36, faubourg Saint-Martin.

Un groupe d'ouvriers cordonniers avec leur patron : MM. Schwelbleu, 11, rue de Paris, à Clichy. Jules Baraillier. Guillaume Arard. Célestin Legros. Cléophas Huon. Mme Irma Huon. M. Joseph Schwelbleu fils. Mlle Augusta Huon. M. Robert Schwelbleu fils. Mlle Joséphine Schwelbleu. Mme Françoise Schwelbleu. MM. Edmond Witsenhausen. E. Delhomme, 29, rue de Reuilly. Louis Aulagne, 12, rue du Rhin. Houy, marbrier, 100, rue de Charonne. Isidore Wolff, marchand de marbres, 32, rue Erard. Mme Suzanne Wolff. MM. François Van Migro, typographe. Boquet, 56, rue Couiler. Mlle Leloup, 56, rue Couiler. MM. Lagarde, avenue Daumesnil, 98. Laucher, 143, rue de Charenton. Jullien, place de la Nation. Giraux. Chevat, 3, rue Montgallet.

MM. Marchet, 3, rue Wattignies. Renaud, 141, rue de Charenton. Kottelesewski, voyageur en guipure, 3, rue Ebelmer. Edouard Obozil, voyageur. Etienne Paicher, 6, rue Ebelmer. Louis Favas, 17, rue Claude-Tillier. J. Benoît, à Fontenay-sous-Bois. Laurent. Jules Piré. Auguste Garnier, ébéniste. Charles Roumier. Galmiche, fabricant de serrures, 29, rue Michel-le-Comte. Lemain, cordonnier. Vircheld, 168, rue de Charenton. Mlle Adna Soult, rue de Reuilly. M. Paul Piron, rue Rondelet. Mme Belleman, boulevard Richard-Lenoir. Mlle Maria Jacquot. MM. Rabarlier, Petitpain, horloger, Martin Maquignon. Hantzt, moulurier. H. Weisse, 31, rue de Reuilly. E. Guérin, à Fontenay-sous-Bois.

MM. Roblet, cultivateur-éleveur. Adolphe Moreau, constructeur en voitures. Auguste Lapore, cordonnier. Lucien

Renoufe, épicier. Bertho, au Havre. L. Barbier, 10, rue du Président-Carnot, à Lyon. Moïse Bloch. Arthur Bloch.

M. Maurice Fournigault, dessinateur-mécanicien, 11, rue Balagny.

Mme Louise Fèvre. MM. Léopold Fèvre. Clément Fèvre, 5, rue des Ecoles. Roger. Sadrin, du *Libertaire*. Mme veuve Damenez. Mlle Damenez. M. Orange. Mme Orange. MM. Edouard Cazot. Alexis Aujard, typographe, 74, rue Myrrha. Camille Dietz, licencié en droit, 60, boulevard Magenta. Lucien Chambry, Brie-sur-Marne. Charles Métivier, Brie-sur-Marne. M. Nègre, étudiant en lettres. F. Nègre, licencié ès sciences, 12, rue Gay-Lussac. Léon Marinon, 8, rue de Tanger. Georges Aulagner, 12, rue du Rhin. Both, 2, rue Paul-Lelong. Alex. Renault, 4, rue du Pré-Saint-Gervais. Charles Krantz, zingueur, 12, rue de la Liberté, Bagnolet. Charles Lheureux, ouvrier cartonnier, 60, rue de Meaux. Joseph Machin, 11, rue de Sambre-et-Meuse. Armand Lagignac, 3, rue des Maronites. L. Bergon. Henri Manceau, 15, rue Fabre-d'Eglantine. E. Decottignie, 40, rue de Paris. Henri Herbault, 18, rue Weymiller. Léon Ally, 65, rue du Bois.

MM. Léon Chenel, 3, rue de la Prévoyance. Caploun Mayer. Forès, typographe. Jules Joly, à Clastres, par Montencourt (Aisne). A. Mann. Pons. Elie Ruben. Fouque, à Garches. Henry Offenbacher. J. Legendre. L. Randon. E. Maure. Negean. L. Pommeraye. A. Pras. Paul Valet, étudiant en médecine, 27, rue Gay-Lussac. A. Marynski, 20, cité Trévise. J. Lichtenzveig. Tetenbaum. J. Oldak. Girous. Th. Diener. Maryloff, étudiant en médecine. Chosson, étudiant. Mouillesseaux, rue Letort, 17. Joseph Cordonnerie, 22, avenue d'Orléans, Mme Jeanne Heymond. MM. Georges Heymond. Robert Heymond. Franck Heymond. Mmes Lallemand. De Brot-Robellaz. MM. J. de Brot, 3, rue Gustave-Courbet. E. Chétrite. Mmes Esther Chétrite. Foucho. MM. Marius Cartier. E. Rouin. G. Fuet, 1, rue du Liban. A. Fochet, rue de Belleville. Mmes Sophie de Pischof. Mily de Pischof.

Marseille : MM. Philippe Cerati, ancien directeur de *l'Avenir du Midi*, conseiller municipal de Beaumont. Ulysse Quillier, rédacteur à *l'Ami du Peuple*. Jules Murzy. ancien rédacteur en chef de *l'Avenir du Midi*. Louis Bastide, directeur du journal *les Droits de l'homme*. Urbain Veyan, 4, traverse du Séminaire. M. et Mme Jules Veyan, publiciste. M. le Docteur Machton, 6, place Malakoff, Alger.

Vives (Gard) : MM. P. Armand, maire. Dufès, conseiller municipal. B. Déjardin, juge suppléant au tribunal de commerce. Chavel, maire-adjoint de Cavignay. Albert Mourgues. Elie Lauzière. Edmond Brisson. Alix Bonfils, négociant. Félix Salles, conseillers municipaux. Basti le, secrétaire du groupe socialiste. François Marazel, ancien vice-président du syndicat du commerce des vins du département du Gard. Docteur Teulon. Cauzir.

MM. Marazel, négociant. François Bancel. Davin Nelson. Jean Tourreau. Gustave Prade. Louis Salles. Gaston Coulard. Ernest Parret, lecteur assidu de l'*Aurore.* Albert Tastavin. Louis Fournet. Jules Bonfils. Louis Teissier. Jean Malhiau. Angevin Guirard. Simon Séguin. Eugène Combe. B. Tourreau. Théophile Bresson. Albert Gille. Antoine Gille. Fernand Cabot. Claude Bonfils. Albert Paul. Louis Lauzevère. Julien Cabot. Eugène Soubré. Louis Faravel. Léonce Combe fils, diplômé commercial. Pierre Jurant, comptable. Edouard Mariage, courtier. Emile Pattus, comptable. Paul Marazel. Sully. Massip, comptable. Félix Salles. J. Méjeur. Vincent Bry. E. Blatier. F. Gazagne. Auguste Ribes. Robert Brun. Carrier. Célestin Rousson. Donnelier. Gabriel Daudé. Abel Liautaud. Jacques Gauffres. Antoine Granier, victime du 2 décembre. Léon Delpuech. Achille Lauret. Scipion Déjardin. Jules Faravel.

MM. Fournet. Davin. Léopold Brun. Adolphe Gout. Ferdinand Brun. Aimé Fournet. Paul Cauzid. A. Bessy, charron. Gaston Combe. Albert Fournet. Louis Ravier. Tourtoulon. Louis Sial. Alphonse Fortuné. Elie Soulier, comptable. Soulier fils, cafetier. Louis Roux. Léon Pattus. Eugène Verrieux. Louis Ravier fils. S. Combe. L. Bécède. Auguste Louzière. Sully Sabatier. J. Delpuech, plâtrier. Louis Delpuech. Louis Blanc. G. Pellissier, coiffeur. Louis Granier. Emile Mariage. Paul Menteyne. Clément. Emile Clauzel. Paul Damis. Combe-Bécède. Lauzière. Hilerand. Louis Billange. Auguste Cabane. Prosper Aigoin. C. Verrieux. Zoïle Daudé. Louis Dufès, cafetier. François Mas. L. Blanc. Auguste Combe. Perruquier. François Martin. Ferdinand Poujol. Auguste Valtel. Pierre Brun. P. Bonhoure. Fernand Lioteaud. Adrien Espage, maçon. Louis Cabot. A. Sounay, négociant. Gabriel Mourgues. Armand Delord. A. Pattus. Léon Baissade, rentier. Antoine Pattus. Marcel Glavel, propriétaires. Albert Blanc, rentier. J. Gauzid, négociant. Cauzid-Marazel, négociant. G. Rousson. Gaston Rousson fils.

MM. Roger Heymann, 11, passage Sainte-Croix-de-la-Bretonnerie. E. Worms, graveur. Mlle L. Worms, employée, 5, rue Victor-Massé.

MM. J. Gendre, 5, rue des Cardeurs, à Perpignan. A. Céré, rédacteur en chef de l'*Ecole laïque*. Mme Paule Muston. Mlle Blanche Muston, à Genève. Allan Jerrold. Ernest Polack, ex-conseiller d'arrondissement, à Dijon. Saphanaz, 4, place de l'Hospice, à Saint-Cloud. Auguste Eloire, de Saudry (Nord). Charles Martin, maître de conférences à l'Université de Glascow (Ecosse). Salomon Spira, comptable. Octave Hannot, ingénieur civil des mines. Carlo Bunode, publiciste, de la Ligue des droits de l'homme, 3, rue de Bièvre. Christian Augras, artiste, rue Radziwill. Simonot-Tendel, artiste, 83, rue Saint-Dominique.

MM. Condangeon, dentiste, rue Saint-Dominique, 54. Georges Giros, garçon boucher, 2, avenue d'Orléans. R. Aghetti, Henri Bertrand, mécanicien, 6, rue Sévigné. Iwannow, de l'Ecole des Mines, 11, rue des Feuillantines. Ronaldès, 24, avenue d'Orléans. Schwartz, élève de l'Ecole des mines, 11, rue des Feuillantines. René Lelièvre. Charles Saupic, étudiant en sciences. Louis Dhennin, docteur en médecine et en sciences. Desaulx, étudiant en médecine. Fernand Andousset. Gosseau. Emile Crépet. Jacques Crépet. Fageot, ciseleur. Eugène Hurriau, ciseleur. E. de Ravaux, publiciste.

MM. A. Viéville. Mlles Hélène, Lucie et Marcelle Viéville, 7, rue des Basserons. Mme Schenovitz. M. Albert Schenovitz. Mlle Lucie Schenovitz, 174, rue Saint-Maur. Mme veuve Hermann, 174, rue Saint-Maur. MM. G.-A. Grossmit, dessinateur. Georges Pasquier. M.-J. Bonnin, 55, rue des Vinaigriers. Mme Bouland, 17, rue du Vert-Bois. MM. Félicien Proust. Feuras.

MM. François Alicot, rédacteur à l'*Union républicaine*. Jean Alico, employé, 13, rue de la Tour. Joseph Guiraud, répétiteur au collège de Béziers. Léon Cazes, avocat. Célestin Delmas, boucher. Eugène Calzy, rue des Petits-Champs. Antonin Moulin. Charles Bel, 14, rue du Marché-Neuf. Raymond Gélis, avocat.

MM. P. Léger, voyageur de commerce, trésorier du groupe socialiste des voyageurs de commerce, 19, rue Perdonnet. René Marange, 198, rue Saint-Maur. M.-T. Cluzan, 3, rue des Maronites. Arthur Lévy, 19, rue de l'Aqueduc. Louis Kosciusho, 13, rue de Bellefond. Eugène Caen, ancien adjoint au maire du XIIIe arrondissement. Charles Hautang, 58, boulevard Barbes. Emile Baumann. L. Mayer. A. Mayer. G. Mayer. M. Van Cleef. M. Arpels. C. Arpels. Léon Arpels. H. Lyon. Mme Rosalie Lyon. MM. Marcel Lyon. M. Hayem. Mme veuve Van Cleef. M. Louis Mayer. Mme Marguerite Berney, artiste. M. Charles Lévy, négociant. Mmes veuve Lambla, 15, rue Montéra. Hortense Nilneker. M. et Mme Bloch. Mme veuve Bizond. M. et Mme Laire, rue du Château-des-Rentiers. M. Ulysse Pasquelin. Mme veuve Pasquelin.

MM. G. Fannechou. L. Peigney, M. Caen. L. Dourdin. Duval. L. Poulain. A. Perpraet, à Boulogne-sur-Mer. Clément Setbon, étudiant en médecine. M. et Mme Denis-Leroy, à Condé.

D'Igny (Seine-et-Oise) : MM. Sillard. Bouldaire, entrepreneur de menuiserie. Alexandre Lebrun. Eugène Bossu. Emile Noël. Ernest Boucher. Lebrun, entrepreneur. Ferdinand Cardonnel. Duval fils. Boutenquoi, cordonnier.

Bédarieux (Hérault) : MM. L. Laurès, ancien défenseur de Bitche. H. Berbier. Benoist Dré. Laussel. Dinet. Georges Bompaire. Henri Abelous. J. Abelous fils. André Abelous. A. Lussac, imprimeur. A. Soulcié. David Coulon F. Escalle. A. Farenc. Astruc. Léon Cazals, propriétaire. Auguste Catala. Pierre Falvrié. Biou fils aîné. A. Abelous. Georges Moulas-Picar. Escalle, licencié en droit. Mme Pauline Caldré.

MM. Charles Salin, 45, rue Jouffroy. E. Grandmangin, 142, avenue des Batignolles, à Saint-Ouen. Cros. Grandmagion, 142, avenue des Batignolles. M. et Mme Roullier, 188, rue Marcadet. MM. Alfred Milliot, menuisier, 7, rue Joseph-Dijon. Jean Mentor, 31, rue Letort. Achille Fourniez, 75, rue Lamarck. Mmes Marguerite Delval, 17, rue de l'Echiquier. Valentine Ragaut, 157, boulevard Magenta. MM. Bergès, 19, rue Hermel prolongée. Sempé, même adresse. E. Arboast, 37, rue Nollet. Bernard. Muller Normand. Schimeler. Bagault, 215, faubourg Saint-Antoine. A. Postel, 37, rue Saint-Sébastien. Mérandon, rue Vieille-du-Temple. Cartigny, 9, rue de Charonne. J.-B. Kleir, 97, faubourg Saint-Antoine. Feuillet, sculpteur sur bois, passage du Génie.

MM. Louis Bruel, employé de commerce, 6, rue Lamarck. Henri Godet, statuaire, 58, rue du Rendez-Vous. Mme Henri Godet, écrivain. MM. Vincent Bounami, journaliste, 54, rue du Rendez-Vous. Emile Pfister, statuaire, 74, avenue de Saint-Mandé. Gaston Méger. Georges Dufresne. Henri Chapentier. H. Saunier. B. Saunier. Patin. Mme A. Emmanuel. M. Emmanuel, 46, rue Paradis. M. et Mme Valency, à Oran. Mme P. Bloch. M. Henry Gynsburger Mme H. Gynsburger. MM. Ach. Abraham. G. Abraham. Léon Stora, à Alger. Ad. Milliaud. M. et Mme Millaud. Mlle Diane Millaud. M. et Mme Boscowitz. MM. J. Zermatti. J. Sudaka, externe des hôpitaux. Georges Sudaka, licencié en droit, 14, rue Lantonnet. Germain Renblaël, 35, rue Labruyère. Lévi, étudiant en médecine. Mme Emilienne Guillemain. M. Ernest Rose, 14, rue Lantonnet. M. et Mme Désiré Horvilleur. M. et Mme Edmond Moritz. Mme Louis Horvilleur. MM. René Bance, électricien, à Mantes-sur-Seine. Louis Koscziusko, représentant de commerce, 13, rue Bellefond. Mmes Marthe et Emilie Koscziusko. Alice Koscziusko. MM. Léon Koscziusko. J. Weiler. N. Weiler, 29, rue d'Enghien.

MM. Jules Heymann, de Los Olivos (Californie). Georges Heymann. Robert Heymann. Mme Clémence Heymann. MM. S. Gsell, docteur ès lettres. E. Artigue, artiste peintre. J. Artigue, à Clamart. Drovert. Morlot. Boudant. E. Fay. Ed. Codon. Vatry. H. Judes. François Nichard.

Paul Dravert. Julien Rocher. L. Rousseau. J. Rannaud.
V. Colas. E. Née. J. Linotte. A. Guichart. J. Hobrard.
Hurtault. Mme L. Bloch, à Neuilly. M. E. Weyl. Mmes Weyl.
MM. Louis Weyl. Beloin, Mmes Beloin. Dion. MM. Edmond
Bloch, à Étampes. Barbier à Versailles. Isaacson, Paris.
Gustave Bridier. graphologue, 11, rue Jeanne-d'Arc, Issou-
dun. Émile Salé, coupeur. Mme Salé, caissière. MM. H. Hu-
gny, 10, rue du Paradis. Decoster. Désiré Gébusson.
Mme veuve Charles Dineaux. Mlle Jeanne Duneaux, 45, rue
des Tournelles. M. Ferdinand Denaud, 30, rue de la Ro-
quette.

MM. Georges Vivien, 23, rue du Conseil (Asnières).
Henri Lafaux, 9, rue Chomel, Edouard Morlon, marchand
de vins, 122, faubourg du Temple. Noyer, marchand de
vins, 122, faubourg du Temple. Bernard Huzarski, 34, rue
des Archives. Georges Bloch, 89, rue d'Aboukir. Un groupe
d'employés d'octroi de Paris (rive droite). M. A. Polac,
Saint-Leu (Seine-et-Oise). Mmes R. Bass. Hélène Bass.
MM. E. Goutchot, propriétaire, rue des Amandiers. Albert
Goutchot, habitant Saint-Paul, (Brésil.) B. Georges, 30, rue
des Écoles. L. Bizard. Albert Gallais, 34, rue Dauphine.
Chelley. Bussac, 5, rue d'Alençon. G. Théodore, impri-
meur. Mme G. Théodore. M. Raymond Théodore. Mlle Flo-
rine Théodore Mme veuve Elie Lévy, 17, passage Saulnier.
MM. Jacquemin. F. Guyourt, 29, rue Lécuyer. Arthur
Henriot, 97, route de Flandre. Paul Sauvage, journalier.
Jeanblanc, 39, rue des Postes. Aiblacher, 88, rue de la
Goutte-d'Or. Waldor, 135, rue de la Goutte-d'Or. Célestin
Tiphinau, 26, route de Flandre. Auguste Carteau. Albert
Donné. Paul Henrick. Langlois. Émile Clément. Moris,
1, *bis*, rue Paradis. A. Durier, 32, rue Pixérécourt. M. et
Mme Béguay, 151, rue Ménilmontant. Mlles Jane et Margue-
rite Pagès, rue Florian, à Alais.

MM. Th. Picard. Ad. Picard, Saint-Junier (Jura). E. Vogel. A. Guéret. S. Worms, 3, rue Elzévir. Charles Lowe,
72, rue de Sèvres. P. Messager, 5, rue de l'Église, à Noisy-
le-Sec. Mme Gouthé. MM. Achille Gouthé, à Auteuil. Léon
Dupont, architecte. Mme Annette Abadie, 11, rue Grange-
aux-Belles. MM. Henri Gangne. Berruyer, 18, rue Miromesnil. Louis Brunel, 10, rue Nouvelle, à Charenton. Henri
Chausse, employé. Mme E. Chausse. MM. Auguste Richard,
employé. Louis Roche-Bayard, forgeron. Henri Roche-
Bayard, voyageur. Louis Roche-Bayard, expéditeur.
Mlle Jeanne Chausse, Mme Louise Roche-Bayard. Mlle Au-
gustine Rigaut, employée. MM. Jules Sacleux, sculpteur.
Barret, plombier, 13, rue de Montreuil. Chevillon, 37,
rue Godefroy-Cavaignac. Taillebout, 3, rue Planchat.
Moscovics, 28, rue des Vignolles. Brillet, 86, rue de la
Réunion. Théophile Michault, 138, boulevard de Cha-
ronne. Gaudefroy, 28, rue des Grands-Champs. Kalmès.
Fritz David, serrurier.

Tunis: MM. Léon Costa, principal clerc de syndic de
faillites, rue des Tanneurs. Félix Costa, négociant, rue
Souk-el-Grana. Albert Halfon, employé de commerce.
rue des Glacières. E. Guez, employé de commerce, 54,
rue des Glacières. Félix Cohon-Boulakia, sténographe,
membre de l'Institut sténographique de France, 13, rue
de Souk-Ahras. A. Chemla, coiffeur, rue des Tanneurs.
Am. Zerah, représentant de commerce. M. Taïeb, principal clerc d'huissier, rue de la Trouja. V. Setbon, représentant de commerce, rue des Maltais. D. Sfez, libraire.
Smadja, libraire, rue de Bône. R. Attal, employé de commerce. Charles Afrigan, correspondant et collaborateur
de journaux, rue Al-Djaziera. J. Cohen, principal clerc
d'avocat, rue d'Espagne. S. Bellaïche, représentant de
commerce, rue des Maltais. Setbon, clerc d'avocat, rue
d'Italie. Moïse Tibi, employé de commerce, rue Al-Djazira,
à Tunis. V. Kiat, comptable, 58, rue Souk-el-Bey. René
Nizard, négociant des Nouveautés, rue des Maltais.
M. Zembris, employé d'administration. Léon Cohen, rentier, rue des Tanneurs. Haï Costa, négociant, rue Souk-el-
Grana, 158. Jules Taïeb, employé de commerce, avenue
de France. Isaac Guez, employé de commerce. Victor

Pitoussi, coiffeur, rue des Maltais. Isidor Sunadja, principal clerc d'un syndic de faillite, 2, rue de Russie. E. Boc-
cara, rédacteur de journaux. A. Bismuth, principal clerc
d'avocat, rue des Tanneurs. A. Seroussi, principal clerc
d'avocat, rue d'Italie. J. Silvera, négociant.

MM. Romain Castets, 3, rue du Ponceau. Armand Hetté,
étudiant en pharmacie, 19, rue du Val-de-Grâce. Albert
Saunier, pharmacien. Fernand Sée, 89, rue Turbigo.
A. Koppenhague, administrateur du bureau de bienfaisance du IIIe arrondissement. Edouard Billandel et sa
famille. Émile Saffroy, notaire, à Venizy (Yonne). Docteur F. Tison, étudiant en médecine. Dogné, chapelier.
Derouboix, négociant. Bernard, propriétaire. Henri
Henno, négociant. Pierre-Auguste | Trubley, fabricant.
Émile Courbet, à Templeuve (Nord). A. Charlet, marchand
de fer, à Verdun (Meuse). Charles Merlier, de Douai,
Bruxelles. E. Bellanger père. A. Bellanger. L. Bellanger.
E. Bellanger, à Bucarest (Roumanie). Colombot, 19,
place de l'Arsenal, à Haire. Pedro Poullenot, étudiant en
droit. Edouard Pichon, 5, rue Saint-Martin, à Cognac.
M. et Mme E. Gaudin. MM. J. Thierry, 2, rue de Canivet.
Henry Lévy, 145, rue de Créteil, à Maisons-Alfort. Mmes Re-
nard, négociante. Anne Duquesne.

MM. J. Guillon, instituteur en retraite, à Sepvres (Deux-
Sèvres). H. Bonneau, cultivateur. A. Gaillard, cultiva-
teur, conseiller municipal. Aug. Fouchin, cultivateur.
Pierre Martin, cultivateur. Mmes Fouchiez. Martin. Pel-
trault. MM. Frédéric Fouchiez. Aristide Poupinot. Mlle Vil-
laneau. MM. G. Quintard. G. Blanchard. Berland.
Mme Bénignus. MM. B. Bénignus. Guerry. Pournier. A. Jol-
livet. L. Fouchler. A. Vivault. D. Villarmous. Mmes Marie
Cler. A. Marie Lalot. Marie Jollivet, à Sepvres (Deux-
Sèvres).

De Marseille : MM. Joseph Gommey-Vaez, employé
aux abattoirs de Marseille. Fernand Landeler, peintre en
lettres. Raphaël Mender, tailleur. Mme Marie Dedieu.
M. Gabriel Landeler, boucher, cours Lieutaud. Mme Nina-
Paule Mendez, anarchiste. MM. Gaston Landeler, peintre en
bâtiments, rue Bateuil, 147. Fernand Mendy, étudiant, 12,
rue d'Anvers. Mlle Marthe Mendy, pianiste. M. Camille
Landeler. Mlles Marthe et Lucie Landeler, à Marseille.

MM. Albaret, trésorier de l'Agglomération parisienne,
15, rue Simon-le-Franc. Mure, trésorier du groupe col-
lectiviste du XXe arrondissement, 172, rue des Pyrénées. A. Pradelle, délégué du groupe du Parti ouvrier
français du XIIIe arrondissement. Ed. Heidinger, du
Parti ouvrier français. A. Leib, du Parti ouvrier français.
D. Menier. Aristide Travolard. Comailly, 73, boulevard de
la Villette. S. Raty. Langlaiz, trésorier du conseil fédéral
du Parti ouvrier français. S. Mouisset.

MM. L. Robine. Charle. Delabouloir. Pougot. J.-V. Ver-
gnette. P. et H. Verchoore. E. Dapel. Emile Kulm, posi-
tiviste et ouvrier typographe, 18, rue de Tocqueville. Henri
Bigrin, 59, rue Meslay. Balmes, propriétaire, à Sénéchas
(Gard). Mme Mathilde Bagdadi, institutrice. M. Armand
Bagdadi. Mlle Olga Bagdadi, à Beyrouth (Syrie). M. et
Mme Serre. MM. Louis Serre. Ernest Serre. Maurice Weill,
19, boulevard de Strasbourg. P. Veyres, à Montauban.

MM. J. Eymard. H. Veyron. V. Serret. J. Sifflet. E. For-
ret. A. Forret. L. Cabalet. C. Moulin. Mme Moulin.
MM. Dubourg. J. Merille. Palleret. A. Dubois. L. Dubois.
F. Brun. L. Courbès. Roche, Garay. E. Roux, Buisson, à
Malissard (Drôme).

MM. Jules Surleau, employé principal au P.-L. M. Mon-
gobert, cultivateur, à Caumont (Eure). Joseph Penn, à
Châtellerault. L.-L. Vossette, modeleur. Léon Rivet, mode-
leur. Beaufeny, mouleur en plâtre, à Limoges. Alexandre
Rosenfeld, employé de commerce, à Montauban. C. Angé,
Albi. Carrier-Delzers. Mme Seba, Villeneuve-d'Ornan
(Gironde). MM René Marcel. Léon Fort, d'Angoulême. Mar-
celin Surand. Roger Trantewin, avocat à la Cour de Mont-
pellier. S. Genereau, 40, rue Carnot, Saujon (Charente-
Inférieure). A. Malander, Suède. Durand Albi.

De Beaucourt (territoire de Belfort : M. Joseph Cordelier. Mme Marie Monnin. M. Charles Humbert. Mmes Hélène Humbert. Victorine Cordelier. Louise Monnin. Hélène Renggli. Louise Therry. MM. Charles Petrefuin. Emile Monnin. André Gustave. Mathieu Arnir. Eugène Monnin. Mme Marie Corbat. MM. Laval, 37 *bis*, rue de Montreuil. M. Muller, passage Ménilmontant, 7. Bruneaux. Alph. Lepreux. A. Villemin, ciseleur, 162, boulevard de la Villette. Lafosse, 45, rue du Parc. Petit-Dumont, à Romainville.

MM. Burlien. Muller. Friedmann. Thévenin fils, ciseleur, 184, rue de Paris, à Saint-Mandé. G. Lahonse, 42, rue Carnot, à Romainville. L. Labricq, rue de la Mare, 70. Latumier, 83, boulevard Richard-Lenoir. Ch. Maurer, 99, rue de Fontenay, à Vincennes. J. Hausse, à Bagnolet. Latumier fils. Naquet, rue Saint-Sabin. Sonnette. Campeyron. Mlle Meyer. M. Griot, instituteur à Vénérieu.

Mme Jules Lebrun, née Marie Collery. MM. Jules Lebrun et leurs enfants, rue de Mouveaux, à Tourcoing (Nord). Jean Constant, ouvrier modeleur. Mme Jean, née Marie Gomane, à Lille. MM. Romoins, dépositaire de journaux, à Deville (Ardennes). Ernest et Mme Léocadie Manche, propriétaires, à Chambry (Seine-et-Marne). MM. Emile Breger, à Lamarche (Vosges). Victor Leuliette, professeur de français, à Windermere. Cloitre Habert, coiffeur, à la Tronche (Isère).

De Lyon : MM. Jean Giraud, employé. Tonny Bard, employé. Colombany, employé. Berniex, homme de peine. Mmes Emma Capliex, ouvrière. Veuve Claire Capliez, ouvrière. MM. Robert des Farges, représentant. C. Yarogne, contremaître. Mme veuve Large, quai de la Vitriolerie, à Lyon. M. V. Chevassus, pharmacien, au Bois-d'Oingt (Rhône).

M. J. Steiner. Mme J. Steiner. M. Paul Yvel. Mme Julie Level. MM. L. Joseph. L. Isidore. Lajus. M. Molisse, lecteur assidu de *l'Aurore*.

MM. Van Gils Lucien, catholique, 9, rue Sarette. Charles Brown, 51, rue Lafayette. Mme Charles Brown. Mlle Marthe-Anna Brown. MM. Walter Fred Brown. Herbert Hastings Brown, même adresse. Charles May, faubourg Poissonnière. Albert Netter, rue Bergère. Docteur Netter, rue Miromesnil. Docteur H. Netter, boulevard Haussmann.

MM. Harry Ryrie, avenue de l'Opéra. James Ryrie, même adresse. Em. Werdeimber, 5, rue Laffite. Charles Nagell, rue d'Hauteville. William Hall, rue des Belles-Feuilles. Eugène Vivier, rue Crébillon. Edouard Pénetier, rue Saint-Martin. André Pénetier, même adresse. Nunes Da Costa, 47, rue Lafayette. Léonard Wins. Ed. de Besten, 7, rue Lantonnet. Charles Massin, avenue d'Antin. Hirom Summer, rue Hippolyte-Lebas. Fréd. R. Wilson. Morris Amsont, rue de Londres. Nath. Glauper, rue Lafayette. J. de Monteverde, rue Lepelletier.

MM. James Rumlier, boulevard des Italiens. Georges Luck, ex-professeur d'allemand à l'Ecole pratique de commerce. Pigier, 53, rue de Rivoli, actuellement 5, quai Saint-Jean, à Strasbourg.

MM. Charles de Dreux, avocat à la Cour d'appel. Ch. Houdard, artiste peintre. Docteur J. Sarazin, 106, boulevard Baille, Marseille. Mme Jane Hermès, chrétienne protestante. MM. Adrien Greilsamer, 10, rue Capier. Henri Greilsamer. Marc Greilsamer, négociants, Marseille. Louis Ligas, rue de la Grande-Messe, 20, Nantes. B. Raymard, rue Copernic, 9, Nantes. Ch. Fonteneau, rue du Calvaire, 30, L. Maillard. F. Billy, rue Molière. Magré, rue d'Erdre. Chauvière, rue Saint-Jacques. Antonin, brasserie du Chat-Noir. Pavin, rue La Tour d'Auvergne. Lecoq, chaussée de la Madeleine. Bonjour, rue Félibien. L. Janvrais, rue Grande-Biesse, 8. Teytaud. Moison. Charles. Orso, Aristophobe, Nantes. P. Fraud, Chantenay-sur-Loire. Jean Jaulin, Ville-en-Bois, Nantes.

M. et Mme Philippe Schloss, 104, avenue Malakoff. M. et Mme Eugène Manheim, 30, rue d'Astorg. Mlle Juliette Schloss, 104, avenue Malakoff. MM. Eugène Salomon, 6, rue Pierre-Levée. F. Bernheim, 5, avenue de l'Opéra. F. Cain, 21, faubourg Saint-Denis. G. Alexandre, 59, rue Oberkampf. Maurice Meyer, 71, avenue de Ségur. S. Gatté, Neuilly. J. Gaudier, 59, rue Legendre. Jules Meyer. Mlle H. Bertrand, Fontfroide-le-Haut, par Montpellier.

M. et Mlle Jeanne Carchon, 36, rue Washington. M. et Mme Hamelle Eliaers, Chalet-Saillant, à Préfailles-la-Plaine (Loire-Inférieure). Mme W.-B. Haas. Mmes Marguerite Haas. Germaine Haas. Lisette Haas, rue de Phalsbourg. M. Poussin, 19, rue Daru. M. et Mme Auguste Jacques. M. Robert Jacques. Mlle Mesemann, 6, rue Schœlcher. MM. Julien Luchaire. Léon Caron. Amédée Reynaud, professeur de l'Université, membre de la Ligue, à Marseille. Jules Cahen, à Valenciennes. L. Ash. Harrogase. Holland House. Docteur Schisgal, Vervon (Eure). E. Bricar, interne en pharmacie, hôpital Laënnec, 28, rue Delambre. Henri Hérissen, interne en pharmacie, hôpital Laënnec. Gaston Pruigault, étudiant en pharmacie, 21, rue Monsieur-le-Prince. O. Fudalski, 24, rue Alphonse-de-Neuville.

MM. G.-A. Weil, interne provisoire à Lariboisière. R. Nettre, 83, rue de Maubeuge. Auguste Lenoffre, 11, rue Pétion. Dreyfus, 5, passage Maurice. Chopast, 159, faubourg Saint-Antoine. Georges Crémont, 27, rue des Trois-Coins, à Bordeaux. Charles Dusatti, 3, rue des Tanneries, à Bordeaux. A. Berbineau, 6, rue Rohan, à Bordeaux. G. Déchamp, 60, rue Clément, à Bordeaux. Ch.-J. Faure, 104, rue de la Harpe, Le Bouscat. Moulin, agrégé de la Faculté de droit de l'Université de Dijon. Mmes Elise Lévy, Auxerroise. Pauline Lévy, Alsacienne. MM. Mayer. Maurice Lévy. Robert Lévy. M. et Mme Hyacinthe Loyson. M. A. Dupont, 20, rue Pellegrain, à Bordeaux.

MM. André Villebonnet, garçon d'hôtel (Charente). Paul Quérouil, étudiant en pharmacie, 19, rue des Remparts, Bordeaux. Léon Mettetal, pasteur, Dampierre-les-Bois (Doubs). Hamel, capitaine au long cours. Mme Hamel, à Condé-sur-Huisse (Orne). M. Henri Truchy, professeur-adjoint à la Faculté de droit de Dijon. Mme L. March. directrice de l'école normale d'institutrices de Nancy. M. Ducros, ex-caporal de presse au 11e de ligne, 15, rue Clérineau, Nîmes.

MM. Raoul Kahn. Rosy Kahn. Pierre-Jacques-Lucien Kahn. Mmes veuve Kahn. Veuve M. Millaud. Veuve L. Millaud. MM. Charles Rosenbeck. Robert Millaud. Mme Marcelle Millaud. MM. Hippolyte Jeanneau. Louis Sarrente. Jacques Franck. Henri Gilard, licencié ès lettres. Edouard Couston, étudiant en médecine. Roger Maillard. Robert Fayont, étudiants en médecine. Etienne de Lapoyade, bachelier ès lettres. Henri Fayont, aspirant, capitaine au long cours. René Monis, école de commerce, à Bordeaux. Henri Deleuze, négociant, Perpignan. Mlle J. Charpentier, chez M. Charpentier-Bonnet, à Aubenton (Aisne).

MM. G. Naphtaly, Zurich. J. Bacharach, Prédigerplatz, 10. Zurich. Jos Guggenheim, Zurich. Adolphe Dreyfus, Mulhouse (Alsace). Daniel Mieg. Mme Daniel Mieg, à Mulhouse, rue du Havre. M. Lucien Wormser. Mme Mayer Wormser. Mlle Lucy Wormser. M. Benjamin Schwab. Mme Benjamin Schwab. M. Mosse Mayer, à Colmar.

M. Raymond Bloch, étudiant, à Mulhouse. Mmes Louise Lévy, à Sarreguemines. Marie Kehl. Rosine Mathis. MM. B. Mathis. Paker. Laenicklé Himolet, à Mulhouse. Alphonse. Huberti, professeur à l'Université. Georges Huberti, ingénieur. Joseph Doyen, ingénieur, à Bruxelles. Philippe Hartog. Mme Philippe Hartog, née Picquard. Mlle Marthe Hartog. Jeanne et Blanche Hartog, à Anvers.

MM. Troucelier, instituteur, abonné au *Radical*. Robinet. Mme Robinet, Vert-le-Petit. MM. Victor Mounet, ancien professeur, à Saint-Jean-d'Angély. F. Carcassonne. Amédée Stéven. Reuil. Collin. E. Bauhoin. Eugène Legallais. Victor Madelaine, Vire. Un tonnelier de Champigny. Emile Oudry, secrétaire de la Libre Pensée d'Amboise, rue de Nazelles. Guillon, président de l'épicerie coopérative, rue Victor-Hugo. A. Plais, cordonnier, quai des Marais. E. Véron, mécanicien, Grande-Rue, à Amboise.

MM. Pichon, coupeur en chaussures, adjoint du secrétaire de la Jeunesse révolutionnaire. Hébert, grillageur, à Entre-les-Ponts. A. Malherbe, ajusteur, à Nazelles. Ch. Guillon, trésorier de la Jeunesse révolutionnaire, rue Victor-Hugo. A. Bergy, à Amboise. Magonet, administrateur de la France Prévoyante. Malherbe, coupeur en chaussures, à Nazelles. Raveau, coupeur en chaussures. Edouard Bergeon. Pierre Vivet. Breuil, galochier. L. Porcher père, marchand de charbon. Ed. Porcher, galochier, à Amboise.

MM. E. Guertault. Goisin, propriétaires. L. Debain. H. Courson, à Amboise. O. Lebodé, à Maillard. Laurent. E. Bordea. L. Clattes. Th. Dupré, à Amboise. Jules Coutant, 17, boulevard de Port-Royal. Léon-L. Hérault, 1, chemin des Martinets, à Reuil. Philippe, ciseleur, 70, rue Amelot. M. et Mme Guillaminey, rentiers. Mme veuve Léon Clerc, propriétaire, à Vesoul. MM. Jean Gardet, à Echenoz. A. Marc, à Alfortville.

MM. Charles Dreyfus, sculpteur, 4, rue Bréguet. Edmond Marac, mécanicien, 23, rue Julien-Lacroix. H. Oudin. Mlle Eléonore Oudin, 65, Grande-Rue, à Boissy-Saint-Léger. M. Victor Buisson, employé, 28, rue du Landy, à Clichy. Mme P. Magagnon, Saint-Clément. MM. A. Goniche, à Vichy. A. Burgermester, à Delle. Moreau-Belœil, horloger, à Vatan. Mme veuve Cleray, 16, chaussée de l'Etang, à Saint-Mandé. MM. Albert Lecomte, 19, rue de Flandre. Léon Maritni, au Plant-de-Champigny. Poussin-Hildevert, tabletier, à Freneaux-Montchevreuil.

MM. L. Mirepoix, étudiant en pharmacie, 118, rue Nationale. Ch. Corniot, sculpteur, 12, rue Pache. O. Frion, chimiste, professeur, membre fondateur du comité Vérité-Justice-Liberté, correspondant de l'*Action Républicaine*, à Levallois-Perret. Arthur Quillet, cultivateur, conseiller d'arrondissement, à Hangest-en-Santerre. Bouilly, administrateur des hospices de Verdun. Ernest Fouilleret, rédocteur au *Libre parleur* de Chaumont. F. Amstutz, conseiller municipal, à Beaucourt. Albert Amstutz, mécanicien, à Seloncourt. Joseph Fèvre, professeur d'école normale. 38, rue Le Nôtre, à Dijon. Ostyn père, à Argenteuil. Raoul Urbain, 99, boulevard Diderot.

MM. Georges Brousse, collaborateur à l'*Asniérois*, à Asnières. Eugène Mermiller, menuisier, 6, passage Perreure. Ramondou, représentant de commerce, 19, rue Ruhmkorff. A. Trin. B. Strauss, négociants, 4, passage Saint-Avoye. Mlle Hélène Sainati, 4, rue Delaître. MM. Meyer, 8, allée Verte. Labrosse, 7, rue Charlemagne. Louis Teulière, professeur de gymnastique, à Paris. Mme Marguerite Teulière. Jane Puech, employées de commerce. MM. Vic-Chevalier, orfèvre, 16, rue d'Alembert. J. Lassias, 180, rue Saint-Martin.

MM. Rasse, 2, avenue Gambetta, Parc-Saint-Maur. Duclou, cultivateur, à Gastins. Gustave Duclou fils, à Gastins. Jean Branco, 9, rue Béranger. Edouard de Jongh, industriel, 88, rue Vieille-du-Temple. Mme veuve Monteiro, marché du Château-d'Eau. M. Vaon Veug. F. Richard. Grots. Maibaum, à Paris. M. Collat-Gilbert, 270, faubourg Saint-Martin.

MM. Barachek. Henri Barachek, 85, boulevard Magenta. Henry Remacle. Alexandre Remacle, 99, rue Oberkampf. Boujer, 3, cité Magenta. Mlle Lucy. Mme Maurice, boulevard Magenta. Samet, 24, rue d'Albouy. MM. Bardonneau. Georges Brochet, comptable, 7, rue Rameau. Maglet, rue Marcadet. Mollet, 8, rue Cuillée. Camille Meyer, 76, rue du Château-d'Eau. Désiré Hirschmann. 4, rue Alboury. Henri Feldsbin, 14, boulevard Montmartre. Mme veuve Weil, 10, rue Perdonnet.

MM. Georges Lazarue, 7, rue Tazlo. Pour la famille Picquart, 75, faubourg Saint-Martin. Pour la vérité. Espérance. Jacques Lévy, 25, rue Choron. Cerf, 22, rue Fontaine-au-Roi. Mme Jaudet, 82, rue de la Chappelle. MM. Perguy, 9, rue Mathieu, Saint-Ouen. Henry Jeldstein, 31, boulevard Bonne-Nouvelle. Weill, 48, rue du Château-d'Eau. Louis

Bardey, 20, rue Orfila. A. Huchard, propriétaire. Lacaille, 4, rue Achille. Paul Dufayet, 68, rue Orfila. Auguste Veryne, 25, rue des Gatines. Normand, propriétaire, 20, rue Lisfranc. Dufayet, ferblantier, 9, passage des Rondonneaux. Paul Ladmirault, rue de la Bidassoa.

Mme Victoire Garnier, 20, rue Orfila. MM. Thévenot, 24, rue des Cailloux, à Clichy. Eugène Lemaire, graveur sur acier. Mme Lemaire, 5, rue de Paris, à Saint-Denis. MM. Léon Humbert et sa famille, 8, route de Flandre, à Pantin. Vernaux, 4 *bis*, rue Liebniz. F. Ringeissein, propriétaire, 13, quai de Seine, à l'île Saint-Denis. L. Diehl. Henri Diehl, boulevard Saint-Jacques. Louis Duremost, serrurier. C. Heuss, ébéniste, 16, rue Paul-Bert. Maurice Laudermy, à Fleurines. Charles Boillot. Mlle Eugénie Boillot, 15, rue Bréguet. M. et Mme E. Martais, à Chatou. MM. J. Montborn. E. Montborn. Mme veuve Bisecker, 17, rue des Amandiers. M. Henri Legal, 130, rue Saint-Maur. M. et Mme Nicard Fortier. MM. Henri Paris, 140, rue de l'Ouest. A. Blondeau, 4, faubourg Saint-Savinien, à Villeneuve-sur-Yonne. Bellois, à Togny-aux-Bœufs.

MM. Charles Bernard, modeleur, 4, rue Pasteur, à Saint-Ouen. Michel, 64, rue des Carrières, à Charenton. M. et Mme Sylvestre, 29, rue Bertrand. M. Filliol. Mlle Gabrielle. MM. Jacques Chelley, auteur dramatique, 67, rue de Rennes. Collin, en retraite, à Saint-Ouen. Albert Gallais, 34, rue Dauphine. Mme H. Gallais. MM. Lhote père, 7, rue d'Angoulême. Lhote fils aîné, 22, rue Saint-Martin. Lhote fils jeune, 70, rue d'Angoulême. Frédéric Langlois, 8, rue du Gaz.

Mme Langlois, 8, rue du Gaz. La L.'. les Hospitaliers socialistes, 140, rue Saint-Maur. MM. E. Buchard, 173, rue Pelleport. Alfred Blum, 21, rue Béranger. Henri Samoycan, 230, rue des Pyrénées. Maurice Lévy, 17, rue Beaurepaire. Mme veuve Lévy, 6, boulevard Voltaire. MM. Goldstein, rue Auguste-Barbier. H. Lévy, docteur en médecine. Henri, René et Marcel Lévi, 19, rue Beaurepaire. Mme Angèle Chapelle, à la Ferté-sous-Jouarre. MM. David Sibersthmith, 104, rue de Meaux. Frédéric Lévy, 40, quai Jemmapes.

M. Henry Cagnasson. Famille Cagnasson. M. F. Thédaldy, instituteur. Mme Thédaldy, à Lavernay. MM. Gustave Mestier, employé. Gustave Prié, propriétaire, à Neuville-sur-Seine. E. Weill, 134, rue Notre-Dame, à Troyes. Mme D. Weill. MM. Weill fils, à Troyes. B. Garner. L. Maurice. Louis Antoine, Paris.

MM. G. Callon, 13, villa du Bel-Air. E. Griset. Jean Auffret, 40, avenue de Saint-Mandé. Ch. Ouvrard, 19, villa du Bel-Air.

MM. Camille Pinoy, 32, rue Balagny. Barbier, 6, passage Clichy. Gustave Frérot, 32, rue de Balagny. Emile Pinoy, 31, rue Gauthey. Adrien Béziat. Emile Frérot. Mme Cazanova, 32, rue de Balagny. M. Charles.

MM. Fernand Lehmann, de Strasbourg, engagé volontaire de 1870-71, 26, rue Beaurepaire. Livet, 15, rue Alibert. P. Grob, menuisier, 5, impasse Lisa. J.-J., à Rueil. Etienne Louël. Mme Léonie Louël. Mlle Louise Louël, 16, rue des Tournelles. MM. L. Lechardeur, horloger, à Noisy-le-Sec. L. Moreime, entrepreneur, à Flers. Muller, 24, rue du Pressoir. Regrain, à Taxat-Pénat. Emile Beliard, à Etampes.

MM. Désiré-Louis Depèdre. E. I. V. A. Henri Rainaud. V. Jaouen, 66, avenue d'Italie. Jacques Gagnon, 7, rue Véron, à Alfortville. André Alavoine. L. Alavoine, à Colombes. Mme Boivinet, à Colombes. MM. A. Piary, dessinateur, 47, rue de Paris, à Colombes. E. Bizouard, conseiller municipal. Petit, publiciste, à Colombes. C. Goubé. Mme Goubé. MM. Goubé fils aîné. A. Goubé. Mlle Marie Goubé, aux Lilas.

MM. Lagueau, 29, place Galignani. Pocardet. ex-conseiller municipal de Saint-Denis, 14, rue aux Tisseurs, à Corbeil. Rhabbois, 13, place Galignani. F. Martinet. J. Martinet. C. Roulinat, ouvrier peintre, 92, rue Chardon-Lagache. M. et Mme David, 46, boulevard de Picpus. MM. Barral, 44, avenue de Suffren. Louis Estienne, directeur d'usine. 7, avenue Gambetta. Émile Royer, 126, rue Bolivar. Eugène Netter. Mme Netter. M. Sylvain Netter, 52, rue François-Miron.

MM. Louis Chasseigne, menuisier, 25, rue du Val-d'Orne, à Saint-Maurice. Arnaud, à Nogent-sur-Marne. J. Horiot, instituteur, à Celles (Haute-Marne). Léon Gloton, 6, rue Julien-Lacroix. Albert Gloton, 27, rue Etienne-Dolet. Un groupe de la maison Fontaine-Besson. MM. Bouchut. Rannave. Morlot. Judes. Georges Ruffier. Victor Leroy. E. Rousseau-Hébrard. Bondant. Dravert. V. Colas. E. Fay. Le Rousseau. E. Fournier. Fortin. L. Linotte. Ed. Cordon. H. Bornand. Richard. J. Rousseau. Charles Petit. Paul Dravert. Ruffier père. J. Rocher. Née. G. Linotte. Guichard. Ouvrard. Heurtault. Guilleminot-Vatry.

MM. Glaisair, cordonnier, 100, rue Jouffroy. C. Camelin, 6, rue Coypel. Charles Touchais, à Paris. Georges Dufour, à Paris. Marcel Marsy, artiste dramatique, 93, rue des Marais. Michel Henrich, 5, impasse Montferrat. Lacroix, employé, 37, rue Mazarine. Gabriel Léon, 127, rue Saint-Maur. M. et Mme A. Moritz, 90, rue Oberkampf. MM. E. Thuault, 22, passage des Petites-Ecuries. Victor Maugé, 69, rue d'Aboukir. M. et Mme Perrot, 112, rue de Picpus. Mme Caroline Hacring. MM. Arthur Coquet. Louis-Alphonse Lavillette. Mme Coquet, zoliste. MM. Harlé, à Orville (Pas-de-Calais). Lucien Boutin, menuisier, 78, rue Victor-Hugo, Levallois-Perret. Henri Lebault, 43, rue des Gravilliers. Renault, conseiller municipal, à Levallois-Perret. Jean Excoffon, 90, rue Victor-Hugo, à Levallois-Perret.

MM. Girard. Maurice Bolender. M. et Mme L. Blond, 269, rue Saint-Denis. M. G. Chauvaise, 94, boulevard Diderot.

Les soussignés, membres de l'Union électorale des républicains radicaux-socialistes de Bordeaux, protestent de toutes leurs forces contre les agissements du pouvoir militaire, regrettent que le Parlement n'ait pas mis la Gouvernement en demeure d'user des droits, dont il est investi, pour assurer au colonel Picquart une justice éclairée et sincère, et saluent en lui le soldat du droit et de la vérité, victime des passions réactionnaires et cléricales. Bordeaux, le 4 décembre 1898. Signé : MM. A. Lescure. A. Le Guintrec. G. Claire. J.-A. Guiraud. Lamarque. Bérot. Crassat. L. Meyer. R. Géhé. A. Gérard. Cerceau.

M., Mme et Mlle Pény, 8, rue des Coches, à Saint-Germain-en-Laye.

MM. Rosenbech père. Hissette père. Hissette, pharmacien. M. et Mme Hissette, à Pontoise. Mme G. Creusot, MM. G. Creusot fils, 226, faubourg Saint-Antoine. G. Varez, ancien zouave, médaillé du Tonkin, à Roye. Jean Mousnier, critique d'art, 26, rue Houdan, à Sceaux. A. Jaulard, 33, rue Houdan, à Sceaux. F. Tournois, 29, rue Houdan, à Sceaux. Rousseil, 36, rue Houdan, à Sceaux. F. Fraysse, 26, rue Houdan, à Sceaux. E. Tournois, à Sceaux. M. Faye, à Sceaux. Victor Paul, rue des Plantes. Mme Jeanne Mousnier, à Sceaux. M. Jean Deligeard, 3, rue des Tournelles.

MM. Nicolas, 20, rue Chaptal. Paul Renaud, rue Saint-Denis, à Courbevoie. Varin, rentier, 32, rue Levant, à Vincennes. Edouard Feron, graveur lithographe, 43, rue Ordener. H. Robinet, 23, rue Lacaze. M. et Mme Guéraud, à Marines. MM. G. Guéraud, peintre, à Marines. Mérigot, à Maisons-Laffite. Henry, 13, rue Commandant-Rivière, à la Varenne-Saint-Hilaire. G. Aron, employé, 11, rue Fourcroy. A. Martin, 7, rue Froment. V. Clocher, 57, route de Versailles, Billancourt. E. Forget, 22, rue des Couronnes. Charles Schmulz, 60, rue de Provence.

MM. A. Forget, 22, rue des Couronnes. Émile Terraz, 210, rue Saint-Maur. L. Gense. E. Bulot, à Chelles. Mme Bergerat. Mlle Bergerat. Mme veuve Vincent. Mlle Vincent. MM. Denis, 2, rue Colas. Léon Reynier. Mme Reynier. Mlles E. Reynier. Eg. Reynier. MM. Eugène Béthoux. Oddas Germain, gantier, 29, rue Colmar, à la Mure (Isère).

M. Henri Rouxel, 22, rue Saint-Augustin. Mme veuve Eugénie Marse. Mlle Coralie Gensburger. Mme Estelle Fribourg. M. G. Frérot. Mmes B. Frérot. G. Frérot, 79, rue Voltaire, à Levallois. MM. Paul Serrier, 2, rue de l'Ermitage. H. Duchesne. J. Hurant. Mme Hurant. Mlle Joséphine Hurant, aux Paroches (Meuse). Anne Monin, Clamart.

MM. Gaspard Bancod, marchand de vins, 269, faubourg Saint-Antoine. A. L., ancien militaire de 1870. Mme L. MM. Julien et Georges L., faubourg Saint-Antoine.

M. Rolin. Mme Rolin, Fontenay-sur-Loing (Loiret). M. C. Rubenstein, de Metz. Mme et Mlle Rubenstein, 3, rue Villedo. M. Haymowsth, négociant. Mmes Haymowsth, Paris. Veuve Lang, Paris.

MM. C. Hammel, voyageur de commerce, 82, rue de Cléry. H. Molière, Paris.

Une humble famille alsacienne, pays à Zurlinden : MM. Victor Strobel, ancien sous-officier au 16e de ligne. Victor Strobel jeune, mécanicien ajusteur. Charles Strobel, peintre en bâtiment. Mme Victor Strobel, lingère. Mlles Louise Strobel, mécanicienne en lingerie. Irma Strobel, lingère, à Paris.

MM. J. Marlot, tonnelier, à Douai. A. Roussiez, agriculteur, à Douai. B. Desfontaine, rentier, à Douai. Elisé Desfontaine, cultivateur, à Douai. Dormoy. Mme Dormoy, 3, place de la Mairie, à Saint-Mandé.

M. Louis Landre. Mme Louis Landre. M. A. Gorce. Mme A. Gorce, 223, rue Lafayette. M. Achille Buret. Mme Marguerite Buret, sténographe, 152, rue de Charenton. M. Georges Laurendeau. Mme Georges Laurendeau.

M. le docteur Mellier, maire de Blan (Tarn). Mme Jeanne Renaud, de Domangeville, près Metz, 27, rue de l'Echiquier.

MM. C. Avillac, propriétaire, à Neuilly-Plaisance. Docteur Farny, conseiller général, maire de Rebais (Seine-et-Marne). Benjamin Lefebvre, mécanicien aux chemins de fer de l'Ouest. Mme Lefebvre. Mlles Sarah Lefebvre. Marguerite Lefebvre. M. Jules Lefebvre, 37, rue Victor-Hugo, à Levallois-Perret (Seine). Mme veuve Poulain, à Paris.

MM. Porte, conseiller municipal de Clarensac (Gard). Brutus Brunel, conseiller municipal de Clarensac (Gard). Gédéon Cabanis. Joëlle Vedel. Brunel. Alexandre Vedel. Jean Louis, ex-instituteur. Alcide Guirard. Alphonse Sabatier. Bastide Marius. Couton. Samuel Guirard. Jules Boissier. Emile Arjalas. Louis Dumeny. Antoine Arcoutel. Maumejean. Pascal. Delmas junior. Auguste Martin. Mante. Suth-Massy. Albert Coste. Léon Gazagne. Casimir Briançon. Valentin Martin, tous à Clarensac (Gard).

M. H. Mahler, de Strasbourg, 37, rue de Chabrol. Mme Mahler. M. A. Prévost. Mmes Thérèse Dupin, à Cazaubon (Gers). Veuve Saint-Sevin. Mlle Marguerite Saint-Sevin, à Eauze (Gers). Mme veuve Th. Broue. M. Robert Broue, à Bois-Colombes (Seine).

Mlle Catherine Dutzig, à Paris. MM. Manuel Bernheim, 12, rue Lévis. Lévy, 60, rue de Chabrol. Lang, 42, boulevard Magenta. Jacques Bloch, à Paris. Wertheimer, 192, boulevard Sébastopol. Mlle Lucy Bloch, 102, boulevard Sébastopol. MM. Jules et Moïse Bloch, à Bâle. Lang, à Vesoul. Marius Lévy, 6 bis, rue Martel. Brunswick, rue Martel.

M. Arthur Hesse, relieur. Mme A. Hesse. Mlle Lucy Hesse, 32, rue Lacépède. M. et Mme A. Millard, 7, avenue des Ternes. M. et Mme J. Baur, 19, avenue d'Orléans. MM. Edmond Franck, homme de lettres, 13, rue Girardon. Paul Guyot, étudiant en sciences, à Versailles. Glave, ouvrier boulanger, au Déluge (Oise).

Protestataires de Compiègne : MM. J. Mayéras. Georges Mayéras, socialiste révolutionnaire. Florentin Moreau, radical. Alexandre Colin, tailleur.

MM. Bassoul, à Brie-Comte-Robert (Seine-et-Marne). Nardoux. Mme Nardoux. MM. Edmond Brugeille. Lucien Demorgon, horloger, 7, rue Oberkampf. Mme Demorgon. M. Clément Dupeyre, 36, rue d'Avignon, à Nîmes (Gard).

Commune de Saint-Maur : MM. L. Buchillot, 18, rue Garibaldi. Lenz père. Lenz fils. Mme Lenz, 29, rue Garibaldi. M. Anatole Lévy, négociant, rue Garibaldi, 30.

Mme Lévy, née Robine. M. Châtelain, rue Garibaldi, 30. Mlle Annette, rue Garibaldi, 27. Mmes veuve Buchilloh, rue Garibaldi, 18. Buchilloh, rue Garibaldi, 18.

M. Lefebvre père, 20, boulevard de Créteil. Mme Lefebvre, même adresse. MM. Duval, boulevard de Créteil, 28. Lévy jeune, place du 14-Juillet. Demalarder, 27, rue Dussault. A. Dechamp, coiffeur, 16, rue Dussault. P. Carmier, marchand de vins, 19, rue Diderot. L. Levy, rue Garibaldi, 11. Lefebvre fils. Ch. Breton, rue du Chemin-Vert. Secretan, rue Dussault. Claudel, 30, place du 14-Juillet. Ropral, boulevard de Créteil, 55. Mathieu, artiste peintre, Champigny. Mme Mathieu, 9, rue Thiers. Mlle Mathieu, 9, rue Thiers.

Mme Albert Lenz, 12, boulevard de la Gare. MM. Albert Lenz, 12, boulevard de la Gare. Durandal, rue du Bureau, 9. G. Cochois, employé, 21, rue Dussault. Lavoisier, 2, rue Diderot. Henri Vaz, rue du Jardin, 23. Duflot, ancien directeur d'école et professeur de l'Association polytechnique, rue Garibaldi, 28. Deblanc, 20, rue du Chemin-Vert.

MM. Jolivet, 60, boulevard de Créteil. M. Joinon, entrepreneur de menuiserie, rue Aline, 36. Thiébault, 102, boulevard de Créteil. A. Brohan, Paris. Jean Rety, rue du Bureau, 7, Saint-Maur-les-Fossés, F. Marquet, boulevard de Créteil. Cornoil, rue Garibaldi, 23. G. Hérillard, boucher, place du 14-Juillet. Meyniel, rue Dussault, 19. Hérillard, boucher, 48, rue du Chemin-Vert. Mootz, Saint-Maur. Ramier. Mme Ramier. M. Courdeu, employé. Mme Courdeu. M. Chauvuseau, employé, Vienne.

MM. Boisseau. Vermeil, conseiller général du Gard, à Congénies (Gard). Docteur G. Pennetier, Rouen. Henri Caubet, à Prades (P.-O.). L. Cresson.˙. 94, avenue Parmentier.

Maison Firmin, à Abbeville (Somme). Mme Maison, à Abbeville (Somme). MM. Sanny, 193, rue de Flandre. E. Poulet, conseiller municipal, à Vrécourt (Vosges). Gaston Poulet, fondeur, à Vrécourt. Mme Poulet. Mlle Poulet, à Vrécourt. MM. Gency, propriétaire, 5, rue Véronèse. Louis Audrouin, 5, rue Véronèse. Ch. Lebreton, 38, rue Truffaut. Edouard Hector, compositeur de musique, 98, rue de Vaugirard. Mancel. Mme Mancel, 50, avenue Herbillon, boulevard Saint-Mandé (Seine). Mlle Berthe Hormstecher, à Paris. M. Victor Bernard, 10, rue de Plaisance, à Créteil. Mme Bernard, à Créteil. MM. Bertrand, boulevard Diderot. Antoine Montézin, artiste dessinateur. Auguste et Pierre Montézin, 49, rue d'Enghien. L. Isidore. Mme Isidore, 58, rue Amelot. MM. Dubois. E. Dubois. Mlle Jeanne Dubois, 4, rue Gerbert. M. E. Jacob, 15, rue Eugénie, à Eaubonne.

MM. Frédéric Amsler, imprimeur lithographe, né à Wissembourg (Alsace), 4, rue Berthollet. Victorien Mouchotte, propriétaire, à Arsonval (Aube). Eugène Lefèvre, retraité, rue de Pontoise, à Pontoise. Un anti-jésuite de Boissy-Nangis.

MM. les habitants de la commune de Collobrières : MM. N. Fournier, bouchonnier. Mourre, bouchonnier. L. Lombart, propriétaire. G. Pascal, bouchonnier. J. Gibert, cultivateur. F. Can, coupeur. G. Serrus, coupeur. G. Imbert, bouchonnier, à Collobrières (Var).

MM. J. Allemandy, 240, rue de Vaugirard. Victor Galaup, 85, rue de Maubeuge. Paul Gaye, avocat à Paris. M. et Mme Kussel, à Paris. M. et Mme A. Girard et leur fille, 3, rue Voltaire. M. Emile Frey, négociant, à Vitry-le-François (Marne).

Mlles Marie et Agathe Ancey, institutrices publiques à Chamonix (Haute-Savoie). Mme A. Anselme, 46, boulevard de Picpus. M. et Mme David, 46, boulevard de Picpus. Mlle Rose Lévy, 46, boulevard de Picpus.

MM. Delattre, Renard, A. Testu, Du Fourny, Gest. C. Testu, conseillers municipaux de Mons-Boubert (Somme). Robin. Wittershelm. J. Decourcelle. Ch. Jullien. P. Leblande. H. Cassaux. Julien. G. Gambert. Camille Potier. François, photographe, 27, rue Etienne-Dolet. H. Gildemblum, 46, rue Folie-Méricourt. Edmond Bloch, 51, rue Caulaincourt. F. Leroy. D. Leroux. M. Héron. Mme Robin.

MM. Moïse Andrieu. Numa et Emile Enjalver. Elisée Escaud. Paul Thiébaut. Ch. Moliner, pasteur. A. Pujol. A. Casse. Armand Baussé. L. Tape. Lauzerand, pasteur. Mme Rachel Lauzerand. MM. Paul Lauzerand. Joseph Amabrie. Chaler. David Mirand. Elisée Majère. Ph. Sirémat. A. Riberoy. Mme Mathilde Barthès. MM. Eliejerdier. Auguste Banipaz. Adrien Dougados. Félix Doégados. Jean-Pierre Guillou. Paul Guillou. Léon Lefebvre. Guiraux. Louis Pujol. Jacques Loubié fils aîné, à Mazamet.

MM. Louis Albert. Edouard Loubié. Jacques Guiraud. J.-Elie Brieu. Bonnafon. E. Barnaud. E. Guivaud. Jean E. Guivaud. Eugène Guivaud. Biovre. Molinié. Bénésech. Elisée Gau. Emile Gau. Moncany. Eugène Bonnet. Mmes Anna Bonnet. Elise Lepainteur. Pauline Maff. MM. J. Azémar. Jacques Pujat. Mme Emma Campagne. Mlle Marie Sire. M. Paul Brenac. Mme Elise Valfet. M. Jean Crosses. Mlle Irma Crosses. M. Gaston Gatibert Mertrut. Mlle Emma Ballet. M. Raymon, à Mazamet.

Protestations reçues de Mazamet : MM. Joseph Aussenac. P. Sicard, C. Rauanet. Jean Jaubel aîné. Docteur Trilhe. E. Arnaud. D. Sicard. Louis Averou. Mme Amélie Averou. MM. E. Molinier. David Molinier. Ulysse Pujol. Pierre Escande. A. Gaud. Guiraud fils cadet. Brezze. Mlle Jeanne Sarrut. MM. Elie Benoit. Balfet. Osmin. Mlle Louise Pujet. MM. Nelly Brezzy. Jules Bonnet. Jules Carayad. Paullaliberte. E. Aussenac. Lhuifils. Jean Valès-Castagné. Mme Léontine Castagné. MM. Paulin Daure. J. Roupiot.

Mme Emilie Roux. MM. Brieu. G. Roux. J. Balfet. Mlles Louise Bonnafous. Marie Rives. MM. Paul Alquier. Numa Giry. Mlle Augustine Tirel. Léa Tirel. Mme Eugénie Tirel. MM. Charles Tirel. J. Farguet. Armand Reberger. Mme Elie Pinefert. MM. Eloy Ruiez. Eugène Fournier. Paul Fournier. Emile Cabrol. Eugène Cabrol. Edouard Enjalbert. H. Enjalbert. Jean Loubié. Mme J.-Elisée Loubié. MM. L. Fabre. E. Fabre. Alphonse Roux.

MM. P. Gay. Sire-Estrabaut. Paul Sire. J. Verdier. Estrabaut-Hue. Mme Marie Verdier. MM. Maurice Aramold. Huireau. Emile Rives. Jules-Albert. Eduives. L. Armengaud. Alfred Alquier. Arthur Bénézech. Jean Bonnet. Edouard Guiraud. Ernest Raynaud. A. Muc. Jules. Muc. A. Bonnet. J. Alquier. Jean Raynaud. Paul Gau. Mmes Eugénie Estrabaut. Emma Malignier. MM. J. Bommel. Micadant. Henri Puech. V. Alexandre. Paul Rigale. E. Auguez Fondoury. Jean Riols. Carlac. Eugène Rives. Gasta Riod. Mme Mélanie Cambon. M. Jean Estrabaud. Mlle Elisa Miran. MM. E. Brieu. Jean Brieu. Jacques Sire. Jean Meynadier. Pierre Alquier. Paul Bressac, Bataillon. Albanie Amabrie. Pierre Hirch. Albert Amabrie. Jacques Amabrie. Mlle Emilie Amabrie. MM. Gaston Fournier. Eugène Amabrie. Mmes Mélanie Amabrie. Marie Picamolu. M. Paul Ricard. Mlle Eva Ricard. MM. Elisée-Jean Raynaud. Jean Raynaud. Philippe Pouzals. Louis Azais. Jean Fourne. Emile Escande. Jean Escande. Jacques Foisse. Jean Jaline. Mme Marie Escande. MM. Jeanti-Guiraud. V. Raynaud. Mme Jeanne Raynaud. MM. Jean Rives. Albert Rives. J. Crosses-Bondou fils. Pierre Brieu. Ph. Meynadier. Alquier fils. Saint-Cyr-Petit. Edouard Petit. M. et Mme Kapferer, 92, rue Jouffroy, pour rectification de leur nom mal orthographié dans une des premières listes.

De Nîmes : MM. F. Bernard. Lucien Jaffiol. P. Jouve. J. Mayer, comptable. A. Dumas-Baros. Maurice Horvilleur. Léopold Lévy. Léon Auscher.

De Rouillé : MM. Ch. Chaignes. Caussin. Pothet Jules. Mme S. Epinstine. MM. Ernest Baptiste. Poupard. Mmes Minault. Moquillon. MM. Pierre Dupuis. Jean Casteulle. A. Moquillon. Alphonse Minault. H. Sapini. Moiné. Quintard. Ernest Jamet. Armand Jamet. François Pierre. E. Autain. E. Thoreau. A. Bonnet. Y. Duran. Mme Duran-Angliviel. MM. Joseph Duran. Baptiste Sapin. Jacques Cousin. Honoré Thiot. B. Prouteau. Guintan. Pierre Cousin.

MM. A. Gabard. D. Sire. François David. Mmes Quintard. Cousin. MM. V. Pothet. Portron. F. Ricateau. F. Portron.

Mᵐᵉ Clémentine Portron. MM. L. Bournier. E. Bournier. P. Bonnin.

MM. Laurent Gueysse. G. Servère, à Nîmes. Docteur Roger Dumas. E. Vurpillot, pasteur, à Audincourt. Mᵐᵉ J. Schwob. MM. Bernard Ditisheim. Jacques Ditisheim. Mᵐᵉˢ veuve Jules Ditisheim. Veuve F. Picard, Roubaix. Elisa Gruet. MM. Emile Garieu. Georges Pierre. Emile Carraon, pasteur, Saint-Chappes. Pierre Galsmer, Nîmes.

MM. Fessel. A. Crémieux, agrégé de l'Université. Docteur Crouzer, oculiste de l'Hôtel-Dieu. Docteur Cauvy. A. Clary, Nîmes. Boissier, ancien vice-président du Conseil général des Bouches-du-Rhône. N. Bernard. Emile Roux. H. Armet. S. Robert. R. Simon. Alfred Antonin. Louis Soulier. Auguste Fenouillet. Charles Buisson. L. Jullien. Théroud. Barthélemy Tatu, Nîmes. Jules Miroglio père, Marseille. Jules Salavert. Docteur Lartigue. Lalinde. A. Suche. J. Devilliers. N. Castel. A. Castel. D. Canton, Marseille. Docteur F.-P. Guiard. Julien Sahy, pasteur de l'Eglise réformée, Pontaix.

MM. Dieudonné Vidal. Ernest Calsmer. Auguste Bérard. Rolland. Maurice Bastid. César Plane. Gustave Domergue. Pierre Neville. Marius Poullé. Philippe Altoirac. Lion. Joseph Michel. Philippe Schwartz. Auguste Boniol. Bernheim. Louis Etienne. Pierre Marchand. Antoine. Durand. Félix Michel. Adolphe Boniol. Félix Tavel. Antonin Maury. Léon Jaubair. Robert Milbiaud. Alfred Paune. Louis Merpuis. Léonce Virgile. D. Lortsch, Nîmes. A. Schrenck.

MM. A. Schrenck, à Nancy. Eugène Nesnard, à Saint-Mandé. Nerson, à Lyon. Georges Hirschmann, à Saint-Mandé. René Créhange, à Enghien. Haguenauer. Mᵐᵉ H. Haguenauer. MM. Georges Haguenauer. Paul Haguenauer. René Haguenauer. Mᵐᵉˢ Jeanne Haguenauer. Marguerite Haguenauer, à Sain-Leu. MM. Edmond Schneider, à Toulouse. J. Fribourg. Mᵐᵉˢ Zélie Fribourg. Mélanie Laporte. M. Fernand Masson. Mᵉ Lucie Fribourg. MM. Labonne. Arthur Fribourg. Gaston Simon. T. Mayer. Solomon. Trouche. E. Alexandre. Charles Donnée, à Béziers.

De Privas : MM. A.-L. Faurie. T. Cointier. Némorin Cointier père. Bourgeas. Henri Mialhe. Paul Mialhe. J. Tranchat. Bonnefoy. H. Poyet. L. Varenne. E. Combe. Paul Arnaud. A. Chazal. L. Estéoul. Chazel. Dufour. Rey. Bouix. H. Palpant. E. Corand, professeur. Aristide Martin, correspondant du *Peuple*, à Privas. Mᵐᵉ J. Roux, née Danthswilh. MM. Vidal. Varnet. A. Molière. Ribagnac. Eldin. Gounou, pasteur, président du consistoire de Privas.

De Lyon : MM. C. Devaux. H. Duroule. J. Mille. Marie Devaux. J. Buisson. Louis Josserand, professeur agrégé à la Faculté de droit. La loge Les Amis de la Vérité. M. le docteur E. Barrier. Mᵐᵉ Etienne Barrier. MM. J. Romeuf. André Billémaz. Belley. Gaétan Dosoli. Jean Roussillon. V. Fort, ancien sous-officier. Emile Dufour. V.-C. Munet. Paul Nicollet, externe des hôpitaux, docteur commandeur, ex-chef de clinique à l'Université. U. Ginestess. Mᵐᵉ Donnergue. MM. A. Béraud. E. Israël, étudiant en sciences. A. Commandeur. François Gay. Alphonse Veil. Louis Nordon, Saint-Dié. Mᵉˢ Marguerite Félix. Marguerite Veil. Clotilde Boggioz. Marie Sacharme, Villefranche-sur-Saône. MM. H. Benon. Commarmont. Léon Ziche, Lyon. Georges Félix. Auguste Lansard, Fontaine-sur-Saône. Triboulet. Caluire. Adrien Veil. Chamuessoot, ancien conservateur des hypothèques. La Balme. V. Pin, conseiller municipal à Frontenas. J. Fontaine. Charles Schmidt, membre de la Ligue. Ernest Delon. J. Arnoud. J. Péclier. J. Dayné. J. Exertier. J.-H. Perrin. Rebillard. Roux. Délery. Louis Charlas. J.-M. Brocas. Ronin. J.-M. Brocas, père. B. Berthelon. P. Monavon. Vaudines. L. Maguin. Bouvatier. Fernand Lévy. Marius Mas. Simon Lévy.

MM. Jonny Guérin. E. Tatin. Henri Franck. A. Camel. Buthier. Pollième. Dalzon. Eyraud. Auguste Janicot. Joseph Coupat. Goddet. Ducher. Clavel. Louis Laroche. Dalloz. Nanty, Vienne. Mᵐᵉ Marie Deville, Béziers. MM. Emile Crespin. Poitiers. Ch. Paillot. Guinaud. L. Bruillon. A. Vernier. Gustave Arlès-Dufour, Versailles.

Mᵐᵉˢ Gustave Arlès-Dufour, née Egerton et leurs domestiques. Marie Weber. M. Louis Weber, officier d'Académie. Mᵐᵉˢ Laure Schwab. Eugénie Weber, née Grard.

MM. Henri Castéra. Georges Ziégel. Alfred Weil, pharmacien. Mᵐᵉ A. Weil. Mᵉˢ Lily. Madeleine, Montrouge. MM. Hirtz. Jean-Henri Lévy. Paul Houlmann. Jean Houlmann. Paul Dronel. Maxime Gentil. Joël Salomon. Josué Frünberg. Edouard Berghen, professeur, Saint-Denis. A. Lippmann, Marseille. A. Danel. Mᵐᵉ Marguerite Moïse. MM. G. Lambert. Albert Dickenspiller. Salomon Dreyfus. Tricot, avocat. Beaumann père, conseiller municipal de Pampouc. Vauvilliers, membre du comité socialiste du du XVIIIᵉ arrondissement. Beaumann fils, administrateur de la caisse des écoles du XVIIIᵉ arrondissement. L. Moy, ancien substitut. Jonvrin.

MM. A. Puigbos. G. Magnan. Paul Cassoute. Pierre Albin, avocat au barreau de Marseille. A. Tourniaire. Pierre Nouveau. E. Puigbos. J. Valabrègue. Ottoitlax. Ernest-Louis Max. J.-A. Max. Eugène Lumbroso. E. Gobler. D. Galula. Jules Galula, licencié en droit. Henri Valensé. Cittanove. S. Cittanove. J. Ottano. Danon. J. Rosa. Kagn. P. de la Candière. Eugène Lyon. Huot. Déchaud. Girault, dessinateur, à Nogent-sur-Marne.

MM. J. Fourage. Louis Diez. Desponds. P. Mahussieux. Louis Ric. Edmond et Alfred Ledort. Jouenne. Tartar. Fromont. Clairet. Lombard. A. Nouveau, avocat général de la Librairie française. P. Mouveau. H. Mouveau. Mᵉˢ Jeanne Mouveau. Marie Mouveau. Henriette Mouveau. Constance Mouveau. MM. E. Gaudeau, publiciste. Lefebvre. Mᵐᵉ Lefebvre. MM. Victor Adam. Poirier. J. Puielis. Seligmann. Follx. Cadoul. E. Delmas. Paul Grange. Bègles.

MM. F. Million, administrateur du *Réveil du Dauphiné*. Merland, professeur de langues vivantes, Grenoble. Mᵐᵉ Merland. MM. A. Chaudier. F. Michaud. Alfred Lombard, étudiant. Prosper Troujman. Léon Molko. J. Ageron. Jules Brenet. Eugène Jammet. Gustave Gassand. Tournier. Auguste Charron. H. Monnet, professeur. Victor Garnier. Queyrel. J. Sauvete. Nebreyend, secrétaire de la Libre Pensée. Lanfrey. Cochet, instituteur. Musy, professeur. Glénot, instituteur, Grenoble. M. Marquiam, conseiller municipal de Grenoble. Mᵐᵉˢ Féditrier, institutrice, à Villarde-Bonnot. Giraut. Mᵉ Anna Manvuisse, Nogent-sur-Marne. M. Emile Cahen.

MM. A. Pons, instituteur retraité. Michon fils, conseiller municipal. A. Dalisson, municipal. J. Charbonnier. Mᵐᵉ Charbonnier. M. Trève. Mᵐᵉ Trève. M. Jules Mantelet. Mᵐᵉ Ponce. MM. Fédamp, à Provins. D. Lambert, à Clichy-la-Garenne. E. Delanon, à Ivry-Centre. L. Barret. Halouze. Eugène Delporte. Barbier. Boileau, à Belfort. Bouteiller. Quoile. Bounot, adjoint au maire. Jules Coulon. Bonnonne, maire. Bataille, adjoint au maire. Galley. J. Herbuste. G. Mégnu. Albert Coulon. Alphonse Beaudroit. Hasotte. Léon Marmier, à Soloncourt. Mᵐᵉ Cécile Cahen. M. Marx Bloch, Alsacien. Mᵐᵉ Marthe Bloch. MM. Fernand Bloch. Marcel Bloch. Mᵐᵉ Simon Cahen. MM. Léon Tonnelier. J.-B. Thomassin, à Nancy. Edouard Thouvenot, pasteur de l'Eglise réformée. S. Chambon. Maurice Antonin, bachelier en théologie. S. Combier. H. Giraudier. A. Bard. Gounon. Jean-Pierre Argaud. Anselme Bard. Mᵐᵉ V. Vérilhac, directrice de pensionnat. MM. Mayer. Ch. Eyraud. D. Chapelon. F. Germain. R. Charensol, directeur de l'Œuvre de la Croix-Bleue, à Annonay. Trois fonctionnaires.

De Vandencour : MM. Eugène Laigle. J. Cossier, maire. Paul Masson. P. Marchand. E. Euvrard. Louis Laigle. Eugène Chauvey. Léon Laigle. P. Marchand, adjoint. Fritz Ruercer, à Dasle. L. Begin, à Montbéliard. Bonneff. Jules Magnin. Pierre Magnin. Mᵐᵉ Fanny Beaudroit. MM. F. Bourquin. P. Genu, à Valentigny. Mᵐᵉˢ Louise Cordelier, à Audincourt. Marguerite Cordelier. M. Emile Cordelier. Mᵐᵉ Vurpillot, directrice d'école. Mᵉ Juliette Cordelier. M. Célestin Behra. Mᵐᵉ Anna Langer. M. L. Langer. Mmes Louise Grosrenaud. Louise Vittmer. M. V.-S. Rain, à Montbéliard. Mme Marguerite, veuve Barbier.

MM. Jules Picard. Crémieux de la Foutrouze. Gaston Pochon. Emile Vidal. E. Guetschef. L. Granier. Joseph Vermade. J. Martin. P. Siméoni. Joé Naquet. May, à Meaux. Camille-Ernest Picard. A. Kaan. Henri Morin. A. Picard. Musel. P. Kaan. Ernest Bernheim. Mme Henri Sée. MM. J. Feugère. Léon Lévy, à Toulouse. D. Billaul, maire à Boutigny. G. Fessard, conseiller municipal, à Boutigny. C. Roger. O. Benoistz. J. Michel. L. Hélix. E. Rousseau, à Boutigny. Numa Cordelier, à Audincourt. V. Iselin. Paul Bataillard. Merle. Pétrequin. E. Juillard. Glunk. Métin. Mme Louise Mérillet, à Valentigny. MM. le docteur Morin. Roullet. Durand. Volpelier. Gomard. P. Verrière, à Lyon. J. Rapnouil. Ch. Gay. P. Rousseau. J. Germain. Broux. André Laffaux. David, à Bugnier. Mme Albertnoit-Lévy. MM. H. Lion. H. Baudoin. Ch. Fagelot. Mme Elie Schwab. MM. Ed. Schwab. Léon Schwab, à Epinal.

MM. E. Harran. A. Mallet. L. Cohard. A. Houlbracq, conseillers municipaux, à Boutigny. Gustave Meyer. Victor Blum. Désiré Ducas, Le Havre. Oscar Carvalho, ingégénieur, agronome, Tortosa (Espagne). Mme Jules Meyer, Le Havre. MM. Georges Chapsal. L. Durand. Clément. Udlan-Clément. Rouveau père. Chouchounier. J. Brunot. Albert. Mme Albert. MM. E. Lausian. B. Balzer, à Rennes. Mme Marie Darrieu, Colombes. M. Emile Durkheim, professeur à la Faculté des Lettres. Mmes R. Saint-Philippe. Marguerite Saint-Philippe. Julia Dauphin. Victorine Penette. Louise Penette, à Bordeaux.

MM. Potaufeu. E. Drouin. E. Villet, Reims. Jules Wolff. Maurice Moech. Beaudonnet. Marx Dreyfus. L. Ulmo. Roger Dreyfus. Mmes Louise Dreyfus. Jules Wolf. MM. Maride, étudiant en médecine. Guilleminet, étudiant en lettres. Auzelet, licencié ès lettres. Jules Bloch, Clermont-Ferrand. Fernand Braunschvig, agrégé de lettres, Montpellier. Ripert. Villes. Gabriel Marignac. S. Marcellin, docteur en médecine. Abel Bremaud. Remy Marcellin. Joseph-Alexandre Valabrègue. Gumdon. Gustave Allemand. D. Lunel. David Callot. Xavier Belland. Albert Lunel. Abel Lunel. J.-P. Guichard, Carpentras.

Amsterdam : M. A. Biederlack.

MM. H.-J. Biederlack. W.-F. Bigleneld, avocat et avoué. H. Massink, docteur en droit. H. Gerling, libraire-éditeur. J.-Z. Brouwer. D.-J. Van Stockum. J.-M. Jolles. P.-W. de Koning. W. Boot, docteurs en droit. G. Visterning, avocat, directeur. Kaz Verceni, docteur en droit, banquier. H.-H. Verstieg, ingénieur. A. Biederlack. Ed. Philips. J.-C. Van Heuven. H. Verkouseren. H.-A. Van der Wall Bake. N.-A.-E. Moddermann. H.-R. Goudsmit. F. Kranenburg. G. Kirberger. A. Slosemaker. P.-G. Van Anrwil. J.-R. Voûte, docteurs en droit, avocats et avoués. H.-H. de Haan, notaire. W. Wissen, peintre et graveur. C.-G. Hoods, peintre et directeur de musée. Vincent Van Jogh, libraire-éditeur et marchand de tableaux.

M. L. Vassoille, typographe. Mme de Villiers, membre honoraire de la Ligue pour le désarmement. MM. Henry Spes, poète, publiciste. Emmanuel Meyer. Camille Winter. Maurice Bloch. J.-E. Neal, pasteur, Saint-Jean du Gard. Enghlibert. Raphaël Lévy. Mme Raphaël Lévy.

Commune d'Etabon : MM. Jacques Goux. H. Perret. C. Nardin. Henri Nardin. Henri Migneray. Nicolas Comte. Louis-Jean Bouteiller. Henri Nardin (Legrand). Emmanuel. Abry. Ch. Goux. Jean-Jacques Mignerey. Louis Perron. Charles Mignerey. Jules Nardin. Georges Euvrard. Jean Bouteiller. Pierre Bouteiller. Frédéric Dormoy. H. Grandjean fils. Henri Grandjean père. Henri Pourchot. Henri Euvrard. Louis Euvrard. Jules Nardin. Jules Comte. Georges Perret. Louis Goux. Henri Euvrard. Valley. Jules Goux. Jacques Goux. Pierre Goux. Jean Pourchot. Frédéric Nardin. Henri Perret. Alfred Perret. Mme Louise Migneret (veuve Perret). MM. Charles Faivre. J. Goux. Jacques Mignerey. Jacques Plançon. Jacques Bouteiller. Pierre Bou-

teiller. Louis Plançon. Henri Faivre. Eugène Goux. Pierre Mignerey. Jacques Nardin. Louis Goux, tonnelier. Jules Goux, charron. Pierre Bugnon. P. Perret. Frédéric Surleau. Jules Perret, charron. Jules Perret, cultivateur. Louis Bouteiller. Henri Nardin, journalier. Jules Abry. Louis Mignerey, bûcheron. Pierre Plançon, Chavel Jacques-Frédéric Lili Nardin. Charles Goux, voiturier. Eugène Bouteiller. Mme Rose Bouiller. MM. Jean Plançon. Eugène Nardin. Jules Nardin. Frédéric Plançon. Pierre Plançon. Mme Amélie Perret. MM. Jean-Jacquot Goux. Jules Bugnon. Mme Lina Bugnon. MM. Jean Bugnon. J. Tournier. Mme Sophie Goux. MM. Jules Comte. L. Perret. Mme Delphie Goux.

MM. Garcin-Duverger. Briot. Armand. Caux. Sarmois. Pierre Lerouge, adjoint. Heu Sinaï. Briot. Peyre, professeur agrégé. Louis Bertrand, docteur ès lettres, professeur de réthorique au lycée d'Alger. Léon Rouyer, agrégé de mathématiques. Léon Beley, professeur au lycée d'Alger. Emile Béraud, professeur d'histoire. Jules Beudon, docteur ès sciences.

Nous recevons du *Petit Var* les signatures suivantes : MM. Théophile Gruertes, dessinateur. Aristide Philippe. Docteur Joseph Arme. Brindinger. Monjardin. Jules Sarrasin. Victor Reymoneux. Auguste Regnier. J. Gabriel. Eugène Puyarniselo, étudiant. Charles Méré, publiciste. Vincent Postici, étudiant. Brum. Albert. Paulus-Marie Pins. Mme Augustine Dornnas. MM. Pidare. J.-B. Agam. Armand Block. Reboul. Bonnefer Lalonde. Gustinec. Docteur Arnaud. Meifred. Armand Jamet, étudiant. Berthon. Dominique Salavigno.

MM. Vidal. Jausse. F. Guilbert. A. Crispin. Souchon. J. Neble. Blarc. Mingeaud. Etienne Lardato. Marius Terras. Félix Roux. J. Suvine. Joseph Mortins. Marius Colombani. Alexandre Anfosse. César Griselle. Adam Landi. Louis Faure. Joseph Bus. Félix Brun. Joseph Vial. Fraybaur. V. Guier. Raynaud. Roubaud. André Sénille. Jules Chambon. Marius Borelly. Césarin. Latrulle. Bereugny. M. Revest. Marius. Joseph Armand. Nicolas Veire. Luis. M. Garnier. M. Gautier, du *Petit Var*.

MM. Eynaridy. Emile Alkan. Paul Arnal, membre de la Ligue. Véleron. Mme Arnal. MM. H. Arnal. A. Mierre. Mmes Fontié. Pelataud. C. Bourbon, veuve Bourbon. MM. Agulhon. A. Capelier. Lamille. Aimé Hours, conseiller municipal. Eugène Dumas. A. Amptal, greffier du tribunal. Niévy, pasteur. Malignac, pasteur. S. Vier. Vidal, à Florac. Joseph Aillaud. Lucien Bertrand. A. Alziari. David, conseiller municipal de la Valette. Rouverol. Lucien Tentevois. Désiré Giribaldi. Saay. Romain Canteaume. Joseph Bernard. Germain. Jean Laffons. Claude Joffroy. Emile Eymann. Marti. Blanc. Saury. Paul Constantin. J. Jubeton. Alexandre Taminiau. Auguste Mieille. Marius Maurin. Agnel Pastourel. Valéry Roussel. B. Mié. F. Bernard. Brun. Venel.

Du Havre : MM. Emile Quesnet. Georges Dellys. François Mézier. Alfred Henri, rédacteur à l'*Avenir du Havre*. A. Vauquelin. A. Boulard. J. Saraben. L. Halavan. J. Halavan. Edgard Dreyfus. G. Rogeret. Maze, royaliste chrétien. Eugène Rogeret. Roland Dreyfus. J. Picard. A. Beuzelin. A. Vigel. Emile Dreyfus. G. Lalonde. D. Siciliano, administrateur du journal l'*Avenir du Havre*. Le Roy. René Ouin. E. Allery. A. Foic. Persac. Jules Lhomel. Jules Breton. Léon Desmares. Bénard. Lemaitre. C. Hervieux.

MM. Léon Dreyfus. Marx Cahen. E. Happey. Gilson. Gillette. H. Ancel. J. Levasseur. Ed. Creson. Creson fils. Albert Krause. Louis Gosschal. Joseph Meyer. A. Lekmann. T. Joseph. J. Meyer. E. Landry. O. Lévy Maurice Lévy. J. Hirsch. M. Simon. Martinon, professeur au lycée d'Alger, lauréat de l'Institut. Bergomhoux, professeur. Taillard, professeur. Fontaine, agrégé des lettres. V. Deuranthès, professeur. Maigrot, professeur au lycée, Justice et Vérité. Emile Koell. Mme Louise Koell, Asnières. M. G. Brocard, Havre.

De Beaucourt: MM. E. Masset. Donzé. Ed. Poillot. Jules Louys. Emile Louys. Alphonse Louys. Roy père. Louis Roy petit-fils. Frédéric Roy fils. Emile Belles. Charles Ferrand. Jules Seigneur. Seigneur père. M⁰ᵉ Lina Seigneur. M. Marcelin Desfourneaux. Mᵐᵉ Louise Desfourneaux. M. Frédéric Meneyaux. Mᵐᵉ Emilie Bournet. M. Alazard père. Mᵐᵉ Eugénie Signvoelt. Mᵐᵉ Marguerite Louys. MM. Paul Louys. Benjamin Beley. Charles Rinchaux. François Prenez. Mᵐᵉˢ Eugénie Beucler. Berthe Beucler. Laure Miguet. Amélie Miguet.

MM. Commereux père. Commereux fils, membre de la Ligue. Jules Commereux. Jean Commereux. Aimable Maignard. Pervière. Lorry. Guémard. Mᵐᵉˢ Marie Molinier. Louisa Molinier. MM. Henry Junieu. M. Junieu. Albert Veellet-Lavallet. Mᵐᵉ Marie Lacoste, à Bordeaux. MM. Maurice Monod. Félix-Maurice Vernes. Jules Lévy. Edmond Loeb. Isaac Loeb. Michel Ruff, à Alger. Mᵐᵉ veuve Juillet-Saint-Léger, Mustapha. MM. Alfred Darmon, avocat à la Cour d'appel. S. Séron, Alger. Félix. H. Boucris. J. Beuvoir. Louis Paoli, bibliothécaire de l'Université. J. Choset. Paul Géronte.

M. Charles Vieul. Mᵐᵉ B. Bloch. M. A. Kampmann, avocat, Alger. Mᵐᵉ B. Ruff. MM. Mesguvetre, avocat à la Cour d'appel. M. Stora, Saint Eugère. Maurice Omelid. R. Bensaid. J. Benaye. A. Tinsett. A. Farian. Farcart. Masse. Joseph Chertin, Alger. Marbou. Emmanuel-Antoine Gabaston.

M. Eugène Mesnard, Saint-Mandé.

MM. Louis Moyse. Georges Boucher, étudiant. E. Choquet. Mᵐᵉˢ Emilie Majorel. Léonie Majorel. Une institutrice admiratrice de M. Buisson. MM. Mabire, Rouen. Emile Collin. P. Rolland. E. Thierry. Mᵐᵉ veuve Adèle Mounin. M. A. Mounin. Mᵐᵉˢ Marthe Georges. G.-Rose Lafrance. MM. Emile Gruet-Rayot. Emile Pellez. Mᵐᵉ Marie Bataille. MM. Menottin-Bouteiller. Fr. Seigneur. Louis Seigneur. Mᵐᵉ Marie Juncher. MM. Paul Guignard. Ernest Juncher. Fritz Verpillot. Ferdinand Seigneur. Hippolyte Darle-Poincenot. Albert Ferrand. Mᵐᵉˢ Mélina Ferrand. Marie Rideaux. M. Rodolphe Mounin. Mᵐᵉ Adèle Piquart. MM. Clément Duy-Monnin. Emile Monnin. Mᵐᵉ Louise Peugeot. MM. François Vitte. Fritz Veyron. Charles Plein. Louis Duret.

MM. Albert May. Roblit. Petittiville. Landry. Perrot. Mᵐᵉ Lecocq, MM. Mathieu Meyer. A. Girault. G. Rousselet. A. Delafenêtre. E. Cœuret. A. Flambart. Marcel Bonneau. Robert Cahen. Legueux. Benjamin Cahen. A. Fauet. Augustin Pellerin. L. Vautrin. André Maréchal. Flambart. E. Lepellissier, à Rouen. Karc. Mᵐᵉ Marie Maine. MM. Henri. Charrier. Alfred Lépanier. Poutrat. Luc Bourdaud. Théodore B.-P.

Mᵐᵉ Charles Plain. M. Albert Doerr. Mᵐᵉˢ Louise Schleg. Catherine Franck. MM. Francis Girardot. Eugène Roy. L. Grandgrou. Charles Vevron. Mᵐᵉ Louise Grisier, Beaucourt. M. Jules Brun, pasteur, Dasle. Mᵐᵉ Doerr. M. F. Trost, pasteur. Mᵐᵉ Catherine Martin. MM. Emile Méguin-Barnard, conseiller municipal. F. Goll. D. Vauthier, ancien sous-officier. Mᵐᵉˢ E. Vauthier, institutrice privée. Marthe Curie. Goll. MM. Henri Curie. P. Gutt. Mᵐᵉ Madeleine Rich. M. Paul Mégnus. Mᵐᵉˢ Catherine Vauthier. Marie Plancon. Marie Gruet. MM. Georges Gruet père, Beaucourt. Favrier, agrégé de l'Université, le Havre. Georges Burghard. Mathieu Mayer, Rouen. Camuzat. Delhommel. Elie Bandou. Xavier Chalumeau. Auguste Herse. Barthélemy. Rollard. Dutaillis. Cordier. Boudé. Moupoy. Orset. Altès. Laval. E. Kare. Legendre. Florent. Charrier. Louis Chavigny. Rocher. Maxime Albert. Edmond Lucius. Docteur G. Périsson. Césac. Grenier, licencié. Hourticq, licencié ès lettres. J. Espitallier, licencié ès lettres. L. Lafaix, licencié ès lettres, Bordeaux. A. Landes. J. Debotas. Louis Golfier, Césac. E. Fallot, professeur à l'Université, Bordeaux, Dubois, agrégé de l'Université.

De Poitiers : MM. Edouard. Roncin. Fernand Paitre. Paul Andouin, étudiants. Raymond Duplantie, avocat à la Cour. Louis Doc, avocat à la Cour. Georges Georgel, avocat à la Cour. La rédaction de l'*Eclaireur de la Vienne*. MM. Georges Rateau, étudiant. Georges Caen. Charles Fontaine, rédacteur-gérant de l'*Eclaireur*. L. Boizier. F. Rivière. L. Arlet. E. Varenne. E. Vigué. Auguste Maître. A. Lateron. Manuel Silberschmit. Moquillon. Bonnet. David, étudiants. Bouleau. Docteur Jablouski. J. Bazouge. Hermann. Raoul Menard, élève de philosophie au lycée de Poitiers. Veyssières, agrégé de l'Université.

MM. M. Brémond, maire de Néoules. A. Brémond, adjoint au maire de Néoules. M. Laugier. Edouard Emeri. S. Brémond. L. Martin. X. Song. Héjovénal. Martin Marx, conseillers municipaux, à Néoules. Docteur de Langehagen, à Cannes. Claude Ricaud. L. Alexandre. Docteur Herzemberg. Pierre-Nicolas Surlevac. à Sainte-Suzanne. Emile Doriot, à Courcelles-lès-Montbéliard. Emile Barbier, à Sainte-Suzanne. Adolphe Lambelet, à Dung. Anatole Amey, à Sainte-Suzanne. Emile Rigoulet, à Dung. Eugène Lambelet. à Courcelles-lès-Montbéliard, Joseph Kiger, à Sainte-Suzanne. E. Monot, à Courcelles-lès-Montbéliard.

MM. S. Beucler. A. Hory. L. Rigoulot. E. Gaillard. Bart. G.-F. Euvrard. E. Euvrard. C. Euvrard. E. Ienné, Sainte-Suzanne. Charles Mouchot, Montbéliard. Stanislas Tournoux, Sainte-Suzanne. Albin Décieux. Présentevillers. Henri Schoutith, Sainte-Suzanne. Eugène Thierry, Dung. S. Nicos, Bart. Louis Amey, ex-sous-officier d'infanterie de marine. Surleau. Emile-Georges-Frédéric, Sainte-Suzanne. Terriet E., Présentevillers. Henri Bruot. Charles Mettey. Charles Surleau. Albert Maziman, Sainte-Suzanne. F. Beucler. Bart. L. Grosclaude. A. Cordier. G. Mourcely. Mᵐᵉ Louise Richard, Sainte-Suzanne. MM. Gaillard David. Bart. Iselin. G. Donzé, pasteur. Louis Lépée. Charles Prêtre, Sainte-Suzanne.

MM. Ferdinand Friez, Présentevillers. Georges Barbier, Dung. Georges Roy. Louis Truchot. Jacques Brindler. Edouard Kiger, Sainte-Suzanne. Edmond Truchot, Courcelles-lès-Montbéliard. Emile Richard, Sainte-Suzanne. J. Kiger. Courcelles-lès-Montbéliard. Pierre Laude fils. Louis Kiger. Alphonse Kiger. Emile Grosclande. Jules Truchot. Pierre Lécureux. Henriot, Sainte-Suzanne. Charles Grosclaude, Bart. Henri Schoutith, Sainte-Suzanne. Louis Rigoulot, Courcelles-lès-Montbéliard. Barbier. Loiseau. Bavans. Truchot, Présentevillers. C. Kiger, Sainte-Suzanne. Jacques-Henri Amey. Fritz Amey. Charles Doriot. Frédéric Greys, Courcelles-lès-Montbéliard.

MM. E. Mory. Louis Beucler, Bart. Parrot, Dung. Henri Mettez. Henri Senné, Sainte-Suzanne. Charles Grosclaude, Bart. Léon Mouchot, Présentevillers. Louis Maire, Sainte-Suzanne. Emile Rigoulot, Bart. Adolphe Carray, Sainte-Suzanne. Louis Gaillard, Bart. Charles Riche. Allondans. Pierre Beucler, Bart. Georges Fiérabe. Ienné Fritz, Sainte-Suzanne. Emile Mouliot. Charles Mouchot. Présentevillers. Charpiot, Bart. Georges Doriot, Courcelles-lès-Montbéliard. Emile Ienné, Sainte-Suzanne. Henri Hory. Emile Charpiot, Bart. H. Truchot, Présentevillers. Louis Ienné. Léon Choulet, Sainte-Suzanne. Barbier Mouhit, Dung. Eugène Wiquelin, professeur de l'enseignement secondaire, Focsani (Roumanie). Raymond Lecoq. Albert Ameye. André Compérat, Grignon.

MM. Fritz Amez, Courcelles-lès-Montbéliard. Paul Tourot. Albert Ablitzer. Alfred Richard. Frédéric Puidoit. Henri Kieger. Charles Thourot. Emile Kiéger, Sainte-Suzanne. M. Preiss. Mᵐᵉ Sophie Couleru, Mᵉˢ Gabrielle et Marguerite Couleru, Montbéliard. MM. Léon Grillon, avocat à la Cour d'appel, Nancy. Marcel Renault, licencié ès lettres. Jean Poirot, ancien élève de l'Ecole normale supérieure, lecteur à l'Université de Helsingfors. Anglade. Mazure, professeurs, Cahors. Zaremba, docteur ès sciences. B. Kirsch agrégé, de l'Université, professeur d'allemand en retraite du lycée de Bordeaux. Th. Wochrel, licencié d'allemand. I. Israel. Mᵐᵉ Blanche Israel. MM. Gaston Israel. Robert Israel. Dubois. A.-F. Dubois. Maisin.

MM. Paul Leconte. Maurice Thouault. E. Derelot. A. Blanc. G. Pironnet. H. Mexandeau. Schwebel, à Grignon. Mme Jeanne Strauss. MM. Gabriel Strauss,à Obernai. Goutmann Lévy, à Strasbourg. Mlles Madeleine Weill,Germaine Weill. MM. Pierre Weill. Cozun. M. et Mme Léon Jacob. Mme Pauline Dreyfus, à Polviller.M.Daniel Hauser, à Soultzmatt. Mlle Anna Ziegel. Mme Berthe Richard. MM. Henri Yvel. Alexis Marc. Félix Marc, à Asnières. Mme Suzanne Bob. MM. Michel Lévy.Samuel Lévy. Lucien Lévy. Albert Lévy. Mathieu Lévy. Joseph Nathan. Sylvain Joseph. A. Joseph.

MM. Lefevre. E. Alzien. Parisse. Mme Parisse. MM. Léon Ferry, à Neuilly. Alfred Douy. Hamion. Mangematin. Coutin. Frémont, à Villefaux. Boyot. Briffaz. Auvrel. Boisineau. Patris. Jules Rogard. Charles Pérard. Félix Péclet, à Rousses. Charles Martinez, à Morez-le-Bas. Vincent. Gustave Malmfroy. Imbert. H. Perrot. Petiot. Thénot. Percherancier. Lebrun. Joseph Andréole. Dufrainais, à Morez.

Morez-du-Jura : MM. Henri Thévenin. Girod Gouverneur. Louis Pellet. Charles Blondeau. Adrien Reymondet. Clovis Grandmougin. Jules Morel. Cornier. Benoît Gonin. Arthur Ponard. Paul Juhaut. Léon Perrard. Arsène Robez. Limonet-Gaudence. Cusson.Leblanc. E. Leblanc. Fine. Jules Gastambide, ancien maire de Decazeville. Mme Elisabeth Gastambide.MM. Henri Moore, René Fontenelle. Jacques Weill, à Saint-Dié. M. Caquelard, à Trinité-Porhoet. Ragetly,ancien élève de l'Ecole des hautes études commerciales. L. Terre, licencié ès sciences, préparateur à l'Université de Dijon. Alphonse Blanc,professeur au collège de Cette. Mme Alphonse Blanc. Mlle Jeanne Blanc.

MM. Camille Beer. Schapp.Jules Goire. Henri Bernheim. Albert Bernheim. Lucien Martineau. Mme Fernande, à Périgny. MM. Fernand Gilbert,à Lauzières.Morel, licencié ès lettres, à Nancy. Petitdidier,étudiant en médecine. Hess, étudiant en droit. Pister, licencié en droit, à Nancy. Compin, avoué à la Cour d'appel. Alphonse Mayer. Darolles, Nancy. Désiré-Emile Jalon, à Gallardon. Adolphe-Octave

Moquet. Monbailly, Monthouet. Robin. Achille Marcille Pierre Villiet. Antoine Monnet. Désiré Dutray, à Gallardon. Sabatier. Mme Gardier. MM. Raspail Mejan. Philippe Roche. F. Laval, à Alais.Casimir Deleure,à Saint-Hilaire.

Cette : Mlle Jeanne Blanc. MM. Alphonse Bénézech. Paul de Robert. Daniel Gautet. Pierre Goudard. Gédéon Vieux. Aubenque. Milbasson. Jules Ferro. Semat, retraité. P. Sirgant. Julius Peyre. Issanjou. Jules Issanjou. Alby. Gabriel Bouys. Puech. Mlle Loup, commerçante. MM. A. Runel. J. Loup. F. Runel. J. Clot. Auguste Gelly. P. Médar, pasteur. Julien Néri. Edouard Julien. Auguste Malignes, pasteur.

MM. D. Malignas. E. Malignas, à Castres. Malignas, à Florac.

MM. L. Mejean, Alais. M. Sabatier, maire. C. Audoyer. Sabatier. A. Sabattier, Boisset-et-Gaujac. Mme Emile Paquet. M. et Mme Joseph Lemaire. Georges Bourdon. Isidore Pinte. Jules Nautré fils, à Mours. Ivan Bressieux, membre de la Ligue, Remiremont. Mme Ivan Bressieux et ses trois fils: MM. Ivan,René et Gustave.Joseph Blum.Jacques Lévy. S. Lévy, ancien sous-officier. Grunsbiach. Weill. Henri Valla. Peillon. F. Barlet. Félix Netter. Marc Netter. Marc Lévy. Jacques Lévy. Alvart Picard. Léon Netter. Mme Lévy. Mlle Lévy. MM. Jean Guérin. Ploton.

MM. Gouzy. Théodore Soulé, étudiant en médecine. Léon Catala, externe des hôpitaux. G. de Monsabert. Elie-Henri Lacombe. Henri Saint-Marc. Louis Sacoure, étudiant en médecine. Abel Maurès, avocat à la Cour d'appel. Toute. Armand Waiss, étudiant en médecine. Paul Laurens, externe des hôpitaux. Larric. Pierre Carrière. Léon Birou. C. Gabaret. H. Fruès. Dollard. Rodes. Belzons. Eugène Ducourthal. Charles Brun. Gabriel Laborie. Alfred Roudant, étudiants en médecine, à Toulouse. Gabriel Durand, à Privas. Eugène Bloch, industriel, officier de l'instruction publique, maire de Villiers-le-Mortier. Emile Chaussier, à Villiers-le-Mortier. Joseph Lambert, à Nogent-le-Roi. V. Chapron, à Nogent-le-Roi. Davoust, à Villiers-le-Mortier.

Jeudi 8 Décembre 1898

De Bergerac : MM. Georges Lassus, avoué. F. Nolibé, notaire. E. Faure, avoué. P. Lespinasse, adjoint au maire. Emile Vieillefond, ancien maire. O. Geneste, pisciculteur, conseiller municipal. J. Geneste, pisciculteur. Daniel Périgord, conseiller municipal. Léon Lespinasse, industriel. J. Nivelle, représentant de commerce.

De Troyes : MM. P. Joissant, 7, rue Pierre-Gauthier. Henri Etievant, 45, rue de la Paix. Paul Morot, employé au *Petit Troyen*. Eugène Rémy, rue de la Montée-des-Charges. Louis Piot. Paul Gautorb. A. Novilier. Anatole Broué. A. Gérard. Harit, peintre. A. Lemesle, typographe. J.-R. Barthélemy, typographe. Auguste Michaut. Alphonse Martin. Bourboy. Bersin. Arthur Croissant. Camille Cholot. Marmet. Martin Brullon. Vernier. Berthelot. Mme Degoisey. M. Jacques Colson. Mme Colson. M. Déchelotte. Mlle Déchelotte. Berthe Gothlif. Morot. MM. Nicolas Gothlif.Gaston Gothlif.

Mmes René Vander Borght, née Havet. A. de Malézieux, veuve d'un officier supérieur. MM. Nail, ex-médecin major de première classe. E. Mayer, major de cavalerie, en retraite. Albert Athan, ancien élève de l'Ecole des sciences politiques. Emmanuel Origet, licencié en droit. Joseph Miguérès, 10, rue Saint-Vincent-de-Paul, à Alger. Docteur Georges Roulleau, ex-interne des hôpitaux, à Paris. Hamard, à Rennes. Mme Wernert, artiste peintre. M. L. Monnet, directeur de *l'Echo de la Montagne*, officier de l'Académie, à Saint-Claude. Mme Morin-Goustiaux.

MM. Dalmayrac, instituteur. André Létard. Mme Létard, née Suzanne Vétu.

Le Touvet (Isère) : MM. Albert Girard, pharmacien, membre du Parti ouvrier français socialiste. Pierre Micaud, négociant. Auguste Perrin, propriétaire. Joseph Chavand, cafetier. Eugène Philibert, propriétaire. F. Bonvallet, instituteur retraité. Séraphin Reverdy, maître d'hôtel, à Saint-Bernard-du-Touvet. Joseph Magnon, propriétaire. Emile Eymard, propriétaire. Urbain Grand, propriétaire.

MM. Delcamp, étudiant, à Avignon. Fichet-Nardy, horticulteur, à Hyères (Var).

MM. Edmond Perrotin, place du Parvis-Notre-Dame. J.-L. Gaudebert, 132, rue Saint-Martin. Mme Louise Gaudebert. MM. Alexis Gaudebert. Ch. Neumeyer, 134, rue Saint-Martin. Mme Victoire Loizeau. MM. G. Gaudebert fils. Joseph Gaudebert.

De Marseille : MM. Charles Massone, menuisier. Auguste Bosc. Pierre Demettre. E. Passera. Victor Dumas. Léon Villeneuve. Massone père. Paul Féraud. Auguste Delecouls. Jean Nolane. Eloi Imbert. Barnouin. Louis Broca. André Nolane. A. Estève. Emile Ducros. Brugnot. J. Aubillon. Ph. Shwab. P. Charvat. E. Reynier. M. Reynier.

MM. Charles Zurcher, Epinal. Frédéric Lévi, à Marseille. P. Lelorrain, étudiant. L.Franck. J. Durel. A. Jehanne. A. Jehanne. A. Dubois. Mmes Elise et Estelle May. Lucie Lebrethon. Clémence Lebrethon. MM. Aug. Lebrethon. Louis Perrin fils aîné, à Saint-Quentin. Mme H. Weiller, 19, rue Lebon. MM. V. Klein. Edmond Villotte, capitaine au long cours, à Hautefort (Dordogne). Henry Mars. J. Franck. Mme Elise Weiller. Henriette Weiller, 33, rue du Rocher. MM. Taillebois. L. Max. R. Guillox. J.Dreyfus.

L. Agnor. Germain Cassaët, à Toulouse. M⁰⁰ veuve Portier, à Rochefort. MM. Adolphe Wolf. E. Lambla. Ruch. Martin. M⁰⁰⁰ Caroline Hauffmann. Fernande de la Grave. M. Lucien Ory. M⁰⁰ Berthe Renaud. M. et M⁰⁰ Vinatier. M. Jules Fourmy. M⁰⁰ et M⁰⁰ Jeanne Ray. M⁰⁰ Berthe Longhands. M. E. Cahuzac, 266, rue de Charenton.

MM. L. Cousin, conseiller prud'homme. P. Doray. A. Audonnet. G. Hélie. Raison, bijoutiers, à Niort. Ernest Chauvet, représentant de commerce. Fernand Michaut, voyageur de commerce, à Châtillon-sur-Seine. M⁰⁰ Mariette Lelières, artiste dramatique. MM. Henri Mayer, 33, avenue de la République, Vincennes. M⁰⁰ veuve Justin Meyer. MM. Louis Descloître. Auguste Girault. A. Cagnaud. Georges Amyot. Ed. Soudrille. A. Boucloy. Dupré. Léon Delignat. Louis Delignat. Bendilicher. H. Dumont. Jean-Léon Rabusson. P. Denizon.

D'Angers : MM. Hinglais, étudiant en pharmacie. Eugène Lelièvre. Bourguignon. J. Charpentier. Émile Hamelin. M⁰⁰⁰ Aimée Manceau. Jeanne Buchet. MM. C. Bruon, menuisier. J. Château, ex-sous-officier. Pirvon. M⁰⁰ Aimée-Amélie Manceau. MM. Pierre Hardouin, libertaire. Georges Laverny, 37, rue Vieille-du-Temple. J. Benron Rullin, 2, rue Mouge.

MM. J. Soldi, 18, rue Sainte-Croix-de-la-Bretonnerie. Victor Jabin, 2, rue Mouge. E. Lévy. Camille Lévy. M⁰⁰ Fanny Lévy, 15, rue de Marseille. MM. le docteur Collineau, 44, rue Perronet, Neuilly. Schwartz, 79, rue du Temple. L.-J. Wilvoski, 1, rue du Temple. M⁰⁰ J. Wilvoski. MM. H. Chardin, 9, rue du Temple. J. Cottier, licencié ès lettres, 99, rue des Dames. J. Gradwohl, chef d'orchestre du Casino de Biarritz. M⁰⁰ Ericie Gradwohl. Claudine Silva, à Biarritz. MM. V. Marquerie, étudiant en médecine, à Bagnères-de-Bigorre. H. Durville, 23, rue Saint-Merri. M⁰⁰ Madeleine Collas. MM. Ad. Vergnaud, officier démissionnaire, architecte, 51, rue de Belleville. A. Martin. J. Daudé. Albert Martin. G. Paris. S. Benoit. David Vermeil. I. Vermeil. M⁰⁰ Sarah Guitton. MM. Edmond Vermeil, licencié ès lettres. J. Guitton. René Rosenfeld, à Lille. Émile Samuel, à Lille. Charles Prevost, maréchal, à Cormeilles (Eure). Docteur E. Parès, membre du Conseil général des Pyrénées-Orientales, à Rivesaltes. M. Norris, à Asnières. Gilles Rouen, lithographe. Rogate, lithographe. V. Buchet. P. Fristau. H. Aubain, papetier. A. Suard, homme de lettres. Eugène Noël, typographe. Un groupe d'élèves des classes supérieures du lycée de Mâcon.

Du Cailar (Gard) : MM. Auguste Paul, maire. Théophile Grégoire, conseiller d'arrondissement. Émile Reboul, adjoint. M. Servières, conseiller municipal. A. Durand, conseiller municipal. Maynier, conseiller municipal. Émile Rebouls fils, boucher. Paul Cabanis, comptable. Louis Bouvet, cultivateur. A. Blatière, président de la Société de secours mutuels. Henri Picheral, épicier. A. Maroger, propriétaire. Benjamin Rigal, tonnelier. Granier jeune, épicier. M. Floutier, cafetier. Redon, cultivateur. Edmond Blatière. Gilles, cordonnier. E. Riey, marchand de journaux. G. Papinaud, propriétaire. Louis Drouillon, propriétaire. Pierre Béringuier, conseiller municipal. L. Olivier. E. Noury, cultivateurs. Jules Maurel, cordonnier. Prosper Devicq, propriétaire. Elie Rigal, conseiller municipal. Maurice Blanc. David Pagès, cultivateurs. Théophile Delor, charron. Mathieu Paul, propriétaire. G. Brousson, cafetier. F. Chabaud, cultivateur. Germain Peyron, propriétaire. L. Soulier, cafetier. Rimbaud. Lucchesi, menuisiers. A. Rouvière. Amphoux-Bonnet. Denis Aberlin. Jules Maroger, cultivateurs. Rigal. Sabatier, propriétaire. J. Rigal. Émile Sciou. Sautet-Sully, cultivateurs. Mathieu Bonfort, maréchal. Jules Cabanis, cultivateur. Lucien Giraud. Hippolyte Mathieu, propriétaire. Louis Bouvier, boucher. Léonce Beringuier, rentier. Mathieu. A. Marogen.

MM. Jean Tyssier. Émile Floutier, cultivateur. Rigal Prosper, coiffeur. Paul Bouix, comptable. Albert Bourelly, agriculteur. L. Angevin, distillateur. Thérond, cul-

tivateur. L. Blatière, négociant. H. Seguin. Antoine Riey. David Moynier. Émile Veston. Armand Maurel. Alfred Aberlin. Eliacin Cabanis. Jourdan Péchard, cultivateurs. J. Berrus, agent de police. Isrïa Maçon. Jérôme Mathieu. Paul Jourdan. Jean Chatellier. Auguste Brémont. Lin. Brès. J. Berrus fils. Paul Thomas, cultivateurs. A. Floutier, jardinier. Émile Vidal, propriétaire. Elie Bourelly, cultivateur.

MM. Paul Sully. Armand Bouvier. Samuel Gauthier. Sautet Antonin, propriétaires. Samuel Rigal, bourrelier. H. Bouvier, propriétaire. Émile Forestier, cultivateur. Charles Tronc, tonnelier. Fernand Giboulet, comptable. Auguste Brunel. Louis Combel, contremaître. Gédéon Marsaud, courtier. Camille Brousson, comptable. Alfred Blatière, propriétaire. M⁰⁰ Tirza Marsaud, sage-femme. MM. Brousson. Pierre Blatière, ex-instituteur. Henri Giraud, ex-sous-officier d'artillerie. Abel Brousson, négociant. B. Abel, propriétaire. Louis Seguin fils. Louis Seguin père, tonneliers. Paul Bruguier. Elie Daniel. Paul Bouvier, propriétaires. Michel Marcellin, tonnelier. César Rousseng. Octave Granier, cultivateurs. E. Bestion, propriétaire. J. Granier, coiffeur. Alphonse Paul. Félix Berrus, propriétaires. Adolphe Bonfort, contremaître. L. Blatière. E. Lambon. Louis Bobinot. César Favas, cultivateurs. Fache (signature illisible). Isaac Rouvière, brigadier-peseur au P.-L.-M. Louis Bondet père, cultivateur. Jacques Floutier, jardinier. Elie Seguin, comptable. Jules Deviq, cultivateur. Louis Sabatier, marchand de tartre. César Puech. Ulysse Tenlon. Aug. Courtin, cultivateurs. Emin Hubert. Paul Floutier, cafetiers. Antoine Moréna, cultivateur, à Du Cailar (Gard).

MM. Paul Dupré, pharmacien, 267, rue du Tilleul, à Roubaix. Victor Ebstein. Briois. Rancès. agrégés de l'Université. Charles et Raymond Mayer. M⁰⁰⁰ Flora et Rose Mayer. MM. Pivert, parfumeur, 73, avenue Victor-Hugo, à Boulogne-sur-Seine. Rilboud, étudiant en pharmacie. Chastel, étudiant en droit. G. Eugène, 48, quai des Célestins. R. Lejeune, 9, rue Civial. Vidal Bacri. F. Lebouta, 48, quai des Célestins. Fortuné Bacri. M⁰⁰ Nini Chétrite. Marianne Bacri. MM. Samuel Bacri. Marin Bacri. M⁰⁰ Marie Chétrite. MM. Mardoche Chétrite. Samuel Chétrite. M⁰⁰⁰ Julie et Diane Bouchara. MM. Elie Bacri. Ernest Juber. Roger Monod. Pierre Monod. Noël Bourdillon. Mélibé. Georges Le Cardonnel, homme de lettres. M⁰⁰ Adrienne Carré. MM. Louis Genevet. A. Liesch. Paul Havette. Tybire. Emmanuel Jacob. Paul Chabbert, étudiant en droit, 11, place du Panthéon. Léon Desfeux, étudiant en pharmacie. D. Marlu, représentant de commerce. M⁰⁰ Elles, 151, avenue Suffren. MM. Ferdinand Castagné, 316, rue Saint-Jacques. Émile Robeis, 10, passage de la Gaîté. Jules Sacieux, 42, avenue Wagram. Alcide Loyal, 7, rue Roussel. M⁰⁰ Madeleine Jarrige.

Alais (Gard) : Cercle socialiste : MM. Barthélemy Conte, conseiller d'arrondissement. Gaston Mazoyer, secrétaire du Cercle socialiste d'Alais. Jean Maurin, banquier. Paul Viel, limonadier, place de l'Abbaye. Adolphe Soulage, faubourg de la Rochelle. Raoul Verdeilhe, voyageur de commerce. A. Jalabert, limonadier, place de la Roque. Frédéric Reyt, manœuvrier, faubourg du Soleil. Gustave Martel, journalier, faubourg du Soleil. Joseph Rivière, maçon, 5, rue de la Gougée. Alphonse Caldesaigue, manœuvre. Auguste Gillet, burineur. Paul Laval, coiffeur, 12, faubourg du Soleil. Joseph Dumas, 12, faubourg du Soleil. Auguste Fages, journalier, Grande-Rue. Jules Fagès, maçon, Grande-Rue. Rousset, 12, faubourg du Soleil. Chambouleyro, faubourg de la Rochelle. Jules Rouveyrol, faubourg de la Rochelle. Paul Zalze, serrurier, 12, rue Mendajors-César. Delfieux, maçon, avenue Carnot. Louis Roche, maçon, 32, rue Tisseur. Eugène Chambouleyro, faubourg de la Rochelle. Edouard Cavalier, employé de commerce. Victor Castanet, employé de commerce. Benoist, épicier, 30, place Saint-Jean. Plantier. Prosper Bienvenu. Charles Massot, 180, Grande-Rue. M⁰⁰ S. Massot. MM. Ducrematte, serrurier, rue Jules-Cazot. Albert Gueidan, avenue Carnot.

Au nom du groupe républicain socialiste de Pézenas (Hérault), et par ordre, le secrétaire : M. Laituve.

De Loriol (Drôme) : MM. Raspail, maire, conseiller général de la Drôme. Moser, conseiller municipal, négociant. Louis James, conseiller municipal, négociant. Louis Clair, conseiller municipal. Henri Pinet, conseiller municipal. Marius Seignebos, propriétaire. François Courbe, directeur de l'École supérieure. Hayot, professeur de lettres à l'École supérieure. Battut, instituteur. Lardant, instituteur. G. Eynard, instituteur. Chastaing, instituteur. E. Garay, conseiller municipal. Crouzet, conseiller municipal. A. Crouzet. A. Ferrier, conseiller municipal. Faisant, conseiller municipal. Lamothe, secrétaire de mairie. Testavon, adjoint au maire. Louis Fournier, négociant. Henry Fraichet, propriétaire. Louis Cabus, négociant. Adrien Noyer, propriétaire. Jules Sariard, de Villeneuve-la-Guyard.

MM. L. Monnier, 3, rue de Siam. Henri Perdereau, 8, rue de l'Elysée. Fernand Gautier, 49, passage des Thermopyles. L. Leconte, 12, rue de la Bruyère. Boucher, 39, rue Brochant. Lemesle, 24, rue Pigalle. Mme Bardelini, avenue de Vaugirard. MM. A. d'Enjoy, étudiant, 2, rue Pascal. Guy de Remellay, membre du Groupe des étudiants royalistes, 19, rue Fabre-d'Eglantine. Brisson, étudiant en pharmacie, 6, rue Ramey. Dubois, licencié ès lettres, professeur de rhétorique au collège d'Issoudun. Astruc, rue Rochechouart. Alfred Forest, publiciste. Mme Anna Karl, compositeur de musique. MM. Henri Lasserre, docteur en droit, avocat, à Pau. Sylvain Pitt, professeur. Léon d'Einbrodt, artiste musicien. L. Fumichon. C. Fumichon. Dubois, licencié ès lettres, professeur de rhétorique au collège d'Issoudun.

De Chauny (Aisne) : M. L. Dermont. Mme Dermont. M. Philémon Courtois. Mme Dupont. MM. Ernest Laloude. Charles Laloude. Laloude père. Mmes Laloude mère. Veuve Couturier. Mlle Léa Bertaux. MM. Samuel Dupont. Lucien Alliot. Edmond Grenier. Mmes Grenier mère. Braudon. M. Etienne Durand. Mme Etienne Durand. MM. Etienne Durand fils. Octave Cadot. Mme Aimé-Berthold. Mlle Marie Clanet. M. et Mme Béguelin. Mlles Schurer. Lafosse. M. Aimé Cadot, pasteur.

Mme veuve Raillard, chemin de Fontaine, 33, à Dijon. La famille Borach, 16, rue du Pont-Louis-Philippe, à Paris. M. et Mme Bertholet. MM. Ch. Thomeret, 70, rue Turbigo. Corette, 52 bis, rue de la Sablière. Lelièvre, 40, rue du Président-Carnot, Lyon.

De Vergèze, canton de Vauvert (Gard) : MM. le docteur Raynal, Esprit Raizon, négociant. Audibert de Lapierre, négociant. Henri Picheral, négociant. J. Gaufres, négociant. Maxime Raizon, négociant. Léonce Boissier, négociant. Paul. Louis Carrière, courtier. P. Imbert, comptable. Emile Méjean, négociant. Alexis Fabre, boucher. Lucien Auquier, propriétaire. Frion-Carrière, propriétaire. David Perié, négociant. Jeannon, propriétaire. Louis Delon, maçon. Jean Boissier, propriétaire. Monier, courtier. Giran-Fabre, courtier. Emile Brun, épicier. Chapel-Picheral, négociant. Robin-Rouvière, négociant. Paul Pierre, cultivateur. Léon Maurin, tonnelier. Jules Allier fils, employé. Bertrand, propriétaire. F. Thomas, constructeur-mécanicien. Jules Montet, employé. Valette fils, négociant. E. Gauffrès, employé. Chapel, chaufournier. Cabanis fils, employé. Granet-Roux, charretier. Elie Blatière, propriétaire. Gaston Carrière, propriétaire. A. Boulet, garçon limonadier. Arthur Aubert, propriétaire. Léon Blatière, tonnelier. Honoré Valette, propriétaire. Louis Lombard, propriétaire. Louis Gauffrès, tonnelier. Adrien Delon, propriétaire. Louis Savomier, tonnelier. H. Capde-vielle, peintre. Verdeille, cafetier. Aubanel, négociant. A. Clary, comptable. Granier, vendeur de journaux. Th. Fontaine, propriétaire. Paul Michel, employé de commerce. Georges Raizon. Hilarion Raizon, courtier. Plan-

tier, notaire. Edmond Daudet, négociant. Louis Pagès, employé. Louis Frion, négociant. Dupuy, foudrier. Gaussen, cafetier. Jullian-Gauffrès, négociant. Gédéon Carrière, négociant. A. Boury, négociant. Montfason, propriétaire. Cabanir-Monier, négociant. David Rouget, tonnelier. Blatière-Giran, tonnelier. Casimir Aubert, propriétaire. Louis Cabanis, négociant. Alfred Coste, boulanger. Paul Chapel, négociant. Paul Jaulmes, propriétaire. Elie Delpuech, négociant. Daudé, pharmacien. Georges Castang, étudiant. Eugène Rouger, boucher. Rouger, tailleur. Duverger, employé, à Vergèze (Gard).

Libre Pensée de Montreuil : MM. A. Videau. Ch. Epaulard. Cabaille. Simon. Mme Marie Heilmann, rue Alexis-Simon, 58. MM. Pépin, 1 bis, rue du Terrier. Noël Corpensier. Bellavoine. Finot, à Saint-Mandé. Finot, à Fontenay-sous-Bois. Patapy, 23 bis, rue de Paris, Montreuil. Mme Jeanne Becker. MM. M. Lassale. C. Simon. Margage. Léon Parant. L. Morel. Arthur Jacobi.

MM. Penisson, rue des Pommiers. L. Rivière, coiffeur. A. Bougès, employé de commerce. J.-M.-J. de Lacosta. Duffaut, peintre, rue Planterose. Mme veuve Brousse, marchande de journaux. MM. Mialhe, 25, rue des Vignes. Lorrisson, 19, rue des Vignes. Clément. Mme veuve Lamothe, 21, rue Sanche-des-Pommiers. M. Raymond Barrot, tailleur de pierres, 26, rue Sanche-des-Pommiers, à Bordeaux.

MM. Bombail, ouvrier jardinier, à Saint-Ouen. Alphonse Goudry, 54, boulevard Victor-Hugo, Clichy. Emile Labasque, à Clichy. Demans, jardinier. Rémy. Leguay, 12, passage Nivert, à Clichy. M. J., mécanicien, à Saint-Ouen. Letort, rue de la Chapelle, 90. Lucien Rodin, 38, rue de Paris. L. Guerrier, 39, boulevard Ney. J. Tremelez, jardinier, à Saint-Ouen. Léon Veillon, 15, rue Le Verrier, Paris.

De Rennes : MM. Jean Bertrand, publiciste. Carré, étudiant en lettres. E. Mahon, licencié ès lettres. Fr. Delaiti, licencié ès lettres. J. Lemordant, artiste peintre. G. Janier, artiste dramatique. Claude Neige, homme de lettres. Xavier Brunot, étudiant en droit. Charles Ely, licencié en droit, de Rennes.

Mmes Rosa Lopès. Irma Lopès, 46, rue Saint-Georges, Paris. Orange Lopès, 12, rue Maubec, à Bayonne. M. Lopès, 28, rue Gavarni.

M. Evariste Carrance, rédacteur en chef de *l'Indépendant* du Lot-et-Garonne. Mme Evariste Carrance. M. Maurice Carrance. Mme Anna Mulle. MM. P. Faure, conseiller général, maire de Douville (Dordogne). Romain Mairel, docteur en droit. Mme veuve Adrien Bédarride, Marseille. Famille Cahen. Mme B. Lévy, Poitiers. MM. A. Laplaiche, à Levallois-Perret. Bienaimé, dessinateur. Mme Bienaimé, 325, rue Saint-Martin. MM. Maurice Dupuy, Bagnères-de-Bigorre. René Vincy, directeur de la revue *l'Aurore*, Nice. Noël Berlioux. Fernand Réquier, avocat. Ventre, à Brignoles. Henri Roussel, à Souilhac (Ardèche). Mme Augustin. Mlle Camberlin, 44, rue de Vanves. MM. Achille Duquenne, 19, avenue Parmentier, Joinville-le-Pont. Ch. Chopard, fabricant d'horlogerie, à Souvillier (Suisse). Victor Devos, Alsacien. M. et Mme A. Normann, à Sainte-Croix (Suisse). MM. Ed. Weiss, de Strasbourg. J. Maviel, négociant, 3, quai Rive-Neuve, Marseille. L.-B. Schmolle, 82, rue Lauriston.

Les socialistes révolutionnaires du Parti ouvrier, groupe Montreuil-Vincennes : MM. Brimaud. Wolff. Chevassu. Henri Deshaies. Rougeaud. Louchard. Combet. Dular. Martel. Taplain. Fiault. Fontenau. Pauly. Bodetti Evrard. Lavaud. Brochet. Legendre. Faret. Brogevin. Nebul. D. Hauenens. Bisseret. Rose. Testulat. Pevari. Noyelle. Daudet. Lamarre. Granier. Mercier. Pernin. Fosset Guinot père. Le secrétaire : M. Aimé Wurmser. Mlle Claire Bejuy, 2, rue Louis-Blanc, à Levallois-Perret.

Du Mas-d'Agil : MM. E. Maury, pâtissier. P. Maury, pâtissier. J.-P. Santenac, plâtrier, conseiller municipal. Rouch, menuisier. E. Pons, propriétaire. A. Dedieur, conseiller municipal. Bonnefont, horloger. B. Vergé, négociant. J. Chuer, épicier. Louis Pujol, menuisier. Toulza-Chéri, conseiller municipal. Commenge. menuisier. Labail, propriétaire, conseiller municipal. F. Petit, pharmacien, conseiller municipal. J. Bouin, menuisier. T. Bouin, menuisier. Freyche, conseiller municipal. P. Dedieux, conseiller municipal. François Redon, conseiller municipal. A. Pons, maire de Salerat. Commenge, sabotier. L. Gasc, rentier. Peyre, rentier, conseiller municipal. Lestel, chef de gare en retraite. A. Bellesta, rentier. François Gouzy, cultivateur. Jean Gouzy, cultivateur. Bourianne, coiffeur. Joseph Gaychet, cultivateur. Paul Bru, cultivateur. Elie Dupout, maréchal-ferrant. Louis Héliot, cordonnier. Jacques Pons, tisserand. Baptiste Bru, cultivateur. Basile Massat, cultivateur. Docteur Cavaillès, conseiller municipal. Moullée, adjoint au maire.

MM. J. Reiss, Colmar. Marcel Caysac. Jean Caysac, 24, rue Laffitte. Gabriel Vernhe. Trois dames Lorraines. M. L. Raymond-Coudine, 63, rue Cardinal-Lemoine. Mme Marianne Pierron, de Saumur. M. Paul Viala, pharmacien, 14, avenue des Ternes. Mme Jeanne Bassière, 34, rue de Béthune. Mme Ledan, 17, place des Vosges.

Du canton de Grandvilliers (Oise) : MM. Gayaut, maire de Grez. De Saint-Fuscien, docteur en médecine. David, fabricant de chaussures. Maréchal, propriétaire. Vitry, coupeur. L. Bonnières, contremaître. Drouet, cordonnier. Boyeldieu. O. Vasseur. Lesenne, menuisier. Magnier, cordonnier. Latronico, peintre. Demolliens, domestique. A. Bonnières. Cozette, cordonniers. Poulain, adjoint, à Cempuis. Portebois, cafetier, à Grandvilliers. Devergie, marchand de bois, à Saint-Maur. Blain, cafetier. Lefebvre, charcutier, à Grandvilliers. Courtin, cultivateur. Huet, cordonnier, à Thieuloy-Saint-Antoine. Deneuville-Lequen, fabricant de chaussures. Deneuville fils. Chantrie. Warabio. Pourcher. Sondag. Lequin. E. Coeffier. E. Debray, à Grandvilliers.

MM. Carolus Harnault, propriétaire, au Hamel. Vasseur, cordonnier. E. Bossu, cordonnier. Bernard, à Grez. Bulard, cafetier, à Plouquières. Duvergie fils, à Saint-Maur. Bélizaire Devergie, garde, à Saint-Maur. Capron, peintre, à Grez. G. Ladoubart, à Cempuis. E. Hodencq, cordonnier. Léon Vasseur, cafetier, à Cempuis. Canchon. Hodencq. Boulanger, à Saint-Maur. Debray. H. Debray, Hodencq. Lorvin. B. Maréchal, élève au lycée d'Amiens. J. Coffard, de Thieuloy-Saint-Antoine.

De Cogolin (Var) : MM. Guigne, maire. Rimbaud, adjoint. Alexandre Bérengnier. Magat. Isidore Bérengnier. Jules Giraud. Brégonsul. Brun. Eugène Bérengnier. Viont. Laure. Capuro. Dol. Crest, secrétaire, conseillers municipaux. Bérengnier, conseiller d'arrondissement. Pierre Campdoras. Pascal Chauve. Marius Giraud, pipiers. Augustin Ponchon, maçon. Joseph Mansuin, cultivateur. Jules Bérenguier, cultivateur. César Bérenguier, propriétaire. Adolphe Ollivier, fabricant de bouchons. Léopold Blanc, cultivateur. Eugène Blanc, cultivateur. Chabanne. peintre. Laurent Barbier. Lantelme, boulanger. Sénéquier. Comail, charretier. Poupiac, fabricant de bouchons. Toussaint Poupiac, propriétaire. Joseph Blanc, charretier. Victor Giraud. Emile Benoni, bouchonniers. Joseph Ollivier. Ferdinand Farnet, cultivateurs. Félix Chabaud, charron.

MM. Baptiste-Gustave Bérenguier, fabricant de bouchons. Victor Reboul, propriétaire. Célestin Cérisola, fabricant de bouchons. Léon Ponchon, fabricant de bouchons. Martin, bouchonnier. Bagliano, fabricant de bouchons. Henri Pélissier, cultivateur. Félix Coulet. Jules Guérin, cultivateur. Jules Dol, boucher. Fortuné Viont, fabricant de bouchons. Brouchet, cordonnier. Brégonsul père, pipier. Louis Courchet, propriétaire. Ignace Courrieu, pipier. Galfard, fabricant de bouchons. Ferdinand Alliez, propriétaire. Pierre Garcin, boulanger. Cavasse, bouchonnier. Philippe Cognat, maçon. Félicien Guiguès, propriétaire. Charles Pissot, cultivateur. Sylvain Ravel,

bouchonnier. Marcellin Bœuf, cultivateur. Louis Viont, boulanger. Emile Ollivier. cultivateur. Adrien Giraud, bouchonnier. Albert Bérenguier, propriétaire. Jules Courrieu, pipier. François Ollivier, épicier. Théophile Ollivier, menuisier.

MM. Louis Garnoux, menuisier. Julien Benet, bouchonnier. Gustave Clérian, taillandier. Joseph Marcellin, charretier. Auguste Pons, bouchonnier. Ancel Pons, cordonnier. Gaston Pons, charron. Gonzague Quaranta, cultivateur. Marius Astier, maréchal-ferrant. Alban Guigues, menuisier. Joseph Roux, cultivateur. Charles Long, pipier. Barthélemy Brun, propriétaire. Isidore Autran, propriétaire. Justin Bérenguier, bouchonnier. Rey, bourrelier. Henri Gazagne, charcutier. Augustin Guériel, cordonnier. Joseph Gibelin, cultivateur. Volnet, bouchonnier. Touyou, propriétaire. Gabriel Lavigne, journalier. Jauffret-Bertin, cultivateur. Félix Toscan, cultivateur. Amédée Lavigne, cordonnier. Louis Perrin, menuisier. Lorgues, menuisier, à Cogolin (Var).

Parti ouvrier socialiste, Fédération du centre, les Propagandistes de la Folie-Méricourt. Siège social, 31, rue des Trois-Bornes : MM. Marchand. Emamy. Angot. Desliens. Fontenelle. Douin. Beuchot. Citoyenne Beuchot, 106, rue Oberkampf. MM. Roux, socialiste. Henri Cagneaux. Goury. Samuel Aaron, 8, rue Pierre-Levée. Mme Berthe Aaron, 8, rue Pierre-Levée. MM. S. Ulmann, 128, rue Amelot. Victor Wéber, socialiste, avenue Parmentier, 4. Mme Wéber, avenue Parmentier, 4. MM. Aviaz. Charles Goubier, 3, rue des Grands-Augustins. Francis Nahé, Clermont.

MM. Delapierre, rue Charenton, 168. May. Milan. Chevalier, 3, rue Erard. Jean Gaudet, rue Charenton, 141. Lamarre, rue Moreau, 6. L. Nofflet, avenue Daumesnil, 250. Henri Fournier, cocher de fiacre, rue du Faubourg-Saint-Antoine, 249. Paul Clerget. Albert Chevalier. Léopold Buquet, ancien sous-officier d'artillerie, à Paris. Mièvre. Legendron, mécanicien. Baralli, vitrier. Herman, ébéniste. Bibault, vétérinaire. Lanciau, ébéniste. Strauss, 90, rue d'Angoulème. Goyon, 31, rue des Trois-Bornes. Worms, 7, rue des Trois-Couronnes. Ernest Sibbermann. Jacques, 18, rue Commines. Mmes Sibbermann. Al. Worms, 83, rue d'Angoulème. MM. Salomon Dreyfus. Rousseau, professeur. A. Capweller, ajusteur. Moncousin, 3, rue du Pressoir. Louis Bellomès, 15, rue Sainte-Marthe. Pasquet, 33, rue des Trois-Bornes. J. Chaumette. Juste, 9, rue Rampon. Courderet, laitier, rue Lepic prolongée, 3. Jacques Lannet, socialiste. Mme Marie Lannet, 217, faubourg Saint-Martin. MM. Henri Barailler, socialiste. Jules Barailler, socialiste. Hubert Gothière, socialiste. P. Puchaud. Roth, socialiste. Pyssie, socialiste. Jean, socialiste. Duaguindeau, socialiste.

MM. Valabrègue, ancien élève des Beaux-Arts, Marseille. Henri et Paul Cerf, à Lyon.

De Saint-Eugène (Alger) : Mme E. Jalabert. M. Ledermann, chevalier de la Légion d'honneur. Mme Ledermann. Mlle Bl. Ledermann. MM. L. Autrau. Louis Jalabert. Azoulay, docteur en médecine. Mme Azoulay. MM. E. Morard. Charles Morard.

Mme Marchal, Lyon. Mlle Joséphine Berthet. Mme Eugène Loustan. MM. Eugène Loustan. S. Marchal. Mme Noémie Salis, professeur d'anglais. M. L. Richard, propriétaire. Mme Richard. Jessie F. M. F. Bonàme, propriétaire. Achille Picard, née Hirtz. Colmaricenne. M. Achille Picard. Mlle Suzanne Picard. MM. André Picard. Jean Kahn. Mme Kahn, née Hirtz, à Besançon. Jeanne Picard, à Paris.

Le Cercle radical d'Armentières : MM. Désiré Delettré. Auguste Sabre. Emile Claerbout, conseiller prud'homme, 9, rue des Prés-Louis. Amand fils. Ponton.

MM. Jules Prével, à Villemonble. V. Lévy, ex-fourrier, Genève. M. et Mme Domont. M. Paul Vincent, pasteur, à Vébron (Isère). Mme Paul Vincent. P. Loureau, à Lyon-Monplaisir. M. Christoff, étudiant en médecine, 246, route de Grenoble, Lyon-Monplaisir. Mme Boissard. Germaine Boissard. Scholeffied. MM. Georges Boursault, 13, rue de la Goutte-d'Or. Albert Callat, du *Réveil du Nord*, à Lille. Ferdinand Rougier, trésorier de la Caisse d'épargne, président du Conseil d'arroudissement, à Sisteron (Basses-Alpes). Mlle Elise Cordenier, à Crécy, près Meaux.

D'Aigues-Vives (Gard) : MM. Louis Roux. Eugène Hébrard. André Déjardin. Mmes Juliette Déjardin. Inès Combe. Virginie Dubois. M. Alfred Sounay.

MM. Bitschener, ancien conseiller municipal. Mme Bitschener, à Deville-lès-Rouen. MM. Sueur. Baillet. Combes, à Castres (Tarn). Mme L. Gilbert, à Houilles. M. et Mme J. Forget, instituteurs, à Belledent, par Rançon (Haute-Vienne). MM. J.-B. Robin, pharmacien. Louis Dubost, ancien maire. Joseph Dubost, étudiant en pharmacie. Philippe Gallet, employé, à Tournus. Antonin Moreau. Edme Moreau. Ferdinand Moreau. J.-J. Barraud, ouvriers carriers de Courtioux (Aube). François Cachard, pasteur, à Montceau-les-Mines (Saône-et-Loire). M. et Mme Lemesle, à Alfortville. MM. Charles Absin. Samuel Simon, à Croix. Jules-L. Puech, étudiant en droit, Toulouse.

MM. Lubac, agrégé de philosophie, Amélie-les-Bains. M.-J. Fontaine. C. Perrier. A. Perrier. Mmes A.-M. et J. Fontaine. Loeb, Nantes. MM. Pierre Gaillard, étudiant, 90, route de Vienne. Joanny Bricaud, publiciste, 6, quai de l'Est. Marc Champion, publiciste, 61, route de Vienne. M. et Mme Vonin, concierges, 57, rue Vallier, à Levallois. MM. M. E. Vonin, métreur. Robert Brückert, à Coaraze (Basses-Pyrénées). Alfred Pausiot fils aîné, négociant, 103 et 105, rue de Beauvais, Amiens. Th. Gaillard. Mmes Th. Gaillard, Lolmède, 78, rue Montmoreau, à Angoulème. MM. E. Bloch, à Orbe. Léon Heurey, comptable, au Havre.

MM. Pategay. J. Ulmann, voyageur de commerce, à Bois-Colombes. N. Semmler. J.-M. Scheber. D. Semmeled. J. Schvebed. W. Papier. M. Debernardy. Mmes Debernardy. Veuve Carbonel. MM. Barély. Lombard. Mlle Debernardy. M. Augier. Mme Allois. M. V. Sias.

MM. Daniel Dufour, comptable, à Nîmes. Jean Chamson fils, industriel. Jules Chamson père, industriel. Louis Girard. Jean Bourgier, mécanicien. Joseph Roubien. Juste Brugnier, employé de commerce. Pierre Colombier, mécanicien. Paul Verrier. Mme Madeleine Chamson. MM. Ad. Suvanet, employé de commerce. Ernest Jauvert, employé de commerce. Paul Bénezet, négociant. E. Bertrand, pasteur. Marius Coulet. Henri Réveiller. Marzel, comptable, à Nîmes. Léopold Moutier, préposé d'octroi, à Reims.

De Couhé (Vienne) : MM. L. Dangiers, maire de Couhé. Ed. Sichère, négociant. E. Lenoir, négociant, conseiller municipal. Cacouault, négociant. Barraud, principal clerc de notaire, E. Sallé, négociant. F. Greland, hôtelier. D. Grégoire, coiffeur. Ch. Rossignol, négociant. F. Liège, négociant. B. Portron, pasteur. P. Martin, cultivateur, conseiller municipal, à Couhé (Vienne). Charles Lévy. Mme Victorine Foucard, 4, passage des Abbesses. Mme et Mlle Lucie Blanquies. MM. E. Féton, ouvrier tailleur, rue Bacquenois, Reims. Docteur Cousin, conseiller municipal, à Couhé.

De Mulhouse (Alsace) : MM. Constant Jehly père. Henri et Camille, ses deux fils. Antoine Jehly, fileur. Vomholtz, contremaître. L. Créange. J. Kastner, monteur. Emile Guhl, lancier. Georges Stœpfel. Pierre Baltolf, contremaître. Joseph Fricker. Jacques Oberlin, chauffeur. Alp. Charles Braud, contremaître. Bœtsch, contremaître.

MM. Romain Lédolff, monteur. Louis Artzner, chauffeur mécanicien. Joseph Lédolff, chauffeur-mécanicien. Ch. Belot, tourneur en fer. Chrétien Austet, serrurier. Charles Schmitt, pareur. Emile Friès, métreur. Fritz Farderer, contremaître mécanicien. Joseph Bininger, monteur. B.-Joseph Sarreur.

MM. N. Chercheffsky, ingénieur chimiste, 16, rue Jacquemont. A. Dreyfus, à Langres. Ch. Orion, pasteur. J.-F. Fichet, à la Crèche. Mme Eugénie Peton, place de la Bonneterie. M. E. Peton. Mme Claire Petit, à Troyes. MM. A.

fred Letellier, 1 *bis*, rue des Terres-au-Curé. Léon Kinsburger, 92, rue Laugières. S. J. Meyer. Rosine Meyer.

MM. Henri Gensel, 15, rue des Moines. Gabriel Pernet, 15, rue des Moines. Delaume, 61, quai Valmy. Mlle Angèle Lévy. Joséphine Jossé. MM. E. Ravier. E. Samuel. Mme E. Samuel. Charlotte Hubret, modiste. MM. Alfred Klotz. Emile Klotz. Mlle Julie Klotz, à Bayonne.

MM. Th. J. Houtman. Weesp. H.-G. Reeders. B. Knolle. H. Van Engel j. J.-P.-C. Honohff. A. Spinossa Cattela. Edouard Cyfer. P.-A. Bruynink. J. Van der Linden. Nathan Eugelanden. M. G.-S. Boursse, à Amsterdam. H.-A.-V. Bartels. Abcoude. C. Van Merrebach. J.-H. Bolkestein. J.-F.-G. Kottmier. A.-J. Van Wingaerdt. A. C. Houtman. J. Bueno de Mesquita. J.-H. Korck. Van Wankum. H.-J. H. Ree Jsu. C.-L. de Witte, à Amsterdam.

MM. J.-W. Kempfft. Bussom. K.-J. Bleykmans. C. de Lange. W.-H. Van Raamsdonk. Gérard Von Dyle, à Amsterdam.

M. et Mme A. Moch. MM. J. Blum. S. Blum. Oury. Hayem, à Cousances-aux-Forges (Meuse). Félix Lévy. Mmes Félix Lévy, 4, rue de Rome, Paris. Bernard Feimberg, rue Montiéville, 4. Mme et Mlle Lambert, 59, rue Condorcet. MM. Georges Friedmann, 40, faubourg Poissonnière. Jules-Michel Lévy, 53, faubourg Poissonnière. S. Hackelberg, de Bruxelles, Grand-Hôtel. Docteur Frédéric Tulfferd, Montbéliard (Doubs). Mme Madeleine Lang, Nancy. MM. Louis Lévy, 8, avenue de la Garenne, Nancy. Mmes Louis Lévy, née Weiller. Marguerite Lévy. David Weiller, née Lévy. M. Louis Weiller, négociant. Mme Marguerite Weiller. M. Fouquet, 6, avenue de la Garenne, Nancy.

MM. Gustave Lebart. Louis Frehouel. Gaston Gendre. Casimir Roudrey, à Mamers (Sarthe).

MM. R. et A. Arnold, étudiants en pharmacie. Raymond. Braun, Bischwiller (Alsace). Léon Louis, négociant. Félix Schneider, chef de bureau. Volz, rentier. Robert, banquier. Crombach, médecin. Crombach, banquier, à Saverne (Alsace). Camille Schœn, chimiste, Mme Camille Schœn-Kestner. Mlle H. Schœn, Mulhouse. MM. Théophile Haas, voyageur de commerce, Mulhouse. Edouard Steiner, résident à Bischwiller (Alsace). Grünenwald. M. et Mme J. Geusbourger. M. et Mme Félix Geusbourger. M. Henri Geusbourger. M. et Mme A. Lauzenberg. M. et Mme Robert Picard, Colmar.

Mlle Adrienne Canu, 7, rue des Degrés, à Vire (Calvados). M. J. Dubray. Mme et Mlle J. Dubray, à Esquéheries (Aisne). MM. Emile Weill, 16, quai Claude-le-Lorrain. G. Auscher, Nancy. Mme P. Bernard. Mlles Suzanne Bernard, 10, rue Saint-Gilles. Lucie Cahin, 46, rue Charlot. MM. Joseph Deschamps, à Avallon (Yonne). Rodolphe Herz, rue Meissonnier. Paris. Richard Singer, 40, rue Maubeuge. J. Trihan, 6, rue d'Aboukir. J. Plumb. E. Bergère. G. Foucault. Baronne Félix Oppenheim, 27, rue Vernet. MM. Paul Gompety, 2, avenue Marceau. Pierre Duberos, 5, rue Penthièvre. Ansley Plumb, 93, rue Cardinet. Mmes Renard, 16, rue de Chaillot. Emile Léon, 7, rue Milton. Mlle Léa Léon, 30, rue Buffault. M. Emile Léon, 30, rue Buffault. H. Hardant, Montivilliers (Seine-Inférieure). Fernand Blanc.

M. Paul Woog, chimiste, Paris. Mmes Culot. Marfort. Mlle Elisa Culot, agrégée de l'Université, professeur à la Société pour l'instruction élémentaire et au lycée Fénelon. MM. Léon Marin, 26, rue d'Enghien. Amand Ris, 35, rue Vivienne. Momo Silva, 5, rue Thimonnier. Mme Jules Weill. Mlle Sophie Weill. M. Michel Weill, élève au collège Rollin. Mlle C. Wachter. MM. F. Chapuy. R. Dubarry. Jules Dreyfus, 22, rue Baudin. Maurice Moïse, voyageur de commerce, 256, faubourg Saint-Martin.

MM. Henri Bloch, sténographe, 42, rue de Meaux. H. Pacholski, employé, 23, rue de Turenne. Georges Jacob, employé, 120, rue La Fontaine. Léon Amonk, 12, avenue des Peupliers, le Perreux. Charles Logué, comptable, 32, avenue de la Reine, Boulogne-sur-Seine. A. Bloch, 6, boulevard Saint-Denis. L. Bloemist, 25, rue Louis-Blanc. E.

Bloch. Mme Marie Lévy, Alsacienne, 6, boulevard Saint-Denis.
M. Ch. Bloch, 18, rue de la Tour. Mmes Henriette Bloch.
Pauline Bloch. Veuve Lévy, 11, rue Gavarni. Mme et
Mlle Benjamin Bloch, 88, rue de la Pompe.

M. Marcel Bloch, peintre, élève aux Arts décoratifs.
Mmes Renée Bloch. Pauline Ginsburger, Alsacienne. M. et
Mme Salomon, 7, place du Marché, à Levallois. M. Myrtil
Salomon. Mme Myrtil Salomon, 11, rue Mignard. MM. Ro-
bert Michel, 7, rue Castex. John Malbau, 34, rue Vivienne.
Émile Douai, 76, rue Philippe-de-Girard. J.-B. Paatte, 15,
rue Chapon. Léon Marin, 26, rue d'Enghien. Armand Ris,
35, rue Vivienne. Is. Bloch. Mlle R. Bloch. Mme Is. Bloch.
Mlle D. Bloch, à Saint-Mandé. MM. Lucien Mayer. Léon
Lippmann. Fribourg, 9, rue Pierre-Charron. E. Fribourg,
9, rue Pierre-Charron. M. Lévy, 9, rue Taylor. M. et
Mme Lévy, 11, rue Taylor. Mme veuve Monterro, 9, rue des
Guillemittes. MM. Parmentier Cohen, 21, rue du Château-
d'Eau. Stayer, 74, rue de Bondy. Friedmann, 13, faubourg
Saint-Denis. Klein, étudiant en pharmacie, 19, boulevard
Magenta. Bourlasuen, étudiant en pharmacie, 19, boule-
vard Magenta.

MM. N. Banheim, 22, rue de Lancry. E. Banheim, 22,
rue de Lancry. E. Dreyfus, 34, boulevard Voltaire. Mme Dreyfus, 34, boulevard Voltaire. MM. Gabriel Lang. B. Albert
Lang, 9, place des Vosges. Georges Lang, rue des Arquebusiers. Paul Lang, place des Vosges. M. Créhange. L.
Créhange. P. Créhange, 14, rue Froissard. A. Bispal, 19,
boulevard Magenta.

MM. Alphonse Meyer, 16, rue de la Station, à Mulhouse.
W. Bloch. Ferdinand Bach. Jules Weil. Jules Chapoy.
Charles Steffan. Jules Dreschsler. Jean Schinde. Louis
Fischer, à Mulhouse. Joseph Seitz, à Ridheim. Arthur
Keller. Alphonse Heick. B. Holzer. Mme Helck, à Mulhouse.
MM. Salomon Dreyfus, à Mulhouse. E. Dreyfus-Schmoll,
à Mulhouse. Carl Fr. Hess, à Stuttgart. Léon Meyer, à
Mulhouse. Camille Schowb, à Mulhouse. Emile Holzinger,
à Fürth-en-Bavière. Jean Ullmo. Marcel Lévy. Léon Nord-
mann. Camille Schwob. C. Hornstein. J. Horstmann. K.
Hirscher. M. S. Dreyfus, à Mulhouse. J. Hilb,
à Augsburg. Paul Kehr. A. Lévy. Mme A. Lévy. Mlle J.
Lévy. MM. J. Lévy. Lazare Lévy, à Mulhouse. René Weyl.
Dornarh. Lucien Hirtz, à Paris. Henri Bert, à Mulhouse.
Armand Dreyfus, à Thann. Alfred Guggenheimer, Mei-
ninger (Bavière).

MM. Edgard Lorach. René Lorach. R. Mayer. Camille
Ullmo. Moïse Ullmo, Mulhouse. René Haymann. Louis Sa-
muel. Edmond Wyler. Paul Ruff. Daniel Schwartz. Gas-
ton Weil, correspondant du *Vélo*. Charles Haymann. Ed-
mond Weill, boulanger. Sam Netter. Usemann. Henri
Wolff. Bernard Nerson. Armand Schwartz. Isidore Schnerf.
Charles Roffel. Jean Naegel. S. Schul. Léon Ruff. Ernest
Knab. Mmes Drion. Marie-Louise Naegel. Mlle Eugénie
Drion. MM. Ernest Meyer. Charles Kienwel. Louis Keiffer.
Paul Cheilletz. Lucien Wetzel. Mlles Jeanne Moch. Lina
Tteck, Strasbourg.

MM. Samuel Dreyfus. Arthur Dreyfus, 56, faubourg de
Montbéliard, à Belfort. Xavier Bertoch, 57, faubourg de
Montbéliard, à Belfort. Pierre Guyot. Anatote Fringant.
Louis Dupleix, rue de Brasse. Auguste Boillot, rue de
l'Entrepôt, Belfort.

MM. Alfred Findler, rue de l'Entrepôt, Belfort. Michel
Dürr, à Belfort. Louis Prétet, rue Thiers, Belfort. Gustave
Courtot, Grande-Rue, Belfort. Gaston Béliard, rue des
Capucines, Belfort. Mlle Lydie, de Neuviller. M. Louis
Simon, 44, avenue Henri-Martin. Mme Louis Simon. M. Er-
nest Hinstin, 56, boulevard de Strasbourg.

Mme Spire. Charles Hinstin. M. et Mme Joseph Hinstin.
MM. A. Sauffroy, architecte. Ernest Eschwège, 7, rue de
Provence. Mlle Marguerite Eschwège, 7, rue de Provence.
M. Jacques Bloch, 6, rue Bleue.

Mlle Gabrielle Bloch. M. Paul Eschwège, 97 *bis*, rue Jouffroy. Mme Marthe Bloch, 6, rue Bleue. Germaine Bloch, 6,
rue Bleue. M. Henri Eschwège, 35, rue Maubeuge. M. et

Mme Delrue, à Chantemerle, commune de Saint-Fraigne
(Charente).

Mme Joseph Cahen. MM. Joseph Cahen. René Cahen. J.
Bernheim. Mme veuve A. Blum. M. Jules Cahen. Mme Françoise Gros, à Besançon. MM. Louis Gillet, étudiant en
pharmacie, 52, boulevard Beaumarchais. Charles Petit,
227, boulevard Saint-Germain. A. Louis Tédesco, ingénieur chimiste, 9, rue Pigalle.

MM. I. Ivolas, licencié ès sciences, à Tours. Boyard, négociant, à Palaiseau. Ancelin, cultivateur, à Palaiseau.
Louis Goguet, propriétaire, à Palaiseau. Fernand Bloch,
315, rue Rogier, Bruxelles. Léon Fischer, 2, rue des Teinturiers, Bruxelles. Joseph Fischer, 13, rue Antoine-Darsaert, Bruxelles.

MM. Alph. Gugenheim, 17, rue Foussey, Bruxelles. Jacques Kahn, 43, boulevard Anspach, Bruxelles. Camille
Fischer, 2, rue Antoine-Darsaert, Bruxelles. Henri Bloch,
145, rue de Brabant, Bruxelles. Fernand Lehmann, 155,
rue du Trône, Bruxelles. E. Lorieux, 215, chaussée
d'Ixelles, Bruxelles. Hector Carçan, 143, rue Vanderkinder,
Uccle.

MM. A. Coquillon, 18, rue du Persil. Haneotte, 2, rue du
Miroir. Paul Gaubert, 75, rue du Progrès. R. Kohn, 41,
rue Fossé-aux-Loups. Léon Hafage, 56, rue Rogier. Arthur Danse, 14, rue Fossé-aux-Loups. Adolphe Conard,
cours Saint-Étienne, à Bruxelles.

MM. Emile Joos, 20, rue Église-Saint-Gilles. A. Poncelet, 14, avenue de la Porte-de-Hall. Alphonse Canter,
51, rue du Chimiste. H. Etienne, 55, rue Sans-Souci. J.
Dujardin, 44, rue Fossé-aux-Loups, à Bruxelles. Mme Cécile
Hatzfeld, de Mulhouse, Hadspen House-Castle Cery (Som-
merset). M. Jules Champion, Saint-Quentin, canton de Tin-
chebray (Orne). Mme Champion.

M. A. Lévy, 235, rue Saint-Martin. Mme A. Lévy,
Mlles Lucy Lévy. Jeanne Lévy. MM. S. Goldschitt. Resen-
berg. S. Rall, 64, boulevard Beaumarchais. B. Rossignol,
ouvrier horloger, 20, rue de Thorigny. Albert Bernheim,
employé, 66, rue de Bondy. Alexandre Spira, charcutier,
56, rue Notre-Dame-de-Nazareth. A. Kosmann, 22,
rue Milton. Henri Kosmann, artiste peintre. Mme Estelle
Kosmann. M. Eugène Olivier, 7, rue Crétet. Mme Émilienne
Guillemeau, 22, rue Milton. M. Jean Lestrade, 31, boulevard Barbès. Mmes Lucie Kosmann, miniaturiste. Emma
Kosmann.

Mmes Alexandre Benoist. Palmyre Kosmann. M. Achille
Kosmann, rue de la Tour-d'Auvergne. Mmes Frédéric Passy,
en souvenir de son vaillant fils Jacques. P. Chobaz.
Mlle Chobaz. MM. Ed. Lemaire, conseiller municipal. Victor
Lefort, tisseur. Alfred Lefort. Georges Robat, cultivateur.
Léopold Luardez. Emile Vaillant, tisseurs. Auguste Robert.
Elie Robert, cultivateurs. Amos Maupas. Auguste Millet.
David Gibot. Georges Maupas. P.-J. Polin. Edmond Lefort,
tisseurs, à Reumont (Nord).

MM. Edmond. Carona, Reumont (Nord). Ildevert Dumez.
Irénée Douchez. Hyacinthe Britaine. Elie Pocqueux. Clara
Benoît. Edmond Robert. Elie Gibot, cordonnier. Gibot
Clarie, propriétaire. Grosménil, domestique. Ernest Harlet,
tisseur. Alexandre Crimier père. Alexandre Crimier fils, à
Reumont (Nord). Irénée Marouzé, conseiller municipal, à
Reumont (Nord). Félicien Blot, tisseur, à Reumont (Nord).
Max Schottit, 14, rue de Rocroy. L. Chartier fils, à Saint-
Ouen, 33, rue des Entrepôts. A. Naulet, 7, rue Martel.

MM. A. Sonkin, 75, rue Demours. Serpillon, 6, passage
Violet. Charles Grovez, rue de Seine. Pierre Vellat, 8, rue
Roy-le-Lyon. Félix Renard, 24, rue d'Airon. Maurice
Offenbacher, rue Turgot. A. Lanquine, 5, rue de Douai.
Mme Leib, 26, rue d'Hauteville. M. Paul Lévy, 58, rue
Amelot. Mme A. Cerf, institutrice, 196, rue Legendre.
MM. Alfred Dreyfus, 9, place des Ternes. C. Pignon,
7, place des Ternes. J. Schreiber, 50, rue des Petites-
Écuries. Robert Schreiber, étudiant, 3, cité d'Hauteville.
Mme Lévy, 98, avenue Malakoff. MM. Edouard Strauss et
son frère Jacques, 56, rue d'Allemagne. J.-L. Boucher.

Robert et Raymond Rosenberg. Marcel Lemaistre, indus-triel, à Lillebonne (Seine-Inférieure). Mme Marcel Lemaistre. M. Roger Lévy, 58, rue Amelot.

M. D. Hurant, pasteur. Mme H. Hurant. Mlle Koehl. MM. F. Lemaistre, industriel. H. Lemaistre, à Lillebonne. Docteur Théry, à Saint-Nicolas d'Aliermont. René Fraenkel, à Elbeuf. Mmes René Fraenkel. Mlles Marthe et Suzanne Fraenkel. Marguerite Hamus. Lucie Hamus. M. Emile Blum, à Roubaix. Mme Emile Blum. MM. Léon Troller, à Roubaix. Henri Ravelly, 14, rue Buffon. Joseph Weil, à Strasbourg. Mme Joseph Weil, née Ruff. MM. André, Jacques et Edmond Weil. Lucien Cosman, à Strasbourg. Mlle Lucie Werdenschlag. M. Simon Ruff. Mme Simon Ruff, à Fegersheim (Alsace). MM. Eug. Grumenwahl, coiffeur. Léon Schützeir. Junt. R. Hufenùpler. Franckel. Weil. Léon Klein. Paul Neumann. Léopold Weil. Louis Bloch. Max Frank. Marc Blum. Jacques Meyer. Léon Cejour-champs, à Strasbourg.

MM. Ernest Joseph. Jérôme Schuhl. David Hemendinger. S. Wertheimer. M. Kahn. B. Goldschmidt, directeur d'as-surance. G. Barach. Joseph Leimgruber, 11, quai Saint-Nicolas. Jérôme Lidemann, négociant en grains. Jacques Kauffmann, ancien sous-officier, à Strasbourg. A. Loch, à Francfort-sur-Mein. A. Bloch, représentant. B. Grün-baum. Alfred Lévy. Aron Lévy, tailleur. Alexandre Mayer. A. Kremher, café de la Mésange. Henri Veil, chemisier. Mayer Franck. E. Schwertz. Raphaël Bloch, caissier-comptable. J. Kahn, représentant de commerce. W. Ober-dorfer. Mme Anna Brielmaer. MM. Marc Lévy, banquier. Ernest Atsch. Philippe Lolestein. Eugène Cordier. Alfred Cordier, pâtissier. David Lehmann, à Strasbourg. Louis Armand. Mme Emmanuel. M. Salomon Lévy. Mme Salomon Lévy, à Epernay. M. Gaston Lesage de Lahaye, à Rétiers (Ille-et-Vilaine). Mmes Marcelle Favre. Hélène Favre, à Mulhouse.

Mme Marie Cosnard. MM. Paul Cosnard. La Previère. Richard, adjoint au maire de Berizot (Côte-d'Or). Jacques Grandchamp, ancien sous-officier de pontonniers, à Be-rizot (Côte-d'Or). Gaston Favre. Mme Gaston Favre, Mul-house. MM. L. Baux, Bordeaux. Emile Bomsel. Joseph-Edmond Bomsel. Mme Amélie Bomsel. Mlle Andrée Bom-sel, Belfort. MM. Georges Oxéda. André Pinède. Moïse Posso, Bayonne.

MM. Emile Schmid. Fernand Weil. Isidore Weil. Alfred Bergmann. Herbst. G. Mesnard. Jacques Ducas. M. Hoff-mann. Jacques Heidt. Jacques Eckert, Strasbourg. A. Voigt, professeur honoraire du lycée de Lyon. S. et L. Géange. Joseph Meyer, 12, rue du Chapeau-Rouge. M. et Mme Meyer-Wolff. MM. Arthur Wolff, 37, rue Verrerie. Clerget, 39, avenue Victor-Hugo. Moyse fils, 10, rue du Chapeau-Rouge. Mlle Caroline Meyer. MM. Auguste Belfie. Isidore Millot. Mme H. Meyer, 12, rue du Chapeau-Rouge. M. R. Volff. Ch. Volff, 37, rue Verrerie, Dijon.

MM. Isaac Meyer, 31, rue des Gaudrons. D. Weill, 76, rue des Gaudrons. B. Bloch, 39, boulevard de la Tré-mouille, à Dijon. A. Metzger, 5, rue Cart, Saint-Mandé. Roos, ministre officiant, 34, boulevard Carnot. André Meyer, 12, rue du Chapeau-Rouge, à Dijon. Emile Dupuis, à Châtillon-Coligny (Loiret). Mme Joseph Riffard, Taras-con-sur-Rhône. Maurice Dumoulin, le Havre. Jenny Baldy, à Aigues-Vives (Gard). Aline Riffard, les Mureaux (Seine-et-Oise). M. E. Baldy, négociant en vins, à Aigues-Vives (Gard). Mme Aglaé Chaine, à Tarascon. Amélie Riffard. Gerlaud. MM. Alfred Vidal-Naquet, Tarascon. Eugène Pigeon, 15, rue de Belleville. Ch. Bonnard, chimiste, 7, rue Soulages. Pollet, 50, quai de Bercy. Cuisinier, 103, rue Michel-Bizot. E. Girol, 19, boulevard Morland. B. Welcker, 45, boulevard de Reuilly. Eugène Welcker, 45, boulevard de Reuilly. Léon Regueton, 4, rue Gisèle, Montgeron. Gaston Deruffe, 7, rue de Madagascar. Victor Egger, chargé de cours à la Faculté des lettres de Paris. Docteur Eugène Bloch, 196 *bis*, rue Michel-Bizot. Jules Lévy, rue des Prairies, 49. Mme Jules Lévy, née

Ulmo. MM. J. Zimmermann, 261, rue des Pyrénées. Mlles Juliette, Charlotte et Marie Daillion.

M. J. Daillion, 4, rue Brodu, à Paris. M. et Mme P. de Jonquières, 50, boulevard de Strasbourg. MM. C. de Varigny, 26, boulevard Victor-Hugo, Mustepha-Alger. Ernest Veson, agrégé de philosophie.

MM. Louis Sigas, 20, rue de la Grande-Musse. B. Ray-nard, 9, rue Copernic. Ch. Fontenau, 30, rue du Calvaire. L. Maillard, rue Mollier. E. Billez, rue Mollier. S. Magré. A. Chaussière. Antonin Pavin, rue de la Tour-d'Auvergne. Lecocq, chaussée de la Madeleine. S. Bonjour, 8, rue Féli-cien. L. Faurrais. Teytam. Moisson. L. Charles. Albreza. Aristophobe, à Nantes.

MM. Frantz, à Chantenay-sur-Loir. Jaulin. Jean, à Ville-en-Bois (Nantes). Fernand Weil. Mme Fernand Weil. MM. Henri Weil. Mathieu Weil. Thérèse Metzger. Salo-mon Metzger, à Strasbourg. Klein, à Biselheim.

MM. J. Veill. J. Lévy. Paul Veill. M. Metzger. S. La-lanne. A. Bloch. Louis Schmitz. Mme Elise Herr. Marie Bey, Strasbourg.

MM. Lucien Michel, juge. Edgard Cahen, négociant. Louis Kiégler, comptable. A. Michel, banquier, à Saint-Avold (Lorraine). Mlle Amélie Sender, demoiselle de magasin. Annette Michell, à Saint-Avold (Lorraine).

M. Alfred Auerbacher. Mme Germaine Michel. MM. Ro-ger Michel. Louis Auerbacher, à Saint-Avold (Lorraine). Alfred Lehmann. Mme Camille Votier. Mathilde Lehmann. Henriette Hanau, à Sarreguemines. Docteur R. Dreyfus, à Strasbourg. Mmes Hermance Michel, née Dreyfus, à Saint-Avold. Veuve Dreyfus Lautzelberg, Mulhouse. Suzanne Lehmann. Jeanne Lehmann. Rosa Lehmann, à Sarregue-mines.

Mmes Laurence Bloch, 21, rue Baudin. Hélène Franc, 17, rue Richer. MM. J. Vimphen, 33, boulevard Haussmann. P. Hemardinguer. Mmes Jane Hemardinguer. Veuve Théo-phile Milliaud, 56, rue Maubeuge. MM. Caïn. G. Caïn, 51, rue Maubeuge. Mlle Clotilde Kieberg, 10, rue de Phalsbourg. Renée Meyer. Rosalie Kieberg. Mmes Deutsch. Andrée Deutsch.

Mmes Paul Meyer. Léon Milhaud. Edmée Reiss. MM. Léo-pold Reiss. Léon Reiss, 60, rue de Londres. Gaston Blum. Mmes Blum Javal. Veuve A. Simon, 40, rue Chabrol. Gas-pard Vuillaumier. Marie Benon, 60, rue de Londres. M. Maurice Blum, artiste peintre. Mme M. Blum, 73, rue des Vignes.

M. Villaumier. Mme Villaumier, 22, route de Flandre, Pantin. M. Samaron. Mme Samaron, 11, avenue de Vil-lers. M. Albert Reiss. Mme Albert Reiss, 76, rue de Mon-ceau.

M. Albert Lévy, de Colmar, 43, rue Réaumur. Mmes Albert Lévy. Fernande Lévy. MM. Jacques Weil, 30, rue Baudin. Emile Silberberg, 24, rue de Bondy. Mme Emile Silberberg. MM. Jacob Silberberg, 3, rue Gre-néta. Samuel Chamanski, 22, rue des Bons-Enfants. Mlle S. Chamanski. M. E. Ulmann. M. et Mme Schlénuger, à Ecouen. M. Ezanville. Mlle J. Jacob, 34 *bis*, rue de Dun-kerque. M. et Mme Victor Laurier. Mlle Victor Laurier, 4, rue Thiers, Elbeuf.

MM. L. Barge, comptable, 10, rue Saint-Jacques, Cau-debec-lès-Elbeuf. G. Bise, 16, rue Grémont. Fernand Costil, rue Jacquart. Charles Waag, rue de la Gare. Louis Frend, 5, place du Port, Elbeuf. Ernest Labbé, 105, rue de la République, Caudebec-lès-Elbeuf. Mmes Louise Waag, rue de la Gare. Louise Berge. MM. Ernest Ledran. Charles Knasp, 1, rue des Trois-Cornets. L. Schneider, 7, rue de Neubourg. Louis Bertrand. Guillaume Kehr. Henri Grei-ser. Gaston Gouel. Camille Martin, Elbeuf. Louis Lefèvre, Caudebec-lès-Elbeuf.

MM. Louis Barge, tondeur, 47, Petite-Rue du Cours, Caudebec. Louis Grimoin. F. Leprêtre. Mme veuve Dela-cour. M. C. Forster. Mme Cormier. Mlle Sophie Verteimer.

MM. G.-J.-P.-J. Bolland, à Leyde (Hollande). J. Rolda-vusz. Louis Roux, étudiants en lettres. H. Réthy, étudian en médecine. H.-G.-V. Briedé, étudiant en théologie. MM. A.-W. Van der Vecht. W.-J. Caiser. J.-J. Manninga. J.-H. Vender Wel. Z. Stokir. W.-H. Rassers. H.-E. de Joug. A.-S. Hirsch. H. Lankhout. D. Alol. A. M. Venter. S.-P. Haak. M. Elion. A. Carrière. F. de Gidts. J.-W. Versihoor. A.-M. Scheffer. G. Berg Eyfinger. S. Smizdens de Vogelfi. E.-E. Vicede. A.-E.-R. Bolland. Paul Weiller, ex-sergent. Léon Weiller, 38, rue Saint-Dizier. Nancy. Mmes Mathilde Weiller. Rosalie Grumbach. MM. Samuel Veiller. Antoine Ratzel, 17, rue du Montet, Nancy.

MM. de Saint-Sulpice. C. Bertrand. Belhomme, à Tomblaine. Joseph Boettgen. Lalargue, rue des 4-Eglises, Nancy. Stiefer, à Laxou. F. Mart, rue Vayringe. J. Acber, 123, avenue Charles III, Nancy. L. Kasriel, 160, rue Oberkampf. V. Roby, 13, rue de Belleville. A. Montivelle. Ch. Montivelle. Ch. Gantzer, 13, passage Ménilmontant. A. Freitag, 72, avenue de la République. Sibouton, 46, rue des Cendriers. Duranton, 16, rue Chaudron.

MM. L. Kahn, 15, rue Pierre-Nys. Gouvrit, 12, rue de la Duée. Louis Boilon, 65, rue Planchat. Humbert, 52, rue Saint-Maur. Leblanche, 14, rue des Panoyaux. Rose, 16, rue Beccaria. Georges Boilloux, 17, rue des Amandiers. Joseph Otterwarltet, médaille coloniale.

MM. H. Wede. E. Benard. Victor Gendrot. Habert. Etienne Vaguet, 89, rue d'Angoulême. Mme Kœsniet. M. Dreyfus. Mme S. Dreyfus-May. MM. Louis Bernheim. Auguste Petitjean, rue Montagne-Sainte-Geneviève. Julien Briou, 8, rue d'Angoulême. Morin, rue Corbeau. N. Braun, rue Notre-Dame-de-Nazareth.

Mmes Sylvain. Briou. MM. Paul Franc, 17, rue Richer. Arthur Guérin. Alphonse Meyer. Isidore Bernard. Gaston Becker. Léon Cartier. Fernand Lévy. Alphonse Pichon. Lazare Picard. Grevetton. V. Houry. Kahn Brunschwik, papiers en gros, 128, rue Amelot. Lelong. Mme Marie Rieder. Fan. Ehrardt. Mlle Jeanne Ehrardt. M. Ed. Boeckel.

MM. Charles Britel, ouvrier à la Compagnie du Gaz, 12, passage des Entrepreneurs. J. Rougane, ouvrier à la Compagnie du Gaz, 22, rue des Cévennes. J. Decombe, ouvrier à la Compagnie du Gaz, 78, rue Croix-Nivert. Girardot, 15, rue Fauvet. M. et Mme Lignerat, à Choisy-le-Roi. MM. B. Cohr, artiste peintre, 85, rue du Cherche-Midi. Auguste Bonnet. Henri Bonnet. Mme Juliette Bonnet, 64, rue de la Meilleray, au Havre. MM. Georges Delagrange, 15, rue Chaligny. Xanroth, négociant. Prévôt, à Chauny. Louis Schmidt, 64, rue du Poteau. Lafon, 6, passage Barreau. Alphonse Renaud, cordonnier, 76, rue Julien-Lacroix.

MM. Louis Villette, principal clerc de notaire, à Beaumont-le-Royer. Albert Pâté. Mme Pâté, 63, avenue des Gobelins. MM. Oswald Royet, 69, rue de la Verrerie. Alexandre, artiste lyrique, professeur de chant. Mmes Alexandre. Louise Maneau, à Vitry-sur-Seine. MM. Arcade Viltard, à Chailly. E. Armand, à Souilly. Lansac, 26, rue Péré, à Tarbes. Mme Louise Léon, lectrice du *Radical*. MM. Emilien Biliard, 15, rue Chauffour, à Etampes. Astruc, courtier en vins, 94, rue des Bernardins. J. Periez, à Melun. Duhonnel Michel, mécanicien, 118, rue Championnet. Charles Lainé, 207, rue de Vaugirard.

MM. E. Melhinger, 17, passage Raoul. Albert Gourbault, 35, rue de Cacheux. C. Favet, à Broye-les-Loups. Léon Geoffroy, entrepreneur, à Lyon. Achille Thouard, 28, rue Renouard.

MM. Louis et Georges Quinart. H.-G., 34, rue de l'Amiral-Mouchez. Georges Shatzel, 59, rue de Flandre. Marius Guénard (Nasturbey), journaliste, à Belley. Fernand Herthematthe. Baumann. E. Puech. Un instituteur franc-maçon et sa femme. (Jura). Un instituteur adjoint (Jura). MM. H.-P., S.-M., S.-D., L.-B., quatre socialistes admirateurs de Picquart, à Chambly.

MM. Louis Boyard. C. Nicaise. L. Varin. E. Taphale, conseillers municipaux, à Palaiseau. E. Lachapelle, adjoint au maire, à Pont-Noyelle. E. Poterlot, directeur

de *l'Union républicaine* et conseiller d'arrondissement, à Stenay. E. Lecalon, conseiller municipal, à Palaiseau. C. Delœil, 78, rue Damrémont. Milpirot, docteur-médecin, à Tillières. Desjardins, conseiller municipal, à Tillières. Docteur Carcopino, à Verneuil. Luc Desages, avocat. Pierre Desages. J. Desages. Mme Catherine Desages, à Angles-sur-Langlin. MM. Brisson, étudiant en pharmacie, 6, rue Ramey. A. Martin. Mme et Mlle Martin, à Levallois-Perret. MM. Guy de Remelay, 19, rue Fabre-d'Eglantine. F. Clavel, notaire. Mme Clavel, née Blancard, à Roquebrune.

M. et Mme Emile Israël. MM. Marcel Israël, 15, rue de Malte. Bertrand, 120, avenue Parmentier. Jules Cahen, 14, rue Auguste-Barbier. Paul Morisot, dessinateur, à Pontoise (Seine-et-Oise). Jules Fournier, représentant de commerce, rue Rochechouart. A. Simonnet, employé de commerce, rue Traversière. A. Houblin, à Bois-Colombes. D. Bouché, rue de Neuilly, au Perreux. Gabriel Zweyacher, chez M. Bozeau, 90, boulevard Victor-Hugo, à Clichy. Maillard. Léon Lévi, 23, rue de Flandre. Albert Derbergue, 44 rue d'Aubervilliers.

MM. Mabillon. Emile Dubuisson, à Villennes (Seine-et-Oise). Miny, représentant en vins, 2, avenue de la Mairie, au Parc Saint-Maur. O. Dalan, 23, rue de Clignancourt. M. et Mme Giffard, cultivateurs, à Lessay (Manche). MM. Jean Drevet, à Saint-Julien-d'Ance. Ehiengardt, 21, rue de Chaillot : Hommage au lieutenant-colonel Picquart, victime de sa franchise. Marcel Bouin. Paul Bouin. Mme Paul Bouin, 15, rue de la Chapelle. M.-A. Viallard, 92, rue de Richelieu.

MM. Merlin, 1, rue Muller. P. Camel, 23, rue Nationale. A. Guerder, 23, rue Nationale. A. Huan, 30, rue Nationale. Bibert, un révolutionnaire. G. Blantier, 89, rue du Parc. Casati, forgeron. Casvignes, forgeron. L. Dombal, 30, rue de Seine. Segond, 45, rue Molière. Louis Prost, 55, boulevard Sadi-Carnot. Bouvier, mécanicien, tous à Ivry. Alph. Mougne, mouleur, à Ivry-Port. P. Gauvin, 103, rue de Noisy-le-Sec, aux Lilas. Langrene, mécanicien, rue des Cendriers. Boudias, mécanicien, faubourg du Temple. Charles Guerder, publiciste. Eug. Lorain, 55, boulevard Sadi-Carnot, secrétaire du groupe de propagande socialiste, Ivry. Honoré Robert et ses trois fils : Louis, Henri et Pierre.

MM. Guignard, mécanicien. Giberot, ancien conseiller municipal, 54, rue du Liégas. Roussier, route du Fort. Frémont, 25, rue Michelet. Supiot, 27, rue Barbès. Bernard, 64, rue de Paris. André, 76, rue du Liégas. Eug. Gautherat, 15, rue Coutant. Charles Dorey, 40, rue Mirabeau. Nicolas Graux, 33, rue du Bocage. Charignon, 21, rue de Paris. Pinard, 76, rue du Liégast. Mercier, 16, quai d'Ivry. Blondiaux, 43, rue Raspail. Lacoste, 16, quai d'Ivry. Mèche, 58, rue du Liégast. Brelle, 69, rue Nationale. A. Bagard, 7, rue de la République. Boudin, 9, rue du Milieu. E. Sabatié, 115, rue de Paris. Crochet, typographe, 56, rue du Milieu. Weber, 48, rue de Paris, à Ivry, membres du groupe de propagande d'Ivry.

M. Sherer. Mme Sherer, 97, rue de Turenne. M. L. Montgobert. Mme veuve Montgobert. M. Goutarbe. Mlle Louise Goutarbe, avenue Parmentier. Mme Sautour, 3, rue de Saintonge. Mlles E. Lichtlen, à Vincennes. Suzanne Largaut, 88, rue de la Villette.

MM. Nicolas, tailleur, rue Penharbab. F. Jégou, tailleur. Guegadon, occupé à la mission évangélique, rue Penharbab. Jégou, tailleur, rue Lambourg. Mme Guigaden, brodeuse, 9, rue Penharbab. MM. Coïc, tailleur. Brice, tourneur, 4, rue Penarhab. François Folgoas, tailleur, Rozic-en-Maguer. Morice, tailleur, place du Mahalarch. Goulesquer, tailleur, 5, rue de la Halle. Louis Agricole, tailleur, rue des Douves. Loussouarn, sabotier, rue Neuve. Carioux, tailleur. Leuqueur. Gueiroch. Jean Folgoas. Marchand, tailleur. Pierre Jogouy, tailleur, 25, rue Meur. P. Loussouarn, horticulteur. Loussouarn fils, rue Penharbab. Le Brun, tailleur, place du Mahalarch. Le Borgne, tailleur. Le Marc, tailleur, rue Pont-Guern. Peron, tailleur. Trinainon. Boltzer, tailleur. Guillaume Drézen, cultivateur. Mᵐᵉ Boltzer, brodeuse. MM. Merville. Zézéquel, menuisier, rue Lambourg, à Pont-l'Abbé (Finistère).

MM. J. Lenard, adjoint. A. Thaphalechat. Paul Taillade. E. Laluque. A. Dupas. D. Nicaise. E. Mermillon. E. Bautarel. E. Ducorroy. A. Renard. Orteau. Prosper Hue. E. Nicaise. L. Fanton. Brault. Touratier. E. Dautier. L. Bénard. L. Lemerle. A. Boudet. H. Duplant. A. Perret. P. Desnoues. Fouraud. E. Duplant. Rousseau. François Marchand, à Palaiseau.

MM. Ch. Carruette, 46, rue des Batignolles. Gabriel Astruc. Mᵐᵉˢ Madeleine Astruc. Germaine Astruc. MM. André Astruc, 21, rue Chaptal. Daniel Bernard. Mᵐᵉ Daniel Bernard, 24, rue Saint-Nicolas, Maisons-Laffitte. MM. Italin, 2, rue Hippolyte-Lebas. Adry. Mᵐᵉ Adry, 18, rue Godot-de-Mauroy. MM. Boulenger, 4, rue Drouot. Aristide Léon. Mᵐᵉ Aristide Léon, 41, rue de La Tour d'Auvergne. MM. D. Astruc, 31, rue de la Victoire. L. Loël, 2, place d'Anvers. L. C. Vinardi, professeur, 55, faubourg Saint-Denis. Mᵐᵉ Gommet, Paris. Mᵐᵉ et Mˡˡᵉ Flavier. MM. A. Vespierre, 7, rue Froment. Louis Bérard, 8, rue Ravignan.

MM. Duvrac, 27, rue Marceau, la Varenne-Saint-Hilaire. Paul Albertini, 20, rue de Malmaisons. Maurice Willard. Josselin. Simonet. Paris. Coison (Côte-d'Or). Doucet (Eure). Mᵐᵉ Bordelin, 1, avenue de Vaugirard. MM. Th. Lecocq, 26, boulevard des Filles-du-Calvaire. Dutal, ferblantier, 80, boulevard de la Gare. Luminot, tourneur sur métaux. Coupat. Meldeux, ajusteur-mécanicien. Claverie, maréchal-ferrant, passage Crouin. Chibremock, Alsacien ayant opté pour la France.

MM. A. Cadenat, professeur au collège de Saint-Claude. L. Cadis, ancien élève de l'École des Chartes. J.-J. Philippin, agriculteur horticulteur. Léon Estève, agent d'affaires, à Duras (Lot-et-Garonne). Marcel Monteux. Henri Doileau. Maurice Monteux, élèves au lycée de Limoges. H. Larcin. Georges Larcin, étudiant en médecine, 21, rue Kléber, à Nancy.

MM. Legrand, 4, cité Marcadet. Boudod, 2, rue des Portes-Blanches. J. Beuvignon, employé, 189, rue de Rivoli. H. Charpentier, 14, rue Chomer. A. Meunier, rentier, au Parc du Plessis-Tréviser (Seine-et-Oise). G. Meunier, comptable, à Sceaux. Robillard, 4, rue des Dames. Quinaux, 39, rue Simart. Ch. Leverre, 6, rue du Sentier. Mᵐᵉ J. Carrick Niebet, une Anglaise. Mˡˡᵉ Augustine Bodichon, 54, rue des Martyrs. MM. G. Labitte, 54, rue des Martyrs. H. Médard, 56, boulevard Voltaire, à Asnières. Bongrand, 4, rue Payenne. J. Lalire. Mᵐᵉ Lalire, à Créteil. MM. Rigal, 14, Rond-Point de la Station, au Raincy. Péridon, cordonnier, au Raincy. S. Schwarhg, tailleur, au Raincy. E. Dupuis, au Raincy. Epiau, au Raincy. E. Cailleur, étudiant en pharmacie, au Raincy. Brion, à Bondy. Loret-Ginestoux, au Raincy. Gaspard Favre, au Raincy.

MM. Eugène Richard, forgeron en voitures, 138, rue Saint-Dizier, à Nancy. Théophile Bourlier, 138, rue Saint-Dizier, à Nancy. Jules Perrichet, 13, rue des Dominicains, à Nancy. Hursch, ajusteur, à Nancy. H. Foyer, forgeron en voitures, 138, rue Saint-Dizier, à Nancy. Paul Keff, 3, rue de Phalsbourg, à Nancy. Emile Nurdin, 4 *bis*, faubourg Sainte-Catherine. V. Pailleret. S. Mure. Truchot. Auger. Delignet. Ajobert. Emile Leré. Loriot fils. A. Périx. Ed. Chicanne. L. Marnot. Lureau. Raymond Loriot. Rondy. Dufoy. E. Bézine, élèves de rhétorique, à Villeneuve-l'Archevêque. A. Berine. Louis Rochat. Mᵐᵉ Louis Rochat. M. Marcel Besnard. Mᵐᵉ A. Blanchard, 31, rue Sauffroy. Schauer. Mˡˡᵉˢ Sophie et Louise Schauer, rentières, à Anvers-sur-Oise. MM. François Palach, rentier, et son fils Émile Palach, à Lézinnes (Yonne).

MM. Félix Démarrais. L. Démarrais, 27, avenue de la Motte-Picquet. M. et Mᵐᵉ David, 46, boulevard de Picpus. Mᵐᵉ veuve Oettinger, 46, boulevard de Picpus. M. L. Quinton, ouvrier ébéniste, 53, rue de Lancry. M. et Mᵐᵉ Eu-

gène Bernard, à Montigué, par Durtal (Maine-et-Loire). Mᵐᵉ O. Chanyn, à Nevers. M. Issoldy, représentant de commerce, à Paris.

Mᵐᵉ veuve Gaëty, à Draguignan. Mˡˡᵉ Emma Corteyn, villa Melsine, Le Chatelard (Savoie). MM. Bedin. P. Dugast, instituteur. E. Rotrou, suppléant de justice de paix, à Nouzon. E. Chevreau, à Bessancourt (Seine-et-Oise). Georges, instituteur. Mᵐᵉ veuve Penseyres. MM. Charles Nadet, architecte, 71, rue d'Auteuil. Toussaint. L.-C. Henri Liévens, dessinateur, à Paris. A. Portiaud, à Moroges.

De Senones : MM. Schneider. G. Léden. Léon Léden. A. Dufrayst. E. Michel. C. Schneider. A. Schneider. A. Chapleur. R. Michel. Delmay. L. Wertheimer. A. Weil. S. Lehmann B. Wolf. Félix Lehmann. Mathias Weil. Mᵐᵉ Adèle Rahn. Mˡˡᵉ Alice Rahn. MM. S. Lehmann. A. Lévy.

M. Jean Lavergne, à Aubeterre. Mᵐᵉ Madeleine Lavergne. Mˡˡᵉ Nelly Lavergne. M. Gabriel Piet, notaire, à Châteauneuf. Mˡˡᵉ Hélène Piet. Mᵐᵉ J. Barreau, directrice du cours complémentaire, à Sancerre. M. Paul Gangnat, avocat à la Cour. Mᵐᵉ veuve Pinaud. Mˡˡᵉ M. Pinaud.

MM. L. Chapron, Nogent-le-Roi. Besloy. Picbourg. J. Martin. A. Répécé. E. Répécé, Villiers-le-Mortier. P. Lécurier. Pierre. A. Normand. A. Bougier. Fleury. Charles Moreau, Villiers-le-Mortier. Dantu, Nogent-le-Roi. Honoré Pichard, Maintenon. Emile Garcèce. Georges Pierre. A. Albert. Lionel de Leo Pallo. Georges Guillema. R. E. Cardozo. Claude Bachel. V. Dupont. Mᵐᵉ veuve Ballier. MM. P. Fraysse. F. Dujardin, élève au collège Rollin. Jules Juillard, licencié en droit. Gustave Chunet, artiste peintre. Robert Schütz, artiste peintre. E. Bernheim. Antonin Nicollas, étudiant en médecine. A. Solber.

Le Comité républicain de Beauvais : MM. H. Billardelle, professeur d'Ecole normale. M.-H. Bordet, commis de direction des contributions indirectes. Mᵐᵉ Catherine Maria. MM. Durand. Badien. Eugène Sanguier. A. Dély, rédacteur à *la Petite République*. Defrocourt. Eugène Sewau. Eugène Doublet. Albert Lecoin, à Beauvais. A. Adde. Léon Théry. Th. Dépré, à Saint-Juste-des-Marais. G. Huot. Georges Damisens. Cautret. G. Douville. Renestali, à Saint-Just.

MM. Robin, Le Perreux. G. Wittersheim. J. Decourcelles, Paris. Ch. Jullien, Nogent-sur-Marne. P. Leblander. H. Cassaux. F. Leroy. D. Leroy. Héron, Paris. Mᵐᵉ B. Robin, Le Perreux. MM. Jullien. G. Gaubert, Nogent-sur-Marne. Mᵐᵉ Potier, Le Perreux. M. le docteur Alphonse Péchin. Mˡˡᵉ Hélène Van Tieghem.

Lyon : MM. Auguste Lambert. Jules Pardou. Mᵐᵉ J. Pardou. Mˡˡᵉ Pardou. MM. E. Bougel. A. Dondeyt, directeur de l'imprimerie des Facultés. Ernest Gelly. Le Tohude. Félix Lauze. Terrier. Emile Gourdon. Louis Breton. Galay. Ducruix. L. Gonin. J. Verdier. V. Ollivier. Elie Rigal. P. Chanel. Sylvestre. Marius Gebelin, rédacteur à *l'Union républicaine*. A. Aumonier. Jules Delmouès. Louis Callougy. Jean Sordet. Albert Mollet. Edouard Sorrel. Lamier, au *Petit Lyonnais*. E. Julien. Geillou. J. Badin, au *Petit Lyonnais*.

MM. Emile David. A. Offret. P. Vollay. Albert Cahen. B. Lippmann. Lagueiller. A. Cresient, professeur agrégé de l'Université. Ph. Lamour. Renand. Théodore Merson. A. Lévy. F. Valfort. D. Lévy. Mˡˡᵉ Marthe Lévy. MM. Bernard Weill. François Bretin. François Chapuy. E. Isoard. A. Muret. Behme. Poulaillon. J. Laymand. J. Delande. André Menut. Menut. E. Mérit. J. Chaffardon. Pierre Prele.

MM. J. Badin. Graveler. Ponsard. Gaston Capuray. De Bard. F. Fouchard. Paul Lefon. H. Limonet. Laurent Teste, au *Petit Lyonnais*. Jean-Marie Sarret. Colongy-Lefranc. Marius Poyet. Barthélemy Rousseau. A. Desroches. P. Ducultieux. Gutton. J. Perrin. Reboul. J. Masquelet. Pascal Achard. Poupart fils. Bélichon. Paul Bernard. Emile Thoron. B. Malant, homme de lettres. Duret. Pour la Justice et pour la vérité. Henri Bloch. Louis Roos. Charles Lévy. Mᵐᵉ Anna Roos. Valentine Lévy.

MM. Destips. E. Joly, professeur. Joanny Desvignes. Poncin. Lombard. Montcharmont. A. Rossoud. A. Raton. Mme Raton. MM. Cottarel. Bresch. Mme Bresch. M. A. Pabiou. Mmes Marie Pabiou. Veuve Jules Pabiou. M. Amédée Soix. Mme Thérèze Soix. MM. G. et A. Soix. W.-A. Zindel. V. Lacroix. Jules Katz. Michel Citerne. Pierre Gauthier. A. d'Assailly. Georges de Valdorley. L. Palix. Mme L. Palix. M. J. Fine.

Mme Joséphine Fine. MM. Louis Charbonniérat. J. Sonnet. Pin, conseiller municipal, à Frontenas. L. Maréchal. J. Aimé Vey. M. Stheinler. Paul Quilici, conseiller municipal de Marseille. Paul Lapaire, licencié ès lettres. Chabert. Liénard. J. Gariod. Maleysson. Voidier. P. Pinchon. J. Coindre. Louis Pilard. Louis Gauthier. Pierre Gauthier. Tony Gauthier. Gavet. Michel Cécilian. Léon Fournier. Emile Paty. E. Lavoix. M. Couturier.

MM. Jean Guichard. B. Duret. Fournier, sergent-major de territoriale. Léon Joly. Bernard. Faustin Bernard, principal clerc d'huissier. H. Bertrand. Achard. A. Gallet. J. Vincent. Angellier. R. Mugnier. Aupetit frères. Sadot. Beauquiet. Rossignol. Besson. Bois André. J.-A. Favier, Pour la Justice. Brunon, Vive Picquart ! Marius Batut. G. Lenoble. Roche. Sabatier. Marius Desseigne. Lagrange. Victor Bonnet. Eugène Poulhon. Vive la justice, la liberté et la revision. Lejeune. Tendil fils. Jean Roux.

De Lyon : MM. Emile Poulain. Emile Fournion. Duchêne. C. Milliard. J. Claveyroles. N. Janssoin. Turrellini. Henri Armand. Louis Marinet. Canaux. Brest. Armand. Gilbert. P. Mollard. F. Mollard. Ruliard. E. Chassin. Jules Picanchet. Bickerl. E. Chièze. J. Cazand. Alphonse Boisson. E. Faure. Paricaud. L. Berger. E. Jucoulet. Claude Genin. F. et L. Reinhart. Rozand.

MM. Joseph Roche. Mugnier. Borel. Dupont. Beylon. Rouby. Marguin. Pierre Moine. Ernest Gransclément. Eynard. Storet. Mme veuve Henry Storett. MM. Félix Terry. Louis Julter. Pierre Lacombe. M. Christmans. F.-J. Bavozet. Jules Batout. Naucle. Jasserme. Breton. J. Messon. A. Teysen. Alphonse Chowyme. Bergeron. S. Frelier. Charles Abrial. Alexandre Colomb.

MM. Joseph Pranet. Augustin Martin. Bourié. Verrier. Boerel. Dupont, équipe lyonnaise de lancement de journaux. Reuscher, Lyon. Bombas Thieux. Edmond Moussu, Saint-Sauveur. Paul Carlier. Bontemps. Gruyer. Anatole Regnault. Etienne Lalonde Saint-Ouen. Bombars-Regnault. Boitel Marchois, Saint-Sauveur. Jean-Baptiste Regnault, Saint-Martin. Emond Crinon. Achille Thieux. Bontemps Vissboy. Dargent. Amédée Boitel. Onésiphe Bombars. Alexandre François. D. Gravelle. Boitel. Rouzé Barthélemy. Alfred Coquin. L. Boitel. J. Coquin. Saint-Ouen.

M. Louis Vermelin. Mme Vermelin, à Sainte-Suzanne. MM. Paul Rochat. Paul Ploye. Mme Marie Ploye. M. Edmond Matthey. Mme Henriette Lorancy. MM. Léon Jacquot. Oscar Anez Droz. Paul Curie. Frédéric Truchon. Michel. Charles Roux. Mme Elvire Roux, à Montbéliard. MM. Constant Verpillot, à Berthencourt. Emile Verpillot. Edouard Mittel, à Montbéliard. Victor Roux. Louis Roux, à Bethoncourt. G. Beurnier. Henri Parrot. Mme Cécile Parrot. Mlle Catherine Parrot. MM. Emile Parrot. Frédéric Reuche. Georges Beurnier fils, à Courcelles-les-Seloncourt. Henri Parrot, à Sainte-Suzanne. Mmes Elise Doriot. Henriette Beurnier, à Courcelles. M. Emile Junod fils. Mmes Rosalie Héno. Sophie Junod. MM. Junot père. Paul Junot. Charles Junot. Alphonse Truchot. Emile Frossard. Alphonse Auray. Frédéric Auray. Armand Auray. Jules Pommert. Charles Masson, à Courcelles-les-Montbéliard. Charles Durand, à Adincourt. Phromatte. Alphonse Beaudroit. Jules Seigneur fils. Jules Seigneur. Pierre Vuillaumer. Emile Vuillaumer. Georges Curie fils. Georges Curie. Kratz. Emile. Marchand. Frédéric Durand. Pierre Marchand. Jules Galley. Emile Beley. Emile Beley fils. Frédéric Marconnet. Ulysse Bourquin, à Seloncourt.

MM. Virgile Bombars. Jules Gervais. Bontemps. H. Duchaufourd, à Saint-Sauveur. L. Picard, Clairefond. Gaston Cahen. Maurice et Benoît Walch. L. Feldefer. V. Cazals. Henry Malotecque. Julien Faure. Georges Mass, à Béziers. Docteur A. Castex. B. Galaman. Aimé Lettraz. Jacquenod. Mairet. Louis Démoille. Eugène Collet. Célestin Colomb. Louis Méciat. Eugène Fégozy. Gallat. Joseph Bardet. Mme A. Castex. MM. Voillat-Favre. Pailler-Vich, à Oyonnax.

MM. René Chaubrard. Jules Charles. Alphonse Chureaux. Félix Dollet. Parrot fils. Charles Fouquet. A. Biétry. Louis Bourlu. Edmond Bertrand. Joseph Bérard. Henri Bérard. Auguste Béguin, à Solencourt. Henri Lévy, à Montbéliard. Ferdinand Gauthier. Krestournel, à Carqueirame. Adrien Veber, conseiller municipal de Paris. Georges Bourdon. Théophile Blanc, pasteur, à Montpellier. Mlle Z. Polac, à Saint-Leu. MM. C. Wagner, pasteur. G. Bompeine, juge consulaire. E. Murat, 2, rue de Brosse. Nestor Coste, pasteur. Edouard Robert, ancien élève de l'Ecole normale supérieure, promotion 1878. G. Fabre, ancien élève de l'Ecole polytechnique, inspecteur des forêts, à Nimes. Dulieu, évangéliste au Havre.

MM. Raymond. Flung. Louis Chopeau. Charles Nolet. Léger Guillot. D. Coquelut. Louis Pinner. C. Thomas. Jules Pernet, médecin. P. Jarti. André Petit. Baude. Achille Petit, Oynax. Julien Schwob, membre de la Ligue. Georges Debard. Alfred Debard. Daval père. Louis Daval fils. Louis Mathiot. Fritz Mathiot. Charles Crémet. Louis Lovy père. Edouard Lovy. Louis Lovy fils. Constant Laurent. Emile Kiger. Eugène Perdriget. Charles Alizon. Héricourt.

Du *Petit Rouennais* : MM. Henri Delaballe. Paul Bouvet. Albert Bauchet. Félix Flouest. Mme Gabrielle Dumeige. Arthémise Dubos. MM. Léon Forestier. Quesn. Dumesnil. Léon Roger. E. Bourdet. Fontenier. Olivier. Millet, médecin-pharmacien. Georges Gosselin. A. Graffard. Edouard Lemire. Gamaille. Raoul Messié. Emile Maillard. Pierre Sorel. Narcisse Hannier. Edmond Trétigny. Emile Oberli. Robert Bossart. Charles Caron. Mme Delphine Delabasse. MM. Victor Delahayes. Léon Demoncloys, maire. Ernest Laval Pahier, adjoint au maire. Louis Buhot. Denis, conseiller municipal. Alexandre Trubert. Léon Parravey. Armand Laval, conseiller municipal. Jules Degissers. Pimperne, conseiller municipal. Théophile Pimperne. Alexandre Brière. Charles Boulanger. Clovis de Gisons. Le Couturier. Alfred Henri. G. Lebelle. E. Hulaud. P. Passey. Viel. Petit-Quevilly. Duchâtel. Ambroise Lelièvre. J. Helz. Huchon. Jules Choquet. Choquet père. Mme Choquet. MM. A. Lavisse. Henri Gualbert. Duforestel.

MM. E. Languin. Delaune. G. Languin. Reunlig. A. Froment. E. Sire. A. Grenier. J. Pouillard. H. Boissière. François Folliot. Charles Albert. Gustave Striff. Contri. Hue. Beurton. Mme Mélina Poisson. MM. A. Langlois. H. Rosée. Edmond Caron. Anatole. Jules Delahaye. Arsène Lecesne, conseiller municipal de Sotteville. Paul Leriche. Pierre Petit. Adolphe Boulé. J. Calbrix. Iréné Hélouis. Germain Leclerc.

MM. F. Lesage. Hérisson. Cyprien Braquehais. Mme Marie Brunel. MM. Léon David. Léopold Lucas. Eugène Laguette. Albert Courché. Fièvez. Delaune. Victor Mailet. Houchon fils. Leriche. Docteur A. La Plé, ancien officier supérieur, 1870-1871. Louis Sallien. Léonard Sallien. Edmond Thorillon. Jean Mariette. Georges Mariette. Louis Leclerc. Arthur Loysson. Henri Vard. L. Lebert. Drumard. Duputel, ancien combattant de 1870, conseiller général. Constantin. Gustave Riedinger. Mmes Riedinger, veuve Haury. MM. Paul Biscop. Eugène Lebland. Narcisse Sevestre. Finet. Louis Demoulin. Casimir Hédauin. Albert Digeon. Leriche. Emile Marais. Emile Fimbel. Pierre Durol. Edmond Choix. Jules Micault. Julien Najean. Louis Lefèvre. Narcisse Dubourg. Félix Houssaye. Georges Delaitre. Legoistre. Foliot. Ernest Gallot. Henri Gallon. Albert Périer. Gagne. François Léger. Fernand Briandon.

Jules Leclerc. Alfred Villeroi. Victor Georges. R. Garets, conseiller municipal de Rouen.

MM. Félix Colnot. Louis Cardon. Bochamps, conseiller municipal. Albert Cauchois. Poutel. Germain Moulin. J. Moulin, conseiller municipal. Mme Cardon. MM. Albert Rigaut. Alfred Dubourg. Surmin. Eugène Motte. Doublet. Emile Janvrot. E. Mustel. Mme Surmin. MM. Lucien Allaume Fortin. Rigaut. Mallet. Th. David. Arthur Vander-Elstraete. Louis Caron. Albert Hibry. David Ruel. Jeammis Mlle Françoise Kayser. Mme Emile Dott. MM. E. Petit. Henri Goellmer fils. Raoul Brunet. C. Leconte. Ernest Leclerc. Edouard Leroy. Georges Trouré. Edmond Moisson. Louis Belalande. Charles Canivet, du *Petit Rouennais*. Pierre Roche. Raoul Bosquet. Ernest Lecler. Charles Lemoing. Henri Orange, conseiller général. Gustave Boust. A. Ledoune. Hélie. Aimable Desquiens. Auguste Goellner jeune. Louis Boff. Aloyse Schall. Emile Frémont. Auguste Muller. Alfred Turpin. Albat Dieudegard. Paul Vogt. Antoine Becht. Guillaume Wanner. Charles Mannschot. Jules Moulard.

M. Moïse Lang. Mme Moïse Lang. M. Raymond Lang. Mmes Marguerite Lang. Clarisse Lang. M. Léopold Strauss. Mme Léopold Strauss. M. G. de Visme. Mme Gaston de Visme. Mlle Jeanne Robinson. Mme Jeanne Drury. M. et Mme M. V. Mlle A. Faure. MM. Noé Monnier. Auguste Faure, pasteur. Mme Muller, Alsacienne. MM. R. Francis Burton, collège d'Oxford. A. Margues Rivers. Rivers. M.-L. Nihou. Arthur Rivers. Mme Claire Redelle. MM. Florence. M. S. Bedelle. Arthur Stocke. Louis Netter, ancien interne des hôpitaux. B. Cohen. Georges Blot, pasteur, à Meschers. Mlle M. Guithou, à Poitiers. J. Hartoy, à Bourg.

MM. Cléry. Claude Alliman. Gallay. Mmes Joubert. Veuve Lenig. MM. Flory. Sarraud. Gillot. Emmanuel. Rapin. Michel. C. Roquel. Baudot. Louis Roussel. Mme Roussel. MM. Sautour. Daubron. L. Paradis. C.-J. Domeizeil. Delagnes. Danger. Léopold Traverse. A. Monet. Chenel. H. Andrieux. E. Audinet. A. Mazeyrac. Affre. Edmery. Boucher. Philogène Revert. Caudebec. Georges Allstadt, à Elbeuf. Casimir Rey. Gustave Garayt, Saint-Etienne-de-Serres. Charles Rey. Emile Cellier. L. Combier. Mme Dina Coste, Saint-Sauveur-de-Montagut. Georges Reynier, Saint-Michel-de-Chabrillanon. Bourin. Troulier. Soulier Verrot. J.-L. Martin. E. Fay. Théophile Serres. Mme Victorine Rey. MM. Bernard Trouiller. Fauriel Albin Serre. Arsène Chambonnet. J.-L. Cinland, Saint-Sauveur-de-Montagut. E. Serre, Pierreville.

MM. J. Lassalle-Dordins, pasteur. Saint-Sauveur-de-Montagut. Mlle Marthe Dordins. MM. H. Lebrat, Saint-Sauveur-de-Montagut. P. Dubord, Le Cheylard. Th. Chambron, Saint-Cierge-le-Serre. J. Cellver, Saint-Sauveur-de-Montagut. Espic. Coste. Adolphe Mounier, Saint-Julien-du-Gua. Bergier. Rouby. Descours. Issamoulène. Espic Chéri Jay, Saint-Julien-du-Gua. Riou, Ajoux. Achille Jay. Anselme. César-Alexandre Creston, Issamoulène. Philémon Coste, La Pervenche. Coste Ladryt. Issamoulène. Casimir Franchon. Esaïe Gounon, Nancy Frachon Frédéric Faure, Saint-Etienne-de-Serres. Louis Reynier, Saint-Michel-de-Chabrillanon. G. Chazal, clerc de notaire. Z. Chazel, ex-maire. Duroux. Viallet. L. Félix. Ch. Marius, Saint-Maurice.

MM. Auguste Avon. Julien Abel. Léon Serre. Gédéon Sartre. Gédéon Mounier. Ernest Rey. Gouthorpe, Saint-Sauveur-de-Montagut. Henri Bernheim. Marc Norhmann. Egroissard. Raphaël Dreyfus. Isidore Dreyfus. Samuel Meyer. H. Lévy. G. Bloch. M. Dreyfus père. Ad. Nougaret. Lauzanne. G. Bloch. S. Munschwig. B. Fould, Vavey. Léon Bernheim, Fribourg. Mmes Suzanne Barbier. Lucie Boulon. Mlle Hélène Bernheim. Mme Hélène Lob. MM. J. Ducas aîné. Frédéric Maas. Lucien Lévy.

MM. Gaudemer Ladreyt. Ladreyt, adjoint au maire. Viallet. Chareyron. Palie, maire. Dumont. Palie. Praly. Serre. Bonnet. H. Champ. Elie Champ. Frédéric Delille. Gaston Moulin. Louis Chasson. H. Chareyron. Eugène

Prals. Eug. Roux. Mme Delphine Chareyron. MM. Chambonnet, à Saint-Michel. M. Reynat. Mme Marie Rosselet. M. de Buysseeur, professeur. Mme A. Meyer. M. E. Argence. Mme Blanche Gussnard. MM. Alfred Schrœder. Edmond Schrœder. Achille Pilate. Alfred Pilate. Alfred Guy. Mme Félix Schrœder. M. R. Bergner. Mme L. Bergner. MM. Hirsch, pasteur à Paris. Léon Jacquet, Mme Philomène Jacquet. de la colonie française de Lausanne. MM. Bellipine, maire. Bletterans. Dufaux. Passerans. Bouvier. Macormay. Nom illisible. Poligny. L. Vachoux, maire, Couliège. Carlet. Montmorot. Oimon, Saint-Laurent. Grammier, maire de Grancot. Signature illisible. Brocart. Menétrus. Cerney. E. Martin. Lefaivre. Arler, conseiller municipal. Thomasset. Erlié. Ed. Gribion, ancien élève de l'Ecole normale supérieure. Rémond. Comenille, Lons-le-Saulnier. Pacraud, Saint-Thiers. Thouvenet. Brosset. Besson. Pierre Bezie. Mme Honorine Crépaud. M. Prolongean, Saint-Maigrin.

Mme Lucien Lévy. MM. C. Picard. Xavier Robin. G. Marié. Gaston Bloch. Samuel Rieutord, étudiant, à Lausanne. François Charlier. Chaillou. Mme Cécile Chevalier. Anna Chaillon. Séverine Couprée. MM. Duret. Auguste, au Tâtre. Bruneteau. Couprie Reignac. Urbain Couprie. Fernand Duret. Mmes Laurence Drouinaud. Veuve Mesnier. MM. Isidore Mesnier. Pierre Duret, au Tâtre. Mme Adèle Duproix. Mlle Eunice Duproix, à Barbezieux. MM. Amédée Justamon, pasteur. Justamon père. Mme Louise Justamon. Mlle Jeanne Justamon, à Segonzac. M. Z. Delétoile, maire. Mme Delétoile, née Ferrand, Saint-Médard.

M. Prolongean. Mlle Suzanne Martineau. MM. Catinal. Callut. Jarnac. Mmes Elise Garitey. Mélaide Bézie. MM. L. Banchin, Saint-Maigrin. Louis Robert, Pontoise. Claude Pescheur, Villeparisis. Jean-Baptiste Valpilhac, Arnouville. Bouchez. Eugène Fillette. Eugène Brissier, de Pontoise. Balme-Frézel, Bergerac. Pébeyre, Bordeaux. Soumastre. Dacosta. Depas, publiciste. Bordeaux. Eymard, ancien chef d'institution, Poitiers. Conteaux, sénateur. Mme Hamerton. MM. E. Monbaillard. L. Pourcel. P. Blanchet. C. Paquelin. Mme Trocquemé. Mlle Trocquemé. Mlle B. Forgit, Royan. M. L. Dispan de Floran, agrégé de l'Université.

MM. P. Delétoille. Mme Esther Delétoille, à Saint-Médard. Dumont, pasteur, à Lignière. Mlle Jeanne Duproix, à Barbezieux. Mme Lydie Card, à Enteuil. Mlle Henriette Doleit. MM. Emile Schultz, à Nyons. Adolphe Geney. Charles Haastein. Auguste Louvel. Henri Faivre. Charles Richardet, à Héricourt. Frédéric Demet, à Verlans. Pierre Gauffroy. Alphonse Cremaillot. Henri Perret, à Bussurel. Louis Carmien, à Luze. Victor Malonit. François Reniche, à Héricourt. Georges Blot, pasteur. Mme Violette Blot. Veuve Merzeau, à Meschers-sur-Gironde. MM. F. Benoit, agrégé de l'Université. A. Lemaire, conseiller municipal. Decautret. Désiré Chorot. Achille Dufour père. Léon Lesueur. Emile Braillar, à Bethisy-Saint-Pierre.

Nous recevons du *Petit Var* Mourillon : MM. Paul Marchellé. Massoni. Castel. Marius Maximin. François Bartol. Denis Jassaud. Guérin. Fougues. Haurel. Jean Gros. Joseph Castianali. Martin Bernardi. Dominique Raggi. Simon Vicciguerra. François Albertin. Ginduelle. Jules-César Mariotti. Martin Andréain. Côme Pasqualmi. Suzaaron. Don Paul Ottanime. Jean Corsetti. Venance Guidicelli. Achille Civaretta. Joseph Fagganielli. Albert Tassy, à Carqueirame. Alfred Bouisson. Emmanuel Tassy. Joseph Jugon. Abeille, Tassy. Francisque Vataux. F. Mosse. L. Sauert. Louis Perceveaux. Louis Huguet. Henri Gal. Mme Berthe Bonnaure. M. Fernand Dessus. Mlle Juliette Vernay. MM. H. Denis. Emile Bussau. Planchet. Martin Regoulet. Moyse Lévy. Mme Moyse Lévy. M. Raphaël Mendels. Mme Mendels. MM. Jacob Mendels. Félix Mendels. Mlle Juliette Mendels. MM. A. Weill, professeur au lycée. L. Léon, officier d'Académie. Mme L. Léon. Mlles Gabrielle Léon, Lucy Léon. MM. Ernest Weigerl, externe des hôpitaux. J. Pignard, Ruty. Bermond.

MM. Regnault. Roux. Luc Alphonse. Achille Dufour fils. A. Siot. A. Legrand. Crété, Béthisy-Saint-Pierre. Edouard Roger. Gazel, à Nancy. Jules Loisy. Alfred Loisy, Dombasle-sur-Meurthe Reininger. Hugel. E. Baron. V. Baron. Th. Grandeler. Trichard. François Paul. Pallez, Nancy. François Bocquillon. Voirin, à Malzéville. Spicker, Nancy. Albert Hermann, à Paris. Soutrellel, à Malzéville. Strasser. Thiébaut. E. Neff. Gray. Tilloy, à Nancy.

De *l'Eclaireur de l'Est*, Reims : MM. Paul Halary. Bonenberger, vive Picquart! Joseph Leyder. Léon Brébant, membre de la Ligue. Boulanger. H. Laselle. Henri Potaufeu. Georges Herbas Jules Gobinet. Lucas. J. Humbert. Jably. Fernand Franck. Henri Caupain. Charpentier père. Charpentier fils. Lasselle père. Devant. Charles Basin. Gaston Lallement. Firmin Bardet. Lecerf. Scott. Emile Lerdin. Godart. Emile Humbert. Noël Texier. Paul Lallement. Mme Justine.

MM. Bannerot. Wolff. Victor Thiébaut. Kœlher, Frédérick. Simon, à Nancy. A. Hisch. F. Franck, négociant. Gabriel Lévy. E. Blum. Bomsil. J. Arthur. M. Voog. F. Voog. B. Voog. H. Voog. L.-R. Voog. Salomon Lévy. Bernard Fraux. Raur. Mlle Crespin, à Besançon. MM. Ch. Marianelli. A. Dervé. Chérullumer. A. Périchon. Vayhier. Blanchard, à Rochefort. A. Darrleman, élève de philosophie au lycée de Rochefort.

De Balverne : MM. Sine, maire. Henri Dumougin. Pierre Croissant. Henri Croissant. Georges Pouchon. Charles Pourchot. Mmes Catherine Sire. Pierre Durand. MM. Charles Rebillard. Pierre Gremillot. Charles Durand, adjoint. Albert Durand. Frédéric Durand. Emile Rebillard. Charles Sire. Pierre Sire. Henri Sire. Henri Durand. Henri Durand fils. Georges-Louis Comte. Pierre Comte. Blurand-Mignerey. Louis Mignerey. Mme Catherine E. Pourchot. MM. Georges Demougin. Emile Demougin. Pierre Demougin. Jules Aubert. Henri Mignerey. Alfred Durand. Mme Durrleman. MM. P. Greher. J. Hauruilh. Coauray, étudiant. Simon Desgranger, Rochefort. C. Gourgaud, élève de philosophie. J. Bergeret, pasteur, Vitré, par Celles-sur-Belle. Gonin, pasteur, Melle. C. Epinchard. Mme Marie Bergeret. MM. N. Maillard, Vitré. J. Bageret. G. Maillard, La Mothe-Saint-Héraye. L. Bergeux. Florice Favrion, Vitré. Mme Marie David. MM. Jacques Favriou. Bonneau. Bourbœuf. Martin, pasteur. Mme Marie Martin, Thorigné. MM. F. Texier. S. Texier. Arnauld. Mme Rose Arnauld. M. Ch. Limonet. Mme Constance Larchier. MM. F. Morillon. Lucien Morillon. Péprinchard. Jules Larchier. Vitré.

MM. Frédéric Durand. Jules Faivre. Emile Faivre. Pierre Fallot. Charles Faivre. Charles Demougin. Georges Demougin. Emile Demougin. Pierre-Eugène David. Louis Pourchat. Henri Duvernoy, Belverne. Xavier Roussel. Lyoffans. Mme Berthe Racine. M. Henri Jacquot. Mme Phanie Demougin. M. Henri Jacquet. Mme Florine Demougin, Echavaunne. MM. Georges Nardin. Victor Bourquin. Mme Elisabeth Bonhotal. M. Henri Euvrard, Chenebier. Mmes Lucie Iselin Sondoz. Veuve Martz, née Germain. Clairegoutte. MM. Charles Nardin. Etobon. Serre, pasteur, à Libourne. M. et Mme D. Morize, à Libourne. MM. Ernest Portas, Condé-sur-Vesgre. L. Gunter. B. Renard. Docteur Amirault. Sire Abraham.

Vendredi 9 Décembre 1898

M. A. Darbousse, à Cruviers-Lascours (Gard). M. et Mme Edouard Monod, pasteur de l'Eglise réformée, à Marseille. M. et Mme Marck, à Saint-Mandé. MM. E. Charrière. M. Charrière. A. Endrey, homme de lettres, 55 bis, boulevard Pereire. Paul Courot, 13, rue Michelet. Emile Lapaix, publiciste, 4, rue d'Armaillé. Guérin-Catelain, auteur dramatique, à Saint-Germain-en-Laye. M. et Mme Mony, à Champigny (Somme). MM. M. Escudié fils. G. Meunier, professeur agrégé.

L'Anticlérical : MM. Michel Zevaco. C. Martin. Jacques Prolo. Mme Létard, née Suzanne Vitu. Mme Rosalie Blanc, née Barthère, institutrice, à Vitry.

Canton de Saint-Jean-en-Royans (Drôme) : M. le docteur Bruguerolle. Mme Frédéric Bruguerolles. MM. Charles Breyton, licencié en droit. A. Mussel. Henri Garcin. L. Garcin. A. Duc. Martial Ollier. L. Ferrier, voyageur de commerce. Mme Blanche Borel. MM. G. Jubic. Manthes. L. Villard. Léon Faure. Elie Dusserre. Daniel Dusserre. Ambroise Ferlin. J. Villard. Armand. Robert Georges. Allégret. L. Pinat. Taverdon. Pierre Philippin. Clément Vaysse. Henri Perrot. Louis Lombard. Vignon. L. Ravel, artiste dramatique. Piège Hippolyte. Bourguignon. Ruchon, propriétaire. Auguste Rébert. Auguste Breynat. Joseph Rimet. Jean Biot. Armand Jean. Victorin Belle. Régis Argoud. A. Secrétan. Charles Rancot. Paul Cara. Daniel Breyton. Albert Brunet. Lucien. Armand Lucien.

Commune de Saint-Laurent-en-Royans (Drôme) : MM. Guinard. Auguste Ollat. Magnat. Jean Bourne. H. Pré. Henri Flandin. Fernand Ollat. Jules Sauvan. Marius Bérard, conseiller d'arrondissement. Ferrouillet P. Ferrouillet Henri. Verne. Victor Chuilon. Bonnet Cassien. Pré Hippolyte. Pierre Brosse. Victor Mussel. A. Glenat. Archinard. Brenard Jean. Pré. Brenier Jules.

Commune d'Oriol-en-Royans (Drôme) : MM. H. Actorie. Feugire. Gagnol. Cottier. Labussier. Testout. Vergier fils. Lucien Marcellin

De Bordeaux : MM. Adolphe Salomon, comptable place du Marché, 9. Chartrons. Charles Possa, employé de commerce. Mme Alice Possa. M. et Mme Franc. MM. Lahon. Henri Samson. Emile Pereyre. Mmes Pereyre. Samson. MM. Marcel Rossa. Adolphe Salomon. Gaston Léon. H. Errera. L. Thaler. Mme Suzanne Thaler. M. E. Laurent. Mme L. Ahurez. MM. Jules Cerf. Maurice Cerf. G. Saint-Martin. Gaston Suarez, à Pau. Mme Gérard-Lopès. MM. Gérard-Lopez. Camille Alvarez. Edouard Bargues. Jules Péreira. R. Silva. B. Morand. J. Brouillard. Pambrey. Henri Rauzier. Benjamin Pereyre. P. Moreau. C. Brisac. Chevalier. Albert Herréra. Emile Léon. Salomon Holné. Albert Maxara. Emile Foy. Georges Molina. Roberty. Janneau. Ségalas. Goulard. Desplat. Castet. Castagnet. R. Molina. V. Faye. Henri Foy. Gabriel Carpenten. S. Thaler. Mmes Marthe Calm, rentière. Veuve Adolphe Cerf. Gabrielle Thaler, à Bordeaux.

MM. de Jong, pharmacien, Amsterdam. G. Deflandre, 1, rue de Vanves, Clamart. Mme Adrienne Carré. MM. H. Chaix, licencié ès lettres. Léopold Louys, étudiant en droit. Mlle Alice M., étudiante en médecine. MM. Paul Legonidec, agrégé de philosophie. C. David, licencié en droit. Jacques Maritain, élève de rhétorique à Henri IV. Sanchez, peintre. Edmond Demare, peintre. Duquesne. Carlus, élèves des Beaux-Arts. Laly. Jean-Paul Benigni, licencié en droit. Gaston Lévy, étudiant en droit. Baron de Vialar. Jacques de Vialar. Augustin de Vialar, rédacteur au *Réveil du Quartier Latin*. Villemer, ancien éditeur. H. Dormoy. Mmes Cécile Dormoy. Albert Lequesne, publiciste. MM. J. Duchaine, naturaliste. G. Roberty, artiste peintre. Colin, pharmacien, J. Buisson, 11 *bis*, avenue Parmentier. Sully. J. Rathier, directeur du *Marin du Commerce*, 15, rue Bernardin-de-Saint-Pierre, au Havre. Larchand, marin. Lévêque, au Havre. Auguste Cerf. Julien Cerf. Adrien Cerf, 54, rue de l'Arbre-Sec. Claudius Prost, voyageur de commerce, à Bourg. G. Cottin, tourneur sur bois. Lucien Cottin, sculpteur. P. Petit, professeur. Citoyennes Champagne. Cottin, à Nogent. Mme Camille Champagne. MM. C. Viard, sculpteur. Fernand Cottre, sculpteur, Nogent. Mme Berthe Roch. MM. E. Roch. Camille Terrien. Citoyenne Jeanne Cottu.

MM. Dugard, professeur de l'Université, 26, rue Lafontaine, Paris. Jacques Valéry. Mme Emma Jahier, à Turin. MM. Charles Bourré. Ernest Metzger, à Calais. Alph. Clop, industriel, L. Sablayrolles, pasteur, à Saint-Quentin (Gard). T. Barnier, propriétaire à Saint-Quentin-la-Poterie (Gard). Joseph Morel. Charles Comte. Docteur J. Chrétien, directeur du service sanitaire, à Lille. Paul Lebret, architecte. Gonthier. H. Reeser, chimiste, à Bruxelles. Jules Fallon, 47, rue des Granges, Montbéliard (Doubs). A. Raynal, 39, boulevard du Temple. J. Auffrant, 138, avenue de Versailles, Auteuil. A. de Boer, Anvers. G. de Clomesnil, au Raincy. Albert Morand, 66, rue Lemercier. S. Buchet, licencié ès sciences.

L'Union artistique de la scène, de l'orchestre, et du cirque et groupe « l'Art libre » : M. Spirus-Gay. Mmes Louise Spirus-Gay. M. Baudéan, pianiste. M. Mathias, artiste lyrique. Mme Léontine Tourneur, artiste lyrique. MM. Buffalo, chanteur montmartrois. Gaston Couté, poète chansonnier. Jehan d'Acotin, poète chansonnier. Pierre Fichel, poète. Léon Petit, artiste, 130, rue de Belleville. Lucyag, souffleur. Fernand Truffaut, peintre-décorateur. Mmes Céline Truffaut, 38, rue Claude-Vellefaux. Mercédès Campillo, professeur de chant. MM. Edouard Legentil, poète chansonnier. Léo Lelièvre, poète chansonnier, 32, rue Monsieur-le-Prince. Jules Legay, compositeur de musique, 20, rue Chaptal. Maire Janaud, 1, rue de la Harpe. Mme Jeanne Renacle, artiste lyrique, 209, boulevard Raspail. MM. O. Bounens vander Boyen, compositeur de musique. Auguste Pamart, artiste dramatique, 55, rue Secrétan. Fernand Lavigne, homme de lettres.

De Toulouse (Tarn-et-Garonne) : MM. Marc Lafargue, rédacteur au *Midi Fédéral*, 29, boulevard de Strasbourg. Gabriel Soulages, directeur de la *Revue Sentimentale*, 9, rue des Trois-Journées. Fernand Pradel, rédacteur au *Midi Fédéral*, 1, rue Traversière-Saint-Bernard. Emmanuel Delbousquet, rédacteur à *l'Effort*, 2, rue Gatien-Arnoult. Raymond Ballut, rédacteur au *Midi Fédéral*, 27, rue de Belfort. Firmin Verdier, rédacteur au *Midi Fédéral*, 18, rue de Metz. Les avocats à la Cour d'appel soussignés : Marcel Sans. François Périllou. Aymard Vacquié. Abel Maurès. Louis Dulac. Louis Favet, président du Comité représentatif des étudiants. Paul Tissandier, étudiant en droit. Armand Waïss, étudiant en médecine, allée de Garonne. Pagès, rue Erambert. Georges Bénabu. Yvan d'Anglade. Brandella Catala, étudiants en médecine. Paul Teissier, étudiant en droit. E. Pontal. C. Genty, étudiants, 3, rue Fripière. Louis Irissou, étudiant, Ch. Pradel, 10, rue Armand-de-Volle. Edmond Garipuy, 1, rue du May, François Pons, 10, rue Armand-de-Volle, étudiants. Mossé, interne des hôpitaux.

MM. Auguste Frézouls, domestique, rue de Carmaux (Albi). Raymond Barbier, 29, boulevard de Strasbourg. Mme Anna Narcisse, 36, rue des Lois. MM. Bernadec, 5, rue Saint-Henri. Jean Galy, boulevard de la Gare. Pierre Narcisse, 36, rue des Lois. Ch. Netche, 4, rue du Dix-Avril. A. Archat, chemin de la Gloire, Bressolles, rue de Jumeaux. Jean Bernard, 5, rue Dardenne. J. Beauchens. Daniel Mauger, rue des Champs-Elysées. Lion, typographe, 21, rue de la Providence. Octave Jalbert, 5, rue Dardenne. Gervelbend, 1, rue Lilas. Roux, cordonnier, 26, rue du Canon-d'Arcole. Alexis Gonthier, camelot, 19, rue des Prés. Cot, cordonnier, 18, rue du Peyrou.

MM. Paul Aurand, 80, rue Colbert. Félix Fleury, sculpteur, rue Nationale. H. Légut, employé. Blot, rue de la Mocquerie. Maricot, employé. Charrion. Obliger peintre, 39, rue de l'Hospitalité. Devroche, menuisier. Charles et Victor Rochefort. Edouard Weiller, employé de commerce. Citoyenne Judith Weiller. (Plus six signatures illisibles.) MM. Camille Paysan, élève en pharmacie, à Orléans.

F. Thauvin clerc, de notaire, à Orléans. S. Thauvin, à Orléans.

M. Sténovitz. Mme Sténovitz. M. Albert Sténovitz. Mlle Lucie Sténovitz. Mme Hémann-Lévy, 174, rue Saint-Maur. Mme veuve Emma Gay, commerçante.

MM. Georges Steinbach. Samuel Lévy. Charles Garnier, 38, rue Claude-Vellefaux. Léon Lérouville. Demoulin. Lhoste, placeur. Louis Graverol, républicain, admirateur de Clémenceau. Antoine Papillon, journalier. Henri Devillers, 57, rue Sedaine. A. Mandrillon, 5, rue de l'Echiquier. Girard, 13, rue Michel-le-Comte. Eugène Reisz, 232, rue des Pyrénées. Poutrel, vérificateur, 16, cité Bertrand. Beyneix, coupeur, 3, rue de la Collégiale. Raffard, peintre, 9, passage Vaucouleurs. Canu, à Saint-Maurice. P. Adam, 174, rue de Charenton. Lernouz, à Charenton. Gérico, 7, rue Castex. C. Voineur. L. Voineur fils, 21, rue de Montreuil. J. Dupré, 4, rue de Charenton. Dupre, rue Berthault, à Alfortville. Barriaz, 3, rue Saint-Nicolas. Bégon, 25, rue Crozalière.

MM. Casimacker, similiste, 14 *bis*, rue Friant. Ch. Detrait, similiste, 23, rue Ernest-Renan, Ivry. A. Lajoie, 6, rue de la Réunion. Vaneur, 19, rue Marceau, Vanves. F. Soulié, à Choisy-le-Roi. E. Huguenol, 47 *bis*, avenue de Clichy. Barricault, 2, rue Jeanne-d'Arc. Léon Pignot, graveur, 24, avenue Pierre-Larousse. Wendel, 20, rue Lecourbe. Ch. Birier, 12, avenue de Châtillon. Jean Bourduge, 4, rue Lasablitée. Bourduge, 60, rue de Vanves. A. Vanet, 56, rue Daguerre. Goufrier, lanternier, 208, avenue du Maine. Degarbrud, 15, rue du Moulin-Vert. Lapelle, 24, rue Daguerre. Bidoilleir, 8, rue Henri-Regnault. Terrier. Payssé. Pagès, 47, rue Hallé. A. Dumas, 26, rue Didot. Le Bealle, 13, rue Brézin. Bizouler, 17, rue de l'Eure.

MM. Gelbec, à Malakoff. Mitrecey, 18, rue Saint-Yves. Gardette, 15, Grande-Rue, à Montrouge. (Trois signatures illisibles.) Coquet. Mme Coquet. MM. J. Deniaud. P. Chevalier. Henri Méring. A. Henri. A. Guirchemame, 6, rue Richepanse. Ch. Cnalamon, 88, avenue Philippe-Auguste. Mme de Kérilly, 31 *bis*, rue Victor-Massé. Mme veuve Haas Aaron, Adolphe, 18, rue Malher. MM. L. Meyer. J. Schaeffer, négociant, 48, boulevard de Strasbourg. L. Cosson, coupeur-tailleur. Mme Louis Cosson. M. Henri Dreyfus. Mme Dreyfus. Mlles Germaine et Georgette Dreyfus. M. Max Joël.

Protestations de l'*Idée naturienne*. MM. Georges Ribereau, François Roffé, libraire. Mme Céline Chasseroux. M. Camille Pichot. Mme Antoinette Duval. MM. H. Pernot. Louis Cary, 20, rue Pierre-Nys. S. Ruez. Mme Joséphine Mozet. MM. E.-A.-W. Pieper. H. Richard, professeur. Octave Baron. Mme Clarisse Lefort.

Marseille : La rédaction du journal corporatif *le Réveil des Figaros* : MM. J. Pons, 22, rue Lemaître. E. Millet dit Tellin, 26, rue Moustier. E. Roger. Alphonse Pompéry, 18, rue Thiers. S. Forga, 1, rue de Carrière. F. Jaussereau, rue du Petit-Saint-Jean. Jean Marestau. Pierre Belliard. S. Belliard, 1, cours Saint-Louis. G. Roux, 5, rue des Récollettes. L. Séguy, 5, rue des Récollettes. Roqueblave, 15, rue Port-Saïd.

MM. Faure à Issoire. Paul Falkenstein, négociant à Rouen.

Protestations reçues de Morlausselz : MM. Jean Herbillon-Charles Herbillon, cordonnier. Paul Herbillon. Mmes Julia Herbillon. Alberte Herbillon. M. Auguste Herbillon. Mme Alice Herbillon. MM. Albert Herbillon. Firmin Herbillon. Latasse, cordonnier. Mme Herbillon. M. Gustave Goblet. Mme Françoise Goblet. M. Oscar Goblet. Mmes Goblet. MM. Emile Chenu, 20, rue Pierre-Nys. J. Richard, 20, rue Pierre-Nys. Depechy, 129, faubourg du Temple. Morge, 51, rue Fontaine-au-Roi. Roussau, 19, rue Ramponneau.

Du Cateau (Nord) : MM. Paul Dufrénois, négociant meunier, grains. Jules Vasseur. Henri Laude, A. Réol, meuniers. J. Sohier, épicier. F. Wuillaume. Théo Wuillaume négociant. René Morelle, cafetier. C. d'Herbomez. A. Mirelle, cafetier. P. Dufrénois, négociant. L. Dégremont, négociant. P. Hautcœur, huissier. J. Roland, directeur du journal *le Cambrésis*. Emile Chantreuil, rentier. Ch. Macron, négociant. Jules Galamez fils. Deuis Déjardin, rentier. Edouard Delpierre. Nicolas Hernoux, Auguste Lussiez, fileurs. E. Macquaire, clerc de notaire. Horace Robert, peintre. Nacherand, droguiste. Grozo, négociant. Grozo, brasseur. G. Lemyre, publiciste. Hugebart, rentier. Eugène Mourette, brasseur. A. Denier. Queulain, meunier. Vienne. L. Luce, publiciste. G. Vasseur, employé. J.-B. Cordier. Delattre, vétérinaire.

De Tours (Indre-et-Loire) : M. Arthur Giraud, libertaire. Citoyenne Julia Giraud, 39, rue Colbert. MM. Brault, représentant de commerce, rue Victor-Hugo. A. Siret, 145, rue Colbert. A. Roux, 30, rue Colbert. Citoyennes Pauline et Marguerite Dufour, 48, rue Colbert. MM. Jusseaume, 35, rue Colbert. Giraud, ouvrier sculpteur, 39, rue Colbert. Binaud, 59, rue Colbert. A. Blaise, tailleur, 12, place Saint-Clément. Adam, 39, rue Sainte-Marie. Dacourt, 5, rue du Serpent-Volant. Nicolas Grose, 14, rue du Champ. Giraud, tonnelier, 27, rue de la Paix. Auguste Le Neuder, tonnelier, 42, rue de Paris. Le Neuder fils. Boisgoire, commerçant, rue de Paris. Oster, tonnelier. A. Cessaire, 10, rue des Cerisiers. Troadec, tonnelier, 42, rue de Paris. Paul Chalopin, cordonnier, 16, rue du Commerce. Maurice de Saint-Yves, 72, rue George-Sand. Gaston Boisgard, tailleur, 72, rue George-Sand. Citoyenne Engelina Boisgard. MM. E. Lévy, représentant, rue Nationale. Mesnard, étudiant en droit, place de la Mairie. Mlle Frébot. MM. Billaut, place Frère-le-Roi. G. Haas, voyageur de commerce. Braun, bijoutier, rue du Commerce. Freytag, tailleur, rue des Nattes. Jean Lainé, cordonnier, 14, place Frère-le-Roi. Emile Bonneau, boulanger, 12, rue Amendic. Louis Poupault, propriétaire, à Mont-Louis (Indre-et-Loire). A. Mourion, galochier, 17, rue des Halles. Eugène Mercier, employé de commerce.

De Marseille : MM. P. Martin, entrepreneur. U. Beloutier, comptable. Amédée Rieutord, restaurateur, 7, cours Belzunce. Henri Lévy, 40, rue d'Aix. Roturie, artiste. J. Valette, industriel. Auguste Rieutord. César Lévy, 11, rue Port-Saint-Jean. Gabriel Heim, 96, rue Longue-Capucin. Guillaume Coignet, représentant. Auguste Lanet, chef-cuisinier, 7, cours Belzunce. Victor Macé, marin. M. Améglio, rentier. V. Gabriel, constructeur. Max Rappefort, négociant, 1 et 2, rue d'Aix. F. Béringer, 7, rue Vieux-Chemin-de-Rome. Masselique, 24, rue Haute-Rotonde. H. Hourevitz, employé de commerce. Bergé, employé de commerce.

De Paris : MM. Ligognac, 34, quai de Béthune. René Lazarus, 11, rue du Pont-Louis-Philippe. A. Garcelle. Hinard. Charles Gautier, étudiants. Albert Curtil, 20 *bis*, rue de Chartres, à Neuilly-sur-Seine. Armand Decaux.

XVIe arrondissement : E. Richard, serrurier, 102, avenue Kléber. Bébin, facteur des postes. Portefoix, 9, rue de Chaillot. Blavette, 27, rue de Chaillot. Mimiague, 17, rue de Chaillot. Violet, 12, rue de Chaillot. L. Guillot, 29, rue Lauriston. C. Le Morzadec, 27, rue de Chaillot. C. Poussard, rue de Chaillot. Henri Deirblers, secrétaire du groupe anti-religieux du XXe arrondissement. G. Flamand, 11, passage Saint Pierre. Mme Flamand. Mlle Jeanne Flamand. M. H. Paris, même adresse.

De Narbonne : MM. Jean Guiraud, pasteur de l'Eglise réformée, de Narbonne. Mme G. Guiraud. MM. Eugène Guiraud, ancien conseiller municipal au 4 septembre, 2, rue Blida. E. Dagain, ancien conseiller municipal. Louis Delmas, propriétaire et entrepreneur. Léopold Weill. Raoul Weill. H. Weill. Mme Alice Weill. G. Bedos, Alsaciens. Mme Léonie Liorard, à Neuilly par Breuil (Eure).

Les soussignés habitant Choisy-le-Roi : MM. Vanier, 5, rue du Port. Léon Grégoire, 24, rue de Vitry. Jules Grégoire, 7, rue de Villiers. Louis Grégoire, hôtel de la Gare. Pichelin. Charles Amos, 1, rue du Pont. Gustave

Bindeler, rue de la Raffinerie. Eugène Lévesque, 26, rue des Fondales. Paul Thierry, licencié ès sciences naturelles, rue de Vitry. J.-B. Gazange, professeur, rue de Vitry. P. Wagner, professeur, rue de Vitry.

MM. Descours père, 91, rue de la Roquette. Dumesnil, 12, rue du Guichet, Clichy. R. Chopard, 24, rue Schomer. Weber, 60, rue de Paris. Pallier, 92, boulevard de Clichy. Aug. Chalonach, 56, rue du Chemin-Vert. H. Bagnol, 4, rue Yvart. Lamotte, 10, rue Armand-Carrel, Montreuil-sous-Bois. J.-B. Lavaud, 3, rue Civiale. Arnold, 22, rue Louis-Bloch. Schaller, Alfortville. Félix Roche, 5, rue des Filles-du-Calvaire. P. Fabérot, rue Pétion, 17. Charvel, conseiller municipal, Alfortville. Joseph Delcros, 3, rue de Campo-Formio, Paris, 12, rue Saint-Sabin. F. Julien, 51, rue Montorgueil. Louis Jacquet, ouvrier tôlier. L. Léger, garçon de magasin. J. Gangry, journalier. Anselmoz, employé de commerce.

MM. A. Fontaine, ex-commerçant, 48, rue Amelot. E. Fontaine, ingénieur des arts et manufactures, professeur à l'Association philotechnique, 48, rue Amelot. E. Barrien, employé de commerce. J. Stephan, contremaître tôlier. J. Heim, ouvrier tôlier. Bruel, ouvrier tôlier. Perrin, ouvrier tôlier. Pierre Hornebeck, homme de peine. A. Descours, ouvrier tôlier. Publicola, ouvrier tôlier. Ed. Bucher, ouvrier tôlier. Charton, ouvrier tôlier. Mme A. Rolet. M. P. Legait, ingénieur. Mme F. Roger, 6, rue Froidevaux. MM. le docteur Fruteau, 53, avenue de la Station. J. Guérin, 217, boulevard Voltaire. Michel Schmitt, 5, rue de la Villette, Pré-Saint-Gervais. Louis Guérin, 109, faubourg Poissonnière. Diener, 13, rue des Panoyaux. Bideau, 76, rue des Prés-Saint-Gervais. Lablanche, 200, rue de Belleville. Boischaudy, 59, rue Ménilmontant. Delvar, 37, rue des Prés-Saint-Gervais. Chrétiennot, 3, place de la Mairie, Prés-Saint-Gervais. Quinty, 32, Grand-Rue, Prés-Saint-Gervais. G. Vié, 11, rue de la Villette, Prés-Saint-Gervais. Thomas, 27, rue Saint-Ambroise. Guérin Mathieu, 6 *bis*, passage Courtois. G. Créteaux, 14, rue Langier. Créteaux, 217, boulevard Voltaire. Martin, 217, boulevard Voltaire. Charles Michel, 217, boulevard Voltaire. Mme Michel, 217, boulevard Voltaire. M. Faëssel, 28, rue Basfroi.

MM. Jean Mialet. Eugène Genteur. Petit. Mme Cottu. MM. Aimé Chabannes. A. Desbin, étudiant ès sciences. Charles Schwob, à Epfig (Alsace). Villard, à Epfig (Alsace). Emile Brunet, à Paris. Mlle Octavie Bonjour. MM. Lafiler. Baumann père, conseiller municipal, à Pomponne. Vauvilliers, propriétaire, 1, rue Letort. Baumann fils, administrateur de la caisse des écoles, à Paris. Fernand Lévy, 27, avenue des Ternes. Henri Lévy. Mme Henri Lévy. M. Zay. Mme Zay. MM. André Mariotte. R. Jacob. F. Silva. Mme F. Silva. MM. A. Serin. Maurice Arnal. Victor Gadaix. Mmes Gadaix Jeanne. Rachel Gadaix. Braun. Jeanne. Dinah. Célina Braun. M. et Mme André, 36, rue de Saint-Quentin. MM. Julien Bloch. Noël Bourdillon, étudiant. L. Monvoisin, 72 *bis*, rue des Martyrs. P. Cahen-Maniglier. Pingault. Mmes Louise-Camille Chaigneau. Eulalie Dory. M. et Mme Oulmann. M. Edouard Audignoux, ancien élève de Cempuis. Mme Sylvain Lévy. Mlle Mathiide Lévy. M. et Mme Myrthil Lévy. M. et Mme Hirch. M. et Mme Abraham Lévy. Mlle Sylvanie Lévy. M. André Baer, élève au lycée Janson-de-Sailly.

De Lyon : MM. François Faure, tailleur, 28, rue Crequi. Ribard fils, menuisier. Mme Ribard. MM. C. Laroche, menuisier. Ribard père, entrepreneur. Gayet, menuisier. Francis Tabailloux, ouvrier tonnelier. Noé, cordonnier. Giroux, boucher. Noé père, cordonnier. Henri Pinard, boucher. Lombardie, mécanicien. Chavenoz. Léon Béville. Martin père. Martin fils. Victor Darme, 44, cours Morand. Mmes Louise Vitte, 44, cours Morand. Darme. MM. Joseph Darme, 43, cours Morand. G. Thozet, 39, cours Morand. Quibeuf, garçon coiffeur, 20, rue Duquesne. Lucien Mary. Lavesvre. J. Aubert, typographe. C. Forestier, 104, montée de la Grande-Côte. Perret, 4, rue Diderot. F. Martin, 1, rue

Servient. E. Petit, étudiant. J. Reymond. E. Dubois. R. Duplat, rue de Crimée, 12. Ph. Lasneur, 26, cours Vitton. Lagniez, 2, rue de la Terrasse. J. Tamizon, peintre, rue Villeroy, 13. M. et Mᵐᵉ Laurencin, 107, boulevard de la Croix-Rousse. MM. Albin Lafont, 16, rue Lanterne. Jay, 2, rue de la Tête-d'Or. Alexis Chérufat, 20, rue du Bon-Pasteur. J.-E. Chavaux, 133, boulevard de la Croix-Rousse. Joubert, à la Croix-Rousse. L. Capiod. Prénay. Raynal, cours Gambetta. G. Cochet, 16, rue Pailleron. J. Loriau. L. Sommer, rue Lafont. 2. Adolphe Lachapelle. Antoine Schmidlet, dentiste. Mᵐᵉ Bougain, 8, rue Ponteau. MM. F. Cochet, 13, rue de l'Alma. Ch. Mouton. C. Gadoud, 12, rue Gigodot. C. Berger. Thévenet, à Caluire. E. Belami, 22, Grande-Rue de Cuive. Garnier, 11, rue d'Ivry. Auguste Baudrand, 43, rue Chaponnay. Antonin Maren, rue de Saint-Cyr. J.-C. Gomard, 10, rue Sainte-Marie-des-Terreaux. Gabriel Michaud, 12, rue Juiverie. Philibert Michaud. Guillen, anarchiste. Léon Pulliès. Casson, 213, Grande-Rue de la Guillotière. F. Bottex, 27, rue Coste, à Lyon.

De Bergerac : MM. E. Cailloux. E. Purrey. Sicard. Mᵐᵉ Sicard. M. Lemaire, pasteur. Mˡˡᵉˢ Huguet, institutrice. C. Schirer, institutrice. Mᵐᵉˢ Fargues, directrice de la pension protestante. Jeanne Gueylard. Sarah Martin. Veuve Deschamps. Martial. Mˡˡᵉ Martial. M. Coste, maçon. Mᵐᵉ G. Cazalis. Mˡˡᵉ Pauline Vizerie. Mᵐᵉˢ veuve Dubois-Gravière. Gravière. M. Gaston Fargue. Mˡˡᵉ L. Labat-Platon. Mᵐᵉˢ veuve Emile Mounet. Veuve Girou. MM. Henri Géraud. La Peyre, rédacteur en chef de *L'Indépendant*. B. Pozzi, pasteur. Mᵐᵉ Pozzi. MM. A. Martin, négociant. Armand Garrigat. Emile Allard. L. Augerie. A. Delbos, employé de commerce. C. Roquecave, employé de commerce. Franck Cousy, étudiant. Etienne Arfel. Henri Lansade. P. Mourguet. E. Tamarelle. Rambaud, boulevard Maine. Biran, à Bergerac.

MM. Louis Roger, artiste peintre, 12, rue Campagne-Première. Mᵐᵉ Marguerite Moïse. MM. Louis Pollaud, employé de librairie, rue Grégoire-de-Tours, Charles Ballin. Mᵐᵉ Frédéric Kinsbourg. MM. Jules Gilet père, propriétaire, à Ballan (Sarthe). Delzers, maire, à Lavernose (Haute-Garonne).

MM. Amar, étudiant, bachelier. Emile Charpentier, 19, rue Paul-Lelong. Paul Pelous, Lagarde (Haute-Garonne). M. et Mᵐᵉ E. Staub, 10, rue des Frères-Hubert, à Levallois-Perret. A. Vilain, 16, rue de la Félicité. P. La Dù, rue Tilly, 21, à Colombes. G. V., élève boursier d'une école du Gouvernement. Mᵐᵉ Françoise Laigros, 2, rue Cuny, Bois-Colombes. MM. L. Romanowski. Brunel. Mᵐᵉ Constance Brunel. MM. Andrieu. Bousquet. Bentkowski. Elie Bage.

De Marseille : Albert Déchaux, chirurgien-dentiste, 17, rue Saint-Féréol. Victor Ghilini, fabricant de savons, 5, rue de la République. Paul Huot, étudiant de marine, 29, rue Fargio. Gustave Izouard, négociant, 1, rue de Noailles.

De Montpellier : Léon Justaman, étudiant. Théodore Roure, étudiant. Louis Beque, étudiant. Jules Pellet, étudiant. Paul Sire, étudiant. Gendre, étudiant. Delor, étudiant. Louis Laiguier, étudiant. E. Martin, étudiant. Léon Jamin, 21, rue Jean-de-Beauvais. Samuel Bruère, chimiste. 107, avenue de la République. E, Barroni, hôtelier, 9, rue Hérold. Clappien, mécanicien, 19, avenue de Bellevue, parc Saint-Maur. Jean Guy, 119, rue Oberkampf. Louis Crespy, 14, impasse Gandelet. A. Brociner, pharmacien, 7, rue des Trois-Bornes. Sauvain, 7, rue des Trois-Bornes. M. et Mᵐᵉ Gellynck, professeur à l'Association phylotechnique. M. Jules Schaeffer, négociant, 9, rue Condorcet.

D'Orange : MM. César Laurens, répétiteur au collège d'Orange. Aimé Auréas, étudiant en médecine. Alexandre Dumas, cultivateur. Mᵐᵉˢ veuve A. D. Cahen, libraire. Eva Cahen, professeur. Rose Carcassonne, une frondeuse. Madeleine Paparel. MM. Ernest Carcassonne, négociant. Raphaël Mossé, comptable. Léon Seinel. Alphonse Bianco.

Gaston Carcassonne. Emile Eychevin. Marius Seime. Clémençou Eugène. François Gérin. Lambricot Antonin, employés de commerce. Henri Carre, comptable. A. Carcassonne, négociant. Mᵐᵉ Carre, tailleuse. MM. Yrondelle, professeur au collège. Boyaux, professeur au collège. J. Laloge, pasteur. Ulysse Lisbonne, avoué, adjoint au maire. Mᵐᵉ Emma Lisbonne. MM. A. Musson, professeur au collège. A. de Magnin, contrôleur. Monestier, répétiteur. Mˡˡᵉ Anna Mossé. MM. Lambert. Paul Amouroux. Henri Icard. Cyrille Roche, boulanger. Toussaint. J. Lyon, comptable. Mᵐᵉˢ Emilie Lyon. Delphine Cohen, modiste. MM. Charles Mondon, ébéniste. Marcel Gros, maître-maçon. Félix Meynard, propriétaire, à Orange.

MM. Louis Vallet, négociant. Eug. Gilliotte. Aimé Bhoin. Emile Mégnin. Auguste Maeler. Métin. Georges Brenet fils. Julien Brenet fils. Louis Brenet fils. Georges Chrétien. Georges Chrétien fils, à Pont-de-Roide. E. Roullot. Eugène Mathiat, à Autichaux. Pierre Gilliotte, à Pont-de-Roide.

MM. E. Duprat, licencié ès lettres, à Marseille. R. Mercier. A. Ausernier. Fritz Nyffeler, employés de commerce, à Neufchâtel (Suisse). P. Astruc. Mᵐᵉˢ Louisa Naef-Astruc. Judith Astruc. Lucie Barnerat, à Genève. M. et Mᵐᵉ Paul Moritz, rue de Compiègne, à Clermont (Oise). MM. Auguste Boutin, professeur de mathématiques en congé. Paul Gaillardon, étudiant en droit, à Alger. Docteur P.-E. Regnard, 1, rue Etienne-Marcel, à Pantin. Bérard, adjoint retraité, à Fives. M. et Mᵐᵉ Gold. MM. Fritz Hoffmann. Karl Kosch. Arthur Naag. Bruno Orlas. J. Adler. G. Gerstner, à Saint-Jean. Edmond Bernaux, agrégé des lettres, à Charleville. Eugène Bouceroude, coiffeur, à Orléans. Delvigne, à Paris. Ch. Paul, employé de commerce, 160, rue de Belville. J.-P. Ruin, photographe, 160, rue de Belleville. Paul Ruin, graveur en médailles. J. Otyemberger, 2, rue des Cascades. E. Devoize, ciseleur, 14, rue Julien-Lacroix. M. et Mᵐᵉ Georges Leybe, 62, avenue de la Grande-Armée. M. A. Collignon, à Perras (Côtes-du-Nord). Mᵐᵉ Gonthier.

M. et Mᵐᵉ S. Lehmann. Mˡˡᵉ R. Lehmann. MM. A.-C.-L. et R. Léhmann, à Montrouge. Sauveur Py, adjoint au maire de Banyuls-sur-Mer (Pyrénées-Orientales). M. et Mᵐᵉ Henri Chauquet. Mᵐᵉ Sadkowska, 9, rue de Flatters. M. et Mᵐᵉ Léon Schmidt. MM. F. Schmidt. L. Schmidt. Mˡˡᵉ Zoé Schmidt, 7, avenue de la Gare, à Belfort. MM. Edouard Dufour, à Clermont-Ferrand. Georges Tattin, 76, rue d'Allemagne, Paris. Joannès Auclair, à Romanèche. F. Thomas, à Bruxelles. V. Vergnon, pasteur. Léonce Amaudry, publiciste, à Bordeaux. Ernest Pierron, propriétaire, à Flavigny-sur-Moselle. V. Broux, pasteur, à Moncoutant (Deux-Sèvres). A. Planchon. Hacquin. Louis Allemann. G. Daniel, typographes. Henri Lestrelin, à Evreux.

MM. A. Gonnet. L. Juge. P. Lejeune. M. et Mᵐᵉ Juge. Mˡˡᵉ L. Mommigneot. MM. Normand, 45, rue Turbigo. Henri Lefebvre, mineur. O. Laupance, représentant de commerce. B. Wey, courtier. Joël Clément, négociant, à Bruay. P. Bloch, voyageur de commerce, à Limoges. J. Veder. E. Veder. Mᵐᵉ J. Veder. M. B. Agard, comptable, 2, rue de la République, à Nice.

MM. Henri Hirsch, négociant, 4, avenue Félix-Faure. Eugène Clapot. Hippolyte Daniel, orfèvre. Mᵐᵉˢ Marcelle Hirsch. Pauline Hirsch. Pauline Vittet. M. Joseph Salluzo, Mᵐᵉˢ Péronne Torès. Pauline Dockès. MM. Jean Pinton. François Pinton, à Menton.

De Caveirac (Gard) : MM. Moïse Vanel. Gédéon Servière. Mollet-Servière. Galdy-Masse. Achille Bouzanguet. Numa Cazagne. Eugène Louis. Sully Paul. Louis Paul. Albert Issoire. Antonin Alfrès. Elia Bayel, à Abeilhan. Emile Aubach. Barthélemy Soulier. Nougareh. Emile Espérandieu, conseiller municipal. Raphaël Louis. Louis Courdesse. Julien Bousquet. Cabanis Rouvière.

De Nîmes : MM. A. Nossé, 34, rue Nationale. A. Meillaud, 4, rue des Halles. L. Henri, voyageur. Firmin André.

Combaluzier, Charles, Marius et André G. Louis Recolin, négociant.

Mme Cécile Gognol. MM. A. Fuchs. M. Hatte. Ch. Ruff-Arnold. Rodolphe Arnold. Mlle Charlotte Matheus. M. Aimé Rieder. Mme Zoé Greiner. M. Théophile Schuler. Mlle Alsa Schuler. MM. Armand Totems. Jules Charpiot. Alphonse Guillermet. Paul Maléirit. Constant Sircoulon. Louis Boule. Emile Bohême. Pierre Perrot. Edmond Louys. Georges Mathié. Louis Mathiot. Alfred Barbier. Jules Creux. Auguste Riche. Gustave Beley. Edouard Petrequin. Charles Raymond jeune. Louis Seigneur. Rémond (vieux). Emile Nicklauss. Emile Louys. Elie Mettey. Charles Falnot. Charles Guental. Charles. Mettey. Eugène Beller. Paul Guental. A. Guental. Octave Amey. Jules Alia. Charles Charpiot. Henri Mathie.

MM. D. Ruisseau, artiste peintre 5, rue Bochard-de-Saron. L. Taub. A. Taub, 86, boulevard de Courcelles. Lucien C. Strauss, ingénieur des arts et manufactures, 1, rue de Douai.

MM. A. Weill, voyageur de commerce, 30, boulevard Magenta. Mme Wolf, à Saint-Mandé. Mlle J. Wolf, à Saint-Mandé. M. Samuel Hirchmann, à Saint-Mandé. Mme veuve Macaire. M. Créhange, à Paris.

Mmes Backhauss. G. Greiser. Mlle Eugénie Backauss. Mmes Gunst. Frédérique Fischer, 28, rue Poussin, à Elbeuf.

Mmes Frédérique Scherding. Sophie Scholl. Mlles Léopoldine. S. Armand. Bourdet. Mmes Era Schmitt. Leminger. Mlle Risch. Mmes Clément. Muller, à Elbeuf.

Mmes Augustine Mayer. Veuve Leminger. Gissler. M. L. Brecheisen. Mmes Ch. Brecheisen. Sophie Fischer. Py. Mlle Emma Bregm. Mmes Thomann. Caroline Metzler. Mlle Elise Fischer. Mme Ch. Manschott, à Elbeuf.

Mmes veuve Greisir. Louise Beyner, à Elbeuf. MM. Arthur Hahn, 11, rue de la Nation. D. Lazare, 20, rue des Tournelles. B. Bagnin, 49, faubourg du Temple. Mme Rose Terracina, 50, rue des Moines.

M. G. Manton, négociant, 2, faubourg Poissonnière. Mmes Marx, 113, faubourg Poissonnière. Bernand, 28, rue des Petites-Ecuries. Emile Vagne. MM. Emile Vagne, 63, rue d'Hauteville. J. Schwab. Paris. Marx, 113, faubourg Poissonnière. Mme G. Weill, 2, faubourg Poissonnière. Veuve Rivierre. MM. Arriat, 31, rue des Saules. Charles Davesne, faubourg Saint-Denis. Mlle B. Manton, 23, rue Châteaudun. MM. J. Boleiger. A. Hemelin. Arthur Dreyfus. Alphonse Maler. E. Frickert.

MM. A. Stoerck. A. Loesch. Paul Hill. Oscar Gugenheim. Bonnard. Bitch. Michel Keller. Philippe Schulb. André Weiller. Georges Myslinski. Camille Netter. Emile Rablin. René Weiller. Mlle Adrienne Canu, à Vire (Calvados). Léon Netteval, pasteur, à Dampierre-les-Bois (Doubs).

MM. X.... fonctionnaire. Alph. Bernhard. Mmes Pauline Bernhardt. Elvire Bernhardt. Mlle Castel, 92, rue de la Tour. M. Charles Meyer, 49, rue de Trévise. Mme Mary Lafon. MM. S. Bernsteim, 7, rue Guérin, Charenton. Joseph Meyer, 27, rue Saint-Paul. Léon Lévy. Elie Mossé, voyageur de commerce, 33, rue des Minimes. Marville. J. Guis, 159, rue Montmartre. Mme veuve M. Lejon, née Bing, 48, rue des Marais-Saint-Martin.

MM. Gies, 159, rue Montmartre. Henri Guis, 159, rue Montmartre. Edouard Steiner, de Bitchwiller (Alsace). E. Levy del Porto, 33, rue Bergère. Henri Gressier, 80, rue Caulaincourt. E. Daillencourt, 3, impasse Pers. Daniel Lauff. Mlle Adeline Lauff. M. Abraham Bloch. Mlle Sarah Ullmann. M. Jules Bloch. Mme Pauline Bloch. M. Treyfus-Picard, Hegenheim (Alsace).

Mlle Alice Franck. MM. Lucien Bloch. Léopold Lévy. Jos. Rich, fermier. Jacob Rich. Jules-Bernard Lauff. Mathieu Lauff. Mme Rosalie Bloch. M. Raphaël Bloch. Mlle Henriette Moroman, à Hegenheim (Alsace).

Mlle E. Gunsburger. MM. F. Gunsburger. Camille Nordmann. Samuel Lauff. Mlles Alice Lauff. Adeline Lauff. Mmes Lauff. Bloch, à Hegenheim (Alsace). M. Victor Simon. Mlle Anna Simon. Sophie Simon, à Saint-Baldoph, près

Chambéry (Savoie). MM. Joseph Tourou, 6, rue Favre, à Chambéry. Lucien Blanzé, à Maisons-Laffitte.

MM. B. Rougeux, 37, rue Saint-Sauveur. Foult, 90, boulevard Magenta. A. Vivenay. A. Castellani.

Mme Sclasser, comtesse de Puliga, membre de la Société des Gens de lettres, 9, rue de Monceau. Mlle de Puliga. M. Patrick Bataille, 15, rue Arsène-Houssaye. M. et Mme Ch. Lemoine, 17, rue Poncelet. MM. Léon Lemoine, 89, rue du Bois, à Clichy. Julien Luchaire. Léon Carou. L'abbé Pichot.

M. le baron et Mme la baronne de Lourmel, château de Jussignies. M. A. Rieffel. Mmes Coblence. Wahn, 5, rue des Ternes. V. Coblence, professeur libre. G. Coblence, agrégée de l'Université. Vernhes, couturière, 87, rue de Paris, à Montmorency. Ottoz, à Montmorency. Alrioux, 16, avenue Carnot. A. Orlman.

La loge « Etoile polaire » : MM. le Vénérable G. Muller, à Chatou (Seine-et-Oise). Georges Sée, 45, boulevard Magenta. Edouard Jourdain, professeur à l'Université d'Aix-Marseille. Mme veuve Nebout, 11, rue des Fermiers. M. Gabriel Nebout. Mme Nina Nebout. M. Pierre Nebout, docteur ès lettres, professeur de l'Université, Rouen. Mme Pierre Nebout.

MM. Paul Tocail de Sauey. Moulis, rue des Chatets, 74, Toulouse.

MM. L.-C. de Coppet, chimiste, rue Magnan, Nice. Mme Emma de Coppet. M. F. de Coppet. Mme Jenny Bonis. M. Charles Bonis, villa Gabrielle, Nice. Mme Hélène Bonis. Mlle Marie Anfossi, professeur, 6, rue de la Paix, Nice. MM. Emmanuel Worms, faubourg Poissonnière. Albert Schumann. Gaston Lévy, 17, rue Paul-Bert, Saint-Mandé. Prost, 38, rue Aumaire. Ch. Bluth, 6, rue de l'Est. Mlle Gabrielle Bluth. Suzanne Weill, rue de Châteaudun. MM. Kolback, 57, faubourg Saint-Martin. Louis Bluth. Mme Bluth. M. P. Mathiessen, 56, rue du Rocher. Mlle S. Bluth. Jeanne Bluth. Mme Gotscho. M. Joncquoy, président du Conseil des prud'hommes, à Bohain (Aisne).

MM. Charles Gauchet. C. Colard, rue Jeanne-d'Arc. Paul Challe. Arthur Devigne, rue du Diacre. L. Routier, rue du Cordon-Bleu. Ulysse Doué. G. Brochet, rue Jeanne-d'Arc. Isidore Devigne. G. Chalenton-Canonne, Basses-Rues. O. Noiret, rue du Mont-Frappé. G. Seignez. Jules Herbet fils. Arthur Hénon, rue du Donjon. Herbet Plomant, rue Jeanne-d'Arc. L. Délice, rue de Guise. Jules Lecompte, rue du Cimetière. François Gavériaux. Auguste Damicourt fils, rue d'Enfer. Emilien Peiffer, rue de la Gare. Anatole Preux, Basses-Rues, à Bohain.

MM. S. Weyl. B. Weyl. R. Weyl. Mayer Leirez. Mme Mayer Lévy, à Boulogne-sur-Mer. MM. A Geismann. R. Dreyfus, à Bâle. G. Brunschwig. M. Bigart. S. Bernheim. Wolf, à Colmar.

MM. Clément. R. Suarès, à Trieste. Jacques Weil, à Rosheim (Alsace). P. Astruc, à Bühl (Alsace). Léon Bloch. Mme Rosalie Bloch. Mlle Alice Bloch. Sarah Bloch. MM. Marc Bloch. Samuel Bloch. Mlle Céline Bloch. M. Maurice Bloch, à Zurich.

MM. Lefèvre, conseiller municipal de Saunay. Roussel, conseiller général de l'Eure. Constant Lerreau. H. Lermenault. Clovis Renard. J. Boudeville. E. Huet. A. Frémont. Garçon, conseillers municipaux d'Ezy. A. Herse, 18, rue des Quatre-Fils. Henry Passé, à Belleville. Louis Muller, publiciste. André Muller, étudiant, à Neufchâtel-en-Bray. Héricourt, à Saint-Ouen-Marche-Froy, Driot, conseiller municipal, à Saclay. Delaplace, directeur de l'école commerciale de Vincennes, 64, rue de Fontenay. L. C... fonctionnaire de la ville de Paris, 64, rue de Fontenay, à Vincennes. Bouilly, administrateur des hospices de Verdun. J. Delaute, avocat, maire de Nogent-le-Bernard.

Listes d'Ezy (Eure) et de Saussay (Eure-et-Loir) : MM. Emile Bernot. Alfred Boudeville. Léon Clomesnil. Edmond Boudeville. Feuillet Merry. A. Huvé fils. E. Litte. E. Poutret. Jules Roger. Maurice Malvau. J.-B. Huet. Gustave Sevray. A. Hué père. E. Delaunay. C. Delaunay. E.

Huvé. Achille Héron Béquet. Mᵐᵉˢ Zacharézuk. Amélie Pannelle. MM. René Clomesnil. Bouville. E. Poussin. Vieil père. A. Lequeux. E. Confais. Seuget. F. Queftaigne. Emile Lefèvre. H. Boudeville. Ed. Bourcier. Mᵐᵉ Déglise. MM. E. Moreau. A. Goubert. Noé Clovis. Albert Renaut. Gustave Renaut. Delaunay Kléber. Delaunay père. Pierre Durand. J. Billard. F. Leduc. Noé Rustique. Noé Froville, fabricant. Pascal Feuillet.

MM. G. Dagron. Fortier. H. Orbinot. A. et C. Feuillet. C. Poteau. E. Hérouard. E. Dagron. Dufour. Clomesnil. P. Feuillet. E. Lorette. J. Lacour. Guillaume. E. Feuillet. C. Vasse. H. Aubé. Maurice père. Langlois. L. Poteau. A. Labiche. Manté, maire de Saussay. A. Hérouard. J. Feuillet. Thibault. Langlois. Ch. Héron. Poteau père. A. Vacquelin. Béranger. E. Roger. E. Noé. A. Roger. F. Bouhout. Mᵐᵉ Bouhout. MM. Barbier. Alfred Hérouard. G. Noé. L. Letèvre. Mᵐᵉ A. Vacher. MM. E. Daufrène. C. Courtois. Duval. Mᵐᵉ Lebourdais. MM. E. Lebourdais. J. Bernot. Orbinot fils. A. Ferrière. Ferrière fils. J. Ferrière. Confais, dit Colosse. J. Clair. Léon Noé. Gauthier. F. Auger. Massot. Alexis Maréchal. N. Boudeville. C. Martel. C. Jollivet. Gauthier. Albert Fortier. Roycourt. Huet. Louis Duval. A. Maillard, mécanicien. Fourcine père. Mᵐᵉ Hervé. MM. Fourcine fils. Lebas. J. Poussin. L. Leduc. Robert. Baudoin. Blavier.

MM. Poissy. Bonin. Barbet. Poutret. Olivier. Bazonnery. Maurice. E. Bourbon. Armand Garanger. C. Petit. A. Feuillet. Bigot fils. E. Gagnepain. P. Egasse. Vieil fils. C. Billard. E. Deglise. J. Bernot, propriétaire. V. Moriot. Ad. Fortier. A. Labiche. Mᵐᵉ Joséphine Séclin. Gustave Renard. Chacoux. Mᵐᵉ Julie Auguste. MM. A. Blanchard. F. Bourbon. Pierre Duchamp. A. Maivault. C. Stanislas. T. Perrée. C. Poussard. J. Echard. A. Delaunay. J. Bellessert. C. Lambert. A. Lefèvre. Bouillé. Beaufort. T. Massot. Gilbert. A. Hulin. E. Allorge. A. Binet. Vacher. Alfred Hérouard. A. Arbinot père. Clément Augustin. V. Massé. Mᵐᵉ V. Massé. Vve Massé. M. A. Renault fils, Mᵐᵉ Renault fils. M. Lefèvre Mathieu. Mᵐᵉ Geiter, sage-femme. MM. Poussin. L. Parin. M. A. Desorges. Clomesenil-Martin. fabricant de peignes. A. Asselin. Drély. G. Coudevillain. A. Mary. Gauthier. E. Bourcier. E. Herblin. Tristan Gorin. E. Massot. Daune. V. Bourbon. Saintemême Mary. G. Lenormand. A. Grosos. P. Biziot. P. Bousselaire.

M. Emile Damidaux, comptable chez MM. Coussus et Cᵉ, à Wignehies. Mᵐᵉ Damideaux. A. Laurent, pharmacien. E. Matrenghem, rentier. Paul Danloue, négociant. Mᵐᵉ Paul M. Dumas Danloue. Mᵐᵉ Danloue. MM. Chevalier, employé. Edmond Thiébaut. Jean Schwartz. Léon Jonniaux. Auguste Gilles, tisseur. Paul Guillain garçon de magasin. Emile Macaine, tisseur. Paul Michaux. Henri Carron. Alfred Fortez. Désiré Toilliez. Paul Bertrand, charcutier. Léon Lengrand, tisseur. Jules Carniaux, tisseur. Frédéric Beldico, tisseur. Valéry Brogniet, contremaître. Tourneux Dumas, propriétaire. Juste Philippe, contremaître. Alexandre Hertenberger, encolleur. Gustave Waret, tisseur. Jules Vachal, coiffeur, tous à Wignehies.

MM. Hannecart, comptable, à Fourmies. Hégo-Pharez, commerçant, à Wignehies. Désiré Gilles, cafetier, à Rocquigny. Plancot-Guillain. Léon Bonneterre. Anselme Bocquet. Henri Cavrot. Camille Degrille. Anatole Minaux. Appolonie Dancre. Jules Hégo. J.-B. Defossez. Elisée Hautecœur. Vincent Carron. Emile Pharez, tisseurs, à Wignehies. Gustave Bussy, peintre en bâtiment, 10, rue Durantin. Mᵐᵉ veuve Claude Hess. MM. Jean Hess. Joseph Hess. Philippe Hess, 8, rue de Valois. Deslignères, aquarelliste. M. et Mᵐᵉ Nicolas Messim, 53, rue des Poissonniers. M. et Mᵐᵉ Versinger.

MM. Renard, fabricant, 5, impasse de Lancry. C. Valette, 1, route de Flandre, à Aubervilliers. Sachon, 129, rue de Vaugirard. Henri Jollivet, peintre en bâtiments, rue Saint-Louis-en-l'Ile. Docteur Zysmann, 13, rue Saint-

Sulpice. Mᵐᵉ Robert, rue Perdonnet. M. et Mᵐᵉ Chivert, 50, boulevard Saint-Maurice, à Charenton. MM. Fulhart père, 5, rue Chaudron. Calmel. Lucien Poulet. Coulon, de la Chambre syndicale des cochers. Joseph Ambertin, cocher syndiqué. L.·. les Vrais Experts. Bardèche. Meunier. Fournier. Chassergue. Jean Roulet. Mominaux, cochers syndiqués, Paris.

M. Montfrond, industriel. Mˡˡᵉ Louise Montfrond. MM. G. Montfrond, tuilier, à Treuzy, par Nemours. E. Boulleray et A. Boulleray, tuiliers. P. Prud'homme. A. Phalipon, tuilier, à Bezauleu. P. Bouchannel, cultivateur. V. Prud'homme. Bertrand, cultivateur. H. Gouanon, à Levelay. Laudinit, maire de Treuzy.

MM. S. Chevillard, cultivateur, à Levelay. J. Marais, jardinier, à l'hospice de la Salpêtrière. C. Bailly, 15, rue des Belles-Feuilles. G. Mimmi, correspondant de journaux étrangers, 16, rue de la Tour-d'Auvergne. Emile André, comptable au Pré-Saint-Gervais. Henry Badouret, 3, rue du Liban. L. C. Grosfilley, agriculteur Elie Duraffour, à Lélex, près Chézay. Z. Dorival, 109, boulevard Bessière. M. et Mᵐᵉ Ollivier, commerçants à Orgeval. M. et Mᵐᵉ Germain, anciens instituteurs, à Orgeval. MM. Ch. Rochart, 25, rue Sambre-et-Meuse. Berger, 91, rue de Rome. M. et Mᵐᵉ Henri Robineau. Vieille Route, à Cosne. M. Eugène Girardy, typographe, 77, rue de Paris, à Cosne. Mᵐᵉ L. Bizon.

MM. A. Rabaud, à Pornic. Ad. Clément, employé de commerce, à Villiers-sur-Marne. Lhuguena. Jules Delamadelaine, propriétaire, à Filacu, par Dampierre-sur Linotte. Pierre Ferrand, rentier, Fontenoy-les-Montbozon. P. L. Alfred, Lorsignol, rentier, 65, Grande-Rue, à Pontarlier. Dechavanne, à Levallois-Perret. Hippolyte de Saint-Cyr, 23, rue de la Jonquière. Auguste Marie, 20 bis, avenue de Joinville, à Nogent-sur-Marne. J. Viard, ex-artiste, à Genevrières. H. 212. Mᵐᵉ Revillet, 11, faubourg Saint-Denis. M. et Mᵐᵉ Albin. MM. Henri et Charles Albin.

Mᵐᵉ Marie Hardoin et ses deux fils, représentants de commerce, 3, avenue Quirou, à Saint-Mandé. M. et Mᵐᵉ Nicolas Colin, 93, quai Valmy. MM. Ulysse Saint-Omer, 29, rue Boinod. Georges Paquier, à Gretz. Paul Stoffel, électricien, 11, rue Fontenay, à Vincennes.

MM. Goguel-Ferrand, maire d'Alloudans et conseiller d'arrondissement, à Alloudans (Doubs). J. Mauroy, ingénieur civil, 16, avenue de la République. Lucien Dauvé, ancien élève de l'Ecole d'arts et métiers d'Angers, à Vitry-le-François. Henri Nick, pasteur, 61, rue de Bouvines, à Lille. H. Bellanger père, adjoint à Gennevilliers. Henry Bellanger, artiste lyrique, 17, route de Gennevilliers, à Villeneuve-la-Garenne. Victor Goulard, artiste peintre. Mᵐᵉ Goulard. Mˡˡᵉ Irma Goulard, 19, rue de Belleville. MM. l'homme, cultivateur, adjoint au maire d'Alluges (Eure-et-Loir). C.-H. Florencie, chimiste. 1, passage Nollet.

MM. E. Lagrillière-Beauclerc. Paul Assoignon, secrétaire de la rédaction du Progrès du Nord. Jeandouzy. Marcel Roger, à Lille. Gabriel Caillol, cultivateur. Auguste Julien, boulanger, à Auriol (Bouches-du-Rhône). Mᵐᵉ veuve Destriché, officier d'académie, publiciste, à Château-du-Loir (Sarthe). M. Soucasse, 52, boulevard Arago.

S. Lambert, 8, passage de la Réunion. Albert Freté, dessinateur, à Gravelle-Saint-Maurice (Seine). Lebreton, 54, rue Jean-Jacques Rousseau Jubin, à Villeneuve-le-Roi. Lefebvre, à Nesles-la-Vallée (Seine-et-Oise). Leberthe, 11, rue de la Rivière, à Neuilly-Plaisance. Mᵐᵉ veuve Désiré Damotte. MM. Louis-Edouard Laurent, à Saint-Julien-du-Sault (Yonne). Gaston Gauthier, à Condrecieux (Sarthe). E. Lengaigue, 5, rue Bochard-de-Saron. D.-F. Dernaucourt, à Paris. J.-B. Poulain, à Billancourt (Seine). M. et Mᵐᵉ Audress. MM. Albert Audress, 98, rue Damrémont. E. Nicolas, 29, rue de la Chapelle.

MM. C. Degouy, propriétaire, 77, rue Broca, à Châtillon-sous-Bagneux. Mᵐᵉ veuve Valladier, à Alfortville. M. Ad. Jardry père. Mᵐᵉ Jardry mère. M. et Mᵐᵉ Henri Jardry.

MM. B. et L. Jardry, à Choisy-le-Roi. Mme Alphonsine Montu, 38, rue Ramey. M. et Mme A.-R. du Hamel, au bourg de Saint-Amand, par Torigny-sur-Vire (Calvados). MM. A. Danner, à Tourcoing. André Lacomme, à La Charmoye, Tavernay, par Autun.

MM. Salvador Ber, boulevard Magenta. Mme S. Ber. Mlles Pauline et Laure Ber. Mme veuve Deutsch, boulevard Magenta. M. Adrien Beaudet, négociant. Mme Madeleine Beaudet, 32, avenue Bugeaud. Alice Pimienta. 22, avenue Niel. MM. Léon Pimienta, commissionnaire en marchandises, 22, avenue Niel. Trin. employé, 30, rue Pergolèse.

MM. L.-D. Beaufre, ancien employé de commerce, 55, rue Mademoiselle. Bozec, tailleur. Beaufre, 55, rue Mademoiselle. Coste, négociant, 142, rue Lacombe.

MM. B. Coste, négociant. H. Durie, employé. P. Duris, employé, 142, rue Lacombe. A. Redée, employé, 60, rue Blomet. Chauveaux, employé, 328, rue de Vaugirard. Leclerc, 199, rue Lacombe. Beaufre, dessinateur. Mme Beaufre, couturière, 28, rue Labat.

Les habitants d'Ezy (Eure) et de Saussay (Eure-et-Loir), soussignés : MM. Emile Berosot. Alfred Boudeville. Edmond Boudeville. Léon Cloménil. Feuilly Merry. A. Huvet fils. E. Litté. E. Poutré. Jules Roger. Maurice Malvault J.-B. Huet. Gustave Sevray.

MM. A. Huve père. E. Delaunay. D. Delaunay. E. Huvet. Héron Achille. Béquet. Mme Zacharézuk. Amélie Paumelle. MM. René Cloménil. Bouville. E. Poussin. Wiell père. A. Legueux. E. Confais. Seuget. L. Queftaigne. Emile Lefèvre. H. Houdeville. Ed. Boursier. Mme Déglise. MM. E. Moreau. A. Goubert. Noé Clovis. Albert Renault. Gustave Renault. Kléber Delaunay. Delaunay père. Pierre Durand. J. Billard. F. Leduc. Noé Rustique.

M. Froville. Mme veuve F. Fascal Feuillet. MM. G. Dagron. Fortier. H. Orbinot. A. Feuillet. L. Feuillet. C. Poteau. E. Hérouard. E. Dagron. Dufour. Cleménil. P. Feuillet. Lorette. J. Lacour. Guillaume. E. Feuillet. C. Vasse. H. Aubet. Maurice père. Langlois. L. Poteau. A. Labiche. Mautté, maire de Saussaye. A. Hérouard. J. Feuillet. Thibault. Langlois. Ch. Héron. Poteau père. A. Vaquelin. Béranger. E. Roger. E. Moe. A. Roger. F. Bouhout. Mme Bouhout. MM. Barbier. Alfred Hérouard. G. Moe. L. Lefèvre, conseiller municipal de Saussay. Constant Serreau, conseiller municipal d'Ezy. L. Lefèvre. Mme A. Vacher. MM. E. Daufresne. C. Courtois. Duval. Mme Lebourdais. MM. E. Lebourdais. J. Bernot. Orbinot fils. Roussel, conseiller municipal de l'Eure. A. Ferrière. Ferrière fils. J. Ferrière. Confais. J. Clair. H. L'Hermeroult, conseiller municipal d'Ezy. Noé Léon. Gauthier.

MM. F. Auger. E. Massot. Alexis Maréchal. M. Boudeville. Renard Clovis, conseiller municipal d'Ezy. P. Boudeville, conseiller municipal d'Ezy. Labas. J. Poussin. A. Frémont, conseiller municipal d'Ezy. E. Huet, conseiller municipal d'Ezy. C. Martel. C. Jolivet. Gauthier fils. Albert Fortier. Roycourt. Huet. Louis Duval. A. Maillard, mécanicien. Fourcine père. Mme Huvé. MM. Fourcine fils. L. Leduc. Robert. Baudoin. Blavier. Poissy. Bonin. Barbey. Poutré. Olivier. Bazannery. Maurice. E. Bourbon. Armand Garenger. C. Petit. A. Feuillet. Bigot fils. P. Egasse. Vielle fils. C. Billard.

MM. Garçon, conseiller municipal. C. Lambert.

MM. L. Arpels. S. Arpels. L. Peereboom. L. Knok. J. d'Ancona. E. Dancour. J. Hamburger. L. Hamburger, d'Amsterdam. J. Gabriels, de Wondenberg (Hollande). Mmes Lina Abrezol. Sophie Abrezol, de Genève. Constant Abrezol, de Rolle (Suisse). M. Lhomme, adjoint au maire d'Alluyes (Eure-et-Loir). M. et Mme S. Ber. Mlles Pauline et Laure Ber. Mme veuve Deutsch, boulevard Magenta.

MM. S. Lambert, 8, passage de la Réunion. Albert Freté, dessinateur, à Graveile-Saint-Maurice. Lebret, 54, rue Jean-Jacques-Rousseau. Jubin, à Villeneuve-le-Roi. Lefèvre Nesles-la-Vallée (Seine-et-Oise). Obéissant aux principes de Vérité, de Justice et d'Humanité. Leberthe, 14, rue de Rivière, à Neuilly-Plaisance. Mme veuve Désirée Damotte, 7, rue du Maréchal-Vaillant, à Nogent-sur-Marne.

MM. Laurent, à Saint-Julien-du-Sault (Yonne). Gaston Gauthier, à Condrecieux (Sarthe). E. Lengaigne, 5, rue Bochard-de-Saron. J.-B. Poulain, à Billancourt (Seine). Andress. Mme Andress, 98, boulevard Damrémont, MM. Albert Andress. D. F. Dernoncourt. E. Nicolas, 29, rue de la Chapelle.

MM. Maurice, maire de Choussy (Loir-et-Cher). P. Chapeaud, instituteur, à Choussy. Germain cultivateur. Louis Mallet, sabotier. Germain, pépiniériste. Alexis Lasnier, cultivateur. Eugène Daumier, vigneron, tous à Choussy. A. Danner, à Tourcoing. Mme Alphonsine Montu, 38, rue Ramey. Mme veuve Valadier, à Alfortville. MM. J. Mauroy, 16, avenue de la République. A.-R. du Hamel. Mme du Hamel, au bourg de Saint-Amand, par Torigni-sur-Vire (Calvados).

MM. Chantecaille. L. Gendraut. A. Derré. J. Derré. J. Vaury. L. Louise, Vitré. Mlle Suzanne Petithory, ex-institutrice. Mmes veuve J.-C. Pochard. Emilie Petithory. Mlles Berthe Petithory. Julie Pochard, ex-institutrice. Anna Panchot. Adélaïde Pochard. Mme Julie Pochard. M. Jacques Pochard, Magny-Danigon.

MM. P. Thomas. H. Augé. S. Angelles. A. Millery. Hubert Zoa. André Bernaudeau. A. Schuhl. A. Bouchardy. J.-Ad. Paris, à Sahorre. Pour la Vérité, la Justice, la Liberté : Julien Ponée. Emile Bertrand, pasteur de l'Eglise réformée, 2, avenue de Montsouris. M. Charles Jamais. C. Barraud. E. Faure-Beaulieu. Mme Cahen, à Fontainebleau. MM. Fischer. Edouard Magnier. Th. Guibal, pasteur, à Quincy-Séhy. A. Dartigue, étudiant. Paul Mantoue, agrégé d'histoire.

MM. M. Petithory. Charles Jacques. Henri Laurent. Christophe Jacques. Jules Petithory. Glardon. Eugène Jacques. F. Gleich. F. Petithory. Henri Maillot. Mme Julie Pochard. MM. Jacques Pochard. H. Jacques. P. Petithory. Henri Pochard. E. Croissant. V. Jacques. G. Petithory. Frédéric Jacques. Mendel. A. Humblot. André Lélard. E. Rottembourg, à Magny-Danigon. Milhaud. P. Jauvert. Désiré Milhaud. J. Anazis. J. Domadier. Mme S. Kahn. M. Roque. Mlle D. Milhaud. M. Isaïe Milhaud, à Nîmes.

MM. Adrien Mantoux. Maurice Luchaire, étudiant à la Faculté des lettres. Albert Radoux, compositeur de musique. Pierre Devilliers. Pernet. Eugène Burrus. Omer Chevalier, homme de lettres. Alexandre Meyer, décoré de la médaille militaire au siège de Sébastopol. Francis Mangé, licencié ès lettres, étudiant à la Faculté des lettres. Maurice Gocard, étudiant à la Faculté des lettres. Achille Dequeker. Mme Dequeker. MM. Poujol. Rigeard. Bertrand. Unal, à Montreuil. Barbault, à Alfortville. Arnoult. Chéron. Epanlard. Saunier. Robert Lemaire. Panripini, cour des Postes. Jean de Ferrières. A. Durand. M. Landay. Léonce Casanova. B. Pottecher, maire de Bussang. Georges Pottecher, à Bussang. Badoux, à Bourg. Dequincieux, conseiller municipal.

Mme Marie Anjobras, Nîmes. M. D. Georges Atger, pasteur de l'Eglise réformée, Saint-Antoine-de-Breuilh. Mme Emile Atger, à Nîmes. MM. Jacques Grenier, à Nîmes. Paul Morize, pasteur de l'Eglise réformée. Jean Jouvet, pasteur de l'Eglise réformée, Saint-Antoine-de-Breuil. S. Lolland, à Vélines. Joseph Caillard, avocat, à Narbonne, ancien bâtonnier. Jardé, délégué cantonal. Mme Jardé. Mlle Suzanne Jardé, à Corbigny. MM. Basile Vignalou, clerc de notaire, à Pau. Docteur Flandrin, médecin des hôpitaux de Grenoble. Jules Bruguière, étudiant en droit, à Nîmes. Donald Bruce, pasteur de l'Eglise réformée, Amiens. Audoin, professeur à l'Ecole primaire supérieure, à Poitiers. Mme Louise Mouret. MM. Gamarchi. J. Domet. A. Lévy. A. Elstein. T. Penchenat. E. Lek. Tryture. Jauzen. Achard. Docteur François Roux. Grossmann. Groslong, Marseille.

MM. Dequincieux, conseiller municipal. Tesmatte. Carli. J. Mignaval, à Bourg. Weontet. Feuillens. Mazui. Laurent. Bouravat, professeur au lycée. Raveiguier, conseiller municipal, Bourg. Jean Barbier. Paul Peregrine, étudiant. Mme Sanglard, ex-lectrice de Judet. MM. P. Sanglard. Schell. G. Gressier. Louis Bonnet. Pierre Masse, étudiant en droit. Henri Schnerb, étudiant en droit et en philosophie. R. Montéludet, étudiant. A. Bernheim, étudiant en droit. Jean Constantin. Jules Chadel. Baptiste Marand. Mme L. Bouille. MM. Bouille. H. Silvestri. Jules Martin, pasteur de La Levade. Paul Vendeil. L. Bonnal, Grand'Combe. Mmes Clémentine Layre. Madeleine Bonnal. M. J. Forneron. Mme F. Rouz. MM. Durand. Joseph Altaviller. Jules Tric. Savelli. A. Jane. Auguste Boeda. P. Maffre. Mmes Bassaget. Veuve Jaume. MM. Pierre Thina d. Soulier. E. Isnard. Mmes Marguerite Hartmann. Augustine Magne. Juliette Magne. MM. Magne, expert-géomètre. E. Giral, mécanicien. Mmes Anaïs Giral. Hugonnet Théret. MM. E. Rigaux. Bouchard. Bringer. A. Turbe. L. Mocer, à Mende. Maximin, conseiller municipal, Lonueyole. Olnum. P. Gauthier, La Chapelle de Guinchey.

Mme Madeleine Bonnal. MM. Théophile Laire. Albert Artigues. Eugène Larguier. Paul Rouvière. Elie Atger. Mmes Julie Atger. Juliette Larguier. MM. Gabriel Séverac. Benjamin Ribot, retraité. Fayet, Grand-Combe. A. Kampmann. Paul Kampmann, Epinal. Chaintreuil, Belleville. Descombes, Fontanevaux. Auguste Desthieux. C. Lameyrie. Péchard. Brunier, La-Chapelle-de-Guinchey. Benoît Semonon, maçon. J. Barjot. L. Momet, Fontanevaux. J. Michelon, Chénas. J. Benon. J.-M. Perraud. J. Lafay. La Chapelle-de-Guinchey. Basile Foillard. F. Janis, Chénas. Pierre Fayard. Joanny Fayard, Belleville-sur-Saône. E. Dodin, conseiller municipal. Dure. Arthur Humblot, Chaumont. Jules Chatelain. Nicolas Amel, mégissier. Elie Chabanne. Charles Huignard. Jules Lévèque Chkemer, Hoignes. Louis Balait. Victor Louis, mégissier. Mme Bousquet. M. Hippolyte Armat. Mme Hugnard. MM. Maurice Rose. Adrien Bousquet. Victor Pourret. Antoine Exbrayat. Hippolyte Laporte. Ferdinand Paul. Auguste Serre. Gabriel Chaise. Pierre Tauveron. Paul Thiébaut. Alexandre Simonot. Henri Bouvet. Joffroy. Auguste Vallal. Jean Chapuys. Eugène Moins. Jean Boissonnet. Jean Arnaud. Treille. Auguste Chantier. Barthélémy Fourneron. Entremancelle. Frédéric Taillet. Ponsonnet. Louis Vallot. Busson. Louis Damey. Emile Chalaye. Louis Tarel. Charles Violette. Jean Serre. Elie Boissonnet. Lucien Motton. Maurin. Paul Leitier. Henri Chardon. Paul Royer. Pierre Maurice. Dumont fils. J. Vacherenne. Auguste Blanchard. Dodin, conseiller municipal, Chaumont. A.-C. Zibelin. Docteur Rosanoff. Aurélez. Ramboux. Lecoz, Dreux.

MM. Henri Menar. Pierre Joseph. Alfred Choisel. Paul Choisel, à Dreux. Paul Bourlier, étudiant en médecine, Paris. Bonnet, à Luat-Clairet. Robert Lahaye. Chaudon. Aimé Deschamps. Louis Déduit. Albert Heze. Alfred Lefebvre. Louis Le Clézis. Frédéric Vaucel. Lozeray fils. Lelong. Désiré Muralti. Mme Angèle Bollonnay, à Dreux. MM. André Weil, Neuilly. Lagrange, Gien. Marc Volfard, pasteur, membre de la Ligue. Mme Marc Volfard, à Flaujagues. M. Adolphe Doy, pasteur, président du consistoire de Gaisac. Mme Adolphe Doy. MM. Elie Vigouroux, Flaujagues. François Harpin. O. Rose, Juillac. Bouhet. Mme Bouhet, La Rivière de Prat-Gensac. M. Vigouroux, Saint-Seurin-de-Prats.

MM. Penaud, à Saint-Seurin-de-Prats. Paul Amanieuz, à Pessac. P. Coussadière, docteur, à Flaujagues. Eugène Dhassac, à Chenay. François Tanneau. Pierre Aumonier. Louis Bonneau, à Breuil-de-Chenay. Albert Eprinchard. Aimé Bonneau. Jean Eprinchard. F. Barreau. D. Golot. H. Laune, pasteur, à Chesnay. Mme Jeanne Sambue. MM. F. Sambue. Benoff. Mercier. A. Burnier. J. Secrétan. L. Vidal. S. Bezner. A. Myèvre, à Nice. Charles Torquet. G. Poirel. A. Julien. A. Richel. D.-A. Moulton, à Dinard.

J. Fischer. H. Thomas, agrégé de l'Université. Meyer, agrégé de l'Université.

MM. Th. Leconte, agrégé de l'Université. Le Comité républicain radical de Neuville-de-Poitou (Vienne).

M. Maurice Michel. Mme L. Michel. Mlles Suzanne Michel Madeleine Michel. Mme veuve Alfred Berger-Levrault, née Jeanne Friedel, à Nancy. MM. Jean Friedel, licencié ès sciences. Docteur A. Guébhard, à Saint-Vallier de-Thiey. Irénée Fourestier, entrepreneur. Paul Faure, à Douville. Docteur Vaissier, à Coutres. Dennery. Lucien Weil. M. Armand et Mme Armand Strauss. M. Foy. Mme Dennery. Mlle Alice Dennery. MM. Emile Dodmand. J. Lazard. Olry. Mme Fernande Lévy. M. Alexandre. M. et Mme Isidore Bernheim. Mlle Suzanne Bernheim. Mme Blanche Lévy, à Enghien. Julie Compel. MM. Lazard. Lumanoff. Mme Jeanne Lazard. MM. S. Lazard. E. Tremeau, pharmacien. Louis Carel. Mme Marie Tremeau. M. Charles Sausé. Mlle Suzanne Tremeau. MM. Bacherey. F. Creutznach. L. Passet. G. Michel. E. Gompel. J. Lévy. Marcband. Mme Loëb.

MM. J. Weill. Metzger. Blum. F. Lévy. Mme Mathilde Lévy. MM. Léopold Lévy. Camp. Vaudel. Louis Laurent, électricien. Gaston Duval, chimiste. Emile Karpe. Mme Karpe. MM. Spira. J. Francfort. Nicolas Chemieux. Henri Laeb. Mlle Suzanne Loëb. M. Robert Didier. Mme Michel Haarscher. Mlle Alice Jeanne. MM. Boulanger. Léon Haarscher. M. et Mme Isidore Janvier. M. Lévy. M. et Mme Fernand Haarscher, de Buenos-Ayres. MM. Jacob. Léon Schten. Mme Marthe Jacob. MM. Lamy. Leymann. B. Ulmann. Mme B. Ulmann. MM. Albert Stern. André Messmin. A. Clément, étudiant en médecine. G. Touchet, propriétaire. Poudensen. Docteur Jules Backel, chirurgien des hôpitaux civils, correspondant de l'Académie de médecine, Strasbourg. Mmes A. Prevel. Marguerite Prevel, Metz. Metzinger, Paris. MM. Adrien Schwarz-Schilol, étudiant en médecine. Maurice Kahn, étudiant. Raymond Kann. J. Klein. Ribauvillé. Jacob. Mlles Pottechet. Jeanne Galant. Jeanne Métrot. Jeanne Géraud. Une Orléanaise. M. Georges Durand. M. et Mme Halpérine-Kaminsky. M. Gaston Blochmay.

MM. Guérin. David. Geraudey. Paul Mellon. Marius Roux. F. Cogorvan. F. Richard. Oreste Bighinner. Etienne Mellot. Vin. Jacques Gibert. Imbert. Sydoux, à Pout-du-Las. Jean Mekercke, économe du lycée, en retraite, à Poitiers. Eugène Schmoll. M. le docteur Lagarde, délégué cantonal, président du Sou des écoles laïques. Mme Lagarde, à Vals-les-Bains. MM. Guilhon père, proscrit du 2 décembre, à Choumérac. Gédéon Guilhon, conseiller municipal, à Mauriac. Roux, directeur de *la Démocratie de l'Ardèche*. Mme Lescours. MM. Pierre Bonnard, peintre. Julien Magnin. Mme Julie Yousserf. M. Paul Percheron. Mme Adrienne Chisastel. MM. Viel-Lamare, avocat à la Cour, D.... rédacteur au *Réveil national*.

De la Ciotat : MM. Alexandre Ribet. Joseph Rinaud. Michel Cit. Simon André. Gaïa. Félix Soulari. Jourdan. Albert Audry Chaix. Louis Martin. Laneuj. Antoine Reverdy. Pierre Aonen. Etienne Davin. Antoine Jauffret. Fortuné Bourgue. Marius Pavillard. Victor Jeanselme. Daniel Roux. Couteut. Blongiard. Léopold Domdinoyne. Marius Dolle. Elie Roubaud. Gaillard. Marius Jourdan. Jeansaume. Joseph Giraudo.

MM. Antoine Péraud. Joseph Celse. Joseph Tercy. Joseph Cunéo. Victor Blanc. Antoine Jansaume. Marius Zara. Emile Dolle. Joseph Coste. Gabriel Bremondy. Victor Levadour. Jules Heller. Pierre Bremondy. Constant Bois. Monet-Sauveur. Emmanuel Barbaroux. Barthélemy Honoré. Louis Berger. M. Revest. Louis Cornille. Adolphe Bouquier. Léopold Thaneron. B. Touz. André Esprit. Baptistin Boisy. L. Tucor. L. Tuneron. Charles Janson. Henri Mattrerey. Félix Montineny. David Poyet. Aimé Obscur. Louis Suzon. Paul Michel. Baptistin Bosc. Félix Curnier. Jean-Baptiste Ravillard. Joseph-Etienne Bugni. Joseph Tron. Louis Roch. Joseph Brun, Allemand. Louis

Rigot. Edouard Rovetot. Jean-Baptiste Pujnef. Emile Capton. Salvador. Jean Praechin. Frédéric Pinet. Auguste Cénos. Jean Defeltes. Auguste Martin. Jules Berger. Joseph Giraud. Antoine Dalmas. Marius Augier. H. Revutégat. Baptistin Deidier. François Tercy. Antoine Portal. Durand Toussaint. Pierre Lavie. Honoré Reboul. Durand. Barthélemy. Gustave Reboul. Paul Charny. Paul Gras. Jean Prandi. Hippolyte Bonnefoy. Marius Clairin. Brémond.

De Dreux : M. Dagron, administrateur du *Réveil National.* Mme Louise Durantel. MM. Tillier. Boquet. Larmurier. Rochereuil. Adam. André. Durvie. Audiger. Fricault. L. Desvaux. Charles Chateiroud. Iouy. Réaubourg. Mme L. Réaubourg. MM. Peau fils. Pierre. A. Merinval. Th. Bonnet. Mmes Eugénie Bonnet, Ferdinand Lefèvre. Sylvie Mage. Louise Dinoir. MM. C. Pollet. Louis Desplands. Jean Debugne. Mme Marie Pollet. Célestine Bailleul. Laurence Duquesne. Elise Delespaul. MM. Arthur Moine. Emile Dereumeau. Paul Perrelet, pasteur. Mme Jeanne Perrelet. M. François Croizeaux. Mme Léa Cornez. M. Abel Ménard. Mmes Charlotte Ménard. Veuve Duquesnes. Veuve Forest. Mlle Joséphine Forest. MM. Clément Thybaut, à Roubaix. Josué Thieffrey. Mme Elise Chartraine, à Croix. M. Henri Levengle, à Tourcoing. Mme Marie Faux, à Lys-lès-Lannoy. MM. G. Moreau, à Boulogne-sur-Seine. J. Bourdel, à La Sallette, par Oize. J. Rigout, agrégé de l'Université, à Nancy.

De Lyon : MM. H. Jand ingénieur des arts et manufactures. Fleury Bonnard, dessinateur mécanicien. Mme Fleury-Bonnard. MM. A. Thunerat. Péjot. Brachet. Oset. Mme veuve Charmerat. MM. Jacques Ducrot. Auguste Muet. Joseph Maltaire. Alfred Bondaz. François Guédy. Louis Dumas. Philippe Groller. Michel Donnat. Benoît Renaud. Pierre Dufuelle. Michel Chamot. Pierre Godde. Louis Guyot. Antoine Bouveyron. Arsen Mader. Michel Brillat. Laurent Pillonel. Jean Molles. François Mortier. Picard. Alphonse Curton. Joseph Jacquet. Jean-Marie Lapalus. Laurent J. Gay. Marc Prévost. Sarrac. Roque. Brulet. Benoît Bonvallet. Berrier. Diapôt. Emin. Laurent. Auguste Kornfeld. Charpend. Fillon. Léon Montron. André Charles. Portal. Alexandre Mader. J. Déliance. J. Pithon. L. Brossier. J.-Baptiste Guillot. Léon Granon. E. Lavier.

MM. Raby. Gerbet. L. Angeras. Joseph Pernet. I. Derciot. Casimir Pelegrin. Latrasse. Tournour. Bernard. Martin. Michel. Duplat. Louis Charbonnier. Charles Menand. Romand. Cyprien Perret. François Colombot. Robslin. Durix. Dubien. Gounas. Michaud. Joseph Prud'homme. Paul Pepey. Boissonnet. F. Maron. A. Bertholet. Rose. Aberjoux. Rolland.

MM. Burdu. Curt. Gorlier. Genin. J. Mazaire. Charles Pierre. Izeron. Clarion. B. Pithon. Alexis Bonnevay, à Lyon. Emile Durand. pasteur, Mérimag-le-Pin. Pierre Gélin. Théophile Gagnier, Polignac. Henri Cottreau, Bors-de-Baignes. Camille Perrier. Eugène Chevallier. Mérignac. Olivier Godet, Le Pin. Georget Alexandre, Vanzac. César Guichard, instituteur. A. Bonniot. G. Robert. S. Bonniot. Labonney. Eugène Ladrat. Théodore Pellerin. Henri Boujut. P. Persaud, à Lezay. Albert Lorriaux, pasteur, Sainte-Soline par Lezay. Armand Schmidt, pasteur, Lorey. A. Brunet, instituteur honoraire, à Luzay. Félicien Dumont. Claudieu Cadié. Louis Buchou. Rome. Marius Lunel. J.-B. Lunel. Mmes Lunel. Reine Bouvier. MM. Pierre Courtembert. Franck. Théophile. Lapierre. Paul Dugué. Léon Coste. Mlle Esther Mourrier. MM. Georges Charriet. Antoine Chiari. Pérollier. Mme veuve Berger. MM. Tavernou. Vindre. Monterde. Reida. Lancerot. Mottin. Alcot. Bonnel. Roussel. Me Roussel. MM. Gauthier. Martin. Biégy.

MM. Louis Michallon. Dépin. Théodore Veyrin. J. Garnier. J. Claussat. Pommard. Vollot. L. Sureau. Amirault. A. Testard. Roger Pinet. André Chastaud. T. Néré. Dissart. Gelay. Beaudun. Louis Magat. Mme Magat. MM. Georges Mouriquad. Gustave Ortial. Louis Maurie. Jean Legaret.

Marcel Pinet. Roger Pinet. Bouillard. Edmond Cerf. Labaud. L. Beauvard.

D'Ezy (Eure) et de Saussay (Eure-et-Loire) : MM. Emile Bernot. Alfred Boudeville. Edmond Boudeville. Léon Clomesnil. Feuillet Merry. A. Huvé fils. E. Litté. E. Poutret. Jules Roger. Maurice Malvaut. J.-B. Huet. Gustave Sevray. A. Huvé père. E. Delaunay. C. Delaunay. E. Huvé. Achille Héron. Béquet. Zacharezuk. Amélie Paumelle. René Clomesnil. Bouville. E· Poussin. Viel père. A. Legueux. E. Confains. Seuget. L. Queftaigne. Emile Lefèvre.

MM. H. Boudeville. E. Bourcier. Mme Déglise. MM. E. Moreau, A. Goubert. Noé Clovis. A. et G. Renaut. Kléber Delaunay. Delaunay père. Pierre Durand. J. Billard. F. Leduc. Noé Rustique. Noé Froville. Pascal Feuillet. G. Dagron. Fortier. H. Orbinot. A. Feuillet. L. Feuillet. C. Poteau. E. Hérouard. E. Dagron. Dufour. Clomesnil. P. Feuillet. E. Lorette. J. Lacour. Guillaume. E. Feuillet. C. Vasse. H. Aubé. Maurice père. Langlois. L. Poteau A. Labiche. Mauté, maire de Saussay. A Hérouard. J. Feuillet. Thibault. Langlois. Ch. Héron. Poteau père. A. Vacquelin. Béranger. E. Roger. E. Noé. A. Roger. F. Bouhout. Mme Bouhout. MM. Barbier. Alfred Hérouard. G. Noë. L. Lefèvre, conseiller municipal de Saussay. Constant Serreau, conseiller municipal d'Ezy. L. Lefèvre. Mme A. Vacher.

MM. P. Egasse. Vieil fils. C. Billard. A. Déglise. J. Bernot. Mme Moriot. MM. A.-D. Fortier. A. Labiche. Mme Joséphine Seclin. MM. Gustave Renard. Chacoux. Mme Julie Auguste. MM. A. Blanchard. F. Bourbon. P. Duchamp. A. Malvaut. C. Stanislas. F. Perée. C. Roussard. J. Echard. Garçon, conseiller municipal d'Ezy. A. Delaunay. J. Bellesort. C. Lambert. A. Lefèvre. Bouillet. Beaufort. Massot. Gilbert. A. Hulin, Daufrêne. Courtois. Duval. Mme Lebourdais. MM. E. Lebourdais. J. Bernot. Orbinot fils. Roussel, conseiller général. A. Ferrière, Ferrière fils. J. Ferrière. Gonfais, dit Colosse. J. Clair. H. Lharmeroult, conseiller municipal. Léon Noë. Cauthier. F. Auget. E. Massot. Alexis Maréchal. N. Boudeville. Clovis Renard. P. Boudeville, conseillers municipaux d'Ezy. Lebas. J. Poussin. A. Frément, E. Huet, conseillers municipaux d'Ezy. C. Martel. C. Jolivet. Gauthier fils. Albert Fortier.

MM. E. Allorge. A. Binet. Vacher. Alfred Hérouard. A. Orbinot père. Augustin Clément. V. Masset. Mme V. Masset. M. Renault fils. Mme Renault fils. M. Mathieu Lefèvre. Mme Geiter. MM. Poussin. L. Farin. A. Désorges. G. Désorges. Clemesnil. Martin. A. Asselin. Drély. G. Coudevillain. A. Mary. Gauthier. E. Bourcier. E. Herblin. Tristan. Gorin. E. Masset. Gagnepain. Daune. V. Bourbon.

MM. Roycourt. A. Huet. Louis Duval. A. Maillard. Fourcine père. Fourcine fils. L. Leduc. Robert. Baudoin. Blairon. Poissy. Bonin. Barbey. Poatret. Olivier. Bazannery. Maurice. E. Bourbon. Armand Garanger. C. Petit. A. Feuillet. Bigot fils. Mmes Huvé. Lefèvre-Mathieu. MM. S. Mary. Sainte. G. Lenormand. A. Grosos. P. Biziot. Bousselaire. E. Larue.

Le Comité républicain du Loiret. Le président : M. H. Laneau.

MM. A. Tournier, agrégé de philosophie. J. Rassat. A. Guéry, agrégé de l'Université. J. Rissus. Estervé, licencié ès lettres. Eugène Pallinier, agrégé de l'Université. N. Moinet. Boucherie, licencié ès sciences, Rochefort-sur-Mer. Joseph Baud. Louis Lépy. Léon Rigaudy. Emile Allier. Coucerd. Boileau. Marion. Bouleau, Levallois-Perret. Edouard Poinson. Grévin, Montrouge. Houtelette. Maurice Bourguin, professeur à la Faculté de droit, de Lille.

MM. Sire, maire de Belverne. J. Lire fils. Henri Pernom. Eugène Rebilard. Emile Pourchot. Georges Aubert. Louis Pourchot. Louis Comte. Pierre Durand. Langlaise. Pierre Aubert. J. Aubert. Emile Croissant. Pierre Pourchos. Chamot.

MM. Jules Durand. Emile Aubert. Paul Sire. Albert

Sire. Charles Pourchot. Henri Comte. Pierre Nardin. Émile Comte. Guionnaud, notaire, à Héricourt. Georges Mattez, Mandrevillars. Fournudan fils, électricien, à Belfort. Nardin. Louis Alizon. Pierre Tournu, Echenas-sous-Vaudois. Émile Tournu, Belfort. Louis Carmien. Maillard. Georges Sirabry. Georges. Abry. Wuillamey. Hemerich. Abry. Pillods. Curtet. Humbert. Rossel. Behenaus. Cousin-Corbier, conseiller municipal et ses deux fils Charles et Henri, Fourmies. Mme Cousin-Corbier et sa fille Jeanne. MM. J.-B. Dubus, pasteur. Beavoisin. La loge Thémis de Caen. Le secrétaire. M. Martin Caen. MM. Decoulange, pharmacien, Saint-Rémy-sur-Durolle. Lucien Netter. E. Lévy. Samuel, Nancy. G. Gréange, à Saint-Mihiel. Mme Nelly Cahen. MM. A. Hermedinger. Bernard Hermedinger, Nancy.

MM. E. Guay, à Port-Sainte-Marie. Emile Léger, à Fisme. Emile Pourvillon, à Montauban. Mlle Paul Salathé. Mmes Emma Frérot. Emma Blanchard. Mlle Jeanne Reboul. Mmes Julie Reboul. Kuntzel, à Saint-Quentin. MM. le docteur Letourneur, conseiller d'arrondissement. Maurice Lebrun, caissier au Comptoir d'Escompte. Edmond Lurienne, rédacteur en chef du *Grandvillais*. Bureau, maire. Le Bland. Guy Lemoine. Mme Lebrun. MM. E. Poirier. Docteur Letourneux, membre de la Ligue, à Granville. Robert Loriaux, pasteur. Armand Schmidt. Brunet, instituteur, à Sainte-Soline, par Lazay. G. Brunet. Charles Brunet, à Saint-Contant. Alexandre Mougon. Ferdinand Mougon, à Saint-Lozay. Baptiste Renaud, maire de Chail. L. Gendreau. Gainard. Honoré Canou, à Saint-Lozay.

Des citoyens français en Suisse : MM. Gustave Hierholtz, à Lausanne. Georges-Frédéric Roy, professeur. Ch. Hierholtz. T. Teynié. Félix Seligman. Louis Monnet. François Bel. Lizan ainé, à Lauzanne. Mme Emma Lizan. MM. Alexis Mégevaux. Dallemange. Joseph Séchaud. Eugène Besson. Jean Guiguet. Eugène Moisy. Mlles Germaine Moisy. Eugénie Moisy. M. Moisy-Drapel, professeur, à Nyons. Mme Vuarmet. Mlles Marie, Euphrasie et Hélène Vuarmet. M. Michel Blonnex. Mme Adèle Blonnex fils. M. Marcel Blonnex fils. Mlle Julia Blonnex. M. Pierre Ducret. Mlle Marie Ducret, à Prangins.

Mmes veuve Moisy. A. Degallier-Moisy. MM. Paul Dégallier-Moisy. Marius Moisy. Mme Marius Moisy. M. Albert Blonay. Mmes Marie Blonay. Angélique Blonay. Julie Blonay. Clotilde Blonay, à Gland. E. Mouton, à Nyons. Eugénie Bergoën-Gros. MM. Joseph Bergoën. A. Bardet. Mme Amélie Bardet. MM. Charles Bardet, à Prangins. Ulysse Protz, sellier, Nyons. François Planchamp, à Frangins. Jules Détraz. Mmes Emma Détraz. Angèle Détraz, à Nyons. MM. Jean Guerf. Jules Phulpain. Mmes Marie Phulpain. Eugénie Phulpain. M. Philippe Phulpain. Mmes Marie Dalsny. Henriette Faivre. M. Pierre-François Challande, à Frangins.

MM. François Beaux. Cazoem, Nyons. Mmes Joséphine Ducret. Françoise Ducret. Gabrielle Ducret. Emélie Blonay. MM. François, Clovis Blonay, fils. Eugène Blonay, fils. Antoine Blonay. Mmes Fanny Blonay, fille. Antonie Blonay, fille, Prangins. M. Siméon Blonay. Mme Louise Blonay, Gland. MM. G. Bouvier. L. Savignaz. Henry Jacob. R. Joseph. Adrien Jacob. P. Hermerdinger. Sylvain Weil, né Alsacien. Lucien Charleville. Mme Charlotte Charleville, à Nancy. MM. Bloch. A. Nicoulaux, conseiller municipal de Poitiers, maitre d'école, adjoint d'école normale retraité. H. Sentis, agrégé de l'Université Plossu. Rabouot. G. Meyer, étudiant.

MM. Louis Schmidt, à Lesay. Jules Laurens. Mme Jules Laurens, à Carpentras. MM. L. de Seynes. E. Jean. E. Delaye, à Saint-Didier. Laverdey, à Pernes. Joseph Baptiste. Jules Lauga. Mlle Marie Sentaureux, à Morcenx. MM. Fernand Cahen. Constant Meyer. Mme Constant Meyer, à Lyon. MM. Urbain Lacouture. J. Boissier. Delvaille. Hippolyte Delvaille. Lassalle. Mlle Fernande Delvaille. Mme Coralie Delvaille. MM. Pofroutas, fils, à Morcenx. Lorientat. Sarthe, à Garasse. Mme Thérèse Bonafous. MM. Charles

Sandrin. Emile Rens. Comille Martin. Joseph Emonet. A. Mayan fils. Ch. Boutlot, à Nice. Georges Bardot, agrégé de l'Université, à Grenoble.

De Vaguer-Vallerangue : M. Henri Cazalet, notaire, conseiller municipal. Mme Henri Cazalet. MM. Eugène Mourin. Albert Mourgues. Sylvain Carles. Louis Peller. Scipion Teulon. Louis Berthezème de la Pieyre, conseillers municipaux. Henri Lapierre, secrétaire de la mairie. G. Rocheblave. Adolphe Monna. Henri Lapierre. Casimir Carles. Emile Fesques. Paul Carles. Albert Trial. Marcelin Fesques. Thimothée Cazoler. Samuel Carles. Alexandre Robier. Maurice Carrière. Louis Salles. Jules Mossabiaux. Jean Mozauric. Scipion Teulou père. Elie Lafoux. Maurice Ribard. Théodore Roussel. Léonce Mourrier. Charles Simon.

De La Roquille (Gironde) : MM. Anselme Russier, pasteur de l'Eglise réformée de la Roquille. Giraudeau. Léon Brugire. Alleaudeau. Armand Gustave. L. Bérard. E. Fardet. Louis Augrand. Pierre Guebeaud. Emile Salibat. Joël Escarmont. Pierre Jambou. Jacques Caris, Frédéric Caris. Luquet. Corriger, instituteur public. P. Giraudeau. Favereau. Samuel Caris. Bouny. Elie Favereau. Mme Jeanne Pilhac. MM. J. Penaud ainé. J. Fardet, conseiller municipal. Les Lèves. S. Pinasseau fils. Duverger. A. J. Barret fils. Ami Vidal. MM. Sauvignac. Tarde. E. Peneteau, conseillers municipaux. Les Lèves. E. Edmond fils. Charles Barret. Le Râle. Martinet. S. Sivadon, conseiller municipal. Jean Terrible. Les Lèves. Charles Faron. André Faron. Comme. Jean. Cramail. Jean Plaziat. Sandeau. François Maurin, Jean Charlaut. A. Comme, Le Râle. Henri Crépin. Rignault. Mme Rignault. MM. H. Rignault. A. Rouffiac. Mouton. A.-Lonis et Henri Fichon. Emile Boilhau. A. Augevins. J. Saint-Sernin. A. Dupuis. P. Cayle, Cognac.

De Vallerangue : MM. Léonce Lapierre. Léopold Fages. Maurice et Jules Ribard. Félix Privet. Mme E. Ribard. MM. Louis et Gaston Salles. Esaï Mouguier. Alexis Delon. Louis Salles. Louis Journet. Charles Copieu. Eugène Ribard. Maurice Teulon. Ulysse Mourrié. Edmond Gounelle, pasteur. Duplan pasteur. Eruen Journer. Louis Teulon. Chabal. J. de Bousquet. J. Ribard. A. Valette. Sévin. E. Boissier. Eugène Guers. Aurés. François Teulon. J. Anglivial.

Mme Jeanne Lemercier. M. Marcel Lemercier. Mme Maria Jouenne. MM. Lucien Lévy, à Rouen. Quillien. Léon Foichon fils. Joseph Loux. Marcel Sureau, à Cognac. Elie Loux, pasteur. Mme Loux. M. C. Lheureux, pasteur. Mme C. Lheureux. Mlle Madeleine Lheureux. MM. Jean Lheureux, à Sedan. L. Bourguignon. Lambert. Sauveur. Gillet Gobert. Leroux-Baudry. Bauda. Remy. E. Berthe. Graveline. L. Clinquin. Hams Lambert. Larcher. Blanchemanche. Camille Moreau. Mme Berthe Moutarde. MM. Théophile Pouquet. Hanras Rossignol. Félix Jacquot, à Sapogne Feuchères.

De Sapogne-Feuchères (Ardennes) : MM. Miquel Fuselier. Camille Gobois. Alcide Chartier. Jules Berthe. Albert Fuselier. Baudry-Vedoux. Tayot-Pasquier. Saintvanne-Brion. Alexandre. Moreau. Aristide Clin. Charles Gobert. Lucien Dalle. Alexandre Noël. Albert Couchot. Genty Nicolas. Léon Grauss. Baudry. Bigot. C. Fay. A. Duval. Berthet. R. Dubois. Lucien Baudet. Paul Géradin. Ernest Jacquet. Jules Denonein. Stanislas Demancher. Justin Joly. Adrien Collet.

De Trémoins : MM. Charles Monnier, ancien maire. Dormey. F. Mounier. Cordier. Pillard. Dormey-Pillard. Frédéric Valley fils. Georges Monnier. Frédéric Lods. Louis Hermetey. Domez-Mettez. Quétet. Demey-Rigoulot. L. Monnier fils. F. Pillard. Pillard. F. Laude. Francis Doucelance. Henri Monnier. Henri Dormoy. Alfred Monnier. Dormoy Doucelance. Mlle Berthe Jumau. MM. Victor Didier. Édouard Gollet. Paul Richard. Ernest Logerot, à Sapogne-Feuchères.

De Montbéliard : M. Charles Martin. Mme Irma Martin.

M. Emile Coulon. Mme Charles Martin. M. Louis Martin. Mme Lisa Martin. MM. Georges Dubois. Louis Lévy. Louis Lebault. Mme Joséphine Hosatte. Louise Damotte. MM. Léon Bauer. Louis Bauer. Mme Léon Bauer. M. Auguste Lévy. Mme Auguste Lévy. MM. L. Weil. Le Blum. Mlle Annette Schwab. M. Jules Lévy. Mme Lévy. Mlles Berthe Lévy. Alice Bloch, Guebvillers (Alsace). M. O. Renaud. Mme Marie Toury. M. Emile Jamenot. Mme Louise Jeanot. Mlle Fernande Jeanot. Mme Marie Jenny. M. Henri Lévy.

De Pouillon : MM. Joseph Getten, docteur en médecine. Léon Dupouy. Alexis Courrouy. Mendiboure. Justin Courrouy. Coralis. Eugène Carrière. Darrigade. Auguste Lavieille. Peyrondet. Mlle Siberchicot. MM. Chevreau. Nestor Bernet. Félix Lousteau. François Lapique. Laroche.

De Nimes : MM. Auguste Blanchet. Léon Molhac. J. Marius Lescallé. Mme Juliette Lescallé. MM. Jules Marquès. B. Verbont. C. Biscuit. L. Kavalquine. L. Vialle. Pit. L. Ode. A. Buisson. C. Pit. Jean Guiraudios. Jules Bay. Albert Lacassin. Pierre Sausse. Paul André. Jules Cabanis. Aug. Béguin. A. Picget. Lavie. D. Lyounet. Etienne Martel. Léonce Larguier. Mme veuve Anastasie Michel. M. et Mme L. Boisson. M. et Mme Boisson fils. MM. Louis Boisson fils. Félix Croutier. Isaac Marignan fils. G. Cazalet. I. Lingerat. A.-L. Bourdy. Emile Pantel. Thomas Augias. Privat. Dupont. E. Rancel. Théodule Flutrier père. L. Aubac. Mathieu aîné. Philippe Galas.

MM. J. Sabatier. A. Querelle. L. Paulhan. Louis Laguillat fils. A. Jules. Albert Camdestre. Mme Irma Campestre. MM. André Pelat. Veber, Paris. Jacques Ullmann. Mme Jacques Ulmann. Veuve Ulmann. M. et Mme Dalsace, Epinal. MM. Guitton, pasteur, Poitiers. Georges Wertheim. Ab. Blum, Rouen. Mme Jeunet, Lancieux. MM. Joseph Blanc. Demy. A. Mergen. A. Martin. Achard. Lauyat. Birline. Hevienne. Albert Cartier. Bouillon. Thiébaut. Berne. J. Mouthet. F. Lecour.

MM. U. Jacques. Ed. Brandon. C. Mendès. France. L. Gaussen. L. Rolland, conseiller municipal. J. Peyre, conseiller municipal. Hippolyte Gaussen, adjoint au maire. Andoyer Fulcrand. J. Mabelly. Roumieux. A. Poussigue. Raymond Gaussen. Louis Barbut, conseiller municipal. Louis Lachaud, conseiller municipal. L. Jeanjean, maire. Emile Fenouillet, conseiller municipal. Henri André. E. Turc, à Sommières. Théophile Dessoit. Brulon. Mme Alice Angélique. MM. Colas fils. Tavernier. Ligney. Gérard. Viardot. Jean Duval. Peuch. Antoine Gil. Joseph Demaissaz.

De Poitiers : MM. Joseph Sorin, étudiant ès lettres. Guillon, conseiller municipal. H. Maitre. Henri Ravé, publiciste. E. Orry, conseiller prud'homme. J. Egron. Py, avocat. Mailleux. H. Deschamps, conseiller prud'homme. Guillau. A. Verly. Overt. Schmidt. Elosnier. V. Chartier. Chaudière. Eggenschveler. Antoine Potosmak. Michel Pingault. Allione. Dechelette. Bisson. Mme Lucie Furts. MM. Bernard Eassel. J.-D. Lerembert. R. Rodrigues. J. Worms. L. Lévy Schneider, professeur agrégé d'histoire au lycée de Marseille. Alorge.

Mme Amélie Michel. MM. Ch. Emdeu. O. Gans. B. Neuberger. Jalabert. Mme C. Jalabert. MM. Lévy David. Louis Saune. L. Missot. Henri Leduc. Albert Hermann. Mme Thérèse Fischer. MM. Lucien de Reiss. avocat. Isidore Pollat. S. Ler. B. Jeuneux. Raoul Pollahr. C. Giraux. Joseph Imbert. M. Arruët. J. Malka. Mme A. Arrued. MM. Salomon. J. Salomon. Auguste Grou. Gustave Ducailar. Louis Maurel. C. Rodrigues. Etienne Alban. E. Rigaud. Louis Dénery, professeur de déclamation. A. Peltice, étudiant en droit. Fernand Bart. Preget, professeur de peinture, Marseille. Th. Schneider, Mlle Schneider. M. et Mme Caïn. MM. Ch.-Edg. Lyon Cahen, avocat à la Cour d'appel, T. Levêque, professeur de langues. Marcel Mérat, licencié en droit. Charles Blancard, étudiant en médecine, J. Debaux, professeur. Tony Garnier. Claude Garnier. Mmes Lebreton, membre de la Ligue. Gilberte Rama, publiciste. MM. Fabre. Henry Lenhardt. Estève. Cornud. L. Cornud.

E. Cornud. M. Cornud. Perrin. J. Boudier. Vialé. L. Vignon, Orange.

M. E. Guelfucci, à Saint-Maurice. Mme Eugénie Causse. MM. Edmond Braud. Bunette. F.-J. Firmin. A. Sirn. Auberge. Mmes Jeanne Saubru. Madeleine Saubru, à Avignon. M. le docteur Fauriel. Mmes Marie Fauriel, à Entraigues, Grand-Giraud. MM. M.-G. Autrand. Henri Parrot. Ali Matile, à Avignon. Mme Paul Picard. Mlle L. Bean. MM. E. Andra. A. Mamk, à Montfavert. Jean Clément. Etienne Bioret. Louis Bontemps. Louis Bioret. Falcry. Mony Lecuitot. Alex. Guille. Pinot. Plaissance. André Bontemps. Jean Brassa. Lebalty. Barre. Eugène Clément. Eugène-Jean. Laviron. Louis Dameron. Pierre Féron. Mme Alice Angélique. MM. Cleoton fils. Tavernier. Ligney, à Bagneux. Gérard, à Montrouge. Viardot, à Arcueil. Jean Duval, à Bagneux. François Peuch. Antoine Gil, au Grand-Montrouge. Joseph Demaissez, à Bagneux. Paul Fouilloux. Marius Goblin. L. Collonge. Dubreuil. Robert. M. Raymond, rédacteur en chef de l'*Ironiste*. Adros. Eugène Bessieu. Chamard. L. Erfout. Jean Daguet. Félix Salvage. Auguste Jullien. J. Luynes, à Lyon.

MM. Barland. H. Meyer. I. Broch. A. Dalsace. L. Duchux. Ch. Ehrhaud. E. Steile. Mme Ehrhaud. Mlle Hardouin. M. et Mme Dettling. M. et Mme Hacker. M. et Mme Desjardins. MM. Georges Ehrhaud. Alfred Mauler. Paul Rivaud. E. Cahen. Mme Eugénie Deloix. MM. Emile Togno. Pierre Themelin. Pothier. Albert Damperon. Pierre Houillon. Cerini. Gustave Doré, à Bourbourg. J.-N. Cook-Jalabert, pasteur, missionnaire en Kabylie (Algérie). Gay, à Marseille. Ph. Gabriel, instituteur, à Tournon (Ardèche).

De Lyon : MM. P. Anglade. Louis Garcin. J. V... D. Duret. Docteur Maurice Doyon, professeur agrégé à l'Université. Benoît Bouveret. Groupe socialiste de Chalamont : MM. F. Christophe. Laurent Crolle. Jean Crolle. Pierre Charponet. Thierry. Louis Lenoir. Auguste Receveur. Pellat. Jeannin. Milliard. Jean Thierry-Decœur. Jean Besson. Bellu. Pibercier. Georges Isler. Maurice Lion, élève de rhétorique. Mme Alice Jumau. M. Bassen. Mme Angèle Bassez. M. Léon Jumau. Mlle Louise Jumau.

MM. J. Durand. Charles Boisson. G. Celle. Louis Mas. Lucien Shrameck. Pierre Rochou. Ponson. Mme Ponson. MM. Michel Ponson. Antoine Armand. L. Lieber. B. Lieber, de Zelleviller. Moulin. Alfred Fabre. Bluma. L. Perret. Mariet, secrétaire du monument Burdeau, à Lyon. Bernard Saint-Just, ingénieur civil, ancien conseiller municipal. Eugène Roch. S. Maynard, ancien adjoint au maire. Romain Mignot fils, C. Brides. C.-M. Brales. Lamyne. Tholozeau. Guilloux. Colliard. Albert Cordel. Auguste Vallette.

Du *Petit Var* : MM. Bomfrey. Adolphe Castel. Dominique Philip. Charles Tobie. Adolphe Constantin. Casimir Sénès. Paul Joseph Isoleris. Mme Justine David. MM. Séchoin. S. Clément. Requin Aimable. Cayol Battillo. Allove. Gaubu. Louise Panet. Daniel André. A. Sauter. Creau. Charles Rolin. M. Clemoirs. Gibelin. Carret. Edmond Martin. Maurice. Marius Mounin. Castellan Gustave. Roche Joseph. Lorenga François. Louis Meinard. Pascal Pierre. Escotte Joseph. Mme Castellan Victorine. MM. Joseph Duchier. Giraud Bruno. Blanc Félix. Joseph Coirti. Paul Joseph. Paul Sabatier. Voc Joseph. Marius Boimaud. Edmond Rouchy. Emile Ghia. Pierre Faucher. L. Laugier. Rouchy Emile. Raoul Douette. Marius Faucher. L. Grimau. Philippe Brun. Nardy père. Louis Bergonzini. Barthélemy Gastarde. Reboul Ferdinand.

MM. Nicolas Andreau. Frédious. Joseph Brun. Auguste Clément. André Perrin. Alexandre Busquère. Jules Gabera. Auguste Blanc. Blanc, retraité. Marius Brest. Jules Chatelain. Louis Martin. Blaise Marcaillou. Versène. Antoine Cloirain. Roffini. Eugène Chieix. Auguste Cadure. Louis Castel. Vivre. Marius Fortuné. Emile Augst. Baptistin Belon. Alfred Clunet. Paul Manzé. Michel Giscoby. Joseph Caehinaser. Louis Roubaud. Henri Anastay, pharmacien. Louis Reboul.

Mme veuve H. Mendel. MM. Jacques Heilbronn. M. N. May. Mme Raphaël May. MM. Charles Ullmann. A. Lévy. R. Kahn. G.-1. Kahn. Mme C. Lang. M. Eleazar Dounerich. Mme E. Salomon. MM. S. Robert. Paul Samy. Docteur Léon Cohn. Mme L. Cohn. M. Salomon. Mmes Salomon. Alexis. Marguerite Alexis. MM. Salvator. Eugène Jaeger. Mme E. Jaeger. M. Louis Jaeger. Mme Pauline Jaeger. M. Louis Jaeger père. Mme Louis Jaeger mère, Français, à Prangins. Mme Alice Salomon. MM. H. Sacerdote. L. Ulmann. C. Lévy.

ERRATA

C'est par erreur que les noms suivants figurent dans les listes de protestation.

Les employés de la maison Fruchard.

Perrineau, clerc de notaire à Saintes.

J. Chrestien de Lihuz, étudiant en droit.

Paul Ravaut, interne des hôpitaux.

Romanet, Directeur de la *Lithographie parisienne*.

RECTIFICATIONS

Lire :

Émile Borel, Maître de Conférences à l'Ecole Normale Supérieure.

Félix Hueber, à Versailles.